Carl-Auer-Systeme Verlag

Für Milton H. Erickson, M. D.,
mit meiner tiefsten Sympathie und Hochachtung

Therapeutische Trance

Stephen G. Gilligan

Das Prinzip Kooperation in der
Ericksonschen Hypnotherapie

Dritte Auflage, 1998

Aus dem Englischen übersetzt von Martina Lesch
Titel der Amerikanischen Originalausgabe
Therapeutic Trances
1987 by Stephen G. Gilligan
© Brunner/Mazel New York, New York, USA
Über alle Rechte der deutschen Ausgabe verfügen Carl-Auer-Systeme
Verlag und Verlagsbuchhandlung GmbH; Heidelberg
Fotomechanische Wiedergabe nur mit Genehmigung des Verlages
Satz: Beate Ch. Ulrich
Diagramme: Angelika Fisher
Printed in Germany 1998
Gesamtherstellung: Druckerei Zimmermann, Balve

Reihe Systemische und hypotherapeutische Praxis
Herausgeber: Gunthard Weber

Dritte Auflage, 1998

CIP-Titelaufnahme der Deutschen Bibliothek

Gilligan, Stephen G. :
Therapeutische Trance : das Prinzip Kooperation in der
Ericksonschen Hypnotherapie / Stephen G. Gilligan. [Aus dem
Engl. übers. von Martina Lesch]. - 3. Aufl. - Heidelberg :
Carl-Auer-Systeme, Verl. und Verl.-Buchh., 1998
   ISBN 3-927809-05-5

Inhalt

Dankeswort ... 6

Vorwort ... 7

Vorwort zur deutschen Ausgabe ... 11

Einführung ... 15

1. Die Ericksonsche Auffassung von Hypnose ... 21

2. Die Tranceerfahrung ... 51

3. Der allgemeine Ansatz des
   Ericksonschen Hypnotherapeuten ... 87

4. Strategien der Kooperation ... 127

5. Einen Kontext schaffen für therapeutische Trance ... 183

6. Strategien der Assoziation zur
   Entwicklung therapeutischer Trance ... 222

7. Außerkraftsetzen bewußter Prozesse:
   Konfusionstechniken ... 283

8. Assoziative und dissoziative Strategien ins Gleichgewicht bringen: Praktische Hinweise für therapeutische Induktionen ... 356

Epilog ... 413

Anmerkungen ... 416

Bibliographie ... 425

Dankeswort

An der Entstehung diese Buches waren viele Personen beteiligt; mein besonderer Dank gilt hier
 - jenen Kollegen, die das Manuskript gelesen und mir dazu ihr Feedback gegeben haben, vor allem Chris Beletsis, Lisa Chiara, Steve Dwoorman, Hank Freedman, John Klinkert, Barbara Larocca, Marc Lehner, Carol Locke, Neil Perrine, Eileen Shields und Jeff Zeig;
 - Juliana St. John, die mit ihrer Sachkenntnis und Geschicklichkeit als Sekretärin beträchtlich geholfen hat;
 - Ann Alhadeff von Brunner/Mazel für unschätzbare herausgeberische Mithilfe;
 - Paul Carter, der während der meisten Jahre, in denen das Manuskript geschrieben wurde, mit mir zusammen lehrte und der daher in bedeutsamem Maß zu den unten dargelegten Ideen beigetragen hat;
 - meinen Studenten und Klienten, ohne deren Partnerschaft ich nichts gelernt hätte;
 - Denise Ross, meiner Frau und Seelenverwandten; ihre Liebe und Präsenz inspirierten mich, als die Gefahr bestand, daß das Manuskript nie fertiggestellt werden würde;
 - und schließlich Milton Erickson, dessen unorthodoxe facettenreiche Wege alle meine Vorstellungen und Ideen von Therapie verändert haben, ganz zu schweigen vom Leben selbst.

Allen diesen Personen und noch einigen mehr möchte ich „Danke" sagen.

Vorwort

Ich hatte das Glück, zusammen mit Stephen Gilligan dem Leitungsteam der zweiten Jahreskonferenz über hypnotische und strategische Interventionen 1986 in San Diego anzugehören, die vom Milton H. Erickson Institut San Diego veranstaltet wurde. Während einer seiner Demonstrationen erzählte Gilligan folgenden Witz: „Wie viele Ericksonianer braucht man, um eine Glühbirne auszuwechseln? Natürlich acht: einen, um die Glühbirne zu wechseln und sieben, um Metaphern zu erzählen, wie Erickson es besser gemacht hätte."

Dieses Buch befaßt sich zum Glück nicht damit, wie Milton Erickson es besser gemacht hätte. Es ist tatsächlich nicht einmal über Erickson. Obwohl das zentrale Thema die Ericksonsche Hypnoseinduktion ist, handelt es sich hier eigentlich um ein Handbuch der psychotherapeutischen Veränderung - ein Buch, das Sie als Therapeuten lehrt, Ihre Kommunikationsfähigkeit zu verbessern.

Zweifellos kommt es allen Psychotherapeuten zugute, wenn sie ihre Kommunikationsfertigkeiten ausbauen. Es gehört zu den aufregenden Seiten dieses Berufs, daß wir über keine handfesten Werkzeuge verfügen, wir haben nur unsere Kunstfertigkeit und unsere Kommunikation. Unser einziges Werkzeug sind wir selbst.

Um therapeutisch wirksam zu kommunizieren, muß man sich in wachsendem Maß bewußt werden, was man durch seine Botschaft bewirkt und was man durch sie bewirken kann. Daher ist dieses Buch in gewissem Sinn doch über Erickson, weil es niemanden gibt, der ein besseres Modell für Kommunikation wäre als er. Seine gesamte Laufbahn galt dem Bemühen, sich über den zwischenmenschlichen Einfluß bewußter zu werden und ihn kontrollierter auszuüben.

Viele, die Erickson aufsuchten, wie Jay Haley, Ernest Rossi, Richard Bandler und John Grinder, Stephen und Carol Lankton, Michele Ritterman und Bill O'Hanlon, waren fasziniert von der Originalität und der bleibenden Bedeutung seiner Beiträge. Als Folge davon entwickelten diese Experten Modelle, die Praktikern helfen sollen, in ihrer eigenen klinischen Arbeit einige der spektakulären Wirkungen zu erzielen, die Erickson gelungen sind. Sogar die großen Anthropologen Margaret Mead und Gregory Bateson nahmen mit Erickson Kontakt auf, um seine Methoden zu studieren.

In seinem Buch „Therapeutische Trance" bringt Gilligan seine Ausbildung als Experimentalpsychologe zum Tragen und verbindet die Ansätze seiner Mentoren Erickson, Bandler und Grinder und Bateson zu einer Synthese. Aus diesen drei Quellen schafft er frisch und neu sein eigenes Modell. Doch sein Ansatz trägt das Gepräge der Lektionen, die er gut gelernt hat: Er ist gekennzeichnet durch fruchtbare Kreativität, Mut und intellektuelle Schärfe und zeigt, wie man mit Gewinn Hypnose, Linguistik und Philosophie miteinander verbindet.

Gilligan ist jedoch kein bloßer Synthetiker. Er ist ein Pionier und ein schöpferischer Entwickler. Seine Beiträge zur Psychotherapie sind originell und von bleibender Bedeutung, und das gilt auch für sein vorliegendes Buch.

Will man „Therapeutische Trance" historisch einordnen, so muß man einiges von dem Phänomen Milton Erickson verstehen. Erickson war ein Psychiater, der sowohl „Vater" der modernen Hypnose als auch „Vater" ihres Abkömmlings, der strategischen Kurztherapie genannt wird. Er war ein Meistertherapeut, der Hypnose anwandte, weil sie das Modell schlechthin für direktive Kommunikation darstellt.

Erickson war bekannt für seinen Gebrauch indirekter Methoden, die auf Hypnose beruhen, und er benutzte diese Technik, weil sie am wirkungsvollsten Patienten dazu brachte, sich ihrer Macht zur Veränderung gewahr zu werden - und ihre Kooperation herbeizuführen.

Eines der Hauptprobleme jeder Therapie besteht darin, die Bereitschaft des Patienten zur Mitarbeit zu steigern. Häufig kommen Patienten zur Therapie, weil sie die Fähigkeit verloren haben, mit sich selbst und mit anderen für sie wichtigen Personen zu kooperieren. Sie verlieren sich in wiederkehrenden Mustern von eingeschränkter Wahl und finden die Spur zu inneren Fähigkeiten der Veränderung nicht mehr.

Hypnoseinduktion fördert die Kooperation entscheidend, und das gilt sogar für direkte Suggestionen. Sagt man beispielsweise zu einem Patienten: „Zigarettenrauch schmeckt schlecht", dann ist seine Reaktion eher positiv, wenn die Suggestion auf eine wirksame Hypnoseinduktion folgt. Und so bezeichnete es Erickson während seiner mittleren Jahre auch als Hauptzweck der Induktion, die Kooperation des Patienten herbeizuführen.

Gilligan hilft uns zu verstehen, wie wir unkonventionelle therapeutische Kommunikation nach Erickson im allgemeinen und bei der Tranceinduktion im besonderen wirksam maßschneidern können.

Induktion ist ein Vorgang, durch den der Therapeut dem Patienten hilft, eine neue flexible Perspektive zu finden und auszugestalten; der Patient lernt, wie er bei sich selbst Trancephänomene hervorrufen kann: Wahrnehmungsveränderungen, automatisches (unwillkürliches) Verhalten, veränderte Gedächtnisfunktionen, um nur einige zu nennen.

Untersucht man die Wirkungen, die durch Hypnose erzielt werden können, so fällt eine verblüffende Ähnlichkeit zwischen Symptomen und Trancephänomenen auf. Ein Beispiel: Ein phobischer Patient konnte sich selbst verängstigen, indem er mit lebhafter Intensität und sogar unwillkürlich Horrorfilme über die Zukunft imaginierte. In Hypnose nun war derselbe Patient dazu fähig, sich mit gleicher lebendiger Intensität eine angenehme Szene vorzustellen.

Erickson umschrieb das zugrundeliegende Prinzip mit dem Satz: „Wenn man Phantomschmerzen haben kann, dann kann man auch angenehmes Phantomerleben haben." Der Spur Ericksons folgend, versuchte ich aufzuzeigen, daß der Mechanismus, der ein Problem aufrechterhält, auch der Mechanismus zur Lösung des Problems ist. Der Mechanismus als solcher ist also immer „gutartig". Das Endergebnis (die Beschwerden, die jemand zeigt) mag problematisch sein; der Therapeut sollte jedoch nicht das Kind mit dem Bad ausschütten, nur weil der Schlußpunkt einer Verhaltenskette ein Problem ist. Die gut entwickelten Symptomstrategien des Patienten können als unschädlich oder sogar als positiv betrachtet werden. Da diese Strategien gut entwickelt sind, ist es besser, sie zu nutzen, anstatt den Versuch zu unternehmen, sie zu zerstören und neue aufzubauen.

Wie kein anderer Autor zuvor arbeitet Gilligan die Ähnlichkeiten zwischen Mechanismen der Aufrechterhaltung von Problemen und Mechanismen der Generierung von Trancephänomenen und Problemlösungen heraus und entwickelt sie. Dies ist ein wichtiges Konzept, das allein schon die Lektüre dieses Buches unschätzbar wertvoll machte. Es enthält aber noch andere wichtige Beiträge. Bemerkenswerte Beispiele sind die Erklärung des Sowohl-als-auch-Denkens des hypnotisierten Patienten, assoziative und dissoziative Strategien und die Konfusionstechnik. Was Gilligans Kapitel über die Konfusion betrifft, so ist es in der Tat der entscheidendste Fortschritt in dieser Technik seit Ericksons originellem Artikel vor mehr als zwei Jahrzehnten. Es ist erstaunlich, daß über therapeutische Konfusion nicht mehr geschrieben worden ist, denn Erickson sah sie als eine der bedeutendsten Techniken an, mit der er die Hypnose bereichert hat. Das Kapitel bei Gilligan weist einen fruchtbaren therapeutischen Weg und wird noch viele Jahre lang zitiert werden.

Eine andere außergewöhnliche Qualität dieses Buches besteht darin, daß man mit ihm Gilligan am direktesten erleben kann, ohne an einem seiner international renommierten Workshops teilzunehmen. In seinen Workshops schenkt Gilligan Wachstum und Entwicklung des Therapeuten besondere Aufmerksamkeit. Dieses Buch ist ähnlich. Es ist das erste Buch über Hypnose, das den Therapeuten genauso in den Mittelpunkt des Interesses rückt wie den Patienten, das Problem, die Technik oder die Theorie. Es werden aktuelle Methoden vorgestellt, wie der Therapeut eine wirksame nach außen orientierte Trance aufrechterhalten kann und wie er mit „inakzeptablen Erfahrungen", den Problemen etwa, die er selbst in die Therapiesituation hineinträgt, umgehen kann.

Therapeutische Trance ist ein Manifest der Grundlagen der Ericksonschen Hypnotherapie, ihrer grundlegenden Prinzipien und Techniken. Es ist eine Fundgrube für praktische Ideen, und es regt Therapeuten an, bestimmte Fragen zu stellen und allgemeine therapeutische Ideen zu verfolgen. Gelehrt und gut geschriebene Konzepte werden in logischer und übersichtlicher Weise entwickelt. Wir erhalten Einblick in aktuelle Transkripte, wodurch Techniken mehr gezeigt als erklärt werden. In einer Zeit, wo Ericksonsche Methoden das Interesse an Hypnose neu geweckt haben, wird dieser Band deren Wachstum und Entwicklung anregen.

Nun also, wieviele Ericksonianer braucht man, um eine Glühbirne auszuwechseln? Die Antwort lautet: einen. Aber sicherlich hilft es, wenn Gilligan uns zeigt, wie wir es besser machen können.

Es ist ein Vergnügen, von Gilligan zu lernen, und ich freue mich schon auf den Nachfolgeband dieses Buches.

Dr. Jeffrey K. Zeig,
Direktor der Milton Erickson Foundation
Phoenix, Arizona
August 1986

Vorwort zur deutschen Ausgabe

Noch immer gibt es im Bereich der Psychotherapie keine Methode, auf die so mit Vorurteilen und Mythen reagiert wird wie auf Hypnose und Hypnotherapie. Insbesondere Vorstellungen von Manipulation, von Dominanz-Unterwerfungsbeziehungen und von zur passiv-rezeptiven Willenlosigkeit verurteilten Klienten (wobei der Therapeut als die charismatisch-mächtige Leitfigur gesehen wird) sind nicht selten. Verwunderlich ist dies nicht, denn die Praxis mancher Bühnenhypnotiseure, aber auch einige Strategien der klassisch-autoritativen Hypnose bieten kräftige Nahrung für solche Einschätzungen.

Die Ericksonsche Hypnotherapie bietet solchen Vorurteilen wenig Angriffsfläche. Sie ist von Anfang an auf Wertschätzung der eigenen Aktivitäten und der Fähigkeiten der Klienten angelegt. Und dennoch zeigen einige, auch sehr erfahrene Ericksonsche Praktiker eine Tendenz, in der therapeutischen Arbeit einseitig die Führung des Geschehens zwischen ihnen und den Klienten übernehmen zu wollen. Ihre Kompetenz scheinen sie dabei auch noch daran abzulesen, ob sie die Klienten zu etwas gebracht haben (zum Beispiel zur Aufgabe ihres Symptoms). Hiervon hebt sich Stephen Gilligans Position sehr deutlich und wohltuend ab. In der immer größer werdenden Zahl der Veröffentlichungen zur Ericksonschen Hypno- und Psychotherapie kenne ich keine Arbeit, die so klar und konsequent den Aspekt gleichrangiger Kooperation zwischen Klienten und Therapeuten repräsentiert wie dieses Buch. In überzeugender Weise legt Gilligan dar, wie der Therapeut ein Partner sein kann, dessen Hauptaufgabe und Kompetenz darin bestehen sollte, den Klienten ihre eigene Kompetenz und ihre eigenen hilfreichen Erfahrungen erlebbar und nutzbar zu machen. Ich kenne Stephen Gilligan nun seit dreizehn Jahren und habe viele Gelegenheiten gehabt, seine Arbeitshaltung zu studieren und ihn als Freund in seiner alltäglichen Lebensgestaltung zu erleben. Immer wieder berührt und beeindruckt hat mich dabei, wie er meisterhafte Technik mit kongruenter Wertschätzung verbinden kann und den Klienten Begegnungen anbietet, in denen sie merken können, daß sie vor allem von sich selbst lernen und dadurch ihre Probleme lösen können. In diesem Buch präsentiert er dafür nun auch noch einen brillanten theoretischen Entwurf, der für die Praxis interessierter KollegInnen von großem und bleibendem Wert sein wird (und für viele schon geworden ist).

Von enormem Nutzen wird diese Arbeit dabei nicht nur für hypnotherapeutisch orientierte KollegInnen sein, sondern für Interessierte aus den verschiedensten Psychotherapierichtungen und darüber hinaus für alle, die ihren eigenen Alltag durch eine flexiblere Kommunikation mit sich und anderen bereichern wollen. Der systemische Ansatz zum Beispiel orientiert sich ebenso wie die Ericksonschen Konzepte entschieden an einer Ressourcenperspektive. Symptome werden dabei als beziehungsgestaltende Fähigkeiten behandelt, die ihren Sinn im Kontext gewinnen (aus meiner Sicht sind Ericksonsche und systemische Konzepte in vieler Hinsicht „Zwillingsgeschwister"). Ich kenne aber keine Veröffentlichung, weder im Ericksonschen noch im systemischen Feld, in der es so konsistent und überzeugend wie in dem vorliegenden Band dargelegt wird, daß Symptome qualitativ die gleichen Prozesse widerspiegeln wie therapeutisch hilfreiche Tranceerlebnisse. Gilligan weist in vielen anschaulichen Beschreibungen nach, daß Symptome kreative Selbstinduktionsprozesse sind und, noch wichtiger, daß Therapeut und Klient genau diese Prozesse wieder nutzen können, um Symptome in Lösungsressourcen zu transformieren. Dadurch wird gewährleistet, daß der therapeutische Prozeß nicht zum „Wegmachen" von „Störungen" führt, sondern zur bereichernden Eröffnung von mehr Wahlmöglichkeiten. Hierbei können dann auch die sogenannten „symptomatischen" Fähigkeiten kontextspezifisch als wichtige Markierungszeichen erhalten bleiben und konstruktiv genutzt werden. Welch entscheidender Fortschritt dies für die Arbeit mit Klienten ist, wird dem Leser vielleicht erst richtig klar, wenn er diese Haltung in der eigenen Praxis anwendet. Meine eigene Erfahrung jedenfalls ist, daß so die bisherige Lebensgestaltung der Klienten als kreativer und kompetenter Entwurf (trotz ihrer möglicherweise leidvollen Erfahrungen) gewürdigt werden kann. Gleichzeitig können sie so ein stabiles Selbstvertrauen in die eigenen Lösungskompetenzen entwickeln. Konzepte wie „Widerstand", die die Reaktionen von Klienten pathologisieren und abwerten, verlieren so ihren Sinn. Möglich wird damit eine ganzheitliche Wertschätzung von Ambivalenzprozessen und von bisher als defizitär angesehenen Erlebnisweisen von Klienten. Die systemische Arbeitsweise (zum Beispiel positive Konnotationen) erfahren durch die hier vorgelegten Konzepte eine wesentliche Differenzierung und ermöglichen ein viel flexibleres Arbeiten.

Neben den genannten Schwerpunkten ist für mich weiter zentral in diesem Buch, daß und wie Gilligan überzeugend darlegt, daß sogenannte Tranceprozesse Alltagsprozesse sind. Er trägt damit wohltuend zu einer Entmystifizierung der Hypnosekonzepte bei. Noch wichtiger: Er zeigt dadurch viele Möglichkeiten auf, wie man die unwillkürlichen, intuitiven Prozesse des sogenannten „Unbewußten" in kooperativer Weise mit unseren kognitiven und willkürlich gesteuerten Denk- und Erlebnisweisen verbinden kann. Tranceerfahrungen werden so nicht mehr etwas Abgehobenes, was nur in ritualisierten Sondersituationen mühselig freigesetzt werden kann. Sie werden verstehbar als etwas ganz Selbstverständliches, das wir alle kennen und täglich praktizieren.

Gilligan selbst ist dafür ein faszinierendes und überzeugendes Beispiel. Er redet nicht nur von „vertrauensvoll kooperativem Kontakt zwischen bewußt-kognitiven und intuitiv-unbewußten" Prozessen, er lebt sie auch kongruent. Dies zeigt sich zum Beispiel daran, daß er Tranceinduktionen nur anbietet, indem er selbst dabei auch in eine tranceartige (nach außen und innen gleichermaßen fließende) Aufmerksamkeitshaltung geht. Die dabei entstehende Erfahrung mühelos-gleitender kreativer Imagination mit erhöhter Wahrnehmungsfähigkeit ist so wohltuend und bereichernd, daß man sich selbst als Beobachter in kurzer Zeit ähnliche Prozesse erlaubt. Er zeigt, daß Kooperation in der Therapie gerade auch bei systemisch-strategischer und hypnotherapeutischer Orientierung am besten funktioniert, wenn der Therapeut sich kongruent auf genau die Prozesse selbst einläßt, zu denen er die Klienten anregen will. Für irgendwelche „Macher"-Positionen, die vielfach gerade mit Ericksonschen und systemischen Konzepten verbunden werden, ist hier kein Platz. Wie intensiv sich Gilligan für eine solche co-kongruent-gleichrangige Haltung entschieden hat, zeigt sich vielleicht auch daran, daß er in den siebziger Jahren einmal, um hypnotisches Lernen mit Identifikationstechniken auszuprobieren, wochenlang im Rollstuhl herumfuhr. Er wollte so am Modell von Milton Erickson so erlebnisnah wie möglich identifikatorisch lernen (Erickson war ja durch zweimalige Polio-Erkrankungen in seinen späten Jahren weitgehend an den Rollstuhl gebunden). Ich könnte hier durchaus noch eine Vielzahl ähnlicher Anekdoten über hypnotische Selbsterfahrungsprozesse von Gilligan anfügen.

Diese Aufrichtigkeit und die durch intensive Selbsterfahrung geprägte Kongruenz in der gleichrangigen Begegnung mit Klienten wird den Lesern sicher auch bei der Lektüre spürbar werden. Darüber hinaus wird in den Transkripten und Kommentaren deutlich, warum Gilligan zu Recht zu den führenden Ericksonschen Hypnotherapeuten gezählt wird. Das alles läßt dieses Buch zu einer wahren Fundgrube zum Erlernen Ericksonscher Konzepte und hypnotherapeutischer Vorgehensweisen werden. Erstaunlich ist auch, wie gut es gelungen ist, die sprachlich differenzierten Therapieprozesse ins Deutsche zu übersetzen.

Dr. Gunther Schmidt

Einführung

Das vorliegende Buch befaßt sich mit der therapeutischen Nutzung von Trancezuständen. In erster Linie ist es für Therapeuten geschrieben, obwohl vielleicht auch Angehörige anderer helfender Berufe dafür Verwendung finden. Es baut auf dem fruchtbaren Werk Milton H. Ericksons auf und soll ein Gefühl dafür vermitteln, wie Therapeuten mit Klienten zusammenwirken können, um Probleme in Lösungen zu überführen.

Eine Hauptprämisse des Buches ist, daß Hypnose ein ausgezeichnetes Modell abgibt, mit dem man beschreiben kann, wie Erfahrung zustandekommt. Hypnose wird definiert als eine erlebbar absorbierende Folge von Interaktionen, die einen veränderten Bewußtseinszustand hervorbringt, in dem Selbstartikulationen sich automatisch (d. h. ohne Vermittlung durch bewußte Prozesse) zu ereignen beginnen. Wie wir sehen werden, ermöglicht dieser natürliche Zugang gleichermaßen die Beschreibung der Induktion von „außer Kontrolle geratenen" Symptomen und der Induktion von therapeutischen Trancezuständen in einer allgemeinverständlichen Sprache; entsprechend ist die Konzentration auf ein Problem von ihrer Wirkung her bereits eine Konzentration auf eine natürliche „Hypnoseinduktion" (vgl. Ritterman 1983). Probleme und Lösungen mit derselben Sprache zu beschreiben, bringt den Vorteil, daß man die Hypnoseinduktion und andere therapeutische Kommunikationen direkt in der Art und Weise der „Probleminduktion" gestalten kann, die der Klient verwendet. Der Ericksonsche Praktiker macht sich auf diesem Weg eben jene Muster, mit denen der Klient an eingeschränkten Wirklichkeiten festhält, zunutze, um die Spanne von Möglichkeiten zu erweitern.

Eine weitere Hauptprämisse dieser Sichtweise besagt, daß die Bedeutung, der Wert einer Erfahrung in erster Linie von ihrem Kontext abhängt. Ich nenne ein Beispiel: Eine junge Frau kam in Therapie und klagte, daß sie, wenn sie die Augen schloß, um sich zu entspannen, seit einigen Monaten immer den intensiven Blick eines „Augenpaares" auf sich gerichtet sah. Diese Augen waren körperlos (d. h. sie gehörten nicht zu einem Gesicht oder zu einem Körper), und sie starrten sie so lange unentwegt an, bis sie ihre Augen öffnete und sich wieder nach außen orientierte. Dieses Erleben beunruhigte die Frau mehr und mehr, so daß sie therapeutische Hilfe suchte, um sich damit auseinanderzusetzen.

Interessanterweise wurde nun einige Monate später in einer Trainingsgruppe für Therapeuten in Deutschland von einer ähnlichen phänomenologischen Erfahrung berichtet. Während einer Gruppentrance wurde allgemein suggeriert, daß die Teilnehmer einen angenehmen Dissoziationszustand entwickeln würden („die Mitte von Nirgendwo"), in dem ihr Unbewußtes ihnen ein bedeutsames Symbol für die weitere Entfaltung ihres Selbst mitteilen werde. Nach Beendigung der Trance und nach der Bitte um Erfahrungsberichte meldete sich eine Frau, um eine Erfahrung mitzuteilen, die für sie von großer Bedeutung war. Sie beschrieb, wie sie während der Trance mit einem angenehmen Gefühl in einen „leerartigen" Zustand eingetaucht sei und ganz allmählich ein paar Augen wahrgenommen habe, die sich langsam aus der Ferne auf sie zu bewegten. Sie spürte, daß dieses ungewöhnliche Erlebnis irgendwie hoch bedeutsam war, als ob „etwas oder jemand zu ihr zurückgekehrt sei". Sie war tief bewegt und berührt und fühlte keine Notwendigkeit, die Erfahrung bewußt zu analysieren.

Zwei verschiedene Menschen erlebten also das gleiche Trancephänomen der „unverbunden-körperlosen Augen"; für die eine war es ein Problem, für die andere eine Lösung. Der „Unterschied, der einen Unterschied macht" (Bateson 1979), könnte man argumentieren, läßt sich mit einem Wort zusammenfassen: Kontext. Wir werden sehen, daß Kontext („das, was mit dem Text oder einer Geschichte verknüpft ist",) in vielen Sprachen beschrieben werden kann: (1) biologisch (im Hinblick auf Gegenwart und Rhythmen im Erleben der Beteiligten), (2) soziologisch (bzgl. der Gemeinschaft, in der ein Ausdruck dargeboten wird), (3) ideologisch (bzgl. der Absichten oder Ideen, denen eine Person oder Gemeinschaft sich verpflichtet hat) und (4) psychologisch (hinsichtlich der Strukturen, durch die eine Person Erfahrungen repräsentiert und sie für sich sinnvoll macht).

In Abhängigkeit von der Bewertung dieser unterschiedlichen Kontexte kann eine phänomenologische Erfahrung radikal verschiedene Bedeutungen annehmen. Das Phänomen der „unverbunden-körperlosen Augen" etwa wurde als Problem erlebt in einem Kontext, der gekennzeichnet war durch arythmische biologische Muster (wie unterbrochenes Atmen und gespannten Muskeltonus), fehlende Unterstützung durch eine Gemeinschaft, mangelnden Sinn dafür, die Augen um ihr Erscheinen zu bitten und ein Gefühl, sich durch Vermeiden auf sie beziehen zu müssen. In deutlichem Kontrast hierzu wurde das gleiche

Phänomen als Lösung erlebt in einem Kontext ausgeglichener Biorhythmen, in unterstützender, Anerkennung gewährender Gemeinschaft, im Gefühl, ein ungewöhnliches Symbol zu seinem Erscheinen einzuladen und in Beziehungsmustern, die Aufmerksamkeit und Wertschätzung für alles, was auftauchen mochte, betonten.

Beobachtungen dieser Art lassen es naheliegend erscheinen, daß die Aufgabe des Therapeuten darin besteht, problematischen Prozessen einen neuen Kontext zu geben, damit sie als „wertvolle", wertschätzbare Lösungen zugunsten von Entwicklung und Wachstum der Person dienen können. Angewandt auf die Frau, die durch die Augen beunruhigt war, bedeutete das, daß ich zunächst einmal ihre Aufmerksamkeit auf sanfte, sie jedoch gänzlich absorbierende Weise sicherstellte. Nach einer detaillierten Beschreibung ihrer Erfahrung (wann, wo, wie und in Verbindung mit wem die Augen auftauchten), bat ich sie, ihre Augen geöffnet zu lassen und in meine zu sehen, wenn ich ihr hypnotische Kommunikationen anbot. Diese Kommunikationen arbeiteten sorgfältig heraus, wie die Absorption in meinen Augen konstant bleiben konnte, auch wenn mein Gesichtsausdruck sich in einer überraschenden, ihr Gefühl der Sicherheit jedoch nicht beeinträchtigenden Vielfalt verändern mochte. Indem ich so meine Augen vom Gesicht löslöste, entstand die körperlose Augentechnik, die sie auf natürliche Weise entwickelt hatte, im Erleben der therapeutischen Beziehung neu. Weitere hypnotische Suggestionen beschrieben die vielen möglichen Wege, auf denen ihr Unbewußtes beginnen konnte, die Augen zu erforschen und sich auf sie zu beziehen als ein Mittel zur sicheren Entdeckung und Entwicklung ihrerselbst, wobei sie wußte, daß sie meine Stimme bei allen Explorationen als Anhaltspunkt und Sicherheitsanker benutzen konnte. Auf diese Weise wurde ihr Problem in der Erfahrung umgeformt zu einer Gelegenheit, einen bedeutsamen hypnotischen Vorgang zu bewältigen, den ihr Unbewußtes entwickelt hatte.

Dieser paradoxe Ansatz, Probleme auf dem Weg der therapeutischen Beziehung in Lösungen zu übersetzen, wird in den folgenden acht Kapiteln sorgfältig ausgeführt. Das erste Kapitel entwickelt einen allgemeinen Rahmen für das Verständnis der Ericksonschen Hypnotherapie. Es stellt die traditionelleren Auffassungen des autoritären Ansatzes (der die Macht des Hypnotiseurs betont) und des standardisierten Ansatzes (der die „Suggestibilität" der Versuchsperson oder des Patienten hervorhebt) der interaktionellen Sichtweise des Ericksonschen Ansatzes gegenüber (der die kooperative Beziehung zwischen Hypnotiseur und Patient in den Mittelpunkt rückt). Das Kapitel identifiziert sodann weitere Schlüsselideen, die der Ericksonschen Hypnotherapie zugrundeliegen: (1) Jede Person ist einzigartig; (2) Hypnose ist ein erlebnishafter Prozeß, bei dem Ideen ausgetauscht werden; (3) jede Person hat Entwicklungsressourcen; (4) Trance stärkt und erweitert die Ressourcen; (5) Trance ist ein natürliches Phänomen und biologisch wesentlich; (6) Ericksonsche Ansätze sind eher lösungs- als problemorientiert; (7) die Einzigartigkeit einer Person kann auf vielen Ebenen gewürdigt werden; (8) das Unbewußte kann fruchtbar wirksam sein.

Kapitel 2 untersucht die Tranceerfahrung. Zunächst wird ein Überblick gegeben über Theorien und Metaphern, die für die Beschreibung von Trance gebräuchlich sind; dem folgt die Darlegung einer natürlichen Auffassung von Trance als einem kontextübergreifenden und biologisch wesentlichen Vorgang, der viele verschiedene Zwecke erfüllt. Phänomenologische Charakteristika des Tranceerlebens (wie etwa Mühelosigkeit im Ausdruck, Veränderlichkeit von Raum und Zeit, Logik in der Trance) werden dann identifiziert und beschrieben. Dieses Kapitel arbeitet heraus, inwiefern Symptomphänomene und hypnotische Phänomene dieselben Phänomene sind, die sich nur dadurch unterscheiden, daß sie in verschiedenen Kontexten zur Äußerung kommen, so daß der therapeutische Kontext genutzt werden kann, um Passiva in Aktiva zu verwandeln.

Kapitel 3 stellt im Überblick den allgemeinen Ansatz des Ericksonschen Hypnotherapeuten vor und entwickelt drei Schlüsselideen des hypnotischen Prozesses: Erstens, die Integrität und Kongruenz des Therapeuten sind ein wesentlicher Kontext für therapeutische Effizienz. Zweitens, der Hypnotherapeut kann mit dem Klienten zusammen eine „interpersonelle Trance" entwickeln, die dazu dient, unbewußte Kreativität zu stimulieren und therapeutische Ergebnisse zu erzielen. Drittens, das Prinzip der Kooperation (was bedeutet, die Wirklichkeit des Klienten anzunehmen und sie nutzbar zu machen) ist die Ausgangsbasis für alle Techniken. Das ganze Kapitel unterstreicht die Notwendigkeit, den sich jeweils gerade ereignenden Prozessen flexibel und einfühlsam zu begegnen.

Kapitel 4 führt aus, wie im einzelnen diese Anpassung an die Realität einer anderen Person auf verschiedenen Ebenen zu erreichen ist. Es wird gezeigt, welche Methoden dazu dienen können, um auf verbalen und nonverbalen Kanälen mit dem Verhalten einer Person in Kontakt zu kommen und es zu lenken. Dem folgt eine Diskussion, wie man Mikro-Verhaltenseinheiten („minimale" Hinweise) beobachten und nutzen kann. Die Anwendung von Kooperationsprinzipien auf Makro-Verhaltenseinheiten (wie z. B. Symptome, Lebensstile, Fertigkeiten und Potentiale) wird danach erforscht. Insgesamt wird das Konzept der hypnotischen Kommunikation als Entfaltung innerhalb einer auf das Erleben zielenden Feedback-Schleife zur Geltung gebracht.

Kapitel 5 beschäftigt sich mit dem spezielleren Gebiet der Anfangsphase einer Hypnotherapie. Diese Phase umfaßt zwei komplementäre Vorgänge: (1) Informationen darüber zu sammeln, wie ein Klient eine Wirklichkeit erzeugt und an ihr festhält und (2) den erlebbaren natürlichen Prozeß der therapeutischen Trance einzuleiten. Auf diese Weise versucht der Hypnotherapeut, gleichbleibende Werte in der Welt des Klienten (wie soziale Beziehungen, Absichten, fixierte Verhaltensmuster, Überzeugungen) zu identifizieren, die er dann einsetzen kann, um Erfahrungsprozesse im therapeutischen Feld zu entwickeln.

Kapitel 6 beschreibt, wie im einzelnen hypnotische Reaktionen ausgelöst werden können. Spezifische Zugangstechniken bestehen darin, Fragen zu stellen, Suggestionen einzustreuen, hypnotische Reaktionen vorauszusetzen, in einer allgemein bleibenden Sprache zu sprechen, Geschichten zu erzählen, Assoziationshinweise zu nutzen, neue assoziative Verknüpfungen herzustellen, sie umfassen außerdem Pacing und Leading dominanter kognitiver Stile sowie Gestaltung und Ratifizierung hypnotischer Reaktionen. Alle diese Techniken bedienen sich natürlicher Kommunikationen innerhalb einer sensiblen interpersonellen Feedback-Schleife, um eine Person in Wirklichkeitserfahrungen einzutauchen, die gleichermaßen zur Entwicklung von Trance und zu therapeutischer Veränderung führen.

Kapitel 7 zeigt, wie Klientenreaktionen interferieren können mit der direkten Entwicklung einer therapeutischen Trance und wie der Therapeut solche Reaktionen als Ausgangspunkt für hypnotische Konfusionstechniken nutzen kann. Milton Erickson war der Pionier dieser „Deframing"-Techniken, die darin bestehen, daß der Therapeut sich an Verhaltens- und Denkmuster des Klienten anpaßt, um dann entweder diese Muster zu unterbrechen oder sie zu überladen, mit dem Ziel, hypnotische Empfänglichkeit herbeizuführen. Die Wichtigkeit kontextueller Faktoren (wie die Beziehung, nonverbale Kommunikation usw.) werden in der gesamten Diskussion immer wieder hervorgehoben.

Das letzte Kapitel versucht zu zeigen, wie die zuvor in diesem Buch untersuchten Prinzipien und Techniken in den unterschiedlichen Bereichen der praktischen Anwendung zusammenkommen. Zuerst wird das Transkript einer Hypnoseinduktion analysiert; dem folgt eine Erörterung ihrer Anwendbarkeit auf Kinder, Psychotiker, Notsituationen und Gruppen. Zum Schluß wird eine Reihe von Fragen angeboten, die helfen sollen herauszufinden, wo ein Hypnotherapeut in seiner Beziehung zu Klienten festgefahren sein mag.

Das ganze Buch betont die Fruchtbarkeit des Unbewußten sowohl beim Therapeuten als auch beim Klienten. Es wird behauptet, daß kreative Lösungen quälender Probleme auftauchen können, wenn Therapeut und Klient auf die Zusammenarbeit und gemeinsame Anstrengung ihrer unbewußten Prozesse vertrauen. Da einige fälschlicherweise annehmen, diese Sichtweise solle die geistlose und narzißtische freie Assoziation des Therapeuten rechtfertigen, sei hier von Anfang an klargestellt, daß nichts vom Kern der Sache weiter entfernt ist. Der Ansatz, der auf den folgenden Seiten skizziert wird, verlangt vom Therapeuten volles Engagement für den Klienten, was sowohl Gegenwärtigkeit im Erleben als auch die Fähigkeit impliziert, Verhaltensmuster auf vielen Ebenen zu unterscheiden und eine Verbindung zu ihnen herzustellen. Hingabe und Stärke sind erforderlich, will der Therapeut entdecken, wie er in diesem Prozeß „kontrollierter Spontaneität" zugleich ein Teil und doch getrennt von der Realität des Klienten sein kann. Wie wir sehen werden, müssen Therapeuten auf ihre eigenen unbewußten Prozesse und auf die ihrer Klienten eingestimmt sein und auf sie zurückgreifen, wenn dieser Prozeß gelingen soll.

Zum Abschluß möchte ich noch betonen, daß dieses Buch weder erschöpfend noch endgültig ist. Es ist ein möglicher Zugang zur Erickson-Therapie: Andere haben Perspektiven skizziert, die sich von der hier gewählten unterscheiden (siehe Zeig 1985a, 1985b). Darüber hinaus ist dieser Band der erste einer geplanten Reihe; weitere Bände werden Strukturen der Hypnotherapie und Modelle der Psychotherapie herausarbeiten, die helfen, Ericksonsche Prinzipien und Prozesse in vielfältiger Weise anzuwenden. Nach diesen Warnungen lade ich Sie ein, das Buch nach Ihrem eigenen Tempo und Stil zu untersuchen. Sie mögen die verschiedenen Techniken relevant finden oder auch nicht, meine größte Hoffnung ist, daß sie über das Kooperationsprinzip als Grundlage jeglicher tiefgreifenden Veränderung nicht nur im Bereich der Therapie, sondern auch in anderen Bereichen menschlicher Interaktion ernsthaft nachdenken.

1. Die Ericksonsche Auffassung von Hypnose

Der Begriff Hypnose läßt an vieles denken: an Macht, magische Heilungen, Geheimnis, Verlust von Kontrolle und so fort. Viele dieser weitverbreiteten Vorstellungen sind leider irreführend. Dieses Kapitel unterscheidet den Ericksonschen Ansatz von einigen dieser populären Mißverständnisse. Der erste Teil gibt einen Überblick über verschiedene Konzepte der Beziehung in der Hypnose: Der autoritäre Ansatz betont den Hypnotiseur; der standardisierte Ansatz konzentriert sich auf den Patienten, und der Kooperationsansatz stellt die Beziehung zwischen Hypnotiseur und Patient in den Mittelpunkt. Der zweite Teil skizziert acht Grundannahmen des Ericksonschen Ansatzes: (1) Jede Person ist einzigartig; (2) Hypnose ist ein Prozeß, in dem Ideen ausgetauscht werden; (3) jede Person hat Entwicklungsressourcen; (4) Trance stärkt und erweitert die Ressourcen; (5) Trance ist ein natürliches Phänomen; (6) tiefgreifende Veränderung geschieht eher durch Korrigieren der Richtung als durch Korrigieren von Irrtümern; (7) die Einzigartigkeit einer Person kann auf vielen Ebenen gewürdigt werden; (8) das Unbewußte kann autonom und fruchtbar wirksam sein.

DIE HYPNOTISCHE BEZIEHUNG

Nach herkömmlichem Verständnis gilt Hypnose als soziale Interaktion zwischen zwei Personen in den Rollen von Hypnotiseur und Patient. Diese Interaktion zielt darauf ab, im Patienten einen besonderen „Trance"zustand zu erzeugen. In diesem Zustand unterscheiden sich Verhalten und Erleben des Patienten, so die Annahme, von dem Verhalten und Erleben, das für seinen oder ihren Wachzustand charakteristisch ist.

Obwohl die meisten Hypnosepraktiker dieser allgemeinen Beschreibung zustimmen würden, sind sie sich völlig uneinig, wenn es um das Spezifikum der hypnotischen Beziehung geht. Um ein paar der

Differenzen zu verdeutlichen, kann man drei Ansätze unterscheiden: den autoritären Ansatz, den standardisierten Ansatz und den Kooperationsansatz.

Der autoritäre Ansatz

Dem Extrem dieses Ansatzes zufolge verursacht ein „mächtiges" Individuum (der Hypnotiseur) mit „besonderen" geistig-seelischen Fähigkeiten (beispielsweise mit dem „hypnotischen Auge" oder einem „starken Willen"), daß ein anderes Individuum (der Patient) in einen relativ passiven Zustand eintritt, in dem er oder sie „empfänglich" ist für die „Suggestionen" des Hypnotiseurs. Die Suggestionen können dann Patienten „zwingen", verschiedene Verhaltensweisen zu zeigen, die sie sonst nicht zeigen wollten oder könnten, sei es, wie ein Hund zu bellen oder das Rauchen aufzugeben. Im Umkreis dieses Standpunktes wimmelt es von Begriffen und Vorstellungen wie „der Geist beherrscht die Materie", „Kontrollverlust", „Suggestionen einimpfen" und „Empfänglichkeit", wobei solche Vorstellungen selbst zum Teil durch Bücher, Filme und Folklore „eingeimpft" wurden. Solche Konzeptionen werden häufig von Laien offen vertreten, aber implizit glauben auch viele Therapeuten, die Hypnose anwenden, an sie.

Der autoritäre Ansatz wird besonders bei der Bühnenhypnose kommerziell verwertet. Es handelt sich hierbei um Vorführungen in Nachtclubs, bei denen sich Versuchspersonen freiwillig auf die Bühne melden. Dort wird ihnen vom Hypnotiseur zunächst ein kurzer Schwall (5 - 10minütig) induktiver Kommunikation verabreicht, bevor dieser dann autoritative Befehle erteilt, durch die er die Versuchspersonen beauftragt, ungewöhnliche und oft komische Verhaltensweisen auszuführen, etwa einen Schuh zu verlieren, sich wie ein Tier zu benehmen oder mit einem Striptease zu beginnen. Wenn sie dann nach der Hypnose zu ihren Tischen zurückkehren, werden sie von den gefälligen Schmeicheleien ihrer jubelnden und verblüfften Freunde überschüttet. In diesem Sinn hat Bühnenhypnose dieselbe Funktion wie eine Flasche Alkohol: Menschen, die normalerweise gehemmt sind, können sich wild und verrückt gebärden, die Verantwortung für solches Verhalten hingegen können sie von sich weisen und sie jemand (dem Hypnotiseur) oder etwas (dem Trancezustand) anderem zuschreiben.

Dieser direkte autoritäre Ansatz findet auch bei vielen klinischen Hypnotiseuren Anwendung, wenn auch auf weniger spektakuläre Art. Obwohl Kliniker in einem anderen situativen Kontext arbeiten und andere Intentionen haben (etwa die, Menschen zu helfen, sich zu verändern), verstehen auch sie Hypnose implizit als einen Vorgang, bei dem sie Kontrolle über die geistig-seelischen Prozesse von Klienten ausüben, sie also in diesem Sinn hypnotisieren, um ihnen dann zu befehlen, unerwünschte Verhaltensmuster wie z. B. suchtartiges Rauchen oder Essen zu verändern.

Meist haben Anhänger des autoritären Ansatzes die besten Absichten, und doch leisten sie irreführenden Vorstellungen von Hypnose Vorschub. So wird z. B. das Unbewußte im allgemeinen aufgefaßt als etwas, was nicht das Individuum sei; es wird betrachtet als „tabula rasa" oder als „fruchtbarer Boden", in den Suggestionen hineingeschrieben oder eingepflanzt werden können. Die Suggestionen üben dann angeblich eine machtvolle Kontrolle über das Verhalten von Patienten aus und zwingen sie manchmal, in einer Weise zu handeln, die mit ihrem bewußten Wollen oder mit ihren normalen Verhaltensgewohnheiten unvereinbar sind. Die vielleicht unglücklichste Implikation hierbei ist, daß der Hypnotiseur den Patienten in seiner Gewalt habe. Wie wir in späteren Kapiteln sehen, entmutigt diese völlig irrige Meinung über den Kontrollverlust viele Personen sehr, sich ganz am hypnotischen Prozeß zu beteiligen.

Die autoritären Konzeptionen haben zum Teil ihren Ursprung in den Schriften historischer Persönlichkeiten wie Mesmer, Bernheim, Charcot und Freud. Obwohl diese Männer verschiedene theoretische Positionen vertraten (für detaillierte Vergleiche siehe Ellenberger, 1970), beschrieben sie Hypnose überwiegend als asymmetrische Beziehung, in welcher der Hypnotiseur (gewöhnlich ein charismatischer Mann) eine im allgemeinen passive Person (gewöhnlich eine Frau) beherrschte. Nehmen wir als Beispiel etwa Ellenbergers (1970) Beschreibung von Charcot, einem der herausragendsten Wissenschaftler des späten 19. Jahrhunderts:

> In den Augen der Öffentlichkeit war Charcot der Mann, der die Abgründe der menschlichen Seele erforscht hatte, daher auch sein Spitzname „Napoleon der Neurosen". Ihm wurde die Entdeckung der Hysterie, des Hypnotismus, der doppelten Persönlichkeit, der Katalepsie und des Somnambulismus zugeschrieben. Man erzählte sich seltsame Dinge über seinen Einfluß auf die hysterischen jungen Frauen der Salpetrière und über manche Geschehnisse dort. Jules Chareties berichtet, daß während eines Patientenballs in der Salpetrière unangekündigt ein Gong betätigt wurde, woraufhin viele hysterische Frauen sofort kataleptisch wurden und die Stellungen beibehielten, in denen sie sich befanden, als der Gong ertönte (S. 95).

Indem der autoritäre Ansatz nur die Macht des Hypnotiseurs im Blick hat, berücksichtigt er nicht die Einzigartigkeit eines jeden Patienten hinsichtlich seiner Lernerfahrungen, Überzeugungen, Begabungen usw., und er erkennt auch nicht dessen Fähigkeiten zu wählen, wie und ob er sich überhaupt an den Ereignissen in der Hypnose beteiligen will. Wie wir noch sehen werden, ist der Ansatz aus diesem Grund nur von begrenztem Wert für die Entwicklung bleibender therapeutischer Veränderungen.

Die einschränkenden Konzepte des autoritären Ansatzes haben zum Teil deswegen so lange fortgelebt, weil Freuds kategorische Zurückweisung der Hypnose um die Jahrhundertwende eine ernsthafte, wissenschaftliche Untersuchung des Themas für viele Jahre fast unterbunden hat. Cheek und LeCron (1968) haben das so kommentiert:

> In den 90er Jahren des 19. Jahrhunderts, als Freud zum ersten Mal zu praktizieren begann, arbeitete er mit einem Allgemeinmediziner namens Breuer zusammen, der einer der besten ärztlichen Hypnotiseure jener Zeit war. Freud wußte wenig über Hypnose, war ein schlechter Anwender und ging fälschlicherweise davon aus, daß für gute Resultate eine tiefe Trance nötig sei. Nur etwa jeder zehnte seiner Patienten erreichte eine tiefe Trance; Freud fand das enttäuschend. Breuer hatte weit bessere Ergebnisse vorzuweisen. Zwischen den beiden gab es viel Rivalität, und Freud konnte diese Situation nicht ertragen. Aus diesem Grund suchte er andere Methoden, gab die Hypnose auf und entwickelte die freie Assoziation und die Traumdeutung.
>
> So groß Freuds Beiträge zu unserem Wissen über geistige und seelische Prozesse und über Psychotherapie sind: Es war von großem Nachteil, daß er die Hypnose aufgab, denn dadurch blockierte er die Hypnotherapie fast fünfzig Jahre lang. Viele Psychiater und Analytiker heute haben nur ein minimales Interesse an Hypnose. Sie wissen nichts darüber und halten sie für wertlos, weil Freud sie erst angewendet und dann wieder aufgegeben hat. Viele von ihnen sind der festen Überzeugung, daß Hypnotherapie nur bedeute, man suggeriere Symptome weg, wie Bernheim es getan hat. Daher wird oft behauptet, daß Hypnotherapie nur zu vorübergehenden Erfolgen führe, obwohl Bernheim und andere Ärzte damals sicher bewiesen haben, daß diese Behauptung falsch ist (S. 18).

Glücklicherweise wird dieses Modell von Hypnose mit seinen autoritären und direkten Suggestionen allmählich verworfen. Das ist weitgehend dem zu verdanken, was man als den *standardisierten Ansatz* bezeichnen könnte.

Der standardisierte Ansatz

Dieser Ansatz findet sich am häufigsten bei Experimentalpsychologen. Anstatt sich auf die Macht des Therapeuten zu konzentrieren, hebt diese

Sichtweise den Patienten als wichtigste Forschungseinheit hervor und nimmt allgemein an, daß die Bereitschaft zu hypnotischen Reaktionen eine dauerhaftes Wesensmerkmal des Patienten oder der Versuchsperson ist. Daher kann der Hypnotiseur dieselbe Zusammenstellung standardisierter Kommunikationen unverändert auf verschiedene Personen anwenden. Mit anderen Worten: Entweder ist der Patient hypnotisierbar oder er ist es nicht; das Verhalten des Hypnotiseurs spielt dabei keine große Rolle.

Die einflußreichsten Vertreter des standardisierten Ansatzes waren Akademiker, die Hypnose dadurch zu legitimieren suchten, daß sie sie den strengen Prüfungen der Experimentalpsychologie unterzogen (z. B. Hilgard 1965; Hull 1933). Ihre Bemühungen sind sicher anerkennenswert, denn sie haben die Hypnose davor bewahrt, nur die Rolle einer „Mesmerischen Metapher" (wie bei den autoritären Konzepten) zu spielen, und sie haben dadurch ihr Ansehen in der wissenschaftlichen Gemeinschaft wiederhergestellt. Indem dieser Ansatz jedoch die stillschweigende Annahme der Experimentalpsychologie, das Individuum sei die grundlegende Forschungseinheit, teilte, vernachlässigte er die entsprechende Bedeutung von Kontextvariabeln (etwa die Beziehung zwischen Hypnotiseur und Patient). Und da das Patientenverhalten das interessierende Phänomen war, bemühte man sich, alle anderen Faktoren experimentell zu kontrollieren. Es wurde z. B. viel Arbeit in die Entwicklung standardisierter Induktionsverfahren gesteckt, die auf Schallplatten oder Tonbändern abgespielt werden konnten; dadurch erübrigte sich die Induktion durch den Versuchsleiter und wurde als eine mögliche Fehlerquelle des Experiments eliminiert. Dagegen ist natürlich an sich nichts einzuwenden; es wäre sogar recht lobenswert, wenn durch ein solches Verfahren die Mehrheit der Patienten oder Versuchspersonen einen Trancezustand erleben könnten.

Es wurde dagegen bald offensichtlich, daß nur ein Bruchteil der Patienten auf standardisierte Induktionen hypnotisch reagiert: 15% sind sehr empfänglich, 65% wenig und 20% überhaupt nicht (siehe Hilgard 1965). Diese individuellen Differenzen, verbunden mit der Entdeckung, daß die Ansprechbarkeit einer jeweiligen Person durch standardisierte Tests über verschiedene Zeitpunkte im allgemeinen stabil bleibt (siehe z. B. Hilgard 1965), hatten zur Folge, daß viele Experimentatoren (Hilgard 1965; Shor, Orne, O'Connel 1966) zu der Ansicht gelangten, Hypnotisierbarkeit sei ein Wesensmerkmal, das einige Leute besitzen, andere wiederum nicht. Wie Hilgard (1965) bemerkte:

> Wann immer eine menschliche Fähigkeit gemessen werden soll, erhebt sich die Frage, wie stabil diese Fähigkeit ist, wie überdauernd über die

Zeit. Die historischen Studien der Beständigkeit des IQ sind auf dieses Problem gerichtet, und wir sehen uns bezüglich der Stabilität der Fähigkeit, in Hypnose zu gehen, mit der gleichen Art von Problem konfrontiert ... Die Ergebnisse sprechen dafür, daß *unter standardisierten Bedingungen*[1] hypnotische Empfänglichkeit ein ziemlich abhängiges Wesensmerkmal ist... (S. 69).

In diesem Sinn schreibt der standardisierte Ansatz sowohl das Gelingen als auch das Mißlingen der hypnotischen Begegnung dem *Patienten* zu. Der Hypnotiseur ist nicht so wichtig.

Dieser Ansatz weist einige schwerwiegende Probleme auf. Erstens nimmt er an, daß eine standardisierte Induktion, die im wesentlichen eine Person anleitet, sich zu entspannen und sich verschiedene Dinge vorzustellen, ein geeigneter Weg sei, die allgemeine hypnotische Begabung eines Individuums zu beurteilen. Das ist so ungefähr wie wenn man die Geschicklichkeit im Tanzen danach einschätzt, ob einer den Foxtrott beherrscht. Nun ist es aber so, daß einige Leute Disko tanzen können, doch keinen Walzer; andere können Square-Dance, aber keinen Boogie, usw. Einige Patienten können ihr Erleben bereitwillig Entspannungsinstruktionen gemäß gestalten, andere dagegen, besonders jene mit starker Neigung zu innerem Dialog, reagieren nur auf andere Induktionskommunikationen. Wie wir noch genauer untersuchen werden, gibt es viele Wege, um in Trance zu gehen; die Aufgabe des Therapeuten besteht darin, für jeden Patienten die jeweils geeignetste Induktion zu finden.

Ein zweites Problem des standardisierten Ansatzes besteht darin, daß er die hypnotische Begabung in Termini von *Verhaltens*reaktionen auf Testsuggestionen definiert. Das bedeutet, daß Personen, die z. B. ihre Hände nicht als ungeheuer schwer erleben können, sich wahrscheinlich kaum als Versuchspersonen für eine Trance eignen. Zwar ist es, besonders im experimentellen Bereich, verständlich, offenes Verhalten zur Beurteilung innerer Zustände heranzuziehen, es verstellt aber den Blick auf einen wesentlichen Punkt: Trance ist in erster Linie eine Erfahrung, wie Liebe oder Wut, die verschiedene Individuen jeweils unterschiedlich erleben. Niemand würde folgern, eine Person sei nicht wütend, nur weil sie niemanden geschlagen hat, oder sie könnte nicht verliebt sein, nur weil sie den Versuchsleiter nicht geküßt hat. Dem vergleichbar gibt es hypnotisierte Patienten, die nicht allen Verhaltensanforderungen eines Experiments nachkommen wollen oder können; andere dagegen erwachen aus der Trance, um genau das zu tun (siehe Erickson 1967). Aus diesem Grund zu sagen, diese Personen hätten nicht die Fähigkeit, eine Trance zu erleben, kann aus der gegenwärtigen Perspektive nur als ungerechtfertigte Schlußfolgerung erscheinen.

Ein drittes Problem des standardisierten Ansatzes ist, daß er nicht in genügend ernstzunehmender Weise den Befund zu erklären vermag, weshalb Suggestibilitätsscores durch viele verschiedene Faktoren entscheidend beeinflußt werden können; zu solchen Faktoren zählen periodisch veränderte Induktionsstrategien (Kubie, Margolin 1944), Medikamente und Drogen (Sjoberg, Hollister 1965), Haltungen (Kroger 1963), Erwartungen (Barber 1969, 1972; Wolberg 1948), die Beschaffenheit der Umgebung (Kramer 1969; Tart 1964), besonderes Training (Blum 1961; Sachs 1971) und Formung (Zimbardo, Rapaport, Baron 1969). Theoretiker, die der Überzeugung sind, hypnotische Begabung sei ein stabiles Wesensmerkmal, erklärten, diese wiederholten Demonstrationen gesteigerter hypnotischer Reaktionsbereitschaft (für einen umfassenden Überblick siehe Diamond 1974) seien zurückzuführen auf eine Verbesserung der Einstellung (Hilgard 1965); das bedeutet, die Patienten würden im Lauf der Zeit williger, sich auf die Hypnose einzulassen. Doch anstatt ihre Theorien angesichts solcher Evidenzen aufzugeben, führten sie Begriffe ein wie *Plateau-Hypnotisierbarkeit* (Shor, Orne, O'Connel 1966) als Ausdruck der Vermutung, daß jeder Mensch eine obere Grenze für seine hypnotische Begabung habe. Eine Person könne unterhalb dieser Grenze bleiben (was oft, besonders in den ersten Sitzungen, der Fall sei); sie könne sie jedoch nicht überschreiten.

Diese Zwänge, die der standardisierte Ansatz mit sich bringt, entmutigen Hypnotiseure, Patienten gegenüber flexibel und anpassungsfähig zu sein (vgl. Dorcas 1963); und sie lassen außerdem einige Menschen zu der Überzeugung kommen, sie könnten nie eine Trance erleben. So geschah es beispielsweise öfter, wenn ich mit Freunden oder Klienten über Hypnose sprach, daß eine ganze Anzahl von ihnen enttäuscht bekannte, keine „guten" Hypnosepatienten zu sein. Die meisten hatten eine solche Meinung entwickelt, nachdem ein Versuchsleiter oder Kliniker ihnen gesagt hatte, ihre Unfähigkeit, einer standardisierten Induktion Folge zu leisten, bedeute, daß sie nie eine Trance erleben könnten. Meine eigene Erfahrung und ebenso die von Kollegen gibt eindringlich zu verstehen, daß das nicht zutrifft: Die meisten dieser „resistenten" oder „unempfänglichen" Personen können mit besonderem Training eine Trance erleben.

Damit soll nun aber auch nicht gesagt sein, daß alle Menschen gleich gut hypnotisierbar wären. Einige Patienten können sofort und tief auf direkte hypnotische Suggestionen reagieren; andere wiederum sind für alle Zeit auf solche Techniken empirisch unansprechbar. Die Erfahrung zeigt, daß sich über diesen Punkt kaum streiten läßt. Anders verhält es sich mit der Frage, ob Individuen, die auf direkte Suggestionen im Rahmen des standardisierten Ansatzes hypnotisch unansprechbar sind, eventuell für flexiblere Hypnosetechniken in einem zwischenmenschlich intensiven Kontext (etwa einer Therapie) sehr wohl empfänglich sein können. Der standardisierte Ansatz antwortet darauf negativ, während die heutige Sichtweise darauf besteht, daß jeder Mensch als Anlage die Fähigkeit besitzt, mit seinem Erleben in eine hypnotische Beziehung einzutauchen. Einzelne Personen variieren enorm hinsichtlich zahlreicher Parameter wie z. B. der Zeit, eine Trance zu entwickeln, den Verhaltensweisen, die sie in der Trance zeigen oder ihrer interpersonellen Bedürfnisse während der Trance. Es ist daher die Aufgabe des Therapeuten, jene Bedingungen herauszufinden und zu schaffen, die hypnotische Entwicklungen begünstigen. Kurz gesagt, besteht ein zentrales Anliegen dieses Buches darin zu zeigen, wie man das tun kann.

Ehe wir unsere kurze Diskussion über den standardisierten Ansatz abschließen, sollte in aller Fairneß festgehalten werden, daß er in mancher Hinsicht nützlich ist. Standardisierte Instruktionen werden im experimentellen Kontext oft gebraucht, wofür die Notwendigkeit strenger Kontrollen ausschlaggebend ist. Standardisierte Tests können darüber hinaus Patienten identifizieren, die ohne jede Schwierigkeit eine Trance erleben (jene, die in den Tests hohe Scores erreichen). Sie können auch anzeigen, welche Trancephänomene (wie z. B. hypnotische Träume, Altersregression) ein Klient leicht entwickelt. Dies ist eine wertvolle Information für Forscher, die Hypnose benutzen, denn sie erlaubt ihnen, Versuchspersonen auszuwählen, die für ihre Zwecke geeignet sind. Sie kann auch dem Kliniker helfen zu beurteilen, wieviel Aufmerksamkeit er darauf verwenden muß, Induktionen einem konkreten Klienten anzupassen; hinzu kommt noch, daß sie die Auswahl hypnotherapeutischer Strategien (z. B. hypnotische Träume) erleichtert, die für einen bestimmten Klienten geeignet sind (siehe z. B. Spiegel, Spiegel 1978). Hiermit soll hervorgehoben werden, daß standardisierte Tests Einsicht darüber vermitteln können, was eine Person mit Leichtigkeit tun kann, sie legen aber nicht die inneren Verhaltenskapazitäten offen. Mit anderen Worten: Ein hoher Score bei einem Suggestibilitätstest bedeutet ganz allgemein, daß der Getestete für fast alle hypnotischen Instruktionen ansprechbar ist; ein niedriger Score gibt zu verstehen, daß der Hypnotherapeut eine andere Strategie wählen muß oder mehr Training benötigt.

Der Kooperationsansatz

Viele Hypnotherapeuten unserer Zeit sind der Ansicht, daß hypnotische Ansprechbarkeit eine Wechselwirkung widerspiegelt zwischen Motivationen und Interessen des Klienten einerseits, der Flexibilität und der einfühlenden Sensibilität des Therapeuten andererseits und der Stärke des Rapport zwischen Therapeut und Klient.

Der Hauptbegründer dieses klinischen Ansatzes der Hypnose war der Arzt Dr. Milton H. Erickson. Fast 60 Jahre lang widmete er sich der psychiatrischen Erforschung innovativer therapeutischer Anwendungen der Hypnose und entwickelte einen wirklich einzigartigen Ansatz der Psychotherapie. Ericksons Ansatz war in allererster Linie *kooperativ*:

> ...Hypnose sollte primär das Ergebnis einer Situation sein, in welcher interpersonelle und intrapersonelle Beziehungen auf konstruktive Weise entwickelt werden, um dem Zweck sowohl des Hypnotherapeuten als auch des Patienten zu dienen. Das kann nicht geschehen, so lange man sich an rigide Prozeduren oder fixierte Methoden hält oder bestrebt ist, ein bestimmtes Ziel zu erreichen. Die Komplexität menschlichen Verhaltens und seiner zugrundeliegenden Motivationen macht eine Erkenntnis der Vielfalt von Faktoren nötig, die sich in jeder Situation zwischen zwei Personen ergeben, die etwas gemeinsam tun (1952; in Rossi 1980a: S. 166-167).

Der kooperative Ansatz hebt also hervor, daß am hypnotischen Austausch eine Triade sich gegenseitig durchdringender Einheiten beteiligt ist. Wie Abbildung 1.1 zeigt, sind der Hypnotherapeut, der Patient und die Beziehung zwischen Hypnotheraeut und Patient als autonome Systeme konzipiert, die „gemeinschaftlich" zusammenwirken. Dieser Ansatz betont also, daß Trance immer in einem Beziehungskontext auftritt, in dem weder der Hypnotherapeut noch der Patient als voneinander unabhängig betrachtet werden können.

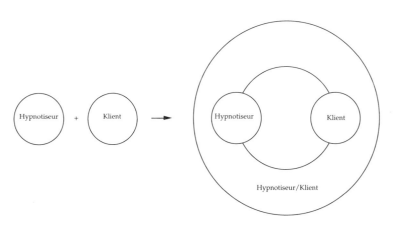

Abb. 1.1: Die kooperative hypnotische Beziehung

Im Rahmen des kooperativen Kontextes haben Hypnotiseur und Patient verschiedene Aufgaben:

> Was immer der Part des Hypnotiseurs sein mag, zur Rolle des Patienten gehört der größere Anteil aktiven Handelns - eines Handelns, das sich herleitet von den Begabungen, dem Lernen und der Erfahrungsgeschichte der ganzen Persönlichkeit. Der Hypnotiseur kann nur führen, lenken, supervidieren und für Gelegenheiten sorgen, daß der Patient die produktive Arbeit tun kann. Damit er das fertigbringt, muß er die Situation und ihre Erfordernisse verstehen, muß den Patienten gänzlich schützen und in der Lage sein, die ausgeführte Arbeit auch anzuerkennen. Er muß das Verhalten, das sich entwickelt, akzeptieren und nutzbar machen, und er muß Gelegenheiten und Situationen schaffen können, die ein angemessenes Funktionieren des Patienten begünstigen (Erickson 1952; in Rossi 1980a: S. 167).

Der Ericksonsche Praktiker kooperiert also einem Prinzip der *Utilisation* folgend, in dem die Muster des Selbstausdrucks des Klienten als Basis für die Entwicklung einer therapeutischen Trance erkannt werden. Dafür sind eher adaptive als standardisierte Instruktionen erforderlich, da der Hypnotherapeut dem aktuellen Verhalten des Patienten folgt und es dann steuert. Auf diese Weise ist der Weg in die Trance immer einzigartig, ausgehend von den einzigartigen Äußerungen von Hypnotiseur und Klient. Trance entwickelt sich, mit anderen Worten, aus einem Erleben zwischenmenschlicher Begegnung, in welcher der Therapeut sich nach dem Klienten ausrichtet und dadurch beide Seiten befähigt, empfänglicher füreinander zu werden. Methoden für das Gelingen dieses Prozesses werden in den folgenden Kapiteln ausführlich dargestellt. Bis hierhin können wir das Wichtigste wie folgt zusammenfassen: Der Ericksonsche Ansatz beruht auf Kooperation, Utilisation und Flexibilität.

Die Unterschiede der drei Ansätze: Zusammenfassung

Wir haben bisher gesehen, wie verschieden die Auffassungen von der hypnotischen Beziehung sind: Der autoritäre Ansatz nimmt an, daß der Macht des Hypnotiseurs die Hauptbedeutung zukomme; der standardisierte Ansatz konzentriert sich auf die Suggestibilität der Versuchsperson oder des Patienten, während der Kooperationsansatz die Wechselwirkung zwischen Hypnotiseur und Patient betont. Diese und andere Unterschiede haben vor allem zwischen Experimentatoren und Klinikern zu schier endlosen Auseinandersetzungen geführt. Zum Beispiel neigen Experimentatoren dazu, Kliniker der Weigerung zu bezichtigen, „wissenschaftliche Fakten" anzuerkennen, eine Behauptung, die viele Kliniker mit dem Argument zurückweisen, den Laborergebnissen mangle es an ökologischer Validität. Wenn auch viele Forscher sich nicht hinter dieser wechselseitigen Feindschaft verschanzen (siehe z. B. Perry, Gelfand, Marcovitch 1979), so ist die bestehende Polarisierung insofern unglücklich, als jede Seite der anderen den Wert ihrer Beiträge abspricht.

Warum bestehen diese Differenzen? Wie Tabelle 1.1 zeigt, kann man sie zum Teil auf die unterschiedlichen situativen Kontexte und Interessen eines jeden Ansatzes zurückführen:

Anhänger des autoritären Ansatzes befinden sich für gewöhnlich in Situationen, in denen sie sich selbst beweisen müssen, daß sie charismatisch und mächtig sind. Der Laborforscher hat sich ausgebildet in leidenschaftsloser Beobachtung des fraglichen Phänomens und widmet

Tabelle 1.1: Aspekte der hypnotischen Beziehung

	Ansatztypus		
	Autoritär	Standardisiert	Kooperativ
Situativer Kontext	Nachtclub, Klinik	Experimental-Labor	klin. Praxis
Absicht	Publikum beeindrucken, irreführen, unterhalten	Erforschung spezifischer Phänomene	Gelegenheiten für tiefgreifende Änderungen schaffen
Mittelpunkt des Interesses	Hypnotiseur	Versuchsperson, Patient	koopertive Beziehung
Kommunikationstypen	direkte und überwältigende Befehle	standardisierte, wechselnde (permissive) Suggestionen	äußerst flexibel, den Mustern des Klienten angepaßt
Allgemeine Aufgabe des Patienten	bizarres, ungewöhnliches Verhalten zeigen	Instrukionen eines Experiments befolgen	tiefe persönliche Erfahrungen in einem sicheren interpersonellen Kontext entwickeln
Dauer der Induktion	kurz	kurz	verschieden, doch meist länger (30-60 Minuten)
Interpretation der Ausbleibenden hypnotischen Reaktion	Patient leistet "Widerstand"	Patient ist "unempfänglich" für Hypnose	Therapeut muß sich den spezifischen Mustern des Klienten anpassen
Vorrangig interessierende	Verhalten des Patienten	Verhalten der Versuchsperson	inneres Erleben des Klienten und ihm folgende Verhaltensänderungen

sich ihr hingebungsvoll. Der heutige Kliniker tut, was immer er oder sie kann, um Klienten zu helfen und muß ständig die Natur der therapeutischen Beziehung in Frage stellen. So ist es nahezu unumgänglich, daß der Unterhalter oder charismatische Showman, der Experimentator und der Kliniker unterschiedliche Beobachtungssysteme, Absichten und Kommunikationsstrategien anwenden.

Sie interpretieren auch ihre Daten auf verschiedene Weise. Nehmen wir einmal als Beispiel die vertraute Situation des Patienten, der nicht in Trance geht. Der Vertreter des autoritären Ansatzes neigt dazu, das als „Widerstand" zu betrachten; der Experimentator folgert, daß die Versuchsperson für Hypnose „unempfänglich" ist; der kooperative Therapeut erkennt die Notwendigkeit, eine geeignetere Kommunikationsstrategie zu verwenden. Wenn man versteht, wie solche grundlegenden Unterschiede aus den verschiedenen situativen Kontexten hervorgehen, kann man auch die mögliche Komplementarität der Ansätze zu sehen beginnen.

Wahrscheinlich werden natürlich einige unverminderbare Unterschiede bleiben, und der wichtigste wird vielleicht die Antwort auf die Frage sein, ob alle Menschen hypnotisierbar sind. Viele Kliniker bejahen sie, viele Experimentatoren verneinen sie. Doch sogar dieser anscheinend unversöhnliche Widerspruch ist vielleicht semantischen oder methodischen Differenzen zuzuschreiben. Wie Perry, Gelfand und Marcovitch (1979) ausführen, wird Trance von Klinikern häufig im Sinn der subjektiven Involviertheit von Patienten definiert, während Experimentatoren sie nach der Anzahl anerkannter Verhaltensitems beurteilen; hinzu kommt, daß experimentelle Prozeduren ein gleichbleibendes Item-Set zur Bedingung machen, wo hingegen klinische Praxis verlangt, daß der Hypnotiseur jene Techniken anwendet, die für einen konkreten Klienten am effektivsten sind. Es könnte also sein, daß die Gegner über zwei verschiedene Phänomene reden und von einem unterschiedlichen Datenbündel aus argumentieren (vgl. Erickson 1967; Perry, Laurence 1980; Perry, Walsh 1978; Weitzenhoffer 1980). Wenn man eine gemeinsame Diskussionsbasis schafft, lassen sich die Standpunkte vielleicht irgendwie integrieren.

Weitere Ideen, die dem Ericksonschen Ansatz zugrundeliegen

Wir haben bisher gesehen, daß der Ericksonsche Ansatz eine zwischenmenschliche Beziehung in den Mittelpunkt stellt, für die ein Kooperationsprinzip charakteristisch ist. Dieser Abschnitt arbeitet weitere für den Ansatz zentrale Annahmen heraus. Jede davon wird hier nur kurz diskutiert und in späteren Kapiteln dann ausgiebig besprochen.

1. Jede Person ist einzigartig. Eine der Eigenschaften Milton Ericksons, die mich am meisten beeindruckte, war seine Bereitschaft und Fähigkeit, mit der er seine Grundüberzeugung von der Einzigartigkeit jeder Person *in die Wirklichkeit umzusetzen* vermochte. Diese innerste Überzeugung ist, wie es scheint, zum Teil aus Ericksons eigener Einzigartigkeit hervorgegangen. Neben anderen Besonderheiten war er farbenblind, konnte keine Tonhöhen unterscheiden, hatte zweimal Kinderlähmung gehabt und eine Lese-Rechtschreib-Schwäche. Er lernte diese und andere Merkmale als besondere Eigenschaften schätzen, die es ihm ermöglichten zu lernen und Freude am Leben zu haben. Mit eben dieser Einstellung wandte er sich seinen Patienten zu, um ihnen zu helfen, ihre eigenen Verhältnisse als Ausgangspunkt für die Entwicklung ihrer Person nutzbar zu machen. Hinsichtlich der Anwendung dieser Überzeugung auf die hypnotische Arbeit bemerkte Erickson (1952):

> Ein vorrangiges Problem bei aller Hypnosearbeit ist die Induktion zufriedenstellender Trancezustände ... Ein Hauptproblem bildet häufig die Sicherstellung vergleichbarer Hypnosestufen bei verschiedenen Patienten und ähnlicher Trancezustände beim selben Patienten zu verschiedenen Zeiten.
> Der Grund für diese Schwierigkeiten läßt sich von der Tatsache ableiten, daß Hypnose von Beziehungen der Person zu anderen und zu sich selbst abhängig ist. Solche Beziehungen sind nicht konstant, sondern ändern sich in Übereinstimmung mit Reaktionen der Persönlichkeit auf jede hypnotische Entwicklung. Hinzu kommt, daß jede Person einzigartig ist und ihre spontanen und responsiven Verhaltensmuster notwendigerweise bezüglich Zeit, Situation, Zwecken, denen sie dienen, und bezüglich der beteiligten Personen variieren.
> Statistisch erhält man vielleicht gewisse Durchschnittswerte für hypnotisches Verhalten, doch solche Durchschnittswerte bilden nicht das Verhalten ab, das irgendein konkreter Patient zeigt. Daher kann man nach ihnen weder individuelle Leistungen noch spezifische hypnotische Phänomene beurteilen" (Rossi 1980a: S. 139).

Erickson hat wiederholt betont, daß therapeutische Kommunikationen sich weder auf theoretische Verallgemeinerungen noch auf statistische Wahrscheinlichkeiten stützen sollten, sondern auf konkrete Muster, die die gegenwärtigen Selbstausdrücke des Klienten (z. B. Überzeugungen, offenes Verhalten, Motivationen oder Symptome) auszeichnen. Dies ist ein wirklich radikaler Vorschlag, denn er verlangt von den Therapeuten, daß sie jede Therapie, was die Erfahrung betrifft, in einem Zustand der Unwissenheit beginnen. Er geht von der Annahme aus, daß Äußerungen von Klienten individualisierte Modelle der „Wirklichkeit" darstellen und daß Therapie darauf beruht, diese Modelle anzunehmen und nutzbar zu machen. Um das in die Tat umzusetzen, müssen Therapeuten einen empfänglichen Zustand entwickeln, der ihnen ein *erfahrungsbezogenes Deframing*, d. h. das Verlassen ihres eigenen Bezugsrahmens ermöglicht, in dem sie ihre Modelle hintansetzen und „Studierende" werden, um eine neue „Wirklichkeit" (die des Klienten) kennenzulernen.

2. Hypnose ist ein erlebnishafter Prozeß, bei dem Ideen ausgetauscht werden. Eine Idee ist eine Unterscheidung, „ein Unterschied, der einen Unterschied macht" (Bateson 1979), eine Korrelation, eine Informationseinheit. Eine Idee ist eine Form von Abschließung, ein Akt der Grenzziehung, ein Weg, eine Figur von ihrem Hintergrund zu unterscheiden (vgl. Spencer-Brown 1979). Hartland unterstreicht diesen Gesichtspunkt:

> Die Induktion hypnotischer Zustände und Phänomene ist vor allem eine Sache der Kommunikation von Ideen und des Hervorrufens von Gedankengängen und Assoziationen im Patienten, die schließlich zu Verhaltensreaktionen führen. Selbst wenn der Hypnotiseur etwas mit dem Patienten macht oder ihm sagt, was er tun soll und wie er es tun soll, so ist die Trance, die dabei zustandekommt, nach wie vor das Ergebnis von Ideen, Assoziationen, geistigen Prozessen und Auffassungen, die im Bewußtsein oder im Unterbewußtsein des Patienten bereits existieren und die also lediglich im Patienten selbst entstanden sind. Bei weitem zu viele Therapeuten, die mit Hypnose arbeiten, betrachten ihre eigenen Aktivitäten, ihre Absichten und Wünsche als die eigentlich wirksamen Kräfte; unkritisch meinen sie, spezifische Reaktionen würden durch ihre Äußerungen dem Patienten gegenüber initiiert. Sie erkennen nicht, daß alles, was sie sagen oder tun, nur als Mittel dazu dient, in ihren Patienten zu stimulieren oder wachzurufen, was diese in der Vergangenheit bewußt oder unbewußt bereits gelernt oder verstanden haben ... Man sollte mit allen Kräften versuchen, die Aufmerksamkeit des Patienten auf die Vorgänge in seinem Inneren zu lenken, auf seine eigenen Körperempfindungen, seine Erinnerungen, Gefühle, Vorstellungen, auf in der Vergangenheit Gelerntes und Erlebtes. Eine gute hypnotische Technik, die in dieser Art organisiert ist, kann auch unter widrig erscheinenden Umständen bemerkenswert effektiv sein (Hartland 1971: S. 375).

Wirksame hypnotische Suggestionen oder Ideen aktivieren also Ideen oder besondere Eigenschaften, die bereits im Horizont der Selbstidentifikation einer Person liegen.

Um diese Ansicht richtig einschätzen zu können, ist es wichtig, sich klarzumachen, daß Vorstellungen in vielen Gestalten oder Modalitäten enthalten sein können: Eine Idee kann sich als Empfindung, als Bild, Wahrnehmung, Überzeugung, motorische Reaktion oder als Kognition äußern. *Das bedeutet, daß eine Person immer von verschiedenen Vorstellungen in Anspruch genommen ist: Die Aufgabe des Ericksonschen Therapeuten besteht darin, jene absorbierenden Vorstellungen herauszufinden und sie als Grundlage der hypnotischen Entwicklung nutzbar zu machen.* Ich gebe ein Beispiel: Ein Klient wollte von „Angst" befreit werden. Die Nachforschung ergab, daß dieser Symptomkomplex unter anderen Vorstellungen die einfache Wahrnehmung einer Empfindung in der Brust enthielt. Ein Teil der hypnotischen Kommunikationen konzentrierte sich deshalb auf diese einfache Vorstellung:

> Nun Bob, Sie haben die Fähigkeit, sich von einer großen Vielfalt verschiedener Dinge gänzlich beanspruchen zu lassen ... wir alle tun das ... und Sie haben die Fähigkeit, Empfindung in einer Vielfalt verschiedener Arten und in einer Vielfalt verschiedener Bereiche zu erleben ... nun werde ich nicht eine *Veränderung der Empfindung* in Ihren Händen oder Füßen direkt jetzt erwähnen, weil Sie offensichtlich Ihre Brust als den Ort ausgewählt haben, um Ihre Aufmerksamkeit *dort erlebbar zu sammeln* ... und Sie haben darauf hingewiesen, daß Sie so viel in Ihrer Brust empfinden ... und doch möchte ich Sie mit der Behauptung herausfordern, daß Sie nicht genügend auf all die *verschiedenen Empfindungen* geachtet haben, die Sie neu in Ihrer Brust entwickeln können ... und drum, während Sie ein- und ausatmen ... ein und aus ... und während Sie mich hier anschauen ... ja, so ist es gut ... und während Sie meiner Stimme zuhören und *die Empfindung in Ihrer Brust spüren* ... frage ich mich, wo Sie spüren, daß die Empfindung beginnt, und wo und wie Sie spüren, daß sie sich ausbreitet, ob sie oberhalb von Ihrem Nabel oder unterhalb von Ihrem Nacken aufhört ... wie sie sich vielleicht verändert, wenn Sie *tief absorbiert* werden von Ihrer eigenen Fähigkeit, *es Ihrem Unbewußten zu überlassen*, passende Empfindungen in Ihrer Brust zu entwickeln, wenn das Bedürfnis entsteht, und *auf sichere und angenehme Weise* zu reagieren ... [2]

Eine Vorstellung (Empfindung in der Brust), die eine Person als Individuum auszeichnete, ist hier verwendet worden, um ihre ganze Aufmerksamkeit zu beanspruchen und Trance herbeizuführen. Diesem Beispiel werden noch viele weitere dieser Art folgen.

Wenn man Hypnose als Kommunikation, als Austausch von Vorstellungen auffaßt, ist das Ziel eher Teilnahme am Erleben als theoretisches Verständnis. Die nonverbale Vermittlung von Vorstellungen macht, wie wir sehen werden, einen guten Teil der hypnotischen Technik aus. Der Therapeut arbeitet darauf hin, einen Klienten in seinem Erleben gänzlich zu absorbieren und dann seiner Aufmerksamkeit mit Hilfe der Hypnose eine neue Richtung zu geben. Auf diesem Weg kann er am ehesten therapeutische Ziele erreichen.

3. Jede Person hat Entwicklungsressourcen. Der Ericksonsche Praktiker geht davon aus, daß Personen weit mehr Fähigkeiten und Talente haben als ihnen bewußt ist. Es ist wirklich so, daß jeder einzelne genügend Ressourcen hat, sich sein Leben glücklich und gemäß seinen Bedürfnissen befriedigend zu gestalten, nur sind leider viele dieser Ressourcen vom aktuellen Erleben des Klienten abgespalten. Zum Beispiel hat jeder Mensch die Fähigkeit, einen anderen freundlich zu behandeln, und doch versagen sich viele diese Art zu sein. Und selbst wenn solche Ressourcen verfügbar wären, sind sie häufig auf unnötig einschränkende Weise gehemmt. Ein Klient zum Beispiel meinte, er könnte nur mit seinem kleinen Sohn freundlich und sanft umgehen, und eine Klientin glaubte, ein freundlicher Umgang mit jemandem verpflichtete sie zu irgendeiner länger dauernden Verbindlichkeit dieser Person gegenüber. Beide Wirklichkeitsmodelle machten spontane und angemessene Äußerungen von Freundlichkeit unmöglich.

Auf der Grundlage solcher Beobachtungen versucht der Ericksontherapeut normalerweise nicht, dem Klienten *zusätzlich* etwas zu vermitteln, was nicht schon im Bereich seiner Möglichkeiten läge; statt dessen unterstützt er Klienten dabei zu lernen, wie sie die Fertigkeiten und Ressourcen nutzbar machen können, die sie schon besitzen. Man nimmt an, daß diese Ressourcen durch Erkundungen der Erfahrung des Klienten belebt und verfügbar werden, nicht durch die intelligenten Konzepte des Therapeuten (oder des Klienten). Wir werden sehen, daß dies sowohl auf die Hypnoseinduktion zutrifft, wo eine Trance aus dem konkreten Erleben des Klienten entwickelt wird, als auch auf Therapie im allgemeinen, wo Strategien der Veränderung erdacht werden, um die relevanten Ressourcen des Klienten ans Licht zu bringen und/oder sie zu reorganisieren.

4. Trance stärkt und erweitert die Ressourcen. Ein Hauptvorteil der Trance für die Therapie besteht darin, daß sie eine Person von rigiden Haltungen lösen kann und dadurch eine Neustrukturierung und Reorganisation des Selbst-Systems ermöglicht. Bewußtes, zielorientiertes Handeln, so die Annahme hier, bringt es typischerweise mit sich, daß man eine bestimmte innere Haltung einnimmt oder einen Bezugsrahmen herstellt, der die Aufmerksamkeit auf die zum Bezugsrahmen passenden Stimuli einengt oder konzentriert. In der empirischen Literatur finden sich Darstellungen dieser verzerrten Verarbeitung im Überfluß. Zum Beispiel haben Gordon Bower und ich eine Reihe von Studien durchgeführt (Bower, Gilligan, Monteiro 1981; Gilligan 1982b; Gilligan, Bower 1984), in denen hypnotisierte Versuchspersonen trainiert wurden, bestimmte Gemütsverfassungen zu entwickeln (Glück, Traurigkeit, Wut);

danach wurden sie bei verschiedenen kognitiven Aufgaben getestet, etwa hinsichtlich ihres Erinnerungsvermögens, ihrer Wahrnehmung, der Interpretation einer Geschichte, Vorhersagen, subjektiver Schätzungen usw. Das allgemeine Ergebnis zahlreicher Experimente war, daß die Stimmung das Denken in der Richtung des Affekts verzerrt; sich glücklich fühlende Versuchspersonen hatten glückliche, traurige Versuchspersonen dagegen traurige Erinnerungen. Dieser Befund, daß verschiedene Bezugsrahmen (z. B. affektiver, kognitiver oder situativer Art) die Informationsverarbeitung stark einengen können, ist wiederholt demonstriert worden (z. B. Higgins, Herman, Zanna 1981).

Diese Arten von Verzerrung sind klinisch insofern relevant, als man beobachten kann, daß Personen, die Probleme haben, auf einige gleichbleibende Verarbeitungsstrukturen fixiert sind, d. h., ihre bewußten Prozesse verselbständigen sich in endlosem Kreisen und spalten sich dadurch von unbewußten Ressourcen ab. Wie Kapitel 5 noch genauer untersucht, wird diese Dissoziation an sich wiederholendem Verhalten auf parallelen Kanälen sichtbar - z. B. in der Körperhaltung, verbalen Äußerungen, Handlungen, Bildern, begleitenden Erinnerungen, Denkweisen. Eine solche Fixierung läßt eine flexible Anpassung an wechselnde Bedürfnisse, wechselnde Situationen und Beziehungen nicht zu; sie garantiert statt dessen immer wieder das gleiche unerwünschte Ergebnis. Trance stärkt und erweitert die Ressourcen, die für eine tiefgreifende Veränderung gebraucht werden, indem sie einen bezugsrahmenfreien (d. h. *unverzerrten*) Zustand der Empfänglichkeit des Selbst anbietet, in dem neue Seinsweisen sich entfalten dürfen. Diese Idee wird in den folgenden Kapiteln gründlich untersucht.

5. Trance ist ein natürliches Phänomen. Tranceerfahrungen sind nicht völlig getrennt von den normalen Funktionsmustern einer Person. Sie sind in keiner Weise bizarr oder künstlich, wie im nächsten Kapitel eingehend besprochen werden wird. Sie ähneln Prozessen, die normalerweise jeder von uns erlebt, wie das Lesen eines fesselnden Romans, Verliebtsein oder Tagträumen. Was in Trance oft anders ist, ist die erlebnismäßige Beteiligung: Sie ist intensiviert und für besondere Zwecke über längere Zeit ausgedehnt. Dazu bemerkte Erickson (in Rossi, Ryan, Sharp 1983):

> Welche Verhaltensweisen kann man in Hypnose zeigen? Es gibt wirklich kein Verhalten, das man nur im hypnotisierten Zustand und nicht auch im normalen, alltäglichen Wachzustand ausführen könnte. Hypnose bietet den Vorteil, daß man jenes Verhalten, das im normalen

Alltagsleben plötzlich auftaucht, kontrollieren, lenken und ausdehnen kann. Das beste Beispiel ist vielleicht die Amnesie. Würde ich jemanden von Ihnen darum bitten, etwas Bestimmtes zu vergessen, so hätten Sie in ihrem normalen Wachzustand große Schwierigkeiten, das zu tun. Aber wie oft wurden Sie jemandem vorgestellt und man hat Ihnen den Namen der Person genannt; Sie haben den Namen wiederholt und dem Betreffenden die Hand gegeben, wobei Sie fest entschlossen waren, sich den Namen zu merken, und im Moment, wo Sie die Hand loslassen, vergessen Sie den Namen. Augenblickliches Vergessen trotz aller gegenteiligen Absichten ist im normalen Wachzustand genauso leicht wie im hypnotischen Zustand. Und in diesem Sinn gebrauchen Sie Hypnose dazu, Menschen zu bitten, wie im normalen Alltagsleben zu funktionieren, dies aber zu einer bestimmten Zeit oder für eine bestimmte Dauer zu tun. Sie bitten Sie darum, ihre Fähigkeiten und das, was sie durch ihr Erleben gelernt haben, auf eine Weise zu nutzen, die sie früher nicht kannten ... Die meisten von uns wissen nicht wirklich, was wir zu tun fähig sind (S. 183).

Daß Trancezustände in Übereinstimmung mit den normalen Prozessen einer Person funktionieren, bedeutet, daß sie sich am besten durch natürliche Kommunikation entwickeln. Anstatt beispielsweise zu versuchen, eine Altersregression mit Hilfe einiger standardisierter und künstlich klingender Sätze zu induzieren, wie der Experimental-Hypnotiseur das tut, könnte der Ericksonsche Praktiker den Patienten bitten, einen imaginierten Spielkameraden, ein Haustier oder die Nachbarschaft aus der Kindheit lebendig werden zu lassen und zu beschreiben, oder sich eventuell an ein Kinderlied zu erinnern.

Daß Trance natürlich ist, macht sie zum idealen Kontext, in dem eine Person tiefe systemische Veränderungen dadurch einführen kann, daß sie sich zu grundlegenden Beziehungserfahrungen Zugang verschafft, diese anerkennen und dann verwandeln kann. Mit anderen Worten, die Person in Trance kann in einem tieferen Kontext der Wertschätzung ihrerselbst mit Aspekten, die dem Problemzustand zugrundeliegen, erlebbar in Beziehung treten und dann verschiedene Ressourcen nutzen, um umstrukturierende Veränderungen hervorzurufen. Wie das folgende Kapitel deutlich machen wird, kann das auf unvorstellbar vielfältige Weise geschehen.

Daß Trance natürlich ist, bedeutet schließlich, daß sie der Achtung oder der Ächtung des Selbst dienen kann. Das heißt, die Prozesse der hypnotischen Trance sind nicht nur in alltäglichen Trancezuständen gegenwärtig, sondern auch in symptomatischen (Problem-) Zuständen. Denken Sie etwa an das hypnotische Hauptprinzip des *Ideodynamismus*, wobei eine Handlung so empfunden wird, daß sie automatisch „einfach geschieht", ohne bewußte Vermittlung oder Anstrengung. In hypnotischer Trance kann dies sich, sagen wir, als Handlevitation äußern; aus der Alltagstrance „im zweiten Wind" berichtet ein Jogger von ihr vielleicht mit den Worten „mein ganzer Körper bewegte sich einfach auf diese mühelose Weise"; in einer Symptomtrance kann eine Person sich beklagen, daß Prozesse wie z. B. ein Freßanfall automatisch „einfach passieren", trotz größter Anstrengungen, sie bewußt zu kontrollieren (zu unterdrücken, zunichte zu machen oder zu überwältigen). In jedem dieser Fälle signalisieren ideodynamische Äußerungen das Einsetzen von Trancezuständen.

In Abhängigkeit von der Bedeutung des Kontextes kann Trance also Probleme oder Lösungen verursachen. Wie wir sehen werden, erlaubt dieses Verständnis dem Ericksonschen Praktiker, therapeutische Trancezustände zu nutzen, um Symptome, die für Klienten in selbstabwertenden Trancezuständen wiederkehren, zu verwandeln und in ihrem Wert zu schätzen.

6. Ericksonsche Ansätze sind eher ausgerichtet auf eine Anpassung der Lebensweise als auf die Korrektur von Fehlern. Erickson konzentrierte sich darauf, den Zielen und Bedürfnissen des Selbst in der Gegenwart zu entsprechen, und nicht darauf, die Vergangenheit zu verstehen. Sein Ansatz war zutiefst positiv: Die Vergangenheit steht für vielfältige Lernerfahrungen, von denen die meisten vergessen und einige selbstabwertend gestaltet wurden, sie alle sind jedoch „schätzenswerte" Ressourcen[3]: Die Gegenwart bietet unerschöpfliche Möglichkeiten für neues Lernen und eine richtige Einschätzung des Selbst; die Zukunft birgt viele mögliche Wege zur weiteren Selbstentwicklung. Gegenwärtige Auffassungen und Lernerfahrungen des Klienten, mögen sie nun als Vorzüge oder Mängel, als „gut" oder „schlecht" präsentiert werden, finden also ihre Anerkennung als Basis für weiteres, der Entwicklung dienendes Lernen. Der Ericksonsche Praktiker richtet Klienten auf ihre Ziele und Interessen aus und sorgt für Gelegenheiten, damit sie diese erreichen können.

Diese Konzeption unterstreicht, daß die Entwicklung des Selbst ein natürlicher biologischer Verlauf der persönlichen Evolution ist und Probleme und Fehler als Abweichungen von diesem Plan zu betrachten sind. Probleme gelten als ein wesentlicher, doch zweitrangiger Gesichtspunkt der Entwicklung, gegenüber Lösungen (bzw. dem Wachstum), die an erster Stelle stehen. Diese Sichtweise wird im folgenden Abschnitt sehr schön von Pearce (1981) erläutert:

> ... ein biologischer Plan von großartigen Dimensionen ... ist in unsere Gene eingebaut. Der Plan ist flexibel genug für die Anpassung an eine unendliche Anzahl von Variablen ...

Entwicklung heißt lernen, dieses geradlinige System in uns entlangzugehen. Wie es für jede Fertigkeit natürlich ist, ist unser Gehen zunächst ungelenk. Wir taumeln herum, stolpern und fallen. So lange wir diese gerade Entwicklungslinie nicht aus den Augen verlieren, so lange wir auf sie ausgerichtet bleiben, taumeln und stürzen wir nur gelegentlich. Alles entfaltet sich dann zur rechten Zeit, und Schwankungen und weite Abweichungen werden unbedeutend (S. 92).[4]

Diese Metapher vom Gehenlernen ist besonders auf Milton Ericksons eigene Entwicklung anwendbar. Erickson erinnerte sich an die größte entwicklungsmäßige Herausforderung seines Lebens, als er als Jugendlicher nach seiner Erkrankung an Kinderlähmung wieder gehen lernen mußte (Rossi, Ryan, Sharp 1983):

> Ich lernte aufzustehen, indem ich meine kleine Schwester beobachtete, wie sie aufstand: Stütze dich auf beide Hände fest ab, entkreuze deine Beine, benütze die Knie zum weiteren Abstützen und dann gebe Druck in einen Arm und die Hand, um hochzukommen. Schwanke etwas vor und zurück, um ins Gleichgewicht zu kommen. Drücke dann die Knie durch und halte dabei das Gleichgewicht. Bewege den Kopf, die Hand und Schultern, nachdem der Körper im Gleichgewicht ist. Setze einen Fuß vor den anderen und halte Gleichgewicht. Fall hin und probiere erneut (S. 13-14).[5]

Diese schöne Beschreibung kann auf praktisch jeden entwicklungsfördernden Lernprozeß angewendet werden.

Der Erickson-Therapeut konzentriert sich dementsprechend auf Würdigung und Nutzbarmachung der gegenwärtigen Prozesse und erkundet, wie sie sich natürlicherweise zu weiterem entwicklungsförderndem Wachstum entfalten. Das Therapieziel ist also nicht die Beschränkung, sondern vielmehr die Erweiterung des Bereichs der Ausdrucksmöglichkeiten einer Person. Wie Abbildung 1.2 veranschaulicht, ist das ein Hauptunterschied zwischen der Erickson-Therapie und traditionelleren Ansätzen: Erstere arbeitet sich zu Lösungen vor, indem sie Grenzen aufspürt und sie ausweitet, während die letzteren versuchen, „Probleme" zu mildern, indem sie das Spektrum der Ausdrucksmöglichkeiten des Selbst einschränken (dadurch etwa, daß sie die Person dazu bringen, das Symptomverhalten nicht mehr zu zeigen). Methoden zur Erreichung dieses Ziels der Erickson-Therapie werden im ganzen Buch untersucht.

Ziel vieler traditioneller Therapieansätze: Einschränkung des Ausdrucksspektrums durch Eliminierung des Symptoms

Ziel des Ericksonschen Ansatzes: Erweiterung des Ausdrucksspektrums durch Rekontextualisierung und Veränderung des Symptoms

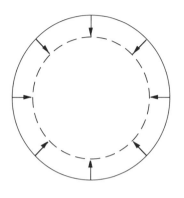
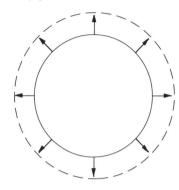

(Der Kreis bezeichnet das gegenwärtige Ausdrucksspektrum eines Klienten; der gestrichelte Kreis das vom Therapieansatz erstrebte Ausdrucksspektrum)

Abb. 1.2: Der traditionelle Ansatz und der Ericksonsche Ansatz des Problemlösens

7. Die Einzigartigkeit einer Person kann auf vielen Ebenen gewürdigt werden. Für hypnotherapeutische Zwecke finde ich es besonders nützlich, vier Ebenen zu unterscheiden: die Ebene des Tiefen-Selbst, des Unbewußten, des Bewußtseins und der Bewußtseinsinhalte. Wie Abbildung 1.3 zeigt, kann man die Ebenen als konzentrische Kreise betrachten.

Erstens, ein Kern des Selbst wird erkennbar als das begrifflich nicht faßbare, unbeschreibliche Tiefen-Selbst. Erickson (1962b; zit. in Rossi 1980b) bezog sich auf diesen Kern als auf „jenes vitale Gefühl des wirklich 'Vorhandenseins' des Selbst, das oft übersehen wird" (S. 345); T. S. Eliot (1963) wies auf ihn hin als „eine Form völliger Einfachheit, die nicht weniger als alles kostet" (S. 222-223). Dieser Kern kann nicht durch ein Bild, eine Beschreibung oder auf andere Weise eingefangen werden; er ist der Rhythmus und die Identität, die ein Wesen in seiner Einzigartigkeit kennzeichnen. Ich definiere diesen Kern des Selbst als die Quelle der Lebensenergie und der Produktivität. Da er ein natürliches Integral, ein vollständiges Ganzes ist, kann er nicht geteilt werden; er kann allerdings verleugnet oder in seinem Wert mißachtet werden.[6] Ich betrachte es als eine der Aufgaben produktiver Hypnotherapie, mittels hypnotischer Explorationen Klienten wieder mit ihrem Tiefen-Selbst zu verbinden.

41

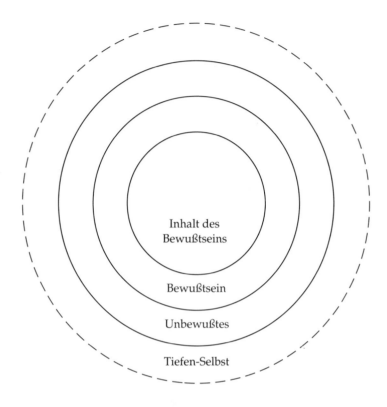

Abb. 1.3: Ebenen des Selbst

Zweitens, die Differenzierungen, die das Selbst im Laufe der Zeit erfährt, lassen ein System struktureller Identität entstehen, das man konventionellerweise das *unbewußte Gedächtnis* oder den unbewußten Geist nennt. Dieser Geist ist ein Werkzeug, eine Recheneinrichtung, ein erstaunlich komplexes Informationssystem, dessen Aufgabe es ist, die Integrität (im Sinne der Ganzheit) des Selbst zu erhalten und zugleich seine Autonomie (den Bereich der Selbstregulierung) auszudehnen. In Anlehnung an Bateson (1972, 1979) betrachtet man den Geist als kybernetisches System, das aus geschlossenen (kreisförmigen) Informationsschleifen oder netzwerkartigen Bahnen besteht; durch sie werden Unterschiede (im Sinne von Unterscheidungsmerkmalen oder Ideen) oder Transformierungen von Unterschieden übermittelt. Der Geist ist also, so verstanden, eine Landkarte, welche die Beziehungen des Selbst innerhalb seines Kontextes aufzeigt und repräsentiert; er ist das Modell und die Modellierung von Beziehungen, ein Schema oder eine Konstellation, durch die wir den „Raum" um uns herum unterscheiden und uns durch ihn hindurch bewegen können. Nach dieser Auffassung (Bateson 1972) ist der Geist nicht allein im Körper enthalten:

> ... die Abgrenzung eines individuellen Geistes [muß] immer davon abhängen ..., welche Phänomene wir verstehen oder erklären wollen. Offensichtlich gibt es außerhalb der Haut Mengen von Mitteilungswegen, und diese sowie die Mitteilungen, die sie übertragen, müssen, sofern sie überhaupt relevant sind, als ein Teil des geistigen Systems einbezogen sein (Bateson 1972: S. 458, hier zitiert nach der deutschen Ausgabe 1985: S. 589).
>
> Der individuelle Geist ist immanent, aber nicht nur dem Körper. Er ist auch den Bahnen und Mitteilungen außerhalb des Körpers immanent; und es gibt einen größeren Geist, von dem der individuelle Geist nur ein Subsystem ist. Der größere Geist ... ist vielleicht das, was einige Menschen mit 'Gott' meinen, aber er ist doch dem gesamten in Wechselbeziehung stehenden sozialen System und der planetaren Ökologie immanent (Bateson 1972: S. 461, dt. Ausgabe 1985: S. 593).

Der Geist verweist also nicht nur auf „in Wechselbeziehung stehende Muster" innerhalb der Person (Bateson 1979) sondern auch auf Beziehungsschleifen zwischen Personen. Vielleicht ist der Klient z. B. gefesselt vom „Gruppengeist" der Familie oder einer Mode; in Kapitel 3 werden wir sehen, wie sich, dem verwandt, eine „interpersonelle Trance" zwischen Therapeut und Klient entwickeln kann.

Drittens, der bewußte Verstand kann betrachtet werden als die dem Hintergrund oder Feld des Unbewußten zugehörige Figur. Während der unbewußte Geist dazu neigt, ganzheitlich zu handeln, ist der bewußte Verstand geradlinig orientiert. Zu seinen Hauptfunktionen gehören die Strukturierung von Information zu Handlungsprogrammen („geistigen Dispositionen") sowie die Reihung und Berechnung begrifflicher Beziehungen. Der bewußte Verstand wird hier als Manager oder Regler gesehen; er ist seinem Wesen nach in erster Linie konservativ, nicht produktiv. Wir befinden uns im Bereich von Rollen, sensomotorischen kybernetischen Feedback-Schleifen, Plänen zur Zielerreichung, Skripts, Strategien, Strukturen und Rationalität (im Sinn der „Herstellung von Proportionen", oder der Teilung des Selbst). Wie wir später erörtern werden, geht er aus muskulären Spannungsmustern hervor und wird durch sie aufrechterhalten.

Der bewußte Verstand wählt transformierte Gebilde des unbewußten Geistes aus und stellt sie dar; indem er das tut, teilt er den Bereich des unbewußten Gewahrwerdens in zentrale (innere) und periphere (äußere) Regionen. Wenn eben dieses Muster des bewußten Modellierens (die Spaltung) fortbesteht (d. h., wenn dasselbe Programm dauernd aktiv ist), kann es zur Dissoziation zwischen bewußten und unbewußten Prozessen kommen. Wie wir sehen werden, ruft das Symptome hervor, die hier verstanden werden als symbolische Versuche, die beiden Ordnungen des Geistes wieder zu vereinigen.

Viertens ist es uns möglich, die inhaltlichen Elemente zu unterscheiden, die langsam in den Geist eindringen. Zu ihnen gehören individuelle Wahrnehmungen, motorische Ausdrucksweisen, Bilder, Gedanken und Empfindungen. Diese verschiedenen Elemente sind die Informationseinheiten, durch die das Erleben repräsentiert, beeinflußt und mitgeteilt wird.

Im Überblick bedeutet dies, daß eine Person gewürdigt werden kann als einzigartiges Wesen (Selbst), das im Rahmen eines einzigartigen psychobiologischen Organisationssystems (dem unbewußten Geist oder dem Kontext des Selbst) wirksam ist, das sich im Versuch, Ziele zu erreichen, einzigartiger Strategien bedient (des bewußten Verstandes oder der Strukturen des Selbst) und das zu einer gegebenen Zeit ganz vertieft ist in einen besonderen geistigen Inhalt (einem Inhalt des Selbst). Dieses aus mehreren Ebenen bestehende Modell legt nahe, auch Therapieziele auf mehreren Ebenen zu setzen. Auf der ersten Stufe ist eine bedingungslose Wertschätzung des Tiefen-Selbst für jeglichen produktiven Ausdruck wesentlich. Auf der Ebene der strukturellen Identität arbeitet der Hypnotherapeut darauf hin (1) sich mit den biologischen Rhythmen, die den Äußerungen des Selbst zugrunde liegen, zu synchronisieren und sich ihnen anzupassen und (2) sich den Intentionen (wie Gebote oder Verbote) als Basis von Verhaltensstrategien anzupassen und ihnen einen neuen Kontext zu geben Auf der Ebene der Zielstrukturen nimmt der Hypnotherapeut mit den Strategien des Selbstausdrucks seines Klienten (mit dessen sensorischen und motorischen Feedback-Schleifen) Kontakt auf, bringt sie ins Gleichgewicht, stellt sie in einen neuen Rahmen und verändert sie. Schließlich auf der Inhaltsebene arbeitet der Therapeut daran, den spezifischen Erfahrungsinhalt einer Person zu variieren. Jede dieser Interventionsebenen wird im Buch näher untersucht.

8. Unbewußte Prozesse können produktiv und autonom wirksam sein. Wie Tabelle 1.2 zeigt, haben im Lauf der Jahre verschiedene Denker eine Unterscheidung zwischen bewußtem Verstand und unbewußtem Geist vorgeschlagen.[7] Der vorliegende Ansatz nimmt an, daß die beiden Systeme sich ihrem Wesen nach ergänzen, der bewußte Verstand jedoch auf den umfassenderen unbewußten Geist reagiert (siehe Abbildung 1.4). Während der bewußte Verstand z. B. gewandt und leistungsfähig sein kann, ist der unbewußte Geist für Weisheit und Produktivität unentbehrlich.

Tabelle 1.2: Komplementäre Eigenschaften des Bewußtseins und des Unbewußten (in Anlehnung an Bogen 1969)

Vorgeschlagen von	Komplementäre Eigenschaften	
	Unbewußtes	Bewußtes
C. S. Smith	dicht	atomistisch
Price	synthetisch oder konkret	analytisch oder reduktionistisch
Wilder	geometrisch	numerisch
Head	wahrnehmungsorientiert /nonverbal	symbolisch oder systematisch
Goldstein	konkret	abstrakt
Reusch	analog/eidetisch	digital/diskursiv
Bateson und Jackson	analog	digital
J. Z. Young	landkartenartig	abstrakt
Pribram	analog	digital
W. James	existentiell	differentiell
Spearman	Bildung von Korrelaten	Bildung von Beziehungen
Hobbes	frei/ungeordnet	gelenkt
Freud	Primärprozeß	Sekundärprozeß
Pavlov	erstes Signalisieren	zweites Signalisieren
Sechenov (Luria)	simultan	sukzessiv
Levi-Strauss	mythisch	positiv (empirisch)
Bruner	metaphorisch	rational
Akhilananda	Manas	Buddhi

Bateson (1972) hat die grundsätzlichen Grenzen bewußter Prozesse wie folgt beschrieben:

> ... *die kybernetische Natur des Selbst und der Welt ... tendiert [dazu], für das Bewußtsein nicht wahrnehmbar zu sein, sofern die Inhalte des „Schirms" des Bewußtseins durch zweckgerichtete Erwägungen determiniert sind.* Das Argument der Zwecksetzung tendiert dazu, folgende Form anzunehmen: 'D ist wünschenswert; B führt zu C; C führt zu D; also kann D über B und C erreicht werden.' Wenn aber der gesamte Geist und die äußere Welt im allgemeinen nicht diese geradlinige Struktur haben, dann werden wir, indem wir ihnen diese Struktur aufzwingen, blind für die kybernetischen Kreisläufe des Selbst und der äußeren Welt. Unsere bewußte Auswahl von Daten wird keine ganzen Kreisläufe enthüllen, sondern nur Bögen von Kreisläufen, die durch unsere selektive Aufmerksamkeit von ihrer Matrix abgeschnitten sind. Insbesondere wird der Versuch, eine Veränderung in einer gegebenen Variablen herbeizuführen, die entweder im Selbst oder in der Umgebung lokalisiert ist, wahrscheinlich ohne Verständnis für das homöostatische Netzwerk um diese Variable herum unternommen werden ... Es kann für die Weisheit wesentlich sein, daß die enge zweckgerichtete Sicht irgendwie korrigiert wird (1972: S. 444, Hervorhebungen ebd.; hier zitiert nach der deutschen Ausgabe 1985: S. 572).

Man kann also sehen, daß Probleme entstehen, wenn eine Person sich mit verselbständigten Prozessen des bewußten Verstandes identifiziert und sich von einer tieferen Quelle ihrer Ganzheit abspaltet.

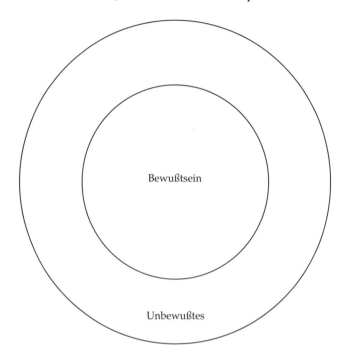

Abb. 1.4: Figur/Grund-Beziehung zwischen bewußtem Verstand und unbewußtem Geist

Die vielleicht radikalste Behauptung bei alledem ist, daß unbewußte Prozesse intelligente, organisierte und kreative Ressourcen sind. Mehr noch, das Unbewußte kann bewußten Prozessen gegenüber autonom wirksam sein (was allgemein *dissoziative Verarbeitung* genannt wird) und ist tiefgreifender Veränderungen fähig. Anstatt also Hypnose als einen Kontext anzusehen, in dem Suggestionen gleichsam in einen passiven Behälter „eingepflanzt" werden, versteht der Ericksonsche Praktiker Trance als einen Vorgang, in dem die bewußten Prozesse des Klienten außer kraft gesetzt und unbewußte Prozesse dadurch befähigt werden, bedeutungsvolle Veränderungserlebnisse zu bewirken. Nach dieser Auffassung *bedarf es keiner bewußten Einsicht, damit solche Veränderungen auftreten können.* In diesem Sinn hat Erickson (persönliche Mitteilung, 1978) häufig betont:

> Dein bewußter Verstand ist sehr intelligent, doch dein Unbewußtes ist viel gescheiter.

Das Unbewußte gilt demnach als ein intgraler Hauptaspekt des Selbst und nicht als etwas, das gemieden oder zu kontrollieren versucht werden müßte. Der Ericksonsche Hypnotherapeut hat in erster Linie die Aufgabe, Klienten zu helfen, sich dies praktisch klarzumachen.

Wenn der Therapeut die mögliche Produktivität unbewußter Prozesse hervorhebt, muß er beachten, daß der Wert solcher Prozesse letzlich vom Kontext abhängt, in dem sie zum Ausdruck kommen. Mit anderen Worten, daß das Unbewußte fruchtbar sein kann, bedeutet nicht schon, daß es das auch immer ist. Der Therapeut bemüht sich deshalb, wie wir sehen werden, jene Bedingungen zu fördern, welche die Fruchtbarkeit des Unbewußten ermöglichen. Er tut dies etwa dadurch, daß er (1) den ungebrochenen Vorsatz (oder einen verbindlichen Entschluß) zur Veränderung sicherstellt, (2) einen ebenmässigen und ausgewogenen biologischen Kontext garantiert und (3) Möglichkeiten für den Klienten entwickelt, mit sozialen Strukturen erfolgreich zu kooperieren.

Darüber hinaus wird ein funktionierendes Zusammenspiel zwischen unbewußten und bewußten Prozessen verstärkt gesucht, sobald die Person damit beginnt, Veränderungen in den erwünschten sozialen Kontext zu integrieren. Man geht davon aus, daß für die meisten kreativen Zwecke letzten Endes beide Systeme benötigt werden. Nehmen Sie zur Veranschaulichung nur etwa das berühmte Beispiel des deutschen Chemikers Friedrich Kekule, der das Rätsel der Struktur des Benzolmoleküls gelöst hat. Kekule versuchte lange Zeit mühsam, das genannte Problem bewußt zu lösen. Schließlich erzeugten seine unbewußten Prozesse in einem Tagtraum eine analoge Struktur mit sechs Schlangen, die in der Strukturform eines Sechsecks verbunden waren. Bei ihrem Auftauchen erkannte er bewußt, daß diese Metapher die schwer zu definierende Struktur des Benzolringes darstellte. Sein bewußter Verstand erkannte also das Problem als solches; sein unbewußter Geist schuf eine metaphorische Lösung, woraufhin sein bewußter Verstand in der Lage war, deren Bedeutung zu erfassen. Ohne die Beteiligung der Ähnlichkeitsbeziehungen des Unbewußten, die zwei formal, jedoch nicht inhaltlich verwandte Strukturen (im Sinne von „das Muster von X *ist ähnlich* dem Muster von Y") mit einander verbanden, ist es fraglich, ob die Antwort je entdeckt worden wäre. Der bewußte Verstand hätte seine Suche wahrscheinlich auf jene Kategorien beschränkt, die sich unmittelbar auf den Inhalt des Problems bezogen, Begriffe aus dem Bereich der Chemie etwa. Das Unbewußte dagegen konnte vom Inhalt absehen und statt dessen Ähnlichkeitsbeziehungen struktureller oder analoger (z. B. metaphorischer) Art suchen. Von gleicher Wichtigkeit war das Abstraktionsvermögen des bewußten Verstandes, das dann gebraucht wurde, um die Lösung in einem standardisierten Format (z. B. der Chemie) zu repräsentieren und mitzuteilen und es dadurch technisch anwendbar zu machen.

Obgleich die Wechselwirkung zwischen unbewußten und bewußten Systemen für eine kreative Leistung notwendig ist, scheint sie für viele leider eher die Ausnahme als die Regel zu sein. Individuen können von unbewußten Prozessen völlig beherrscht sein; im Extremfall nennt man das eine Psychose. Oder, und das ist verbreiteter, eine Person kann den intuitiven Prozessen des Unbewußten zutiefst mißtrauen und aus diesem Grund versuchen, das Leben durch rationale („teilende") Mittel streng zu kontrollieren. Diese Dissoziation mag unausgesprochenen kulturellen Sitten oder bestimmten persönlichen Erfahrungen zuzuschreiben sein; zum Beispiel spaltet sich ein Individuum von unbewußten Ressourcen ab, wenn es versucht, ein unvollständiges oder traumatisches Erlebnis zu verleugnen oder zu „vergessen". Der Therapeut hat die Aufgabe, Wege zu finden, damit die Person beide, bewußte und unbewußte Prozesse, schätzen lernt.

Bei dieser Aufgabe ist die *Beschaffenheit* der Beziehung zwischen bewußtem Verstand und Unbewußtem eine wichtige Variable. Besonders können die Beziehungsgrenzen (die Kreislinie in Abbildung 1.4) *durchlässig* (flexibel, permeabel, offen und weich) oder *undurchlässig* (geschlossen, rigide, impermeabel und hart) sein. Das hängt von Faktoren ab wie Muskelspannung, psychische Sicherheit und davon, ob eine Erfahrung akzeptiert (wertgeschätzt) oder abgespalten (als minderwertig betrachtet) wird. Sind die Grenzen durchlässig, dann können bewußter Verstand und Unbewußtes einander ergänzen; sind die Grenzen undurchlässig, dann bekämpfen sich die beiden Systeme oder konkurrieren mit einander (der Mensch ist z. B. „gegen" die Umwelt; das Selbst „gegen" das Andere). Ein Hauptanliegen dieses Ansatzes ist es daher, die Grenzen durchlässiger zu machen, so daß komplementäre Wechselbeziehungen eintreten können. Hypnotische Kommunikationen gehören, wie wir noch sehen werden, zu den wichtigsten Werkzeugen, um dieses Ziel zu erreichen.

Bei alledem sollte es nie so weit kommen, daß man eine Person mit dem Unbewußten oder mit dem bewußten Verstand verwechselt, so als „sei" sie das eine oder das andere. Um es erneut zu wiederholen: Der Geist ist ein Verarbeitungswerkzeug, mit dessen Hilfe das Selbst sich in der Erfahrungswelt selbst begreift und darstellt. *Das schöpferische Potential eines Werkzeuges entspricht seiner möglichen Fähigkeit zu zerstören oder zu unterdrücken: Seine Wirkungen hängen davon ab, wie das Selbst von ihm Gebrauch macht.* Dynamit kann für friedliche Zwecke oder zur Ausübung von Gewalt benutzt werden; ein Anführer kann eine Kultur zerstören oder sie unglaublich erhöhen (z. B. Hitler im Gegensatz zu Jesus). Im gleichen Sinn können psychische Prozesse, die einem Individuum Schmerz bereiten, genutzt werden, um Zufriedenheit hervorzurufen und kreative Lösungen zu schaffen. Das erklärt zum Teil, weswegen das Unbewußte gutartig (in humanistischer Sicht) oder bösartig (in Freudscher Sicht) sein kann: Es hängt davon ab, welche Beziehung der einzelne zu ihm hat und wie bereit er oder sie ist, alle Teile des Selbst als gültig zu akzeptieren.

Das Ausmaß, in dem das Individuum seine oder ihre Selbstidentität mit diesem Werkzeug gleichsetzt, ist dabei ein primärer Faktor. Mit anderen Worten, eine Person, die sich so versteht als *sei* sie ein bestimmter Prozeß (und bringe ihn nicht nur *zum Ausdruck*), wird von diesem Prozeß *benutzt* (und kann ihn sich daher nicht zu Nutze machen). Nehmen Sie z. B. an, ein Mensch folge einer strengen Regel, die besagt, er *müsse* unbedingt intelligent sein (und der es sich daher nicht erlauben kann, nicht intelligent zu sein). Dieser Mensch ist folglich hochmotiviert, Verhaltensweisen zu zeigen, die einen solchen Anspruch rechtfertigen, und er wird gleichzeitig um jeden Preis alles vermeiden, was die Gültigkeit dieser Behauptung in Frage stellen könnte. Er wird von vorneherein zögern, mit verschiedenem Verhalten zu experimentieren, dessen Ausgang jeweils ungewiß ist, was zur Folge hat, daß er sich hinter vertrauten (gewohnheitsmäßigen) Denk- und Verhaltensmustern verschanzt, die Intelligenz vortäuschen. Dies würde natürlich unausweichlich den Ausdruck von Intelligenz verhindern, insofern ein solcher Prozeß Unabhängigkeit, Spontaneität und Kreativität verlangt. Natürlich, das Individuum handelte vielleicht „intellektuell", doch das wäre bestenfalls eine peinliche Vortäuschung von Intelligenz.

Diese allgemeine Metapher geistiger Prozesse als Werkzeuge mit einander entsprechenden destruktiven und konstruktiven Potentialen ist für die hypnotherapeutische Praxis hochbedeutsam. Insbesondere sind die Kommunikationsstrategien des Ericksonschen Hypnotherapeuten dazu bestimmt, den erwünschten Zustand herbeizuführen, indem er mit den aktuellen Prozessen des Patienten in ein „Gleichmaß" kommt und sie dann auf das erkannte Ziel hin verändert. Kapitel 7 führt z. B. aus, wie man einer Person, deren unaufhörlicher innerer Dialog für herkömmliche Tranceinduktionen eine Schwierigkeit darstellt, eine Reihe induktiver Kommunikationen anbieten kann, welche die inneren Verbalisierungen erfolgreich als Ausgangspunkt für eine Tranceentwicklung nutzen. Dieses Utilisationsprinzip, daß „was immer eine Person tut, genau das ist, was ihr ermöglicht, sich zu verändern", wird immer wieder gezeigt und hervorgehoben.

ZUSAMMENFASSUNG

Dieses Kapitel versuchte, einen allgemeinen Rahmen für das Verständnis des Utilisationsansatzes in der klinischen Hypnose zu erstellen. Dabei wurde zunächst betont, wie viele Hypnosepraktiker die hypnotische Beziehung entweder von der Macht des Hypnotiseurs (der autoritäre Ansatz) oder von der Suggestibilität des Patienten her (der standardisierte Ansatz) verstehen. Diese eher traditionellen Richtungen wurden dem von Milton Erickson entwickelten Kooperations- (oder Utilisations-) Ansatz gegenübergestellt, der das Schwergewicht auf die Beziehung zwischen Hypnotiseur und Patient legt; sie gilt als besonders wichtig. Weitere Annahmen des Kooperationsansatzes lauten: (1) Jede Person ist einzigartig; (2) Hypnose ist ein erlebnishafter Prozeß, bei dem Ideen ausgetauscht werden; (3) jede Person hat Entwicklungsressourcen; (4) Trance stärkt und erweitert die Ressourcen; (5) Trance ist ein natürliches Phänomen; (6) Ericksonsche Ansätze zielen eher auf eine Anpassung der Lebensweise als auf die Korrektur von Fehlern; (7) die Einzigartigkeit einer Person kann auf vielen Ebenen gewürdigt werden (auf der Ebene des Tiefen-Selbst, des unbewußten Geistes, des bewußten Verstandes und auf der Ebene der Bewußtseinsinhalte) und (8) unbewußte Prozesse können produktiv und autonom wirksam sein. Jede dieser Annahmen wird in den folgenden Kapiteln noch detaillierter entwickelt.

2. Die Tranceerfahrung

Trance ist ein Wort, das viele Assoziationen heraufbeschwört. Dieses Kapitel untersucht einige dieser Assoziationen, wobei vor allem beabsichtigt ist, ein allgemeines Verständnis von Trance als einem überall anzutreffenden natürlichen Phänomen zu entwickeln. Der erste Teil skizziert die wichtigsten Theorien der Trance, beginnend mit Spekulationen des 19. Jahrhunderts und fortschreitend bis hin zu heutigen Auffassungen. Ausgegangen wird davon, daß die verschiedenen Vorschläge in weiten Teilen als komplementär zueinander betrachtet werden können. Der zweite Teil erweitert die Diskussion, um die Tranceerfahrung vom speziellen Hypnoseritual zu unterscheiden, wobei hervorgehoben wird, daß Trance ein kontextübergreifendes, häufig auftretendes Phänomen mit großem therapeutischen Potential ist. Der dritte Teil gibt einen Überblick über einige phänomenologische Aspekte der Tranceerfahrung und vermerkt besonders, inwiefern solche Aspekte sowohl auf Symptome als auch auf Trancephänomene zutreffen. Der abschließende Teil erörtert kurz, wie die therapeutische Verwendung der Trance sich in folgenden vier Schritten systematisieren läßt: (1) einen Kontext schaffen *(Vorbereitung auf die Trance)*, (2) den Übergang vollziehen *(Entwicklung der Trance)*, (3) Wandlungen unterstützen *(die Trance nutzbar machen)* und (4) Gelerntes konsolidieren *(die Trance beenden und ausdehnen)*.

TRANCETHEORIEN: BEHAUPTUNGEN DER THEORETIKER

Frühe Spekulationen

Während der letzten beiden Jahrhunderte gab es viele gelehrte Spekulationen um das Phänomen der hypnotischen Trance. Der überwiegende Teil dieser Ideen wurde im 19. Jahrhundert entwickelt; die meisten heutigen Theorien sind modifizierte Versionen davon. Im folgenden werden die wichtigsten frühen Metaphern skizziert, die zur Beschreibung der Tranceerfahrung Verwendung fanden; detailliertere Darstellungen finden sich bei Ellenberger (1970), Rosen (1959) und Tinterow (1970).

1. Trance als Kanalisierung von Energie. Franz Mesmer (1734-1815) wird meist das Verdienst zugeschrieben, der Vater der modernen Theorie und Praxis der Hypnose zu sein. Mesmer glaubte, daß die menschliche Gesundheit durch die Einwirkung planetarischer und lunarer Kräfte auf ein unsichtbares magnetisches Körperfluidum beeinflußt werde. Nach seiner Hypothese rühren Krankheiten von einer Störung des Gleichgewichts (z. B. einer ungleichen Verteilung) dieses magnetischen Fluidums her. Wenn man nun magnetische Kräfte in die kranke Person hineinleitete, sollte das Gleichgewicht durch eine krampfartige Heilungs-„krise" wiederhergestellt werden. Es ist interessant, die konvulsiven Verhaltensweisen „Mesmerischer Trance" dem entspannten Verhalten, das heutzutage im allgemeinen mit hypnotischer Trance verbunden ist, gegenüberzustellen, denn daran kann man erkennen, wie die Trancephänomene („Erscheinungsweisen"der Trance) je nach den Überzeugungen und Werten, die in einem sozialen Kontext gelten, variieren können.

Mesmers hypnotische Rituale wurden anfangs mit wirklichen Magneten durchgeführt; eine spätere „Entdeckung" enthüllte, daß rein körperliche Anziehungskraft sich auf andere therapeutische Objekte übertragen ließ. Zu ihnen gehörten Bäume, die Hände des Mesmerisierers und ein Gerät, bekannt als ein *Bottich*, den ein Besucher des Hauses Mesmer beschrieben hat:

> Ich war einmal bei ihm zu Hause und wurde Zeuge seiner Arbeitsmethode. In der Mitte des Raumes steht ein Gefäß von ungefähr einem halben Meter Höhe; man nennt es hier einen Bottich. Er ist so breit, daß zwanzig Personen mühelos um ihn herum sitzen können; sein Deckel ist am Rand mit Löchern durchbohrt, deren Menge der Zahl der Personen entspricht, die um ihn herum Platz finden sollen; in diese Löcher sind Eisenstäbe eingeführt, die im rechten Winkel nach außen gebogen und verschieden hoch sind, so daß sie auf den Körperteil reagieren können, auf den sie jeweils angewendet werden sollen.
> Neben diesen Stäben gibt es einen Stab, der zwischen dem Bottich und einem Patienten eine Verbindung herstellt, den jeder Patient einem anderen in der Runde weiterreicht. Die spürbarsten Wirkungen bringt Mesmer selber hervor, von dem man sagt, er übertrage das Fluidum durch bestimmte Bewegungen seiner Hände oder seiner Augen, ohne die Person zu berühren. Ich habe mit einigen gesprochen, die diese Wirkungen bezeugt haben, bei denen durch eine Bewegung der Hand Krämpfe auftraten und wieder verschwanden ... (in Ellenberger 1970: S. 64).

Mesmer bestand darauf, daß die spektakulären Heilungen, die oft aus diesen Ritualen hervorzugehen schienen, allein der physikalischen Energie des animalischen Magnetismus zuzuschreiben seien. Er verwarf alle Hinweise auf eine psychische Komponente. (Die fehlende Erwägung psychologischer Erklärungen überrascht nicht, wenn man bedenkt, daß sich die Psychologie als wissenschaftliche Disziplin erst um einiges nach Mesmers Zeit entwickelt hat.) Da nur Mesmer und wenige andere charismatische Männer die Fähigkeit zu haben schienen, den Magnetismus zu leiten, konnte Mesmer in Frankreich und Österreich rasch eine lukrative Praxis aufbauen. Die Fragwürdigkeit seiner Theorien und seiner Praxis führten jedoch dazu, daß er sich bald eine intensive wissenschaftliche Überprüfung gefallen lassen mußte. Verschiedene bedeutende wissenschaftliche Kommissionen kamen zu dem Schluß, daß seine physikalischen Theorien unzutreffend seien. Interessanterweise scheint keine der Kommissionen die Möglichkeit in Betracht gezogen zu haben, daß die unleugbar dramatischen Wirkungen des Mesmerismus einen Hinweis boten auf das therapeutische Potential von Imagination, Suggestion oder der charismatischen zwischenmenschlichen Beziehung.

2. Trance als Schlaf. Mehrere Forscher des 19. Jahrhunderts haben die Trance mit dem Schlaf verglichen. Einer der ersten war Jose Faria (1755-1819), ein in Paris lebender portugiesischer Priester. Faria, der ursprünglich ein Praktiker des animalischen Magnetismus war, förderte eine Theorie des *Somnambulismus*, nach deren Ansicht der hypnotisierte Patient sich in einen Zustand „wachen Schlafes" versetzte. Dieser Zustand trat auf, wenn der Patient freiwillig seine Gedanken konzentrierte und sich von sensorischem Erleben zurückzog, wodurch er seinen bewußten Willen und seine innere Freiheit einschränkte. Faria behauptete, daß Somnambulisten zu außergewöhnlichen Handlungen fähig seien, daß sie beispielsweise ihre eigenen Krankheiten diagnostizieren oder sich bei chirurgischen Eingriffen mittels Dissoziation schmerzunempfindlich machen könnten. Als einer der ersten vertrat er auch die Hypothese, daß die Tranceentwicklung auf Eigenschaften des Patienten zurückzuführen sei, nicht auf den Magnetiseur. Er hielt jene Patienten für die besten, die einen „flüssigen Zustand des Blutes" und eine bestimmte „psychische Beeindruckbarkeit" (Suggestibilität) besaßen, die leicht einschliefen und gut schwitzen konnten.

Der schottische Chirurg James Braid (1795-1860) war ein zweiter früher Befürworter der modifizierten Schlaftheorie. Anfangs arbeitete Braid nach der Methode der Augenfixierung, wobei er seine Patienten bat, unentwegt auf einen etwas über Augenhöhe gelegenen Punkt zu starren. Nach einigen Minuten wurden die Augen des Patienten meist müde und begannen sich zu schließen. Braid war der Meinung, dies sei ein Zeichen für das Einsetzen eines schlafähnlichen neurophysiologischen Zustandes, der Müdigkeit und schließlich eine Lähmung der Nervenzentren verursachte, welche die Augen und Augenlider kontrollieren. Zunächst nannte er diese Bedingung „Neurohypnose", dann einfach „Hypnose" (von griechisch *hypnos*, Schlaf). Später änderte Braid seine anfängliche Hypothese von der schlafähnlichen Natur der Trance und nahm statt dessen an, daß sie ein Zustand geistiger Konzentration sei, den er „Monoideismus" nannte (die Beschäftigung mit einer vorherrschenden Idee).

Ein dritter Vertreter der Schlaftheorie der Trance war Iwan Pavlov (1849-1936), der erklärte, der Trancezustand sei ein aus hypnotischen Suggestionen entstandener „unvollständiger Schlafzustand". Diese Suggestionen ließen vorgeblich in manchen Teilen der Hirnrinde eine Reizung und in anderen eine Hemmung entstehen, was dem hypnotisierten Patienten ermöglichte, sich ausschließlich den hypnotischen Kommunikationen zuzuwenden und sich von der äußeren Welt zu trennen. Wie in Braids frühen Theorien galt auch hier der Trancezustand als eigentümliche neurophysiologische Verfassung.

Die Metapher von der „Trance als Schlaf" hat sich jedoch in mehr als einem Punkt als ungenau erwiesen. Es gibt, erstens, keine physiologische Ähnlichkeit zwischen Schlaf und hypnotischer Trance (Barber 1969; Sarbin 1956); letztere ist eher einem entspannten Wachzustand vergleichbar. Zweitens verliert der hypnotisierte Patient nur selten sein volles Bewußtsein und Reaktionsvermögen. Erscheint der Patient zuweilen auch lethargisch, so ist seine innere Welt doch weit davon entfernt, passiv oder inaktiv zu sein.

3. Trance als Pathologie. Jean Martin Charcot (1825-1893) war vielleicht der berühmteste Neurologe in Europa, als er im Jahre 1878 beschloß, sich der Hypnoseforschung zuzuwenden. Seine Experimente führte er mit einem Minimum an Versuchspersonen durch, die alle als Hysterikerinnen diagnostizierte Patientinnen des Salpetrière-Krankenhauses in Paris waren. Aus einer Untersuchung, die ähnlich gestaltet war wie seine Arbeiten über neurologische Krankheiten, folgerte Charcot, daß der Trancezustand ein hysterieähnlicher pathologischer Zustand sei.[1] Außerdem unterschied er in der Theorie drei Stufen der Trance - Katalepsie, Lethargie und Somnambulismus. Unter dem Einfluß von Charcots Ansehen als Neurologe akzeptierten viele seine Behauptungen über die Hypnose. Dieser Personenkreis, allgemein bekannt als die Salpetrière-Schule, hielt an der Gültigkeit von Charcots Theorien fest und verteidigte sie erbittert gegenüber den Anhängern der Theorie der Suggestibilität aus der Schule von Nancy.

4. Trance als Suggestibilität. Auguste Liébeault (1823-1904), der Gründer der Schule von Nancy, war ein französischer Landarzt, der Trance ebenfalls mit dem Schlaf verglich, mit der entscheidenden Ausnahme, daß Trance das Ergebnis direkter Suggestion sei. Diese Theorie versuchte zu erklären, weshalb ein Patient in Trance mit dem Hypnotiseur in Verbindung blieb. Liébeaults Hypnosemethode bestand darin, dem Patienten tief in die Augen zu schauen und ihm zu suggerieren, daß er immer schläfriger würde, woraufhin Liébeault direkte Suggestionen zur Symptombeseitigung folgen ließ. Niemand hätte wohl seine Arbeit zur Kenntnis genommen, wäre da nicht Hippolyte Bernheim (1840-1919), ein berühmter Professor der Universität von Nancy, gewesen, der Liébeaults Schüler und öffentlicher Bewunderer wurde. Bernheim übernahm die Leitung dessen, was als Schule von Nancy bekannt wurde. Im Gegensatz zu Mesmers physikalischen und Charcots neurologischen Theorien förderte Bernheim (1895) eine psychologische Erklärung von Trance als einem Zustand verstärkter Suggestibilität, die aus Suggestionen resultiert. (Dieser offensichtliche Zirkelschluß hat, wie wir noch sehen werden, einige zeitgenössischen Forscher dazu bewogen, Begriffe wie „Trance" und „Hypnose" völlig zu verwerfen.) Bernheim (1895) war davon überzeugt, daß jeder ein gewisses Maß an Suggestibilität besitzt. Er definierte Suggestibilität als die „Fähigkeit, eine Idee in eine Handlung zu überführen" (S. 137). Als hervorragender Kliniker machte er Hypnose mit Erfolg für verschiedenste medizinische Zwecke nutzbar, und seine vernichtenden Angriffe auf Charcots Theorie trugen zu deren Diskreditierung bei. Dennoch hörte Bernheim nach und nach damit auf, Hypnose zu verwenden und behauptete, daß die beobachteten Wirkungen auch durch Suggestion im Wachzustand erzielt werden könnten. Dieses neue Verfahren nannten er und seine Anhänger „Psychotherapeutik".

5. Trance als Dissoziation. Dissoziation könnte man allgemein definieren als geistigen Prozeß, bei welchem Ideensysteme von der normalen Persönlichkeit abgespalten werden und sich in ihrer Funktion verselbständigen (vgl. Hilgard 1977). Pierre Janet (1849-1947), einer der ersten Befürworter dieser Theorie, beschrieb die hypnotische Trance als Zustand, in welchem das Unterbewußte des Patienten kognitive Funktionen außerhalb seiner bewußten Wahrnehmung ausübe. Janet (1910) führte den Begriff des *„Unterbewußten"* ein, um den Begriff des *„Unbewußten"* zu vermeiden, der seiner Meinung nach falsche Konnotationen weckte. Seine Vorstellung vom Unterbewußten, die den Akzent auf die Fähigkeit legte, intelligent, kreativ und autonom zu handeln, kommt Ericksons Begriff des Unbewußten sehr nahe. Janet glaubte auch, daß es bei der Trance außer Aspekten der Dissoziation eine Komponente des „Rollenspieles" gebe, wobei der Patient sich in bestimmter Weise darstelle, um dem Hypnotiseur zu gefallen.

Nach Janets Erfahrung war die hypnotische Dissoziation häufig verbunden mit der Regression zu einem früheren Lebensabschnitt des Patienten. In Trance konnte der Patient sich an Ereignisse, die in früheren dissoziierten (Trance-) Zuständen eingetreten waren, genausogut erinnern wie an Begebenheiten, die während des bewußten Wachzustandes passierten; beim Aufwachen hatte der dissoziierte Patient dann hinsichtlich des Trancezustandes eine Amnesie. Diese allgemeine Theorie leitete sich von Janets intensiven Forschungsbemühungen auf vielen Gebieten her, zu ihnen gehörten Hypnose, automatisches Schreiben und Psychopathologie (multiple Persönlichkeit und Hysterie).

Janet (1910) unterschied zwei Arten von Dissoziation: den *vollständigen Automatismus*, in dem der Patient sich gänzlich in eine andere Persönlichkeit verwandelt, und den *partiellen Automatismus*, in welchem sich ein Teil der Persönlichkeit abspaltet und unbemerkt von der normalen Persönlichkeit funktioniert. Janets Theorien beeinflußten viele Theoretiker, unter ihnen William James (1890) und Morton Prince (1975) in den USA. Prince (1975) beschrieb Persönlichkeitsveränderungen, die hypnotisch entwickelt werden konnten, und wies auf Möglichkeiten hin, den Trancezustand für die therapeutische Arbeit mit multiplen Persönlichkeiten zu nutzen.

Heutige Auffassungen

Dieser kurze Überblick zeigt, daß Hypnose bei Wissenschaftlern des 19. Jahrhunderts auf beachtliches Interesse stieß und Kontroversen heraufbeschwor. Dieses Interesse nahm während der ersten Hälfte des 20. Jahrhunderts ab, was verschiedenen Umständen zuzuschreiben war: zum Teil dem starken Aufkommen des Behaviorismus, zum Teil Freuds Ablehnung der Hypnose und zum Teil dem Schleier des Geheimnisses, der das Wesen der Hypnose noch immer umhüllte. Nach dem Zweiten Weltkrieg war es umgekehrt: da trat die Hypnose aus dem Schatten der Vergessenheit heraus, als sich zeigen ließ, daß mit ihr Opfer von Kriegsneurosen, Zahnpatienten und Geburtshilfefälle erfolgreich behandelt werden konnten (Hilgard 1965). In den fünfziger Jahren haben britische und amerikanische Ärzteverbände Hypnose als gültige Behandlungsart in aller Form anerkannt. Seither hat das Thema eine wachsende Zahl von Forschern und Klinikern angezogen.

Die meisten der heutigen Theoretiker lehnen physikalische und neurologische Erklärungen (die Schlaf- und Pathologiemetaphern) zugunsten von psychologischen Ansätzen ab, die Suggestion, Imagination, Motivation, Dissoziation und Rollenspiel betonen. Die folgenden gehören zu den markantesten der gegenwärtigen Auffassungen.

1. Trance als Regression. Viele Psychodynamiker haben das hypnotische Erleben mit den von Freud und den Neo-Freudianern geprägten Begriffen der psychischen Regression und Übertragung gedeutet. Kris (1952) förderte den Gedanken der *partiellen Regression im Dienst des Ich*. Gill und Brenman (1959) kennzeichneten die hypnotische Trance auf ähnliche Weise als Regression zu einem ursprünglichen Zustand, in dem die Rationalität sich dem Trieb überläßt und der Patient eine Übertragungsbeziehung zum Hypnotiseur aufbaut. Fromm (1972; Fromm, Oberlander, Gruenwald 1970) hat über diese und andere psychodynamische Trancetheorien einen Überblick gegeben und hat eine verbesserte Fassung angeboten, die das „passive Ich" und die „adaptive Regression" des hypnotisierten Patienten hervorhebt.

In einem der ersten Versuche einer umfassenden Theorie hat Shor (1959, 1962) drei Dimensionen der Tranceerfahrung vorgeschlagen: a) *die Tiefe der inneren Beteiligung bei der Rollenübernahme*, wo der Patient sich anfangs bemüht, wie ein Hypnosepatient zu denken und zu handeln, dann aber, (wenn er in Trance geht) dies unwillkürlich und unbewußt tut; b) *die Tiefe der Trance*, die sich entwickelt, sobald die allgemeine „Realitätsorientierung" des Patienten abnimmt, und die ihm erlaubt, sich in eine eigene, rein subjektive Welt zu versenken, und c) *die Tiefe des archaischen Beteiligtseins*, zu dem die oben dargestellten Charakteristika der Regression und der Übertragung gehören.

2. Trance als Lernen durch Erfahrung. Der berühmte amerikanische Psychologe Clark Hull glaubte, daß alle hypnotischen Prozesse sich mit den Gesetzen der formalen Lerntheorie (- assoziative Wiederholung, Konditionierung, Gewohnheitsbildung, Habituation usw.) erklären ließen. In seinem klassischen Werk „*Hypnose und Suggestibilität*" von 1933 vertrat Hull die Ansicht, daß hypnotische Phänomene durch Erfahrung erworbene Reaktionen und daher anderen Gewohnheiten ähnlich seien. Er zog daraus den Schluß, daß die Tranceerlebnisse des Patienten aus den Suggestionen des Hypnotiseurs resultierten und letztlich zurückzuführen seien auf „die streng physikalische Basis der Assoziation zwischen Reizen und Reaktionen, wobei Ideen zu rein physikalischen symbolischen Handlungen werden." (Ich muß gestehen, daß mir ein Rätsel ist, inwiefern eine „symbolische Handlung" „rein physikalisch" sein kann.) Andere Theoretiker, unter ihnen Weitzenhoffer (1953, 1957), haben Begriffe der Lerntheorie wie Löschung von Gewohnheiten und Antriebsreduktion bei der Diskussion des Hypnoseprozesses verwendet. Dieser theoretische Ansatz hat einen gewissen Vorzug, insofern er unterstreicht, daß Trance eine natürliche Erfahrung ist, die durch Üben leichter und vollständiger werden kann. Doch selbst Weitzenhoffer (1957: S. 56-58) weist auf die extreme Begrenztheit dieser Sichtweise hin. Abgesehen von den jetzt zugegebenen Mängeln klassischer Lerntheorien (siehe Bandura 1977) finden hier die phänomenologischen Aspekte der Trance, die Einzigartigkeit des Individuums und die interpersonale Beziehung keinerlei Berücksichtigung.

3. Trance als Dissoziation. Ernest Hilgard, der im Lauf der Jahre verschiedene Trancemodelle entwarf (für Übersicht und Vergleich siehe Sheehan, Perry: 1976), hat kürzlich Janets Dissoziationsgedanken wiederbelebt und modifiziert. Hilgards Neo-Dissoziationstheorie (1977) macht Anleihen bei Konzepten der heutigen kognitiven Psychologie und beschreibt die Hypnose-Erfahrung als vorübergehende Loslösung des Patienten von den vertrauten Funktionen des bewußten Planens und Kontrollierens. Wenn der Patient unabhängig vom Prozeß der Realitätssprüfung funktioniert, wird er weniger kritisch und dadurch fähig, Dissoziationserfahrungen wie z. B. Amnesie, hypnotische Taubheit, Schmerzkontrolle und automatisches Schreiben zu entwickeln.

4. Trance als motiviertes inneres Engagement. Seit vielen Jahren hat T. X. Barber (1969, 1972) die Metapher von der Trance als „verändertem Bewußtseinszustand" heftig kritisiert und behauptet, daß solche ungenauen hypothetischen Konstrukte sehr irreführend seien. Sie lenken nicht nur den behandelnden Hypnotiseur davon ab, die wichtigen Variablen der „hypnotischen" Interaktion operational zu definieren, sondern sie lassen auch viele Patienten zu der Überzeugung kommen, sie könnten keine „erstaunlichen und geheimnisvollen hypnotischen Phänomene" wie z. B. Schmerzkontrolle, Halluzinationen und Altersregression entwickeln. Als Alternative förderte Barber (1969) eine kognitiv-verhaltensorientierte Sichtweise, die annimmt, daß „Trance" er-lebnisse das Ergebnis „positiver Einstellungen, Motivationen und Erwartungen der Testsituation gegenüber seien, die zu einer Bereitschaft führen, sich beim Denken und Imaginieren der suggerierten Themen zu bedienen" (S. 5). Nach dieser Auffassung kann jedes Individuum, das dazu bereit ist, lernen, „hypnotische" Phänomene zu entwickeln. Barber hält formale (herkömmliche) Induktionen für unnötig, wohingegen er Kontextvariablen wie z. B. dem Verhalten des Hypnotiseurs und der Beziehung zwischen ihm und dem Patienten allergrößte Bedeutung beimißt.

Viele Leute meinen, daß Barbers Position dem Ericksonschen Ansatz diametral entgegengesetzt sei. Doch von offensichtlichen terminologischen Unterschieden abgesehen gibt es Ähnlichkeiten zwischen den beiden Standpunkten: beide betonen insbesondere, daß alle Individuen die Fähigkeit zu „hypnotischen" Erfahrungen besitzen und daß Trance ein natürliches Phänomen sei; beide weisen hin auf die Bedeutung von Alternativen zu formalen Tranceinduktionen sowie von motivationalen und interpersonalen Variablen. Andererseits erscheint Barbers direkte Gleichsetzung von Trance und Imagination als nicht tragfähig, insofern viele Patienten Trance als von jeder anderen Erfahrung qualitativ verschieden erleben.

5. **Trance als Rollenübernahme.** Diese Sichtweise unterstreicht die sozialpsychologischen Aspekte der hypnotischen Situation. White (1941) beschrieb Trance als zielgeleiteten Zustand, in dem der Patient hochmotiviert ist, sich „wie eine hypnotisierte Person" (nach der Definition des Hypnotiseurs und dem Verständnis des Patienten) zu verhalten. Sarbin (1950, 1956; Sarbin, Coe 1972), der eloquenteste Vertreter dieser Theorie, stellte den Hypnosepatienten als ein Individuum dar, das eine „Rolle" spielt. Wie Barber äußerte auch Sarbin sich geringschätzig über solche ungenauen und zirkulären mentalistischen Begriffe wie „Trance", „Zustand" und „das Unbewußte" und plädierte für eine deskriptivere Sprache, um die Variablen und Bedingungen ausfindig zu machen, die für „Tranceerlebnisse" verantwortlich sind. Sarbin behauptete, es sei hilfreicher, hypnotisches Verhalten als ein „Als-ob"-Verhalten zu betrachten. Seine wiederholte Darstellung der „Trance" als abstrakte Metapher, von der man zu Unrecht annehme, sie sei konkret (und die daher irreführend sei), hat zusammen mit seiner starken Betonung sozialpsychologischer Variablen viele dazu verleitet, irrigerweise zu vermuten, daß sein Standpunkt jegliche Gültigkeit der „Tranceerfahrung" leugne.

In Wirklichkeit berief Sarbin sich auf die Metapher der Rollenübernahme, um *jede Art* von Sozialverhalten zu beschreiben, und er unterstrich, daß der Grad der *organismischen Betroffenheit* von einer Rolle beträchtlich variieren könne und von einer „gelegentlichen Rollenübernahme" und „rituellem Handeln" bis zu den Extremen von „Ekstase" und (todbringendem) „Objekt von Zauberei und Hexerei" reiche (Sarbin, Coe 1972). Sarbin wies klassischem Hypnoseverhalten einen mittleren Platz in diesem „Betroffenheits"kontinuum zu, wobei er behauptete, ein geschicktes und motiviertes Individuum könne tief in die hypnotische Rolle eintauchen bis hin zum Erleben dramatischer qualitativer Veränderungen seiner subjektiven Wirklichkeit.

Eine eklektische Sichtweise

Überblickt man diese zeitgenössischen Trancetheorien, dann zeigt sich, daß jede Position wichtige Eigenschaften der Hypnoseerfahrung hervorzuheben oder zu beleuchten scheint, während sie andere Auffassungen ignoriert oder herunterspielt. Es geht hier nicht darum, diese Theorien geringzuschätzen, sondern darum, die Aufmerksamkeit auf die Vieldimensionalität der hypnotischen Erfahrung zu lenken. Es gibt viele wichtige situative und interpersonale Variablen, welche die allgemeine Entwicklung eines Trancezustandes beeinflussen; außerdem wirken die einzigartigen Eigenschaften eines jeden Patienten der Ansicht entgegen, daß Trance für jeden im wesentlichen die gleiche Erfahrung sei.

Erickson war sich dieser Komplexität in höchstem Maß bewußt; in all den Jahren verfocht er einen ziemlich gleichbleibend atheoretischen Standpunkt. Wenn man ihn in seiner späteren Zeit bei vielen Gelegenheiten darum bat, besonders das Wesen der Trance oder unbewußter Prozesse zu definieren, zögerte er typischerweise und erklärte, daß „was immer ich sage, daß es sei ... lenkt mich davon ab, die vielen Möglichkeiten zu erkennen und nutzbar zu machen, die da sind" (Erickson, persönliche Mitteilung 1977). (Nach seinem Verzicht erzählte er dann aber oft sorgfältig und kunstvoll ausgeführte metaphorische Geschichten zum Thema.

Allgemein gilt, daß vereinfachende und kategorische Aussagen über die Tranceerfahrung dem Theoretiker Trost bieten können, wohingegen sie den Praktiker voreingenommen machen und ihn unnötig einschränken. Wie Erickson bemerkte:

> Man muß sich klar machen, daß eine Beschreibung, ganz gleich, wie genau oder vollständig sie sein mag, wirkliche Erfahrung nicht ersetzen kann; sie ist auch nicht auf jeden Patienten anwendbar. Jegliche Beschreibung einer tiefen Trance muß unweigerlich von Patient zu Patient geringfügig variieren. Eine absolute Inventarisierung hypnotischer Phänomene nach ihrer Zugehörigkeit zu einer bestimmten Hypnosestufe kann es nicht geben. Einige Patienten entwickeln in leichter Trance Phänomene, die normalerweise mit der tiefen Trance verbunden sind, und andere zeigen in einer tiefen Trance etwas von dem Verhalten, das im allgemeinen als Charakteristikum des leichten Trancezustandes gilt. Manche Patienten, die in leichter Trance sich so verhalten, wie es sonst für die tiefe Trance typisch ist, hören vielleicht damit auf, sobald tatsächlich eine tiefe Trance zustandekommt. Patienten z. B., die in der leichten Trance mühelos eine Amnesie entwickeln, kann es in der tiefen Trance genauso leicht geschehen, daß sie keine Amnesie entwickeln. Der Grund für solche offensichtlichen Anomalien liegt in der völlig veränderten

psychischen Orientierung, die eine Person kennzeichnet, wenn sie in tiefer Hypnose ist, gegenüber ihrer Orientierung in leichter Hypnose (Rossi 1980a: S. 144-145).

Der Ericksonsche Praktiker hütet sich daher vor jeglichen kategorischen Behauptungen über die hypnotische Trance, was jedoch nicht ausschließt, daß er sich eine Meinung über das Wesen der Trance bildet. Wie die folgenden Zitate belegen, bevorzugte Erickson Dissoziationsmodelle der Trance:

> Eine tiefe Hypnose ist jene Hypnosestufe, die dem Patienten erlaubt, auf einer unbewußten Verarbeitungsebene angemessen und direkt zu funktionieren, ohne daß der bewußte Verstand sich einmischt (1952; in Rossi 1980a: S. 146).

> Therapeutische Trance ist eine Periode, in der es dem Patienten gelingt, aus seinem gewohnten Bezugsrahmen und seinen Überzeugungen auszubrechen, so daß er innerlich andere Funktionsmuster und Assoziationen erleben kann, welche die Problemlösefähigkeit fördern (Erickson, Rossi 1979: S. 3).

Was der Ericksonsche Ansatz am meisten empfiehlt, ist eine anpassungsfähige, geistig offene Haltung. Tabelle 2.1 faßt einige nützliche Gesichtspunkte zusammen, die in den oben dargestellten zeitgenössischen Theorien explizit oder implizit enthalten sind. Dem Hypnosepraktiker mag auf diese Weise deutlich werden, daß die Theorien sich ergänzen und sich nicht etwa gegenseitig ausschließen. Spätere Kapitel werden diese Gesichtspunkte weiter untersuchen und zeigen, wie sehr sie ineinandergreifen.

TRANCE ALS NATÜRLICHES KONTEXTÜBERGREIFENDES PHÄNOMEN

Für den Ericksonschen Ansatz spielt der natürliche Gebrauch der Trance eine entscheidende Rolle. Um diese Auffassung zu würdigen, sollte man die allgemeine Tranceerfahrung vom besonderen Hypnoseritual unterscheiden. Das letztere ist nur ein Mittel, um die erstere hervorzurufen. Durch das Wissen darum, wie Trance auf andere Weise und in anderen Situationen eintritt, wird die Fähigkeit, Trancezustände nutzbar zu machen, ausgesprochen gesteigert. Um eine solche Erkenntnis zu fördern, könnten die folgenden Unterscheidungen nützlich sein.

Tabelle 2.1: Nützliche Gesichtspunkte heutiger Trancetheorien

Theorie	Nützliche Gesichtspunkte
1. Psychodynamik	a) In der Hypnotherapie entsteht eine intensive Beziehung zwischen Hypnotiseur und Patient.
	b) Der Patient in Trance geht über zu einem weniger analytischen, eher primären Stil der Informationsverarbeitung; (er übt z. B. weniger Kritik und Widerstand, ist bildorientiert).
2. Lernen	a) Trance ist eine natürliche, erlernbare Fähigkeit.
	b) Diese Fähigkeit kann man durch Üben verbessern.
	c) Andere Lernerfahrungen können die Tranceentwicklung stören; sie müssen angesprochen und außer kraft gesetzt werden.
3. Neo-Dissoziation	a) Der Patient in tiefer Hypnose ist oft von normalen Überwachungs- und Kontrollfunktionen dissoziiert.
	b) Diese allgemeine Dissoziation ermöglicht die Entwicklung von speziellen Dissoziationsphänomenen wie Altersregression, hypnotische Träume, automatisches Schreiben, Halluzinationen und Schmerzkontrolle.
	c) Zu Dissoziationserlebnissen kann es ohne förmliche Hypnose kommen (z. B. nächtliche Träume, situations- und zustandsabhängige Erinnerungen).
4. Motiviertes inneres Engagement	a) Trance ist eine natürliche Erfahrung, die anderen psychischen Erfahrungen ähnlich ist.
	b) Jeder Mensch, der dazu bereit ist, kann daher geschult werden, "Trance"phänomene zu entwickeln.
	c) Förmliche Induktionen und Rituale sind der Entwicklung von "Trance"erlebnissen nicht förderlich. Es ist äußerst wichtig, Rapport herzustellen und den Patienten sachdienlich zu informieren und motivieren.
5. Rollenübernahme	a) Hypnose und Trance sind in Wirklichkeit nur Metaphern und sollten nicht verdinglicht werden.
	b) Da Trance eine Reaktion in einem sozialpsychologischen Kontext ist, müssen Situationsvariabeln (z. B. die Kommunikationen des Hypnotiseurs, die Beziehung) immer berücksichtigt werden.

1. Tranceerlebnisse zeichnen sich aus durch das Prinzip des Ideodynamismus und durch die Logik des Sowohl-als-Auch. Um ein Gefühl für das Wesen der Trance zu vermitteln, seien verschiedene Hauptmerkmale besonders erwähnt. Erstens, in Trance „geschieht" eine Erfahrung „einfach", ohne die Regulation, Kontrolle oder andere aktive Beteiligung durch bewußte Prozesse des Selbst. Wie im nächsten Abschnitt weiter diskutiert wird, läßt sich dieses Charakteristikum der Mühelosigkeit durch das Prinzip des Ideodynamismus beschreiben, welches besagt, daß Ideen durch dynamische Kräfte (Empfindungen, Bilder, Kognitionen, motorische Handlungen, Wahrnehmungen und Gefühle) ohne jede bewußte Vermittlung zum Ausdruck gebracht werden können.

Zweitens, mit Trance ist eine paradoxe Sowohl-als-Auch-Logik verbunden. Das bedeutet, daß eine Person sich mit beiden Seiten einer komplementären Unterscheidung von „diesem" und „jenem", „innen" und „außen", „Subjekt" und „Objekt" identifiziert. In Trance kann ich also beides gleichzeitig fühlen, „hier" und „dort", verbunden mit dir und losgelöst von dir, als „Teil von" und „getrennt von" einer Erfahrung, gleichzeitig Kind und Erwachsener. Diese Sowohl-als-Auch-Logik ruft das Erleben eines begrifflich oder mit Worten nicht faßbaren Zustandes des Einsseins hervor. Es ist eine ursprünglichere, umfassendere Beziehungsform als die trennende „Entweder-Oder"-Logik, die für analytische bewußte Prozesse charakteristisch ist. Mit anderen Worten tendieren Tranceprozesse zur Vereinheitlichung („dieses" *und* „jenes"), bewußte Prozesse dagegen zur Differenzierung von Beziehungen („dieses hier" *gegenüber* „jenem dort").

Zu anderen Besonderheiten der Trance, die im nächsten Teil untersucht werden sollen, gehören die Absorption des Erlebens, Kontinuität, Zeitverzerrung, Variabilität von Raum und Zeit und Wahrnehmungsveränderungen. In ihrer Gesamtheit lassen diese Charakteristika Trance als einen Zustand tiefer Konzentration erscheinen, in dem eine Person unabhängig von den Zwängen fehlerorientierter bewußter Steuerungsprozesse funktionieren kann.

2. Trance kommt in vielen Situationen vor. Oft entwickelt sie sich bei kulturellen Übergangsritualen; meine Heirat vor kurzem war für mich zum Beispiel ein entschieden tranceartiges Erlebnis. Die Tranceerfahrung ist herauszuhören, wenn Athleten und andere Könner ihre Gefühle beschreiben, wie das ist, wenn sie so richtig „loslegen" und „auf Touren" kommen. Auch wer sich von Musikklängen oder von einem Tanzrhythmus völlig absorbieren läßt, erlebt eine Trance. Oder sie wird sichtbar bei Personen, die so in die Lektüre eines Buches vertieft sind oder bei einem Kind, das so gebannt eine Fernsehsendung verfolgt, daß sie unserem Rufen keine Beachtung schenken. Man kann sie beobachten beim Studenten, der einem Tagtraum nachhängt, beim schwer depressiven Klienten, bei einem alten Menschen, der in Erinnerungen schwelgt, kurz, Trance ereignet sich in vielen Kontexten.

3. Trance entwickelt sich auf viele verschiedene Arten. Zu den Mitteln der Tranceinduktion gehören *rhythmisch wiederholte* Bewegungen (Tanzen, Laufen, Schaukeln, Atemübungen usw.); monotoner Gesang (Meditation, Gebet, Gruppenrituale, Sprechchöre bei Wettrennen oder Sportveranstaltungen, die automatische Wiederholung negativer Kognitionen in der Depression, usw.); *Konzentration der Aufmerksamkeit* (auf ein Mantra, die Stimme des Hypnotiseurs, ein Bild, eine Idee, das Fernsehen usw.); und *Ausgleich der Muskelspannung* (durch Entspannungsübungen, Massage, Drogen wie Alkohol oder Valium, rhythmische Bewegung usw.). Diese Methoden stehen miteinander in Wechselbeziehung und dienen alle dem Zweck, die diskontinuierlichen, arhythmischen Bewegungen einer überlegten, bewußten Haltung zu verringern, wodurch sie ein einheitlicheres Erleben ermöglichen. Die strenge Unterscheidung zwischen Selbst und Anderem, deren jeweilige Grenze die Haut ist, wird aufgelöst durch Veränderungen des Muskeltonus; die entsprechende Person kann sich dadurch mit komplementären biologischen Rhythmen synchronisieren und sich einheitlichen psychischen Prozessen anpassen.

4. Trance ist biologisch notwendig. Anthropologen haben darauf aufmerksam gemacht, daß Tranceituale eigentlich in jeder Kultur zu finden sind (siehe Richeport 1982). Historiker wiederum haben gezeigt, daß es solche Rituale schon seit Jahrhunderten gibt. Ihr Vorkommen in allen Kulturen und Zeiten deutet darauf hin, daß Trance für Menschen biologisch lebenswichtig ist.

Unter anderem folgt aus dieser Sichtweise, daß Trance gewollt oder ungewollt eintritt. Das bedeutet, daß wir Gelegenheiten zur Entspannung, zum Eintauchen in einen tieferen gemeinschaftlichen Kontext und zur Hingabe an unser Tiefen-Selbst brauchen. Wir müssen die fehlerkorrigierende Regulierung bewußter Zielleistungen zeitweise außer kraft setzen und von neuem ein unverfälschtes Gefühl der Ganzheit erleben. Und in der Tat sehe ich, wie sich viele Symptome entwickeln, wenn Zugänge zu selbstwertstärkenden Trancezuständen blockiert sind oder auf andere Weise von einer Person oder einer Gemeinschaft verleugnet werden.

5. Trance dient mehreren Zwecken. Wenn Trance biologisch bedeutsam ist, dann muß sie im Hinblick auf die Evolution eine besondere Bedeutung haben. Nach heutiger Ansicht spielt Trance eine wesentliche Rolle für das Gleichgewicht von biologischen und psychologischen Systemen. Insbesondere hilft sie dabei, verschiedene komplementäre Grundantriebe des Menschen zum Ziel zu führen: die Integrität („Ganzheit") einer autonomen („selbstregulierenden") Selbstidentität einerseits *zu erhalten* und andrerseits *zu vergrößern*. Diese Selbstidentität ist immer als multiples System zu verstehen, sowohl individuell als auch dyadisch, familiär, sozial usw.

Die Bewahrung der Identität (d. h., nicht ihre Veränderung) durch Trance ist vielgestaltig. Eine Person oder eine Gruppe kann eine Trance entwickeln, um von neuem ein Gefühl der Sicherheit zu gewinnen, etwa durch tägliche Meditation, Selbsthypnose oder ekstatisches Singen in der Gruppe. Ernstliche Lebensgefahr kann zum Schutz eine Trance auslösen, die mit dem völligem Rückzug aus dem Bewußtsein verbunden ist (im Schock, bei Katalepsie, Depression, Wahnwahrnehmung). Trance kann auch Rollen zum Ausdruck verhelfen, die im Normalzustand tabu sind; Bateson (1958) z. B. hat beschrieben, wie der Iatmul-Stamm in Neu-Guinea ein *Naven* genanntes Tranceritual aufführt, während dessen Männer sich wie Frauen kleiden und umgekehrt und dabei jeweils bestimmte Rollen ausagieren, die sonst für das andere Geschlecht typisch sind. Trance kann auch dazu benutzt werden, eine tiefer erlebte Verbindung zu bestätigen, etwa wenn amerikanische Indianerstämme den Regen beschwörende Tanzrituale anwenden, um in einen Gemeinschaftszustand mit der natürlichen Umwelt einzutreten. Um es auf den Punkt zu bringen: Trance ist eine Möglichkeit, zu einem grundlegenden Kern der eigenen Identität zurückzukehren.

Trance kann den Identitätsradius einer Person oder einer Gemeinschaft auch vergrößern. Das zeigt sich in bedeutungsvollen Ritualen bei Entwicklungsübergängen (Heirat, Inititation in die Welt der Erwachsenen usw.). Trance kann einer Person ermöglichen, ihre Identifikation mit bestimmten Bindungen (z. B. an Schmerz, an ein Verhaltensmuster oder einen Wahrnehmungsstil) aufzugeben und über sie hinauszuwachsen. Sie setzt durch metaphorische Ausdrucksweisen (wie Symptome, künstlerische Gebilde und das Erzählen von Geschichten) eine Lösungssuche in Gang und erleichtert psychische Integrationen (wie z. B. die Vereinigung unverbundener Persönlichkeitsanteile), die ein Hauptanliegen der Psychotherapie sind.

6. Trance kann der Bestätigung des Selbst oder seiner Abwertung dienen. Für Trance gilt dasselbe wie für jede andere Erfahrung, ihr Wert hängt vom Kontext ab, in dem sie zustandekommt. Tranceerfahrungen, die das Selbst in seinem Wert bestätigen, sind eher sanft, rhythmisch und kontinuierlich fließend; Tranceerfahrungen, die das Selbst abwerten, sind meist heftig, im Rhythmus gestört und rigide. Der Inhalt einer bestätigenden Trance verändert sich eher im Lauf der Zeit, da sie zu Integrationen führt, aus denen sich neue Gestalt-Konfigurationen bilden. Der Inhalt einer selbstabwertenden Trance dagegen wiederholt sich immer wieder, weil sie keine Integration, sondern nur gesteigerte Heftigkeit bewirkt. In einer bestätigenden Trance versucht niemand, das Erleben aktiv zu kontrollieren; in einer selbstabwertenden Trance wird angestrengt versucht, das eigene und/oder das Erleben des anderen zu kontrollieren, zu leugnen oder es auf irgendeine andere Art zu negieren. Von Personen z. B., die psychische Symptome aufweisen, kann man auch sagen, daß sie Trancephänomene zeigen, die sie zu kontrollieren („loszuwerden") und zu verleugnen suchen („das bin nicht ich"). Ganz ähnlich verhält es sich mit Personen, die systematisch Gewalt anwenden (z. B. im Krieg); sie wollen den anderen (sein Selbst) auslöschen und geraten dabei, wenn sie das tun, oft in einen tranceartigen Zustand[2].

Die Tatsache, daß eine Trance nicht immer nützlich ist, verändert den Fokus des Therapeuten; ihn interessiert weniger *ihre Tiefe* als ihre *therapeutische Qualität*. Sie besteht für den Ericksonschen Praktiker in der Breite, in der sie Ressourcen des Klienten zugänglich macht. Vermutlich weiß ein Klient, wie er auf die eine oder andere Weise eine Trance entwickeln kann; interessanter ist, wie der therapeutische Kontext nutzbar gemacht werden kann, um bestätigende Tranceprozesse zu fördern (und damit ihren praktischen Wert zu steigern).

7. Trancephänomene sind die grundlegenden Prozesse, durch die psychische Erfahrung erzeugt wird. Wenn ein Individuum oder eine Gemeinschaft sich in hypnotische Trance versenkt, tauchen mit einiger Wahrscheinlichkeit bestimmte Phänomene („Erscheinungen") auf. Zu ihnen gehören Regression in die Vergangenheit, Progression in die Zukunft, gesteigertes Erinnerungsvermögen (Hypermnesie) oder selektives Vergessen (Amnesie), Verzerrungen sowie Dissoziationen der Wahrnehmung (positive und negative Halluzinationen).[3] Wenn solche Phänomene auf den ersten Blick auch ungewöhnlich erscheinen mögen, so sind sie doch ganz natürlich. Trancephänomene können in der Tat als die grundlegenden psychischen Prozesse betrachtet werden, durch die Erfahrung erzeugt und aufrechterhalten wird. Es gibt jedoch einen Unterschied, der darin besteht, daß die phänomenologische Erfahrung in Trancezuständen intensiviert und ausgedehnt ist, wodurch sie spektakulär oder sonst irgendwie ungewöhnlich erscheint. Wir erleben also Halluzinationen, wenn wir völlig von der Bilderwelt dissoziieren, die wir entworfen haben; oder wir vergrößern unsere Fähigkeit, etwas zu vergessen (Amnesie), wenn wir die Fähigkeit, uns in etwas ganz anderes zu vertiefen, verstärken. Therapeutische Trance ermöglicht grundlegende Veränderungen unserer Beziehung zu Mustern des Selbstausdrucks, indem sie einerseits Raum schafft für eine intimere und intensivere Beschäftigung mit der Art und Weise, wie wir normalerweise unsere Erfahrungswelt konstruieren, während sie andrerseits auch einen Sinn für die Loslösung von ihr vermittelt (wenn man z. B. in Trance spürt, daß man Erfahrung nicht zu kontrollieren oder festzuhalten braucht). Dieser Prozeß ermöglicht, kurz gesagt, daß tiefgreifende Veränderungen durchgemacht werden können.

8. Trancephänomene und klinische Symptome unterscheiden sich nur durch die Kontexte, in denen sie Ausdruck finden. Eine der ersten Aufgaben, die Milton Erickson mir am Beginn meiner Studien bei ihm übertrug, war, mir Psychotiker genauer anzusehen. Ich sicherte mir eine Teilzeitstelle, die mir das ermöglichte, besuchte ihn von Zeit zu Zeit und diskutierte mit ihm verschiedene Fälle. Wenn er seine umfassenden Interaktionen mit Psychotikern beschrieb, schien er drei Punkte immer wieder zu betonen: Erstens, das Erleben von Psychotikern ist in seiner Erscheinungsweise dem Erleben von Patienten in tiefer Trance auffallend ähnlich: Beide zeichnen sich aus durch Regressionen, Dissoziationen, Amnesien, perzeptive und sensorische Veränderungen, symbolische Ausdrucksweisen usw. Zweitens, die *Qualität* der Erfahrung ist grundverschieden: Psychotiker erleben ihre Welt im allgemeinen als sehr schmerzvoll und einengend, während sich Patienten in tiefer Trance ausgesprochen wohl fühlen. Mit anderen Worten, die phänomenologische *Gestalt* der Erfahrungen ist dieselbe, der *Kontext* dagegen ist radikal verschieden. Drittens, die psychischen Prozesse beider Gruppen sind erweiterte Äußerungen normaler unbewußter Vorgänge.

Diese Ideen deuten darauf hin, daß der therapeutische Kontext der Trance sich optimal eignet, um selbstabwertende Symptome zu verwandeln. Symptomäußerungen kann man als gültige hypnotische Phänomene betrachten, die durch die psychologischen Kontexte, in denen sie vorkommen, entwertet werden. Der Therapeut versucht daher, interpersonale und intrapersonale Beziehungskontexte zu entwickeln, in denen dieselben Vorgänge Bestätigung finden, indem sie als legitime autonome Äußerungen des Unbewußten (z. B. als Trancephänomene) definiert und als Ausgangsbasis für Problemlösungen und Integrationen des Selbst genutzt werden.

Phänomenologie der Tranceerfahrung

Wir haben bisher allgemeine Vorstellungen von der Beschaffenheit der Trance untersucht. Dieser Abschnitt setzt sich etwas spezieller mit einigen besonderen phänomenologischen Charakteristika der Tranceerfahrung auseinander.

1. Die Erfahrung gefesselter Aufmerksamkeit. In Trance können Patienten ein solches Ausmaß an konzentrierter Aufmerksamkeit entwickeln, daß sie sich für längere Zeit ganz in einen einzigen Erlebenskontext vertiefen. Dies kontrastiert mit dem Wachzustand, in dem Aufmerksamkeitsprozesse durch ständige Neuorientierung hin zu wechselnden externen Reizen zertreut und unfokussiert bleiben. In Trance nehmen hypnotisierte Patienten irrelevante Reize (Geräusche oder andere Stimmen) oft nicht wahr, oder wenn sie sie wahrnehmen, fühlen sie sich durch sie nicht abgelenkt oder belästigt oder gedrängt, sie weiter zu beachten. Das trifft vor allem auf eine tiefe Trance zu.

Der Aufmerksamkeitsfokus eines Patienten kann nach innen oder nach außen gerichtet sein. Die meisten Hypnoserituale verlangen vom Hypnotiseur, die Aufmerksamkeit des Patienten zuerst auf ein äußeres Objekt zu fixieren (eine Kristallkugel, die Augen des Hypnotiseurs, einen Nagel an der Wand, ein Metronom usw.), um sie dann allmählich in eine nach innen gerichtete Konzentration zu verwandeln. Manchmal ist es für den Patienten passender, wenn er während der Trance nach außen orientiert bleibt. Das wäre der Fall, wenn der Hypnotiseur bei Patienten, die nicht gern ihre Augen schließen, eine Trance induzieren wollte, oder wenn er das mit dem Ziel täte, Leistungen von Patienten in der Öffentlichkeit (Reden, soziale Interaktionen, Sportwettkämpfe) zu steigern. Wenn der Therapeut selbst in Trance geht, während er mit dem Klienten arbeitet, ist ebenfalls eine Situation gegeben, die eine externe Orientierung verlangt. Wie man das macht und welche günstigen Resultate das bringt wird in Kapitel 3 ausgeführt.

Dieses Erleben, daß die Aufmerksamkeit ganz auf einen Bereich ausgerichtet ist, gilt sowohl für „Symptom"tranceprozesse als auch für hypnotische Tranceprozesse. Man kann beobachten, daß eine Person, die von einem wiederkehrenden Problem bedrängt wird, eine eigentümliche Fixierung an diesen problematischen Prozeß entwickelt. Wie eine Person, die durch Hypnose in Trance versetzt wurde, muß auch das von einem Problem geplagte Individuum sich nicht eigens bemühen, absorbiert zu bleiben; dieser Prozeß hält sich selbst aufrecht, ohne überlegte, bewußte Anstrengung. Im Gegensatz zum Hypnose-Patienten versucht das in Symptomen gefangene Individuum immer wieder, seine Absorbiertheit durch verschiedene Regulierungsstrategien zu unterbrechen. Dadurch werden bewußte Prozesse von unbewußten Prozessen abgespalten, wobei letztere vom Problemfeld absorbiert bleiben. Der unbewußte Geist bleibt, mit anderen Worten, an eine unvollständig erlebte Beziehung fixiert, während der bewußte Verstand versucht, sich von ihr wegzubewegen (z. B. sie ungeschehen zu machen oder zu leugnen); dies schafft einen Gegensatz zwischen bewußten und unbewußten Prozessen. Wie wir sehen werden, bemühen sich Ericksonsche Induktionsstrategien darum, zu beiden Prozessen einen Kontakt herzustellen und auf ihre Integration hinzuarbeiten.

2. Mühelosigkeit im Ausdruck. Der hypnotisierte Patient verspürt selten das Bedürfnis, angestrengt etwas zu tun, oder den Drang, „vorauszuplanen". Erfahrung scheint „sich einfach zu ereignen" und „fließt mühelos dahin". Diese Manifestation des Trancezustandes ist nicht notwendigerweise darauf zurückzuführen, daß der Patient die lenkende Kontrolle an den Hypnotiseur delegiert; sie stellt sich genauso häufig bei autohypnotischen Erfahrungen ein und markiert den Übergang von bewußter zu unbewußter (Informations-) Verarbeitung.

Dieses Merkmal reflektiert das Prinzip des *Ideodynamismus* („Ideen" gehen über in „Dynamiken"), das postuliert, daß Ideen in dynamischer Gestalt (z. B. in Bildern, Verhaltensweisen, Empfindungen, Kognitionen usw.) zum Ausdruck kommen können, unabhängig und manchmal unbemerkt von einem willentlichen Bewußtseinsvorgang.[4] Wie Bernheim (1895) zeigte, *scheinen ideodynamische Prozesse in Trance intensiver zu sein und häufiger vorzukommen.* Patienten z. B., denen suggeriert wird, daß ihre Hand sich automatisch zu heben beginnt, machen oft die *ideomotorische* Erfahrung, daß jene Hand sich *unfreiwillig* nach oben bewegt; oder beim Hinhören auf das, was der Hypnotiseur zu ihnen sagt, können in ihnen *ideosensorische* Visualisierungen von Gefühlen entstehen. Die Tatsache, daß man bei Hypnosepatienten immer wieder ideodynamische Prozesse beobachten kann, veranlaßte Erickson und Rossi (1979, deutsche Ausgabe 1981), hypnotische Suggestionen als Ideen zu beschreiben, welche die geistigen Abläufe einer Person auf eine Weise nutzbar machen, die außerhalb ihres üblichen Spektrums der Ich-Kontrolle liegen.

Mit anderen Worten, die unbewußten Prozesse des Klienten werden ermutigt, sich im hypnotherapeutischen Kontext autonom zu äußern. Eine solche Ermutigung gab Erickson oft indirekt. Er evozierte z. B. häufig eine Trancereaktion, indem er Anekdoten von *anderen* Leuten erzählte, die Trancephänomene wie Handlevitation oder Entspannung erlebten. Während der Patient Erickson aufmerksam zuhörte, begann er, *ähnliche* Bilder zu erleben. Sobald das eintrat, teilte der Patient durch ideomotorische Signale auf allgemeine Weise mit, was durch *minimale Hinweise* leichter Veränderungen von Körpermerkmalen wie Gesichtsfarbe, Atmungsmuster und Pupillenerweiterung sichtbar wurde. Erickson beobachtete diese minimalen Hinweise sehr genau und nutzte sie als Leitfaden für seine weiteren Kommunikationen während der Induktion. Diese interpersonale „Feedback-Schleife" der Kommunikation endete oft damit, daß der Patient in Trance fiel, ohne eine direkte Suggestion dazu erhalten zu haben. Auf diese und andere Weise können ideodynamische Prozesse therapeutisch genutzt werden.

Bleibt noch besonders zu erwähnen, wie ideodynamische Prozesse selbstabwertender (Symptom-) Trancen gekennzeichnet sind. Ein Hauptmerkmal eines jeden Problemkontextes besteht darin, daß seine Symptomkomponenten automatisch zum Ausdruck gebracht werden. Selbstvernichtende Gefühle scheinen sich einfach irgendwie zu entwikkeln; unangenehme Vorstellungen lassen sich nicht abschütteln, und wiederkehrende innere Dialoge kann man nicht abstellen. Der Ericksonsche Praktiker akzeptiert solche automatischen Äußerungen als legitime ideodynamische Botschaften des unbewußten Geistes einer Person und bemüht sich, ihnen Gelegenheiten zu vermitteln, damit sie sich auf wertschätzende, ausgleichende und andere Weise äußern können. Einer Klientin, die über ängstliche Gefühle in der Brust klagte, wurden z. B. die folgenden hypnotischen Kommunikationen angeboten, nachdem der angemessene Rapport hergestellt war:

> Das ist gut so, Mary. Und ich möchte Ihnen gegenüber wirklich eine Idee hervorheben, die zuerst ein wenig ungewöhnlich erscheinen mag, es ist aber eine Idee, die Sie, glaube ich, immer mehr schätzen können, sobald Sie, während ich noch zu Ihnen spreche, zu verstehen beginnen, was sie für Ihr Erleben bedeutet. Und welche Idee meine ich? Einfach diese: Sie besitzen eine Fähigkeit, Ihrem Unbewußten zu erlauben, sich autonom auf ganz verschiedene Weise zu äußern ... Wir alle tun das ... Sie haben z. B. eine Fähigkeit gezeigt, *Empfindungen sich autonom entwickeln* zu lassen ... das ist gut so, Mary ... *Empfindungen* in Ihrer Brust ... Sie wissen, daß Sie ihnen *verschiedene* Namen gegeben haben und *verschiedene* Gedanken über sie hatten ... Und ich möchte einfach bestätigen, daß Ihr unbewußter Geist jene Gefühle hervorbringen kann und darüber hinaus *einige andere* ... warum also sollte Ihre Brust den ganzen Wirkungsraum für sich beanspruchen? Ich weiß nicht, ob zuerst Ihr Arm auch davon profitieren will, oder ob es ihre Beine sind, die sich allmählich *warm anfühlen* oder kühl oder kribbelnd oder taub ... Ich weiß nur, daß Sie diese autonome *unbewußte* Fähigkeit, zu erleben, wie *Empfindungen* sich auf so viele sichere Arten entwickeln, zum Ausdruck bringen können ...

Bei diesem Ansatz eines hypnotischen Gesprächs wird das Symptom als Beispiel einer allgemeinen unbewußten Fähigkeit definiert. Zur Differenzierung dieser Fähigkeit durch verwandte (bestätigende) ideodynamische Reaktionen werden Suggestionen angeboten, die das Symptom als (unbewußte) schätzenswerte Gabe in einen neuen Kontext stellen. Auf diese Weise wird die Eigenschaft des Automatischen, welche hypnotischen Phänomenen und Symptomen gemeinsam ist, genutzt, um die letzteren in eine therapeutische Entwicklung zu überführen.

3. Erlebnisorientierte, nichtbegriffliche Beteiligung. Menschen, die sich in Trance befinden, sind ganz vertieft in Bereiche des Erlebens, weniger in Bereiche des begrifflichen Denkens. Sie sind besser fähig, Dinge direkt zu erleben „wie sie sind" und zeigen kaum das Bedürfnis, ihre Erfahrung logisch zu verstehen oder begrifflich zu analysieren.

Denkprozesse sind typischerweise weniger kritisch, weniger bewertend, weniger verbal und weniger abstrakt; gleichzeitig werden sie deskriptiver, gründen sich auf Bilder, werden sinnesorientierter und konkreter. Diese erfahrungsbetonte Art der Verarbeitung bedingt eine Fähigkeit, sich tiefer mit seinen Ressourcen und mit aktuellen Wirklichkeiten zu verbinden. Diese Fähigkeit ist besonders wertvoll für Klienten in Therapie. Wenn eine Person „sich auf einer anderen Erfahrungsebene kennenlernt" (Erickson, persönliche Mitteilung 1977), indem sie eingeschliffene dysfunktionale Bewußtseinsprozesse beiseite läßt, dann ist sie frei, Erfahrungen aus vielen verschiedenen Perspektiven zu erkunden.

Diese Lösung der Erfahrung aus begrifflichen Festlegungen unterscheidet die therapeutische Trance von der Symptomtrance. Bei letzterer ist eine Person typischerweise ganz in einen Erfahrungsprozeß vertieft, während sie gleichzeitig gebunden bleibt an bestimmte rigide Vorstellungen, welche die Bedeutung wahrgenommener Reize formen und verzerren. Das führt immer wieder zu gleichen (und daher vorhersagbaren) Ergebnissen. Hypnotische Induktionen haben zum Ziel, diese Fixierung an rigide Bezugsrahmen aufzulösen, wodurch sich Erfahrungsprozesse entfalten können, die einer tieferen Intelligenz der Person entsprechen.

4. Die Bereitschaft zu experimentieren. Die Person in hypnotischer Trance experimentiert für gewöhnlich recht bereitwillig mit neuen Perspektiven. Zwar wird diese Eigenschaft oft als *Suggestibilität* beschrieben, doch dieser Begriff enthält manchmal stillschweigend die irrige Annahme, der Patient sei ein passiver Automat, dessen Erleben aus den Befehlen einer anderen Person (des Hypnotiseurs) resultiere. Das war nicht Ericksons (1948) Überzeugung, wie er mit Nachdruck erklärt:

> Viel zu oft wird die unberechtigte und unvernünftige Annahme gemacht, daß ... was immer sich aus der Hypnose entwickelt, notwendigerweise und vollständig ein Resultat und ein primärer Ausdruck von Suggestion sein müsse. Im Gegensatz zu solchen falschen Vorstellungen bleibt die hypnotisierte Person ganz sie selbst... Das veränderte Verhalten des Patienten leitet sich von seinen Lebenserfahrungen her und nicht vom Therapeuten. Als äußerstes kann der Therapeut nur die Art des Selbstausdrucks beeinflussen. Induktion und Aufrechterhaltung einer Trance dienen dazu, eine besondere psychische Verfassung zu gewährleisten, in welcher der Patient seine inneren seelischen Komplexitäten wieder miteinander verbinden und sie reorganisieren kann und befähigt wird, seine eigenen Kapazitäten in einer Weise zu nutzen, wie es seinem eigenen Erleben entspricht. Sie dient dazu, ihm zu erlauben, mehr über sich zu lernen und sich angemessener zu äußern (Rossi 1980d: S. 38).

Hypnosepatienten sind nicht leichtgläubig oder naiv; im allgemeinen folgen sie keinen Instruktionen, die ihren persönlichen Werten zuwiderlaufen.[5] Versuche, Individuen in Trance zu irgendetwas zu zwingen, was sie nicht wollen, läßt sie fast immer aus der Trance heraustreten; für gewöhnlich säen solche Versuche Mißtrauen und Wut dem Therapeuten gegenüber und beeinträchtigen die Beziehung dadurch ernstlich.

Die hypnotisierte Person behält hinsichtlich ihres Erlebens die volle Wahlfreiheit; die Sicherheit und der Zustand des Sich-Wohlfühlens, die in einer therapeutischen Trance empfunden werden, erhöhen im allgemeinen das Gespür für diese Wahlfreiheit. Da der Patient in Trance vorübergehend frei ist von der Beherrschung durch die sorgenvolle, fixierte Sichtweise normaler Bewußtseinsprozesse, ist er, einem gehetzten Geschäftsmann im Urlaub vergleichbar, bereiter und fähiger, mit kreativem und spontanem Verhalten zu experimentieren.

5. Flexibilität in den Beziehungen von Raum und Zeit. Phänomenologische Erfahrung geschieht im allgemeinen in einem räumlich-zeitlichen Kontext. In Trance kann man sich vielfältig auf Raum und Zeit beziehen. Man kann die Gegenwart völlig *dissoziieren* und zu alternativen räumlich-zeitlichen Wirklichkeiten überwechseln. Man kann z. B. subjektiv eine *Altersregression* in die Vergangenheit oder eine *Altersprogression* in die Zukunft machen; man kann die *Zeit verzerren*, indem man eine Minute wie eine Stunde erlebt (*Zeitextension*) oder eine Stunde wie eine Minute (Zeitkondensation); man kann etwas, was nicht wirklich da ist, *positiv halluzinieren* oder etwas, was wirklich da ist, *negativ (weg-) halluzinieren.*

Diesen und anderen Trancephänomenen liegt die Fähigkeit zugrunde, sich auf Raum und Zeit als *Variablen* zu beziehen, die manipulierbar sind, und sie weniger als einschränkende *Konstanten* aufzufassen. Die hypnotisierte Person wird mit anderen Worten von der Fixierung an eine einzige Raum/Zeit-Koordinate (die „Gegenwart") befreit, wobei unendlich viele andere mögliche Wirklichkeiten verfügbar werden. Der enorme therapeutische Wert dieser Flexibilität (z. B. die Vergangenheit neu zu gestalten, die gegenwärtige Sichtweise oder Meinungen über die Zukunft zu ändern) wird in späteren Kapiteln eingehend untersucht.

Ein schönes Beispiel für diese Variabilität von Raum und Zeit findet sich in der Erzählung „Der Zauberer von Oz"[6]. In einer Eröffnungsszene wird Dorothys bewußter Verstand durch einen dumpfen Schlag auf ihren Kopf „außer kraft gesetzt". Was sie danach wieder weiß ist, daß sie in ihrem Haus („in der Mitte von Nirgendwo") herumsaust. Verschiedene Objekte ihrer irdischen Welt kreisen um sie herum: Spülsteine aus der

Küche, Fahrräder, Körbe usw. Diese schwebenden Gegenstände sind aus dem Kontext, in dem sie sonst vorkommen, herausgelöst ("deframed"). In ähnlicher Weise erfahren die verschiedenen elementaren Einheiten, die im Wachzustand in starren Konfigurationen gefangen sind, in Trance eine Befreiung, wodurch ein neuer Zusammenschluß elementarer Lernerfahrungen zu passenderen Konfigurationen (Bezugsrahmen) möglich wird.

6. Veränderung sensorischer Erfahrung. Patienten in Trance erleben oft Veränderungen in ihrer sensorischen Erfahrung wie Verzerrungen der Wahrnehmung, Übertreibung, Selektivität und Halluzinationen. Diese Veränderungen können sich in jeder sensorischen Modalität zeigen. Kinästhetische Veränderungen sind z. B. ganz üblich. Patienten fühlen sich etwa entspannt und schläfrig (wenn ihr Körper schwer und warm wird) oder motorisch gehemmt (*bei Katalepsie*) und dabei leicht und vom Körper getrennt. Manchmal kommt es zu einer Verzerrung der Wahrnehmung von Körperteilen: Der Kopf fühlt sich vielleicht unverhältnismäßig groß an, oder es mag scheinen, als betätige sich die Hand unabhängig vom übrigen Körper (wie bei der Armlevitation) usw. Manche erleben gelegentlich verschiedene Verlagerungen im Vestibulärsystem, etwa ein angenehmes Gefühl, herumzuwirbeln oder sich um die eigene Achse zu drehen.

Auch visuelle Veränderungen sind häufig. Patienten, die ihre Augen geöffnet lassen, entwickeln einen *Tunnelblick*, wobei ihr peripheres Gesichtsfeld dunkel wird oder nebelartig verschwimmt. Der Tunnelblick entsteht dann am wahrscheinlichsten, wenn der Patient auf einen einzigen Reiz (z. B. die Augen des Hypnotiseurs) fixiert ist, ohne sich zu bewegen oder zu blinzeln. Die Farbwahrnehmung des Patienten, der seine Augen geöffnet läßt, kann ästhetisch gesteigert sein oder sich in schwarz und weiß oder in eine Sequenz verschiedener Farben umwandeln. Wenn er den Hypnotiseur ansieht, kann es geschehen, daß dessen Gesicht sich verformt und die Züge einer anderen (bekannten oder unbekannten) Person annimmt. Die Person in tiefer Trance kann auch positive oder negative visuelle Halluzinationen erleben.

Wenn der Patient in Trance die Augen schließt, ist er oft versunken in eine lebendige visuelle Metaphorik. Damit können neu belebte Erinnerungen, geometrische Muster und Figuren oder interessante symbolische Bilder (wie im hypnotischen Traum) verbunden sein.

Im auditiven System treten ebenfalls Veränderungen auf. Der Patient achtet oft so selektiv auf die Stimme des Hypnotiseurs, daß er andere externe Geräusche gar nicht hört. Zugleich kann es geschehen, daß der Klang der Stimme sich in der Wahrnehmung des Patienten auf einmal völlig zu wandeln beginnt: sie scheint näher zu kommen oder sich weiter wegzubewegen, ihr Tonfall wird anders oder sie wird ganz unhörbar. (Im allgemeinen bleibt der Patient in Rapport mit dem Hypnotiseur, das zeigen seine Reaktionen auf hypnotische Anweisungen.) Und schließlich entfaltet der Patient oft eine erhöhte Sensibilität für die paraverbalen Kommunikationen des Hypnotiseurs wie tonale Emphase, Intonationsmuster (besonders abgestimmt auf seine oder ihre eigenen nonverbalen „Rhythmen", z. b. die Atmung) und auditive Lokalisierung im Raum (siehe z. B. Erickson 1973). Patienten haben demnach vielleicht Schwierigkeiten, eine Trance zu entwickeln oder aufrechtzuerhalten, wenn der Hypnotiseur hart und abgehackt spricht oder in einem Tempo, das schneller oder langsamer ist als die eigene innere Verarbeitung des Patienten.

Diese verschiedenen sensorischen Veränderungen werden normalerweise als ganz angenehm und verblüffend erlebt. Sie dienen dazu, Patienten im Hinblick auf ihre zur Norm gewordenen Wirklichkeiten zu verstören; damit tragen sie zur Tranceentwicklung bei. Sie sind besonders wirkungsvoll als „Überzeugungs"erlebnisse für Patienten, die sich ängstlich fragen, ob sie in Trance sind; sie werden dadurch fähig, ihre Besorgnis aufzugeben und tiefer in Trance zu gehen.

Die sensorischen Veränderungen sind auch für Symptomtrancen charakteristisch. Bei schwer dissoziierten Individuen (z. B. Psychotikern) sind sie gut zu beobachten, sie kommen aber auch bei anderen Problemen vor. Eine Klientin z. B., die äußerst eifersüchtig reagierte, sobald eine andere Frau in die Nähe ihres Mannes kam, entwickelte den Tunnelblick (wobei ihr peripheres Gesichtsfeld sich völlig verdunkelte), gefolgt von einer hochselektiven visuellen Wahrnehmung. Ein anderer Klient, ein Geschäftsmann, der Angst hatte, öffentlich zu reden, erlebte sich immer direkt vor einem solchen Auftritt als außerhalb von seinem Körper, auf sich selber von oben herunterschauend. Solche ungewöhnlichen perzeptiven Veränderungen sind oft begleitet von Muskelstarre (meist eine Folge der Angst) und unrhythmischen Verhaltensreaktionen (für gewöhnlich Versuche, die Reaktion auf einen Reiz kurzzuschließen), wodurch sie einen dissoziierten Problemzustand schaffen.

In hypnotischen Umfeldern, die für das Selbst förderlicher sind (wo motorische Reaktionen entspannt und rhythmisch bleiben können), besteht die Chance, diese Arten von Symptom-Phänomenen als spontane und autonome Äußerungen unbewußter Prozesse zu würdigen, die als Lösungen genutzt werden können. Der eifersüchtigen Klientin z. B. wurde beigebracht, den Tunnelblick hypnotisch auf vielfach selbstbestätigende Weise zu nutzen, u. a., sich auf ihren Mann so zu konzentrieren, daß sich dabei eine Vielfalt sicherer und angenehmer Gefühle einstellte. Der dissoziierende Geschäftsmann lernte, sich hypnotisch von der anderen Seite des Raumes her zu betrachten als Mittel, erfolgreich „ein Teil von" und „getrennt von" sich selbst zu sein. Ob Wahrnehmungsveränderungen also Probleme oder Lösungen sind, hängt von ihrer kontextuellen Bedeutung und ihrer Ausdrucksvielfalt ab.

7. Schwankungsbreite der inneren Beteiligung. Die herkömmlichen Metaphern für die „Tiefe der Trance" - z. B. leicht, mittel und tief - betonen, daß das Beteiligtsein an der Trance eher ein Kontinuum als ein Alles-oder-Nichts-Phänomen ist. Diese „Tiefe der hypnotischen Involviertheit" schwankt oft während einer Trance, besonders bei neuen Patienten. Der Patient entwickelt vielleicht eine tiefe Trance, wechselt dann über zu einer leichten oder mittleren Trance, erwacht dann ganz aus ihr, bevor er wieder in einen Zustand tiefer Trance fällt. Diese Schwankungen im Niveau der Trance können als *Phänomen des Fließens* beschrieben werden.

Das *Tranceniveau* bezieht sich auf die relative Ausprägung von bewußter gegenüber unbewußter Verarbeitung. Zur weiteren Klärung lassen sich drei allgemeine Stufen ausmachen: *bewußt, gemischt und dissoziiert*. Patienten im *bewußten Zustand* (allgemein *Wachzustand* genannt) sind wesentlich bestimmt vom rationalen und realitätsorientierten Bewußtseinsprozeß; sie sind überhaupt nicht in Trance. Patienten in einem *gemischten Zustand* (meist als *leichte Trance* bezeichnet) erleben eine Wechselwirkung von bewußten und unbewußten Prozessen. Sie nehmen beispielsweise äußere Reize noch wahr, fühlen sich aber nicht gezwungen, sie aktiv zu beachten; innerer Dialog mag vorhanden sein, doch er ist weniger direktiv und dominant. In diesem entspannten Zustand fühlen sich Patienten im allgemeinen nicht gebunden oder fixiert an einen einzigen Gesichtspunkt. Patienten in einem *dissoziierten Zustand* (meist *tiefe Trance* genannt) sind völlig in unbewußte Verarbeitung vertieft und erleben im allgemeinen viele der Trancecharakteristika, die in diesem Abschnitt beschrieben sind.

Der Hypnotherapeut tut gut daran, auf das Fließphänomen zu achten, weil *die verschiedenen Tranceniveaus unterschiedliche Utilisationen erforderlich machen*. Induktionen z. B. sollen den Patienten vom bewußten in einen gemischten oder dissoziierten Zustand versetzen. Viele hypnotherapeutische Utilisationsverfahren werden erst angewendet, wenn die Induktion ausreichend gelungen ist (wie man das beurteilen kann, wird später erwähnt). Und auch dann noch sollte der Hypnotherapeut dafür sensibel bleiben, ob die Trance möglicherweise leichter wird, denn sobald das eintritt, kann der Erfolg des Verfahrens begrenzt sein, besonders, wenn es einen Dissoziationszustand erfordert. (Das soll nicht die falsche Annahme fördern, daß „der therapeutische Wandel umso wahrscheinlicher wird, je tiefer die Trance ist"; wie wir sehen werden, ist für viele hypnotherapeutische Verfahren ein gemischter Zustand ausreichend, solange die bewußten Prozesse einer Person die hypnotischen Explorationen nicht aktiv stören.)

Das Tranceniveau, auf dem ein Patient sich befindet, kann auch benutzt werden, um zu entscheiden, welcher Kommunikationsstil am geeignetsten ist. Indirekte Kommunikation (z. B. metaphorische Geschichten) wählt man am besten dann, wenn der Patient sich in einem bewußten oder in einem gemischten Zustand befindet, um jede mögliche Störung durch bewußte Prozesse zu umgehen. Bei Patienten im Zustand der Dissoziation ist die Notwendigkeit zu indirekter Kommunikation stark vermindert, da bewußte Prozesse kaum aktiv sind.

8. Motorisch/verbale Hemmung. Menschen in hypnotischer Trance empfinden oft, daß sie sich nicht richtig bewegen oder sprechen wollen. Dieses Fehlen von Bewegung, um es noch einmal zu wiederholen, ist zum Teil eine Erscheinung, die zu den meisten Hypnoseritualen gehört. Andere Trancerituale bevorzugen Tanz (ums Feuer, im Kreis), monotonen Singsang oder andere expressive Rhythmen für die Tranceinduktion. Man muß also feststellen, daß Trance entwickelt und aufrechterhalten werden kann entweder durch Bewegungshemmung oder durch *rhythmische* Bewegung (im Kreis und sich wiederholend), d. h. durch die Abwesenheit von unregelmäßigen und arhythmischen Orientierungsreaktionen (und von Muskelspannung), die dem bewußten Verstand zugrundeliegen. Die relative Unbeweglichkeit der hypnotisierten Person hat sich vielleicht als nötige Ergänzung zu der unaufhörlichen Bewegung des zielorientierten Handelns entwickelt, das im Wachzustand vorherrscht und von der westlichen Kultur begünstigt wird; sie spiegelt vielleicht auch die Dissoziation vom physischen Selbst (der Mensch, der die Natur beherrscht, zu der auch sein Körper gehört), die in unserer Kultur allgemein in Erscheinung tritt.

Menschen in Trance können sich bewegen oder sprechen, wenn sie das wünschen, aber oft erleben sie solche nach außen gerichteten Verhaltensweisen als unbedeutend und als Ablenkung von ihrer nach innen gerichteten Erfahrung. Sie können sich das veranschaulichen, wenn Sie sich vorstellen, Sie wären ganz konzentriert auf eine Interaktion mit jemandem, und ein Versuchsleiter würde Sie andauernd fragen, was Sie erleben; solche Fragen würden natürlich den Fluß Ihres Erlebens unterbrechen. Auch Verbalisierung ist normalerweise stark mit bewußter Verarbeitung verbunden und läßt den Patienten meist zu diesem Erfahrungsmodus überwechseln.

Die Möglichkeit, daß solche Aktivitäten zu Unterbrechungen führen, legt Verschiedenes nahe: Erstens, der Hypnotherapeut sollte den Patienten immer wieder darum bitten, möglichst wenig zu sprechen oder sich zu bewegen. Tatsächlich bitte ich Patienten, die innerlich absorbiert sind, nur selten, im einzelnen über ihr hypnotisches Erleben zu sprechen, es zu erklären oder in Begriffe zu fassen. Diese Beschränkung muß kein Handicap sein, denn minimale Hinweise, ideomotorische Reaktionen, die Diskussion nach der Trance oder automatisches Sprechen lassen ohne weiteres erkennen, was der Patient erlebt. Wir werden aber sehen, daß die Aufgabe des Ericksonschen Hypnotherapeuten darin besteht, allgemeine Prozesse einzuleiten, die der Klient eigenverantwortlich nutzen kann, um die erwünschten Veränderungen herbeizuführen. Mit anderen Worten, der Therapeut versucht nicht, dem Klienten Lösungen aufzuzwingen, sondern er oder sie führt Klienten in einen Kontext hinein (die therapeutische Trance), in dem sie ihre eigenen Lösungen entwickeln können. Aus diesem Grund ist es oft nicht nötig, die Erfahrung des Klienten in ihren besonderen Details zu kennen, wohingegen man die aktuellen allgemeinen Reaktionen (z. B. die emotionale Verfassung oder die Tiefe der Trance) mit äußerster Aufmerksamkeit verfolgen muß, um die hypnotischen Kommunikationen flexibel darauf abstimmen zu können. Wie wir sehen werden, sind diese allgemeinen Reaktionen am nonverbalen Verhalten des Klienten ablesbar.

Es gibt einen zweiten Gesichtspunkt, den es bei dieser motorischen und verbalen Hemmung als Tranceindiz zu beachten gilt: Ihr vermehrtes Auftreten deutet darauf hin, daß die Trance an Tiefe verliert. Der Patient z. B., der sich auf dem Stuhl unruhig hin und her zu bewegen beginnt, kommt meist in ein leichteres Stadium der Trance. Das mag einfach auf das oben beschriebene Fließphänomen zurückzuführen sein, es kann aber auch auf eine bestimmte Schwierigkeit verweisen. Wie auch immer, es sollte sofort nutzbar gemacht werden. Der Therapeut könnte z. B. wieder zu induktiven Kommunikationen übergehen, die den Vorgang beschreiben, „wie man in Trance in der Lage ist, sich auf und ab zu bewegen, weil man weiß, daß man eine Zeitlang in ein leichteres Trancestadium kommen und dort ein wenig verweilen kann, um über manches zu staunen, um schließlich wieder zurückzuwandern in eine tiefere Trance".

Das rhythmisch sich wiederholende oder das gehemmte Verhalten, das für hypnotische Trancen charakteristisch ist, zeigt sich auch in Symptomtrancen, wenn auch in einer Form, die dem Selbst nicht förderlich ist. Zu den rhythmisch sich wiederholenden Symptomen gehören Zwangshandlungen wie ständiges Händewaschen, das Schaukeln des hyperaktiven Kindes, die selbstvernichtenden internalisierten Sätze der deprimierten Person („Das kann ich nicht" oder „Alles geht schief"), die langsamen und methodischen Eßgewohnheiten mancher zwanghafter Overeater usw. (Ich hatte einen solchen Klienten mit der unglaublichen Fähigkeit, vor dem eingeschalteten Fernsehapparat zu sitzen und sich fast eine Stunde lang in einem tranceartigen Rhythmus ununterbrochen Nahrungsmittel von der Hand in den Mund zu schaufeln.) Symptome motorischer Hemmung liegen z. B. vor, wenn eine Person, die sich fürchtet, öffentlich zu sprechen, vor Panik erstarrt, wenn ein Depressiver sich zurückzieht oder jemand vor Schreck oder Angst starr wird. Werden sie beibehalten, dann entwickeln sich beide Muster (ob rhythmisch oder unbeweglich) leicht zu einer Trance. Um es noch einmal zu wiederholen, Rekontextualisierung und Differenzierung des Ausdrucks solcher Prozesse können Veränderungen zur Folge haben.

9. Logik der Trance. Individuen verbinden ihr Erleben in Trance meist mit einer Logik, die anders ist als die des Wachzustands. Um es noch einmal zu betonen, unbewußtes (primärprozeßhaftes) Denken ist allgemein assoziativer, metaphorischer und konkreter (bildlicher) als die rationale, lineare (sequentielle) und kausale Logik des bewußten Verstandes. Insbesondere erlaubt die Trancelogik (siehe Orne 1959), „Sowohl-als Auch"-Relationen herzustellen. In Trance versetzte Patienten empfinden es z. B. nicht als bizarr oder beunruhigend, sich gleichzeitig an zwei Orten zu erleben oder Phantasiewelten zu erforschen, deren Regeln oder Strukturen zwingenden Gegebenheiten der realen Welt zuwiderlaufen. Diese Logik der Trance ist viel weniger restriktiv als rationale („Brüche herstellende" oder teilende) logische Operationen, wodurch sie sich besser für Aufgaben eignet, bei denen ein größeres Spektrum an Möglichkeiten gesucht wird (z. B. in der Therapie). Die „Sowohl-als Auch"-Relationen (im Unterschied zu den „Entweder-Oder"-Relationen) der Trancelogik erlauben es, scheinbar Widersprüchliches gleichzeitig wertzuschätzen, wodurch Beziehungen möglich werden, bei denen es nur Gewinner gibt. Da Konflikte immer (offensichtliche) Widersprüche enthalten, ist die Logik der Trance besonders nützlich für die Integration (das „Ganz-Machen") in klinischen Prozessen.

Es ist interessant zu beobachten, daß eine Logik des Sowohl-als-Auch der Stoff ist, aus dem beides, therapeutische doublebinds (z. B. Koans im Zen-Buddhismus) und nicht-therapeutische Double-binds (z. B. die von Bateson beschriebenen schizophrenogenen Systeme) gemacht sind (siehe Rossi, Jichaku 1984). So sagt der Zen-Meister zu seinem Schüler: „Wenn du sagst, dies sei ein Stock, dann schlage ich dich. Wenn du sagst, dies sei kein Stock, dann schlage ich dich. Was also ist es, was ich in der Hand halte?" In einer strukturell entsprechenden Weise sagt ein schizophrenogener Vater oder eine schizophrenogene Mutter: „Wenn du X sagst oder tust, bist du schlecht. Wenn du X nicht sagst oder tust, bist du schlecht. Sei ein guter Junge (ein gutes Mädchen) und antworte mir." Der Unterschied ist im Kontext zu sehen: Der Zen-Meister schafft (vermutlich) einen Kontext der Selbstachtung als Grundlage, die dem Schüler ermöglicht, hinter die Welt der Gegensätze zu blicken und das „mittlere Dritte" oder den mittleren Weg zu entdecken, der von Buddhisten beschrieben wird.

Auf eine ähnliche Art können die meisten klinischen Probleme als doublebinds oder „hypnotische Koans" betrachtet werden. Der Klient präsentiert eine Schleife, die beide Seiten einer scheinbar widersprüchlichen Beziehung enthält: „Ich möchte mich verändern/Ich möchte mich nicht verändern", „Ich möchte bei mir selbst sein/Ich möchte mit Anderen zusammensein", „Ich will gehen/Ich will bleiben"[7]. Aus der Perspektive des bewußten Verstandes muß man das eine oder das andere wählen, d. h., der bewußte Verstand identifiziert sich mit einer Seite gegen die andere. Das schafft ein Problem, da beide gleich gewichtig sind, trotz wiederholter Versuche, dies zugunsten einer Seite zu leugnen. Die Trance löst die Vorurteile des Entweder-Oder-Schemas auf; sie macht die Standpunkte, die der Einheit zugrundeliegen, spürbar und ermöglicht damit die Entfaltung kreativer Integrationen.

10. Metaphorische Verarbeitung. Dies ist ein zentraler und zusammenfassender Begriff des Ericksonschen Ansatzes, der deswegen sehr detailliert untersucht werden soll. Ein Symbol wird hier allgemein definiert *als etwas, das für das steht, was es nicht ist*; symbolische (oder metaphorische) Verarbeitung bezeichnet die starke Tendenz von Personen in Trance, Kommunikationen *selbstrückbezüglich* zu verstehen und zu repräsentieren. Sie beginnen z. B. eine Trance zu entwickeln, während sie eine Geschichte über *jemand anderen* hören, der in einen Zustand der Versunkenheit verfallen war; oder sie bekommen Zugang zu ihren eigenen Problemen und erkunden sie, während sie der Beschreibung eines Problems zuhören, das zwar nicht inhaltlich (z. B. geht es um andere Personen und andere konkrete Gegebenheiten), aber strukturell ihrem eigenen Problem ähnlich ist, oder sie lösen ein Problem dadurch, daß sie hypnotische Träume erzeugen, die den Problemzustand symbolisch entwickeln und ihn dann umgestalten; oder sie verändern pessimistische sich selbst erfüllende Prophezeiungen, indem sie sich durch Altersprogression einige Monate weiter in die Zukunft versetzen und von dort „zurückblicken" und sehen, daß sie unerwartete Wandlungen durchgemacht haben; oder sie entwickeln sogar eine erwünschte Fertigkeit durch eine *Tranceidentifikation* mit einer Person, die diese Fertigkeit verkörpert (z. B., indem sie deren Persönlichkeit annehmen). Jeder dieser Prozesse ist Gegenstand eines Kapitels in dem Band „Hypnotische Wandlungen: Die Umgestaltung der Erfahrung in der Ericksonschen Hypnotherapie", der in Kürze erscheint und den ich als Nachfolgeband zum vorliegenden Buch geschrieben habe.

Das Ungewöhnliche mancher dieser Vorgehensweisen sollte nicht von der Tatsache ablenken, daß die symbolische Verarbeitung ein alltäglicher natürlicher Vorgang ist. Zum Beispiel ist jeder schon unzählige Male Zeuge von Gesprächen gewesen, bei denen er beobachten konnte, daß Hörer antworteten, indem sie von sich ein ähnliches Erlebnis berichteten (siehe z. B. Bower, Gilligan 1979). Wenn ich z. B. von „meiner ersten Liebe" erzähle, wird das in Ihnen wahrscheinlich Erinnerungen zum selben Thema wachrufen, vor allem, wenn die beiden Erfahrungen einander ähnlich sind. Wie wir sehen werden, sprechen noch viele andere Phänomene dafür, daß dieser natürliche Vorgang überall zu finden ist (z. B. die Beliebtheit eines Films wie „Rocky"). Wir werden auch im einzelnen untersuchen, wie das Ausmaß, in dem eine solche Verarbeitung vorkommt, von Variablen abhängt wie dem Vortragsstil des Sprechers (ob er z. B. die ganze Aufmerksamkeit des Hörers fordert oder auf Dialog ausgerichtet ist), dem situativen Kontext (z. B. Hypnose vs. Geschäft) und dem Erfahrungsmodus des Hörers (z. B. Trance vs. Wachzustand). Es ist hierbei von Wichtigkeit, daß Trance die symbolische Verarbeitung erleichtert.

Metaphern und Symbole spielen auch eine herausragende Rolle bei Problemprozessen. Um es zu wiederholen, wiederkehrende Symptome können als symbolische Verdichtungen doppelt gebundener Komplementaritäten gesehen werden, d. h. als Koexistenz scheinbar entgegengesetzter Motivationen oder ausdrücklicher Befehle. Sie sind, mit anderen Worten, unbewußte Versuche, Konflikte zu integrieren, ganz ähnlich wie die Symptome eines „Problemkindes" oft einen elterlichen Konflikt widerspiegeln. Wenn solche symbolischen Äußerungen (Symptome) evident sind, dann ist die metaphorische Kommunikation ein ausgezeichnetes Mittel, sich dem Stil des Klienten anzupassen.

11. Zeitverzerrung. Wie bereits erwähnt, ist das Zeitempfinden der hypnotisierten Person oft ganz unterschiedlich. Viele Individuen sprechen von der Trance tatsächlich so, als besäße sie die Eigenschaft der Zeitlosigkeit. Bittet man Patienten zu schätzen, wie lang ihre Trance gedauert habe, wirken sie etwas überrascht und verwirrt, so als sei der Zeitbegriff während der Tranceerfahrung wirklich irrelevant. Ich erkläre mir das damit, daß ich zwei Zeittypen unterscheide: die *biologische Zeit*, die rhythmisch, zirkulär, pulsierend und primär ist, und die *psychologi-*

sche Zeit, die sich als kulturgebunden, linear, sukzessiv und sekundär charakterisieren läßt. Die psychologische Zeit scheint ein Konstrukt des analytischen Denkens zu sein, das der Organisation zielorientierter Handlungen und sequentieller Ereignisse nach bestimmten sozialen Anhaltspunkten dient. Da sich in Trance das analytische Denken reduziert, werden mit ihm auch diese Anhaltspunkte sowie das lineare Zeitgefühl aufgelöst.

Da die psychologische Zeit in der Trance nur von geringer Bedeutung ist, können Patienten Schätzungen liefern, die sich signifikant von der wirklich verstrichenen Uhrzeit unterscheiden (meist sind sie kürzer). Eine gemessene Stunde kann z. B. auf zehn Minuten[8] geschätzt werden. Wie Cooper und Erickson (1959) und Masters und Houston (1972) diskutiert haben, wird diese Fähigkeit der Zeitverzerrung häufig therapeutisch genutzt, besonders auf dem Gebiet beschleunigter Lernprozesse.

12. Amnesie. Hypnosepatienten erwachen manchmal aus der Trance und erinnern sich an nur wenig (*partielle Amnesie*) oder gar nichts (*vollständige Amnesie*) von dem, was sich in Trance ereignet hat. Interessanterweise glaubte man einmal, daß der Trancepatient immer eine vollständige Amnesie habe. Diese Meinung ging vom Marquis de Puysegur aus, der 1784 einen jungen Hirten „mesmerisierte"; dieser hatte danach keine Erinnerung an sein Tranceerlebnis. Heute wissen wir jedoch, daß Amnesie weder eine notwendige noch eine hinreichende Bedingung der Trance ist (Cooper 1972; Orne 1966). Obwohl Patienten gelegentlich spontane Amnesie zeigen, ist dieses zeitlich begrenzte Vergessen meist eine Folge von Techniken, die der Hypnotherapeut anwendet, oder von zustandsabhängigen Lernprozessen (siehe Gilligan und Bower 1984).

Der Ericksonsche Hypnotherapeut benutzt Amnesie häufig, um unbewußte Veränderungsprozesse vor einer Störung durch das Bewußtsein zu „schützen". Insbesondere kann ein klinischer Fortschritt erheblich behindert werden, wenn Klienten hypnotische Lernerfahrungen oder Anweisungen bewußt erkennen, bevor sie in der Lage sind, sie mühelos (in bewußte Repräsentationen) zu integrieren. Eine solche, zu frühzeitige bewußte Erkenntnis ist vor allem z. B. bei Klienten abzuraten, die vielleicht furchtbar gequält und überwältigt wären, wenn sie sich bewußt an ein verdrängtes Kindheitstrauma erinnerten; oder bei Klienten, die den Wert von dem in Trance Gelernten oder von posthypnotischen Aufträgen bewußt bezweifeln oder unablässig in Frage stellen und dadurch deren Abschluß oder deren Konsolidierung stören. Eine zu frühe, bewußte Erkenntnis unbewußter Veränderungen ist auch bei Klienten kontraindiziert, die bewußt zu „helfen" versuchen, neue

Verhaltensweisen zu implementieren und die dabei genau die bewußten Prozesse wieder einführen, die ursprünglich die meisten Schwierigkeiten bereitet haben. In solchen Fällen geben Amnesie und andere dissoziative Methoden einer Person die Möglichkeit, sich unbewußter Prozesse in einem Maß und in einem Stil bewußt zu werden, die für das ganze Selbst am vorteilhaftesten sind.

In dieser Hinsicht ist es äußerst wichtig zu erkennen, daß Amnesie *nicht* mit der Absicht suggeriert wird, Klienten dazu zu bringen, irgendeine Erinnerung oder einen Teil von sich für immer zu vergessen. Es geschieht vielmehr, damit neue Lernerfahrungen sich ungehindert entwickeln können. Jeder Versuch, von einer Erinnerung fortwährend abzulenken, hat ausgesprochen schädliche Folgen.

An vielen klinischen Problemen kann man sehen, daß es nutzlos ist, (natürliche) Amnesie-Techniken zur Auslöschung von Erinnerungen zu verwenden. Solche Fälle enden gewöhnlich damit, daß die Individuen, die versuchen, nicht mehr an bestimmte Ereignisse oder Erfahrungen zu denken, schließlich von eben diesen Prozessen, die Ziel ihres Vergessens sind, beherrscht werden. Der Ericksonsche Hypnotherapeut arbeitet aus diesem Grund darauf hin, den Klienten damit zu beschäftigen, selektiv über *andere* Prozesse nachzudenken, wodurch er die unbewußten Lernerfahrungen schützt. Natürliche Techniken, um das zu erreichen, werden von Zeig (1985c) diskutiert.

WIE DER HYPNOTHERAPEUT TRANCEEREIGNISSE SYSTEMATISIEREN KANN.

Wie schon früher bemerkt, hat der situative Kontext einen Einfluß darauf, wie Trance erlebt und aufgefaßt wird. Im klinischen Bereich, wo die therapeutische Veränderung das primäre Ziel ist, fand ich es am zweckmäßigsten, Trance-Ereignisse in vier Hauptphasen zu gliedern: (1) *Vorbereitung*; (2) *Induktion*; (3) *Nutzbarmachung* (Utilisation) *der Trance*; (4) *Konsolidierung des neu Gelernten*. In der konkreten Praxis überlagern sich diese Phasen oft und beeinflussen sich gegenseitig. Sie eignen sich zur Beschreibung einer einzelnen Hypnosesitzung oder auch allgemeiner zur Systematisierung eines hypnotherapeutischen Bemühens mit vielen Sitzungen. Um dies zu verdeutlichen, wird jede Phase im folgenden kurz besprochen.

1. Einen Kontext schaffen: Vorbereitung auf die Trance.

Diese Anfangsphase, das Hauptthema von Kapitel 5, hat zwei Ziele. Das erste Ziel ist, dem Klienten *zuzuhören*. Der Therapeut muß sich ein allgemeines Bild davon machen können, wie der Klient seine Welt konstruiert, deshalb sammelt er Informationen über dessen wichtigste Überzeugungen und Glaubenshaltungen, über Beruf, Bildungsniveau, Interessen, Fertigkeiten, Familienleben usw. Zusätzlich versucht er herauszufinden, welche Veränderungen der Klient wünscht und welche Strategien oder Einwände die Entwicklung solcher Veränderungen stören könnten. Und schließlich muß er klären, wie der Klient allgemein über Hypnose denkt und welche Erfahrungen er schon mit ihr gemacht hat.

Ein zweites wichtiges Ziel besteht darin, *dem Klienten* etwas über den Charakter des hypnotischen Prozesses mitzuteilen. Am wichtigsten ist vielleicht, *Rapport* und *Vertrauen* herzustellen, bevor man mit irgendwelchen Induktionen beginnt. Der Therapeut muß auch eine Erwartungshaltung schaffen, daß etwas Bedeutsames geschehen kann und geschehen wird, und er muß Vereinbarungen darüber treffen, wie sehr der Klient sich auf den Veränderungsprozeß einlassen will. Zuletzt versucht der Therapeut während dieser Phase, sich einen indirekten Zugang zu Trancereaktionen zu verschaffen.

2. Zum Übergang verhelfen: Die Induktion der Trance.

Die Hypnoseinduktion ist eine das ganze Erleben absorbierende Interaktionssequenz, die in einem veränderten Bewußtseinszustand gipfelt, in welchem Äußerungen des Selbst ohne analytische oder angestrengte Vermittlung entstehen. Es gibt unendlich viele Möglichkeiten, wie man das tun kann. Der Ericksonsche Praktiker verläßt sich nicht auf künstliche oder standardisierte Kommunikationen, sondern er oder sie geht davon aus, daß jene Induktionen am wirkungsvollsten sind, welche die einzigartigen Bedürfnisse und Verhaltensmuster des konkreten Klienten nutzbar machen. Er bemüht sich daher, seine Kommunikationen fortwährend dem aktuellen Erleben des Klienten anzupassen. Der Therapeut läßt sich in diesem Bemühen von drei allgemeinen Prinzipien der Induktion leiten:

1. Sichere dir die Aufmerksamkeit des Klienten und fokussiere sie;
2. Nimm alles auf, was vom bewußten Verstand des Klienten kommt (Pacing), und setze ihn außer kraft;
3. Verschaffe dir Zugang zum Unbewußten und mache es nutzbar.

Die vielen Anwendungsmöglichkeiten dieser Prinzipien bilden die Brennpunkte der Kapitel 6, 7 und 8.

3. Die gewünschten Veränderungen einleiten: Die Utilisation der Trance.

Sobald sich eine Trance entwickelt, erhebt sich die Frage: „Was ist jetzt zu tun?" Die dritte Phase sucht darauf eine fruchtbare Antwort zu geben, indem sie die Trance für therapeutische Veränderungen nutzt. Das bedeutet, daß der Therapeut das *Deframing*, die Lösung der Erfahrung aus ihrem Bezugsrahmen (d. h. eine Tranceinduktion) betreibt, die vielfältige Möglichkeiten zum *Reframing*, der Schaffung neuer Bezugsrahmen bietet. Viele hypnotherapeutischen Verfahren sind für solche Zwecke geeignet, besonders jene, die Dissoziationsmethoden, hypnotische Träume, metaphorische Geschichten, Altersregression, Altersprogression und Persönlichkeitsveränderungen miteinbeziehen.[9] Jedes dieser Verfahren hat im allgemeinen zur Folge, daß a) unannehmbare Erfahrungen (Grenzen) zugänglich gemacht und dann umgestaltet werden und/oder b) die mächtigen, zuvor jedoch dissoziierten Ressourcen („Guthaben") des Klienten zugänglich und dann regulär verfügbar gemacht werden. Anstatt zu versuchen, dem Klienten etwas Neues hinzuzufügen oder ihm etwas wegzunehmen, leiten ihn diese Strategien gewöhnlich dazu an, bereits vorhandene Ressourcen zu erkennen und zu reorganisieren.

4. In Trance Gelerntes konsolidieren: Beendigung und Ausweitung der Trance.

Diese letzte Phase umfaßt zwei Hauptschritte:
1. Beendigung der Trance;
2. Generalisierung dessen, was in Trance gelernt wurde.

Der erste Schritt zielt darauf, den Klienten aus der Trance herauszuholen. Dieser Übergang besteht normalerweise aus allgemeinen Suggestionen zur Würdigung des Selbst, posthypnotischen Suggestionen, allgemeinen oder speziellen Amnesie-Instruktionen und Kommunikationen zur Beendigung der Trance. Das Ganze dauert meist 10-15 Minuten.

Die Lernerfahrungen der Trance können dann auf andere Zusammenhänge im Leben des Klienten ausgedehnt werden. Dieser zweite Schritt schließt oft eine 10-15minütige Diskussion nach der Trance ein, wobei die Untersuchungen der Trance durch den Klienten betrachtet werden. Was aber vielleicht noch wichtiger ist, der Hypnotherapeut führt meist auch noch zusätzliche Verfahren ein, z. B. die Festsetzung von Hausaufgaben (z. B. ein Tagebuch zu führen, neues Verhalten und neue Entscheidungen zu praktizieren), eine Instruktion zur Selbsthypnose und „nicht-hypnotische" Strategien (z. B. Verhaltenstherapie, Familientherapie, Körperarbeit, Entwicklung im Beruf). Der Therapeut kann auch mit Klienten daran arbeiten, daß sie ihre hypnotischen Lernerfahrungen praktisch anwenden. Das Rollenspiel z. B. eignet sich, um spezifische Verhaltensstrategien zu entwickeln und mögliche Hindernisse für ihre Durchführung zu erkennen. Wie wir sehen werden, reicht Hypnose allein oft nicht aus, um bleibende therapeutische Veränderungen zu begründen; der erfolgreiche Hypnotherapeut ergänzt daher seine hypnotische Arbeit durch verschiedene andere Ansätze.

ZUSAMMENFASSUNG

Dieses Kapitel befaßte sich mit der Tranceerfahrung. Der erste Abschnitt gab einen Überblick über die wichtigsten Metaphern, die zur Erklärung des Tranceerlebens gebräuchlich sind. Frühe Spekulationen beschrieben die Trance als Kanalisierung von Energie, als Schlaf, Pathologie, Suggestibilität und Dissoziation; moderne Erwägungen betonen Regression, Lernen durch Erfahrung, Dissoziation, motiviertes inneres Mitgehen und Rollenübernahme. Jeder Ansatz benennt vielleicht einen wichtigen Aspekt der Tranceerfahrung, doch keiner scheint in sich selbst vollständig zu sein; Kliniker müssen daher offen sein und sich einen eklektischen Ansatz zu eigen machen.

Der zweite Abschnitt charakterisierte die Trance als natürliches, kontextübergreifendes Phänomen. Es wurde behauptet daß Trance (1) sich durch das Prinzip des Ideodynamismus und der Sowohl-als-Auch-Logik auszeichnet; daß sie (2) in vielen Situationen vorkommt; (3) auf vielerlei Weise entwickelt wird; (4) biologisch notwendig ist; (5) viele Funktionen hat und (6) der Selbstachtung oder der Selbstverachtung dienen kann. Weiter wurde die Hypothese aufgestellt, daß Trancephänomene die grundlegenden Prozesse sind, durch die psychische Erfahrung erzeugt wird und daß Trancephänomene und klinische Symptome die gleichen Phänomene sind, mit dem Unterschied, daß sie in verschiedenen Kontexten zum Ausdruck kommen.

Der dritte Abschnitt untersuchte zwölf häufige phänomenologische Charakteristika der Tranceerfahrung: (1) die Erfahrung gefesselter Aufmerksamkeit, (2) Mühelosigkeit im Ausdruck, (3) erlebnismäßige, nichtbegriffliche Beteiligung, (4) Bereitschaft zu experimentieren, (5) Flexibilität in den Beziehungen von Raum und Zeit, (6) Veränderung sensorischer Erfahrung, (7) Schwankungen der Beteiligung, (8) motorisch-verbale Hemmung, (9) Logik der Trance, (10) symbolische Verarbeitung, (11) Zeitverzerrung, (12) Amnesie. Allgemein gesagt, lassen diese Phänomene darauf schließen, daß Trance ein idealer Zustand ist, um durch Erleben zu lernen, ein Zustand, in dem eine Person eine so tiefe konzentrierte

Versunkenheit entwickelt, daß unbewußte Prozesse kreativ wirksam werden können.

Der letzte Abschnitt gab einen kurzen Überblick, wie Therapeuten ihre Erfahrung mit Ereignissen in der Trance in vier Phasen systematisieren können: Vorbereitung, Induktion, Utilisation und Konsolidierung des Gelernten. Diese Systematisierung gilt für eine Einzelsitzung in gleichem Maß wie für eine gesamte Therapie.

3. Der allgemeine Ansatz des Ericksonschen Hypnotherapeuten

Betrachten Sie einmal für einen Moment einen vollendeten Jazzmusiker, einen Meister im Basketballspiel, einen innovativen Denker, einen gewandten Kommunikator. Was haben solche Genies gemeinsam? Zunächst sind sie ganz ihrer Kunst verpflichtet, und sie müssen ihr ganz verpflichtet sein: die hervorragende künstlerische Leistung verlangt das. Nur durch diszipliniertes, hingebungsvolles Üben kann der Künstler die subtile Geschicklichkeit seines Verhaltens und die Anmut entwickeln, die für einen wirklich kreativen Akt erforderlich sind.

Die ihre Kunst meisterhaft beherrschen, geben sich ihr ganz hin und bewegen sich im „Fluß" des kreativen Ausdrucks. Der Musiker oder die Musikerin beginnt, das Instrument als eine Erweiterung seiner- bzw. ihrerselbst zu erleben, und erzeugt dadurch neue, kreative Melodien; der Ballspieler entwickelt eine enge Beziehung zu seinen Teamgefährten und beginnt, ihr Verhalten zu antizipieren und mit ihm in einer Weise zu verschmelzen, die zwar nicht mit Händen zu greifen, aber auch nicht zu leugnen ist.

Diese „kontrollierte Spontaneität" ist auch ein Charakteristikum erfolgreicher hypnotischer Kommunikatoren. Sie wissen einerseits nie, was sie als nächstes tun werden, andererseits halten sie sich an bestimmte allgemeine Richtlinien, die ihnen als Rahmen dienen und systematischen Erfolg und gleichzeitig komplexe Flexibilität ermöglichen. Dieses Kapitel beschreibt einige dieser Richtlinien. Der erste Abschnitt diskutiert die Unverzichtbarkeit der Integrität des Therapeuten; der zweite skizziert einige seiner wirksamen kommunikativen Vorgehensweisen; der dritte Abschnitt nennt und erläutert allgemeine Prinzipien, welche für die Strategien des Ericksonschen Praktikers maßgebend sind.

DIE INTEGRITÄT DES HYPNOTHERAPEUTEN

Der Stellenwert der Integrität

Integrität ist der wichtigste Gesichtspunkt beim Ansatz eines Hypnotherapeuten. Formal läßt sich die Integrität eines Systems definieren als Maß seiner inneren Konsistenz und des Haltes, die seine verschiedenen Teile sich wechselseitig geben. Im hypnotherapeutischen Kontext ist es das Maß, in dem die Intentionen und Äußerungen eines Therapeuten auf die Bedürfnisse des Klienten zugeschnitten sind. Präziser ausgedrückt, ist der Hypnotherapeut, der Integrität besitzt, bereit und fähig,

- das Bemühen des Klienten um eine tiefgreifende Veränderung voll zu unterstützen;
- persönliche Vorurteile und Bedürfnisse beiseite zu lassen und das Erleben des Klienten ganz zu akzeptieren (ohne ihm notwendiger weise zuzustimmen);
- davon abzusehen, dem Klienten Lösungen und persönliche Überzeugungen aufzuerlegen.

Die scheinbare Abstraktheit dieser Punkte sollte nicht von ihrer praktischen Relevanz ablenken. *Ein Kontext der Integrität ist für den therapeutischen Erfolg wesentlich.* Selbst technisch geübte Therapeuten werden, wenn es ihnen an Integrität fehlt, entdecken, daß Klienten vielleicht hypnotische Phänomene aber keine therapeutischen Veränderungen entwickeln; die Klienten sind vielleicht gehörig beeindruckt von den Fähigkeiten des Therapeuten, nicht aber von ihren eigenen; oder sie übernehmen eher Ansichten und Lebensstil des Therapeuten als daß sie ihren eigenen entwickeln. Kurz gesagt, die Erlebensqualität des Klienten wird nicht wesentlich gesteigert.

Umgekehrt kann der Hypnotherapeut, der mit Integrität arbeitet, den Rapport mit dem Klienten garantieren. Wenn der Klient oder die Klientin dem Therapeuten vertraut, beginnt er oder sie, sich selbst mehr zu vertrauen. Das erhöht die Bereitschaft, Defizite zu untersuchen, und mobilisiert die Fähigkeit, neue Lebensweisen zu entwickeln. Klienten werden bereitwilliger (sowohl in Trance als auch im Wachzustand), mit hypnotischen Anweisungen zu kooperieren, wie seltsam und irrelevant sie auch scheinen mögen. Für den Ericksonschen Praktiker, der viele unorthodoxe Strategien anwendet, ist solche Kooperation, wie wir noch sehen werden, ziemlich wichtig.

Es ist schwierig, wenn nicht gar unmöglich, die praktische Notwendigkeit der Integrität in Worte zu fassen. Zum Teil ist das zurückzuführen auf ihre scheinbare Abstraktheit: Integrität kann nicht quantitativ definiert werden als diese oder jene Verhaltensmenge. Das macht sie jedoch nicht weniger real: *Integrität ist der Kontext, in dem alle Äußerungen der Selbstachtung entstehen.* Sie unterscheidet den echten Führer vom Despoten, den kreativen Künstler vom Techniker, den Weisen von dem, der bloß klug ist. Im Hinblick auf die interpersonale Beziehung ist Integrität die Fähigkeit, sich ganz auf die Kooperation mit einem anderen Individuum oder einem lebendigen System einzustellen und sich völlig von dieser Kooperation in Anspruch nehmen zu lassen. Obwohl sich natürlich die konkreten Verhaltensweisen verändern, die Intention ändert sich nicht.

Ich bin zutiefst davon überzeugt, daß Ericksons aufsehenerregender Erfolg zum großen Teil auf seine Integrität zurückzuführen ist. Bevor ich mich von ihm ausbilden ließ, studierte ich leidenschaftlich seine zahlreichen klinischen Schriften. Während ich tief beeindruckt und erstaunt war, fragte ich mich oft, wie er seine Patienten dazu bewegen konnte, mit seinen äußerst unorthodoxen Strategien zu kooperieren. Die Erklärungen, die er und andere (z. B. Hale 1973) dafür bereithielten, betonten vage erscheinende Gemeinplätze über das „Akzeptieren und Nutzbarmachen der Wirklichkeit des Patienten". Zum Beispiel warnte Erickson (1952):

> Ein Patient muß jederzeit als Persönlichkeit im Besitz von Rechten, Privilegien und intimen Geheimnissen geschützt werden, und man muß sich klarmachen, daß er oder sie in der hypnotischen Situation verletzlich ist.
> Wie gut informiert und wie intelligent ein Patient auch sein mag, es bleibt, bemerkt oder unbemerkt, eine tastende Unsicherheit darüber, was geschehen wird oder was gesagt und getan oder nicht gesagt und getan werden darf. Selbst Patienten, die sich dem Autor gegenüber, der Psychiater ist, frei und hemmungslos entlastet haben, ließen erkennen, daß sie das Bedürfnis hatten, sich zu schützen und sich von ihrer besseren Seite zu zeigen, ganz gleich, wie weitgehend sie ihre problematischen Seiten bereits offengelegt hatten.
> Man sollte dem Patienten diesen Schutz sowohl im Wach- als auch im Trancezustand in ausreichendem Maß gewähren, im Wachzustand am besten indirekt und im Trancezustand direkter.
> … Beraubt man den Patienten dieser Möglichkeit, so versäumt man, ihn als empfindendes Wesen zu schützen. Ein solches Versäumnis kann die Gültigkeit der hypnotischen Arbeit gefährden, wenn der Patient fühlt, daß seine Bemühungen nicht gewürdigt werden, und kann dazu führen, daß die Kooperation abnimmt (in Rossi 1980a: S. 149-151).

Erst als ich Erickson persönlich kennenlernte und ihn bei der Arbeit beobachten konnte, wurde die Wichtigkeit dieser Gedanken für mich offensichtlich. Erickson ließ erkennen, daß er ohne Abstriche danach strebte, Patienten und Studierende voll zu respektieren und zu unterstützen. Er war eindeutig direktiv, aber genauso eindeutig war er nicht darauf aus, andere zu seinem persönlichen Nutzen zu manipulieren oder zu kontrollieren[1]. So kam es, daß jene, mit denen er kommunizierte, „loslegten" und beim hypnotischen Bemühen rückhaltlos kooperierten.

Das Problem der Manipulation

In einem von Integrität bestimmten Kontext gab Erickson häufig besondere Verhaltensanweisungen. Diese auffallende Direktivität verlangt, daß Ericksonsche Praktiker sich mit dem Problem der *Manipulation* auseinandersetzen. Der Begriff wird hier allgemein und nicht wertend definiert als *Prozeß der Beeinflussung von Verhalten*. Dieser Vorgang ist ubiquitär: Wir beeinflussen andere immer durch unser Verhalten, ob wir uns dessen bewußt sind oder nicht. In diesem konkreten Sinn ist *jedes Verhalten Manipulation*. Wie Haley (1963) gezeigt hat, trifft das besonders auf den therapeutischen Kontext zu, wo es explizit darum geht, Verhalten zu verändern. Ich halte es daher für geboten, daß der Therapeut sich oft fragt: „Welche Absicht verfolge ich, wenn ich mit diesem Klienten kommuniziere? Wie beeinflusse ich das Verhalten dieses Individuums?" (Wie Kapitel 5 untersucht, kann man diese Fragen sofort beantworten, wenn man erkennt, welche Ausdrucksformen sich bei einer Interaktion wiederholen.) Wenn ein Therapeut sich mit solchen Fragen ehrlich auseinandersetzt, kann er seine Fähigkeit, auf andere mit Integrität Einfluß zu nehmen, erweitern.

Das ist kein triviales Thema, dem man ausweichen oder das man vernachlässigen könnte. Als Ausbilder vieler Personen, die im Bereich der psychologisch-psychiatrischen Versorgung arbeiten, konnte ich feststellen, daß es zahlreiche Probleme schafft, wenn jemand sich diesen Fragen nicht stellt. Manche Ausbildungskandidaten haben große Mühe, sich einzugestehen, daß sie das Verhalten anderer Personen stark beeinflussen können und dies auch tun. Als Folge davon zögern sie, Einsichten über den gezielten Einsatz von Hypnosetechniken zu entwickeln, vor allem solche, die mit Desorientierung verbunden sind (siehe Kapitel 8). Andere dagegen sind überwältigt von einem fragwürdigen Bedürfnis nach Selbstbestätigung und machen daher auf bevormundende und unsensible Art und Weise von den Techniken Gebrauch. In beiden Extremen werden die Studierenden von ihrer Manipulationsfähigkeit beherrscht, die einen, indem sie versuchen, sie abzuspalten, die anderen, indem sie sie in unverantwortlicher Weise einsetzen; und beide berauben sich der Fähigkeit, durch therapeutische Kooperation ihre Erfahrung zu erweitern.

Sobald Therapeuten sich der Intention und der Auswirkung ihres Verhaltens bewußt werden, können sie sich kraftvoll ausdrücken. Doch man denke nur an einen Hitler oder einen Jim Jones, um zu erkennen, daß die Entwicklung dieser Fähigkeit noch nicht garantiert, daß alles gutgeht[2]. Noch einmal sei es gesagt, das Ergebnis einer Beziehung hängt letztlich von der Intention derer ab, die miteinander kooperieren (und es ist zugleich ein Spiegel dieser Intention): Dieselbe Technik (oder irgendein anderes Element aus diesem Bereich) kann zur gegenseitigen Unterstützung oder zur gegenseitigen Unterdrückung verwendet werden, wobei die letztgenannte Möglichkeit sich natürlich nicht immer durchführen läßt. Die meisten Hypnosepatienten mißtrauen einem Hypnotiseur sehr bald, der sie nicht unterstützt, und zeigen sich ihm gegenüber sogleich weniger kooperativ. (Wie im vorigen Kapitel bemerkt, kann ein Mensch in Trance sich Suggestionen genauso heftig - wenn nicht sogar heftiger - „widersetzen" wie im Wachzustand.) Es ist wesentlich leichter, mit Klienten zu *kooperieren*, als den Versuch zu unternehmen, sich ihnen entgegenzustellen, sie zu kontrollieren oder zu beherrschen, da es ja tatsächlich keinen „Widerstand" geben kann, wenn man sich ganz einem anderen Individuum anpaßt. Außerdem ist es eine persönlich weit befriedigendere und beruflich erfolgreichere Haltung. In diesem Sinn ist Integrität in gleichem Maß sowohl ein pragmatisches als auch ein ethisches Problem. Einfach ausgedrückt, je mehr Integrität man entwickelt, desto wahrscheinlicher ist es, daß man Spaß und Erfolg erlebt.

Integrität entwickeln und bewahren

Die Frage lautet daher: Wie kann der Hypnotherapeut Integrität erlangen und bewahren? Für Anfänger kann man vielleicht drei Möglichkeiten nennen:

1. Identifiziere unannehmbare persönliche Erfahrungen und lerne, mit ihnen umzugehen. Persönliche Neigungen und Fixierungen (Grenzen, Ängste, Probleme usw.) verzerren Wahrnehmungen von und Reaktionen auf ähnliche Grenzen anderer. Ein Kollege z. B., der es sich persönlich zur strengen Regel gemacht hatte, anderen gegenüber bestimmt zu sein, beklagte sich, daß seine hervorragenden therapeutischen Leistungen von verschiedenen „Widerstand leistenden" Klienten immer wieder in ihrer Qualität gemindert werde. Als ich mit ihm das Problem untersuchte, begriff ich, daß diese widerspenstigen Klienten unter einer ähnlich zwanghaft Bestimmtheit litten. Erst als er seine eigenen Grenzen auf diesem Gebiet erweiterte, gab der Therapeut seinen „Widerstand" auf und begann, die Wirklichkeit seiner Klienten zu akzeptieren und sie nutzbar zu machen. Seine Therapie mit ihnen wurde dadurch viel wirksamer. Die Vermutung ist hier, daß „unannehmbare Erfahrungen" das eigene Verhalten stark einschränken. Das bedeutet, eine Person, die zu der Überzeugung kommt, „Wenn ich X erlebe (die unannehmbare Erfahrung), dann passiert etwas Schreckliches" wird *bei sich und anderen alles meiden*, was zu „X" führen könnte. Der Therapeut, den Freßgelage abstoßen und anekeln, wird daher in große Verlegenheit kommen, wenn er einem Individuum beistehen soll, das in einem solchen Vorgang versinkt.

Wenn ich diesen Schlüsselgedanken der Wertschätzung von Erfahrungen betrachte, will ich damit nicht sagen, daß alle Verhaltensweisen in jedem Kontext annehmbar wären. Sicher sind Gewaltakte in den meisten Situationen nicht zu tolerieren, und Personen, die solche Akte begehen, müssen die soziale Verantwortung und ihre Folgen (z. B. deren soziale Eindämmung) tragen. Gleichzeitig aber sind Therapeuten nicht Teil des Strafrechtssystems: Im Strafbereich ist Verhalten nach sozialen Normen zu beurteilen und zu lenken; im klinischen Bereich ist Erleben so zu bewerten, daß seine Äußerungen im Verhalten um befriedigendere Wahlmöglichkeiten erweitert werden können. Therapeuten haben die Aufgabe, Lebensweisen eher zu entfalten als einzuschränken, und um das zustande zu bringen, müssen sie sich mit dem „hypnotischen Koan" konfrontieren, der in der Erkenntnis besteht, daß selbstabwertende Äußerungen die Grundlage für Äußerungen der Selbstbestätigung sind; der Unterschied liegt im Kontext, in dem solche Äußerungen entstehen. Das Utilisationsprinzip ist in dieser Hinsicht grundlegend; es ermutigt zur Anpassung an Äußerungen, um ihren Kontext umzugestalten und auf diese Weise ihre Neubildung in Betracht zu ziehen. Dabei wird implizit vorausgesetzt, daß man das Erleben von seinem Ausdruck (im Verhalten) unterscheiden kann. Verhaltensweisen sind Akte, die dazu dienen, sich Zugänge zu grundlegenden existentiellen Erfahrungen (wie Sicherheit, Liebe, Befriedigung) zu verschaffen. Dysfunktionales Verhalten entsteht meist dann, wenn die Person sich über das gewünschte Erleben nicht im klaren ist, oft wegen einer erlernten Assoziation dieses Erlebens mit ganz bestimmten Verhaltensweisen oder Verhaltenskonsequenzen. Eine Person z. B., die lernt, daß ihre Wut zu unerträglicher Ablehnung durch die anderen führt, kann u. U. verzweifelt versuchen, nicht wütend zu sein.

Überdies ist das Selbst von einer erlebbaren Absicht zu unterscheiden. Äußerungen sind Variablen; das Selbst ist eine (nicht beschreibbare doch produktive) Konstante. Während Personen also für ihr Erleben voll verantwortlich sind („fähig, auf ihr Erleben zu antworten"), sind sie jedoch nicht darauf reduzierbar.

Und schließlich gilt es auseinanderzuhalten, ob jemand sich zu der Wirklichkeit einer Erfahrung bekennt oder ob er ihr Fortdauern unterstützt. Ich gebe zu, daß Haß eine mögliche Erfahrung ist, aber ich möchte nicht in den selbstzerstörerischen Akt der Gewalt verstrickt werden. Ich denke, es ist notwendig, sich zur Wirklichkeit einer Erfahrung zu bekennen, wenn man von einer irrationalen oder zwanghaften Bindung an („ich *muß* es unbedingt haben") oder Dissoziation von („ich *darf* es *keinesfalls* haben") jener Erfahrung befreit werden soll. Dann erst hat man wirklich die Wahl, die Erfahrung zu entfalten oder sie abzulehnen. Die Lebenswerke von Jesus, Gandhi, M.L. King und anderen bezeugen das. Solche Annahmen schienen auch Ericksons Arbeit zugrunde zu liegen.

Therapeuten sollten daher bestrebt sein, ihre eigenen „unannehmbaren Erfahrungen" zu erkennen und mit ihnen umzugehen. Solche Grenzen werden meist offensichtlich während therapeutischer Sitzungen oder in anderen sozialen Situationen. Es gibt für sie viele Hinweise - z. B. negative Etikettierung, emotionale Erregung und globale Mengenkategorien (All-Quantoren, siehe Gilligan 1985). Oder sie lassen sich offenlegen während intensiver persönlicher Explorationen, welche ich übrigens jedem Hypnotherapeuten sehr empfehlen würde, regelmäßig zu machen. Ungeachtet des Kontextes, in dem man solche Grenzen entdeckt, ist Selbsthypnose eine wirksame Methode, sie zu erweitern.

Da die Ericksonsche Hypnotherapie ein solch intensiver interpersonaler Prozeß ist, läßt es sich nicht vermeiden, daß der Therapeut während der hypnotischen Kooperation zeitweise auf „unannehmbare Erfahrungen" stößt. Das kann als emotionales Unbehagen in Erscheinung treten, das als Reaktion auf das Verhalten oder Erleben des Klienten entsteht. Eine Therapeutin z. B. wurde sich ihrer eigenen sexuellen Frustrationen bewußt, während sie einem Klient zuhörte, der die seinen schilderte; ein anderer Therapeut bemerkte, daß er mit überwältigender Furcht reagierte, als eine Klientin ihm wegen ihrer Schwierigkeiten Vorwürfe machte. Daß man es mit „unannehmbaren Erfahrungen" zu tun hat, kann sich auch weniger offensichtlich zeigen, z. B. wenn man in der Therapie in eine Sackgasse gerät, oder wenn Therapeuten ihrerseits dem Klienten vorwerfen, er sei „krank" oder „abweisend" oder auf andere Art „unkooperativ". Was auch immer der Fall sein mag, es ist ziemlich wichtig, daß Therapeuten sich ihre persönlichen Grenzen, zu denen sie Zugang gewonnen haben, weiterhin zunutze machen. Eine Möglichkeit, das zu tun, besteht darin, (1) sich die wirksame(n) „unannehmbare(n) Erfahrung(en)" einzugestehen, (2) sie unter Verwendung bestimmter Prozesse (die im nächsten Abschnitt beschrieben werden) für den Rest der Sitzung beiseite zu legen und sie dann (3) durch eigene Aufarbeitung (z. B. durch Selbsthypnose nach der Sitzung) zu untersuchen und umzugestalten. Eine ergänzende Strategie besteht darin, die unannehmbare Erfahrung als Grundlage des hypnotischen Ausdrucks zu nutzen. Der Therapeut oder die Therapeutin kann z. B. anfangen, eine Geschichte zu erzählen, die seine oder ihre Erfahrung schildert, in der immer wieder die rhetorische Frage gestellt wird, inwiefern die Person in der Geschichte die Erfahrung dergestalt hinnehmen und akzeptieren könnte, daß die Bedürfnisse des ganzen Selbst Befriedigung fänden. Da ein großer Teil der Wirksamkeit dieser Technik von ihrer nonverbalen Vermittlung abhängt, sollte der Therapeut nonverbal „loslassen", während er über einen solchen Vorgang spricht. Um dies auf natürliche Weise zu tun, muß der Therapeut für einen relativ „zentrierten" Zustand sorgen, in dem er gleichmäßig atmet, in seiner Körperhaltung ausgeglichen ist, seine Muskeln entspannt sind usw. Wenn dieser Zustand nicht zu erreichen ist, sollte die Technik nicht angewandt werden.

2. Nicht werten. Ganz besonders sollte der Therapeut davon absehen, an diagnostische Kategorien zu glauben. Diese Verallgemeinerungen machen ihn oft blind für die einzigartige Situation eines jeden Individuums. Hinzu kommt, daß sie implizieren, der Patient sei „krank" und sein Erleben sei ungültig. Unglücklicherweise mindert das sowohl beim Therapeuten als auch beim Klienten die Bereitschaft, das Erleben des letzteren anzunehmen, wodurch tiefere Veränderungen verhindert werden.

Ein deutliches Beispiel dafür sind die sogenannten „Psychotiker", die so oft die feierliche Auskunft erhalten, daß ihre Erfahrung „unwirklich" oder „schlecht" sei und daß es nur zu einem therapeutischen Fortschritt kommen könne, wenn sie ihre Halluzinationen, Wahnvorstellungen usw. „loswerden". Dadurch wird aber genau jener Prozeß wesentlich verstärkt, der in erster Linie für das „psychotische" Erleben verantwortlich ist: der Versuch, einen wichtigen Teil dessen, was das eigene Selbst erlebt, zu zerstören (d. h. ihn abzuspalten), wodurch der dysfunktionale Zustand mit Sicherheit fortbesteht. Wenn der Therapeut sich nicht mehr zwingt, Erfahrungen nach Kategorien wie „falsch und richtig", „gut und schlecht" zu beurteilen, wird er fähig, die spezifischen Erfahrungen, die dem Patienten Schwierigkeiten bereiten, anzuerkennen und sie nutzbar zu machen. Dann wird Veränderung möglich.

Meine tiefen Überzeugungen bezüglich dieses Themas haben sich zu nicht geringem Teil aus Trainings-Erlebnissen mit Erickson entwickelt. Eine Reihe von Interaktionen war besonders wertvoll. Nachdem ich Jahre damit verbracht hatte, seinen Ansatz sorgfältig zu studieren, hatte ich das Gefühl, seine anspruchsvollen Techniken ziemlich gut begriffen zu haben. Doch es war deutlich, daß noch etwas fehlte. Meine Arbeit war nicht so erfolgreich, wie ich spürte, daß sie sein könnte, aber ich war mir im unklaren darüber, wodurch ich mich selbst einschränkte. Am letzten Tag eines einwöchigen Besuches bei Erickson schließlich bat ich höflich um eine Beratung in dieser Sache. Anstatt mit einer seiner langen indirekten Antworten zu beginnen, sagte er auf einfache, doch äußerst bedeutsame Weise: „Du neigst dazu, Dein Erleben zu sehr in Schemata einzuteilen ... und das kommt Deinem Unbewußten in die Quere." Danach beendete er die Sitzung sofort.

Als ich mit einem Kollegen zusammen hinausging, bekannte ich meine Enttäuschung darüber, kein brauchbares Feedback erhalten zu haben, gab jedoch einfühlsam zu verstehen, daß es vielleicht daran gelegen haben mag, daß Erickson allmählich alt werde; und außerdem, schien es, habe er nie ein gutes bewußtes Verständnis von dem, was er tue. Mit anderen Worten, ich teilte seine Antwort in „Schemata" ein! Einige Monate später trug ich nach einer ähnlichen Trainingssitzung die Frage wieder vor, auf die er ein wenig strenger antwortete: „Du neigst dazu, Dein Erleben zu sehr in Schemata einzuteilen ... und das kommt Deinem Unbewußten in die Quere!" Meine Enttäuschung war dieses Mal noch ausgeprägter, denn es war „klar", daß Erickson ein wenig senil wurde: Er erinnerte sich nicht, daß er mir das schon einmal gesagt hatte.

Vier Monate später wuchs meine Verzweiflung, als meine Frage ein drittes Mal dieselbe Antwort erhielt. Warum war Milton so wenig informativ? Warum erinnerte er sich nicht daran, was er zuvor gesagt hatte? Gab er allen seinen Studierenden in solchen Angelegenheiten so unnütze Ratschläge? Wenn ja, wie verhielt es sich dann mit seiner Betonung von einzigartigen Lösungen für jede Person? Einige Monate später versuchte ich es noch einmal mit meiner Frage, auf die er zur Antwort gab: „Du neigst dazu, Dein Erleben zu sehr in Schemata einzuteilen ... und das kommt Deinem Unbewußten in die Quere!" Blitzartig ging mir ein Licht auf! Ich wurde überwältigt durch die blendende (oder meine Blindheit eher beseitigende) Einsicht: *Ich neige dazu, mein Erleben zu sehr in Schemata einzuteilen ... und das kommt meinem Unbewußten in die Quere!!* Als ich schließlich Erickson ansah, zwinkerte er mit den Augen. „So ist es", sagte er sanft.

Diese Erkenntnis zog andere nach sich. Es wurde nur zu deutlich, daß ich die meiste Zeit als Hypnotherapeut mit innerem Dialog zubrachte, wobei ich versuchte, das Verhalten des Klienten zu klassifizieren und mit einer anspruchsvollen Reaktion aufzuwarten. Je mehr ich mich diesen begrifflichen Bewertungen hingab, desto weniger achtete ich darauf, was Klienten wirklich erlebten und taten. Zusätzlich war ich gezwungen, Klienten in dieses oder jenes „Schema" hineinzu-„objektivieren", womit ich das Ausmaß des möglichen Rapports einschränkte. Als ich auf die Notwendigkeit solcher Begriffe verzichtete, wuchs meine Wertschätzung der Einzigartigkeit eines jeden Individuums. Und am wichtigsten war, daß meine Kommunikationen passender und meine Arbeit erfolgreicher wurde.

Natürlich finde ich mich manchmal wieder, wie ich im Sumpf solcher Bewertungen versinke. Bei diesen nicht seltenen Gelegenheiten denke ich an Ericksons einfache, aber beharrliche Suggestion zurück, die mir das Stichwort gibt, zu spontaneren Prozessen (die in den verschiedenen folgenden Abschnitten beschrieben werden) überzugehen.

3. Klienten ihre eigene Erfahrung entwickeln lassen. Oft begegnet man dem Gedanken, daß der Therapeut für das Tranceerlebnis des Klienten verantwortlich sei. Dies setzt den Therapeuten einem starken Druck aus und nötigt ihn oft, unabsichtlich die Integrität des Klienten zu verletzen. In manchen Therapeuten erzeugt das eine Überlegenheitshaltung ihren Klienten gegenüber, was einem dominanten und herablassenden Ansatz Vorschub leistet. Andere Hypnotherapeuten, besonders Neulinge, fühlen sich überwältigt und unsicher beim Versuch, herauszufinden, was für den Klienten richtig ist und nehmen ihre Zuflucht zum Einsatz standardisierter Techniken oder Strategien, die bei ihnen (aber nicht notwendigerweise auch beim Klienten) funktionieren. Was auch immer seine Absicht sein mag, der Hypnotherapeut, der versucht, für die hypnotische Erfahrung des Klienten Verantwortung zu übernehmen, wird viel Enttäuschung und Frustration erleben. Der Therapeut neigt dann dazu, die Botschaft zu vermitteln, der Klient sei inkompetent; er sollte daher passiv bleiben und sich der paternalistischen hypnotischen Programmierung unterwerfen. Klienten werden sich dieser Botschaft entweder direkt widersetzen (z. B. indem sie sich offen weigern mitzumachen) oder indirekt (indem sie etwa „versuchen", hypnotisch zu reagieren, dabei aber Schwierigkeiten haben). Es ist also entscheidend, sich klarzumachen, daß *der Hypnotherapeut das Erleben des Klienten nicht verursacht*. Wie Erickson (1948) betonte:

> Hypnotische Psychotherapie ist ein Lernprozeß für den Patienten, ein Prozeß des Umlernens. Erfolgreiche Ergebnisse ... rühren nur von den Aktivitäten des Patienten her. Der Therapeut regt ihn bloß zur Aktivität an, oft ohne zu wissen, welche Aktivität das sein mag, und dann leitet er den Patienten und wendet seine klinische Urteilsfähigkeit an, um zu bestimmen, wieviel Arbeit getan werden muß, damit erwünschte Ergebnisse erzielt werden. *Das Problem des Therapeuten besteht darin, wie er leiten und urteilen soll, während der Patient die Aufgabe hat, durch seine eigenen Bemühungen sein Erfahrungsleben neu zu verstehen* (Hervorhebung ergänzt). Eine solche Reedukation geschieht natürlich notwendigerweise

in Begriffen der Lebenserfahrungen des Patienten, seiner Bedingungen, Erinnerungen, Haltungen und Ideen; sie kann nicht nach den Ideen und Meinungen des Therapeuten erfolgen (in Rossi 1980d: S. 39).

Beachten Sie wiederum die Betonung der *Kooperation* beim Ericksonschen Ansatz. Verantwortung wird wechselseitig übernommen: Der Klient ist dafür verantwortlich, die Veränderungen tatsächlich zu vollziehen, während es dem Therapeuten obliegt, einen geeigneten Kontext für ungehinderte Explorationen zu schaffen. Wenn der Therapeut das tut, geht er davon aus, daß (1) der Klient über die erforderliche Intelligenz und Ressourcen verfügt, sowohl eine Trance als auch therapeutische Veränderungen zu entwickeln, daß aber (2) gewohnheitsmäßige Ausdrucksmuster (z. B. bewußte Prozesse, Überzeugungen, motorische Handlungen) den Zugang zu diesen Ressourcen einschränken. Der Therapeut arbeitet deshalb darauf hin, sich den Mustern des Klienten anzuschließen, um ihm die Auflösung einer erstarrten Bindung an sie zu ermöglichen; danach kann dann ein autonomer unbewußter Prozeß eine tiefe Veränderung hervorbringen. Dieser allgemeine Ansatz ist in einer Bemerkung eingefangen, die Erickson oft einem Patienten gegenüber machte:

> Ihr bewußter Verstand ist sehr intelligent ... doch Ihr Unbewußtes ist viel gescheiter ... und deshalb fordere ich Sie nicht dazu auf, irgendwelche neuen Fertigkeiten zu lernen ... Ich bitte Sie nur, bereit zu sein, die Fertigkeiten zu nutzen, die Sie bereits besitzen, derer Sie sich jedoch noch nicht so ganz bewußt sind.

Diese allgemeine Haltung erlaubt dem Hypnotherapeuten, mit uneingeschränkter Integrität zu kooperieren. Anstatt dem Klienten Programme und Prozesse aufzuerlegen, respektiert der Therapeut die Muster des Klienten und macht sie nutzbar, während er auch die stark unterschätzten Möglichkeiten des Klienten unterstreicht. Das befähigt den Klienten dazu, sich aktiv am Veränderungsprozeß zu beteiligen, wodurch er die therapeutische Arbeit beständig leichter und lohnender macht. Anstatt sich Sorgen zu machen, welche genaue Lösung man einem unwissenden oder kranken Individuum geben muß, fragt sich der Hypnotherapeut oder die Hypnotherapeutin, wie er oder sie mit den einzigartigen und in hohem Maße intelligenten unbewußten Prozessen des Klienten kooperieren kann, um die erwünschten Erfahrungen zu entwickeln. Erickson würde sagen:

> Alle haben ihren eigenen Stil ... ihr eigenes Maß ... ihre eigenen unbewußten Bedürfnisse ... und drum interessiert mich, was *Sie* finden, was besonders zu *Ihnen* als Individuum paßt.

Wenn er in einem solchen Kontext der Integrität und des Respekts handelt, zeigt sich dem Therapeuten eine wahrhaft eindrucksvolle Menge an Möglichkeiten.

DIE KOMMUNIKATIONSPROZESSE DES HYPNOTHERAPEUTEN

Integrität ermöglicht therapeutischen Erfolg, garantieren kann sie ihn nicht. Sie schafft einen Kontext, den der Therapeut dann nutzen muß, indem er erfolgreich und gewinnend kooperiert. Damit ihm das gelingt, geht er davon aus, daß der Kommunikations*prozeß* (das „Wie" der Kommunikation) oft wichtiger ist als ihr *Inhalt* (das „Was"). Die Art und Weise z. B, wie ich zu jemandem „nein" sage, bewirkt oft mehr als das Wort selbst. Von Variablen wie früheren Erfahrungen und gegenwärtiger nonverbaler Kommunikation hängt es ab, ob der Hörer das, was ich sage, interpretiert als „Morgen vielleicht", oder „Versuch es immer wieder", oder „Frag' mich das nie mehr", oder „Ich bin wirklich nicht sicher". Mit anderen Worten, Bedeutung ist kontextabhängig, und sie wird, besonders im intensiven interpersonalen Kontext der Hypnotherapie, nonverbal mitgeteilt. Die Reaktionsbereitschaft des Klienten wird von den Kommunikationsprozessen des Therapeuten stark beeinflußt. Dieser Abschnitt weist als solcher einige der wichtigsten Gesichtspunkte dieser Prozesse aus.

Die interpersonale Tranceerfahrung

Viele gebildete Menschen der westlichen Welt nehmen an, daß bewußtes Denken für intelligentes Handeln unverzichtbar sei. Das trifft nicht immer zu; tatsächlich erfordert kreatives und erfolgreiches Handeln manchmal eine *Abwesenheit* analytischer Einmischungen, wie das mitunter im hypnotherapeutischen Kontext der Fall ist, wo der Therapeut auf das aktuelle Erleben des Klienten „abgestimmt" bleiben muß. Bewußte Vermittlungen stören eher, denn *der Therapeut oder die Therapeutin kann auf Informationen, die von außen kommen, in dem Maß nicht achten wie er oder sie in erster Linie mit Verarbeitungsvorgängen im eigenen Inneren* (z. B. Bildern, inneren Dialogen, Theorien usw.) beschäftigt ist. Wenn der Therapeut „innehalten und nachdenken" muß, durchtrennt er sensorische Verbindungen zum Klienten. Dies verschließt den Zugang zur wichtigsten Informationsquelle, den jeweils aktuellen Reaktionen des Klienten, und löst alle synchronisierten Rhythmen auf (die, wie wir später in diesem Kapitel noch sehen werden, die Grundlage für Rapport und hypnotische Reaktionsbereitschaft sind). Hinzu kommt, daß ausgedehnte bewußte Verarbeitung die kreative unbewußte Verarbeitung hemmt, die benötigt wird, um verschiedene hypnotische Kommunikationen zu erzeugen.

Der Ericksonsche Hypnotherapeut läßt daher bewußte Prozesse mitunter beiseite, um seine ganze Aufmerksamkeit auf den Klienten zu konzentrieren. Bei diesem Prozeß geht der Therapeut nicht „nach innen", um nachzudenken, und er wird nicht von unwesentlichen äußeren Hinweisen abgelenkt. *Der wichtigste Inhalt im Bewußtsein des Therapeuten sind die aktuellen Verhaltensäußerungen des Klienten.*

Mit diesem allgemeinen Zustand haben sich zahlreiche Autoren befaßt (z. B. Erickson 1966b, 1977; Epstein 1984; Freud 1909, 1912; Rogers 1985). Ellenberger (1970) z. B. bemerkte:

> 1912 ... führte Freud das Prinzip der freischwebenden Aufmerksamkeit ein: Weit davon entfernt, sich zu intensiv auf die Äußerungen des Patienten zu konzentrieren, sollte der Therapeut seinem „unbewußten Gedächtnis" vertrauen; er sollte keine überflüssigen Notizen machen... Und über Ursachen und Struktur des Falles sollte er nicht eher spekulieren, als bis er beträchtlich fortgeschritten wäre: „Fahre fort ohne bestimmte Absicht", riet Freud (S. 519).

Um diesen oft nicht zur Kenntnis genommenen oder mißverstandenen Punkt, der Freud wichtig war, genauer auszuführen, könnten einige seiner Darlegungen zum Thema aufschlußreich sein:

> Verzichte auf Beurteilungen und widme allem, was Du beobachtest, Deine unparteiische Aufmerksamkeit (Freud 1909b, G. W. Bd. 7, 299).

> Indes ist diese Technik eine sehr einfache. Sie lehnt alle Hilfsmittel, wie wir hören werden, selbst das Niederschreiben, ab und besteht einfach darin, sich nichts besonders merken zu wollen und allem, was man zu hören bekommt, die nämliche „gleichschwebende Aufmerksamkeit", wie ich es schon einmal genannt habe, entgegenzubringen ... Wie man sieht, ist die Vorschrift, sich alles gleichmäßig zu merken, das notwendige Gegenstück zu der Anforderung an den Analysierten, ohne Kritik und Auswahl alles zu erzählen, was ihm einfällt. Benimmt sich der Arzt anders, so macht er zum großen Teile den Gewinn zunichte, der aus der Befolgung der „psychoanalytischen Grundregel" von seiten des Patienten resultiert. Die Regel für den Arzt läßt sich so aussprechen: Man halte alle bewußten Einwirkungen von seiner Merkfähigkeit ferne und überlasse sich völlig seinem „unbewußten Gedächtnisse", oder rein technisch ausgedrückt: Man höre zu und kümmere sich nicht darum, ob man sich etwas merke (Freud 1912e, G.W. 8, 376/377; Stud. Erg. 171/172).

> Die Erfahrung zeigte bald, daß der analysierende Arzt sich dabei am zweckmäßigsten verhalte, wenn er sich selbst bei gleichschwebender Aufmerksamkeit seiner eigenen unbewußten Geistestätigkeit überlas-

se, Nachdenken und Bildung bewußter Erwartungen möglichst vermeide, nichts von dem Gehörten sich besonders im Gedächtnis fixieren wolle, und solcher Art das Unbewußte des Patienten mit seinem eigenen Unbewußten auffange (Freud 1923a, G.W. 13, 215).

... in eine Formel gefaßt: er soll dem gebenden Unbewußten des Kranken sein eigenes Unbewußtes als empfangendes Organ zuwenden, sich auf den Analysierten einstellen wie der Empfangsteil des Telefons zur Sprechmuschel eingestellt ist. Wie der Empfänger die von Schallwellen angeregten elektrischen Schwankungen der Leitung wieder in Schallwellen verwandelt, so ist das Unbewußte des Arztes befähigt, aus den ihm mitgeteilten Abkömmlingen des Unbewußten dieses Unbewußte, welches die Einfälle des Kranken determiniert hat, wiederherzustellen (Freud 1912e, G.W. 8, 381/382; Stud. Erg. 175/176).

Sowie man nämlich seine Aufmerksamkeit absichtlich bis zu einer gewissen Höhe anspannt, beginnt man auch unter dem dargebotenen Material auszuwählen; man fixiert das eine Stück besonders scharf, eliminiert dafür ein anderes und folgt bei dieser Auswahl seinen Erwartungen oder seinen Neigungen. Gerade das darf man aber nicht; folgt man bei der Auswahl seinen Erwartungen, so ist man in Gefahr, niemals etwas anderes zu finden, als was man bereits weiß; folgt man seinen Neigungen, so wird man sicherlich die mögliche Wahrnehmung fälschen. Man darf nicht darauf vergessen, daß man ja zumeist Dinge zu hören bekommt, deren Bedeutung erst nachträglich erkannt wird (Freud 1912e, G.W. 8, 377; Stud. Erg. 172).

Die phänomenologische Erfahrung eines „nach außen orientierten Trancezustandes" von ähnlichem Typus ist durch den Psychiater Arthur Deikman (1963, 1966) deutlich beschrieben worden. Deikman betonte den ungeheuren Wert des, wie er es nannte, *entautomatisierten Erlebens*, bei dem eine Person zeitweise das „Gerüst automatischer Wahrnehmung, automatischer affektiver und kognitiver Kontrollen beiseite wirft, um die Wirklichkeit tiefer zu begreifen" (in Tart 1969: S. 222)[3]. Er fand heraus, daß die meisten Individuen es lernen könnten, einen solchen Zustand zu entwickeln, indem sie ihre Aufmerksamkeit auf einen äußeren Gegenstand konzentrieren und dann nach und nach die üblichen analytischen Denk- und Wahrnehmungsweisen aufgeben (Deikman, 1963). Deikman (1966) nannte fünf Hauptkennzeichen des entautomatisierten Zustandes: (1) *verdichtete Wirklichkeit* (z. B. ein „ganz neuer Blick", mit dem alles wie zum ersten Mal gesehen wird); (2) *ungewöhnliche Empfindungen* (sowohl im Hinblick auf innere Bilder und Kognitionen als auch auf äußere Wahrnehmung); (3) ein Gefühl des *Einsseins*, in dem die sonst wahrgenommene Trennung zwischen „Selbst und anderem" sich auflöst; (4) *Unaussprechlichkeit* (d. h. die Unfähigkeit, anderen die Erfahrung mit Worten zu beschreiben); und (5) *Phänomene, die über die sinnliche Wahr-*

nehmung hinausgehen (d. h. das Erleben liegt hinter den normalen sensorischen Modalitäten, Ideen und Erinnerungen).

Es ist interessant, daß Deikmans Patienten von Erfahrungen berichteten, die voll waren von den in Kapitel 2 genannten „Trancecharakteristika" (z. B. Zeitlosigkeit, Fokussierung der Aufmerksamkeit, Mühelosigkeit). Dennoch ist Deikman der Meinung, daß dieses entautomatisierte Erleben sich von der hypnotischen Erfahrung dadurch unterscheidet, daß das erstere „weniger in Worte zu fassen, tiefgründiger, erhebender und hochgeschätzt" sei (in Tart 1969: S. 219). Wenn solche Eigenschaften im allgemeinen auch nicht bei herkömmlichen hypnotischen Erfahrungen anzutreffen sind, so sind sie doch häufig ein Kennzeichen der hier diskutierten „produktiven Autonomietrance".

Mit diesem Zustand hat auch Carl Rogers sich befaßt:

> Wenn ich als Gruppenleiter oder als Therapeut in meiner besten Form bin, entdecke ich ein weiteres Charakteristikum. Ich stelle fest, daß von allem, was ich tue, eine heilende Wirkung auszugehen scheint, wenn ich meinem inneren, intuitiven Selbst am nächsten bin, wenn ich irgendwie mit dem Unbekannten in mir in Kontakt bin, wenn ich mich vielleicht in einem etwas veränderten Bewußtseinszustand befinde. Dann ist allein schon meine *Anwesenheit* für den anderen befreiend und hilfreich. Ich kann nichts tun, um dieses Erlebnis zu forcieren, doch wenn ich mich entspanne und meinem transzendentalen Kern nahekomme, dann verhalte ich mich manchmal etwas merkwürdig und impulsiv in der jeweiligen Beziehung, ich verhalte mich auf eine Weise, die ich rational nicht begründen kann und die nichts mit meinen Denkprozessen zu tun hat. Aber dieses seltsame Verhalten erweist sich merkwürdigerweise als richtig: Es ist, als habe meine Seele Fühler ausgestreckt und die Seele des anderen berührt. Unsere Beziehung transzendiert sich selbst und wird ein Teil von etwas Größerem. Starke Wachstums- und Heilungskräfte und große Energien sind vorhanden (1985: S. 565).[4]

Die Beobachtungen von Freud, Deikman, Rogers und anderen (Asante 1984; Katz 1982; Richeport 1982) haben einen tiefen Zusammenhang mit der interpersonal ausgerichteten Hypnose Milton Ericksons. Erickson unterstrich den Vorrang der Intelligenz des Unbewußten, wobei er beobachtete:

> Zu viele Psychotherapeuten versuchen zu planen, was sie denken, anstatt zu warten und zu sehen, welcher Reiz ihnen dargeboten wird, um dann ihren unbewußten Geist auf diesen Reiz reagieren zu lassen (in Gordon, Meyers-Anderson 1981: S. 17).

Unter dem Abwechslungsreichtum der bewußt organisierten Aspekte der Persönlichkeit spricht das Unbewußte in einer bemerkenswert

einförmigen Sprache ... so gleichbleibend, daß das Unbewußte eines Individuums besser ausgestattet ist, das Unbewußte einer anderen Person zu verstehen, als jeweils der bewußte Persönlichkeitsaspekt des einen oder des anderen (Erickson, Kubie 1940: S. 62. Wieder abgedruckt in Rossi 1980c: S. 186).
Wenn ich irgendwelche Zweifel habe, ob ich in der Lage bin, die wichtigen Dinge zu sehen, gehe ich in Trance. Wenn bei einem Patienten ein entscheidendes Problem auftaucht und ich keinen Anhaltspunkt versäumen will, gehe ich in Trance... Ich beginne, jede Bewegung, jedes Zeichen oder bekundete Verhalten, das wichtig sein könnte, genau zu verfolgen (Erickson, Rossi 1977: S. 42).

Erickson hob damit hervor, daß eine *nach außen gerichtete interpersonale Trance* für erfolgreiche hypnotherapeutische Arbeit wertvoll ist. Es gibt viele mögliche Wege zur Entwicklung solcher Zustände. Ein Verfahren läßt sich wie folgt zusammenfassen:

1. **Sorgen Sie für eine bequeme Sitzhaltung.** Hypnotiseur und Patient sollten beide bequem einander gegenübersitzen (ungefähr einen bis anderthalb Meter von einander entfernt). Ihre körperliche Präsenz ist Ihr wichtigstes Kommunikationsinstrument als Hypnotiseur; Sie wollen dessen Möglichkeiten ganz ausschöpfen.

2. **Gehen Sie einige Augenblicke lang nach innen.** Machen Sie alle Quellen körperlicher oder emotionaler Spannung ausfindig und bringen Sie sie zur Entspannung. Jede unnötige Spannung erschwert es dem Hypnotherapeuten und daher dem Patienten, die Flexibilität und das „fließende Gefühl" zu entwickeln, die gebraucht werden, um sich den jeweils aktuellen Prozessen kreativ anpassen zu können.

3. **Konzentrieren Sie sich aufmerksam auf den Patienten.** Achten Sie auf den Atemrhythmus, die Körperhaltung, die Muskelspannung, die emotionale Verfassung usw.

4. **Atmen Sie so, wie es ihnen angenehm ist; atmen Sie leicht.** Sie wollen zwar nicht lethargisch oder unaufmerksam sein, aber Sie wollen sich entspannen und sich ganz vom Patienten in Anspruch nehmen lassen. Es wird immer wieder betont, daß unregelmäßiges oder eingeschränktes Atmen es nahezu unmöglich macht, mit der Aufmerksamkeit ganz nach außen gerichtet zu bleiben; umgekehrt fördert richtiges Atmen die Entspannung und das Vertrauen, die für eine erfolgreiche Interaktion gebraucht werden (besonders wenn jemand anfangs unsicher oder ängstlich ist). Wenn möglich, synchronisieren Sie ihre Atmung mit der

des Patienten. Synchronisiertes Atmen vergrößert im allgemeinen die Fähigkeit des Therapeuten, mit dem Klienten erfolgreich zu interagieren; das wird im nächsten Kapitel eingehender besprochen. Dies gilt dann nicht, wenn Klienten emotional erregt sind und daher entweder flach und eingeschränkt (z. B. wenn sie verstört oder in sich zurückgezogen sind) oder sehr schnell und unregelmäßig atmen (wenn sie z. B. agitiert sind); übernimmt man solche Muster, dann löst das oft ähnliche selbstschädigende emotionale Zustände aus.

5. Stellen Sie Augenkontakt her. Viele Hypnotherapeuten finden es am besten, nur in eines der beiden Augen des Patienten zu schauen, weil durch den Blick in beide Augen oft ein verwirrendes Gefühl entsteht, das den Hypnotherapeuten von dem ablenkt, was ihn interessiert. Erhalten Sie diesen Augenkontakt so lange wie möglich aufrecht, indem Sie das Bedürfnis, die Augenlider zu bewegen, wegzusehen oder sich innere Gedanken zugänglich zu machen hintan stellen. (Der veränderte Zustand, der normalerweise aus diesem Vorgang resultiert, wird gleich besprochen.)

Eine besonders wirksame Technik zur Aufrechterhaltung des Augenkontaktes besteht darin, das linke Auge auf eine Stelle ca. 30 cm hinter dem linken Auge des Patienten zu fixieren, so als ob man *durch es hindurch*schaute. Dies lenkt meist die Aufmerksamkeit auf den Therapeuten, während es gleichzeitig bewußte Prozesse außer Kraft setzt. Unterdessen fokussiert das rechte Auge des Hypnotiseurs den Bereich, der ca. 30 cm vor dem Patienten liegt, so daß sein peripherer Blick ihm nun Bewegungen eines beliebigen Körperteiles des Patienten enthüllen kann. Die Technik befähigt also den Hypnotiseur, zwei wichtige Aufgaben gleichzeitig zu erfüllen: die Aufmerksamkeit des Patienten zu fesseln und kontinuierlich Information über aktuelle Verhaltensreaktionen zu sammeln. Wenn das Verfahren auch ungewöhnlich erscheinen mag, ermutige ich Sie nachdrücklich, es auszuprobieren, bevor Sie es verwerfen. Es ist nicht so schwer zu erlernen und kann beeindruckende Ergebnisse zeitigen.

6. Lassen Sie mühelose geistige Prozesse zu. Lassen Sie alle Gedanken oder Bilder durch Ihr Bewußtsein „strömen". Versuchen Sie nicht, etwas logisch zu verstehen oder sich auf irgendeinen Aspekt der Situation zu konzentrieren. Zuerst ist das vielleicht schwierig und verwirrend, aber atmen Sie einfach weiter und konzentrieren Sie sich auf den Patienten. Es dauert meist nicht lange, bis etwas Interessantes geschieht.

7. Erlauben Sie es sich, frei und leicht zu sprechen. Anfangs tun Sie sich vielleicht auch damit schwer, doch lassen Sie die Worte einfach aus

Ihrem Mund herauskommen. Sie werden bald entdecken, daß Sie auf diese Weise sehr intelligent und kreativ reden können.

Therapeuten, die diesem Verfahren folgen, finden sich selbst typischerweise in einer *nach außen gerichteten interpersonalen Trance* vor. Ihr Erleben verändert sich gewöhnlich: Normalerweise entwickeln sich Phänomene wie Tunnelblick, motorische Hemmung, „Körperkribbeln" und andere Merkmale der Trance. Zunächst kann das leicht verwirren, aber es ist kein Grund zur Beunruhigung; es handelt sich nur um eine zeitweilige „Übergangsperiode" von bewußter zu unbewußter Verarbeitung (die vielleicht fünf Minuten dauert). Wenn der Therapeut weiterhin leicht atmet und nach außen auf den Patienten hinorientiert bleibt (während er vielleicht gleichzeitig „small talk" macht), tritt oft ein Zustand von ungewöhnlicher perzeptiver und kognitiver Klarheit ein. Der Therapeut macht vielleicht die paradoxe Erfahrung, daß er sich gänzlich mit dem Klienten verbunden fühlt und doch gleichzeitig von ihm getrennt und unpersönlich involviert ist. Es ist, als sei ein Teil des Selbst völlig davon in Anspruch genommen, sich hinsichtlich seines Erlebens auf den Patienten zu beziehen, während ein anderer Teil sich abspaltet und die laufende Interaktion beobachtet. Dieser schwer zu beschreibende Zustand des „Teil-und-doch-Getrennt-Seins-von" erlaubt dem Therapeuten mitfühlend zu sein, ohne mitzuleiden. Der Therapeut stimmt sich eher auf unbewußte Spontaneität ein als daß er in Prozessen versinkt, die nur dem angestrengten Versuch dienen, sich etwas auszudenken. Dabei verdichtet sich der Eindruck, daß Beobachtungsfähigkeiten sich steigern, daß Gedanken in metaphorischen Bildern oft einfach „auftauchen" und passende Kommunikationen mühelos entstehen.

Rogers (1980) hat diesen empathischen Zustand näher beschrieben:

Die als empathisch bezeichnete Art des Umgangs mit anderen hat verschiedene Seiten. Empathie bedeutet, die private Wahrnehmungswelt des anderen zu betreten und darin ganz und gar heimisch zu werden. Sie beinhaltet, in jedem Augenblick ein Gespür zu haben für die Furcht, Wut, Zärtlichkeit, Verwirrung oder was auch immer sie erlebend empfindet. Empathie bedeutet, zeitweilig das Leben dieser Person zu leben; sich vorsichtig darin zu bewegen, ohne vorschnell Urteile zu fällen; Bedeutungen zu erahnen, deren sie sich selbst kaum gewahr wird; nicht aber, Gefühle aufzudecken versuchen, deren sich die Person gar nicht bewußt ist, dies wäre zu bedrohlich ...
Mit einem Menschen in dieser Weise umzugehen heißt, eigene Ansichten und Wertvorstellungen beiseite zu lassen, um die Welt des anderen ohne Vorurteile betreten zu können. In gewisser Weise bedeutet es, das eigene Selbst beiseite zu legen; dies ist jedoch nur einer Person möglich, die in sich selbst sicher genug ist und weiß, daß sie in der möglicherweise

seltsamen und bizarren Welt des anderen nicht verloren geht und in ihre eigene Welt zurückkehren kann, wann sie will (S. 142-143)[5].

Bei alledem wird der Klient auch entscheidend beeinflußt durch die unentwegte Absorbiertheit des Therapeuten. Oft entwickeln sich Veränderungen von Körperempfindungen: es kommt z. B. zu Katalepsie, Gefühlen von Kribbeln oder Brennen und Wärme, gewöhnlich auch zur Augenfixierung, gefolgt vom Tunnelblick und anderen wahrnehmbaren Veränderungen, die Indikatoren der Trance sind. Die Entwicklung dieser und anderer Trancecharakteristika dient dazu, alle bewußten, die innere Beteiligung hemmenden Prozesse außer Kraft zu setzen. Manche Klienten fühlen sich daher tief mit dem Therapeuten verbunden; andere werden unsicher und etwas ängstlich, bevor sie sich dann in Trance „zurückziehen"; *die meisten befinden sich in einem Zustand erhöhter Reaktionsbereitschaft*. Der Hypnotherapeut kann diesen Zustand nutzen, um geeignete hypnotische Kommunikationen einzuführen.

Eine interpersonale Trance ist nicht immer sofort zu erreichen. Dies kann ein Zeichen inadäquaten Vorgehens sein: Vielleicht muß man monatelang regelmäßig üben, bis man die Fähigkeit entwickelt hat, leicht in diesen Zustand hinüberzugleiten; die Fertigkeit muß dann regelmäßig angewendet werden, will man sie nicht verlieren. Neben der Anwendung im klinischen Kontext können Sie vielleicht mit einem Freund oder Kollegen arbeiten, der darauf achtet und Ihnen jedesmal einen Hinweis gibt (etwa durch ein leichtes Berühren der Schulter) wenn Sie sich anschicken, aus einer nach außen gerichteten Trance herauszukommen (durch eingeschränkte Atmung, Veränderungen der Haltung, Abbrechen des Augenkontaktes usw.). Oder Sie können üben, indem Sie in einen Spiegel schauen und mit Induktionen zur Selbsthypnose experimentieren. Das klingt vielleicht etwas seltsam, doch viele sind der Meinung, daß es ziemlich gut wirkt. Zumindest lernen Sie sich selbst ein wenig besser kennen, wenn schon nicht mehr.

Eine interpersonale Trance kann auch behindert werden durch die Vorstellungen, die der Therapeut vom unbewußten Geist hat. Den meisten von uns wurde beigebracht, daß unbewußte Prozesse nicht kohärent und intelligent arbeiten könnten. Man hat uns auch beigebracht, daß sinnvolles Handeln nur durch mühevolle bewußte Steuerung zustandekäme. Das ist ungünstig für die Entwicklung einer interpersonalen Trance, denn es fehlt das Vertrauen in die Produktivität des Unbewußten. Diese einengenden und irreführenden Annahmen werden durch verschiedene Verfahren erkennbar und transformierbar, die wir später beschreiben.

Schließlich kann die Schwierigkeit, eine interpersonale Trance herzustellen oder aufrechtzuerhalten, auf „unannehmbare Erfahrungen" zurückzuführen sein, die während der Interaktion mit dem Klienten zugänglich werden. Um es noch einmal zu wiederholen: Solche Erfahrungen führen beim Hypnotiseur zu Unbehagen, das sich in eingeschränktem und unrhythmischem Atmen, fehlendem Blickkontakt, Anspannung der Muskulatur usw. äußert. Um es zusammenzufassen, diese Erfahrungen verhindern die Flexibilität, externale Orientierung und akzeptierende Haltung, die der Therapeut zur Entwicklung einer interpersonalen Trance braucht. Um solche Erfahrungen vorübergehend zu mildern, können Therapeuten sich systematisch dem oben beschriebenen siebenstufigen Verfahren unterziehen. Denken Sie jedoch daran, daß Sie sich nach Abschluß der Sitzung mit diesen Erfahrungen auseinandersetzen müssen, sonst werden sie zu einem wachsenden Problem.

Sobald sich eine interpersonale Trance entwickelt hat, braucht sie nicht während der gesamten therapeutischen Interaktion aufrechterhalten zu werden. Bewußte analytische Prozesse sind ergänzende Strategien zum Verständnis eines jeweiligen Falles. Bei meiner eigenen Arbeit bringe ich meist die ersten 10-15 Minuten damit zu, durch ein normales Gespräch (bewußte Prozesse) mit dem Klienten Information zu sammeln (siehe Kapitel 5). Dann stelle ich mich um auf eine interpersonale Trance, aus der ich erst erwache, wenn die Trancearbeit getan ist, etwa 30-90 Minuten später; während 10-15 minütigen abschließenden Kommunikationen setze ich wieder bewußte Prozesse ein.

Hierbei ist festzuhalten, daß Häufigkeit und Stil der Entwicklung von interpersonalen Trancezuständen von Therapeut zu Therapeut verschieden sind. Selbst Erickson, der eine verblüffende Fähigkeit hatte, in einer nach außen gerichteten Trance stundenlang produktiv zu arbeiten, machte manchmal keinen Gebrauch von ihr. Als er diese und andere autohypnotische Erfahrungen mit Ernest Rossi besprach (Erickson, Rossi 1977), erläuterte Erickson:

> E: Bei experimenteller hypnotischer Arbeit mit einer Versuchsperson im Labor bemerkte ich, daß wir ganz allein waren. Alles, was da war, war die Versuchsperson, der physikalische Apparat, den ich zur Verhaltensaufzeichnung benutzte, und ich.
> R: Sie waren so auf ihre Arbeit konzentriert, daß alles andere verschwand?
> E: Ja, ich entdeckte, daß ich mich mit meiner Versuchsperson in einer Trance befand. Was ich als nächstes herausfinden wollte war, ob ich mit der ganzen Wirklichkeit um mich herum genau so gute Arbeit leisten konnte oder ob ich dazu in Trance gehen mußte. Ich kam zu dem Ergebnis, daß ich unter beiden Bedingungen gleich gut arbeiten konnte.
> R: Gehen Sie jetzt eher in Selbsthypnose, wenn Sie mit Patienten in Trance arbeiten?

E: Gegenwärtig *gehe ich in Trance, wenn ich irgendwelche Zweifel habe, ob ich sehen kann, worauf es ankommt* (Hervorhebung ergänzt). Wenn bei einem Patienten ein entscheidendes Problem auftaucht und ich keinen der möglichen Schlüssel versäumen möchte, dann gehe ich in Trance.
R: Wie machen Sie das, wenn Sie selbst in Trance gehen?
E: Es geschieht automatisch, weil ich anfange, jede Bewegung, jedes Zeichen oder jede Verhaltensäußerung, die wichtig sein könnte, genau zu verfolgen. Als ich jetzt gerade mit Ihnen zu reden begann, wurde mein Blick tunnelartig und ich sah nur Sie und Ihren Stuhl. Diese schreckliche Intensität stellte sich automatisch ein, als ich Sie ansah. Das Wort „schrecklich" ist falsch; es ist angenehm.
R: Es ist derselbe Tunnelblick wie der, der sich manchmal beim Anstarren eines Kristalles einstellt?
E: Ja.
(Erickson, Rossi 1977: S. 42).

Interessanterweise beschrieb Carl Rogers (1985) ähnliche Erlebnisse, daß er sich bei der Therapie manchmal von seinen unbewußten Prozessen leiten läßt. Als er eine intuitive Antwort erläuterte, die er während einer Therapiesitzung gegeben hatte und die ohne rationale Bedeutung für das vorangegangene Gespräch war, stellte er fest:

Ich habe diese intuitiven Reaktionen immer mehr zu schätzen gelernt. Sie ereignen sich selten ... doch sie sind fast immer hilfreich, um die Therapie voranzubringen. In diesen Augenblicken befinde ich mich vielleicht in einem etwas veränderten Bewußtseinszustand, bewohne die Welt des Klienten, mit der ich völlig im Einklang bin. Meine nicht bewußte Einsicht übernimmt die Führung, und ich weiß viel mehr als mein bewußter Verstand erkennen kann. Ich gestalte meine Reaktionen nicht bewußt, sie steigen einfach in mir auf, aus meinem unbewußten Gespür für die Welt des anderen (S. 565).

Alles in allem können therapeutische Kommunikationen also enorm erleichtert werden, wenn der Therapeut in eine interpersonale Trance eintritt, in der er dem Klienten seine ganze Aufmerksamkeit zuwendet. Dieser Zustand ist besonders nützlich, um die bewußten Prozesse sowohl des Therapeuten als auch des Klienten außer kraft zu setzen, wodurch sich ein tiefer erlebter Rapport entwickeln kann. Beide Beteiligten werden dadurch bereiter und fähiger, ihre unbewußten Prozesse autonom und kreativ wirksam werden zu lassen, die des Therapeuten, damit er den Klienten zu führen und zu supervidieren vermag, die desKlienten oder der Klientin, damit sie ihr Erleben umgestalten können. Da eine interpersonale Trance unserer Meinung nach für die erfolgreiche Ericksonsche Arbeit so wesentlich ist, werden wir sie in den folgenden

Kapiteln genauer untersuchen, vor allem im Hinblick auf die Frage, wie der Therapeut sie zur Verringerung von Unsicherheit und zur Erzeugung wirksamer hypnotischer Kommunikationen einsetzen kann.

Seien Sie flexibel

Wenn der Therapeut sich mit Hilfe von hypnotischen Prozessen auf den Klienten „eingestimmt" hat, gilt es, diesen Rapport aufrechtzuerhalten. Um einen bereits genannten Punkt hervorzuheben: *hypnotherapeutischer Erfolg verlangt Flexibilität.* Der Therapeut muß seine Kommunikationen fortwährend der einzigartigen Situation des Klienten anpassen. Das macht die Entwicklung eines synchronisierten Rhythmus erforderlich, in dem der Therapeut genau beobachtet und daran Anteil nimmt, was mit dem Klienten vor sich geht. Das ist es, was es ihm ermöglicht, Kommunikationen (oder Techniken) zu erzeugen, welche die aktuellen Prozesse des Klienten in geeigneter Weise nutzbar machen.

Das Urteil des Hypnotherapeuten ist natürlich nicht immer richtig. In diesem Sinne empfehle ich Ihnen sehr, ihre Wahrnehmung in Frage zu stellen (gleichzeitig jedoch Ihrem tieferen Selbst zu vertrauen). Ihre Techniken und Strategien werden oft nicht die beabsichtigte Wirkung hervorbringen. Das stellt jedoch in keiner Weise ein Problem dar: *Wenn eine Technik nicht funktioniert, dann wenden Sie eine andere an.* Im hypnotischen Austausch kann man wirklich keine Fehler machen. Jede Kommunikation führt zu einem Ergebnis; alle Ergebnisse sind nutzbar. Wenn der Therapeut flexibel bleibt, kann er jede Verhaltensreaktion nutzbar machen, wie bizarr oder unerwartet sie auch sein mag.

Ericksons Arbeit zeichnete sich in hohem Maß durch diese Art von Flexibilität aus. Ich hörte einmal, wie er Psychotherapie beschrieb als „einen Prozeß, bei dem zwei Menschen zusammenkommen, um herauszufinden, was zum Teufel der eine von beiden will". Bei einer anderen Gelegenheit beobachtete ich ihn, wie er mit einem Hypnotherapiepatienten unglaublich kreativ arbeitete. Ich nahm an, daß seine raffinierten Strategien sich von komplexen bewußten Gedankenoperationen herleiten mußten und war daher entschlossen, die genauen Denkprozesse, von denen er Gebrauch machte, herauszufinden. Nachdem der Patient gegangen war, zückte ich Papier und Bleistift und begann resolut, ihn zu fragen.

„Machen Sie sich viele bildliche Vorstellungen?"
„Nein", sagte er langsam, aber bestimmt.
„Keine Bilder", murmelte ich und strich diese Kategorie auf meinem Blatt durch. „Gut, haben Sie viel inneren Dialog?"

„Nein", antwortete er von neuem überzeugend.

„Also, kein innerer Dialog... lassen Sie mich das hier aufschreiben... OK ... Nun, haben Sie kinästhetische Sensationen? Sie wissen schon, Gefühle in ihrem Körper, so etwas?"

„Nein".

Allmählich wurde ich stutzig und gleichzeitig verwirrt. „Lassen Sie uns mal sehen, keine Bilder, kein innerer Dialog, keine kinästhetischen Sensationen... Nun, Milton, das verstehe ich nicht. Wie wissen Sie, was Sie zu tun haben?"

„Ich weiß es nicht... Ich weiß nicht, was ich als nächstes tun werde, ich weiß nicht, was ich sagen werde... Ich weiß nur, daß ich darauf vertraue, daß mein Unbewußtes mir das Passende ins Bewußtsein legt... Und ich weiß nicht, wie die Patienten jeweils reagieren werden... Ich weiß nur, sie werden reagieren... Und ich weiß nicht, warum... ich weiß nicht, wann... Ich weiß nur, daß sie in geeigneter Weise reagieren werden, so, wie es für sie als Individuum am besten paßt. Und ich bin gefesselt von der Frage, wie ihr Unbewußtes sich entscheiden wird zu reagieren. Und so erwarte ich in aller Ruhe ihre Reaktion, weil ich weiß, daß ich sie, wenn sie eintritt, annehmen und nutzbar machen kann." Er hielt augenzwinkernd inne. „Nun, ich weiß, daß das lächerlich klingt... ABER ES FUNKTIONIERT!!"

Ein wichtiger Punkt ist hier, daß der Hypnotherapeut nie ganz genau weiß, wie „es" funktionieren wird. Bedauerlicherweise ist es für viele Kliniker schwierig, das zu akzeptieren, und oft lassen sie sich dazu verleiten, denselben Ansatz rigide auf jeden anzuwenden. Ein Psychiater z. B., der an einem meiner Wochenend-Workshops teilnahm, sah fasziniert zu, als ich bei einer Demonstration die Technik des unterbrochenen Händeschüttelns (siehe Kapitel 7) anwendete, um bei mehreren in hohem Maß reaktionsbereiten Versuchspersonen eine tiefe Trance zu induzieren. Als er etwa drei Jahre später bei einem anderen Workshop erschien, vertraute er mir an, daß nur etwa ein Drittel seiner Patienten „hypnotisierbar" gewesen seien, obwohl er seit dem früheren Workshop Hypnose regelmäßig angewendet habe. Auf meine Nachfrage hin wurde deutlich, daß er hauptsächlich die Technik des unterbrochenen Händeschüttelns zur Induktion benutzte, da sie, wie er bemerkte, „die beste Induktionstechnik ist, die ich je gesehen habe."

Es mag scheinen, als sei dies ein extremes Beispiel, aber es unterscheidet sich gar nicht so sehr von der alltäglicheren Situation, in der ein Therapeut immer dieselbe Technik anwendet (sei es eine Tranceinduktion, Entspannungsübung, Gestalt oder Psychoanalyse usw.). Keine dieser Techniken ist schon an sich unwirksam; es ist nur so, daß ihr undifferenzierter Gebrauch eine beträchtliche Zahl an Mißerfolgen garantiert (wobei die Klienten oft als „Widerstand leistend" gebrandmarkt werden). Eine Technik ist vielleicht in einer Situation mit einem Klienten unglaublich erfolgreich, in einer anderen Situation jedoch nicht; eine therapeutische Strategie, die bei vielen Klienten funktioniert, funktioniert vielleicht bei einem bestimmten Individuum nicht gut. Ein produktiverer Ansatz muß die Muster, in denen der Klient sich zum Ausdruck bringt, als die grundlegenden „Techniken" für alle therapeutischen Explorationen zu schätzen wissen. Mit anderen Worten, das individuelle Vorbild des Klienten ist die „Theorie" oder das Modell, von dem Anhaltspunkte für die Veränderung ausgehen. Der Therapeut muß flexibel und anpassungsfähig sein. Das macht nicht nur seine Arbeit effektiver, sondern es läßt ihn oder sie auch mehr Freude daran haben.

Gestalten Sie Ihre Kommunikation bedeutungsvoll

Seine wichtigste Aufgabe, Klienten bei ihrer Suche nach einem Lebensstil behilflich zu sein, durch den sie sich selbst mehr schätzen und bestätigen können, kann der Hypnotherapeut in dem Maß erfüllen, in dem Klienten bereit und fähig sind, unbewußte Prozesse zu erkunden. Zur Erleichterung dieser Motivation und dieses Reaktionspotentials ist eine *bedeutungsvolle* Kommunikation erforderlich, oder anders gesagt, der Hypnotherapeut vermittelt ein Gefühl von Wichtigkeit und Unmittelbarkeit, um die ganze Aufmerksamkeit des Klienten zu fesseln und dessen hypnotische Reaktionsbereitschaft zu stimulieren.

Das bedeutet nicht, daß herrische oder überrumpelnde Kommunikationen nötig wären; solche Verhaltensweisen können, offen gesagt, völlig unwirksam sein. Da Bedeutung immer kontextabhängig ist, ändert sich auch das jeweilige Therapeutenverhalten. Als ich z. B. zu einer Klientin Rapport herstellen wollte, deren Berichte über ihre sexuelle Frigidität mit einem übermäßigen Bedürfnis, alles in exakten logischen Begriffen zu verstehen einhergingen, beschenkte ich sie zunächst mit einer logischen Folge von Tatsachen und Bildern, die sie von der Notwendigkeit, mir zu vertrauen und mit mir zu kooperieren, überzeugte. Während ich diese ernste intellektuelle Haltung die ersten 4-5 Sitzungen hindurch beibehielt, begann ich danach allmählich, Wortspiele zu machen und mich unbeschwert zu geben, vor allem, wenn die Patientin sich anschickte, über ihre Probleme zu sprechen. Ihr Muster, ihrem Erleben mit analytischer Kälte zu begegnen, wurde dadurch gehemmt. Wie erwartet, war sie schließlich ganz verwirrt, woraufhin ich sofort einen intensiven und konzentrierten Ausdruck annahm und sie sanft aber unwiderstehlich anwies, „alles loszulassen und in Trance zu fallen"[6]. Meine Ahnung bestätigte sich, sie war gerührt, und Tränen quollen hervor. Entsprechend ging ich über zu einem sanften und unterstützenden Ansatz, mit dem ich sie durch ein paar integrative Veränderungen hindurchführte.

Zu einem wirkungsvollen Mitteilungsstil kann es je nachdem, was die Situation erfordert, gehören, daß man ernst, humorvoll, oder wütend ist, usw. Bei dieser ganzen Veränderlichkeit bleibt das zugrundeliegende Gespür des Therapeuten für das, was im Brennpunkt steht und zweckdienlich ist, konstant. Unentwegte Zugewandtheit zum Klienten bringt zum Ausdruck, daß gegenwärtig nichts anderes wichtig ist, und daß es gleichermaßen sicher und angemessen ist, wenn er sich ganz darauf einläßt. Der Klient empfindet es dann als schwierig, sich nicht sinnvoll zu beteiligen.

Wenn der Therapeut daran arbeitet, seine Gewandtheit in bedeutsamer Kommunikation zu entwickeln, dann erkennt er bald, daß das „Wie" hypnotischer Kommunikation meist wichtiger ist als das „Was". Nehmen Sie eine Aussage wie die folgende „Wie schön ist es zu wissen, daß Sie sich jetzt völlig entspannen können" als Übungsbeispiel. Sagen Sie das mindestens fünfmal zu sich selbst (und benutzen Sie dabei z. B. einen Spiegel oder ein Tonband) oder zu einer anderen Person oder zu mehreren verschiedenen Leuten. Verändern Sie dabei jedes Mal Ihre nonverbale Kommunikation: Bedienen Sie sich einmal eines schnellen, abgehackten Vortrags, beim nächsten Mal einer gelangweilten, unbeteiligten Haltung, dann eines überzeugenden und intensiven Stils usw. Wenn Sie auf solche Art experimentieren, wird Ihnen der machtvolle Einfluß sofort einleuchten, den das nonverbale Verhalten auf soziale Interaktionen ausübt.

Da bedeutungsvolle Kommunikation für eine erfolgreiche hypnotherapeutische Arbeit wesentlich ist, hat jedes der noch verbleibenden Kapitel etwas über sie zu sagen. Im Vorgriff darauf sollen drei wichtige Aspekte hier kurz erwähnt werden.

1. Intensität. Der Ericksonsche Praktiker muß in der Lage sein, mit dramatischer Intensität zu kommunizieren. Er oder sie sollte fähig sein, die ganze Aufmerksamkeit einer Person zu fesseln und ihr Ideen, die ihr Erleben betreffen, so zu vermitteln, daß hörbar und sichtbar wird, daß das, was mitgeteilt wird, für sie äußerst relevant und wichtig ist. Gleichzeitig müssen Rapport und Vertrauen zu den Klienten aufrechterhalten bleiben, wodurch der Therapeut nicht darauf verfallen kann, dominierend oder schroff zu werden. Der wirkungsvollste Mitteilungsstil als solcher ist zwingend und zugleich unterstützend, machtvoll, doch freundlich, herausfordernd, aber mitfühlend.

2. Rhythmus. Alle lebendigen Prozesse zeichnen sich durch einen Rhythmus aus. Rhythmus äußert sich auf vielen Ebenen - angefangen mit einfachen Verhaltensformen wie Atemrhythmus, Häufigkeit des Lidschlags und Körperbewegungen bis hin zu komplexeren Mustern wie manisch-depressive Übergänge, Argumente, die sich bei der Interaktion gegenseitig bedingen sowie Zyklen von Arbeit und Erholung (siehe Leonhard 1978). Wirkungsvolle Kommunikation (die eine „commonunity" begründet) kommt durch eine Synchronizität der Rhythmen zustande. Der Ericksonsche Praktiker paßt sich kontinuierlich den Rhythmen des Klienten genau an (oder stimmt sich auf sie ein). Mit der deprimierten Person würde er langsam sprechen, mit dem erregten Individuum schnell; um einen Klienten zu desorientieren, würde er den Rhythmus beschleunigen oder er würde ihn verlangsamen, um einen Klienten zu langweilen oder zu beruhigen. Tonmodulationen sind zeitlich normalerweise auf die Ausatmung des Klienten abgestimmt (oder auf seine Einatmung, wie bei Methoden zur Armlevitation, wo die gehobenen Modulationen das erwünschte Sich-Heben des Armes betonen). Diese und andere Techniken werden im nächsten Kapitel diskutiert.

3. Kongruenz. Bedeutung wird durch viele Verhaltensparameter mitgeteilt - durch den Klang der Stimme, Körperhaltung, Gesichtsausdruck usw. Die Kommunikation einer Person ist kongruent, wenn die Daten aus diesen verschiedenen Kanälen miteinander übereinstimmen. Wenn der Ericksonsche Therapeut auch gelegentlich absichtlich inkongruentes Verhalten einsetzt, um einen Klienten zu desorientieren (Kapitel 7), so ist für den größten Teil einer wirkungsvollen Kommunikation Kongruenz doch unverzichtbar. Der Therapeut sollte also im allgemeinen nicht gelangweilt klingen, während er über etwas Spannendes redet; ebenso wenig wäre es ratsam, Entspannungssuggestionen mit angespannter, schriller Stimme zu geben oder mit einer altersregredierten Person wie ein vernünftiger Erwachsener zu reden.

Alle Äußerungen sollten sich vielmehr gegenseitig stützen. Die Stimme sollte sich z. B. senken, wenn man dem Patienten die Anweisung gibt, „tiefer in Trance zu fallen"; oder wenn der Therapeut ein wichtiges Thema anspricht, werden seine Stimme und sein Aussehen ernster; oder er beschleunigt das Tempo seiner Redeweise, wenn er von jemandem erzählt, der eine wachsende Verwirrung erlebt. Diese Kongruenz verleiht hypnotischen Kommunikationen einen überzeugenden und gewinnenden Ton, durch den es wahrscheinlicher wird, daß sie angenommen und ausgeführt werden. Tatsächlich läßt sich behaupten, daß der hypnotische Einfluß auf einer nonverbalen Ebene am größten ist.

Seien Sie selbstsicher

Das ist manchmal leichter gesagt als getan. Um die in diesem Abschnitt beschriebenen Prozesse mit Erfolg nutzbar zu machen, müssen Sie an Ihre Fähigkeit zur hypnotischen Kommunikation glauben. Sie brauchen nicht immer, ich wiederhole es, den genauen Inhalt oder Ablauf dessen kennen, was Sie gerade tun. Der Schlüssel, um Sorgen und andere Ablenkungen zu zerstreuen, liegt manchmal tatsächlich darin, das Bedürfnis bewußter Planung und Vorhersage fallen zu lassen. Am wichtigsten ist jedoch, daß das Ihnen erlaubt, mit dem Erleben des Klienten in einer Weise in Kontakt zu treten, daß das Denken eine *interpersonale* Grundlage erhält; das bedeutet, der Therapeut hat einen Nutzen davon, wenn er „Suggestionen" sowohl von seinen eigenen unbewußten Prozessen als auch von denen des Klienten empfängt. Da dieser therapeutische Prozeß nur in Gang kommt, wenn erlebbare Rhythmen und psychische Sicherheit vorhanden sind, muß der Therapeut diese Bedingungen dauernd überwachen und garantieren. Manche Hypnotherapeuten finden es darüber hinaus hilfreich, ein paar einfache Ideen oder Themen im Gedächtnis zu haben, die während solcher hypnotischer Explorationen sorgfältig herausgearbeitet werden sollten. Doch besser ist es, daß der Therapeut lernt, dem unbewußten Prozeß zu vertrauen, um die Situation kreativ zu nutzen, als im voraus festzulegen, wie diese Ideen durch den Klienten in besonderer Weise realisiert werden.

Damit soll wiederum nicht gesagt sein, daß Planung und andere analytische Prozesse unnötig oder niemals nützlich wären. Es wird hier eher vorgeschlagen, daß solche Prozesse oft ungenügend sind, und daß Prozesse „kontrollierter Spontaneität", die unbewußte Kreativität betonen, für den Ericksonschen Hypnotherapeuten manchmal nützliche Werkzeuge sind. Die Entwicklung dieser „kontrollierten Spontaneität" erfordert keine kopflose Preisgabe von Exaktheit oder Kohärenz; sie verlangt im Gegenteil die volle Präsenz und Wahrnehmungsfähigkeit des Therapeuten, eine Aufgabe, die mit dauerndem intensivem Training und Engagement verbunden ist. Diesem Engagement liegt ein Vertrauen auf die Integrität und die mögliche Kreativität unbewußter Prozesse zugrunde, und dies ist auch eine elementare Idee, die der Ericksonsche Therapeut seinen Klienten mitteilt. Wenn daher der Therapeut oder die Therapeutin selbst ein solches Vertrauen in seine oder ihre eigenen unbewußten Prozesse nicht erlebt, geraten Klienten in Bedrängnis, wenn sie es für sich selbst entwickeln wollen.

Sobald Therapeuten ihren unbewußten Prozessen in wachsendem Maß vertrauen, vertieft sich auch ihr Zutrauen zu den Potentialen ihrer

Klienten. Wenn der Therapeut Selbstsicherheit und Zutrauen verwirklicht, nimmt er den kräftezehrenden Druck weg, der dadurch entstand, daß er irrigerweise die Verantwortung für das Erleben einer anderen Person übernommen hatte; und er stimuliert bei den Klienten die Bereitschaft und Fähigkeit zur Übernahme von Verantwortung, indem er ihnen seine Selbstsicherheit und sein Zutrauen mitteilt. Das vergrößert meistens den therapeutischen Erfolg.

Eine Klientin z. B. begann mit mir eine Hypnotherapie, als sie in einem erbärmlichen Zustand war. Den größten Teil ihrer vierzig Lebensjahre hatte sie in Waisenhäusern und später in psychiatrischen Kliniken zugebracht. Die Hypnotherapie erwies sich für sie aufs Ganze gesehen als ein langer, zäher Kampf. Aber sie hielt durch, und nach vielen Monaten wurde sie durch einige entscheidende Veränderungen belohnt. Als wir auf den Verlauf der Therapie zurückblickten, betonte sie mehrfach, daß ich ihr dadurch am meisten geholfen hätte, daß ich einen unerschütterlichen Glauben an ihre Fähigkeit, intelligent und autark zu handeln, bekundete. Sie bemerkte, daß in ihrem Leben praktisch jeder, *besonders* Angehörige psychiatrischer oder sozialfürsorgerischer Berufe, ihr explizit oder implizit vermittelt hatte, sie sei für immer dazu verurteilt, eine unerwünschte und erbärmliche Versagerin zu sein. Es kam natürlich so weit, daß sie dieses „Urteil" weitgehend akzeptierte.[7] Aus diesem Grund war sie anfangs schockiert und verwirrt, als ich ihr anderes sagte. Nachdem sie einige Monate hindurch leidenschaftlich versucht hatte, diese Möglichkeit zu leugnen, war sie gezwungen, sie in Erwägung zu ziehen. Dies führte schließlich dazu, daß sie eine enorme Bereitschaft zeigte, mit mir zu kooperieren und sowohl innerhalb als auch außerhalb des hypnotherapeutischen Kontextes mit neuen Verhaltens- und Lebensformen zu experimentieren. Kurz gesagt, ihr Vertrauen zu mir und ihr Glaube an sich selbst wurden Anreiz und Befähigung zur allmählichen Entwicklung langersehnter Veränderungen.

Mit alledem soll nicht gesagt sein, daß Vertrauen das einzige wäre, was es zur Entwicklung dramatischer Veränderungen braucht; eine erfolgreiche Therapie erfordert im allgemeinen viel mehr. Es soll auch nicht heißen, daß der Therapeut dauernd freudestrahlend und optimistisch sein sollte. Ein Therapeut erlebt vielleicht Zeiten, in denen er sich und anderen wenig zutraut; ein anderes Mal dagegen ist es dann nur eine spielerische therapeutische List, wenn er wohlüberlegt sagt, daß er wenig zuversichtlich sei. Worauf es hier ankommt, ist, daß in einem allgemeinen Vertrauenskontext ein positiver Zirkel entstehen kann, in dem verstärktes Vertrauen größeren Erfolg hervorbringt, der wiederum wachsendes Vertrauen erzeugt, usw. Ein größerer therapeutischer Erfolg stellt sich typischerweise nach einem solchen Prozeß ein.

Daher drängt sich die Frage auf: Wie kann man als hypnotischer Kommunikator volle Selbstgewißheit und volles Zutrauen entwickeln? Fürs erste lassen sich vier Möglichkeiten nennen.

1. Lassen Sie sich selbst auf ein Trancetraining ein. Dies vermittelt Ihnen einen Einblick in die natürliche Trance und läßt Sie ermessen, wie intelligent und autonom das Unbewußte sein kann. Das kann Ihnen auch ein gutes Gespür für verschiedene hypnotische Phänomene liefern. Die Tranceerfahrungen können in Selbsthypnose, durch einen anderen Hypnotiseur oder in Gruppen mit Freunden oder Kollegen entwickelt werden. (Eine Fundgrube für Trancegruppen ist das Buch von Masters und Houston (1972), „Mind Games".) Wenn man selbst als Patient fungiert, kann man wertvolle Einsichten über wirksame hypnotische Kommunikation gewinnen (wie z. B. allgemeine Formulierungen oder die Verwendung bestimmter Rhythmen). Selbsthypnose voll zu entwickeln ist zunächst manchmal schwieriger, vor allem für Individuen, die noch wenig Tranceerfahrung mitbringen und/oder viel mit innerem Dialog beschäftigt sind. Es ist daher manchmal am besten, einige Sitzungen mit einem Hypnotherapeuten zusammen zu machen und dann mit Selbsthypnose weiterzuüben.

Wenn der Therapeut die Trance untersucht, sollte er sich klarmachen, daß Tranceerfahrungen nicht bei jedem gleich sind. Um das zu veranschaulichen, bekenne ich, daß ich während der ersten Jahre meiner hypnotischen Forschungen mit einem engen Mitarbeiter (Paul Carter) wiederholte Auseinandersetzungen über das „wahre Wesen" der Trance hatte. Da sich die meisten meiner Tranceerlebnisse durch beeindruckende bildhafte Erlebnisse auszeichneten, vermutete ich, daß es das wäre, was die Trance ausmacht; die Gefühle, die Pauls Tranceerlebnisse beherrschten, ließen ihn anders argumentieren. Diese eingeschränkten Überzeugungen wurden interessanterweise durch unsere jeweiligen Patienten bestätigt: Meine Patienten berichteten eher von visuellen Symbolen, während seine eher von Gefühlen erzählten. Es kränkte uns sehr, als wir schließlich erkannten, daß es sich bei unseren „Widerstand leistenden" Patienten um Personen handelte, die entweder (wie im Fall meiner Widerspenstigen) Schwierigkeiten hatten zu visualisieren oder (und das traf auf Pauls Klienten zu) sich tief zu entspannen. Kurz gesagt, unsere persönlichen Vorurteile haben sowohl unsere eigenen Tranceerfahrungen als auch die unserer Klienten schwer eingeschränkt. Als wir erkannten, wie willkürlich unsere Annahmen waren, konnten wir diese Grenzen überwinden.

2. Kooperieren Sie mit Ihren Klienten auf allen Ebenen des Erlebens. Der Hypnotherapeut lädt durch seine eigene innere Beteiligung dazu ein, sich persönlich auf die Trance einzulassen. In dieser Hinsicht finde ich das folgende Prinzip als ethische und praktische Richtschnur ungeheuer wertvoll:

> *Sehen Sie davon ab, Klienten zu bitten, anzuweisen oder von ihnen zu erwarten, irgendetwas in Hypnose zu tun oder zu erleben, wenn Sie als Therapeut nicht sich selbst und dem Klienten deutlich gezeigt haben, daß Sie willens und fähig sind, dasselbe zu tun.*

Mit anderen Worten, reagieren Sie erst selbst auf ihre Suggestionen, bevor Sie Klienten dazu auffordern. Erzeugen Sie in sich selbst den allgemeinen Zustand, und laden Sie dann Klienten ein, auf ihre Weise daran teilzuhaben. Erickson (1964b) bemerkte dazu:

> Während des Prozesses, in dem ich diese Technik (Handlevitation) entwickelte, stellte ich bald fest, daß meine Hand sich beinahe ausnahmslos hob und meine Augenlider sich schlossen. So lernte ich, wie wichtig es ist, meinen Patienten Suggestionen mit einer Betonung der Stimme zu geben, die große Bedeutung und Erwartung ausdrückt und erkennen läßt, daß ich meine Worte und ihre Bedeutung in mir als Person „fühle" (in Rossi 1980a: S. 344).

Echte, tiefgreifende Kooperation kann Therapeuten helfen, nicht in Denkgewohnheiten stecken zu bleiben. Sie kann auch die Beobachtungsfähigkeit steigern und das Entstehen kreativer Reaktionen erleichtern, die nicht durch bewußte Vermittlung gemildert sind. Dies setzt oft den früher erwähnten Zirkel von wachsendem Vertrauen/wachsendem Erfolg in Gang.

3. Gehen Sie davon aus und wissen Sie zu würdigen, daß die meisten Techniken „versagen". Viele werdende Hypnotherapeuten zeigen sich unangemessen bekümmert darüber, ob Klienten auf eine spezifische Technik genügend ansprechen oder nicht. Sobald ein Therapeut ängstlich eine Technik in der Hoffnung auf „Erfolg" anwendet, wird seine Atmung eingeschränkt und Rhythmen geraten aus den Fugen. Dieser Ansatz führt zu größeren Hindernissen, denn früher oder später wird der Klient nicht wie erwartet reagieren. Wenn Therapeuten auf bestimmte Techniken fixiert sind, dann bedeuten solche unerwarteten Reaktionen, daß der Klient und/oder der Therapeut irgendwie „versagt" hat.

Der Ericksonsche Praktiker findet den Rahmen von „Gewinn/Verlust" generell wenig nützlich. Da er oder sie lieber kooperiert als kontrolliert, zwingt er oder sie Klienten zu nichts, sondern bietet ihnen bestimmte Erlebnis*möglichkeiten* an. Sie können ganz zuversichtlich sein, daß von den vielen Möglichkeiten nur ein paar *in die Wirklichkeit umgesetzt* werden. Das bedeutet, etwa 90% von Ihren Techniken und Suggestionen locken keine tiefen Erlebnisreaktionen hervor; eine Person wird sich selektiv den wenigen Ideen zuwenden, die für sie persönlich bedeutsam sind, um sie in ihrem Erleben zu entfalten. Sie können nicht genau vorhersagen, welche Suggestionen am wichtigsten sein werden; wie in jeder bedeutsamen Interaktion wissen Sie nie ganz genau, wie die andere Person reagieren wird.

Es kann sehr erleichternd sein, sich klarzumachen, daß die meisten Techniken „versagen" (wenn es darum geht, die erwartete Reaktion hervorzulocken). Jede Reaktion des Klienten, im einzelnen und allgemein betrachtet, kann, unabhängig von ihrem Verhältnis zur „suggerierten" Reaktion, als wichtiges Feedback im Hinblick auf die einzigartigen Werte dieser Person gewürdigt werden. Auch können Therapeuten ihre Aufmerksamkeit einer allgemeineren, inklusiveren Ebene zuwenden, wobei sie durch ihr Erleben erfassen, daß *die Person* früher oder später *auf irgendeine Weise hypnotisch reagieren wird*. Der Therapeut wird also stark von der Frage in Anspruch genommen, wie genau und wann sich *hypnotische Reaktionen* einstellen. Anhand einer allgemeinen Idee entwickelt der Hypnotherapeut viele konkrete mögliche Wege, die ein Klient für seine Reaktion wählen könnte. Wiederum geht die Annahme dahin, daß der Klient auf die meisten dieser Suggestionen nicht hypnotisch reagiert, daß er aber schließlich auf mindestens eine von ihnen bedeutsam anspricht.

4. Üben, üben und nochmals: üben! Übung ist durch nichts zu ersetzen. Wie jede Fertigkeit ist auch eine erfolgreiche hypnotische Kommunikation das Ergebnis harten Trainings. Üben Sie, wann immer, wie immer und mit wem immer Sie können; je größer die Vielfalt, desto besser. Ziehen Sie Freunde heran, die dazu bereit sind, und andere Freiwillige. Sind sie nicht verfügbar, dann behelfen Sie sich mit anderen Trainingsmethoden, machen Sie Aufzeichnungen von Ihren Sitzungen, und gehen Sie sie noch einmal durch; schreiben Sie sich verschiedene Induktionen auf, schauen Sie in den Spiegel, während Sie hypnotisch kommunizieren, und stellen Sie sich dabei einen Patienten vor, der vor Ihnen auf dem Stuhl sitzt. (Diese zuletzt genannte Technik ist von Ericksons Technik „Mein Freund John",1964b, abgeleitet, die in Kapitel 7 besprochen wird.) Wenn Sie verschiedene hypnotische Techniken und Prinzipien lernen, dann achten Sie auch darauf, wie diese in „nicht-hypnotischen" Zusammenhängen vorkommen, besonders im Bereich der Psychotherapie! Beachten Sie besonders, inwiefern Sie bereits viele hypnotische

Techniken anwenden, ohne sie als solche zu bezeichnen. Beginnen Sie dann damit, die hypnotischen Reaktionen, die durch solche Kommunikationen hervorgelockt werden, inhaltlich zu erweitern und zeitlich auszudehnen.

Diese und andere Trainingsverfahren werden in den folgenden Kapiteln gründlicher untersucht. Doch bereits hier ist es wichtig zu erwähnen, daß Therapeuten im allgemeinen erst nach vielfältiger Übung volles Zutrauen zu ihren eigenen hypnotischen Fähigkeiten und zu denen ihrer Klienten entwickeln. Damit ist nicht gesagt, daß man zwanzig Jahre braucht; wer sich hineinkniet und flexibel ist, kann schon viel eher *die Erfahrung machen*, daß beide, Therapeut und Klient hochintelligente Wesen sind, welche die Fähigkeit zu eindrucksvollen hypnotischen Lernerfahrungen besitzen. Getragen von dieser Zuversicht, können Therapeuten auf die in diesem Kapitel beschriebenen verschiedenen Arten nach allen Regeln der Kunst arbeiten, durch die sie gut ausgerüstet sind auf ihrem Weg, ein produktiver Hypnotherapeut zu werden.

ALLGEMEINE PRINZIPIEN

Der erfolgreiche Ericksonsche Praktiker ist auf paradoxe Weise flexibel und doch systematisch, sein Verhalten ist unvorhersagbar doch kohärent, gleichzeitig kreativ und geordnet. Das ist zum Teil darauf zurückzuführen, daß er sich lieber auf Heuristiken als auf Algorithmen verläßt und sich eher an allgemeinen Prinzipien als an standardisierten Techniken orientiert. Dieser Abschnitt gibt einen Überblick über die wichtigsten dieser Prinzipien.

Die elementarsten Prinzipien erfolgreicher hypnotischer Kommunikation sind nach Ericksons Definition (z. B. 1952, 1959, 1964d, 1965; Erickson, Rossi 1979):

1a) Akzeptiere die Wirklichkeit der Person.
1b) Mache die Wirklichkeit der Person nutzbar.

Eine Wirklichkeit akzeptieren heißt, daß Sie davon ausgehen und kongruent kommunizieren, *daß das, was eine Person gerade tut, gut ist*: *Es entspricht im Augenblick genau Ihrem Wunsch.* Das bedeutet nicht unbedingt, daß der Therapeut der Wahl des Klienten zustimmt oder persönlich empfindet, sie sei „gut" oder „richtig". Es ist vielmehr so, daß der Therapeut davon Abstand nimmt, sofort Bedingungen oder Strategien auferlegen *zu wollen* oder *zu müssen* und statt dessen voll anerkennt, daß das gegenwärtige Erleben des Klienten *gültig* ist; es braucht nicht geleugnet, versteckt, rationalisiert oder auf eine andere Art abgespalten zu werden. Dieses Akzeptieren paßt den Therapeuten an den Klienten an und unterstützt den Klienten, sich selbst anzunehmen. Da selbstabwertende Dissoziation den Kern der meisten psychischen Probleme bildet, ist dies ein entscheidender erster Schritt im Prozeß der Veränderung.

Das gilt besonders für ein Verhalten und Erleben, das traditionsgemäß als „krank" oder „abweichend" gebrandmarkt wird. Wie Erickson (1964d) bemerkte:

> Es gibt viele Arten von schwierigen Patienten, die Psychotherapie suchen und doch offen feindselig, gegnerisch, widerwillig und abwehrend sind und allen Anschein erwecken, daß sie die Therapie nicht akzeptieren, die sie gesucht haben. Diese feindliche Haltung ist ein Teil, in dem sich ihre Motivation, sich in Therapie zu begeben, bündelt ... Deshalb sollte man diese Haltung mancher Patienten eher respektieren und sie nicht als aktive und überlegte oder gar unbewußte Absicht, sich dem Therapeuten zu widersetzen, betrachten. Ein solcher Widerstand sollte offen, ja sogar freundlich akzeptiert werden, da er eine äußerst wichtige Mitteilung über einen Teil ihres Problems ist, der oft als eine Hinführung zu ihren Abwehrstrategien genutzt werden kann ... Der Therapeut, der sich dessen bewußt ist, kann, vor allem, wenn er etwas von Hypnotherapie versteht, leicht und oft schnell diese offenen, scheinbar unkooperativen Verhaltensformen in einen guten Rapport verwandeln, der einhergeht mit einem Gefühl, verstanden zu werden, und einer hoffnungsvollen Erwartungshaltung, das ersehnte Ziel mit Erfolg zu erreichen (in Rossi 1980a: S. 299).

Verhalten, das man akzeptiert, wird therapeutisch *nutzbar*. Damit das gelingt, sagt der Therapeut dem Klienten prinzipiell: „Das, was Sie jetzt gerade tun, ist genau das, was Ihnen erlaubt, (X) zu tun." Der Therapeut nimmt an, daß der (spezifizierte) erwünschte Zustand eine natürliche Folge des gegenwärtigen Zustandes ist, und daher erzeugt er Kommunikationsstrategien, die auf Aspekten der Wirklichkeit des Klienten aufbauen (z. B. auf seinem aktuellen Verhalten, seinen Überzeugungen, Grenzen, Vorzügen, Erinnerungen). Mit einem katholischen Klienten begann ich z. B. Rapport herzustellen, indem ich ihm Geschichten von meiner eigenen katholischen Erziehung erzählte. Oder einem pfennigfuchserischen Klienten gegenüber, der am Anfang der Therapie (unnötige) Sorgen hatte, bankrott zu gehen, bemerkte ich, daß er nur die Hälfte des normalen Honorares zu bezahlen hätte, wenn es gelänge, die Therapie innerhalb einer bestimmten Zeit erfolgreich abzuschließen. Wieder ein anderer Klient, der sich in Hypnotherapie begeben wollte, zeigte ein intensives Bedürfnis, immer das Gegenteil von dem zu tun, was vorgeschlagen wurde. Ich gab ihm daher Anweisungen, daß er zu jeder Zeit außer Trance bleiben solle; wie erwartet, begann er, sich in Trance zu „schleichen", die ich nach und nach vertiefte und therapeutisch nutzte.

In jedem dieser Fälle wurden persönliche Eigenarten der Klienten nutzbar gemacht, um ihre Kooperation zu gewinnen. Praktische Details über solche Strategien werden im nächsten Kapitel skizziert; an dieser Stelle ist wichtig, daß der Ericksonsche Praktiker die Prinzipien des Akzeptierens und Nutzbarmachens von Verhalten dauernd anwendet. Sie sind keine Verfahren, die ausnahmsweise wie ein „one-shot"-Projekt durchgeführt werden; sie beziehen sich auf einen andauernden Verhaltensprozeß, in dem der Therapeut immer wieder den Kreis von Beobachten, Akzeptieren und Nutzbarmachen der Reaktionen des Klienten durchläuft.

Um das zu unterstreichen, haben Bandler und Grinder (1975) Ericksonsche Prinzipien in prozeßorientierten Begriffen diskutiert:

2a) Übernehme für jedes Verhalten die gleiche Schrittfolge, spiegle es (Pacing).
2b) Übernehme die Führung des Verhaltens (Leading).

Kommunikationen, die dem Pacing dienen, spiegeln die Äußerungen des Klienten; sie fügen dem Austausch keinen neuen Inhalt hinzu. Ihr Hauptzweck liegt in der Stärkung des Rapport zwischen Therapeut und Klient (d. h. in der Reduktion von Unterschieden, um dabei eine Trance zu entwickeln). Das befähigt den Klienten zu mehr Vertrauen und Kooperation und den Therapeuten zu mehr Verständnis.

Die extreme Form des Pacing ist die vollständige Nachahmung des jeweiligen Verhaltens. Dies kann, wie vielleicht erwartet, bei der Person Unbehagen auslösen. Wenn solche Nachahmung auch gelegentlich wünschenswert ist und immer nutzbar gemacht werden kann (siehe Kapitel 7), so ist sie doch oft unnötig. Will der Therapeut es vermeiden, solche Beklemmung hervorzurufen, dann muß er im allgemeinen etwas subtiler vorgehen. Das nächste Kapitel untersucht, inwiefern der Therapeut nicht alle Aspekte der Wirklichkeit des Klienten spiegeln muß, sondern nur solche, die eine Schlüsselbedeutung haben; dort wird auch besprochen, wie Pacing sich indirekt sowohl auf verbalen als auch auf nonverbalen Kanälen vollziehen kann.

Oft ist das Pacing außerhalb des bewußten Gewahrwerdens eines Klienten am besten, da es ja das Ziel hypnotischer Kommunikationen ist, die Autonomie unbewußter produktiver Prozesse zu fördern. Der Therapeut muß daher natürlich vorgehen, ohne zu „manipulieren", denn der Klient wird sonst mißtrauisch und unruhig. Diese Haltung ist leichter zu erzielen, wenn man sich klarmacht, daß Pacing ein ausgesprochen weitverbreitetes, allgemeines, natürliches Phänomen ist. Die meisten Menschen erkennen z. B. intuitiv, daß zwei Personen, die sich unterhalten, eine tiefe Beziehung zu einander haben, wenn sie sehen, wie beider Körper sich in harmonisierten Rhythmen bewegen; der erfolgreiche Redner entwickelt ein „Gespür" für seine Hörerschaft und bestätigt ihre Position (ihre Überzeugungen und Gefühle), bevor er versucht, sie von irgendetwas zu überzeugen; Erwachsene ändern für gewöhnlich ihr Gehabe dramatisch, wenn sie mit einem Kind sprechen; religiöse Riten sind typischerweise mit rhythmischen Gesängen oder Tänzen verbunden. Diese Beispiele illustrieren, wie Pacing Rapport und Verstehen vergrößert. Betrachtet man diese und zahllose andere Beispiele, dann beginnt man zu erkennen, daß *Pacing für eine erfolgreiche Kommunikation wesentlich ist: Es begründet einen gemeinsamen Kontext, eine „common unity", in der autonome Systeme in einem vereinigten Erfahrungsbereich kooperieren können.*

Ergänzend zum Pacing übernimmt der Ericksonsche Praktiker beim Leading *die Führung* des Verhaltens, indem er Elemente (z. B. Verhaltensweisen) einführt, die sich vom gegenwärtigen Zustand des Klienten unterscheiden, mit ihm jedoch vereinbar sind und sich auf den erwünschten Zustand hinbewegen. Der jeweilige Zielzustand ist veränderlich - es kann ein Erlebnis sein (z. B. Entspannung, Wut, Trance), ein einfaches Verhalten (z. B. auf einem Stuhl zu sitzen und über seine Gefühle zu reden), ein komplexes Verhalten (z. B. eine zugewiesene Hausaufgabe auszuführen oder tiefgreifende Veränderungen zu begründen) usw.

Ohne Rücksicht auf seinen Inhalt erfordert ein erfolgreiches Leading ein angemessenes Pacing. Insbesondere ist das Ausbleiben einer erwünschten Reaktion normalerweise auf eine der folgenden drei Möglichkeiten zurückzuführen. Erstens ist vielleicht nicht genügend Rapport vorhanden: Der Klient vertraut dem Therapeuten vielleicht nicht oder fühlt sich nicht im „Einklang" mit ihm und folgt daher nicht dessen Suggestionen. Zweitens können Leading-Kommunikationen ein Erleben oder Verhalten ansprechen, das sich vom gegenwärtigen Zustand zu sehr unterscheidet; der Klient kann daher zwar *bereit, aber unfähig* sein, dem Therapeuten entgegenzukommen. Hierzu ein Beispiel: Die Aussage: „Sie lesen dieses Buch und können daher JETZT SOFORT tief in Trance fallen!!!" ist, milde gesagt, für die meisten Leser etwas zu viel Leading. Im allgemeinen bedarf es dazu einer Reihe von aufeinanderfolgenden Zwischenschritten. Drittens läßt sich der spezifizierte Zustand vielleicht nicht mit dem Erleben, den Werten oder Überzeugungen des Klienten vereinbaren. In solchen Fällen ist der Klient vielleicht *fähig, aber nicht willens*, den Anweisungen zu folgen.

Entscheidend ist hier, daß wenig Pacing nur eine geringe Menge von erfolgreichem Leading sichert. Das gilt ganz besonders für die Anfangsstadien eines Austausches (z. B. für hypnotische Induktionen), wo viel mehr Pacing als Leading erforderlich ist. Aber vergessen Sie nicht, daß Pacing in allen Stadien der Kommunikation gebraucht wird, vor allem, wenn der Klient nicht bereit oder in der Lage zu sein scheint, therapeutischen Anweisungen zu folgen. Der Ericksonsche Praktiker paßt also seine Kommunikationen immer wieder an, um a) Rapport herzustellen und aufrechtzuerhalten, b) um mit einem Tempo vorzugehen, das dem einzelnen Klienten individuell angemessen ist und um c) die Bedürfnisse und die Voraussetzungen des Klienten zu respektieren.

Dieser entscheidende Gedanke läßt sich vielleicht mit Hilfe einer Analogie aus der Musik verdeutlichen. Stellen Sie sich vor, der menschliche Körper sei ein Musikinstrument, und das Verhalten sei ein Lied oder eine Melodie, die von diesem Instrument gespielt wird. Der Musiklehrer *(Therapeut)* hat die Aufgabe, die Fähigkeit der Schüler *(Klienten)*, ihr Instrument zu spielen, zu vergrößern. Der Lehrer hört zuerst zu, wie der Schüler oder die Schülerin sein oder ihr Instrument spielt, wobei er auf den individuellen Stil, Stärken und Schwächen, Interessen usw. besonders achtet. Dann greift der Lehrer zu seinem eigenen Instrument, stimmt es nach dem Instrument des Schülers *(entwickelt Rapport)* und beginnt dann, dieselbe Melodie oder dasselbe Lied zu spielen *(Pacing)*. Wenn sich mit dem Schüler „Routine" entwickelt, werden hier und dort neue Noten eingestreut und immer wieder einmal Veränderungen suggeriert *(Leading)*; doch immer kommt es zur Rückkehr zum Rhythmus des Schülers, der die Grundlage bildet *(Rückkehr zum Pacing)*. Auf diese Weise befähigt der Lehrer seine Schüler, die ihnen eigenen Fertigkeiten langsam zu entwickeln.

Der Schüler ist natürlich nicht immer bereit oder fähig, der Führung des Lehrers zu folgen. Das ist besonders dann wahrscheinlich, wenn die beiden Instrumente nicht auf einander eingestimmt sind oder wenn die Musiker (Therapeut und Klient) in verschiedenen Tonarten spielen *(fehlender Rapport)*. Oder der Lehrer geht zu abrupt *(das Leading erfolgt zu schnell)* zu einem neuen Lied, Rhythmus oder Stil (z. B. von Blues zu Jazz) über; oder er führt einen neuen Stil ein (z. B. Flamenco-Musik), der den Schüler überhaupt nicht anspricht *(das Leading ist unangemessen)*. Was auch immer der Fall sein mag, der erfolgreiche Lehrer beobachtet scharfsinnig, auf was für Schwierigkeiten der Schüler stößt und paßt sich der Situation an, um sie zu bewältigen (er kehrt zum Pacing zurück).

Diese Metapher läßt etwas ahnen von Rhythmus, Fortdauer, Wechselwirkung und Komplementarität der Pacing- und Leadingprozesse. Sie dient auch dazu, ein drittes Hauptprinzip erfolgreicher Kommunikation einzuführen:

3) Widerstand ist ein Hinweis darauf, daß der Therapeut einige weitere Aspekte der Erfahrung des Klienten durch Pacing in seine Kommunikation einbeziehen muß.

Das bedeutet nicht, daß der Therapeut etwas falsch macht oder ein „Versager" wäre, sondern einfach, daß Kommunikationen angepaßt werden müssen. Mit anderen Worten, der Ericksonsche Praktiker geht davon aus, daß jedes Erleben gültig ist und nutzbar gemacht werden kann, er spiegelt es (Pacing) durch sein Verhalten und lenkt es in die Richtung des erwünschten Zustandes (Leading). Der Therapeut weiß nicht genau, wann oder wie das Ziel erreicht sein wird, er weiß nur, daß ein zusammenhängender Rhythmus hergestellt werden kann, in dem Muster des Erlebens und Verhaltens beobachtet, akzeptiert und nutzbar gemacht werden, um eine einzigartige Verbindungslinie vom gegenwärtigen zum erwünschten Zustand zu schaffen. Zweifellos begegnet der Therapeut auf diesem unberechenbaren schmalen Weg zur Veränderung mancherlei Hindernissen und Barrieren. Anstatt jedoch zu versuchen, durch sie hindurchzupflügen oder sie mit schädigenden, abwertenden Etiketten zu versehen, bestätigt der Therapeut sie einfach und paßt sich ihnen an. Die exzentrischen Reaktionsmuster des Klienten werden nicht als „schlecht" oder „krank" abgelehnt, sondern sie werden im Gegenteil als Voraussetzung für die Entwicklung der erwünschten Zustände (z. B. hypnotische Erfahrungen oder therapeutische Veränderungen) akzeptiert.

Natürlich erlebt jeder Therapeut zeitweise Schwierigkeiten, Verhaltens- und Erlebensmuster von Klienten vollständig zu akzeptieren und nutzbar zu machen. Das ist gut so. Man kann aus solchen Sackgassen herauskommen, wenn man eine Pause einlegt, sich nach innen orientiert und sich fragt „Wie kann ich dieses Verhalten nutzbar machen?" *Versuchen Sie nicht, Klienten zu beeinflussen bis Sie wirklich empfinden, daß deren Erfahrungen gültig sind und nutzbar gemacht werden können.* Wenn Sie so vorgehen, werden Sie bald erkennen, daß Klienten nicht inkompetent oder streitsüchtig sind; jeder hat einfach einen ganz eigenen Kooperationsstil (vgl. de Shazer 1982). Entsprechend wird die hypnotherapeutische Interaktion ein faszinierender Prozeß zur Entdeckung dieses besonderen Kooperationsstils und schließlich der Erforschung, wie er nutzbar gemacht werden kann, um den erwünschten Zustand oder die erwünschten Zustände zu entwickeln.

Geht man davon aus, daß Pacing und Leading allgemein und kontextübergreifend sind, dann kann dieser Prozeß in vielerlei Weise vorkommen. Im hypnotischen Kontext lassen sich Utilisationsprinzipien dadurch besser spezifizieren:

4a) Spiegle bewußte Prozesse (Pacing) und setze sie außer kraft.
4b) Fessle unbewußte Prozesse und amplifiziere sie.

Diese Prinzipien enthalten die Essenz erfolgreicher hypnotischer Kommunikation. Sie gehen von der Annahme aus, daß viele Schwierigkeiten, sei es, eine Trance zu entwickeln oder mit Herausforderungen des Lebens umzugehen, aus der Überwältigung durch gewohnte Bewußtseinsprozesse resultieren. Der Ericksonsche Praktiker sucht daher wiederkehrende Bewußtseinsprozesse außer kraft zu setzen und dafür zu sorgen, daß Ressourcen, die vordem unzugänglich waren, aktiviert werden können. Das geschieht dadurch, daß er den Klienten dabei behilflich ist, bewußte Prozesse beiseite zu lassen, damit sie sich auf unbewußte (d. h. auf erlebnisbezogene, paradoxe und nichtlineare) Prozesse einstellen können. Um mögliche Einwände („Widerstände") zu umgehen, bedient er sich oft eines indirekten Ansatzes.

Ein Klient z. B., dessen unaufhörlicher innerer Dialog eine Tranceentwicklung hemmte, erhielt die Anweisung, während des Induktionsvorganges in Dreierschritten rückwärts von 1000 bis 1 zu zählen. Ein weiterer Klient, ein Arzt, der Hypnose wünschte, war von dem überwältigenden Bedürfnis verfolgt, alles rational zu verstehen. Um seine bewußte Aufmerksamkeit zu fesseln und abzulenken, wies ich ihn an, „nichts weiter zu tun als *alle Verhaltensweisen* einer anderen Person genau zu beobachten", mit der zusammen ich den Vorgang der Induktion demonstrieren wolle. Alle meine Induktionen konzentrierten sich jedoch darauf, sein eigenes Verhalten indirekt zu spiegeln (Pacing) und zu lenken (Leading), während er in Trance ging. Bei einem dritten Beispiel habe ich einen Klienten durch Langeweile in Trance versetzt, indem ich ihm mehrere Stunden lang geistlose Geschichten erzählte, die mit indirekten Trancesuggestionen gewürzt waren.

Es ist kein Zufall, daß alle diese Beispiele Hypnoseinduktionen betreffen. Indirekte Kommunikation wird in dieser Phase normalerweise am meisten gebraucht, weil der Klient vor allem hier darum gebeten wird, seine Bindung an bewußte Prozesse zurückzustellen. Es ist natürlich manchmal auch während anderer hypnotherapeutischer Phasen nötig, indirekt vorzugehen. Eine Klientin z. B., die sich dem Ende ihrer Therapie näherte, hatte große Angst, ihrem Vater zu begegnen, dem sie als Kind weggelaufen war. In Trance erhielt sie posthypnotische Suggestionen, daß ihre Ängste am nächsten Tag während der Fahrt zu seinem Haus beständig wüchsen, bis sie bei ihrer Ankunft überwältigt und erschöpft in tiefe Trance fiele. Dann werde sich ein Zustand tiefen inneren Friedens, verbunden mit äußerer Reaktionsbereitschaft entwickeln und den ganzen Nachmittag über während der Begegnung andauern. Kurz gesagt, sie konnte mit der Begegnung mit ihrem Vater bemerkenswert gut umgehen.

Diese Beispiele stellen nur wenige der vielen Möglichkeiten dar. Speziellere Entscheidungsstrategien, wie und wann man besser indirekt vorgeht, werden auf den nächsten Seiten genauer beschrieben. Für den Moment können wir mit einem letzten Prinzip schließen:

5) Wende indirekte Kommunikation in dem Maße an, in dem die bewußten Prozesse eines Klienten Einwände gegen die Entwicklung erwünschter Veränderungen erheben oder sie auf irgendeine andere Weise stören könnten.

Umgekehrt gesagt, Indirektheit erübrigt sich in dem Maß, wie der Klient sich in Trance befindet, da bewußte Prozesse zu dieser Zeit (definitionsgemäß) nicht vorherrschend sind.

ZUSAMMENFASSUNG

Dieses Kapitel gab einen Überblick über den allgemeinen Ansatz, dem der Ericksonsche Praktiker folgt. Im Brennpunkt des ersten Abschnittes stand die Integrität des Therapeuten, wobei hervorgehoben wurde, daß es unerläßlich und lohnend zugleich ist, die Einzigartigkeit der Persönlichkeit und der Situation des Klienten voll zu respektieren. In diesem Sinne klärt und übernimmt der Therapeut seine Verantwortung für das Ziel und die jeweiligen Ergebnisse therapeutischer Kommunikationen. Diese Integrität wird durch verschiedene Maßnahmen aufrechterhalten, u.a. dadurch, (1) persönliche Grenzen zu erkennen und sich mit ihnen auseinander zu setzen, (2) im Verlauf von hypnotischen Interaktionen sich prinzipiell jeglicher Wertung zu enthalten, und (3) es Klienten zu erlauben, ihre eigenen Erfahrungen zu machen.

Der zweite Abschnitt stellte in groben Zügen allgemeine Kommunikationsprozesse dar. Es wurde behauptet, daß der Hypnotherapeut dabei Erfolg erzielen könne, wenn er (1) in einer interpersonalen Trance nach außen orientiert bleibt, (2) Flexibilität bewahrt, (3) bedeutungsvoll kommuniziert (z. B. mit Intensität, Rhythmus und Kongruenz), und (4) sich das Zutrauen zu sich selbst und zum Klienten erhält.

Im letzten Abschnitt wurden grundlegende Utilisationsprinzipien besprochen. Pacing und Leading heben als Begriffe, die einen Prozeß beschreiben, die dauernde Anwendung dieser Prinzipien hervor. Diese wiederum legen es nahe, den traditionellen Begriff des Widerstandes besser als Feedback zu betrachten, das der Klient durch sein Verhalten gibt, um damit anzuzeigen, daß seitens des Therapeuten noch mehr

Pacing erforderlich ist. Die hypnotische Anwendung dieser Prinzipien geschieht oft dergestalt, daß bewußte Prozesse durch Pacing gespiegelt und außer kraft gesetzt werden, um gleichzeitig unbewußte Prozesse zugänglich und nutzbar zu machen. Indirekte Kommunikation schließlich wird in dem Maß benötigt, wie bewußte Prozesse therapeutische Entwicklungen stören.

4. Strategien der Kooperation

Das letzte Kapitel skizzierte den Kontext, die Prozesse und Prinzipien, die den Ansatz des Ericksonschen Hypnotherapeuten auszeichnen, und hob besonders die Kooperationsprinzipien der Wertschätzung und Nutzbarmachung der „Wirklichkeit" des Klienten als Basis hypnotischer und therapeutischer Entwicklungen hervor. Diesem Ansatz liegt die Intention zugrunde, den Bereich selbstbestätigender Äußerungsmöglichkeiten des Klienten unter Bewahrung seiner Werte zu erweitern (d. h., ohne sie ihm wegzunehmen). Die Beziehung zwischen komplementären Strukturen (wie z. B. Subjekt/Objekt oder Selbst/Anderer) wird als grundlegende Einheit sowohl der interpersonalen als auch der intrapersonalen Interaktion betrachtet, und die Feedback-Schleife wird anerkannt als Prozeß des Informationsflusses, der zwei sich jeweils ergänzende Teile verbindet.

Aus dieser Sicht gehören zum Selbstausdruck immer drei Bereiche: (1) Absichten (etwas nicht zu tun oder sich für etwas zu engagieren), (2) biologische Rhythmen und Muster und (3) psychische Bezugsrahmen oder Strukturen (um Muster zu repräsentieren und zum Ausdruck zu bringen). In typischen zielorientierten Zuständen wird der bewußte Verstand normalerweise von den Bezugsrahmen - z. B. Plänen oder Strategien - beherrscht, während Absicht und nonverbale Wirklichkeiten das periphere, d. h. das umgebende unbewußte Feld aufnehmen. Man kann sehen, wie Probleme entstehen, wenn diese drei Bereiche sich zu einer erstarrten (d. h. *unveränderlichen*) Konstellation verdichten, dergestalt, daß eine Person für Kontextveränderungen und biologische Rhythmen unsensibel wird. Weil sie blind ist gegenüber sich verändernden Gegebenheiten, kommt es bei ihr immer und immer wieder zu derselben Reaktion.

Der Ericksonsche Praktiker weiß das Problem als die Lösung zu schätzen, weil er erkennt, daß dieselben Strukturen produktiv sein können, wenn sie auf andere Weise in Verbindung mit den biologischen Mustern und in einem Kontext der Selbstachtung zum Ausdruck gebracht werden. Der Hypnotherapeut wendet also Prinzipien der Kooperation an, um (1) einen Kontext der Selbstachtung zu schaffen, in dem eine Person für ihre Umwelt (z. B. den Therapeuten) und für neue Ideen empfänglich ist, (2) um bewußte Bezugsrahmen außer Kraft zu setzen und um (3) Informationsmuster wieder mit biologischen Rhythmen (den „Geist" mit dem „Körper") zu verbinden. Damit das gelingt, zeigt der Therapeut Muster mit genau der gleichen Struktur wie jene, welche das Erleben des Klienten beherrschen, und erweitert dadurch intrapersonale Schleifen, die den Klienten einschließen, zu einem interpersonalen Zirkel, der Therapeut und Klient umfaßt; das bedeutet, daß Pacing die Unterschiede zwischen Innen und Außen auflöst und dabei die Informationsgrenzen zum Einsturz bringt, die ersteres von letzterem starr absondert.[1] Dies ermöglicht eine Empfänglichkeit für neue Ideen und die Erkundung neuer Seinsweisen.

Dieses Kapitel führt aus, wann und wie im einzelnen diese Kooperationsprinzipien angewandt werden können. Im ersten Abschnitt wird besprochen, inwiefern verbale und nonverbale Techniken des Pacing und Leading das aktuelle Bewußtsein des Klienten jeweils in Anspruch nehmen und lenken. Der zweite Abschnitt untersucht, wie man die minimalen Verhaltenshinweise beobachten und nutzbar machen kann, welche das innere Erleben einer Person anzeigen (d. h. ihr Tranceniveau, ihre emotionale Verfassung und Repräsentationssysteme). Der letzte Abschnitt erläutert Wege der „Kooperation" mit Mustern, die für den jeweiligen Klienten charakteristisch sind wie z. B. Symptome, Ausdrucksstil, allgemeine Gedankenbilder, Fertigkeiten und Vorzüge und die Struktur des Verhaltensproblemes.

Die Nutzbarmachung direkter Beobachtungen

Körperhaltung, aufmerksames Starren, die Hinwendung zu Umweltreizen, verbale Aussagen usw. sind Zeichen eines nach außen gerichteten Bewußtseins, und dieses Bewußtsein ist ein Gesichtspunkt der Erlebnisse des Klienten, der oft nutzbar gemacht werden muß. Ganz allgemein ist das der einfachste Fall von Pacing und Leading, weil solche äußeren Phänomene direkt beobachtbar sind. Der Therapeut muß also nicht versuchen, die innere Verfassung des Klienten zu erschließen oder zu erraten und kann daher etwas exakter sein.

Nach außen gerichtetes Bewußtsein kann auf vielerlei Weise nutzbar gemacht werden. Dieser Abschnitt benennt grundlegende Muster verbalen und nonverbalen Pacings und Leadings und erörtert, wie sie direkt oder indirekt angewendet werden können.

Verbales Pacing und Leading

Die Syntax erfolgreicher hypnotischer Kommunikation ist von verschiedenen an Erickson orientierten Forschern diskutiert worden (Erickson, Rossi, Rossi 1976; Erickson, Rossi 1979; Bandler, Grinder 1975; Lankton, Lankton 1983; Hartland 1971). Grundsätzlich schließt sie eine Verbindung von Leading-Aussagen mit Pacing-Aussagen ein, die so gestaltet ist, daß erstere aus den letzteren unbestreitbar zu folgen scheinen, beispielsweise *konjunktional* in der Form von „X und X und X und X und Y", wobei X = Pacing-Aussagen und Y = Leading-Aussagen. Zum Beispiel:

1) Sie sitzen auf diesem Stuhl, (Pacing)
2) und Sie sehen mich an, (Pacing)
3) und Sie atmen leicht, (Pacing)
4) und ich spreche mit Ihnen, (Pacing)
5) und Sie können beginnen, sich zu entspannen. (Leading)

Auch die *disjunktive* Form von „X oder X oder X oder X oder X aber Y" ist möglich, zum Beispiel:

1) Ich weiß nicht, ob Sie gern weiterhin auf den Boden schauen wollen, (Pacing)
2) oder ob Sie mich ansehen wollen, (Pacing)
3) oder wieder zu Boden, (Pacing)
4) oder ob Sie sich vielleicht eine bequemere Haltung suchen möchten, (Pacing)
5) aber ich weiß gewiß, daß Ihr Unbewußtes eine Trance entwickeln kann in einer Weise, die für *Sie* als Individuum am besten paßt. (Leading)

Die ersten vier Aussagen beider Fassungen beschreiben einfach das jeweilige direkt beobachtbare Verhalten, das eine hypothetische Person gerade zeigt. Nach Erickson, Rossi und Rossi (1976) begründet dieses

Pacing von unleugbaren Gegebenheiten ein Reaktionsmuster, das sie als „Ja-Haltung" bezeichnen. Dieser empfängliche Zustand wird dann genutzt, um die Leading-Kommunikation einzuführen.

Der Adverbialsatz ist eine dritte syntaktische Struktur für effektive hypnotischer Kommunikation:

Allgemeine Form	Beispiel
1) Da X, daher Y	Da Sie auf diesem Stuhl sitzen, können Sie beginnen, sich zu entspannen.
2) Während X, dann Y	Während Sie es sich bequem machen, können Sie immer deutlicher erkennen, daß Ihr Unbewußtes anfangen kann, eine Trance zu entwickeln.
3) Wenn X, dann Y	Wenn Sie meine Stimme hören, dann können Sie sich an dieses Gefühl der Behaglichkeit erinnern.
4) Nachdem X, dann Y	Nachdem Sie für sich eine bequeme Haltung gefunden haben, kann Ihr Unbewußtes beginnen, sich angemessen auszudrücken.

Um diese Strukturen wirksam anzuwenden, bedient sich der Therapeut eines passenden nonverbalen Ausdrucksstils. Um es zu wiederholen, *der Klient ist im allgemeinen nicht dazu bereit oder in der Lage, auf jemanden hypnotisch zu reagieren, der angespannt, manipulativ, gekünstelt, desinteressiert, ohne Überzeugungskraft usw. ist.* Die besten Resultate werden meist dann erzielt, wenn der Therapeut a) sich in eine nach außen orientierte Trance begibt, b) einen Rhythmus herstellt, der dem des Klienten synchron ist, c) bedeutungsvoll und fesselnd spricht und d) sensibel bleibt für die ständig wechselnden Reaktionen des Klienten.

Darüber hinaus sollte der Inhalt der Worte und Sätze nicht unangemessen oder für den Klienten beleidigend sein. Ich erinnere noch einmal daran, daß normalerweise mehr Pacing als Leading nötig ist, besonders in den Anfangsphasen. Aussagen sollten im allgemeinen auch eher permissiv sein (z. B. „Sie *können* dies tun") als autoritär (z. B. „Sie *werden* das tun", „Sie *müssen* das tun"), weil die meisten Klienten automatisch gegen den letztgenannten Stil rebellieren.

Die erfolgreiche Aktivierung dieser Prozesse ist viel einfacher, wenn man erkennt, daß sie in Alltagssituationen überall vorkommen. Jeder war z. B. schon einmal Empfänger oder Sender von Äußerungen wie den folgenden:

„Da du gerade in die Küche gehst, bringst du mir eine Tasse Kaffee mit?"
oder

„Oh", da fällt mir ein, solange du noch dabei bist, das zu tun, warum nicht auch...?"
oder

„Möchtest du die Geschichte gleich hören oder später?"

Beachten Sie, daß diese Anweisungen normalerweise am besten funktionieren, wenn sie natürlich und in einer permissiven Art gegeben werden. Der erfolgreiche Therapeut nutzt einfach dieselben Kommunikationsprozesse, nur tut er das bewußter und mit mehr Intensität. Diese und verwandte Punkte können durch ein paar kurze Beispiele für die therapeutische Anwendung eines externalen Pacing und Leading veranschaulicht werden.

1. Feste Vereinbarungen treffen. In den Anfangsphasen einer Therapie besteht ein Hauptziel darin, bezüglich des Veränderungsprozesses Verbindlichkeit zu garantieren. Das folgende gekürzte Transkript zeigt, wie Pacing und Leading zu diesem Ziel hinführen.

Gekürztes Transkript	Erläuterung
1) Gut, ... jetzt haben wir eine Weile miteinander geredet, und ich möchte Sie nun bitten, mir zuzuhören, wenn ich einiges zu dem sage, was ich bisher verstanden habe.	1) Dieser erste Satz zeigt, daß der Therapeut auch Verhalten, das bereits vergangen ist, ins Pacing einbeziehen (spiegeln) kann (z. B. das unmittelbar vorausgegangene Gespräch, um dann zum Leading überzugehen, indem er das erwünschte Verhalten /z. B. daß der Klient zuhört) als logische Folge des vorherigen Verhaltens gestaltet. Diese einfache Struktur „Da ja X, daher (nun) Y" wird von erfolgreichen Kommunikatoren häufig benutzt.

2) Als Sie heute nun hier hereinkamen, haben Sie sich auf diesen Stuhl gesetzt und haben mich an vielen verschiedenen Dingen teilnehmen lassen ...
Sie haben mir gesagt, daß seit längerer Zeit einiges schiefgegangen sei, und daß Sie dafür auf der Gefühlsebene einen hohen Preis bezahlt haben ...
Ihre Arbeit und Ihre persönlichen Beziehungen haben sich wegen dieser Schwierigkeiten verschlechtert.

2) Der Therapeut setzt das Pacing fort, indem er dem Klienten durch Beschreibung Feedback über sein unmittelbar vorausgegangenes Verhalten gibt. Dieser einfache Vorgang ist oft unschätzbar, weil er zu mindestens drei wichtigen Ergebnissen führt. Erstens sichert und fesselt er die Aufmerksamkeit einer Person. Wie ein kurzer Versuch schnell zeigt, ist es sehr schwierig dem *keine* Aufmerksamkeit zu schenken, der mein jeweiliges Verhalten vollständig spiegelt. Zweitens fühlt sich die Person typischerweise verstanden und entwickelt daher mehr Vertrauen, Rapport und Motivation, sich zu beteiligen. Drittens, wenn die Schilderung der Hauptprobleme dramatisch genug ist, dann trägt sie dazu bei, daß beim Klienten entsprechende Erfahrungen belebt werden. Klienten fühlen sich normalerweise motiviert, diesen unangenehmen Zustand emotionaler Erregung abzubauen und sind daher, wie wir noch sehen werden, sehr bereit, auf hypnotische Anweisungen zu reagieren.

3) Ist es richtig, was ich sage? (Der Klient antwortet zustimmend.)

3) Oberflächlich betrachtet, sucht diese einfache Frage nur Bestätigung für die Richtigkeit der vorausgegangenen Pacing-Aussagen. Wichtiger ist aber, daß sie implizit den Klienten auffordert, einzugestehen, daß er mit seinem Leben nicht zurechtkommt. Das ist im allgemeinen ein erster Schritt zur Veränderung. Beiläu-

fig unterstreicht diese Leading-Aussage etwas sehr Wichtiges: *Rein deskriptives Pacing enthält oft ein unausgesprochenes Leading.* Im vorliegenden Fall z. B. wird eine kleine Auswahl des jeweils gezeigten Verhaltens in einer Weise beschrieben, welche die Probleme hervorhebt; der Therapeut hätte jedoch genauso leicht Verhaltensweisen auswählen können, die eine andere „Beziehungsstruktur" geschaffen hätten. Allgemein gilt also, daß selektives Pacing der Wirklichkeit einen unterschiedlichen Bezugsrahmen geben kann. Wie wir noch sehen werden, ist dies eine subtile und daher äußerst wirksame Form von Leading.

4) In Ordnung, schön. Dann möchte ich Sie jetzt etwas Wichtiges fragen, und ich bitte Sie, mir nicht leichtfertig zu antworten. Ich hätte gern, daß Sie wirklich darüber nachdenken, denn die richtige Antwort kann „Ja", sie kann aber auch „Nein" lauten; nur Sie selbst wissen es sicher.
Bevor ich Ihnen die Frage stelle, möchte ich sagen, daß ich denke, Sie haben Grund zu hoffen, daß es Ihnen gelingen wird, sich zu verändern, doch es wird schwierig, hart, manchmal sogar ein wenig schmerzlich sein. Sie werden sich von Zeit zu Zeit wahrscheinlich unwohl fühlen und unterwegs ein paar Rückfälle erleben und denken, die Mühe lohne sich nicht ... wenn Sie aber

4) Der Therapeut übernimmt jetzt die Führung, indem er eine verbindliche Vereinbarung bezüglich des Therapieprozesses sucht. Mehrere Hinweise für externales Pacing und Leading sind in diesem einfachen Beispiel enthalten. Erstens, meistens wird bei hypnotischer Arbeit das Bewußtsein des Klienten innerhalb von 5-10 Minuten auf innere Vorgänge gelenkt; zu diesem Zeitpunkt sind alle weiteren Bemerkungen über äußere Geschehnisse unnötig und lenken den Klienten oft ab. Es gibt aber einige Ausnahmen, etwa wenn der nach innen gerichtete Klient (z. B. mit geschlossenen Augen) durch sein Verhalten ein körperliches Unwohlsein oder eine Orientierung zu Geräuschen draußen erkennen läßt.

durchhalten, bin ich überzeugt, daß Sie diese Veränderungen erzielen können. Doch Sie müssen selbst entscheiden, ob Sie Ihren Schmerz und Ihr Leiden ganz aufgeben wollen.

Die Frage, die ich Sie bitte, sich genau zu überlegen, ist folgende: Sind Sie entschlossen und bereit, sich zu verpflichten, die gewünschten Veränderungen zu entwickeln?

Zweitens, das Leading sollte Schritt für Schritt, oft mit ziemlich großer Redundanz eingeführt werden. Ein bißchen zu viel Pacing hat in der Tat den günstigen Effekt, daß es im Klienten ein „Reaktionspotential" herstellt. Drittens, auch das zukünftige Verhalten einer Person ist dem Pacing zugänglich. Solches *Pacing von Zukünftigem* sollte allgemein genug sein, damit es jedes mögliche Ergebnis einschließen kann, von dem jedes dann mit Erfolg in Verbindung gebracht werden kann. Das vorliegende Transkript z. B. schafft einen Rahmen für Rückfälle, Aufgeben, Unbehagen usw. als Teil des therapeutischen Prozesses.

2. **Induktionen.** Äußeres Pacing und Leading ist oft am Anfang einer Hypnoseinduktion sehr nützlich. Es dient dazu, die normalerweise auf verschiedene äußere Wirklichkeiten verteilte Aufmerksamkeit so zu fesseln, daß ein synchroner Rhythmus zwischen Therapeut und Klient entsteht. Dieser Rapport und diese gänzliche Inanspruchnahme können dann genutzt werden, um den Klienten dahin zu führen, daß er innere Vorgänge erlebend erforscht (d. h., daß er eine Trance entwickelt), wie es das folgende Schema darstellt:

Aufmerksamkeit zerstreut, wechselnd	→	Aufmerksamkeit fokussiert (auf den Hypnotiseur)	→	Aufmerksamkeit auf inneres Erleben fokussiert

Zum Beispiel:

1) Gut, Sie sehen micht jetzt an und bewegen sich, um eine bequeme Haltung zu finden, von der aus Sie in Trance gehen kön-

Erläuterung

1) Nach dem Pacing mehrerer offensichtlicher Verhaltensweisen (ansehen und sich bewegen) geht der Therapeut über zum

nen ... und indem Sie das tun, können Sie einfach zur Kenntnis nehmen, was immer in ihrem Bewußtsein auftaucht.

2) Wahrscheinlich nehmen Sie viele verschiedene Dinge wahr ... sei es der Klang meiner Stimme, die Autos draußen, das Laufen des Tonbandes oder die Bewegung im Raum, das ist nicht wichtig ...

3) Es ist wichtig, daß Sie nach und nach bemerken, daß Sie anfangen können, auf Ihre eigenen inneren Bedürfnisse zu achten.

4) Ob Sie auf diesem Stuhl sitzen oder auf meine Stimme hören oder Ihre eigene wachsende Behaglichkeit bemerken, das ist auch nicht wichtig ... denn Ihr Unbewußtes kann die Entwicklung der Trance ganz vielfältig erleben ...

Leading, indem er die Bewegung als Hinführung zur Trance definiert. Beide Aussagen werden dann genutzt, um den Klienten auf einen Zustand allgemeiner Selbstbewußtheit hinzulenken (Leading).

2) Dann werden plausible Inhalte von äußerlich Wahrgenommenem gespiegelt. Beachten Sie, daß Sie als Möglichkeiten formuliert sind, da ja der Therapeut wirklich nicht sicher sein kann, ob der Klient tatsächlich über sie nachdenkt. (Ich erinnere daran, daß es den Rapport auflösen kann, wenn man einem Klienten sagt, er nehme etwas wahr, was gar nicht zutrifft.) Denken Sie auch daran, daß das Pacing von Möglichkeiten ein stillschweigendes Leading enthält, weil es das Bewußtsein des Klienten auf diese verschiedenen Gegenstände lenkt; d. h., der Klient folgt nun den Anweisungen des Therapeuten.

3) Das vorausgegangene Pacing wird jetzt nutzbar gemacht, um zur Innenorientierung des Bewußtseins hinzuführen.

4) Nach Einführung der Leading-Aussage greift der Therapeut jetzt wieder auf das Pacing zurück. Das veranschaulicht die Wichtigkeit des Musters von Pacing/Pacing/Pacing/Leading, Pacing/Pacing/Pacing/Leading usw.; d. h. jedes Mal, wenn der Therapeut im Leading die Füh-

rung übernimmt, geht er sofort zum Pacing zurück und beobachtet die Reaktionen des Klienten sehr genau. Wenn der Klient den Anweisungen zu folgen scheint, dann wird dieser neue Zustand gespiegelt durch Pacing/Pacing/Pacing und dann durch Leading weitergeführt usw.; bleibt er oder sie im selben Zustand, werden mehr Pacing- oder ander Leading-Aussagen eingeführt.

Beachten Sie auch, daß die Aussagen wiederum mögliche äußere Wahrnehmungen spiegeln und dann weiterführen, indem sie irgendwelche von diesen Wahrnehmungen als zur Entwicklung passend definieren. Mit anderen Worten, was immer eine Person gerade tut, kann es ihr ermöglichen eine Trance zu entwickeln.

5) Sie können mit offenen Augen in Trance gehen oder Sie können Ihre Augen schließen und tief in Trance fallen. Und ich weiß nicht, was für Sie persönlich am besten ist ...

5) Diese Sätze illustrieren die oft angewandte wirksame Technik, auf allgemeine Aussagen konkrete Beispiele folgen zu lassen. Dies hier ist explizit ein Pacing, implizit ist es aber auch ein Leading, insofern es das spezifische Verhalten (Bewegung des Augenlides) im Sinne des allgemeinen Leadings (Trance induzierendes Verhalten) definiert.

6) Denn Ihre Augenlider sind geöffnet, dann blinzeln sie ... offen ... und dann blinzeln sie wieder, hinauf ... und wieder hinunter ... offen ... und dann schließen sie

6) Der Therapeut stimmt sich jetzt ganz auf die Augenlidbewegungen des Klienten ein. Auf das Pacing (z. B. Erwähnen des Blinzelns unmittelbar *nachdem* die

sich wieder ganz leicht ... *jjjetztt!!!* ... und fallen in Trance.

Augen des Patienten wirklich blinzeln) folgt ein Leading (z. B. erwähnen des Blinzelns, bevor es gezeigt wird und so lange eine Pause machen, bis es eintritt). Wenn diese Technik in einem stark bedeutungsvollen und angemessenen Rhythmus (z. B. Timing) geäußert wird, ist sie unglaublich erfolgreich.

7) Und wie schön ist es zu wissen, daß Sie mit jedem Atemzug tiefer in Trance fallen können ... mit jedem Atemzug, und Sie atmen ganz bequem ... und bei jedem Ausatmen können sie alle Zwänge loslassen mit denen Sie an unnötigen Bedürfnissen festhalten mußten ...

7) Nachdem die Augen sich geschlossen haben, wird der beobachtbare Atemrhythmus des Klienten für weiteres Pacing und Leading in die Trance hinein nutzbar gemacht. An dieser Stelle entfernt sich die Induktion normalerweise nach und nach davon, äußere Gegebenheiten zu kommentieren, weil solche nun dem Klienten wahrscheinlich nicht mehr bewußt sind.

Natürlich verlaufen nicht alle Interaktionen so reibungslos wie im Beispiel oben; manche Klienten sind weniger bereit oder fähig, direkt zu kooperieren. Wie wir jedoch sehen werden, können dieselben grundlegenden Kommunikationsformen bei Fällen, die eine größere Herausforderung sind, erfolgreich, wenn auch etwas modifiziert angewendet werden.

3. „Nichthypnotische" therapeutische Interaktionen. Pacing und Leading von offenem Verhalten kann in jeder therapeutischen Interaktion förderlich sein, unabhängig davon, ob Hypnose formal angewendet wird. Als z.B. ein junges Ehepaar während einer Paartherapiesitzung heftig zu streiten begann, weil keiner von beiden dem anderen wirklich zuhörte, intervenierte der Therapeut mit der Absicht, sie wieder mit dem „Hier und Jetzt" zu verbinden. Er unterbrach sie, ging mit Cathy mit (Pacing), indem er ihr versicherte, daß er ihr augenblicklich seine Aufmerksamkeit widmen werde, wandte sich dann Bob zu und sagte:

Gekürztes Transkript	Erläuterung
1) **Therapeut:** Okay, wir wollen hier eine Minute unterbrechen. Wie fühlen Sie sich, Bob? **Bob:** Sie versteht mich nicht. **T:** Sie denken, daß sie Sie nicht versteht. Und Sie möchten gerne, daß Sie sie versteht? **B:** Ja, natürlich. **T:** Okay, gut. Dann sind Sie also bereit, etwas zu versuchen, was es ihr ermöglichen könnte, Sie zu verstehen? **B:** Nun, ich weiß nicht ... **T:** Sie wissen nicht, ob Sie wollen, daß sie Sie versteht? **B:** Aber nein, ich will, daß Sie mich verstehen. Nur ... **T:** (unterbricht) Gut, Sie wollen also, daß sie Sie versteht; dann sind Sie auch bereit, etwas auszuprobieren, etwas sehr Einfaches, das Ihnen nicht wehtun wird? **B:** Ja ...	1) In diesem ersten Schritt beginnt der Therapeut einfach Bobs Aussagen im Pacing aufzunehmen, und geht dann zum Leading über, indem er sie zu einer nicht näher bestimmten Verhaltensaufgabe („etwas anders machen") verbindet. Bob drückt sich ein wenig vorsichtig aus, darum wird noch einmal ein Pacing eingesetzt, das dann stärker mit der Bereitschaft, etwas Neues auszuprobieren, verknüpft wird (wenn X, dann auch Y).
2) **Therapeut:** Okay, großartig. Dann möchte ich Sie nun einfach bitten, einen Moment lang innezuhalten und mich anzusehen ... so ist es gut ... einen Augenblick nur mich ansehen ... das ist gut ... und während Sie mich weiter ansehen, bitte ich Sie, sich bewußt zu machen, daß Sie nicht sehr oft geatmet haben, deshalb hätte ich gerne, daß Sie tief und bequem zu atmen beginnen ... so ist es gut ... ein und aus ... ein und aus ... und daß Sie einfach nach und nach spüren, daß Sie sich mit je-	2) Jetzt wird das nonverbale Verhalten des Klienten direkter nutzbar gemacht. Der Hypnotherapeut fängt mit dem Blickkontakt an, spiegelt ihn eine Zeitlang, führt dann hin zur Wahrnehmung der Atmung und schließlich zu ihrer Veränderung, die als Weg zu innerem Wohlbefinden definiert wird. Nach Pacing und Entwicklung von Bobs innerer Verfassung wird sie genutzt, um ihn zum äußeren, nun veränderten Kontakt mit seiner Frau zurückzuführen.

dem Atemzug sicherer, entspannter, wohler fühlen ... Können Sie das spüren? ... (Bob nickt zustimmend).

... Okay, dieses größere Wohlbefinden kann Ihnen erlauben, vieles zu tun, weil das, was zuvor so schlimm und überwältigend aussah, jetzt vielleicht leichter handhabbar erscheint ... Und deshalb bitte ich Sie jetzt, Ihre Frau einfach wieder anzusehen ... und während Sie das tun ... so ist es gut ... während Sie das tun, möchte ich, daß Sie wieder tief einatmen und sich entspannen ... und ich möchte, daß Sie dasselbe tun, Cathy ... und, Bob, während Sie so bequem und entspannt atmen, stellen Sie sich vor, daß ich Sie gleich bitte, Cathy zu sagen, wie Sie sich in sich fühlen.

3) Wenn Sie damit beginnen, werden Sie sich wahrscheinlich zuerst ein wenig verwirrt fühlen ... das ist zu erwarten, doch wir wissen jetzt, daß Sie, sobald Sie spüren, wie diese Verwirrung anfängt, Sie als Hinweis ansehen können, daß Sie nicht atmen ... und dieser Hinweis ermöglicht Ihnen, wieder innezuhalten und Atem zu schöpfen ... Ich werde Ihnen nun zunächst dabei helfen ... fangen Sie jetzt gleich an und sehen Sie Ihre Frau einfach an und beginnen Sie darüber zu reden, wie Sie sich innerlich fühlen ... so ist es gut ...

3) Pacing von Zukünftigem wird eingesetzt, um mögliche Schwierigkeiten als Teil des therapeutischen Prozesses zu definieren. Leading-Kommunikation erklären Streß als vorübergehenden Zustand, der zu entspannter Atmung führt. Um das sicherzustellen, bedient sich der Therapeut des Pacing, indem er während der ersten Versuche als Begleiter und Führer fungiert. Um das sicherzustellen, bedient sich der Therapeut des Pacing, indem er während der ersten Versuche als Begleiter und Führer fungiert.

4. Indirekte Anwendung. Die bislang angeführten Beispiele umfaßten relativ direkte Kommunikationen. Der Therapeut muß manchmal jedoch indirekter sprechen, indem er z. B. metaphorische Geschichten einsetzt, um einen Trancezustand zu induzieren oder nutzbar zu machen. Das nächste Transkript, das dem mittleren Teil einer indirekten Induktion entnommen ist, zeigt, wie man dabei vorgehen kann. (Die vorausgegangenen 30 Minuten wurden darauf verwendet, die Aufmerksamkeit des Klienten zu fesseln und dann eine leichte Trance zu induzieren.)

Beispiel	Erläuterung
1) ... Und die Passagiere auf dieser Kreuzfahrt verbrachten die meiste Zeit des Tages damit, auf das Meer hinauszu*sehen*, auf das Plätschern der Wellen zu *hören* und den Rhythmus zu *spüren*, in dem das Schiff vor und zurück schaukelt, vor und zurück ... und sich dabei *langsam* in immer tieferes Gebiet bewegt ...	1) Dies ist ein indirektes Pacing des Klienten als aktivem Teilnehmer an der Tranceinduktion („Passagier auf Reisen"), der der Stimme des Therapeuten zuhört (den plätschernden Wellen), die rhythmisch an- und abschwillt. Der letzte Satz stellt ein indirektes Leading in eine tiefere Trance dar.
2) ... und die Luft zum *Einatmen* war so herrlich ... die Umgebung so sicher und friedlich ... daß viele Passagiere, die es sich auf Deck immer bequemer machten, allmählich alles *loslassen* konnten, was sie beunruhigte, alle ihre Spannungen, und sie begannen einfach, sich *immer mehr zu entspannen*, weil sie erkannten, daß sie nichts tun mußten, außer darauf zu achten, ihren eigenen inneren Bedürfnissen Aufmerksamkeit zu schenken ...	2) Dies ist im wesentlichen eine indirekte Suggestion, daß das Atmen des Klienten (das gespiegelt wird) zu wachsender Entspannung führt.
3) ... und als die Nacht sich herabzusenken begann ... (so ist es gut) ... langsam, aber unentrinnbar herab ... war das Meer nicht	3) Das spontane Schließen der Augen des Klienten wird als „Nacht, die sich herabsenkt" gespiegelt; und es wird dann mit

länger zu sehen, wenn auch der Klang der plätschernden Wellen immer noch zu hören war ... und als die ruhenden Passagiere nicht länger den grellen Glanz der Sonne spürten, begannen sie, den kühlen, herrlichen Abend ganz zu genießen ... nach einiger Zeit wurde auf Deck ein Licht angemacht, dann aber wieder ausgeschaltet ... und es blieb eine Weile aus ...

einem fortgesetzten Rapport zur Stimme des Therapeuten („plätschernde Wellen") verknüpft. Als nächstes wird das leichte Mißbehagen, das der schonungslose Blickkontakt (greller Glanz der Sonne) hervorruft, gespiegelt und dann genutzt, um zu noch mehr Entspannung zu führen. Die Klientin öffnet schließlich kurz ihre Augen, was im Pacing aufgenommen und im Leading weitergeführt ist als Licht, das an- und ausgeschaltet wird.

4) ... und bald wies der Kapitän darauf hin, daß es *Zeit sei, nach innen zu gehen* ... die Passagiere gingen langsam hinunter unter Deck und ließen sich allmählich von verschiedenen Aktivitäten fesseln ... dieses Gefesseltsein wurde einen Augenblick lang vom überraschenden Ertönen eines Schiffshornes unterbrochen - doch der Kapitän kam an den Lautsprecher und versicherte jedem, daß es nur das Signal eines anderen Schiffes sei, das in der Nacht friedlich vorbeifahre ... und daher nahm die Versunkenheit in diese inneren Aktivitäten noch einmal zu.

4) Der Therapeut („Kapitän") führte jetzt mit Hilfe von Trancesuggestionen („nach innen gehen"). Die Abwärtsbewegung des Kopfes der Klientin wird gespiegelt, und das bewirkte eine weitere Trance (Versunkenheit unter Deck). Die Klientin reagierte erschrocken auf das Klingeln des Telefones im Nebenraum; das wurde gespiegelt (das Ertönen des Schiffshornes) und dann zu weiterer Versunkenheit geführt („der Kapitän versichert").

Diese verschiedenen Beispiele zeigen insgesamt, daß verbales Pacing äußerer Gegebenheiten typischerweise eine Beschreibung des vergangenen, gegenwärtigen oder zukünftigen Verhaltens des Klienten umfaßt. Der allgemeine Zweck solcher Kommunikationen ist es, die Aufmerksamkeit zu fesseln und gegenwärtiges Erleben anzuerkennen, wodurch Rapport hergestellt wird, der therapeutische Explorationen erlaubt. Wenn der Therapeut in einer entspannten, jedoch bedeutungsvollen Weise spricht, gelingt das oft schon in relativ kurzer Zeit. Die dann schrittweise eingeführten Leading-Kommunikationen können *explizit* sein (z. B. „Da Sie auf diesem Stuhl sitzen, können Sie sich entspannen") oder mehr *implizit*, so z. B. wenn beobachtbares Verhalten in einem bestimmten Rahmen beschrieben wird (z. B. „die Bequemlichkeit, auf einem Stuhl zu sitzen"), oder wenn ein bestimmter Verhaltensaspekt des Klienten selektiv gespiegelt wird. Die Pacing-und Leading-Aussagen können direkt oder indirekt (z. B. metaphorisch), aber auch allgemein oder speziell sein. Davon unabhängig, sollte der Therapeut sie generell in einem permissiven, jedoch fesselnden Stil vortragen.

Nonverbales Pacing und Leading

Der Therapeut bedient sich auch eines *nonverbalen* Pacing und Leading, um das jeweilige Verhalten des Klienten auf vielfältige Weise zu spiegeln und zu entwickeln. Das obere Feld von Abbildung 4.1 z. B. stellt den Prozeß des *direkten Spiegelns* dar, wobei der Therapeut sich teilweise oder vollständig dem Verhalten des Klienten anpaßt, bis er mit ihm *gänzlich übereinstimmt*. Das kann bedeuten, daß er in gleicher Frequenz atmet, dieselbe Körperhaltung oder denselben Gesichtsausdruck annimmt usw. Direktes Spiegeln kann vollständig (Entsprechung zu jeder Äußerung) oder partiell (selektive Angleichung an eine oder zwei Äußerungen) erfolgen.

Das unterste Feld der Abbildung 4.1 veranschaulicht den mehr indirekten, Prozeß eines *verhaltensübergreifenden Spiegelns*, wobei der Therapeut für einige Verhaltensmuster des Klienten Feedback gibt, das *jedoch auf einem anderen Kanal* tut. Der Therapeut oder die Therapeutin könnte z. B. jedes Mal, wenn der Klient blinzelt, leicht mit dem Kopf nicken, oder mit einem Finger auf eine Unterlage tippen, wenn der Klient ausatmet. Weil verhaltensübergreifendes Spiegeln komplexer ist, wird es selektiv gemacht (d. h. auf einem oder zwei Kanälen gleichzeitig).

Wie beim verbalen Pacing ist auch der Hauptzweck beim nonverbalen Pacing die Entwicklung von Rapport. Ich erinnere daran, daß der Ericksonsche Praktiker seinen Körper wie ein Instrument benutzt, das er nach dem des Klienten stimmt und in synchronisiertem Rhythmus dazu spielt. Allgemein gesagt ist diese Anpassung eine notwendige Bedingung für therapeutischen Erfolg. Ohne sie ist der Klient oft nicht bereit oder fähig, gänzlich zu vertrauen und zu kooperieren. Diese Einschränkung ist häufig sehr gerechtfertigt, insofern der nicht eingestimmte Therapeut im allgemeinen Schwierigkeiten hat, den Klienten zu verstehen, und viel weniger effektiv auf dessen jeweiliges Erleben reagiert. Kurz gesagt, nonverbales Pacing befähigt sowohl den Therapeuten als auch den Klienten, sich an der hypnotischen Interaktion mit mehr Gewinn zu beteiligen.

Nonverbales Leading kann eingesetzt werden, um das gespiegelte Verhalten nach und nach in Richtung des erwünschten Zustandes zu verändern. Der Therapeut kann z. B. beginnen, die bewußten Prozesse eines Klienten zu überladen, indem er schneller, lauter und unrhythmischer spricht (siehe Kapitel 7). Oder um einen erregten Klienten zu beruhigen, spiegelt der Therapeut vielleicht zuerst und nimmt eine ähnlich schnelle und atemlose Sprechweise an, um dann zum Leading überzugehen, indem er sie allmählich verlangsamt.

Feld A: Vollständiges und direktes Spiegeln

Verhaltensparameter des Hypnotiseurs			Verhaltensparameter des Klienten
(Atmungsmuster)	(1) ⟶	(1)	(Atmungsmuster)
(Sprechtempo)	(2) ⟶	(2)	(Sprechtempo)
(Intonation der Stimme)	(3) ⟶	(3)	(Intonation der Stimme)
(Stimmvolumen)	(4) ⟶	(4)	(Stimmvolumen)
(Gesichtsausdruck)	(5) ⟶	(5)	(Gesichtsausdruck)
(Körperbewegungen)	(6) ⟶	(6)	(Körperbewegungen)
(Lidschlagfrequenz)	(7) ⟶	(7)	(Lidschlagfrequenz)
	.	.	
	.	.	
(andere Parameter)	(n)	(n)	(andere Parameter)

Feld B: Partielles und direktes Spiegeln

Verhaltensparameter des Hypnotiseurs			Verhaltensparameter des Klienten
(Atmungsmuster)	(1) ⟶	(1)	(Atmungsmuster)
(Sprechtempo)	(2)	(2)	(Sprechtempo)
(Intonation der Stimme)	(3)	(3)	(Intonation der Stimme)
(Stimmvolumen)	(4)	(4)	(Stimmvolumen)
(Gesichtsausdruck)	(5) ⟶	(5)	(Gesichtsausdruck)
(Körperbewegungen)	(6)	(6)	(Körperbewegungen)
(Lidschlagfrequenz)	(7) ⟶	(7)	(Lidschlagfrequenz)
	.	.	
	.	.	
(andere Parameter)	(n)	(n)	(andere Parameter)

Feld C: Partielles und indirektes Spiegeln

Verhaltensparameter des Hypnotiseurs			Verhaltensparameter des Klienten
(Atmungsmuster)	(1)	(1)	(Atmungsmuster)
(Sprechtempo)	(2) ⟶	(2)	(Sprechtempo)
(Intonation der Stimme)	(3)	(3)	(Intonation der Stimme)
(Stimmvolumen)	(4)	(4)	(Stimmvolumen)
(Gesichtsausdruck)	(5)	(5)	(Gesichtsausdruck)
(Körperbewegungen)	(6)	(6)	(Körperbewegungen)
(Lidschlagfrequenz)	(7)	(7)	(Lidschlagfrequenz)
	.	.	
	.	.	
(andere Parameter)	(n)	(n)	(andere Parameter)

Abb. 4.1: Unvollständige Auflistung nonverbaler Kanäle, die beim Pacing und Leading betroffen sind, mit Beispielen aus den Bereichen des vollständigen und direkten, des direkten und partiellen und des indirekten und partiellen Spiegelns

Wie in Kapitel 7 besprochen wird, ist diese Technik des Überladens nicht zu empfehlen, wenn die Person extrem agitiert ist. Sehr wahrscheinlich löst das nicht nur Unbehagen beim Therapeuten aus, sondern es kann auch den Klienten noch agitierter werden lassen bishin zu physischer Gewaltanwendung. In solchen Fällen ist es daher angemessener, indirektes (verhaltensübergreifendes) Pacing anzuwenden.

Als Teil des Induktionsverfahrens kann man die Körperhaltung und besonders die Atmungsmuster des Klienten spiegeln, während man seine Lidschlagfrequenz allmählich erhöht. Oder eine bestimmte emotionale Verfassung (z. B. Entspanntheit, Traurigkeit, Wut, Glücksgefühl) läßt sich durch einen bestimmten Klang der Stimme und/oder durch einen Gesichtsausdruck, der mit dieser Emotion kongruent ist, hervorrufen.

Bei dieser Interaktion, die einem Tanz vergleichbar ist, ist es im allgemeinen kein Problem, jeden Verhaltenskanal kontinuierlich zu beobachten. Wichtig ist zu spüren, wann die Rhythmen von Therapeut und Klient in Dissonanz geraten, weil dann Verhaltensanpassungen nötig sind. Solche rhythmischen Unstimmigkeiten sind nicht selten, da ja die Reaktionen einer anderen Person nie vollkommen vorhersagbar sind. Der einfühlsame Therapeut aber, der auf den Klienten eingestimmt bleibt, kann diese Unstimmigkeiten auf verschiedenen sensorischen Kanälen herausfinden. Er oder sie kann sich z. B. dem Klienten gegenüber verstimmt *fühlen* oder erleben, daß der Klient sich wegbewegt, oder *sehen*, daß der Klient unerwartet (z. B. mit Anspannung) reagiert, oder emotionale Veränderungen vielleicht an dessen Stimme *hören*. Die meisten dieser unvorhergesehenen Dissonanzen sind nicht gravierend; man betrachtet sie am besten als hilfreiche Hinweise darauf, daß eine Anpassung des Verhaltens erforderlich ist.

Manchmal jedoch sind Anpassungen im *Rhythmus* allein unzureichend. Das wird evident, wenn der Therapeut sich in wachsendem Maß verwirrt und außer Fassung fühlt und/oder wenn er den Klienten als „abweisend" oder auf andere Weise unkooperativ wahrnimmt. Wie früher schon bemerkt, bedeutet das gewöhnlich, daß der allgemeine Ansatz des Therapeuten veränderungsbedürftig ist. Man kann drei Kommunikationsvariablen nennen, die häufig angepaßt werden müssen; dabei ist jedoch nicht zu vergessen, daß die definitiven Veränderungen von der konkreten Situation abhängen.

1. Die allgemeine Haltung. Wenn der Therapeut eine Technik anwendet, kann er sich äußerst manipulativ geben oder aber schuldbewußt oder apologetisch wirken. Diese scheinbar gegensätzlichen Reaktionen sind in verschiedener Hinsicht verwandt. Erstens, beiden liegt die irrige Annahme zugrunde, daß Pacing und Leading der Absicht dienen, eine andere Person zu kontrollieren. Diese Meinung stellt eine starke Gefährdung der Integrität des Therapeuten und des Klienten dar und schränkt dadurch die Chancen für einen therapeutischen Erfolg ein.

Zweitens wird der Therapeut in beiden Fällen bei Versuchen, Pacing und Leading durchzuführen, befangen sein, was typischerweise einen abgehackten, gestörten Rhythmus zur Folge hat. Der Therapeut versucht dann z.B. bewußt, an eine „gute Technik" zu denken und sie unbeholfen anzuwenden und dann genau zu beobachten, ob sie funktioniert hat. Da er damit eher etwas *am* Klienten als *mit* ihm tut, fühlt letzterer sich eher als ein Objekt denn als eine einzigartige Person. Der Klient, der für das alles normalerweise ziemlich sensibel ist, wird oft einen Moment lang verwirrt sein und dann den Therapeuten ansehen und um eine Erklärung bitten. An diesem Punkt kann der Therapeut, der flexibel ist, die Situation verwandeln, indem er innehält, sich entspannt und erneut eine Verbindung zum Klienten herstellt. Hier geschieht es leider oft, daß der noch nicht erfahrene Therapeut den bedauernswerten Fehler macht, das Offensichtliche zu leugnen oder von ihm abzulenken. Und er verschlimmert die Sache meistens noch, weil er es angespannt und befangen tut. Ungeachtet der augenblicklichen Intention wird das, um es milde zu sagen, den Klienten entmutigen, dem Therapeuten volles Vertrauen zu schenken.

Es geht hier allgemein darum, daß der Therapeut entspannt, zugleich aber konzentriert sein muß, während er Pacing- und Leading-Techniken benutzt. Die Therapie verlangt manchmal zwar ein indirektes Vorgehen, aber Therapeuten sollten ihre Klienten nie belügen. Absicht ist nicht, die Person „reinzulegen", sondern sie voll zu unterstützen.

Diese kooperative Haltung läßt sich noch besser würdigen, wenn man bemerkt, wie nonverbales Pacing und Leading die Interaktionen des Alltags beherrscht. Beispiele gibt es in Hülle und Fülle: zwei Personen, die in gleicher Gangart die Straße entlangschlendern; zwei Verliebte, die am Tisch sitzen und sich gegenseitig harmonisch spiegeln; eine jubelnde Menge, die gemeinsam zu klatschen beginnt, und allmählich das Tempo bis zum Crescendo steigert; zwei Tanzpartner, die sich ansehen und abwechselnd dem anderen mit den Tanzschritten folgen, sich ihm anpassen oder ihn führen. Die Beteiligten an diesen Situationen nennen das, was sie tun, gewiß nicht nonverbales Pacing und Leading; tatsächlich sind sie sich selten bewußt, mit solchen Prozessen beschäftigt zu sein. Doch es sind genau diese Prinzipien und Prozesse, die der Ericksonsche Praktiker nutzt. Was dagegen manchmal anders ist, ist, daß der Therapeut sie zu einem bestimmten Zweck (z. B. für die Trance), bewußt und mit erweitertem Blickwinkel und größerer Intensität anwendet. Wenn der Therapeut klar erkennt, daß nonverbales Pacing und Leading völlig natürlich sind, kann er sie mit Erfolg nutzbar machen. Entlastet von der irrigen Meinung, er oder sie müsse etwas ganz Neues tun, ist der Therapeut/die Therapeutin frei, sich in die sanfte Lenkung nonverbaler Prozesse zu vertiefen, die bereits wirksam sind.

2. Das Maß der Direktheit. Therapeuten können manchmal zu direkt sein. Das kann zur Folge haben, daß sie zu offensichtlich versuchen, etwa die Körperhaltung zu spiegeln, Stimmqualitäten nachzuahmen oder in Trance zu führen. Klienten, die das bewußt mitbekommen, werden typischerweise gehemmt, was sich an einer Unterbrechung fortlaufender Verhaltensrhythmen (Atmung, Körperhaltung, Stimmtonus, Starre des Blicks usw.) erkennen läßt.

Normalerweise können Therapeuten ohne Schwierigkeit damit umgehen, solange sie mühelos mit ihren Klienten im Einklang bleiben. Um es noch einmal zu sagen, Klienten werden im allgemeinen nur wirklich wütend oder verwirrt, wenn der Therapeut sich durch ihre Befangenheit aus der Fassung bringen läßt (indem er z. B. verlegen, wütend oder verwirrt reagiert). Therapeuten sollten daher zuerst ihre Atmung, Körperhaltung, Starre ihres Blicks usw. überprüfen und, wenn nötig, verändern.

Ist der Klient sich einer Technik voll bewußt und/oder durch sie besonders verwirrt, muß man ihm normalerweise ihren Zweck erläutern. Der Therapeut kann mit einem der folgenden Eröffnungssätze beginnen:

a) Möchten Sie wissen, was hier meine Absicht ist? Ich versuche, Ihnen dabei zu helfen, eine Trance zu entwickeln ... Was meinen Sie, wie gerne Sie das wollen? ... Gut, und wie sehr, denken Sie, sind Sie bereit, mir dabei zu helfen? Schön, dann ...

b) Weshalb tue ich das? Weil ich versuche, Sie zu verstehen. Und das ist manchmal schwierig für mich ... denn ich weiß wirklich nicht genau, was Sie brauchen, und ich möchte das gern herausfinden. Und ein Weg, auf dem ich versuche, die Wirklichkeit einer anderen Person zu verstehen, ist der, eine Verbindung herzustellen, in der wir uns beide wohlfühlen.

Bemerkungen von solcher Kürze genügen im allgemeinen meist, solange Therapeuten ehrlich bleiben und nicht in die Defensive gehen. Manchmal äußert man sie am besten mit einem spielerischen Sinn für Humor, weil das die Klienten auflockert; ein anderes Mal ist es passender, sanft, aber ernst zu antworten. Das Entscheidende ist, nonverbal zu vermitteln, daß man die Person als einzigartiges Individuum anerkennt und ihr vollen Respekt entgegenbringt. Gelingt das, dann lassen sich unerwartete Schwierigkeiten ohne Einschränkungen nutzbar machen.

Da es bei hypnotischer Arbeit oft wünschenswert ist, bewußte Prozesse zu umgehen, bestünde eine angemessene Utilisation in einem weniger offensichtlichen nonverbalen Pacing und Leading. Das bedeutet zunächst immer, daß man es seltener anwendet; nach einer Weile kann der Therapeut es vielleicht mehr indirekt (d. h. im verhaltensübergreifenden Spiegeln) wieder einführen.

Ein anderes Mal wiederum kann es sein, daß der Therapeut erfolgreicher utilisiert, wenn er *direkter* wird. Das vollständige Spiegeln (Feld A von Abbildung 4.1, S. 143) zu Beginn einer Induktion ist ein einfaches Beispiel dafür. Viele Klienten reagieren mit wachsender Befangenheit. Die meisten entwickeln schließlich eine gefesselte Aufmerksamkeit, obwohl manche versuchen, das unentwegte Spiegeln des Therapeuten zu stören. Das schafft meist weitere Unsicherheit; der Klient beginnt typischerweise entweder, sich in Trance „zurückzuziehen" oder er wird vom Therapeuten noch mehr gelähmt. In beiden Fällen ist es ziemlich leicht, den Klienten dann in Trance zu führen (siehe Kapitel 7).

Doch erneut ist daran zu erinnern, daß auch diese Technik nur zum Erfolg führt, wenn sie in einem Kontext des Respekts und des Vertrauens zum Einsatz kommt. Der Therapeut versucht nicht, den Klienten zu etwas anzutreiben oder zu zwingen, sondern sich einfach seinem Verhalten anzupassen, wobei er seine, des Klienten, dominierenden Bewußtseinsprozesse außer Kraft setzt und Raum schafft für die Entfaltung fruchtbarer Veränderungen.

Und schließlich können Therapeuten manchmal auch zu indirekt sein. Pacing oder Leading sind dann so verborgen, daß der Klient sie bewußt oder unbewußt nicht wahrnimmt. Der Therapeut wird z. B. nicht besonders erfolgreich sein, wenn sein Pacing aus nichts anderem besteht als immer, wenn der Klient sechs Mal ausgeatmet hat, leicht mit dem Fuß auf den Boden zu tippen, weil ein so schwaches Muster trivial wäre, verglichen mit den vielen anderen, die wirksam sind. Ganz allgemein sollte der Therapeut sich versichern daß (1) die gesamte Aufmerksamkeit des Klienten beansprucht ist und daß (2) nonverbale Techniken mit einigen vorherrschenden (nicht notwendigerweise bewußten) Rhythmen im Verhalten des Klienten synchron sind.

3. Ungenügendes Pacing oder unpassendes Leading. Bei den meisten praktischen Anwendungen bewirkt das nonverbale Pacing und Leading ein allmähliches rhythmisches, nichtlineares Fortschreiten hin zum erwünschten Zustand (z. B. zur Trance). Um es zu wiederholen,

Leading-Kommunikationen sollte ein ausreichendes Pacing vorausgehen und es sollte auch immer wieder in sie eingestreut werden; darüber hinaus sollten sie mit dem gegenwärtigen Erleben des Klienten, seinen Werten, Überzeugungen, Fähigkeiten usw. vereinbar sein. Mit anderen Worten, der Therapeut sollte nicht versuchen, den Klienten oder die Klientin zu etwas zu bringen, was zu tun er oder sie nicht willens oder bereit ist. Ein Klient will vielleicht z. B. gerade noch nicht in Trance gehen, also wartet der Therapeut in einem solchen Fall ein wenig; oder vielleicht findet der Klient es schwierig, sich zu entspannen, woraufhin der Therapeut durch ein nonverbales Leading die Anspannung zunächst größer werden läßt, um dann schließlich zur Entspannung zu führen. In Kürze gesagt, der Therapeut paßt das Tempo und die Verhaltensziele des nonverbalen Pacing und Leading an die Erlebenswirklichkeiten des Klienten an.

Einige klärende Bemerkungen

Wir haben bisher skizziert, wie das Bewußtsein einer Person, das sich auf die Dinge außerhalb ihrerselbst richtet, durch verbale und nonverbale Kommunikationen Gegenstand von Pacing und Leading werden kann. Bevor wir diesen Teil abschließen, sind verschiedene wichtige Punkte noch zu klären.

1. Verbales und nonverbales Pacing und Leading sind normalerweise gleichzeitig wirksam. Das gilt besonders für die Ergänzung von Verbalisierungen durch nonverbale Kommunikationen. Der Therapeut kann z. B. ein allmähliches Fortschreiten hin zur Entspannung verbal beschreiben, während er, damit übereinstimmend, seine nonverbalen Äußerungen entspannt; oder er kann über die Entwicklung einer bestimmten Emotion (z. B. Glück) sprechen, während er diese Emotion durch die emotionale Tönung seiner Stimme und durch seinen Gesichtsausdruck mitteilt; oder wenn er, sagen wir, eine Handlevitation erreichen möchte, kann er eine Bewegung nach oben suggerieren, indem er seine Stimme hebt und diese Suggestion mit der Einatmung des Klienten synchronisiert. Wenn das auf eine natürliche (nicht übertriebene) Art geschieht, kann dieser allgemeine Vorgang der Nutzung mehrerer Verhaltenskanäle ganz wirkungsvoll sein, um sich zu einem Zustand Zugang zu verschaffen.

Verbale und nonverbale Kommunikationen können auch beim indirekten Pacing und Leading miteinander kombiniert werden. Der Therapeut kann z. B. die bewußten Prozesse des Klienten mit einer scheinbar wichtigen Diskussion verbal ablenken, während er sich gleichzeitig über nonverbale Kanäle dessen Unbewußtes zugänglich macht. Wie wir sehen werden ist das eine übliche und äußerst erfolgreiche Strategie für die hypnotische Kommunikation.

2. Der bisher beschriebene Pacing- und Leading-Typ des Verhaltens - graduell, permissiv und adaptiv - ist nicht immer angemessen. Kapitel 7 führt genauer aus, inwiefern es z. B. manchmal lohnender ist, die Rhythmen des Klienten/der Klientin bewußt zu unterbrechen oder seinen/ihren Standpunkt direkt in Frage zu stellen. Diese „Schock-" oder „Konfusions"techniken dienen dazu, die Person von bewußten Prozessen zu trennen und dadurch der Entwicklung anderer Seinsweisen eine Chance zu geben, die mehr Unterstützung ermöglichen. Solche Techniken haben Erfolg, weil auch sie nichts anderes sind als ein Pacing und Leading, *jedoch auf einem höheren Niveau*; d. h., sie unterstützen die Wünsche des Individuums, im Leben mehr Wahlmöglichkeiten zu entwickeln.

3. Diese Techniken wirken nur dann sehr wirkungsvoll, wenn sie intelligent und stimmig angewendet werden. Der Hypnotherapeut benutzt Techniken, um therapeutische Ziele zu erreichen. Es wurde wiederholt hervorgehoben, daß er oder sie dafür flexibel und anpassungsfähig sein muß. *Das soll aber nicht heißen, daß der Therapeut nichts anderes tut als der Richtung des Klienten zu folgen*; wer erfolgreich mit Hypnose arbeitet, lenkt das Verhalten in der Tat systematisch in eine neue Richtung (z. B. in Trance oder hin zu therapeutischer Veränderung). Viele Praktiker, vor allem Anfänger, vergessen das leider manchmal und verlieren sich hoffnungslos darin, den Klienten durch ein Labyrinth geistiger Prozesse zu jagen. Das ist ganz verständlich: der Ericksonsche Praktiker arbeitet flexibel und weiß wirklich nie genau, wie bestimmte Prozesse zu dem erwünschten Zustand führen. Sehr zu ihrem Schrecken werden Sie daher gelegentlich feststellen, daß der Klient Sie im Kreis herum geführt hat.

Der Therapeut kann das oft daran erkennen, daß er sich frustriert oder verwirrt fühlt oder indem er spürt, daß der Klient die Interaktion dominiert oder kontrolliert. An dieser Stelle empfiehlt es sich, sich zu „sammeln": Gönnen Sie sich einige Augenblicke, um nach innen zu gehen und sich zu „zentrieren". Sobald Sie entspannt sind, können Sie sich fragen: „Was tut diese Person immer wieder? (Das heißt: An welche starren Muster ist der Klient fixiert?) Wie kann ich mit diesen Mustern Kontakt aufnehmen und sie als Wege zum erwünschten Zustand würdigen?" Wenn Sie spüren, daß sich die richtige Einschätzung der Verhaltensschleife des Klienten entwickelt hat, dann wenden Sie sich dem Klienten wieder zu und beginnen Sie von neuem.

Es ist wichtig, daß Therapeuten nicht allzusehr aus der Fassung geraten (indem sie sich z. B. schämen, wütend oder verwirrt werden), wenn ihnen bewußt wird, daß sie sich in den Prozessen des Klienten „verloren" haben, weil das nur weiter jeden Fortschritt hemmt. Beurteilen Sie es als etwas, was oft vorkommt und leicht verändert werden kann, wenn man es sich richtig eingesteht. Es hat oft tatsächlich die äußerst günstige Wirkung, dem Klienten ein Modell dafür zu liefern, wie er mit Versagen oder Verwirrung erfolgreich umgehen und sie verändern kann. In jedem Fall lehrt es den Therapeuten, daß Pacing und Leading von Verhalten permissiv, aber direkt, flexibel, doch systematisch sein muß. Werden sie ohne Kenntnis angewandt, können die Prozesse die Wahlmöglichkeiten und den Erfolg des Therapeuten eher einschränken als erweitern; wenn sie aber ganz bewußt eingesetzt werden, sind sie großartige Werkzeuge, mit denen sich unbegrenzt viele befriedigende Erfahrungen hervorrufen lassen.

4. Der Inhalt einer erfolgreichen Utilisation ändert sich ständig.
Pacing und Leading sind Prinzipien der Beziehung; sie sind Rezepte für eine Kooperation mit jeweils aktuell gezeigten Verhaltensmustern. Ob eine Technik ein Pacing oder ein Leading zustande bringt oder nicht, spiegelt sich ganz in der Reaktion des Klienten; die Technik kann nicht unabhängig von der Beziehung definiert werden. Das Vorgehen des Therapeuten ist mit den Worten von T. S. Eliot (1963) charakterisiert durch „Zeichen und Ahnungen, Zeichen, denen Ahnungen folgen" (S. 213). Die tiefer werdende Absorbiertheit des Klienten zeigt an, ob die Technik Erfolg hat; diese muß dann von neuem modifiziert werden, weil sich ja auch das Erleben des Klienten wandelt. Was also im Moment ein wirksames Pacing sein mag, ist bald danach gewöhnlich unangemessen. Der Therapeut muß seine Kommunikationsangebote dem sich wandelnden Erleben des Klienten entsprechend kontinuierlich verändern. Damit der Therapeut weiß, was er tun muß, bleibt er ganz auf den Klienten konzentriert; das bedeutet, die Muster des Klienten bilden den Kontext der Kommunikation des Therapeuten. Daran zeigt sich von neuem die Notwendigkeit einer interpersonalen Trance.

Erschliessen und Nutzbarmachen von inneren Prozessen

Da Ericksonsche Strategien auf aktuell ablaufenden Prozessen aufbauen, muß der Praktiker in der Lage sein, genau zu beurteilen, was der Klient gerade erlebt, besonders insofern es a) das Tranceniveau, b) die allgemeine emotionale Verfassung und c) alle bewußten Prozesse betrifft, welche die Tranceerfahrung stören. Dieser Abschnitt untersucht, wie sich das durch Beobachtung minimaler Hinweise in die Tat umsetzen läßt.

Minimale Hinweise

Um es zu wiederholen, *minimale Hinweise* sind subtile Veränderungen im jeweils aktuell gezeigten Verhalten einer Person, die normalerweise unbemerkt bleiben. Sie sind ein Werk *ideodynamischer Prozesse*, welche Ideen automatisch in dynamische Ausdrucksformen übertragen. Wenn ich also über ein glückliches Ereignis nachdenke, fange ich auch an, ein wenig glücklicher auszusehen; wenn ich eine Angst erzeugende Erfahrung wiederbelebe, schränkt sich meine Atmung von neuem ein und meine Pupillen weiten sich. *Ideodynamische Reaktionen sind in Trancezuständen gewöhnlich intensiviert.*

In Tabelle 4.1 sind einige minimale Hinweise zusammengestellt, die für hypnotische Arbeit typisch und wichtig sind. Um ihren Wert richtig einzuschätzen, wollen wir kurz in die wunderbare Welt des Sherlock Holmes eintauchen. Im folgenden Abschnitt - einer vorzüglichen Illustration der Holmesschen „Wissenschaft der Deduktion" - haben der Held und Dr. Watson in ihrer Londoner Wohnung einen beschaulichen Nachmittag mit Zeitunglesen verbracht. Holmes unterbricht Watsons Tagträumerei durch eine Äußerung, mit der er zu erkennen gibt, daß er die Gedankengänge des Doktors „gelesen" hat. Wir setzen hier mit Watsons skeptischer Antwort ein (A. C. Doyle 1905: S. 423-424):

> „Wollen Sie damit sagen, daß Sie meine Gedankengänge an meinen Gesichtszügen abgelesen haben?"
> „An Ihren Gesichtszügen, und besonders an Ihren Augen. Vielleicht können Sie sich nicht darauf besinnen, wie Ihre Träumereien begonnen haben?"
> „Nein, das kann ich nicht."
> „Dann will ich es Ihnen sagen. Sie ließen Ihre Zeitung fallen, wodurch Sie meine Aufmerksamkeit auf sich zogen, und saßen dann eine halbe Minute lang mit einem Ausdruck der Leere da. Dann hefteten sich Ihre Augen an das neu gerahmte Bild von General Gordon, und ich sah durch die Veränderung in Ihrem Gesicht, daß ein Gedankengang eingesetzt hatte. Der aber führte nicht weit. Ihre Augen gingen hinüber zum ungerahmten Porträt von Henry Ward Beecher, das über Ihren Büchern steht. Sie sahen dann flüchtig zur Wand hinauf, und Ihre Absicht war natürlich offenkundig. Sie dachten, daß das Porträt, wenn es gerahmt wäre, genau die kahle Stelle zudecken könnte und daß es dem Bild von Gordon dort drüben entspräche."
> „Sie sind mir wunderbar gefolgt!", rief ich aus.

„Bis dahin hätte ich kaum irregehen können. Doch dann gingen Ihre Gedanken zu Beecher zurück, und Sie sahen angestrengt hinüber, als studierten Sie den Charakter in seinen Gesichtszügen. Dann hörten Ihre Augen auf, sich zusammenzuziehen, doch Sie sahen weiter dort hinüber, und Ihr Gesicht war nachdenklich. Sie erinnerten sich an die Ereignisse in Beechers Laufbahn. Mir war ziemlich klar, daß Sie das nicht konnten, ohne an die Mission zu denken, die er zur Zeit des Bürgerkrieges im Auftrag des Nordens unternommen hatte, denn ich erinnere mich, daß Sie ihre leidenschaftliche Entrüstung darüber zum Ausdruck brachten, wie er von den Aufrührerischeren unseres Volkes empfangen wurde. Sie hatten diesbezüglich so starke Gefühle, daß ich wußte, daß Sie nicht an Beecher denken konnten, ohne auch daran zu denken. Als ich einen Augenblick später sah, wie Ihre Augen sich vom Bild lösten, vermutete ich, daß Ihre Gedanken sich jetzt dem Bürgerkrieg zugewendet hatten, und als ich beobachtete, daß Ihre Lippen erstarrten, Ihre Augen funkelten und Ihre Hände sich umklammerten, war es für mich eindeutig, daß Sie wirklich an die Tapferkeit dachten, die beide Seiten in diesem verzweifelten Kampf gezeigt hatten. Dann aber wurde Ihr Gesicht wieder trauriger; Sie schüttelten den Kopf. Sie verweilten bei der Traurigkeit, dem Schrecken und der sinnlosen Vergeudung von Leben. Ihre Hand stahl sich hin zu Ihrer alten Wunde, und ein Lächeln bebte auf Ihren Lippen, das mir zeigte, daß die lächerliche Seite dieser Methode, internationale Fragen zu regeln, sich Ihnen aufgedrängt hatte. An diesem Punkt stimme ich Ihnen zu, daß es absurd war, und ich war froh festzustellen, daß alle meine Deduktionen zutrafen."
„Absolut!", sagte ich. „Und jetzt, da Sie es erklärt haben, gestehe ich, daß ich noch genauso verblüfft bin wie zuvor."
„Es war leicht von außen zu sehen, mein lieber Watson, das versichere ich Ihnen. Ich hätte es Ihrer Aufmerksamkeit nicht aufgedrängt, wenn Sie nicht neulich eine gewisse Skepsis gezeigt hätten. Doch der Abend hat eine frische Brise mit sich gebracht. Was halten Sie von einem Bummel durch London?"

Seien Sie versichert, daß man nicht die außergewöhnliche Prägnanz und den Scharfsinn eines Sherlock Holmes besitzen muß, um erfolgreich zu sein. Es ist aber klug, einige Punkte genauer anzusehen, auf die der Textausschnitt hinweist.

Am wichtigsten ist, daß das *Lesen* minimaler Hinweise genaue Beobachtung verlangt. Hier finden wir wieder die Notwendigkeit eines nach außen gerichteten Zustandes. Insbesondere richtet der Therapeut seine ganze Aufmerksamkeit entspannt, ohne zu kritisieren, aber mit Bedacht auf den Klienten, dann sucht er nach subtilen, doch informativen *Veränderungen* - „Unterschiede, die einen Unterschied machen" (Bateson 1972: S. 272). Wenn der Therapeut ein bestimmtes Thema einführt, kann er z. B. bemerken, daß der Klient eine eingeschränkte Atmung oder wachsende Muskelspannung oder Pupillenerweiterung usw. zeigt.

Anfangs haben viele Leute Schwierigkeiten, minimale Hinweise zu entdecken. Das ist oft kulturell bedingt: Das Kind, das den Fremden aufmerksam ansieht, wird wiederholt gescholten und gemahnt, niemanden anzustarren; oder wenn eine Person sich einer anderen mit ganzer Aufmerksamkeit zuwendet, löst sie bei ihr in den meisten Situationen Angst oder sogar Feindseligkeit aus. Wir lernen also im allgemeinen, davon Abstand zu nehmen, eine andere Person irgendwie genau, intensiv oder länger anzusehen.

Therapeuten müssen diese Wahlmöglichkeit zurückgewinnen. Zu diesem Zweck können sie mit ein paar einfachen Beobachtungsübungen beginnen. Eine relativ leichte Übung besteht darin, die Beobachtung auf nur zwei Arten von Hinweisen (siehe Tabelle 4.1) zu beschränken.

Man kann das üben in sozialen Situationen, an denen man nicht aktiv teilnimmt, und deshalb frei ist, den fraglichen Hinweisen seine ganze Aufmerksamkeit zu widmen; bei einer Party oder in einem Café z. B. lassen sich Leute, die sich in der Nähe mit einander unterhalten, diskret studieren.

Allgemein gilt, daß ein entspannter, nach außen orientierter Zustand die Beobachtungsfähigkeit vergrößert. In dieser Hinsicht läßt man bewußte Prozesse (z. B. inneren Dialog) normalerweise am besten außer acht. Das ist manchmal schwierig, besonders wenn Sie sich Gedanken machen, ob Sie wirklich in der Lage sind, die minimalen Hinweise wahrzunehmen oder was Sie tun, wenn Sie sie tatsächlich sehen. Diese Furcht vor dem Versagen wirkt unausweichlich als eine sich selbst erfüllende Prophezeiung, weil sie die volle Aufmerksamkeit für minimale Hinweise verhindert. Um solchen Gedanken entgegenzuarbeiten, kann man seine Aufmerksamkeit durch Übungen, wie z.B. die in Kapitel 3 beschriebenen, trainieren.

Wenn die Fähigkeit, verschiedene Hinweise wahrzunehmen, subtiler wird, kann der Bereich der Beobachtung erweitert werden. Insbesondere kann man damit beginnen, *Konfigurationen von Hinweismustern* zu entdecken. Damit das gelingt, sollten Sie zuerst eine nach außen orientierte Trance entwickeln und dann Ihre Augen auf einen Punkt ca. 30 cm vor der jeweiligen Person fixieren[2]. Wie zuvor schon bemerkt, ermöglicht dies eine ganzheitlichere Betrachtung des Verhaltens der Person. Man kann dann z.B. beobachten, daß sie die Hände im Rhythmus ihres Sprechtempos bewegt; das Erblassen des Gesichts kann begleitet sein von einer Versteifung des Halses und von eingeschränkter Atmung; ein Lächeln kann auftauchen, während sich gleichzeitig die Faust ballt. Es ist viel leichter, solche Muster zu beobachten, wenn man nicht versucht, sie sofort zu interpretieren! Eine einfache Beschreibung ist anfangs sehr angemessen; eine zutreffende Interpretation entwickelt sich dann allmählich. Es braucht Zeit, seine Geschicklichkeit im Beobachten, die lange brach lag, zu kultivieren; verwenden Sie daher viel Geduld auf diese Trainingsprozesse.

Tabelle 4.1: Überblick über einige minimale Hinweise, die wichtig sein können

Kinetische Hinweise	Paralinguistische Hinweise	Sprachliche Hinweise
1. *Augen* (z. B. Blickkontakt/ Vermeidung des Blickkontaktes, Lidschlagfrequenz, Zittern der Augenlider, Pupillenweite, Zugangshinweise, Fixierung/ verfolgende Bewegungen, Tränen, "Zwinkern", Zucken der Augenmuskeln, weit geöffnet/halb geschlossen, "stark/leicht" starrer Blick)	1. *Tonlage der Stimme* (z. B. schroff/sanft, näselnd/ klangvoll, monoton/erregt, laut/leise, weinerlich, schrill/angenehm, heiser/erstickt	1. *Prädikate* (z. B. visuell, auditiv, kinästhetisch, allgemein, unklar)
2. *Wangen* (z. B. flach werden, Zuckungen, angespannter Kiefer, rot werden/blaß werden, Symmetrie/ Assymetrie der beiden Gesichtshälften)	2. *Sprechtempo* (z. B. Verzögerungen, Pausen, schneller/langsamer werden schnell/langsam)	2. *"Organsprache"* (z. B. "Fall mir nicht in den Rücken", "Das sitzt mir im Nacken", "Es liegt mir im Magen" . . .
3. *Lippen* (z. B. Veränderung der Färbung, Veränderung der Größe, gespitzte Lippen, leichtes Lächeln)	3. *Intonationsmuster* (z. B. monoton/vielfältig, rhythmisch/unrhythmisch)	3. *Begriffliche Methaphern* (z. B. "Das Leben ist ein Kampf", Zeit ist Geld)
4. *Stirn* (gespannt/entspannt, gefurchte Augenbrauen, Stirnrunzeln, Hochziehen der Augenbrauen)	4. *Stimmvolumen* (z. B. voll/sanft, wachsend/ leiser werdend)	
5. *Nacken/Hals* (Verspannen, Sichtbarwerden des Pulsschlages, Schlucken)		
6. *Kopfbewegungen* (z. B. "gespitzte Ohren", leichtes ideomotorisches Nicken oder Schütteln, Herabsenken des Kopfes auf die Brust während der Trance, Einziehen/Vorstrecken)		
7. *Schultern* (z. B. angespannt/ entspannt, gekrümmt, hochgezogen)		
8. *Hände* (z. B. gefaltet, zur Faust geballt/entspannt, Zucken - besonders während Armlevitationen, ruhig/ aktiv, nervös spielend)		
9. *Allgemeiner Muskeltonus* (z. B. angespannt/entspannt)		
10. *Körperhaltung* (z. B. vor-/zurücklehnen, zu- oder abgewandt, verschränkte Arme oder Beine, liegend, aufrichten strecken)		
11. *Atmung* (z. B. regelmäßig/ unregelmäßig, Bauch-/ Brustatmung, schnell/langsam, unterbrochen eingeschränkt, "Integrationsseufzer")		
12. *Untere Körperhälfte* (z. B. Fußtippen, gekreuzte Beine)		

Hat man minimale Hinweise einmal beobachtet, kann man sie auch interpretieren. Der sensible Praktiker kann äußerst geschickt darin werden, innere Erfahrungen aus minimalen Hinweisen zu erschließen. Einige Inferenzen sind direkt möglich, etwa, wenn eine allgemeine emotionale Verfassung (z. B. Glücklichsein) geäußert wird. Wie Ekman (1972, 1980) gezeigt hat, sind bestimmte Gesichtsausdrücke wie etwa das glückliche Lächeln - in allen Kulturen Indikatoren derselben Emotion.

Außerdem hängt die Bedeutung letztlich vom Kontext ab. Ein Hinweis bedeutet für die eine Person etwas Bestimmtes, für eine andere Person jedoch etwas anderes. Wenn dieser kritische Punkt vergessen wird, kommt es sehr wahrscheinlich zu falschen Schlüssen. Interessanterweise trifft das mitunter eher auf erfahrene Praktiker als auf Neulinge zu, weil die ersteren wegen ihrer Fähigkeiten manchmal ein bißchen „eingebildet" werden.

Ein ziemlich amüsantes Beispiel dafür ereignete sich vor einigen Jahren, als ich eine Trainingsgruppe von Kollegen leitete. Das Thema des Abends waren minimale Hinweise, und ich nahm einen Freiwilligen, um verschiedene Punkte zu demonstrieren. Ich bat ihn, seine Augen zu schließen, „nach innen zu gehen" und sich an eine Situation zu erinnern, in der er glücklich war. Als er das tat, kommentierte ich verschiedene minimale Hinweise, die er zu zeigen begann, wie tiefere Atmung, Erröten des Gesichts und Entspannung der Wangenmuskeln. Ich hob besonders die auffällige Schwellung und Rötung seiner Lippen hervor. Da ich wußte, daß er eine romantische Beziehung zu einer Frau hatte, nahm ich auf der Grundlage der genannten Erfahrung an, das er sich an eine amouröse Begegnung erinnerte. Ich reorientierte ihn daher im Raum und ließ dramatisch eine Pause folgen, bevor ich selbstgefällig fragte: „Möchten Sie gern erzählen, wie wundervoll dieser Kuß wirklich war?" Er sah mich spöttisch an und sagte: „Kuß? Was für ein Kuß? Zusammen mit ein paar Freunden aß ich eine furchtbar scharfe Pepperoni-Pizza. Sie war so scharf, daß meine Lippen brannten, aber sie war auf jeden Fall gut!" Die Lektion, die ich dabei lernte, war die erlittene Kränkung wert.

Es ist demnach klug, sich auf zusätzliche Informationsquellen zu stützen. Der Abschnitt aus Sherlock Holmes (siehe S. 151-152) zeigt, inwiefern der unmittelbare Kontext eine Interpretationshilfe ist. Jede von Holmes Deduktionen folgt aus früheren, z. B. wenn er Watsons starren Blick zur Wand auf der Grundlage von dessen vorausgegangener Fixierung der Abbildung des Generals deutet. Eine zweite Hilfe beim Schlußfolgern ist für den Therapeuten das Wissen um die Geschichte des Klienten. Das wird ebenfalls treffend demonstriert durch die Art und Weise, wie Holmes von seinem Wissen um Watsons gedankliche Assoziationen zwischen General Beecher und einer Begebenheit des Bürgerkrieges Gebrauch macht.

Aber auch die besten Hilfen beim Schlußfolgern führen einen manchmal in die Irre. Sie sollten daher Ihrer Fähigkeit, Hypothesen frei zu generieren, voll vertrauen und gleichzeitig immer an deren Gültigkeit zweifeln, bevor Sie sie mit dem Klienten ausprobieren. Das kann man auf verschiedene Weise tun, je nachdem, welcher Aspekt des Erlebens der Person zu welchem Zweck nutzbar gemacht wird. Der letzte Teil dieses Abschnittes untersucht drei Aspekte, die für die hypnotische Arbeit zentral sind: (1) das Tranceniveau, (2) die emotionale Verfassung und (3) kognitive Strategien.

Motorische, physiognomische und physiologische (= behaviorale) Indikatoren der Trance

Da hypnotisierte Personen sich normalerweise nicht extensiv bewegen oder sprechen, läßt sich das Tranceniveau am besten durch die Beobachtung minimaler Hinweise beobachten Die häufigsten Hinweise, welche eine Trance anzeigen, sind in Tabelle 4.2 zusammengestellt. Wenn auch die meisten Menschen in einer nach innen orientierten Trance für gewöhnlich diese minimalen Hinweise zeigen, so gibt es doch beachtliche individuelle Unterschiede. Während die eine Person vielleicht äußerst entspannt aussieht, kann eine andere wie erstarrt und in einem Schwebezustand gefangen erscheinen.

Ein Individuum für sich betrachtet zeigt jedoch während verschiedener Trancezustände minimale Hinweise, die jeweils ähnlich strukturiert sind. Es ist daher für einen Therapeuten normalerweise nicht zu schwierig, das Tranceniveau eines bestimmten Klienten nach einiger Erfahrung mit ihm zu erkennen. Außerdem braucht der Therapeut sich nicht ausschließlich auf minimale Hinweise zu stützen. Weitere Techniken zur Beurteilung der Trance sind die Vereinbarung ideomotorischer Zeichen und das posthypnotische Gespräch.

Diese minimalen Hinweise lassen sich auch nutzen, um - was nicht weniger wichtig ist - zu erkennen, wann eine Person aus der Trance zurückkommt. Wenn Verhaltensweisen wie z. B. Schluckreflexe, Öffnen der Augen, spontanes Sprechen, Körperbewegungen, Stirnrunzeln und Orientierungsreaktionen wieder einsetzen, bedeutet das typischerweise, daß die Trance leichter wird. Der Therapeut braucht wegen dieser häufig auftretenden Entwicklung nicht beunruhigt oder enttäuscht zu sein, er sollte sie vielmehr anerkennen und nutzbar machen. Es ist beispielsweise oft am besten, jegliche Arbeit, die für die tiefe Trance bestimmt ist, nicht fortzusetzen, sobald der Klient sich nicht mehr in einer tiefen Trance befindet, und zu Induktionstechniken zurückzukehren. Davon wird in den Kapiteln 5 und 6 noch ausführlicher die Rede sein.

Tabelle 4.2
Einige häufige behaviorale Indikatoren der Trance

1. Bei geöffneten Augen: Abnahme oder Verlust des Lidschlagreflexes;
Zittern der Augenlider;
Blickfixierung;
Pupillendilatation;
Abnahme der Augenbewegungen;
spontanes Schließen der Augen.
2. Fehlende Körperbewegungen
3. Verbale Hemmung
4. Muskelentspannung
5. Veränderung der Atmung: Bauchatmung;
Rhythmus verlangsamt und regelmäßiger
6. Verlangsamung der Pulsfrequenz
7. Verlangsamung der Herzfrequenz
8. Glättung (Verflachung) der Gesichtsmuskeln (besonders im Bereich der Wangen)
9. Abnahme oder Verlust der Orientierungsreaktion (z. B. auf Geräusche im Raum)
10. Veränderung der Gesichtsfarbe (entweder blasser - was eher auf dissoziierte Zustände verweist - oder gerötet, was an größere kinästhetische Entspannung denken läßt)
11. Zeitverzögerte Reaktionen (z. B. beim Sprechen oder bei Bewegungen)
12. Spontanes ideomotorisches Verhalten (z. B. Zucken der Finger, Armlevitation, Zittern der Augenlider)

Das emotionale Erleben des Klienten

Der Therapeut muß auch die allgemeine emotionale Verfassung des Klienten (Streß, Entspannung, Traurigkeit usw.), und vor allem deren Intensität im Auge behalten[3]. Während Tranceprozessen ist das besonders wichtig, wo ein großer Teil der Arbeit darin besteht, emotionale Zustände zugänglich und nutzbar zu machen. Wenn man sich emotionalen Befindlichkeiten zuwendet, sind genaue Details nicht immer entscheidend: Oft genügt es zu erkennen, ob ein Zustand unangenehm, angenehm oder neutral ist. Unangenehme Gefühle zeigen sich oft durch unterbrochene Atmung, Erröten des Gesichts, Muskelverspannung, Tränen der Augen, Asymmetrie der rechten und linken Gesichtshälften usw.; angenehme Gefühle sind oft begleitet von einer entspannteren, regelmäßigeren Atmung, Seufzern, Lächeln, „zufriedenem Aussehen", Symmetrie der rechten und linken Gesichtshälfte, flach werden der Gesichtsmuskeln usw.

Diese Art von Hinweisen sind im allgemeinen Indikatoren für die emotionale Reaktion eines Klienten auf ein bestimmtes Thema. Ein Klient macht vielleicht einen sehr angespannten Eindruck, wenn man seine Frau erwähnt, was nahelegt, daß es in der Beziehung einen Konflikt gibt; ein anderer Klient sieht vielleicht heiter aus, wenn eine Reise mit dem Rucksack beschrieben wird und gibt damit einen Hinweis auf eine Quelle angenehmer Erfahrungen. Der Therapeut/die Therapeutin kann diese Information auf verschiedene Weise nutzen; er oder sie kann wünschen, daß der Klient das Gefühl weiter empfindet (es intensiviert) oder dies nicht tut (sich von ihm löst), je nachdem, was die Situation erfordert. Zur Veranschaulichung lassen sich in Kürze drei Möglichkeiten nennen:

1. **Die Technik des „Im - Dunkeln - Fischens".** Das ist die leicht veränderte Version einer Technik desselben Namens, die von Erickson und Rosen (1954) berichtet wurde, bei welcher der Hypnotherapeut, der den (die) spezifischen unbewußten Konflikt(e) des hypnotisierten Klienten nicht kennt, ihn drängt, diese(n) zu fühlen: „FÜHLEN SIE IHN!", bis sich ein Zugang zum spezifischen Konflikt eröffnet und er dann therapeutisch nutzbar gemacht werden kann. Die Technik hat Ähnlichkeit mit dem Spiel „Zwanzig Fragen". Konkret sucht der Therapeut, Zugang zu einem Zustand im Klienten zu gewinnen, indem er anfangs eine Reihe sehr allgemeiner Themen nennt, dann grenzt er die Themen, entsprechend den minimalen Hinweisreaktionen des Klienten, nach und nach ein. Man kann auch, wie im folgenden Beispiel, angenehme Erfahrungen zugänglich machen, um dadurch eine Trance zu induzieren:

Beispiel

Ist es nicht schön, zu wissen, während Sie hier sitzen, daß die Trance eine natürliche Erfahrung ist, die Sie genießen können, ganz ähnlich wie viele andere, die Sie davor schon hatten ... daher kann Ihr Unbewußtes sich auf jene angenehmen Erinnerungen beziehen, um eine Trance zu entwickeln ... Und ich weiß nicht, welche von diesen Erfahrungen Ihr Unbewußtes auswählt ... das ist auch nicht wichtig, welche es sind;

Erläuterung

Der Therapeut beginnt hier mit einem allgemeinen Pacing (des äußeren Verhaltens) und Leading (bewußte Wahrnehmung innerer Vorgänge). Diese allgemeine Aussage wird dann verglichen (d. h. verknüpft) mit häufig erlebten erfreulichen Erfahrungen. Damit wird die Trance nicht nur in natürliche Begriffe gefaßt, sondern es wird versucht, die Erfahrung auch herbeizuführen. Nachdem jede Möglichkeit erob Sie sich an ein erfreuliches Picknick mit Freunden erinnern (Pause) ... oder daran, wie es ist, wenn Sie sich tief in müßigen Tagträumen verlieren ... (Pause) ... oder vielleicht die Erinnerung daran, wie Sie eine Landstraße entlangfuhren und dabei glücklich waren ... (Pause) ... oder das wunderbare Gefühl, eine andere Person zu lieben ... (Pause) ... so ist es gut ... es ist nicht wichtig, welche Sie weiterentwickeln, weil Sie in Trance lernen können, sich auf viele verschiedene Weisen zu schätzen.

wähnt ist, macht der Therapeut eine Pause und schaut den Klienten erwartungsvoll (3-5 Sekunden lang) an, wodurch er den Zugang unterstützt. Hier ist zu bemerken, daß dieser Prozeß nur in Gang kommt, wenn es gelingt, die ganze Aufmerksamkeit des Klienten zu fesseln. In diesem konkreten Beispiel zeigte der Klient nur eine geringe Reaktion auf die ersten Themen, während er auf den romantischen Allgemeinplatz mit Erröten, glasigen Augen, Lächeln, entspannter Muskulatur usw. reagierte. Entsprechend fuhr der Therapeut fort, indem er von der Trance als einem Prozeß sprach, in dem man sich selbst wirklich schätzt. Die sehr positive Assoziation des Klienten bei der romantischen Andeutung wurde als Grundlage für eine Tranceentwicklung nutzbar gemacht. Für einen anderen Klienten wäre das natürlich nicht angemessen gewesen. Wiederum, das Weltbild des Klienten sollte immer hinreichende Berücksichtigung finden.

Dieselbe einfache Strategie kann auch für die hypnotherapeutisch wichtige Aufgabe, dissoziierte Erlebnisse des Klienten zugänglich zu machen, genutzt werden:

Beispiel

Erläuterung

Und hier ist eine Erfahrung, die Sie jetzt schon sehr lange gemieden haben ... und Sie haben versucht, nicht daran zu denken ... aber diese Erfahrung hat Ihnen

Der Therapeut beginnt wieder sehr allgemein; was er sagt, klingt jedoch sehr kongruent und konkret. Natürlich vermeidet praktisch jeder irgendwelche Erfah-

viel Kummer bereitet ... und es ist nicht wichtig, ob diese Erfahrung etwas mit der Beziehung zu Ihrer Frau zu tun hat ... (bedeutungsvolle Pause) ... oder zu ihren Kindern ... (bedeutungsvolle Pause) ... oder mit Ihrer beruflichen Arbeit ... (bedeutungsvolle Pause) ... Was wichtiger ist: Ihr Unbewußtes hat die Fähigkeit, mit jener Erfahrung Kontakt aufzunehmen, sie zu erforschen und zu verwandeln ... so ist es gut ... und während Sie ein- und ausatmen, können Sie weiterhin diese Erfahrung spüren ...

rungen; der Klient hat daher im allgemeinen keine Schwierigkeiten, sich eine bestimmte Erfahrung zugänglich zu machen. In diesem Fall wies der Klient Muskelzuckungen und eine eingeschränkte Atmung auf, als seine Arbeit erwähnt wurde. Das Thema wurde deshalb fortgesetzt, und der Klient zeigte eine wachsende Anspannung. Sie wurde genutzt, um eine Trance zu induzieren, in der das Problem therapeutisch exploriert wurde. Wie sich ergab, wollte er verzweifelt einen Job aufgeben, den er schrecklich unbefriedigend fand.

Dieses Voranschreiten vom Allgemeinen zum Besonderen ist eine ausgezeichnete Strategie, um die markanten Erlebnisse eines Klienten als Grundlage hypnotischer Explorationen nutzbar zu machen. Der Therapeut nennt verschiedene Möglichkeiten; der Klient zeigt nonverbal, wie relevant sie jeweils für ihn sind. Ich habe oft beobachtet, wie Erickson raffinierte Versionen dieser Strategie angewendet hat. Interessanterweise erklärten ihn einige Leute für „übersinnlich" begabt, weil er die Schlüsselerfahrungen ihres Lebens offensichtlich so unheimlich genau bestimmen konnte. Wahrscheinlicher ist aber, daß Erickson seine bemerkenswerten Fähigkeiten ausübte, (1) in einer Weise allgemein zu sprechen, die ganz spezifisch klang und (2) minimale Hinweise genau zu beobachten. Später in Kapitel 6 werden wir noch einmal auf diese Technik des „Im - Dunkeln - Fischens" zurückkommen.

2. Konfusionstechniken. Die bewußten Prozesse einer Person stören oft die Entwicklung einer Trance oder hypnotherapeutischer Veränderungen. Aus diesem Grund wendet der Ericksonsche Praktiker oft Konfusionstechniken an, um diese Prozesse außer Kraft zu setzen. Wie Kapitel 7 im einzelnen untersucht, haben diese Konfusionstechniken eine ähnliche Folge von Schritten gemeinsam, wovon jeder erst dann eingeführt wird, wenn bestimmte minimale Hinweise zu beobachten waren. Insbesondere ein erster Schritt - das Pacing bewußter Prozesse - wird erst beendet, wenn man sehen kann, daß die Person sich wohl und sicher fühlt. Der nächste Schritt - die Konfusion der Prozesse durch

Unterbrechung oder Überladen mit Information - ist abgeschlossen, wenn die Person anfängt, verwirrt oder desorientiert auszusehen. Der folgende Schritt - Ausdehnen der Konfusion - ist dazu da, die Unsicherheit zu vermehren, und er ist beendet, wenn die Person völlig verdutzt dreinschaut. Der letzte Schritt - die Nutzbarmachung der Konfusion - umfaßt Kommunikationen, die dazu bestimmt sind, eine Alternative anzubieten (z. B. eine Trance), um die unangenehme Unsicherheit zu reduzieren.

Kurz gesagt, zu dieser Strategie gehört eine Kommunikationssequenz, deren Ziel es ist, entweder einen angenehmen (der erste und der letzte Schritt) oder einen unangenehmen (die beiden mittleren Schritte) emotionalen Zustand zu verstärken. Und bei jedem Schritt erzeugt der Therapeut Kommunikationen, die auf einer genauen Beobachtung minimaler Hinweise beruhen. Ruft ein bestimmter kommunikativer Kontext oder Prozeß die erwünschte emotionale Reaktion hervor, dann wird er fortgesetzt; wenn nicht, werden andere Kommunikationen ausprobiert.

3. Hypnotherapeutische Verfahren. Um hypnotherapeutische Verfahren erfolgreich durchzuführen, beobachtet der Therapeut die minimalen Hinweise des Klienten, die seine Emotionen anzeigen, genau und paßt sich ihnen an. Vielen dieser Verfahren ist eine allgemeine Strategie gemeinsam, die sich in zwei Schritten vollzieht. Im ersten Schritt - Erschließen des Problemzustandes - dienen hypnotische Kommunikationen einem selektiven Pacing und Leading (Verstärken) minimaler Hinweise, die, wie oben beschrieben, Indikatoren für einen unangenehmen emotionalen Zustand sind. Dieser Schritt ist erst beendet, wenn der Klient ganz in die unannehmbaren Erfahrungen vertieft erscheint, die mit dem Problemzustand verbunden sind. Der zweite Schritt - Anleitung des Unbewußten des Klienten zur Veränderung der Erfahrungen - geht über zu Kommunikationen, die angenehme emotionale Zustände unterstützen und verstärken. Sehr wichtig ist hierbei, daß dieser Schritt erst zu Ende ist, wenn die minimalen Hinweise des Klienten erkennen lassen, daß eine Integration stattgefunden hat (z. B. ein tiefer Seufzer, Symmetrie der rechten und linken Gesichtshälfte, Muskelentspannung).

Diese wichtige Aufgabe, emotionale Hinweise zu erkennen und zu deuten, ist nicht immer leicht, nicht einmal im vereinfachten Fall einer Dichotomisierung von Reaktionen in die Kategorien angenehm und unangenehm. Die Hinweise sind manchmal subtil und deshalb sogar für den trainierten Beobachter nur schwer zu erkennen. Bei einem Klienten z.B. war einer der wenigen Hinweise für großen Streß eine erhöhte Pulsfrequenz in seiner Carotisarterie. Ein anderes Mal wiederum sind die Hinweise eigentümlich. Eine sehr scheue Klientin z. B. blieb im allgemeinen äußerst ruhig während der Trancearbeit; doch wenn sie es brauchte, sich eine Zeitlang zurückzuziehen, dann signalisierte ihre linke Hand das unbewußt durch ideomotorisches Zittern. Und in wieder anderen Fällen sind die Hinweise zweideutig. Schnelles und flaches Atmen z. B. war bei einem Klienten ein Zeichen für ein Gefühl von Kontrollverlust, der therapeutische Versicherungen verlangte; für einen anderen Klienten war dieselbe Reaktion ein typisches Anzeichen für den Beginn eines Integrationsprozesses, der wenig hypnotherapeutischer Anleitung bedurfte.

Der Ericksonsche Praktiker macht sich deshalb mit den besonderen Mustern jedes einzelnen Klienten vertraut. Sobald man die Fähigkeit, genau zu beobachten und sich flexibel anzupassen entwickelt hat, kann man Muster, denen eine Schlüsselbedeutung zukommt, auf verschiedene Weisen erfolgreich identifizieren. Ein einfacher Weg z. B., um Hypothesen über die mögliche Bedeutung einiger minimaler Hinweise zu testen, ist der, mit hypnotischen Kommunikationen fortzufahren, die dazu bestimmt sind, das zu spiegeln und weiterzuentwickeln, was man für die innere Erfahrung des Klienten hält. Der Person in Trance etwa, die mit angenehmen Gefühlen reagiert, wenn man die Freuden des Familienlebens erwähnt, kann man eine weitere Herausarbeitung dieses Themas anbieten. Bleibt er oder sie in Rapport und scheint wirklich glücklicher zu werden, dann kann man im allgemeinen davon ausgehen, daß die Intuitionen bezüglich seines oder ihres emotionalen Zustandes Unterstützung fanden; reagiert er oder sie gleichgültig oder feindselig, sollte man stark vermuten, daß die Intuitionen falsch waren und erneut mit einem allgemeinen Pacing dessen, was im Klienten vorgeht, beginnen. (Sie sollten jedoch daran denken, daß es bei Personen in Trance oft eine Zeitverzögerung zwischen Suggestion und Reaktion gibt; der Hypnotiseur sollte also ein wenig warten, bevor er zu dem Schluß kommt, die Reaktion sei ausgeblieben.) Schlußfolgerungen können in jedem Fall durch posthypnotische Befragungen weiter überprüft werden.

Manchmal jedoch spürt der Therapeut, daß die Dinge nicht so lang warten können. Manche Praktiker werden z. B. unruhig, wenn sie den Inhalt einer intensiven emotionalen Erfahrung, die der Klient spontan entwickelt, nicht kennen. Zwar ist eine solche Information oft nicht vonnöten; sie kann den Therapeuten sogar ablenken, sie kann aber manchmal auch eine Hilfe sein. In solchen Fällen kann man den Klienten bitten, die Erfahrung *kurz zu beschreiben* (nicht sie zu bewerten oder zu erklären). Wenn die Person sich noch immer in Trance und in Rapport mit dem Therapeuten befindet, kann sofort ein hypnotherapeutisches Verfahren zur Nutzbarmachung des emotionalen Erlebens eingeführt werden. Andernfalls kann der Klient aus der Trance reorientiert und die Tranceerfahrung besprochen werden; andere hypnotherapeutische Verfahren lassen sich danach eventuell einführen.

Die Nutzbarmachung von Repräsentationssystemen

Wir achten im allgemeinen nicht bewußt auf alles das, was wir zu einem bestimmten Zeitpunkt erleben, sondern wählen gewisse Aspekte aus, die wir bewußt „repräsentieren". Zum Beispiel wenden Sie sich wahrscheinlich Ihrem Sehsystem zu, um diese Worte zu lesen. Doch während ich das erwähne, beginnen Sie vielleicht, sich auf verschiedene Geräusche Ihrer äußeren Umgebung einzustimmen. Oder Sie spüren jetzt vielleicht eine wachsende Entspannung oder beginnen damit, im inneren Dialog eine Spur zu verfolgen. Wenn Sie in diese Erlebnisse vertieft sind, ist es wahrscheinlich, daß Sie sich an einer der Sinnesmodalitäten (visuell, auditiv, kinästhetisch) jeweils mehr als an den anderen orientieren.

Grinder und Bandler (1975) bezeichneten diese Modi bewußter Informationsverarbeitung als Repräsentationssysteme. Sie behaupteten, daß die meisten Individuen ein bestimmtes *Repräsentationssystem* haben, das bei ihnen *besonders hoch entwickelt* ist oder das sie *am meisten bevorzugen*. Das bedeutet, daß manche Personen in erster Linie in visuellen Bildern denken; andere berufen sich primär auf auditive Symbole (z. B. inneren Dialog); wieder andere bevorzugen eine kinästhetische Metaphorik (d. h. Gefühle)[4]. Aus heutiger Sicht sind wir fähig, uns in einer bestimmten Situation jedes Repräsentationssystems zu bedienen (siehe z. B. Richardson 1969). Darüber hinaus wirken alle Systeme im Kontext produktiver Zustände von erlebter Einheit (z. B. Trance) als integriertes Ganzes zusammen. Bewußte Strategien neigen jedoch dazu, Repräsentationssysteme zu unterscheiden (sie zu dissoziieren), so daß eines (als Gestalt) in den Vordergrund rückt, während die anderen als periphere (Grund- oder unbewußte) Wahrnehmung in den Hintergrund treten. Diese Differenzierung ist weiter kein Problem, wenn man relativ flexibel bleibt und erlaubt, daß sich die Modalitätendominanz verändert, sobald die Situation es rechtfertigt. Auf diesen Prozeß hat Albert Einstein in einem Brief an Jacques Hadamard aufmerksam gemacht (berichtet in Ghiselin 1955):

> Die Wörter oder die Sprache, wie sie geschrieben oder gesprochen werden, scheinen überhaupt keine Rolle in meinem Denkmechanismus zu spielen. Die physischen Entitäten, die als Elemente des Denkens zu dienen scheinen, sind bestimmte Zeichen und mehr oder weniger klare Bilder, die „willkürlich" reproduziert und kombiniert werden können ... Die o.g. Elemente sind in meinem Fall visueller und einige muskulärer Art. Konventionelle Worte und andere Zeichen müssen erst in einem zweiten Stadium mühsam gesucht werden, wenn das erwähnte assoziative Spiel genügend etabliert ist und willentlich produziert werden kann (S. 43).

Es ist die chronische (d.h. unveränderliche) Bevorzugung einer Modalität, die kreative Reaktionen unterdrückt, denn eine gelungene Lebensführung verlangt den ausgewogenen Gebrauch aller Systeme. Der Akademiker, der dazu übergeht, sich vor allem auf auditive Repräsentationen zu verlassen und andere Systeme zu ignorieren, hat also nicht nur Schwierigkeiten in interpersonalen Situationen (z. B. beim affektiven Austausch), sondern auch seine berufliche Arbeit leidet wahrscheinlich darunter. Gewohnheitsmäßige Bevorzugung eines einzigen Repräsentationssystems ist besonders für Psychotherapieklienten charakteristisch; ich denke sogar, daß das manchmal eine der hauptsächlichen Einschränkungen ist, die für ihre Probleme verantwortlich sind.

Was dabei vielleicht am wichtigsten ist, eine solche mangelnde Flexibilität macht es einer Person äußerst schwer, mit einer anderen Person, die ein anderes Repräsentationssystem benutzt, erfolgreich zu kommunizieren. Der Therapeut, der mit dem bewußten Verstand Rapport herstellen will, sollte das Repräsentationssystem benutzen, das bei einer Person gerade dominiert. Das verlangt die Entwicklung aller verfügbaren Repräsentationssysteme und auch die Fähigkeit, das primär bevorzugte System einer anderen Person herauszufinden und sich ihm anzupassen.

1. Prädikate. Grinder und Bandler (1975) haben die Ansicht vertreten, daß ein primäres Repräsentationssystem sich durch den Typ von Prädikaten (verben, Adverben, Adjektive) verrät, den eine Person vorrangig benutzt. Konkret bedient sich der Visualisierer meistens „visueller" Prädikate (z. B. „sehen", „fokussieren", „blitz-..."); der Auditive verläßt sich eher auf „auditorische" Prädikate (z.B. „sprich es aus!", „es hört sich gut an", „es klingt wahr"); und der Kinästhetiker wird mit mehr „Gefühls"prädikaten sprechen (z. B. „begreifen", „schwer", „leichter werden"). Grinder und Bandler behaupteten weiter, daß die bewußten Prozesse einer Person wirksam gespiegelt werden können, wenn man denselben Prädikatstypus verwendet. Das folgende Beispiel veranschaulicht in Kürze, wie man das z.B. mit einer ausgesprochen visuellen Person macht:

> **Therapeut:** Und was sind hier Ihre Interessen?
> **Klient:** *Sehen* Sie, ich vermute, daß ich einige Dinge *klären* sollte. Aber es ist schwer. Alles wirkt auf mich etwas *verschwommen*. Wie es scheint, kann ich das nicht *in den Blick bekommen*, was für mich wie ein echter *blinder Fleck* in meinem Erleben *aussieht*.
> **Therapeut:** Nun, lassen Sie mich *sehen*, ob mir klar geworden ist, worum es geht. Ich habe von Ihnen das *Bild* gewonnen, daß Sie **etwas Licht** auf einige dunkle Bereiche Ihrer Erfahrung *werfen* möchten, damit die Dinge sich etwas *aufhellen* und *klären*.

Klient: Ja, das stimmt. Sie scheinen wirklich zu sehen, was ich sage. Das ist sicher anders als bei meinem letzten Therapeuten. Wie es schien, konnte ich mit ihm einfach nicht zu einer Vertrautheit, sozusagen *Auge in Auge* kommen. Er schien *blind* zu sein für das, was in mir vorgeht. Er redete nur immer davon, daß ich meine Gefühle über die Dinge ausdrükken müsse. Ich konnte mit dem, was er sagte, wirklich nichts anfangen.
Therapeut: Ich denke, ich *sehe*, was Sie sagen. Nun, da das alles soweit geklärt ist, wollen wir unseren Blick auf einige Dinge konzentrieren, die mir hier wichtig zu sein scheinen. Ich meine, was wir als erstes tun sollten ist, einen allgemeinen *Bezugsrahmen* zu entwickeln, um uns einige der *wolkenbedeckten* Probleme Ihres Lebens anzusehen.

Ähnliche Pacing-Techniken lassen sich auch auf die anderen Repräsentationssysteme anwenden. Die Dinge sind jedoch nicht immer so klar abzugrenzen. Die Prädikate sind z. B. manchmal zweideutig (*klar* z. B. könnte auditiv oder visuell sein) oder allgemein (z. B. *(bewußt) wahrnehmen, Erfahrung, wissen*). In solchen Fällen kann der Therapeut versuchen, sich Klarheit zu verschaffen, indem er etwa fragt: „Wie genau sind Sie sich dessen bewußt? Fühlen Sie es, sehen Sie es oder sprechen Sie in Ihrem Innern darüber?" Ein anderes Mal wiederum enthalten die Äußerungen einer Person eine Mischung verschiedener Prädikatstypen. Zum Beispiel:

> Immer, wenn ich anfange, mich wegen dieses Problems auszuloten, versuche ich, mit den Tatsachen zurechtzukommen, die mir ins Gesicht starren, aber dann fangen die Dinge an, richtig verschwommen auszusehen, und ich fühle mich am Boden zerstört.

Der Therapeut kann das Muster z.B. folgendermaßen spiegeln:

> Das heißt, wenn Sie sich mit sich selbst darüber unterhalten, daß Sie mit den Dingen in Berührung kommen wollen, wie sie wirklich aussehen, bedrückt Sie der Mangel an Klarheit und zieht Sie nach unten.

Oder, wenn das zu schwierig ist, kann der Therapeut allgemein reden:

> Sie erkennen also, daß die Dinge für Sie sehr schwierig werden, wenn Sie versuchen, das Problem herauszufinden.

Neben diesen einfachen Beispielen können Prädikate des Repräsentationssystems noch auf viele verschiedene Weisen genutzt werden[5]. Grinder und Bandler (1975) z. B. beschreiben, wie Pacing- und Leading-Techniken genutzt werden können, um die verschiedenen Repräsentationssysteme eines Individuums zu entwickeln. Den Menschen, mit denen man arbeitet, werden in spezifischer Weise zunächst widerspiegelnde Angebote gemacht, indem sie *nur* in ihrem primären

Repräsentationssystem Anweisungen erhalten, sich eine Szene vorzustellen (z. B., wie sie am Strand sitzen). Sie werden dann Schritt für Schritt dazu geführt, auch andere Repräsentationssysteme aufzunehmen, angefangen mit dem System, das am zweitbesten entwickelt ist bishin zu dem, das am unzureichendsten ist.

Nehmen wir z. B. einmal an, eine Person sei äußerst auditiv, könne kinästhetische Metaphern ziemlich gut entwickeln, ihre Visualisierung sei jedoch verkümmert. Man könnte ihn oder sie dann bitten, die Geräusche zu hören, die man am Strand hören kann (z. B. das Tosen der wuchtigen Brandung, die Schreie der Möven, Kinderlachen). Sobald das erfolgreich abgeschlossen ist, lassen sich kinästhetische Metaphern hinzufügen (z. B. die heiße Sonne auf Rücken und Gesicht, das Gefühl von Sand zwischen den Zehen, die kühle Brise, die einem ins Gesicht weht). Hat die Person Schwierigkeiten, diese Leading-Suggestionen bei sich zu aktivieren, führt man von neuem auditive Metaphern ein (d. h., man kehrt zum Pacing zurück); gelungene Aktivierungen können nutzbar gemacht werden um z. B. zu olfaktorischen Metaphern überzuleiten (z. B. den Geruch des Salzwassers, die frische Meeresluft). Nach einigen Minuten fragt man die Person erneut, ob er oder sie solche Vorstellungen entwickeln kann. Kann sie das nicht, dann wird sie eine Zeitlang wieder mit Hilfe des vertrauteren Repräsentationssystems gespiegelt; kann sie es aber, dann wird an dieser Stelle die visuelle Metaphorik eingeführt (z. B. „Da Sie die Geräusche hören und diese angenehmen Gefühle empfinden, stellen Sie sich einfach vor, wie jene Wellen aussehen ... vielleicht ist das Bild zuerst bewußt nicht wahrnehmbar ... doch mit jedem Atemzug, mit jedem Laut, den Sie hören, kann es ein wenig deutlicher werden, ein wenig sichtbarer ..."). Wenn der Therapeut mit dieser „Zwei-Schritte-vor, ein-Schritt-zurück"-Methode fortfährt, die Reaktionen des Klienten zu spiegeln und zu leiten, kann er ihm helfen, das mangelhafte Repräsentationssystem nach und nach zu entwickeln.

Prädikate des Repräsentationssystems eignen sich auch für die hypnotische Induktion. Kapitel 6 z. B. beschreibt, wie man dem kinästhetischen Klienten „progressive Entspannungs"induktionen anbieten kann, oder wie der visuelle Klient „geleitete Prozesse in Bildersprache" erhält. Kapitel 7 diskutiert, wie Konfusionstechniken oft eine Unterbrechung oder Überladung des primären Repräsentationssystems eines Klienten mit sich bringen und dadurch bewußte Prozesse außer Kraft setzen, welche die Trance hemmen.

2. Körperliche Distanz/Atmung/Tonlage der Stimme. Die wechselseitige Abhängigkeit dieser drei minimalen Hinweise rechtfertigt es, sie gemeinsam zu betrachten. Die körperliche Distanz, die eine

Person bevorzugt, ist zu verstehen als die Entfernung, bei der sie sich am wohlsten fühlt, wenn sie mit einer anderen Person spricht[6]. Wenn die Person irgendwo Platz nimmt, wo sie diese Entfernung unterschreitet, kann das bei ihr Angst auslösen; überschreitet sie diese Distanz zu sehr, läuft sie Gefahr, daß sich das Gefühl, mit der anderen Person in „engem Kontakt" zu stehen, das hypnotische Reaktionen fördert, verringert. Die bevorzugte körperliche Entfernung variiert zwischen Individuen; der Therapeut kann sie bei einem jeweiligen Klienten herausfinden, indem er sich gelegentlich diskret vorwärtsbewegt, während er sich mit ihm über ein harmloses Thema unterhält. An einem Punkt wird der Klient sich leicht verspannen (z.B. in der Körperhaltung und beim Atmen), womit er anzeigt, daß die körperliche Entfernung, die er bevorzugt, verletzt wurde. Der Therapeut kann dann die optimale Entfernung wiederherstellen, indem er sich einfach ein wenig zurückbewegt. Wie wir in Kapitel 7 sehen werden, ist es manchmal angemessen, gerade noch innerhalb der Grenze zu bleiben, um im Klienten einen Erregungszustand herzustellen, der dann therapeutisch genutzt werden kann.

Vieles von der Varianz dieses und der beiden oben genannten Muster läßt sich mit Hilfe der Repräsentationssysteme erklären[7]. Primär kinästhetische Personen z. B. sind äußerst sensibel für ihre Körpergefühle, weil bei ihnen die wichtige Information genau hier ihren Ort hat. Sie haben im allgemeinen eine tiefe Bauchatmung und erscheinen deshalb meist entspannt, mit gleichmäßigem Muskeltonus. Die Bauchatmung verleiht dem Sprechtempo eine rhythmische Qualität. Kinästhetiker wollen im allgemeinen die „Verbindung" mit anderen „spüren" und bevorzugen deshalb eine körperliche Distanz von einem halben bis zu einem Meter.

Für den visuellen Typ ist die körperliche Information dagegen weniger wichtig; sie stört ihn oft eher. Der Ablauf bildlicher Vorstellungen wird oft durch Körperbewegungen oder durch Berührungen unterbrochen. Um solche potentiellen Störungen geringzuhalten, verhält sich die gewohnheitsmäßig visuelle Person meist ruhig und atmet flach von der Brust aus. Als Folge davon ist die Tonlage der Stimme „steifer" und abgehackter, manchmal wird sie schrill. Weil visuelle Typen eine „gute Sicht auf die Dinge" haben wollen, ziehen sie es häufig vor, aus einer Distanz von einem Meter bis zu 1,20 m zu kommunizieren.

Die auditive Person neigt auch dazu, körperliche Informationen zu vernachlässigen. Während der Auditive „denkt" (d. h. ganz vom inneren Dialog in Beschlag genommen ist), läuft er nicht viel herum, und weil ihm der „Kopf" am wichtigsten ist, ist seine Atmung oft flach und unregelmäßig und kommt aus dem oberen Teil der Brust. Seine Stimme klingt deshalb nasal und monoton. Und weil er sich am liebsten mit der Sprache und mit Begriffen befaßt, hat er häufig nicht allzu viel Interesse an nahem zwischenmenschlichen Kontakt und bevorzugt es, zwischen einem und anderthalb Metern von seinem Gegenüber entfernt zu sitzen.

3. Zugangshinweise. Dieses letzte Muster ist ein wenig komplexer als die anderen. *Zugangshinweise* sind die Muster der Augenbewegungen, die wir alle zeigen, wenn wir „innehalten, um nachzudenken". Jeder hat z. B. schon beobachtet, daß Personen auf eine Frage reagieren, indem sie ihre Augen nach oben links bewegen und dann etwas murmeln wie „Hmm ... mal sehen". Day (1964, 1967) war der erste von verschiedenen Forschern, der vorgeschlagen hat, daß die Richtung der Augen anzeigt, welches Repräsentationssystem benutzt wird. Grinder, Delozier und Bandler (1977) haben später die Möglichkeiten der therapeutischen Nutzung dieser Verhaltensmuster diskutiert. Sie vertraten insbesondere die Ansicht, daß der Therapeut mit Hilfe einer Reihe von bestimmten Fragen und durch die Beachtung der Zugangshinweise herausfinden könne, an welchem Repräsentationssystem eine Person sich orientiere. In Tabelle 4.3 sind einige Beispielfragen zusammengestellt; beachten Sie, daß jede Frage den Gebrauch eines bestimmten Repräsentationssystems voraussetzt (das Wort „Farbe" z. B. bedeutet Visualisierung).

Bevor der Therapeut jede der Fragen stellt, sollte er sich vergewissern, daß der Klient in einer „aufgeräumten" Verfassung ist, d. h. entspannt, geradeaus schauend und mit keinem besonderen Denkmodus oder Gedankenzug beschäftigt. Man sollte den Klienten oder die Klientin informieren, daß er oder sie den Therapeuten nicht anzuschauen braucht (weil das den spontanen Zugang stört), daß er oder sie einfach auf *innere Reaktionen* achten und geschehen lassen soll, was immer geschieht. Dann wird die Frage gestellt, und die Augenbewegungen der Person werden gebührend beobachtet. Nach 5-10 Sekunden wird das Verfahren mit einer anderen Frage wiederholt.

Die rechte Spalte von Tabelle 4.3 enthält die typischen, von Grinder et al. (1977) berichteten Muster von Zugangshinweisen. Diese Beschreibungen sind von der jeweiligen Person aus zu verstehen; „nach oben links" meint beim Klienten links, beim Therapeuten rechts. Wie die Autoren zu recht warnen, sind diese Muster Verallgemeinerungen, die nicht für jeden Klienten gelten. *Eine bestimmte Person wird aber, über längere Zeit betrachtet, normalerweise ähnliche Zugangshinweise zeigen.* Der Therapeut, der entscheidet, daß ein Klient z. B. sich Gefühle zugänglich macht, während er nach unten rechts schaut, kann ziemlich sicher sein, daß dieses Verhalten zu einem späteren Zeitpunkt dasselbe bedeutet.

Tabelle 4.3: Mögliche Fragen zur Identifizierung von Korrelationen zwischen Zugangshinweisen und Repräsentationssystemen

Zugangsmodus	Fragen zur Ermittlung des Zugangs	Gemeinsamer Zugangsschlüssel (Augenrichtung)
Visuell eidetisch (Ve)	Welche Farbe haben die Augen Ihrer Mutter? Was hatte ich an, als Sie mich das letzte Mal sahen?	nach oben links, oder defokussiert und geradeaus
Visuell konstruiert (Vk)	Können Sie sich Ihre Mutter mit lila Haaren vorstellen? Können Sie sich zwei geometrische Muster vorstellen, die anfangen, sich aufeinander zuzubewegen?	nach oben rechts
Audiv erinnerte Klänge (Ae)	Erinnern Sie sich, wie Sie ein paar Takte der Melodie eines Lieblingsliedes gehört haben? Können Sie in der Erinnerung hören, wie das ABC-Lied gesungen wird?	Mitte links
Auditiv konstruiert (Ak) oder digital	Wie wissen Sie, wenn Sie inneren Dialog haben? Gehen Sie nach innen und diskutieren mit sich über etwas Bedeutsames!	Mitte rechts
Kinästhetisch (K)	Können Sie sich an eine Zeit erinnern, in der Sie sich wirklich traurig fühlten? Können Sie sich erinnern, wie eine kalte Dusche am Morgen sich anfühlt?	unten rechts

Da der Klient, der seine Augen geöffnet hält, so häufig Zugangshinweise zeigt, bilden diese für den Therapeuten eine wertvolle Informationsquelle. Sie geben nicht nur einen Anhaltspunkt dafür, welches Repräsentationssystem eine Person am meisten bevorzugt, sondern auch dafür, welches System gerade dominiert. Eine Klientin zeigte z. B. überwiegend das Muster „oben/links" als Zugangshinweis, und ich entdeckte, daß das ein Anzeichen war, daß sie sich etwas visuell vorstellte (es war ihr primäres Repräsentationssystem). Immer aber, wenn Sie Zweifel oder Einwände meinen Kommunikationen gegenüber hatte, bewegten sich ihre Augen nach unten rechts; ich begriff, daß das bedeutete, daß sie mit innerem Dialog beschäftigt war. Das Auftauchen dieser zuletzt genannten Hinweise signalisierte, daß mehr Pacing nötig war. Damit ich dann, je nach Situation, auf unterschiedliche Weise um. Manchmal war es passender, sie direkt nach allen ihren Einwänden zu fragen, ein anderes Mal, wenn ich beispielsweise eine therapeutische Metapher erzählte, war das Pacing mehr indirekt: (1) gebrauchte ich öfter auditive Prädikate und (2) griff ich in der Geschichte selbst ihre allgemeinen Einwände metaphorisch auf.

Die Utilisierung von Zugangshinweisen ist nicht immer so einfach. Von besonderer Wichtigkeit ist hier, daß die *ursprünglichen* Zugangshinweise, die ein Beweis sind für das, was Grinder et al. (1977) das *Leitsystem* nannten, nicht immer das dominante Repräsentationssystem anzeigen. Das Leitsystem dient dazu, eine Erinnerung wiederzufinden. Es arbeitet von Natur aus sehr schnell (innerhalb von 1-2 Sekunden), oft außerhalb des Bewußtseins, und umfaßt oft eine andere Modalität als die des primären Repräsentationssystems. Auf die Frage z. B., wie ich mit meiner Frau zurechtkomme, könnte ich antworten, indem ich kurz nach oben links blicke, um mir *visuell ein Erlebnis zugänglich zu machen,* das ich mit ihr teilte, um dann nach rechts unten zu wechseln, wenn ich *meine Gefühle* für sie detailliert beschreibe. Meine Leitsystem wäre demnach visuell, doch mein primäres Repräsentationssystem wäre kinästhetisch. Wollte jemand meine bewußten Prozesse spiegeln, dann sollte er die ersten (visuellen) Hinweise unbeachtet lassen und statt dessen den ausgedehnteren zweiten (kinästhetischen) Hinweisen mehr Aufmerksamkeit widmen.

Für den Therapeuten aber, der sich dafür interessiert, wie ein Klient immer wieder zum selben (Problem) Zustand zurückfindet, ist das Leitsystem manchmal ziemlich wichtig. Ein Klient z. B., ein gut ausgebildeter Mann mit ausgezeichneten Zeugnissen, war über Jahre hin unfähig, Arbeit zu bekommen, weil er bei jedem Vorstellungsgespräch „in Stücke zerfiel". In einer Rollenspielsituation, die dazu bestimmt war, diesen Vorgang zu untersuchen, bat ich ihn, den Raum zu betreten, als käme er zu einem Vorstellungsgespräch. Als er das tat, geschah mit ihm eine bemerkenswerte Veränderung: Er sah nach oben links, sein Körper sackte sichtlich in sich zusammen, seine Atmung wurde unregelmäßig und seine Gesichtsmuskeln begannen nervös zu zittern. Als ich ihn fragte, was geschah, konnte er nur von einem „Gefühl eines entsetzlichen Versagens" berichten. Ich bat ihn deshalb, diesen Vorgang zu wiederholen, während ich mich beiläufig in die Nähe der Tür begab. Als er dieses Mal das Zimmer betrat und seine Augen sich wieder nach oben links bewegten, handelte ich schnell, hielt ihn sanft am Arm fest und wies ihn an, innezuhalten, seine Augen zu schließen und sehr genau *„das dort jetzt"* anzusehen!

Wie wir in Kapitel 7 sehen werden, stellt diese rasche Unterbrechung eines Musters gewöhnlich einen Zustand starker hypnotischer Reaktionsbereitschaft her, der, wie in dieser Situation, sofort nutzbar gemacht werden kann. Als der Klient den Anweisungen folgte, zeigte er Erschrockenheit und Überraschung und sagte dann, daß ihm eine Szene wieder bewußt werde, die er vergessen hatte, und die verknüpft sei mit einem erbitterten Streit mit seinem letzten Chef. Von besonderer Wichtigkeit war dabei, daß sein Chef ihn wütend anschrie und behauptete: „Solange ich lebe, werden Sie nie einen anderen Job finden!" In seiner extremen Angst und Unsicherheit nahm der Klient diese Botschaft als mächtige posthypnotische Suggestion an, die er danach vergaß. Dieses Erlebnis wurde aber jedes Mal unbewußt reaktiviert, wenn er zu einem Vorstellungsgespräch ging, wenn er davon auch nur die kinästhetische Komponente bewußt wahrnahm. Durch die hypnotherapeutische Methode der Altersregression war er in der Lage, alternative Reaktionsstrategien zu entwickeln.

Wie früher bemerkt, ist diese unkritische Übernahme von Bewertungen oder Verboten als natürliche „posthypnotische Suggestionen" nicht selten. Sie wird besonders wahrscheinlich, wenn (1) die Person extremem Streß ausgesetzt ist (siehe Kapitel 8), und (2) die „Suggestion" von einem Individuum kommt, dem Wichtigkeit oder Autorität zugesprochen wird (z. B. der Chef, der Therapeut, ein Elternteil).

Dieser häufige unbewußte Rückgriff auf einschränkende Erfahrungen kann auch noch mit einer anderen Strategie nutzbar gemacht werden: anstatt das Leitsystem bewußt zu machen, kann der Therapeut es unterbrechen und dadurch den Zugang zu der Erfahrung verhindern. Eine Studentin z. B. wollte ihre Fähigkeiten, öffentlich zu reden, verbessern. Die Untersuchung ergab, daß sie, sobald sie zu reden begann, unbewußt auf den Zugang „unten links" zurückgriff, der die Stimme ihrer Mutter aktivierte, die wiederholt zu ihr sagte: „Du schaffst es nie." Ich arrangierte für sie die Gelegenheit, in einer kleinen Trainingsgruppe zu reden. Doch als sie aufstand, um sich vorzustellen, brachte ich verschiedene Personen in ihre Nähe: Die eine sollte sie jedes Mal in der Magengegend berühren, wenn ihre Atmung eingeschränkter wurde; eine andere sollte flüstern „Schau geradeaus", wann immer sie ihre chronischen Zugangshinweise erkennen ließ. Obwohl diese Unterbrechung ihres Leitsystems für sie anfangs frustrierend war, lernte sie bald, ohne Rückgriff darauf zu reden. Andere Techniken zum therapeutischen Gebrauch dieser allgemeinen Strategie der Unterbrechung von Hinweisen werden in Kapitel 7 vorgestellt.

KOOPERATION MIT ALLGEMEINEN IDIOSYNKRATISCHEN MUSTERN

Wir haben bisher gesehen, wie sich die Prinzipien des Pacing und Leading sowohl auf Wahrnehmungen anwenden lassen, die auf Äußeres gerichtet sind, als auch auf innere Prozesse. Dieser Abschnitt gibt einen Überblick, wie man diese Prinzipien auch im Zusammenhang mit den dauerhaften Strategien, Überzeugungen, Gewohnheiten etc. eines Klienten benutzen kann. Diese allgemeinen Muster werden meist nicht direkt an einer einzelnen Verhaltensweise sichtbar, sondern man muß sie aus vielfältigen Beobachtungen abstrahieren. Wir wollen uns kurze Beispiele von fünf solchen Mustern ansehen: (1) Symptome als Trancephänomene; (2) eigentümliche Ausdrucksstile; (3) wiederkehrende begriffliche Metaphern; (4) Fertigkeiten und Begabungen und (5) das Problem-Muster.

Symptomphänomene als Trancephänomene

Kapitel 2 führte aus, inwiefern Trance-Zustände für das Selbst bestätigend oder schädigend sein können und Symptom-Phänomene hypnotischen Trancephänomenen phänomenologisch äquivalent sind. Wir sind der Meinung, daß beide Trancetypen sich durch Ideodynamismus und eine paradoxe (sowohl/als auch) Logik auszeichnen; die Hauptunterschiede bestehen im *Kontext* (z. B. Wert oder Absicht), im biologischen *Rhythmus* (Symptomtrancen weisen gehemmte Rhythmen auf) und in der *Variabilität* (der Inhalt des Selbstausdrucks verändert sich in einer produktiven Trance im allgemeinen, während er in Symptomtrancen immer gleich ist). Eine der wichtigsten Kooperationsstrategien besteht darin, einen das Selbst wertschätzenden (interpersonalen) Kontext zu schaffen, in dem Klienten ihre nonverbalen Rhythmen synchronisieren können, um dann zu entdecken, wie sie die Symptomprozesse hypnotisch auf vielerlei für sie förderliche, bestätigende Weisen ausdrücken können. Das heißt, Symptome werden als allgemeine hypnotische Fähigkeiten definiert und dann in Trance auf viele neue Weisen zum Ausdruck gebracht.

Dieser strategische Utilisierungsprozeß läßt sich in vier Schritten beschreiben:

(1) Mache die autonomen Anteile im Symptomkomplex ausfindig.
(2) Definiere diese (Verhaltens)Anteile als allgemeine Fähigkeiten.
(3) Bringe Fähigkeiten hypnotisch auf vielerlei Weise zum Ausdruck.
(4) Integriere diese Ausdrücke wieder in den Symptomkomplex.

Ein Beispiel für diese Strategie finden Sie in Abbildung 4.2. Die erste Spalte enthält den allgemeinen Namen (Freßorgie), den eine Klientin benutzte, um ihren Symptomkomplex zu beschreiben. Die zweite Spalte zeigt ein paar autonome Komponenten (d. h. individuelle Elemente) des Symptomkomplexes auf, den die Klientin als immer wieder vorhanden identifizierte. Das Erlebnis eines „Freßgelages" war für dieses Individuum verbunden mit dem Gefühl des Rückzugs, während dessen die Hände automatisch Nahrungsmittel in den Mund schaufeln, die Augen auf den Bildschirm des Fernsehers gerichtet sind und ein Gefühl der Leere sich einstellt. (Dabei handelt es sich nur um eine repräsentative Stichprobe von Elementen ihres Komplexes; eine ausführlichere Sammlung kann und sollte normalerweise für jeden Klienten entwickelt werden.) Die dritte Spalte zeigt, wie diese verschiedenen Elemente als allgemeine Fähigkeiten bezeichnet werden können, die jedem Menschen verfügbar sein sollten. Die vierte Spalte bietet Vorschläge für hypnotische Phänomene, welche diese allgemeinen Fähigkeiten verkörpern, damit ihre Entwicklung genutzt werden kann, um die Ausdrucksformen, die im Rahmen des Symptomkomplexes gebunden sind, symbolisch zugänglich zu machen, zu differenzieren und in einen neuen Kontext zu stellen. Die Klientin erlebt also eine Ermutigung, noch mehr Äußerungen ihres Symptomkomplexes (mehr desselben) zu produzieren, aber in einem anderen Kontext (und deshalb mit einer anderen Bedeutung).

Abb. 4.2: Ein Beispiel für die Identifizierung, Umdeutung und hypnotische Rekontextualisierung von Elementen eines Symptomkomplexes.

Diese Kooperationsstrategie ist ein Beleg für die Ericksonsche Annahme, daß Hypnose ein Prozeß des Austauschs von Ideen sei. Der Symptomkomplex wird als eine verdichtete Struktur betrachtet, die vielfältige, aus Erfahrungen abstrahierte Ideen enthält. Diese erstarrte Konstellation ist insofern dysfunktional, als sie keine Veränderung im Ausdruck von Ideen erlaubt; mit anderen Worten, dieselbe Struktur wird immer wieder aktiviert, ohne Rücksicht auf die wechselnden Bedeutungen der jeweiligen Situation. Zugleich wird sie als gültiger Integrationsversuch gesehen. Der Hypnotherapeut setzt deshalb die Trance ein, um die kondensierten Ideen *von ihrem Bezugsrahmen zu lösen* (Deframing) und eine Person *wieder mit ihren biologischen Rhythmen zu verbinden*; dann führt er hypnotische Prozesse ein, um neue Wege des Ausdrucks der Schlüsselideen zu fördern. Die Ideen bleiben also bewahrt, indem ihre Ausdrucksmöglichkeiten erweitert werden; es wird nicht versucht, den Klienten zu kontrollieren oder einzuschränken. Klienten werden statt dessen ermutigt, „ihre Symptome besser zu machen", d. h. zu lernen, sie auf viele neue Weisen auszudrücken.

Idiosynkratischer Ausdrucksstil

Die einzigartige Identität einer Person zeigt sich auf vielfältige Weise - an der Art zu gehen und zu sprechen, an Gewohnheiten, Kleidung, Gehabe usw. Der aufmerksame Therapeut kann diese Eigentümlichkeiten für therapeutische Gewinne nutzbar machen.

Erickson (1955) beschrieb z. B. eine Patientin, die ziemlich überzeugend darauf bestand, daß sie sich das Leben nehmen werde, wenn es ihr nach drei Monaten Therapie nicht besser gehe. Sie klagte bitter über ihre vielen Mängel, wovon der größte eine unansehnliche Lücke zwischen ihren oberen Schneidezähnen sei. Erickson hielt ihre Behauptungen für reichlich übertrieben; obwohl ihre Erscheinung in der Tat ungepflegt war, konnte er sehen, daß sie eine attraktive und anmutige Frau war. Nach einem Monat erfolgloser Therapie entdeckte Erickson, daß sie sich für einen Kollegen interessierte, der in dem Büro, in dem sie arbeitete, angestellt war. Sie beobachtete ihn insgeheim, wenn er öfter gleichzeitig mit ihr zum Trinkbrunnen kam, doch sie ignorierte seine verschiedenen Annäherungsversuche.

Mit diesem Wissen verwendete Erickson den nächsten Monat darauf, die Patientin indirekt dazu zu bringen, (1) sich nach und nach eine neue Garderobe und eine neue Frisur zuzulegen und (2) Wasser durch ihre Zahnlücke zu spritzen. Indem Erickson ihren Pessimismus nutzbar machte, konnte er die nächsten Sitzungen darauf verwenden, ihre Einwilligung zu einem „letzten Versuch" sicherzustellen. Sie sollte sich gut kleiden, ihre Frisur in Ordnung bringen, zur Arbeit gehen, beim Trinkbrunnen warten, den Mund mit Wasser füllen, wenn der Arbeitskollege sich ihm näherte, ihn anspritzen, kichern und davonrennen, „als sei der Teufel hinter ihr her". Sie befolgte die Anweisungen, und das „Opfer" reagierte darauf, indem es ihr hinterher rannte und sie mit einem Kuß „bestrafte". Das führte zu weiterem Austausch: zu Wasserkämpfen, dann zu romantischen Abendessen und schließlich zur Heirat. Unnötig zu sagen, daß ihre therapeutische Entwicklung während dieser Zeit schnelle Fortschritte machte.

Solche Utilisationen müssen nicht immer die „Mängel" des Klienten einbeziehen, und sie können oft viel schlichter sein. Bartlett (1977) z. B. beschrieb, wie sie Erickson zum ersten Mal als Studentin bei einem seiner Trainingsseminare begegnete:

> Als der Tag zu Ende ging, gingen wir alle hintereinander an den Trainigsleitern vorbei und gaben ihnen die Hand. Als ich zu Milton kam, sagte er lächelnd: 'Grüße an eine Komilitonin von Wisconsin', und ich erkannte, daß er sein Examen auch an der Medical School der University of Wisconsin gemacht hatte und mir mit diesem Gruß eine gewisse Affinität und etwas Verbindendes anbot. Seine ganz besondere Gabe der Wahrnehmung befähigte ihn, diese ziemlich schüchterne Person sofort wiederzuerkennen und ihr für den Rest des Seminars viel von ihrer Befangenheit zu nehmen (S. 7).

Auch der Sprachstil einer Person kann nutzbar gemacht werden. Wenn ich z. B. mit drogensüchtigen Jugendlichen arbeite, übernehme ich ihren besonderen Jargon und ihren „lockeren" Stil. Ein Therapeut sollte das natürlich nur tun, wenn ihm dabei wohl ist und er sich dafür kompetent fühlt, sonst erreicht er typischerweise nur, daß „der Schuß nach hinten losgeht".

Das Pacing der Redeweise kann auch konfrontatierender eingesetzt werden. Eine Frau z. B., die sich bessere zwischenmenschliche Beziehungen wünschte, bekam oft eine weinerliche Stimme, welche alle anderen um sie herum, um es milde zu sagen, von ihr entfernte. Um mich ihren Mustern anzupassen, begann ich ebenfalls zu einem ähnlichen, noch widerwärtigeren Ton überzugehen, sobald sie in ihren weinerlichen Stil hineinrutschte. Als sie bemerkte, was ich tat, reagierte sie zuerst abwehrend und verärgert. Da ich aber freundlich und scherzhaft blieb und ihr meine Absicht erklärte, war sie bereit, sich alternative Wahlmöglichkeiten anzueignen. Über mehrere Monate wurde die Weinerlichkeit ihrer Stimme seltener. Immer wenn sie rückfällig zu werden drohte, reagierte ich mit mehr desselben. Sie nahm das gewöhnlich dankbar als Stichwort, sich wieder zu sammeln und auf sich zu konzentrieren.

Ein abschließendes Beispiel ist das einer Klientin, die ein übermäßig beschwichtigendes Benehmen zeigte. Sie bot andauernd unnötige und unangemessene Entschuldigungen an. Um den therapeutischen „Stein der Veränderung" ins Rollen zu bringen, machte ich das Muster nutzbar, indem ich meine Besorgnis „bekannte", die Therapie könnte wegen meiner Mängel fehlschlagen. Außerdem gab ich ihr zu verstehen, daß mich das meinen Kollegen gegenüber sehr demütigen und in große Verlegenheit bringen würde. Danach entschuldigte ich mich, daß ich dieses Problem überhaupt thematisiert hatte. Wie erwartet, wuchs ihre Motivation sehr, zum Gelingen der Therapie beizutragen. Nachdem wir anfangs einigen Fortschritt erzielt hatten, änderte ich meine Strategie, um ihr Verteidigungsmuster zu erweitern und durch andere, der Selbstachtung förderlichere Ausdrucksweisen anzureichern.

Wiederkehrende begriffliche Metaphern

Die vorherige Diskussion, wie Prädikate Repräsentationssysteme anzeigen, war ein Beispiel dafür, wie Sprache einen Anhaltspunkt für das innere Erleben einer Person gibt. Ein komplexeres Beispiel dieser Beziehung sind die metaphorischen Begriffe, die bei verbaler Kommunikation benutzt werden. Dieses Thema ist von den Psycholinguisten Lakoff und Johnson (1980) elegant untersucht worden. Sie beobachten:

> Das menschliche Begriffssystem ... hat einen grundlegend metaphorischen Charakter. Das heißt, es enthält sowohl metaphorische als auch nichtmetaphorische Begriffe, und die metaphorische Struktur ist äußerst reichhaltig und komplex. *Metaphorische Begriffe* sind jene, die nicht schon für sich verständlich und strukturierbar sind, sondern dazu anderer Begriffe bedürfen. Das hat zur Folge, daß eine Art von Objekt oder Erfahrung durch eine *andere Art* von Objekt oder Erfahrung begrifflich gefaßt wird (S. 195).

Klinisch relevant ist hierbei, daß die konkreten metaphorischen Begriffe, die eine Person benutzt, auf Grundstrukturen schließen lassen, die ihre Denkprozesse lenken. Betrachten Sie z. B. den metaphorischen Ausdruck INTERAKTION IST KAMPF, aus dem Aussagen der folgenden Art hervorgehen (Lakoff, Johnson 1980):

1. Ich schlage diesen Kerl mit seinen eigenen Waffen.
2. Sie begegnen dem Leben mit einer defätistischen Haltung.
3. Er verteidigte sich gut gegen den verbalen Angriff.

4. Jeder hat eine Achillesferse.
5. Ich werde jede Behauptung dieses Kerls abschießen ... das wird seinen Schlachtplan zunichte machen.
6. Wir müssen die Sache ruhig anpacken.

Um wirkungsvoll auf jemanden einzugehen, der wiederholt solche und ähnliche Metaphern gebraucht, könnte der Therapeut Sätze wie die folgenden benutzen: „Es geht uns hier darum, Ihre inneren Ressourcen mobil zu machen", „Hypnose ist ein Lernvorgang, bei dem es darum geht, sich selbst voll unter Kontrolle zu bekommen", „Lassen Sie uns dieses Problem angehen", „Sie kämpfen hier für Ihre Würde und Ihre Selbstachtung", „Es ist Zeit, daß Sie mit sich selbst ins Reine kommen" oder „Gewinnen Sie das Spiel des Lebens".

Eine andere, weitverbreitete metaphorische Vorstellung ist die Vorstellung von der ZEIT ALS WERTVOLLE ANNEHMLICHKEIT:

1. Diese Entscheidung kostete mich ein Jahr meines Lebens.
2. Ich kann Ihnen von meiner wertvollen Zeit nichts abgeben.
3. Ich habe stundenlang darüber nachgedacht.
4. Ich muß meine Zeit besser einteilen.
5. Ich habe meine Zeit verplempert und vertan.
6. Wir haben mit einander eine lohnende Zeit verbracht.

Wenn ein Klient dieses Konzept mit Nachdruck zu erkennen gibt, sollte ein angemessenes Pacing Aussagen der folgenden Art enthalten: „Wir wollen uns einmal ansehen, um welch hohen Preis Sie das Problem aufrechterhalten"; „Wenn Sie das eine Zeitlang so machen, wird sich das für Sie mit einigen wertvollen Dividenden auszahlen" oder „Sie haben in diese Sache so viel Zeit investiert ... Sie können sie jetzt nicht einfach aufgeben."

Wenn der Therapeut diese allgemeinen Themen aufspürt, sollte er geduldig und entspannt sein und doch für die Verbalisierungen der Person aufmerksam bleiben. Die Metaphernmuster sind vielleicht nicht immer gleich offensichtlich; es ist deshalb manchmal nützlich, nach einer Sitzung noch ein wenig zu grübeln und über die verschiedenen Ausdrücke, die ein Klient oder eine Klientin verwendet hat, nachzudenken. Eine Tonbandaufnahme von der Sitzung kann bei dieser Aufgabe sicherlich helfen.

Es ist vielleicht auch nützlich, sich entweder während oder nach der Sitzung die wörtliche Bedeutung von Klientenäußerungen konkret vorzustellen, sie zu visualisieren. Diese Bilder können ganz bizarr und oft komisch sein, wie z. B. die Sätze: „Mir sind die Hände völlig gebunden";

„Das frißt mich auf"; „Diese ganze Sache bringt mich auf die Palme"; „Es ist eine Welt, in der einer des anderen Wolf ist", „Stell dich auf deine eigenen Füße"; „Ich habe mich selbst zum Esel (=mich lächerlich) gemacht", usw. Wie auch immer, solche Visualisierungen geben viel Aufschluß darüber, wie das Erleben einer Person beschaffen ist.

Fertigkeiten und Begabungen

Therapeutische Strategien sind normalerweise effektiver, wenn sie die besonderen künstlerischen Talente oder beruflichen Fertigkeiten eines Klienten nutzbar machen. Ein Klient z. B. war der erfolgreiche Präsident einer Firma, der unter schweren inneren Konflikten litt. Ein Teil der Therapie bestand darin, ihn in Trance dazu zu bringen, eine „Vorstandssitzung" zu imaginieren, bei der alle verschiedenen „Teile" seiner Person anwesend waren. Er wurde angeleitet, von seiner Position als „Vorsitzender" Gebrauch zu machen, um die verschiedenen Unstimmigkeiten zwischen den „Vorstandsmitgliedern" beizulegen. Wir wiederholten dies während mehrerer Sitzungen und erzielten damit günstige Resultate.

Ein anderer Klient, ein ausgezeichneter Musiker und Liedermacher, war schwer depressiv geworden. Bei jeder wöchentlichen Sitzung bekam er die Aufgabe, zu Hause ein Lied zu schreiben. Die ersten paar Male wies ich ihn an, nur solche Lieder zu schreiben, die seine traurige Situation beklagten und bejammerten. Danach wurde die Aufgabe dahingehend spezifiziert, daß nur die erste Hälfte des Liedes bemitleidend sein sollte, während jeder Vers der zweiten Hälfte „nicht mehr als zwei" mögliche Lösungen der zuvor genannten Probleme enthalten mußte. Mit anderer therapeutischer Arbeit kombiniert, führte das zu bedeutenden Veränderungen.

In ähnlicher Weise ließ sich das sportliche Talent eines Klienten, der ein ausgezeichneter Athlet war, nutzen. Die Nachforschung ergab, daß er am meisten Zuversicht und Sicherheit verspürte, wenn er trainierte, bis er ins Schwitzen kam. Er bekam deshalb die Aufgabe, jeden zweiten Tag im Park in der Nähe seiner Wohnung zu joggen und dabei seine Probleme durch Prozesse, die ich ihm skizzierte, zu erkunden. Das wirkte sich auf ihn so gut aus, daß er anfing, täglich zu joggen.

Die Fertigkeiten eines Klienten können schließlich auch während der Tranceinduktion genutzt werden. Ein Therapeut z. B. beherrschte ausgezeichnete Techniken, um andere zu hypnotisieren, er selbst konnte jedoch keine Trance erleben. Die Diskussion enthüllte, daß er der Meinung war, Trance sei das Ergebnis einer Überlistung des Klienten durch den Hypnotiseur. Er faßte dies nicht als tyrannisches Beherrschen, sondern eher als gutartigen „Kampf der Geister" auf. Seine Vertrautheit mit hypnotischen Techniken hinderte ihn als Patienten unglücklicherweise immer daran, jemals zu „verlieren". Die leichte Befriedigung, die er bei diesen „Siegen" gewann, wurde von seiner tiefen Enttäuschung, keine Trance zu erleben, weit überwogen.

Diskussionen, die darauf abzielten, seine falschen Vorstellungen zu korrigieren, waren nur bedingt erfolgreich. Während er bereit war, seine begrifflichen Vorstellungen zu ändern, konnte er doch nicht den inneren Dialog beschwichtigen, der jede hypnotische Kommunikation treffend kategorisierte. Ich ging dann so vor, daß ich ihm sagte, er könne sich selbsthypnotisch mit einer „neuen" exotischen Technik eine Trance induzieren. Dazu müsse er seine Augen schließen und sich dann, wenn ich mit der Induktion begänne, vorstellen, wie er mir durch minimale Hinweise deutlich macht, welche hypnotischen Kommunikationen ich ihm zukommen lassen soll. Anstatt daß ich ihn in Trance versetzte, sollte er mich subtil anleiten, wie ich ihn lenken sollte. Obwohl wir beide über die offensichtliche „Betrügerei" dieser Strategie lachten, befähigte ihn sein intensiver Wunsch, eine Trance zu erleben, dazu, die Strategie zu benutzen, um von seinen hypnotisch verfeinerten bewußten Prozessen einen guten Gebrauch zu machen. Um es kurz zu machen: Er entwickelte ein brauchbares Tranceerlebnis. Wie Erickson über solche Techniken zu sagen pflegte: „Ich weiß, daß es lächerlich klingt ... *aber es funktioniert!*"

Das Problemmuster

Auch die Verhaltenssymptome eines Klienten lassen sich als Vorteil nutzten. Zum Beispiel beschrieb Haley (1969), wie Erickson mit einem in einer Anstalt lebenden Psychotiker arbeitete, der die paranoide Wahnvorstellung hatte, er sei Jesus Christus. Erickson stellte sich „Christus" vor, machte ihm Komplimente wegen seines guten Rufes als Schreiner und beauftragte ihn mit einer Bauarbeit an einem nahegelegenen Flügel des Krankenhauses. Erst später wurden andere therapeutische Techniken eingeführt.

Die dysfunktionalen Prozesse eines Klienten können auch weniger spektakulär nutzbar gemacht werden. Eine stark übergewichtige Frau z. B. kam zu mir und bat um therapeutische Hilfe beim Abnehmen. Da mit diesem Problem viele andere verbunden zu sein schienen (z. B. mangelnde soziale Kompetenz und Selbstsicherheit/Selbstvertrauen, Familienprobleme), wurde das Gewichtsproblem erst angesprochen, als ein paar Monate intensiver Therapie einige von diesen anderen Problemen verändert hatten. Als ihr Verhältnis zum Essen untersucht wurde, kam das vertraute „Freßorgien"muster zum Vorschein. Das sah so aus, daß sie verzweifelt versuchte, Diät zu halten, sich dann aber immer bei periodischen Überfällen auf den örtlichen Discount-Laden wiederfand, die schließlich im fieberhaften Verzehr von Obsttorten, Limonade, Süßigkeiten usw. endeten.

Ein Teil der Kooperationsstrategie bestand darin, die Klientin in eine leichte Trance zu versetzen und sie dann nüchtern zu informieren, daß sie total verrückte Dinge nur halb tat. Ich bemerkte, daß das offensichtlich nicht funktionierte und sicherte mir ihr Versprechen, meinen Anweisungen zu folgen. (Das geschah, nachdem ich in monatelanger Therapie einen Rapport hergestellt hatte; ohne einen solchen Rapport wäre sie damit oder mit den anderen unten erläuterten Anweisungen nicht einverstanden gewesen.) In ausführlichen Details malte ich ihr aus, wie sie in genau zwei Wochen die größte Freßorgie ihres Lebens haben werde, verbunden mit einem nie dagewesenen Überfall auf den Discount-Laden. Um sich gehörig darauf vorzubereiten, sollte sie dreimal täglich pflichtbewußt zum Laden gehen und jedes Mal nur an die köstlichen Süßigkeiten denken, die sie bald ihr eigen nennen könne, *während sie mehrere Male im Laden herum- und dann nach Hause gehen werde*. Ihre erste Reaktion war Entsetzen und Verwirrung, doch ein Versprechen war ein Versprechen. Ich trug ihr auf, am Tag der Freßorgie, bevor es so weit wäre, wiederzukommen, und schickte sie weg.

Von ein paar leichten „Pannen" abgesehen, hielt sie sich an die Anweisungen. Doch fast jede Nacht rief sie mich an, um mir von ihrer ungeheuren Furcht vor der bevorstehenden Freßorgie zu berichten und verzweifelt einzuwenden, ich möge doch die Abmachung für ungültig erklären, was ich mit einer höflichen Weigerung beantwortete. Als sie zur geplanten Zusammenkunft erschien, war sie ein nervöses Wrack. Ich induzierte sofort eine Trance und teilte ihr nach einigen einleitenden Bemerkungen mit, daß ich entschieden hätte, ihr die Wahl zu überlassen: *Sie könne die Freßorgie halten oder es auch bleibenlassen.* Nach anfänglicher Überraschung zeigte sie sich sehr erleichtert: *Sie wollte es bleibenlassen.* Nachdem ich betont hatte, daß sie die Entscheidung getroffen habe, weckte ich sie aus der Trance auf und entließ sie.

Um es kurz zu erläutern: Bewußt glaubte die Frau nicht wirklich, daß sie abnehmen könnte, hatte aber gewaltige Ängste, noch mehr zuzunehmen. Die Verhaltensanweisungen fingen beide Gegebenheiten auf und *lenkten gleichzeitig ihren bewußten Verstand davon ab zu erkennen, daß sie dabei war, die neue Wahlmöglichkeit zu entwickeln, zum Laden zu gehen und mit leeren Händen zurückzukommen*. Die Ausbildung dieser Verhaltenswirklichkeit ermöglichte es, durch weitere therapeutische Arbeit andere Aspekte ihrer dysfunktionalen Eßgewohnheiten erfolgreich zu verändern.

Bei einer anderen Klientin, die Gewicht verlieren wollte, wandte ich eine ähnliche Kooperationsstrategie an. Die Klientin „nagte" den ganzen Tag unaufhörlich an irgendwelchem gemischten Knabberzeug oder Süßigkeiten herum. Ich kaufte große Mengen davon und brachte sie in meine Praxis. Während der nächsten Sitzungen gab ich ihr in immer gleichen Zeitabständen (von etwa 10 Minuten) einen Kracker, einen Kartoffel-Chip, einen süßen Riegel etc. und spornte sie höflich an, nur frei „draufloszuknabbern". Ich tat das zwar offensichtlich freundlich und wie nebenbei, aber immer so, daß unser Gespräch dadurch gleichbleibend unterbrochen wurde.

Der Zweck dieser Strategie bestand darin, durch das Erleben einen Zugang zu ihrer unbewußten Gewohnheit im Kontext unserer Beziehung zu gewinnen. In diesem Sinn war die Strategie sicherlich erfolgreich. Nachdem ich der Klientin etwa 20 Mal etwas zu essen angeboten hatte, wurde sie anfangs verlegen (woraufhin ich mich entschuldigte und vorgab, nicht zu wissen, was geschah), dann wütend (worauf ich ähnlich wie vorher reagierte), und schließlich war sie verwirrt und unsicher. An diesem Punkt induzierte ich eine Trance und führte hypnotherapeutische Verfahren, u.a. eine Altersregression ein, damit die nun zugänglichen Strukturen sich reorganisieren konnten.

Am Schluß ist zu bemerken, daß die Beschreibungen dieser wenigen Fälle selektiv sind. Sie sollen in erster Linie einen allgemeinen Eindruck vermitteln, wie der Therapeut kooperieren kann, um Probleme in Lösungen umzuwandeln. Wie spätere Kapitel verdeutlichen werden, machen diese Utilisationen allein selten eine vollständige Therapie aus. Es ist z.B. oft nötig, wenigstens ein paar Sitzungen darauf zu verwenden, das sichere Vertrauen des Klienten zu gewinnen; außerdem müssen die Veränderungen, die durch solche Strategien angestoßen wurden, häufig durch andere therapeutische Verfahren vertieft und gefestigt werden.

ZUSAMMENFASSUNG

Dieses Kapitel führte aus, wie Kooperationsstrategien im hypnotischen Kontext angewandt werden können. Zuerst wurden die einfachsten Fälle des verbalen und nonverbalen Pacing und Leading skizziert, welche die Nutzbarmachung von auf Äußeres gerichteten Wahrnehmungen (z. B. Reize aus der Umgebung, offenes Verhalten) einschließen. Als nächstes wurde die Beobachtung minimaler Hinweise zur Erschließung und Utilisation inneren Erlebens (z. B. Tranceniveau, emotionale Verfassung, bewußte Denkweisen) besprochen. Schließlich wurde dargelegt, welche Bedeutung der Nutzbarmachung allgemeiner idiosynkratischer Muster (z. B. Symptomphänomenen, Ausdrucksstil, begrifflichen Metaphern,

Fertigkeiten und Begabungen sowie Problemmustern) zukommt. Diese allgemeinen Anwendungsmöglichkeiten bilden die Grundlage der Strategien und Techniken des Ericksonschen Praktikers. Der noch verbleibende Teil des Buches untersucht, wie sie bei der Vorbereitung auf die Trance (Kapitel 5) und bei der Induktion und Utilisierung der Trance (Kapitel 6-8) Anwendung finden.

5. Einen Kontext schaffen für therapeutische Trance

Eine hypnotische Induktion ist, wie Therapie überhaupt, dazu bestimmt, bedeutsame Veränderungen der Erlebniswirklichkeit einer Person zu stimulieren. Der Ericksonsche Ansatz geht dabei vom Nutzbarmachen der vorhandenen Gegebenheiten des Klienten als Grundlage aller Veränderungen dieser Art aus. Der Ericksonsche Praktiker nimmt sich also vor, die idiosynkratischen Werte und Muster, die dem Klientensystem eigen sind, herauszufinden und arbeitet dann darauf hin, diese grundlegenden Werte zu bewahren, dabei aber das Spektrum und die Flexibilität ihrer Ausdrucksmöglichkeiten zu erweitern. Dieses Kapitel gibt einen Überblick, wie sich dieses Kooperationsprinzip in der Anfangsphase der Vorbereitung auf die therapeutische Trance anwenden läßt. Der erste Abschnitt zeigt, welche Fragen geeignet sind, ein Modell davon zu entwickeln, wie ein Klient oder eine Klientin sich seine oder ihre Erfahrungswelt schafft, und macht Vorschläge zur Utilisation dieser gesammelten Information für verschiedenste therapeutische Zwecke wie etwa der Fesselung der Aufmerksamkeit, der Steigerung der Motivation, der hypnotischen Induktion, der Entwicklung von Trancephänomenen und der Darbietung therapeutischer Ideen. Der zweite Abschnitt untersucht, wie eine Trance in den therapeutischen Kontext eingeführt werden kann.

Fragen stellen: Zur Konstruktion eines Modells

Um richtig einschätzen zu können, wie ein Klient oder eine Klientin seine oder ihre Erfahrung generiert, bedient sich der Therapeut am Anfang, in der Kombination mit anderen Diagnosetechniken, eines Fragenkataloges. Solche diagnostischen Fragen sind niemals neutral oder „objektiv"; sie sind vielmehr geleitet vom zugrundeliegenden Therapieverständnis des Therapeuten, das sie folglich spiegeln (vgl. Haley 1976). Sie haben verschiedene Funktionen: Sie dienen u. a. dazu, grundlegende Eigenschaften zu bestimmen, um die herum sich die therapeutische Exploration aufbaut. Sie wirken mit anderen Worten als indirekte Suggestionen, welche die Aufmerksamkeit sowohl des Therapeuten als auch des Klienten auf bestimmte Ideen und Bezugsrahmen ausrichten und strukturieren.

Ein beeindruckendes Beispiel für dieses Phänomen lieferte eine größere Psychotherapietagung. Für ein Treffen war ein Supervisionsausschuß, bestehend aus vier Therapeuten unterschiedlicher Therapierichtungen, vorgesehen. Als ein Teilnehmer aus der Hörerschaft jedem der Therapeuten eine Fallbeschreibung zur Besprechung vorlegte, unterschieden sich ihre Fragen und Ideen beträchtlich von einander. Die Fragen des Verhaltenstherapeuten zielten auf die Erstellung einer Desensibilisierungshierarchie, der psychoanalytisch ausgerichtete Therapeut fragte nach Ereignissen der Vergangenheit, der Familientherapeut schlug eine Untersuchung der familiären Beziehungen vor, usw. Es war völlig offenkundig, wie die Fragen eines jeden Therapeuten zur Entwicklung unterschiedlicher Repräsentationen der „Wirklichkeit" beitrugen.

Geht man davon aus, daß die wahrgenommene Wirklichkeit zum Teil durch die Fragen, die man an sie heranträgt, erzeugt wird, dann sollte man sich als Therapeut oder Therapeutin über die Prämissen, welche die eigenen Fragen leiten, im klaren sein. Eine solche Prämisse des Ericksonschen Ansatzes ist die, daß eine stärkere Ausrichtung auf die Zukunft als auf die Vergangenheit im allgemeinen mehr Gelegenheit zur therapeutischen Veränderung bietet. Fragen werden also eher darauf abzielen, Klienten in einer Weise anzuleiten, daß sie herauszufinden suchen, wie sie Ressourcen oder Potentiale für die Entwicklung ihres Selbst-Systems einsetzen können.

Eine zweite Prämisse besagt, daß Lösungen in den Problemen bereits enthalten sind; d. h., das, was eine Person gerade tut, ist die Grundlage jeglicher Veränderungen. Diese Idee läßt sich am besten dadurch in die Praxis umsetzen, daß man zur Beschreibung der Gegenwart (bzw. der Probleme) dieselbe Sprache benutzt wie zur Beschreibung der Zukunft (bzw. der Lösungen). In der klinischen Tradition war das bisher nicht der Fall: Ihre Sprache verwendet typischerweise abwertende (d. h. soziale Unerwünschtheit anzeigende) diagnostische Termini, um ein Problem zu beschreiben, so daß ein erschreckender Bruch zwischen dem gegenwärtigen („schlechten") und dem zukünftigen („guten") erwünschten Zustand besteht. Nach unserem Verständnis erschwert der Gebrauch zweier verschiedener Sprachen zur Beschreibung von Problemen und ihren Lösungen die Anwendung des Schlüsselprinzips der Utilisation und damit die Würdigung der im Problem enthaltenen Lösungen. Der Erickson-Therapeut bemüht sich daher um eine neutrale Darstellung von Problemen, so daß die Beschreibung einem wünschenswerten oder einem nicht wünschenswerten Muster (d. h. einem Problem oder einer Lösung) gelten könnte, je nach seiner Qualität und dem Kontext, in dem es gezeigt wird. Der Ausdruck von Wut z. B. ist weder „gut" noch „schlecht"; ihre Bedeutung ist davon abhängig, wie und wann sie gezeigt wird.

Eine damit verwandte Prämisse besagt, daß *Hypnose sich ausgezeichnet als Modell zur Beschreibung der Konstruktion einer Erfahrungswirklichkeit eignet.* Wie wir in Kapitel 2 gesehen haben, kann man mit der Sprache der Hypnose sowohl die Entwicklung einer hypnotischen Trance als auch die Entwicklung eines symptomatischen Problemzustandes aufzeigen. So gesehen, ist die Hinwendung zu einem problematischen Prozeß in ihrer Auswirkung bereits eine Hinwendung zu einer natürlichen „hypnotischen Induktion", d. h. zu einer Abfolge von Ideen (Verhaltensweisen, Kognitionen, Affekten usw.), die das gesamte Erleben in Anspruch nehmen und die miteinander in einer Wechselwirkung stehen; der Erfolg ist die Induktion („Hineinführung") in einen veränderten Bewußtseinszustand, der sich durch tranceähnliche Eigenschaften auszeichnet (vgl. Ritterman 1983). Wie wir noch sehen werden, wird es dadurch möglich, die hypnotische Induktion und andere therapeutische Kommunikationen direkt in der Art der vom Klienten verwendeten „Probleminduktion" zu gestalten.

Die allgemeine Frage, über die der Ericksonsche Hypnotherapeut sich Gedanken machen muß, ist daher folgende:

1a. Wie konstruiert der Klient seine Erfahrung so, daß er damit Stabilität erreicht?

Diese Frage sucht herauszufinden, welche starren Werte und Strategien eine Person in ihrer Erfahrung immer wieder benutzt. Die Antworten führen zur Betrachtung der ergänzenden Frage:

1b. Wie können die gegenwärtigen starren Werte genutzt werden, um neue Seinsweisen zu erzeugen?

Für therapeutische Zwecke ergeben sich etwas anders akzentuierte Wendungen dieser zentralen Frage wie z. B. die folgenden:

2a. Wie induziert der Klient oder die Klientin seine oder ihre selbstdestruktiven Trancezustände?
2b. Wie können wir eben jene Muster als Mittel zur Erzeugung von Trancezuständen nutzen, die für das Selbst förderlich sind?
3a. Wie geschieht es, daß das Problem als solches bestehen bleibt?

3b. Wie können die Strategien, durch die der Klient das Problem aufrechterhält, zur Erzeugung von Lösungen genutzt werden?

Die Untersuchung dieser allgemeinen Fragen geht von der Annahme aus, daß wir unsere Erfahrung innerhalb eines assoziativen Netzwerkes von Werten und Bedeutungen organisieren. Dieses komplexe Organisationssystem enthält Unterscheidungsmerkmale („Ideen" über Beziehungen und Verhältnisse), die einer Vielfalt verschiedener Lebensbereiche einer Person entstammen. Der Ericksonsche Therapeut macht viele verschiedene Bereiche dieses Netzwerkes nutzbar, u. a. die folgenden:

1. Soziale Identität
2. Intention
3. Abfolge der Probleminduktion
4. Symptomkomplex
5. Spieler fixierter Rollen
6. Überzeugungen/Glaubenshaltungen
7. Fertigkeiten und Ressourcen

Der verbleibende Teil dieses Abschnitts ist der Frage gewidmet, wie man die starren Werte identifizieren kann, die in jedem dieser Bereiche wirksam sind, und er macht Vorschläge, wie man diese Werte verändern kann, so daß ein flexiblerer Selbstausdruck mit mehr Sensiblität für den jeweiligen Kontext möglich wird.

Soziale Identität

Das Identitätsgefühl einer Person entwickelt sich und wird aufrechterhalten durch Beziehungen in sozialen Gemeinschaften. Therapeutische Kommunikation sollte deshalb sensibel sein für die verschiedenen Werte, durch die sich die soziale Identität einer Person auszeichnet. Um diese Werte zu ermitteln, kann man nach den folgenden Bereichen direkt fragen:

1. Familiensystem
2. Wohnort(e)/-Situation(en) in der Kindheit
3. Alter
4. Familienstand
5. Ausbildung
6. Beruf
7. Freundeskreis/soziales Netzwerk

8. Religiöse Orientierung
9. Ethnische Zugehörigkeit
10. Frühere Therapie

Um Zeit zu sparen und mich vorbereiten zu können, bitte ich meine Klienten oft, mich noch vor der ersten Sitzung über diese Punkte und über alles, was ihnen außerdem wichtig erscheint, schriftlich zu informieren. Diese Ausführungen können dann mit der jeweiligen Person in den folgenden Sitzungen ausführlicher erörtert und geklärt werden.

Ein besonderer Wert solcher Information besteht darin, daß sie ein Gefühl dafür vermittelt, wie eine Person die Welt und die eigene Position in ihr sieht. Das bildet einen Ausgangspunkt für die Therapie und ist für den Therapeuten eine Hauptgrundlage, um zu entscheiden, wie er eine Trance anbieten und entwickeln soll, wie er die Motivation fördern kann, welche Geschichten er erzählt, in welchem Maß er sich indirekter Kommunikation bedient, usw. In Kürze gesagt, der Therapeut arbeitet darauf hin, dem Klienten die folgende Botschaft zu vermitteln:

> Dem, was Sie sagen, entnehme ich, daß Sie viele verschiedene Werte haben, die Sie zu einer einzigartigen Person machen. (Man kann diese Werte nennen.) Außerdem kann ich heraushören, daß Sie sich gern auch ein wenig anders äußern möchten, ohne sich auf bestimmte Bedeutungen dieser Werte starr zu beschränken. Deshalb werde ich Sie nicht bitten, irgendeinen dieser Werte aufzugeben. Ich denke, daß es sogar wichtig ist, daß Sie an diesen Werten festhalten, wenn wir gemeinsam herauszufinden versuchen, wie Sie auf vielfältigere, geeignetere Art jene Stile und Seinsweisen entwickeln können, die Ihnen erlauben, jene Werte dann mit Rücksicht auf gegenwärtige Bedürfnisse und Herausforderungen des Selbst zum Ausdruck zu bringen.

Die Werte werden auf diese Weise respektiert als die Stabilität, die eine Veränderung erst ermöglicht. Eine philippinoamerikanische Frau z. B., die auf den Philippinen geboren und aufgewachsen ist, wurde zu einer Hypnotherapie an mich überwiesen. Ihr Problem bestand darin, daß sie wiederholte Lähmungs- und Angstzustände erlebte, während ihr Mann auf Dienstreisen war. Ihre soziale Identität empfahl, während intensiver hypnotischer Arbeit eine „Anstandsdame" hinzuzuziehen; ich engagierte also für diesen Zweck eine asiatische Therapeutin als Co-Therapeutin.

Bei einem anderen Klienten, einem Mann, zu dessen sozialem Verhaltensmuster es gehörte, häufig seinen Job aufzugeben, war zu erwarten, daß dieselbe Identitätsstruktur sich in der Therapie aktivieren könnte, d. h., daß er vielleicht aufgäbe, sobald die Therapie Fortschritte machte. Um dieses Muster aufzufangen, erklärte ich ihm, seine Therapie werde intensiv sein und sehr viel eigene Initiative von ihm fordern, in dem Sinne, daß er sich öfter zurückziehen und an entscheidenden Punkten der Therapie seine „wirklichen Bedürfnisse" erkunden müsse. Als er mit Nachdruck versicherte, daß er dazu bereit sei, betonte ich, daß diese „Individuationstherapie" von ihm verlangen werde, daß er als „gleicher Partner" sein Urteilvermögen zur Geltung bringt und sich bestimmte Zeiten auswählt, um ernsthaft in Erwägung zu ziehen, ob er die Therapie beenden und noch einmal neu beginnen möchte. Zu diesem Zweck würde ich mir, genauso wie er, zwei Zeitpunkte pro Woche bestimmen, um mich zurückzuziehen und „mit meinem ganzen Erleben (mit Hilfe von Selbsthypnosestrategien, die ich ihm beibrachte) darüber nachzudenken", wie er sich wirklich „ganz und im Gefühl der Sicherheit gehenlassen könnte", um dann seine jeweiligen wahren Bedürfnisse zu erforschen. Kurz gesagt, seine soziale Strategie des „Aussteigens" wurde als hypnotischer Prozeß in die Therapie eingebaut. Derartige Strategien sind direkte Wege, die symbolischen Mittel, mit deren Hilfe der Klient an einer Identität in der Welt festhält, zu respektieren und sie aufzufangen.

Bleibt am Schluß noch hervorzuheben, daß der Therapeut beim Erkennen und Nutzbarmachen von sozialen Werten sich von diesen nicht fesseln lassen sollte. Zwar sollte man soziale Werte als wichtigstes Mittel nutzen, um Strukturen von Klienten aufzufangen und mit ihnen zu arbeiten, man sollte sie aber nicht mit dem Klienten selbst verwechseln. Der Ericksonsche Therapeut erkennt den Klienten als Person an, deren Potential weit über soziale Zwänge hinausreicht. Gelingt es, mit den sozialen Werten, mit denen eine Person sich identifiziert, eine volle Verbindung aufzunehmen, dann können sich Erfahrungsprozesse entwickeln, in welchen die Wertschätzung eines tieferen Gefühles für das Selbst auftaucht. Wenn man also ein Verhaltensmuster unterstützt und gleichzeitig mit dem tieferen Wesen der Person in Verbindung tritt, dann ermöglicht das ihr, jenes Verhaltensmuster zu erweitern.

Intention

Die vorliegende Arbeit geht davon aus, daß eine kohärente Absicht die Quelle sinnvollen Handelns ist. Das bedeutet, die Intention oder Absicht („das, was man im Bewußtsein hält") ist ein zentrales Mittel, durch das sich eine Idee - eine Grundannahme, eine elementare Unterscheidung oder ein Verbot, ein gestaltendes Thema, ein Prinzip oder eine Motivation etc. - durch Handlungen, Wahrnehmungen, Kognitionen, Emotionen usw. in die Erfahrung umsetzt. In Begriffen der Hypnose sind Intentionen die „einfachen Ideen" (Erickson 1952), die (meist implizit) als „hypnotische Suggestionen" bei der Einleitung eines ideodynamischen (d. h. eines unbewußten) Prozesses wirksam sind. Wie alle Artefakte (Werkzeuge) kann eine Intention sowohl neue Seinsweisen hervorbringen als auch alte beibehalten, je nachdem, wie sie benutzt wird. Es ist daher wichtig, daß der Therapeut oder die Therapeutin wenigstens sich selbst über die Intentionen des Klienten (und daraus folgend des Therapeuten) bei der therapeutischen Anstrengung im klaren ist. Damit das gelingt, verfolgt der Therapeut die allgemeine Frage:

Welche neuen Wahlmöglichkeiten wollen Sie in Ihren Beziehungen entwickeln?

Wenn der Therapeut diese Frage untersucht, entdeckt er bald, daß Intentionen auf vielfältige Weise repräsentiert und zum Ausdruck gebracht werden können. Sie können z. B. positiv oder negativ sein, wenn sie beschreiben, was eine Person möchte und was sie nicht möchte. Viele Klienten betonen, daß sie etwas nicht wollen - „Ich möchte mich nicht mehr so fühlen", „Ich möchte mir nicht so viele Sorgen machen", usw. Solche negativen Intentionen funktionieren vielleicht vorübergehend, um unerwünschte Muster zu hemmen, sie sind jedoch im allgemeinen nicht ausreichend, um neue Muster zu generieren. Mit anderen Worten, eine positive Intention spiegelt die grundlegenden Prozesse eines produktiven Ausdrucks, während eine negative Intention ein Zeichen für den sekundären Prozeß der bewußten Steuerung (d. h. eines Verbots oder Zwangs) ist. Obgleich also beide wesentlich sind, ist die positive Intention besonders wichtig, wenn es vor allem darum geht, neue Ausdrucksmöglichkeiten zu finden. Der Therapeut arbeitet deshalb darauf hin, negative und positive Intentionen zu erkennen: „Ich will in der Lage sein, eine Vielzahl verschiedener Gefühle empfinden zu können", „Ich möchte mit meinem Mann kommunizieren und mich dabei wohlfühlen können", usw.

Intentionen können außerdem sowohl konstruktiv als auch destruktiv sein. Konstruktive Intentionen führen zur Erzeugung eines neuen Seinszustands, der die Aktivierung vorhandener Potentiale erlaubt; sie haben das „Wachsen" neuer Ausdrucksmöglichkeiten und Erfahrungen zur Folge. Dazu folgende Beispiele:

1. Ich möchte gern neue Wege finden, wie ich sexuelles Interesse erleben kann.
2. Ich möchte auf meinen Vater in einer Weise reagieren können, die für mich befriedigend ist.
3. Ich möchte in meinem Leben Autonomie erfahren.

Destruktive Intentionen haben mit Tilgung, Dissoziation oder einer anderen Art von Leugnung verschiedener Aspekte des Erlebens zu tun. Zum Beispiel:

1. Ich will die Stimme meiner Mutter loswerden, die immer in meinem Innern spricht.
2. Ich könnte meine Zweifel in die Luft sprengen.
3. Ich will meine Vergangenheit restlos vergessen.

In Problemzuständen werden Intentionen oft in destruktiver Weise repräsentiert, d. h. so, daß die Menge vorhandener Möglichkeiten des Selbstausdrucks durch den Ausschluß unbeliebter Teile verringert wird. Da jede wiederholte Erfahrung ein Teil der Selbst-Identität geworden ist (besonders, wenn sie verleugnet wird), sind solche Versuche in der Tat selbstdestruktiv. Damit Lösungszustände eintreten können, bemüht sich der Hypnotherapeut deshalb, konstruktive Repräsentationen von Intentionen in einer Weise miteinzubeziehen, daß die Erweiterung des Spektrums verfügbarer Selbstausdrücke zum Therapieziel wird.

An dieser Stelle ist außerdem noch zu bemerken, daß eine destruktive Intention vergangenheitsorientiert ist, d. h. sie ist in erster Linie auf die Vergangenheit einer Person ausgerichtet, weil sie Erfahrungsprozesse, die sich in der Vergangenheit ereignet haben und noch immer fortleben, unbedingt loswerden will. Dem gegenüber blickt eine konstruktive Intention in die Zukunft, d. h. sie ist darauf konzentriert, die in der Gegenwart brachliegenden Potentiale durch etwas Neues zu verwirklichen.

Schließlich unterscheiden Intentionen sich auch durch das Maß, in dem sie an spezifische Bezugsrahmen gebunden sind. Intentionen sind allgemeine Suggestionen oder Verbote, die irgendeiner Bedingung oder Prämisse, mit denen sich das Selbst identifiziert, genügen sollen; Bezugsrahmen und Strategien sind die sich gegenseitig bedingenden Strukturen, welche die Intentionen in die Tat umsetzen sollen. Während Intentionen solchermaßen zu unterscheiden sind, werden sie doch oft mit Bezugsrahmen in einer Weise zusammengefaßt (d. h. verwechselt oder verschmolzen), daß bestimmte Bilder, Pläne, Handlungen usw. mit einer Intention starr assoziiert werden. Eine Person kann dann der Meinung sein, daß es, sagen wir, um gehört zu werden, unerläßlich sei, andere Personen niederzuschreien. Diese unveränderliche Bindung der Intention (z. B. gehört zu werden) an einen Bezugsrahmen (andere anzuschreien) schafft bald Probleme, weil der sich verändernde Bereich der Erfahrung einen sensiblen und veränderbaren Gebrauch von Bezugsrahmen erfordert; andernfalls bleiben Intentionen unverwirklicht und Probleme tauchen auf, wenn eine Person versucht, „mehr vom selben" Bezugsrahmen anzuwenden (vgl. Watzlawick, Weakland, Fisch 1974). Nach unserem Ansatz wird dieser problematische Zustand der Dinge dadurch verändert, daß die Intention zuerst, unabhängig von Bildern und anderen Elementen des Bezugsrahmens, formuliert wird, z. B.:

1. Ich möchte in der Lage sein, Empfindungen angenehm und sicher zu erleben.
2. Ich will Wahlmöglichkeiten im Umgang mit Ärzten haben.
3. Ich will mit Nahrungsmitteln anders umgehen können.

Eine Intention, die auf diesem abstrakten Niveau dargeboten wird, bestimmt nicht näher, wie Erfahrung strukturiert werden soll. Tranceinduktionen werden dann genutzt, um den Bereich, auf den die Aufmerksamkeit des Klienten oder der Klientin gerichtet ist, noch weiter von seinem Bezugsrahmen zu lösen („Deframing"). Dadurch können dann die kreativen unbewußten Prozesse des Klienten oder der Klientin ermutigt werden, Bezugsrahmen den gegenwärtigen Bedürfnissen des Selbst entsprechend neu zu strukturieren.

Das bisher Gesagte läßt sich wie folgt zusammenfassen: Der Ericksonsche Hypnotherapeut ist bemüht, eine Intention positiv, konstruktiv, zukunftsorientiert und bezugsrahmenfrei zu formulieren. Damit soll nicht gesagt sein, daß negative, destruktive, vergangenheitsorientierte oder an einen Bezugsrahmen gebundene Beschreibungen bekämpft oder aktiv entmutigt würden, denn das käme einer Verstärkung genau jener Kennzeichen gleich. Jedes Beschreibungspaar wird als komplementäre Einheit betrachtet: positiv/negativ, konstruktiv/destruktiv, Vergangenheit/Zukunft, starre/veränderliche Bindung an einen Bezugsrahmen. Wie bei jeder Komplementarität wird eine Seite als wichtigste betont, wenn es zu einer Handlung (d. h. zu einer Unterscheidung) kommt (vgl. Varela 1979)[1]. In Problemzuständen sind die Hervorhebungen meist wie folgt fixiert:

Die Intention ist im Problemkontext häufig repräsentiert als:

NEGATIV/positiv
DESTRUKTIV/konstruktiv
VERGANGENHEITSORIENTIERT/zukunftsorientiert
BEZUGSRAHMENINVARIANT/bezugsrahmenvariabel

Der Therapeut akzeptiert und spiegelt diese Hervorhebungen (Pacing), während er auf Hervorhebungen hinarbeitet (Leading), die für neue Seinsweisen förderlicher sind:

Die Intention ist im Lösungskontext repräsentiert als:

POSITIV/negativ
KONSTRUKTIV/destruktiv
ZUKUNFTSORIENTIERT/vergangenheitsorientiert
BEZUGSRAHMENVARIABEL/bezugsrahmeninvariant

Der Therapeut ist also bemüht, jede Komplementarität auszufüllen, bevor er (in einem dem Klienten angemessenen Tempo) dazu übergeht, die lösungsorientierte Seite jedes Paares zu betonen. In diesem neuen Kontext erhalten die alten Repräsentationen neue Bedeutungen.

Als Schlußbemerkung ist dem Rechnung zu tragen, daß manche Klienten nicht bereit oder in der Lage sind, ihre genauen Intentionen zu erkennen. Therapeuten haben in solchen Fällen vielfältige Möglichkeiten zu reagieren. Eine ausgezeichnete Methode ist es, die Intention der Person zu benennen als „ich möchte meine Intention herausfinden" und dann einen Tranceprozeß zu benutzen, um die Intention ganzheitlich zu explorieren und zu identifizieren. Dabei wird das Unbewußte zum ausführenden Organ der Entdeckung und Offenlegung der Bedürfnisse des Selbst bestimmt.

Eine andere Methode besteht darin, einfach die erlebten Ergebnisse der sich wiederholenden Problemmuster des Klienten als Intentionen zu betrachten. Ein Klient z. B. berichtete, daß er seine Wut „loswerden" wolle, weil sie „destruktiv" sei. Als er gebeten wurde, die Intention positiv zu formulieren, sagte er, er sei dazu nicht in der Lage. Ich bat ihn daher, einige Wirkungen seiner Wutausbrüche, die er erlebt hatte, genauer auszuführen. Zu diesen Wirkungen gehörten:

1. Erleichterung und Entspannung (nach dem Ausbruch);
2. ein Gefühl des Abstands zwischen ihm und seiner Frau
3. ein Gefühl, seinem Vater zu gleichen
4. ein veränderter Bewußtseinszustand, in dem Dinge einfach „passierten".

Wie das oft der Fall ist, so machte auch hier die Befragung deutlich, daß es keinen anderen Kontext gab, in dem der Klient diese Wirkungen noch hätte erleben können. Jede der vier Wirkungen wurde deshalb als eine bezugsrahmenvariable Intention bezeichnet, die während der hypnotherapeutischen Exploration auf vielfältige Weise zum Ausdruck gebracht werden sollte.

Intentionen können auch noch auf andere Weise abgeklärt werden. Ich habe Klienten auch schon mit der Anweisung nach Hause geschickt, sie sollten wiederkommen, sobald sie ein Gefühl von Bewußtsein für ihre Intention im therapeutischen Bemühen entwickelten. Wieder andere Klienten ließ ich zwischen 15 und 30 Minuten in meiner Praxis sitzen und gab ihnen Gelegenheit, ihre Interessen zu klären. Welche Methode ein Hypnotherapeut auch immer benutzt, sein Hauptziel, vor allem am Anfang einer Therapie, besteht darin, Klienten anzuregen, darüber nachzudenken, wie sie sich als erfolgreiche Menschen weiterentwickeln möchten.

Abfolge der Probleminduktion

Ich erinnere daran, daß man sich ein vorhandenes Problem als eine starre Interaktionsabfolge mit vorhersagbarem Ausgang vorstellen kann (vgl. Haley 1976). Ein Hauptcharakteristikum dieser „Induktionsschleife", die meist sowohl in interpersonalen als auch in intrapersonalen Bereichen wirksam ist, besteht darin, daß sie sich wiederholt. Der Therapeut kann daher Induktionssequenzen bestimmen, indem er Beschreibungen von Strukturen sucht, die im Erleben des Klienten immer wieder auftauchen. Die allgemeine Frage, der nachzugehen ist, lautet:

Wie ist in den Zeiten, in denen Sie das Problem erleben, die genaue Abfolge von Prozessen, durch die Sie hindurchgehen?

Abbildung 5.1 zeigt Induktionssequenzen, die sich in drei verschiedenen Fällen ergaben. Wiederum kann jede dieser Schleifen als eine hypnotische Induktions- („Einführungs-")sequenz betrachtet werden, deren Wirkung in der Herstellung eines tranceähnlichen Zustandes (d. h. dem Symptom) besteht. Genauer gesagt, eine Trance entwickelt sich im allgemeinen dann, wenn eine automatisierte Sequenz in eine sich wiederholende „Gegensatz"-Schleife gerät, wie im ersten Beispiel, wo die Frau sich in dem Zirkel von „Panik/Gerate nicht in Panik" gefangen sieht. Mit jeder Drehung des „Teufelskreises" kann man beobachten, wie die (gewöhnlich selbstabwertende) Trance sich vertieft, so daß Äußerungen in wachsendem Maß unwillkürlichen und paradoxen Charakter annehmen. Unterdessen entwickeln sich zusätzlich ziemlich rasch viele der in Kapitel 2 besprochenen Trancecharakteristika (Veränderungen der Wahrnehmung, Zeitverzerrung, nichtrationale Logik usw.). Wie die Beispiele in Abbildung 5.1 nahelegen, kulminiert dieser Zirkel der Tranceinduktion oft darin, daß selbstabwertende Trancephänomene auftauchen: große Scham empfinden und dann von zu Hause weggehen, Stimmen hören und vor Angst erstarren, Depression usw. Solche Symptome können als Versuche betrachtet werden, für Doublebind-Schleifen eine Lösung zu finden (Gilligan 1985).

Wenn der Therapeut erkennt, wo in der Sequenz sich die Schleife zwischen Gegensätzen zu wiederholen beginnt, hat er damit Schlüsselstellen ausfindig gemacht, an denen sich selbstabwertende Trancen entwickeln. Dieses Wissen kann als Basis für eine hypnotische Induktion und für eine therapeutische Veränderung genutzt werden. Eine erste Sitzung mit der Klientin, die sagte, sie habe einen Schreibkrampf (Beispiel Nr. 1 der Abbildung 5.1), umfaßte mehrere an Sie gerichtete Suggestionen: (1) sich zu setzen, (2) einen Füllfederhalter, einen Bleistift und das Notizpapier, das ihr zur Verfügung gestellt wurde, zur Hand zu nehmen, (3) sich intensiv auf die Empfindungen in ihrer Hand und auf ihre Ausrichtung auf das Papier zu konzentrieren, (4) automatisches Schreiben eines einzigen Buchstabens zu entwickeln, wenn sie dazu be-

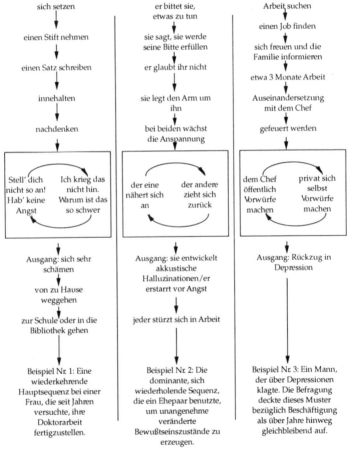

Abb. 5.1: Beispiele für Probleminduktionen

reit sei, (5) innezuhalten (sobald sie einen Buchstaben vollendet habe), (6) einen dissoziierten Zustand zu entwickeln, während dessen sie sich „in der Mitte von Nirgendwo" befände, wo es nur meine Stimme und ein wachsendes Gefühl von Sicherheit gäbe, (7) sich beschämt, aber sicher zu fühlen und (8) ein psychisches „Zuhause" zu finden, wo sie mit sich und für sich selbst und ihre gegenwärtigen Bedürfnisse zufrieden sein könnte.[2] Eben jene Sequenz, derer die Klientin sich bediente, um einen selbstabwertenden Prozeß des „Weggehens" zu induzieren (der von unglücklichen Jammer- und Ekelgefühlen begleitet war), wurde genutzt, um eine therapeutische Trance zu fördern, die mit einem „Weggehen" in einen sicheren Kontext verbunden war und die Entwicklung bedeutsamer Veränderungen ermöglichte. Wenn der Therapeut die Problemstruktur als Basis der hypnotherapeutischen Induktion benutzt, kann er sicher sein, daß die Trance, die dann entsteht, für das Problem von Bedeutung ist. Während dieser Zeit ist es Sache des Therapeuten, die Qualität dessen, was der Klient im Rahmen dieser Struktur erlebt, zu verbessern; damit ihm das gelingt, sind ein Rapport zu biologischen Vorgängen, psychische Sicherheit und andere Prozesse, die in den folgenden Kapiteln noch besprochen werden, von äußerster Wichtigkeit.

Zur Bestimmung von Induktionssequenzen sind noch einige weitere Punkte bedeutsam. Erstens, der Therapeut kann auf verschiedenen Abstraktheitsniveaus auf solche Schleifen aufmerksam machen. Die Beispiele in Abbildung 5.1 sind etwas skizzenhaft dargestellt; konkretere und detailliertere Beschreibungen sind zu Zwecken hypnotherapeutischer Induktionen oft nützlich. Detailliertere Assoziationen im Fall der Dissertationschreiberin z. B. waren: einhalten (mit dem Schreiben), sich angespannt fühlen, die Ellbogen einziehen, Anspannung der Kiefermuskulatur und Krümmung des Rückens. Jeder dieser genaueren Hinweise hatte für den Therapeuten eine zweifache Bedeutung: Sie gaben ihm bei der hypnotischen Arbeit zum einen Auskunft darüber, wann jeweils ein Zugang zum Verhaltensmuster vorhanden war, zum anderen lieferten sie ihm mögliche hypnotische Suggestionen, die nützlich waren, um mit dem Symptommuster Kontakt aufzunehmen und es dann neu zu strukturieren. Eine Abfolge von Suggestionen z. B., die während des hypnotischen Zustandes wiederholt eingestreut wurde, umfaßte Anweisungen, innezuhalten und zu fühlen, wie in der Brust und im Kiefer Spannung entsteht, den Rücken krumm zu machen und dann tiefer in eine Sicherheit erschließende Trance zu fallen. Die Sequenz wurde also in der Trance zugänglich gemacht und dann in mehreren Ansätzen in neue Bahnen gelenkt.

Zweitens, eine Problemschleife ist durch vielfältige Erfahrungsmodalitäten beschreibbar - durch (offene) Verhaltensweisen, Kognitionen,

Emotionen, Empfindungen, Bilder, Wahrnehmungen usw. (siehe Gilligan 1985). Man kann davon ausgehen, daß eine Person nur ein paar von diesen Modalitäten wahrnimmt, während jedoch in jeder von ihnen etwas geschieht. Wenn der Therapeut eine Beschreibung in vielfältige Modalitäten faßt und sie dadurch anreichert, dann findet er auch zahlreiche mögliche Gebiete, auf die er hypnotisch die Aufmerksamkeit lenken kann. Kommunikationen zur Induktion z. B. können wechseln von motorischen Äußerungen zu Empfindungen, dann zu Wahrnehmungen und zu Bildern usw. Die Aufmerksamkeit läßt sich, wird sie auf diese Weise auf alle Modalitäten gelenkt, von ihrem Bezugsrahmen lösen und neu strukturieren, was der Zweck erfolgreicher hypnotischer Kommunikation ist.

Drittens, eine Person hat meist mehr als nur eine starre Verhaltenssequenz. Dennoch ist es am effektivsten, wenn der Therapeut nur mit einer dominanten Sequenz auf einmal arbeitet und erst zu anderen übergeht, wenn in der gerade aktuellen eine gewisse Flexibilität gewonnen werden konnte.

Viertens, der Therapeut kann viele verschiedene Methoden benutzen, um eine Induktionssequenz herauszufinden. Eine Technik, von der ich oft Gebrauch mache, ist, die Klienten dazu zu bringen, die Problemabfolge pantomimisch darzustellen. Konkret bitte ich sie, mir die Sequenz, die sie immer wieder durchlaufen, nonverbal, ohne Worte, vielleicht aber begleitet von einigen Lauten zu zeigen. Diese Methode reicht tiefer als die verbalen Beschreibungen, die es manchmal erschweren, genau festzustellen, was vor sich geht und was flexibler gemacht werden muß. Darüber hinaus enthüllt sich beim Experimentieren, daß die Veränderung der nonverbalen Ausdrucksform eines Musters (z. B. das Timing von Wechseln, die Geschwindigkeit der Ausführung, die Anmut der Bewegung) die Qualität seines Ausdrucks steigern kann.

Zum Beispiel nutze ich manchmal eine leichte Trance, um eine Induktionsschleife in ihrem Ablauf zu verlangsamen und die Auseinandersetzung mit ihr zu intensivieren. Einen Klienten oder eine Klientin, der oder die immer wieder Freßgelage durchlebt, bitte ich, den Vorgang, wie er oder sie die Hände zum Mund führt, wiederholt pantomimisch darzustellen; nach einer Weile setze ich hypnotische Suggestionen ein, um das Muster zu verlangsamen und die Person zu bitten, sich teilweise davon zu lösen; daraufhin ist es dann möglich, weitere Suggestionen hinzuzufügen, um die Bilder, Kognitionen und andere Prozesse des Erlebens, die mit der Sequenz verbunden sind, zu modifizieren. Die Sequenz wird also zuerst gespiegelt, damit der Klient oder die Klientin sich hypnotisch in sie vertiefen und schließlich eine neue Beziehung zu ihr aufbauen kann, nachdem sie in einem zweiten Schritt verändert worden ist.

Fünftens, auch wenn eine Interaktionssequenz nicht als therapeutische Einheit in den Mittelpunkt der hypnotischen Kommunikation gestellt wird, kann sie doch für verwandte Zwecke genutzt werden. Das Wissen des Therapeuten um eine selbstabwertende Sequenz z. B. ermöglicht ihm, direkt bei ihrem Einsetzen einzugreifen. Ein Klient z. B. leitete eine Sequenz tiefer Zurückgezogenheit und Selbstbeschimpfung mit einem heftigen Stirnrunzeln ein, gefolgt von einem Glasigwerden der Augen sowie Verspannung und Hochziehen der Schultern. Um diese Sequenz in ihrer Qualität zu verändern, rief der Therapeut den Klienten freundlich aber mit fester Stimme jedes Mal beim Namen, wenn das Stirnrunzeln sich zu entwickeln begann. Und nachdem er zum Klienten noch weitere Verbindungen hergestellt hatte, indem er ihm die Hand hielt und ihn anwies, seine Augen geöffnet zu lassen, ging er dazu über, das Bedürfnis des Klienten nach Rückzug anzuerkennen und gleichzeitig sorgfältig herauszuarbeiten, wie das auf angenehme Weise und ohne ein interpersonales Feld zu verlassen geschehen könne.

Eine verwandte Anwendung leitet sich von der Einsicht her, daß in jeder Interaktionssequenz ein gewisser Gegensatz vorhanden ist. In einer Sequenz, die sich wiederholt, sind die fixierten gegensätzlichen Bestandteile Anzeichen für „Spaltungen" (d. h. für dissoziierte Zustände) in der Wirklichkeitskonstruktion des Klienten. Während sich die Beziehung zwischen diesen Polaritäten durch die hypnotische Darstellung der gesamten Induktionssequenz verändern läßt, können auch noch andere hypnotische Methoden zur Stimulierung einer therapeutischen Veränderung eingesetzt werden (siehe Gilligan 1985).

Symptomkomplex

Für manche hypnotherapeutischen Anwendungen ist es am besten, wenn man sich Probleme als fixierte Induktionssequenzen vorstellt, für andere hypnotherapeutischen Anwendungen dagegen ist es nützlicher, Probleme als Symptomkomplexe zu betrachten, d. h. als assoziative Netzwerke mit fixierten (für den jeweiligen Kontext unsensiblen) Relationen. Ein Hauptunterschied zwischen Induktionsschleifen und Symptomkomplexen besteht darin, daß die ersten die linearen Konzepte von Zeit und Reihenfolge aufweisen. Da diese Konzepte in dem Maß eine geringere Rolle spielen, in dem die Trance tiefer wird, (und ein Zustand vorherrscht, der eher fließend und an keine bestimmte Sequenz gebunden ist) sind Sequenzen wohl eine geeignetere Sprache für leichtere Trancen.

Zur Bestimmung eines Symptomkomplexes stellt der Hypnotherapeut die allgemeine Frage:

Welche Verhaltensweisen, Bilder, Empfindungen, Kognitionen, Emotionen, Wahrnehmungen und anderen Assoziationen kommen tendenziell zum Ausdruck, wenn Sie das Problem erleben?

Abbildung 5.2 zeigt einen Symptomkomplex, der anhand dieser allgemeinen Frage entwickelt wurde; er stammt von einer Frau, die nach einer Brustamputation Linderung ihrer Schmerzen im Brustbereich suchte. Sie wurde in einer leichten Trance gebeten, einfach die verschiedenen Bilder, Empfindungen, Kognitionen usw. mitzuteilen, die ihr in den Sinn kamen, wenn sie über ihre amputierte Brust nachdachte. Wie die Abbildung zeigt, ließ sich auf diesem Weg eine Vielzahl idiosynkratischer Vorstellungen bestimmen, die alle *als undifferenzierte Familie von Assoziationen* gleichzeitig eine Rolle spielten, wenn sie über das Verhältnis zu ihrer amputierten Brust nachdachte. Es erübrigt sich fast zu sagen, daß sie mit dem Versuch, diesen Komplex von emotionalen Werten auf einmal in Angriff zu nehmen, gewaltig überfordert war, daher suchte sie therapeutische Hilfe.

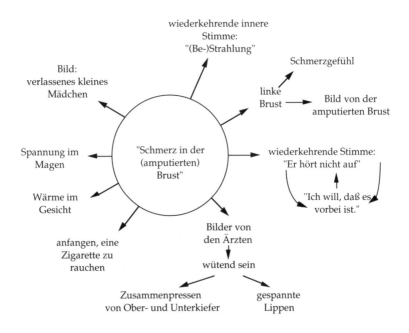

Abb. 5.2: Beispiel für einen Symptomkomplex

Jedes unterscheidbare Merkmal eines Symptomkomplexes ist daher wie ein Individuum in einem dysfunktionalen Familiensystem: Es ist gefangen in einem erstarrten Beziehungsnetz, das keinem der Beteiligten eine Differenzierung der Identität (Individuation) erlaubt. Ein Symptomkomplex ist also wie ein „undifferenzierter Klumpen", in dem alle Unterschiede zu einer größeren Einheit verschmolzen oder kollabiert sind. (Dieser Begriff ist verwandt mit Bowens „undifferenzierter Gruppen-Ich-Masse".) Die Aktivierung eines beliebigen Komplexaspekts schafft auf vorhersagbare Weise einen Zugang zum gesamten Komplex, und Probleme sind die Folge. Daraus ergibt sich eine Hauptaufgabe des Therapeuten: die Beziehung zwischen den Elementen im assoziativen Ideennetzwerk des Klienten so zu reorganisieren und flexibel zu machen, daß die Bezugsrahmen (d. h. die Komplexe), die in einer Situation jeweils entstehen, den wechselnden Hinweisen aus dem Umfeld dieser Situation entsprechen.

Für diese Aufgabe ist die Trance in verschiedener Hinsicht von besonderem therapeutischen Wert: Erstens löst sie die Gebundenheit des Selbst an seine Ausdrucksformen; das bedeutet, eine Person in Trance kann sich „als Teil und doch getrennt" von einer aktuellen phänomenologischen Erfahrung fühlen, was deren ungestörte Beobachtung ermöglicht. Zweitens, eine Trance lockert die Verbindungen zwischen assoziativen Elementen eines Bezugsrahmens, so daß ein einzelnes Element in mehreren assoziativen Bezugsrahmen erlebt werden kann. Ein Ausschnitt der hypnotherapeutischen Arbeit z. B., die ich mit der oben genannten Klientin durchführte, brachte vielerlei Assoziationen zum Schlüsselstichwort „(Be-)Strahlung": Verschiedene, unter andere hypnotische Kommunikationen eingestreute Geschichten, Bilder und Phantasien beleuchteten alle die möglichen Beziehungen, die das Selbst zur „(Be-)Strahlung" entwickeln konnte (z. B. Bestrahlung durch die Sonne, (Aus-)Strahlung von Empfindungen in den Fingerspitzen, strahlendes Gesicht eines Babys). Auf diese und andere Weise kann die Bestimmung der Elemente eines Symptomkomplexes zu deren Loslösung von einem starren Bezugsrahmen (Deframing) und d. h. zu ihrer Differenzierung durch hypnotische Prozesse führen; wenn das geschieht, können neue Beziehungen entstehen.

Während der Therapeut das Bild eines Symptomkomplexes entwickelt, sollte er sich zuerst vergewissern, ob der Klient mit seinem Erleben genügend absorbiert ist, so daß Assoziationen autonom auftauchen können. Der Therapeut kann dann den Prozeß behutsam steuern, indem er immer wieder die Frage stellt: „Was können sie noch erkennen (z. B. an Bildern, Kognitionen etc.), wenn sie über das Problem nachdenken?" Wenn manchen Klienten bei bestimmten Modalitäten nichts einfällt, ist dies ein Anzeichen für mögliche abgespaltene Bereiche. In solchen Fällen kann es nützlich sein, die Trance zu vertiefen, um das Material hervorzulocken; dabei ist allerdings zu beachten, daß die Arbeit mit tiefer Trance in der Regel am besten erst versucht wird, wenn es gelungen ist, Rapport herzustellen und wechselseitig Erfahrung mit der Trance zu machen.

Spieler unveränderter Rollen

An der Probleminduktion als Interaktionssequenz sind notwendigerweise zwei oder mehr Spieler gegensätzlicher Rollen beteiligt. Diese Akteure können interpersonal (als wirkliche Personen) oder intrapersonal (als fiktive Gestalten) vorhanden sein. Da therapeutische Kommunikationen dazu bestimmt sind, die Beziehung zwischen diesen sich ergänzenden Spielern zu verbessern, ist es für den Hypnotherapeuten wichtig zu wissen:

(1) *Wer ist immer wieder real anwesend, wenn das Problem auf taucht?*
(2) *Wer ist immer wieder in der Vorstellung anwesend, wenn das Problemauftaucht?*

Die aus diesen Fragen gewonnene Information läßt erkennen, wer in hypnotische Kommunikationen einzubeziehen und durch sie zu spiegeln ist. Eine Frau z. B. die wegen „Angstanfällen" Erleichterung suchte, gab zu erkennen, daß normalerweise ihr Ehemann da war, wenn sie diese Anfälle bekam. Wie Feld A der Abbildung 5.3 veranschaulicht, wurden „Frau und Ehemann" als die strukturelle Kopplung (d. h. die Beziehungseinheit) erkannt, die es anzusprechen galt. Da der Ehemann real anwesend war, wenn das Problem auftauchte, bat der Therapeut ihn, auch beim Behandlungsprozeß real anwesend zu sein. Als er sich anfangs scheute, direkt an hypnotischen Erfahrungen teilzuhaben, gab der Therapeut ihm die Anweisung, genau zu beobachten und sich „seinen eigenen Bedürfnissen entsprechend" auf das Geschehen zu beziehen, während mit seiner Frau direkt hypnotisch gearbeitet wurde. Da ihm indirekte Suggestionen angeboten wurden, als seine Frau direkte Suggestionen erhielt, entstand bei beiden Beteiligten eine bedeutungsvolle Trance. Wie es oft der Fall ist, wenn eine solche Methode benutzt wird, bat der Ehemann wenige Sitzungen später, direkt in die hypnotische Arbeit miteinbezogen zu werden.

Bei einer anderen Klientin, der Frau, die versuchte, ihre Dissertation fertigzustellen (siehe S. 194), stellte sich heraus, daß in ihrem Symptomkomplex immer dieselben Bilder von ihrem Vater auftauchten, der ihr eine Standpauke hält. Feld B in Abbildung 5.3 zeigt, daß „Tochter mit

Vater" als wichtige Beziehungseinheit zu erkennen war, die es in der Hypnose anzusprechen galt. Da diese Beziehung sich (zur Zeit der Behandlung) überwiegend in Imaginationsprozessen der Frau abspielte, entschied ich, daß es für erfolgreiche Veränderungen genügte, sie allein zu sehen[3].

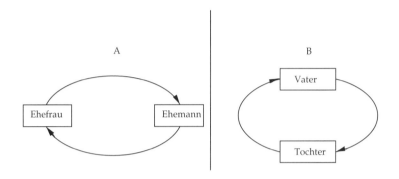

Abb. 5.3: Strukturelle Kopplungen: Komplementaritäten als Beziehungseinheiten

Eine Hauptidee ist hier, daß fixierte Sequenzen einer Beziehung erinnerte Informationsmuster sind, die jedes der beteiligten Individuen seinem Gedächtnis eingeprägt hat. Es sind, mit anderen Worten, starre Anweisungen, um in bestimmten Beziehungen in bereits vorher festgelegter Weise zu interagieren. Obwohl sich eine Person explizit vielleicht nur mit der einen Seite des Musters identifiziert, so wird ihr Verhalten doch von der Dynamik gesteuert, die beiden Seiten zugrundeliegt; beide Seiten müssen daher durch hypnotische Kommunikationen aktiv angesprochen werden. Das kann dadurch geschehen, daß beide (oder alle) Seiten tatsächlich anwesend sind, oder dadurch, daß man eine Person sich hypnotisch in beide Seiten hineinversenken läßt. In beiden Fällen kann eine therapeutische Trance eine Hauptrolle spielen. Wie wir in Kapitel 2 gesehen haben, können in Trance versetzte Individuen in eine Verfassung geraten, in der sie sich als „Teil und doch getrennt" von einer Beziehung erleben. Das befähigt eine Person, ihre Sichtweisen zu ändern und sogar widersprüchliche Standpunkte gleichzeitig einzunehmen. Darüber hinaus verbindet eine therapeutische Trance die Figur (d. h. psychische Strukturen) wieder mit ihrem Hintergrund (d. h., mit ihrem biologischen Kontext); *dies scheint eine notwendige Bedingung für eine bleibende Veränderung zu sein*[4]. Gelingt es, eine Person von einer starren Bindung an psychische Strukturen zu lösen und sie dazu zu bringen, im Gefühl der Sicherheit in ihren biologischen Kontext einzutauchen, dann kann es auch zu tiefgreifenden Veränderungen in den symbolischen Strukturen kommen.

Um diese Veränderungen zu erleichtern, sollte der Hypnotherapeut jede Seite des Konflikts genau kennen; er sollte wissen, wie ihre Struktur und der Inhalt ihrer Kommunikation aussieht, wie jede Seite auf eine bestimmte hypnotische Idee reagieren würde usw. Wenn er dann hypnotische Ideen anbietet, denkt der Therapeut oder die Therapeutin daran, daß er oder sie mit mindestens zwei komplementären „Teilen" der Person gleichzeitig spricht. Es gibt zahlreiche Methoden für das Pacing und Leading dieser Beziehung. Eine Möglichkeit sind symbolische Geschichten: Der Hypnotherapeut bietet Anekdoten an, welche Interaktionen zwischen den Personen aufweisen, die der Problemdynamik des Klienten analog sind (siehe Kapitel 6). Eine andere Methode besteht darin, daß der Therapeut eine Seite der Dynamik kongruent darstellt, während der Klient die andere Seite übernimmt. Wie wir in Kapitel 7 sehen, kann das zur Folge haben, daß man etwa die Rolle des Pessimisten besser spielt als der deprimierte Klient, so daß dieser zu protestieren beginnt und in die komplementäre Rolle schlüpft („es ist nicht alles so schlecht".) Wenn der Therapeut dann die andere Rolle spielt, beginnt er, den Klienten durch ein Reihe von Rollenumkehrungen zu begleiten, die zu einer auf Erfahrung beruhenden Bewertung beider Seiten der Dynamik führen; dadurch wird es dann möglich, daß es über die Trance zu einer systemischen Integration kommt (siehe Kapitel 7). Eine andere Methode sieht vor, einen Klienten oder eine Klientin dadurch in Trance zu versetzen, daß er oder sie sich mit den Personen in der Geschichte, die in die Dynamik verwickelt sind, weitgehend identifiziert, und ihm oder ihr dann suggeriert, loszulassen und „dem Unbewußten zu erlauben, eine integrierende und sich wechselseitig unterstützende Beziehung zwischen den beiden komplementären Teilen herzustellen".

Welche der Methoden der Therapeut auch wählt, immer geht er von der Annahme aus, daß der Klient (die Klienten) in einer Beziehungsdynamik mit fixierten Rollen und unflexiblen, immer gleichen Interaktionsformen steckengeblieben ist (sind). Darüber hinaus klammert sich der Klient meist an eine Seite der Dynamik, während er die andere ablehnt und so den Konflikt aufrechterhält. Gelingt es dem Hypnotherapeuten, die „Personen des Dramas" und ihre Antwortstrategien in der festgefahrenen Dynamik zu erkennen, dann erlaubt ihm das, die Exploration des Erlebens so zu strukturieren, daß die Dynamik gespiegelt und schließlich zu ausgewogeneren und sich ergänzenden Äußerungen geführt wird.

Bleibt schließlich noch zu betonen, daß die Spieler, die miteinander in Beziehung stehen, nicht immer reale Personen sind. Es können symbolische „Teile" einer Person sein, die sich durch Phantasiesymbole, Dialoge verschiedener Stimmen, Bilder (z. B. von Tieren) usw. darstellen lassen. Es ist ganz angemessen, mit diesen Teilen zu arbeiten, wenn sie erscheinen, man nimmt im allgemeinen jedoch an, daß die fixierte Dynamik aus den realen interpersonalen Herausforderungen, mit denen der Klient konfrontiert ist, hervorgeht und sie spiegelt. Der Hypnotherapeut, der oft mit symbolischen und fiktiven Gestalten arbeitet, sollte deshalb diese Arbeit letztlich mit den realen Herausforderungen im Bereich interpersonaler Beziehungen verbinden.

Überzeugungen/Glaubenshaltungen

Überzeugungen oder Glaubenshaltungen fungieren als mächtige Induktionstechniken, welche das aktuelle Erleben des Klienten strukturieren. Werden sie rigide vertreten, schränken sie das Spektrum des Selbstausdrucks stark ein und leisten damit der Entstehung von Problemen Vorschub. Eine Person z. B., die bei einem Einstellungsgespräch beständig Ablehnung erwartet, neigt dazu, genau jene Verhaltensweisen zu zeigen, die wesentlich dazu beitragen, sich und andere so weit zu bringen, daß wirklich das Erwartete dabei herauskommt; außerdem strukturiert diese dominante Überzeugung die perzeptiven, emotionalen und kognitiven Prozesse der betreffenden Person und führt sie dazu zu glauben, daß die „Realität" keine anderen Möglichkeiten bot als zu scheitern. Auf diese Weise bilden starre (den Kontext unberücksichtigt lassende) Überzeugungen hypnotische Induktionen, die dazu benutzt werden, an einem problematischen Zustand festzuhalten. Der Hypnotherapeut versucht dementsprechend, die allgemeine Frage zu erkunden:

Welche festen Überzeugungen, glauben Sie, sind für die problematische Erfahrung von Bedeutung?

Diese Frage läßt sich wie folgt spezifizieren:

1. Wie/wo/warum/mit wem entwickelte sich das Problem?
2. Wie hat sich das zu lösende Problem verändert?
3. Was würde geschehen, wenn Sie das Problem nicht hätten?
4. Über welche Teile des Problems sollten wir reden? Über welche möchten sie nicht reden?
5. Wie wird das Problem immer von neuem geschaffen?

Ähnliche Fragen betreffen Überzeugungen, die im Vordergrund stehen, während das Problemverhalten ausgeführt wird. Man kann Klienten dazu konkret anweisen, sich selbst in der Problemsituation vorzustellen, und sie dann bitten, im Hinblick auf jene Situation Fragen zu beantworten wie z. B.:

1. Was, glauben Sie, daß die anderen von Ihnen wollen?
2. Was brauchen Sie?
3. Was wird geschehen?
4. Was können Sie sagen oder tun? was können Sie nicht sagen oder tun?

Antworten auf diese Fragen legen die Prämissen offen, unter denen eine Person unbewußt ihre Aufmerksamkeit strukturiert und Verhaltensmuster aktiviert, so daß sie dadurch eine „Prophezeiung" über den Ausgang eines Ereignisses erfüllt. Überzeugungen und Glaubenshaltungen fungieren in einem Problemzustand also als Regler, mit deren Hilfe eine Person das vertraute Verhalten fortsetzen kann; beim Utilisationsansatz werden sie entsprechend genutzt, um ein neues Verhalten zu rechtfertigen. Das bedeutet z. B., während ein Problem aufrechterhalten wird durch die Überzeugung,

Weil X der Fall ist, habe ich keine andere Wahl als zu (der Problemzustand),

kommuniziert der Therapeut beim Utilisationsansatz:

Weil X der Fall ist, können sich viele weitere Wahlmöglichkeiten entwickeln.

Die Überzeugung wird nicht angefochten, sondern als Sprungbrett für die Entwicklung neuer Seinsweisen genutzt. Nehmen wir z. B. den oben erwähnten Fall der Person, die der Überzeugung ist, Ablehnung sei ein notwendiger Bestandteil eines Gesprächs, bei dem es um die Vergabe eines Jobs gehe. Die Person hat eine Überzeugung gespeichert, die man wie folgt zusammenfassen könnte:

Das Erlebnis der Ablehnung wird eintreten, und es führt zu einem unerwünschten Zustand.

Der Hypnotherapeut erkennt darin eine therapeutische Schlüsselidee, die er hypnotisch etwa so kommuniziert:

Das Erlebnis der Ablehnung wird eintreten, und es führt zu einer Reihe erwünschter Zustände.

Wie diese therapeutische Idee hypnotisch kommunizierbar ist (sobald sich eine leichte Trance entwickelt hat) veranschaulicht das folgende Beispiel:

> ... Ihr Unbewußtes kann ihre Fähigkeit in Beziehungen vielfältig entwickeln und bestätigen. Sie haben z. B. die Fähigkeit, mit anderen zu sprechen, mit einer Vielzahl verschiedener Leute auf ganz unterschiedliche Weise. Sie haben gelernt, wie ein Baby zu sprechen, dann redeten sie wie ein Kind, wie ein junger Erwachsener, auf vielfältige Weise. Und während die Zeit vergeht, verändert sich auch ihr Verständnis von Beziehungen und davon, wie Sie sich selbst darstellen sollen, in Übereinstimmung mit dem sich verändernden Selbstgefühl. Und als Sie lernten, mit anderen zu sprechen, entwickelten Sie vielfältige Beziehungsmöglichkeiten im Hinblick auf die Annahme oder die Ablehnung einer angebotenen Idee. Sie lernten, bestimmte Überzeugungen anzunehmen und andere abzulehnen ... und deshalb können Sie es jetzt ablehnen, auf irgendetwas anderes zu achten als auf Ihr Gefühl, wie diese Ablehnung wächst, je nach dem, wie Sie sie erleben und auf sie reagieren, den Bedürfnissen Ihres gegenwärtigen Selbst entsprechend... . In Trance können Sie bestimmte Zustimmungen und bestimmte Ablehnungen erkunden ... denn in dem Ausblick auf jenes Einstellungsgespräch können Sie untersuchen, wie *viele* verschiedene Möglichkeiten - und ich weiß nicht und Sie wissen nicht bewußt, wie viele verschiedene Möglichkeiten es sind - die Sie entdecken werden, entdecken können und wirklich entdecken, wann, wo und wie Sie Ablehnung in einer Weise erleben, *die für das Selbst befriedigend ist* ... die Ablehnung der Neigung zur Einschränkung der Atmung ... eine Zustimmung zu der Fähigkeit, *leicht zu atmen ... eine Ablehnung unnötiger Spannung ... eine Zustimmung zu einer verdienten erlebbaren Sicherheit* ... eine Ablehnung, im einzelnen zu wissen, wie vor allem Sie jenes Einstellungsgespräch genießen werden ... eine Zustimmung zu der Entdeckung einer unbewußten Anleitung, die Sie unterstützt ... eine Ablehnung zu schnell oder zu langsam gehen zu wollen ... eine Zustimmung zu Ihren eigenen Rhythmen, zu Ihrer eigenen Fähigkeit, *bequem voranzukommen* ... eine Ablehnung der Notwendigkeit, sich an meine genauen Worte zu erinnern ... eine Zustimmung zu Ihrer *Integration* in den Träumen heute abend und morgen ...

Das Thema der Ablehnung, das beim Klienten dominiert, wird so angenommen, mit seinem Gegenstück, der „Zustimmung", ins Gleichgewicht gebracht und hypnotisch durch die vielfältigen, der Selbstachtung förderlichen Weisen, auf die sie erlebt werden kann, sorgfältig herausgearbeitet. Kurz gesagt, die Themen des Problemzustands sind auch die Themen des Zustandes, der die Lösung enthält. Die Themen sind natürlich nur in Lösungen übersetzbar, wenn der Klient sich in einem Zustand befindet, in dem er mit seinem ganzen Erleben empfänglich ist. Die Darbietung dieser wieder mit ihrem Kontext verbundenen Ideen ist also in dem Maß erfolgreich, in dem in der interpersonalen (therapeutischen) Beziehung Rapport und Versunkenheit entwickelt wurden.

Eine Hauptidee in diesem Zusammenhang geht davon aus, daß eine Überzeugung oder Glaubenshaltung schlicht eine Hypothese oder „Suggestion" darüber ist, wie Dinge sein können, und daß ihr Anpassungswert auf der Fähigkeit des Selbst beruht (1) die Hypothese den wechselnden Situationen entsprechend zu verändern und (2) auf das vorausgesagte Ereignis mit einer Vielzahl kreativer Möglichkeiten zu reagieren. Damit eine Person dies tun kann, muß sie genügend Abstand zu der Überzeugung oder Glaubenshaltung haben, um ihre Doppelwertigkeit zu erkennen. Wenn eine Person eine Überzeugung für absolut hält, hat dies ein rigides und problematisches Verhalten zur Folge. Zur Entwicklung von Lösungen kann man zunächst die Bindung der Person an die Überzeugung lockern, indem man sich ihr hypnotisch anschließt, und sie dann verändern, indem man die möglichen Reaktionen erweitert, die sie auslösen kann. Auf diese Weise wird die Überzeugung nicht direkt angefochten; das Selbst wird vielmehr ermutigt und erhält Gelegenheiten, unter hypnotischer Anleitung eine flexiblere Beziehung zu ihr zu entwickeln.

Eine verwandte Idee besagt, daß es umso leichter ist, das Verhältnis einer Person zu einem Wert zu verändern, je rigider sie an diesen Wert gebunden ist, so lange man diese Fixierung nicht direkt angreift. Der Hypnotherapeut denkt deshalb immer wieder über den Koan nach: „Wie kann es zu einer Veränderung kommen, wenn ich mehr vom selben und noch darüber hinaus fördere?" Überzeugungen und Glaubenshaltungen werden gewürdigt als das Mittel, durch das sich sowohl Probleme als auch Lösungen entwickeln, und der Hypnotherapeut nutzt den Weg, auf dem erstere entstanden sind, um zu ermöglichen, daß die letzteren in Erscheinung treten.

Fertigkeiten und Ressourcen

Die Fähigkeit einer Person zur Veränderung beruht auf ihrer Bereitschaft und Fähigkeit, ihre Ressourcen und Fertigkeiten zu aktivieren. Wie wir in Kapitel 4 gesehen haben, geht der EricksonTherapeut der folgenden allgemeinen Frage nach:

Welche Fertigkeiten, Ressourcen oder Fähigkeiten hat der Klient oder die Klientin entwickelt?

Dafür lassen sich eine Menge verschiedener Formulierungen finden:

1. Was machen Sie in Ihrem Leben gut?
2. In was können Sie sich so richtig vertiefen?
3. Welche Hobbys haben Sie?
4. Zu wem haben Sie besondere Verbindungen?
5. Was machen Sie, wenn Sie es wirklich brauchen, alles „loszulassen" und eine Pause einzulegen?
6. Was machen Sie in Ihrem Alltag häufig?

Die Antworten kann man sich als mögliche Ressourcen für hypnotische Kommunikationen notieren. Die folgenden drei Beispiellisten sind in den ersten Sitzungen mit drei verschiedenen Klienten entstanden:

Klient Nr. 1 (männlich, 13, Diabetiker)
Basketballkörbe schießen
Über Flugzeuge in der Luft nachdenken
Rockmusik hören
sich von den Eltern zurückziehen
Videospiele spielen

Klient Nr. 2 (männlich, 35, College-Professor)
Fotografie
hat Haustiere gern
intensive Konzentration
Fähigkeit, Zustände schnell zu ändern
lehren
Fähigkeit, sich zurückzuziehen

Klient Nr. 3 (weiblich, 30, schwanger)
Beziehung zum Ehemann
Stricken
Lesen
Musik
Autofahren
am Strand spazieren gehen
sich sorgen (d. h. weitblickend über die Zukunft nachdenken)

Für jedes Beispiel kann der Therapeut sich Gedanken machen, wie sich diese Ressourcen mit einer problematischen Erfahrung verbinden lassen, so daß diese Erfahrung sich neu strukturiert. Die Annahme ist, daß das Selbst in Problemzuständen wenig Verbindung zu wichtigen Ressourcen erlebt. Die Ressourcen liegen entweder außerhalb (d. h. sie sind funktionell abgespalten) des problematischen Bezugsrahmens (die Person kann z. B. ihre Fähigkeit verlieren, um etwas, was sie möchte, zu bitten) oder sie sind auf eine rigide, vom selbst abgespaltene Art innerhalb des Bezugsrahmens wirksam (die Person kann um das, was sie möchte, nur auf eine schrille, erfolglose Art bitten). In beiden Fällen erlaubt die Starrheit des Bezugsrahmens keine neue Bewegung von außerhalb oder innerhalb seiner Grenzen. Die Induktion einer therapeutischen Trance gewährt einen „bezugsrahmenfreien" Kontext, in dem Ressourcen aus vielen verschiedenen Kontexten zugänglich gemacht und integriert werden können:

Problematische Erfahrung + Ressourcen = Mögliche Lösungen

Problem/Ressourcen-Paarungen im Fall des Jungen mit Diabetes z. B. umfaßten:

Jede Ressourcenbeschreibung dient als möglicher Bezugsrahmen, der es erlaubt, Schlüsselaspekte der Problemsituation auf indirekte und hypnotische Weise therapeutisch anzugehen. Metaphern vom Basketballschießen, das leicht gelingt, wurden benutzt, um die Leichtigkeit des Insulinspritzens anzusprechen; Geschichten vom Überprüfen der Prozentanteile freier Würfe und vom Tabellen-Führen über zahlenmäßige Übereinstimmungen dienten dazu, eine regelmäßige Überwachung des Glukosespiegels zu suggerieren usw. Wie Abbildung 5.4 zeigt, werden zwischen einem Problem und möglichen Ressourcen zu seiner Lösung vielfache Verbindungen hergestellt, wodurch die Verflechtung vieler neuer assoziativer Bahnen zwischen den Zuständen sichergestellt wird. *Indem der Hypnotherapeut Problembeschreibungen auf diese Weise*

innerhalb von Bezugsrahmen, die Ressourcen enthalten, und innerhalb ausgewogener biologischer Kontexte reorganisiert, schafft er die Bedingungen dafür, daß Lösungen sichtbar werden können.

Ehe wir zum Schluß kommen, ist noch zu bemerken, daß manche Klienten behaupten, nur wenige Ressourcen zu haben. Darüber hinaus lassen Therapeuten sich manchmal von der Art, wie diese Klienten sich darstellen, überzeugen, daß ihre Behauptungen richtig sind. Man findet in verschiedenen Bereichen jedoch immer irgenwelche Ressourcen. Einer ist der Problembereich selbst: Es bedarf einer großen Geschicklichkeit, dieselbe Art zu sein über lange Zeit beizubehalten. Die Tendenz, sich zurückzuziehen z. B., kann gewürdigt und nutzbar gemacht werden als Fähigkeit, nach innen zu gehen und das Selbst, wenn nötig, zu schützen; die Wertschätzung des Zustands durch den Therapeuten und dessen interpersonale Verbindung zum Klienten während solcher Prozesse

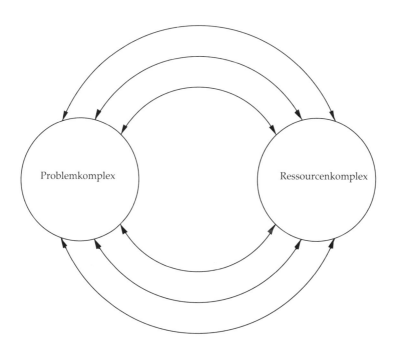

Abb. 5.4: Herstellen vielfältiger Verbindungsbahnen zwischen Ressourcen und Problemen

ermöglicht es, der Fertigkeit in der Gestalt ihres Wertes einen neuen erlebbaren Bezugsrahmen zu geben.

Zweitens finden sich Ressourcen in grundlegenden Entwicklungsprozessen: im Lesenlernen, Schreibenlernen, gehen, sprechen, sich zurückziehen, sich konzentrieren, essen usw. Erickson benutzte oft diese grundlegenden Lernerfahrungen, die allen gemeinsam sind, um besondere Entwicklungsherausforderungen, denen sich ein Klient gegenüber sah, anzugehen. Damit reflektierte Erickson vielleicht sein eigenes Lernen, für das es keine Ressourcen zu geben schien (z. B. als er wieder laufen lernen mußte). Er betonte:

> Wenn wir durchs Leben gehen, lernen wir vieles aus Erfahrung. Wir lernen Dinge aus Erfahrung, und wissen nicht einmal, daß wir lernen.
> ... In der Hypnose nutzt man alle diese Lernerfahrungen, um das Verhalten des Klienten zu lenken und zu strukturieren (in Rossi, Ryan, Sharp 1983: S. 161-162).

Folgt man einer Person in Bereiche, wo Ressourcen verfügbar sind, werden noch andere Ressourcen aktiviert, wenn der Fortschritt weitergeht.

Zusammenfassend kann man sagen, daß die Aufgabe des Ericksonschen Hypnotherapeuten darin besteht, an der Wirklichkeit einer Person teilzunehmen, um sie zu erweitern. Dabei stellt der Therapeut zuerst fest, auf welche Werte eine Person sich stützt, wenn sie ihre Erfahrung gestaltet. Diese Werte sind an vielen Aspekten ihres Umgangs mit Beziehungen erkennbar: mit sozialen Systemen, mit Intentionen, Interaktionssequenzen, Symptomkomplexen, besondere Bindungen an Rollen oder Personen, Überzeugungen oder Glaubenshaltungen, Fertigkeiten und Ressourcen. Unserer Auffassung nach stellt jeder Wert eine „Technik" dar, mit der eine Person ihre Wirklichkeit erzeugt; er ist eine bleibende Konstante im assoziativen Netzwerk des „Geistes", mit dem ein Klient eine Wirklichkeit erzeugt, erlebt und aufrechterhält. Wenn diese Wirklichkeit starr und problematisch geworden ist, muß die rigide Bindung an die Werte, die ihr zugrundeliegen, gelockert werden, damit sich neue „veränderungsfähige" („vary-able") Repräsentationsstrukturen entwickeln können. Wenn der Ericksonsche Hypnotherapeut die fixierten Werte erkennt und sich ihnen anschließt, kann er sie wieder den wechselnden Bedürfnissen der aktuellen Erfahrung entsprechend veränderungsfähig machen. Die Techniken, die der Aufrechterhaltung eines Problems dienen, sind dieselben Techniken, um Lösungen zu generieren.

Der Hypnotherapeut sollte flexibel bleiben, wenn er sich bemüht, Werte des Klienten zu erkennen und nutzbar zu machen. Deshalb sammelt er die ganze Zeit über Informationen und benutzt dazu eine Menge verschiedener Methoden. Bei einigen Klienten kann es nützlich sein, sie zu bitten, zwischen den Sitzungen Informationen aufzuschreiben, um ihre Beteiligung zu intensivieren und Zeit für die Therapie zu gewinnen. Bei den meisten Klienten ist es sinnvoll, in die Arbeit am Erleben Fragen einzustreuen, so daß sich beide ergänzen. Wie wir im nächsten Abschnitt sehen werden, ist es manchmal nützlich, wenn der Therapeut z. B. die Informationen, die er aus einer Frage gewonnen hat, nutzt, um eine hypnotische Reaktion entstehen zu lassen, und dann die nächste Frage als Grundlage weiterer hypnotischer Explorationen einführt. Dadurch gelingt es ihm, eine interpersonale Trance als Fragekontext aufrechtzuerhalten, wodurch er sichergeht, daß die Reaktionen die aktuell erlebten Werte des Klienten reflektieren.

Am Schluß ist noch darauf hinzuweisen, daß erlebte Werte auf vielerlei Weise zu erkennen sind. Gilligan (1985) hat z. B. beschrieben, wie hypnotische Beobachtungstechniken (Kapitel 3) zum Sammeln von Informationen benutzt werden können, und auch, wie eine diagnostische Befragung auf die Identifikation psychischer Spaltungen gegründet werden kann, welche die Basis problematischer Bindungen sind. Kurz gesagt, die hier genannten Techniken sind Vorschläge, sie erheben nicht den Anspruch der Vollständigkeit; andere Fragen und Strategien können herangezogen werden, wenn der Therapeut über viele verschiedene Wege der Befragung herauszufinden versucht, wie ein Klient seine Beständigkeit bewahrt.

DIE INDUKTION EINER TRANCE

Während der Anfangsphasen der Hypnotherapie sammelt der Hypnotherapeut nicht nur Information, sondern er induziert beim Klienten auch Tranceprozesse. Sie schaffen ein Kommunikationsfeld, das für jedes Erleben empfänglich ist, und erhöhen dadurch die Wahrscheinlichkeit, daß sich bedeutungsvolle Veränderungen ereignen. Trance kann ganz verschieden induziert werden; dieser Abschnitt skizziert sechs Aspekte des Prozesses:

1. Eine förderliche Umgebung schaffen
2. Allgemeine Diskussion der Trance
3. Natürliche Entwicklung einer leichten Trance
4. Methoden der Refraktionierung
5. „Trance am Modell"
6. Tranceübungen

Eine förderliche Umgebung schaffen

Trance ist eine Erfahrung, bei der eine Person sich ganz auf ihr tieferes Selbst, das Zentrum ihres Erlebens, einläßt und unbewußten Prozessen erlaubt, sich auf eine therapeutische Art und Weise auszudrücken. Da dieser Prozeß in mehr oder weniger starkem Ausmaß den Verzicht auf Muskeln verkrampfende Orientierungsreaktionen nötig macht, entwickelt sich eine Trance zunächst leichter, wenn (1) die konkrete Umgebung als sicher und angenehm wahrgenommen wird und (2) unvorhergesehene Geräusche oder Stimuli (Telefonanrufe, Verkehr usw.) auf ein Mindestmaß beschränkt werden. Man sollte für bequeme Sessel oder Stühle mit einer festen Lehne sorgen und eine Umgebung schaffen, die Schutz gewährt. Ich empfehle den Klienten meist, eine normale Sitzhaltung einzunehmen, weil ich festgestellt habe, daß die horizontale Lage sich weniger eignet, um habituelle Verhaltensmuster des Klienten im Trancezustand zugänglich zu machen und zu integrieren. Körperliche Beschwerden oder verschiedene andere Bedingungen können es manchmal jedoch nahelegen, andere Positionen (Liegen, Bewegung) als Alternativen einzuführen.

Sind Geräusche (z. B. Verkehrslärm) unvermeidlich, kann sich eine Trance sicherlich trotzdem entwickeln, vorausgesetzt, der Therapeut ist bereit und fähig, die ganze Aufmerksamkeit des Klienten zu fesseln. Sie können sich wahrscheinlich an Gelegenheiten erinnern, bei denen Sie inmitten einer lärmigen sozialen Situation völlig in eine interpersonale Beziehung versunken waren. Ich erinnere mich, wie ich in Milton Ericksons Arbeitszimmer saß und mir später Aufzeichnungen von der Sitzung mit ihm anhörte; zu meinem Erstaunen bemerkte ich erst da den lauten Verkehr und verschiedene andere Geräusche - z. B. das Läuten des Telefons oder die Stimmen anderer Personen aus dem Raum nebenan - die in sein Arbeitszimmer eindrangen. Die Bereitschaft des Therapeuten, sich dem Klienten mit ganzer Intensität und einem Gefühl von Behagen und Sicherheit zuzuwenden, ermöglicht dem Klienten, das gleiche zu tun. Sollte der Klient auf den einen oder anderen unerwarteten Reiz z. B. mit Erschrecken reagieren, dann kann man derartige Unterbrechungen als Gelegenheit zu einer kurzen Pause würdigen, um danach die Beziehung für weitere hypnotische Explorationen wieder aufzunehmen.

Um es zusammenzufassen, der Hypnotherapeut bemüht sich, eine Umgebung zu schaffen, in welcher der Klient sich genügend sicher fühlt, daß er auf bewußte Kontrolle verzichten und sich auf hypnotische Explorationen einlassen kann. Wenn auch Behaglichkeit und ein Minimum an äußeren Reizen entscheidend dazu beitragen, daß diese sichere Umgebung entstehen kann, so sind doch das Wohlbefinden des Therapeuten selbst und dessen Vertieftsein in die Erfahrungswirklichkeit des Klienten letztlich die wichtigsten Faktoren.

Allgemeine Diskussion der Trance

Sowohl der Klient als auch der Therapeut treten in die Therapiesituation mit bestimmten Ideen darüber ein, was Hypnose ausmacht und was nicht. Da die Ideen des Klienten oft von jenen des Therapeuten abweichen, sollte man einige Zeit der offenen Diskussion dieses Themas widmen. Ich beginne normalerweise damit, daß ich Klienten frage, woran sie denken, wenn sie das Wort Hypnose hören. Typische Antworten betonen Prozesse wie Kontrollverlust, kurzen Gedächtnisschwund, seltsame Dinge tun, Entspannung, nur noch die Stimme des Therapeuten hören, programmiert werden, sofortige Veränderungen und Amnesie. Es ist unnötig zu sagen, daß solche Assoziationen es dem Klienten schwer machen, sich an der natürlichen Entwicklung einer therapeutischen Trance voll zu beteiligen. Deshalb betone ich gewöhnlich nachdrücklich, was ich selbst mit Hypnose verbinde. Die Art und Weise, wie ich das tue, ist dabei zwar vom Klienten abhängig, doch typischerweise vermittle ich jedem direkt, daß ich zuerst und vor allem die Absicht habe, die Integrität der Person zu respektieren und zu schätzen. Ich fahre fort mit der Erörterung, inwiefern ich Trance für ein wirksames Mittel halte, um Sicherheit zu entwickeln, so daß man das Gefühl des eigenen „Zentrums" (Selbst, Kontrolle, Frieden, Angenommensein usw. sind alternative Worte) beglückt wahrnimmt. Die weitere Ausführung macht deutlich, daß das auf ganz verschiedene Art zu erreichen ist und daß die augenblickliche Situation eine Gelegenheit bietet, die Methode zu entdecken, die den besonderen Bedürfnissen, Werten und dem Stil des Klienten am besten entspricht. Ich weise darauf hin, daß die Tranceerfahrung variieren kann: Der Klient wird mich manchmal hören, manchmal auch nicht; manchmal ist meine Stimme im Vordergrund und manchmal im Hintergrund; der Klient oder die Klientin läßt vielleicht seine oder ihre Augen geöffnet oder hält sie geschlossen oder kombiniert beides miteinander; eine Trance kann sich sofort entwickeln oder in der nächsten Sitzung, sie kann einige Minuten oder mehrere Stunden dauern usw. Ich wiederhole immer wieder, daß die wichtige Frage ist, wie Sicherheit und Vertrauen geschaffen werden können, die notwendig sind, damit sich das Erleben des Klienten seinen Bedürfnissen entsprechend entwickeln kann. Dann bitte ich den Klienten oder die Klientin oft, mich seine oder ihre wichtigsten Werte, Interessen, Erwägungen usw. wissen zu lassen, damit ich meinen Kommunikationsstil optimal darauf abstimmen kann.

Eine weitere bedeutsame Idee, die ich bezüglich der Trance einführe, ist die der Beherrschung. Ich betone, daß Trance der Person Gelegenheit bietet, Erfahrungsprozesse zu meistern, die vielleicht „außer Kontrolle" geraten sind. Und ich verwende oft Beispiele, um genauer herauszuarbeiten, wie in der Sicherheit der Trance Probleme untersucht und Lösungen entdeckt werden können.

Bei der Erörterung von Ideen über die Trance sollte man nicht vergessen, daß Hypnose nur eine von vielen Sprachen ist, die eine sehr natürliche und möglicherweise therapeutische Erfahrung beschreiben. Es gibt viele Alternativen, und man sollte sie nutzen, um angemessen zu vermitteln, daß es in der Therapie vor allem darum geht, den Klienten auf eine sichere und produktive Weise mit Erfahrungsprozessen zu verbinden, so daß erwünschte Veränderungen eintreten können. Einem Tänzer z. B. wurden hypnotische Prozesse als „Erlebnis der Bewegung durch verschiedene Ausdrucksmuster" vorgestellt und entfaltet; einem Computerprogrammierer gegenüber wurde betont, hypnotische Prozesse seien dem „störungsfreien Ablauf von Programmen" vergleichbar oder der „Neuordnung von Gruppierungs- und Untergruppierungsmustern", der „Neugestaltung von Input und Output", „Erfahrungsschnittstellen" usw.; und bei einem Experimentalpsychologen konzentrierten sich die „Begriffe der Tranceinduktion" auf multimodales Lernen (durch parallele Verarbeitung, Wahrscheinlichkeitsreaktionen, Zufallsstrukturierung, multivariate Erfahrungen, Glockenkurven der inneren Dialogaktivität usw.) Der Therapeut fördert also eine hypnotische Erfahrung durch Begriffe und Ausdrücke, die für den einzelnen Klienten am passendsten sind.

Natürliche Entwicklung einer leichten Trance

Es ist wichtig, über Trance zu reden, es ist aber genauso wichtig, daß einige konkrete Erlebnisse den begrifflichen Austausch ergänzen, denn es ist sehr schwierig, das Wesen der Trance durch Worte allein zu vermitteln. Normalerweise versuche ich, im Fluß des Gespräches wenigstens einen kurzen, leichten Trancezustand hervorzurufen, damit der Klient ein Gefühl für das, wovon die Rede ist, entwickeln kann. Das geschieht am besten informell und auf natürliche Weise, wie z. B. durch spürbare Veränderungen in der nonverbalen Kommunikation des Therapeuten. Wie Kapitel 3 gezeigt hat, kann der Therapeut sich dem Klienten Schritt für Schritt hypnotisch zuwenden und nonverbale Leading-Techniken benutzen (z. B. rhythmisches Atmen, interpersonales Fokussieren auf die interpersonellen Wechselwirkungen), um die Trance in Gang zu bringen. Der Einsatz dieser nonverbalen Methode dient vor allem der Absorbierung und der Neugestaltung der nonverbalen Verhaltensmuster des Klienten, damit sich für den weiteren Verlauf des Gesprächs ein spürbarer Rapport entwickelt. Dies erlaubt den Austausch von Symbolen in einem organismischen Erfahrungsfeld, was die Grundlage unbewußten Lernens ist.

Ergänzend zu nonverbalen Veränderungen verwendet der Therapeut zur Stimulierung einer leichten Trance auch assoziative Symbole, die für den Klienten bedeutsam sind. Das kann Assoziationen aus der Kindheit einschließen - wie das Lieblingseis, die ersten Turnschuhe - oder sich auf Aktuelleres beziehen, wie z. B. auf die Möglichkeiten, die der Klient hat, sich gehen zu lassen oder etwas „abzuspulen". Wie im nächsten Kapitel ausführlich erläutert wird, besteht die grundlegende Technik darin, die verschiedenen assoziativen Elemente einer bedeutsamen Beziehung zugänglich zu machen und zu erweitern und gleichzeitig die interpersonale Versunkenheit aufrechtzuerhalten; dadurch entsteht ein therapeutisch sehr wirksamer Zustand, in dem der Klient das paradoxe Gefühl verspürt, an einer interpersonalen und an einer intrapersonalen Beziehung gleichzeitig teilzuhaben. Um diesen Zustand zu entwickeln und aufrechtzuerhalten, muß der Therapeut mit den Rhythmen und dem Tempo, die dem Klienten eigen sind, kooperieren, ein Vorgang, der einem schwierigen Tanz sehr ähnlich ist.

Methoden der Refraktionierung

Die Ausgewogenheit von rationalem und hypnotischem Diskurs ist ein ausgezeichnetes Mittel, das es Klienten ermöglicht, auf natürliche Weise etwas über Trance zu erfahren. Diese aufeinanderfolgende Bewegung zwischen Reden über und Erleben von Trance läßt sich mit Hilfe von *Refraktionierungs*methoden entwickeln, was bedeutet, daß man den Klienten dazu bringt, ein Stück weit in Trance zu gehen, wieder zurückzukommen und eine Weile zu reden, wieder in Trance zu gehen (dieses Mal etwas tiefer), zurückzukommen und zu reden, in Trance zu gehen (noch tiefer als vorher) usw. Der Therapeut kann so eine Stunde damit verbringen, in Abständen von 5 Minuten zwischen Reden und Tranceerfahrung abzuwechseln, wobei die Trance mit jedem Mal etwas tiefer wird.

Refraktionierungsmethoden sind in verschiedener Hinsicht von Vorteil. Sie ermöglichen es Klienten zu lernen, wie sie leicht in Trance gehen oder aus der Trance herauskommen können, eine Fertigkeit, die in kritischen Alltagssituationen nützlich ist. Durch sie können Klienten die Trance allmählich erkunden und erleben sie so als eine sicherere Erfahrung. Refraktionierungsprozesse geben auch beiden, Therapeut und

Klient, Gelegenheit, sich wechselseitig auf natürliche Weise zu erziehen und auszubilden: Klienten können z. B. Fragen stellen und mitteilen, was als Reaktion auf hypnotische Kommunikationen vor sich gegangen ist, während der Therapeut die Zeit nutzen kann, bestimmte Gedanken über die Trance hervorzuheben, die für das Erlebnis wichtig sind. Die nächste Trancerunde kann dann diese Reaktionen nutzbar machen und miteinbeziehen, um die persönliche Tranceerfahrung ein wenig weiterzuentwickeln.

Refraktionierungsmethoden erlauben dem Therapeuten auch, sich mehr der Breite als der Tiefe der Trance zu widmen. Anstatt eine immer größere Tiefe anzustreben und darüber den Zugang zum Hauptproblem und den Ressourcen des Klienten zu vernachlässigen, kann der Therapeut sich darauf konzentrieren, verschiedene Themen und Modalitäten in aufeinanderfolgenden Trancen einzuführen. Indem er schrittweise vorgeht und seine Aufmerksamkeit weit über mehrere Modalitäten verteilt, vermeidet er es, zu schnell nur einem Entwicklungsstrang zu folgen; dadurch entsteht auch eine stärkere interpersonale Verbindung, und der Klient kann eine richtige Einschätzung dafür entwickeln, was es bedeutet, daß es keinen vorgezeichneten Weg gibt, um eine Trance zu erreichen oder zu erleben und daß viele wichtige Aspekte seiner Lebenserfahrung darin Platz haben. Den therapeutischen Wert dieser Erkenntnis sollte man nicht unterschätzen.

Wenn man die Refraktionierung anwendet, sollte man die Frequenz des Wechsels zwischen Wach- und Trancezustand den Reaktionen des Klienten, insbesondere dessen nonverbalen Reglerhinweisen entsprechend festlegen. Ein Klient bleibt vielleicht fünf Minuten lang hypnotisch absorbiert, bei einem anderen sind es fünf Sekunden, bei einem dritten zehn Minuten und bei einem vierten wieder zwanzig Sekunden; alle zeigen das Eindringen bewußter Anteile durch (arhythmische) Muskelveränderungen an. Der Hypnotherapeut kann diese als Signale werten, daß er die Aufmerksamkeit der Person erneut ganz auf die interpersonale (therapeutische) Beziehung und schließlich auf ein anderes Thema lenken sollte, um den bewußten Verstand mit seinen analytischen Strategien *im Einklang mit dem Therapeuten* teilnehmen zu lassen, und dann auf einem anderen Weg die Aufmerksamkeit allmählich wieder zur hypnotischen Erfahrung zurückzuführen.

Kürzlich entwickelten sich bei einem Klienten z. B. während einer 90minütigen Sitzung vier verschiedene Trancen. Zur ersten kam es, als der Klient eine starke emotionale Beteiligung zeigte, während er über seine Hunde redete. Dieses Thema wurde sorgfältig herausgearbeitet („das Gefühl, einen Hund zu streicheln", „die Sicherheit, von diesem jungen Hund angenommen zu sein") und ich veränderte die nonverbale

Kommunikation, um den Klienten in eine leichte Trance zu führen. Als er nach etwa zwei Minuten seine Brauen zusammenzog und sich auf dem Stuhl zurechtrückte, paßte ich mich dem (verbal und nonverbal) an, indem ich ihn fragte, wann ihm bewußt geworden sei, daß er gut mit Zahlen umgehen könne (er war Buchhalter). Ich dachte, die Frage nach einer frühen Erkenntnis ließe sich zu einer natürlichen Altersregressionstechnik ausbauen, doch er zeigte Verwirrung und Unbehagen, als wir weiter über Lernerfahrungen der Kindheit sprachen. Deshalb orientierte ich ihn zurück auf die gegenwärtige interpersonale Beziehung, indem ich meine nonverbale Kommunikation veränderte und ihn mit seinem Namen anredete. Wir sprachen etwa zehn Minuten lang über Schwierigkeiten, die er in der Kindheit hatte, und ich ließ besondere Vorsicht walten, ihn eine Zeitlang aus der Trance herauszuhalten.

Ich begann wieder damit, herauszuarbeiten, wie er es genießen könnte, seine hypnotischen Fertigkeiten zu entwickeln, und machte ihm klar, daß er in unserer gegenwärtigen Beziehung auf vieles zählen könne, und daß seine Augenlider vielleicht ein guter Anfang seien. Ich bemerkte weiter, daß seine Augenlider „immer wieder einmal" blinzelten und daß er zählen könne, wie oft sein Unbewußtes mit mir kommuniziere, indem er „mit den Augen blinzelte und dies auch noch über andere Kanäle zum Ausdruck brächte". Ich fügte hinzu, er solle seine Augen die ganze Zeit über geöffnet halten, auch wenn sich vielleicht andere Veränderungen ergäben. Als ich auf diese Weise vorging (diese Technik wird in Kapitel 6 im einzelnen besprochen), entwickelte sich erneut eine Trance, und ich führte weitere Ideen über Sicherheit und Trance ein. Als nach fünf Minuten wieder eine Muskelregulierung zu sehen war, machte ich ihm das Kompliment, daß er wisse, wann er „für den Moment genug habe", und ging mit der Frage nach seinen Hobbys zu einem Kommunikationsstil über, der eher dem Wachzustand entspricht. Nach einigen Minuten fragte ich ihn, wie er sich während der vergangenen zehn Minuten gefühlt habe, und wir diskutierten einige der tranceähnlichen Prozesse, die er durchlebt hatte.

Eine dritte Trance entwickelte sich, als ich anfing, ihm die Hand zu schütteln, während ich über soziale Verhaltensmuster redete, und sie dann sanft in der Schwebe ließ, als ich darüber sprach, daß Trance ihm Gelegenheit gebe, sein Unbewußtes unabhängig von normalerweise vorhandenen Beschränkungen tätig sein zu lassen (siehe Kapitel 7). Eine letzte Trance entfaltete sich durch Blickfixierung zusammen mit Suggestionen von Wahrnehmungsveränderungen in den Händen. Diese zehnminütige Trance, bei der sich die Augen des Klienten schlossen, endete mit folgenden hypnotischen Suggestionen:

... Wenn Sie alles das, was Sie heute herausgefunden haben, integrieren, wie schön ist es dann für Sie zu wissen, daß Sie in den kommenden Tagen und Wochen zu Ihrer großen Zufriedenheit alle Wege und noch mehr als das kennenlernen, damit Ihr Unbewußtes die Veränderungen im Hinblick auf Wahrnehmung, Verhalten und Einstellung durchmachen kann, die am besten gewährleisten, daß gegenwärtige Bedürfnisse erkannt und in einer Weise befriedigt werden können, wie es den Bedürfnissen Ihres ganzen Selbst entgegenkommt ...

Während ich sachte eine andere Haltung einnahm, wies ich ihn darauf hin, daß er wieder zu mir zurückkehren könne, sobald er bereit sei. In der letzten Viertelstunde sprachen wir im allgemeinen über die unterschiedlichen Gefühle, die er während der verschiedenen natürlichen Trancen erlebt hatte, wobei ich betonte, „daß dort noch viel mehr sei, wo das herkam" und wie wichtig es sei, sich in einer interpersonalen Beziehung sicher und aufgehoben zu fühlen.

In einer ersten Therapiesitzung ließ sich also eine Reihe von Minitrancen entwickeln. Jede Trance entfaltete sich natürlich aus dem Fluß des Gesprächs zwischen Therapeut und Klient; jede Trance war mit einer anhaltenden interpersonalen Beziehung und mit einer intrapersonalen Versunkenheit verbunden; und jede Trance endete, wenn die Hinweise des Klienten das Bedürfnis einer wie auch immer gearteten Reorientierung erkennen ließen. Ferner wurde jede Trance genutzt, um in einem Feld erlebnishafter Empfänglichkeit eine Vielfalt von einfachen Ideen auszusäen: Ideen über das Wesen der Trance, über die Geborgenheit und Sicherheit, welche die Erfahrung kennzeichnen können, den zu erwartenden therapeutischen Erfolg, die mögliche Autonomie des Unbewußten usw. Schließlich wurde nach jeder Trance ein offenes Gespräch eingeschoben, das sowohl dem Therapeuten als auch dem Klienten erlaubte, mehr darüber zu erfahren, wie sich jeder in die therapeutische Begegnung einbringen konnte.

Darüber hinaus ist noch zu bemerken, daß der Hypnotherapeut, wenn er Methoden anwendet, die mit einem ziemlich häufigen Wechsel von Themen und Zuständen des Erlebens (z. B. Trance und Wachzustände) verbunden sind, durch die andauernde tiefe Eingestimmtheit auf die interpersonale Verbindung eine grundlegende Kontinuität erreichen kann. Das bedeutet, der Hypnotherapeut bewegt sich von Thema zu Thema, hört aber nicht auf, dem Selbst des Klienten, das in der Vielfalt der Themen konstant bleibt, seine Wertschätzung zu vermitteln. Ohne diese einheitliche Ausrichtung würde der Klient wahrscheinlich verwirrt oder fühlte sich unangenehm zersplittert. Der Kontext der Beziehung ist also das einigende Band, das die vielen unterschiedlichen Ideen zusammenhält.

„Trance am Modell"

Bei der Einleitung von Tranceprozessen entdeckt der Therapeut manchmal, daß der Klient nicht bereit oder nicht in der Lage ist, sich als Person, auf die sich alle Aufmerksamkeit konzentriert, direkt zu beteiligen. Das ist verständlich, denkt man an die Belange von Vertrauen und Sicherheit, die zu Beginn der Therapie oft überwiegen. Dem allgemeinen Ericksonschen Prinzip folgend, immer dann indirekt zu fokussieren, wenn ein direktes Vorgehen unpassend ist, kann der Therapeut mit Hilfe einer anderen Person oder mehrerer anderer Personen eine Trance nachbilden. Er kann dabei den Klienten bitten, sich nicht direkt zu beteiligen, ein Vorschlag, der häufig eine Tranceentwicklung durch stellvertretende Identifikation mit dem Modell stimuliert.

Eine Trance kann auf verschiedene Weise nachgebildet werden: erstens, indem der Therapeut eine Selbsthypnose demonstriert, eine Strategie, die sich besonders empfiehlt, wenn der Klient den Therapeuten als Autorität betrachtet. Zweitens eignen sich Ehepartner oder Lebensgefährten; das gilt besonders, wenn man mit Paaren arbeitet, weil oft nur eine Person auf einmal eine Trance voll erleben kann. Drittens kann man Familienmitglieder darum bitten, die dann für ihre Familie eine „identifizierte hypnotische Person" (IHP) bestimmen; diese Methode macht sich die Tatsache zunutze, daß hypnotische Prozesse in Familien oft natürlicherweise vorkommen (siehe Ritterman 1983; Lankton, Lankton 1986). Viertens kann man auch ausgebildete Personen nehmen, die mit dem Klienten nicht verwandt sind; diese Technik hat Erickson oft angewandt. Fünftens kann der Therapeut eine Fassung von Ericksons „Mein Freund John"-Technik (1964b) einsetzen, wobei der Therapeut auf die Weigerung oder die Unfähigkeit eines Klienten, eine Trance zu erleben, damit reagiert, daß er die Aufmerksamkeit auf eine fiktive Person lenkt, die neben dem Klienten sitzt, und sich daran macht, bei diesem fiktiven Anderen eine Trance zu induzieren.

Sechstens lassen sich auch verwandte Techniken, die Puppen oder andere Requisiten einschließen, anwenden. Solche Techniken sind besonders für Kinder mit Spaß verbunden, aber auch Erwachsene können davon profitieren. Ich hatte z. B. einen Klienten, der drei Stoffbären festhielt, während ich mit jedem von ihnen hypnotisch kommunizierte; dieser spielerische Vorgang befähigte den Mann dazu, eine bedeutsame Trance zu entwickeln, die kindliche Ressourcen einbezog. Und schließlich kann man Geschichten, die von anderen erzählen, benutzen. Diese Technik ist für den Ericksonschen Ansatz zentral; der Therapeut beschreibt dabei Ereignisse (z. B. eine Tranceentwicklung), in die andere Personen zu anderen Zeiten verwickelt waren, auf eine hypnotische Art.

Wie wir im nächsten Kapitel sehen werden, kann diese Methode des Geschichtenerzählens sehr wirksam sein, will man Klienten ermöglichen, sich auf ihre eigene Weise zu beteiligen.

Während der Therapeut symbolische andere benutzt, um zu einer indirekten Beteiligung an hypnotischen Prozessen einzuladen, bleibt er auf die interpersonale Beziehung eingestimmt. Während einerseits das Gesprächsthema vom Klienten weggelenkt wird, bleibt der unterschwellige Fokus auf den fortlaufenden Reaktionen des Klienten.

Tranceübungen

Die Vorbereitungsphase auf die Hypnose umfaßt den Anfang jeder Sitzung sowie die ersten Sitzungen einer Therapie. Für letztere ist es manchmal nützlich, den Klienten in verschiedenen hypnotischen Prozessen in aller Form zu trainieren, bevor man spezielle Probleme anspricht. Das ist besonders dann der Fall, wenn eine direkte Betrachtung des Problembereiches den Klienten eher bedroht. Ich arbeitete in letzter Zeit z. B. mit einer Frau, die als Kind sexuell belästigt worden war. Ihre Betroffenheit durch die Erfahrung war noch immer stark, und sie empfand wenig Zutrauen zu ihren inneren Fähigkeiten. Ich verwandte deshalb die meiste Zeit der ersten fünf Sitzungen darauf, sie auf mich (als „externale" Verbindung) zu konzentrieren, während ich vielerlei hypnotische Phänomene entwickelte, die zur Problemlösung nützlich waren - z. B. hypnotische „Schutzschilde" (zur Grenzziehung), sichere Dissoziation, Dissoziationen von Affekt und Wahrnehmung usw. Kurz gesagt, die entwickelten Phänomene waren ein Mittel zur Schaffung der nötigen Ressourcen, ohne den Problemkontext direkt anzusprechen. Sobald wir diese Phänomene beherrschten, konzentrierten wir uns nach und nach auf die Beziehungsaspekte, was die Entwicklung neuer Wahlmöglichkeiten einschloß.

Die Phase des Trancetrainings bietet nicht nur den Vorteil, daß man den Klienten mit spezifischen hypnotischen Phänomenen vertraut macht, sondern durch sie kann auch die Wertschätzung der Trance als einem Kontext für Sicherheit, Selbstexploration und Beherrschung psychologischer Fertigkeiten wachsen. Jede Trance ist eine Gelegenheit, das eigene Selbst tiefer und intimer kennenzulernen; eine Reihe von Trancen, die das Selbst würdigen, können der Selbstachtung und dem Selbstvertrauen im Alltag großen Auftrieb geben.

ZUSAMMENFASSUNG

Die Anfangsphase der Hypnotherapie umfaßt zwei Prozesse, die sich ergänzen: (1) das Sammeln von Information darüber, wie ein Klient seine

Wirklichkeit erzeugt und aufrechterhält und (2) die Einführung der natürlichen, das Erleben betreffenden therapeutischen Trance im interpersonalen Feld. Der erste Prozeß sucht unveränderliche Aspekte der Erfahrung des Klienten zu erkennen wie z. B. soziale Hintergründe, Intentionen, Abfolgen von Probleminduktionen, Symptomkomplexe, Fertigkeiten und Fähigkeiten sowie Überzeugungen und Glaubenshaltungen. Diese und andere Werte, die auf verschiedene Art gesammelt werden können, bilden die Grundlage der Techniken und Strategien des Therapeuten. In einem formalen Sinn werden die Werte des Klienten als technische Mittel zur Entwicklung veränderter Bewußtseinszustände betrachtet; das Kooperationsprinzip weist den Therapeuten an, sich diesen natürlichen Techniken anzuschließen, um das Spektrum ihres Selbstausdrucks zu erweitern.

Auch bei der Einführung von Tranceprozessen paßt der Therapeut sich weiterhin den Werten und Reaktionen des Klienten an und übernimmt dabei die Verantwortung, eine Umgebung zu schaffen, in welcher der Klient sich sicher und rückhaltlos auf einen Erfahrungsprozeß einlassen kann. Das bedeutet zum Teil, eine sichere physische Umgebung zu gewährleisten, Integrität und Präsenz des Therapeuten spielen jedoch eine viel größere Rolle. Eine offene Diskussion über Hypnose und Trance, ergänzt durch kurze natürliche Gelegenheiten, eine Trance zu erleben, bilden einen Hauptteil des Ausbildungsprozesses, der am Anfang steht. Verschiedene Modelltechniken und Refraktionierungsmethoden tragen neben einem förmlichen Training hypnotischer Phänomene zu einer weiteren Entwicklung der Lernerfahrungen mit der Trance bei. Um es in einem Satz zu sagen: Der Therapeut bemüht sich, den Klienten in einem flexiblen interpersonalen Rapport so intensiv anzusprechen, daß der therapeutische Wert der Trance auf eine natürliche Weise erkennbar wird.

6. Assoziationsstrategien zur Entwicklung therapeutischer Trancen

War das Bemühen des Hypnotherapeuten in der Anfangsphase vor allem darauf gerichtet, einen Kontext zu schaffen, so intensiviert er im Anschluß daran die Stimulierung therapeutischer Trancen. Bezogen auf eine einzelne Sitzung umfaßt diese Induktionsphase den Übergang vom Wach- zum Trancezustand und kann zwischen fünf bis zu sechzig Minuten dauern; bezogen auf eine gesamte hypnotherapeutische Behandlung mit mehreren Sitzungen, kann sie aus einer Übungsphase von zwei bis acht Sitzungen bestehen, in welchen der Klient lernt, Trancezustände leicht zu entwickeln (vgl. Erickson 1948).

Dieses Kapitel erforscht, wie diese therapeutischen Prozesse einzuleiten sind. Der erste Abschnitt bespricht zunächst kurz den Begriff der Trance als natürliches Phänomen und skizziert dann drei grundlegende Prinzipien der hypnotischen Induktion. Der zweite Abschnitt untersucht verschiedene Zugangstechniken, die zur Entfaltung therapeutischer Trancen im interpersonalen Kontext nützlich sind.

Natürliche Entwicklung einer Trance

Um therapeutische Trancen zu entwickeln, geht der Ericksonsche Praktiker davon aus, daß Trance eine natürliche Erfahrung ist, welche dieselben elementaren psychischen Prozesse umfaßt, die auch das Erleben im Wachzustand kennzeichnen. Altersregression, z. B., ist eine extreme Form der Wiederbelebung einer Erinnerung, Amnesie ist ein Spezialfall des Vergessens; Halluzinationen sind besonders lebhafte Vorstellungen; posthypnotische Suggestionen sind unbewußte assoziative Lernvorgänge und hypnotisches Träumen ähnelt den Träumen, die wir während des Schlafes viele Male in jeder Nacht haben. Ein Hauptunterschied besteht darin, daß Trance die erlebnismäßige Beteiligung an diesen elementaren psychischen Prozessen außerordentlich intensiviert, manchmal bis zu dem Punkt, an dem wir vergessen, daß unsere „Als-ob"-Welt nur eine Vortäuschung ist. Eine Trance lockert auch andere geistige Zwänge, wie z. B. unseren typischerweise starren, festgelegten Umgang mit Raum und Zeit. Kurz gesagt, in Trance ist das Kritikvermögen vorübergehend aufgehoben, die Erlebnisfähigkeit dagegen gesteigert, was das völlige Eintauchen in eine Erfahrungswirklichkeit erlaubt (vgl. Shor 1962). Wenn eine Person sich beschützt und sicher fühlt, kann es für sie in hohem Maß therapeutisch sein, sich ganz in hypnotische Wirklichkeiten zu vertiefen, da sich ihr dadurch neue Denk- und Seinsweisen erschließen.

Daß Trance natürlich ist bedeutet, daß man sie sich als Pol eines Kontinuums erlebnismäßiger Beteiligung vorstellen sollte und nicht als künstlichen Zustand, der von anderen psychischen Erfahrungen getrennt ist. Die meisten Klienten gehen ganz allmählich über zu dem nach innen gerichteten, mühelosen, bildhaften Verarbeitungsstil, der die Trance kennzeichnet (Kapitel 2); Trance ist kein „Alles oder Nichts"-Phänomen, bei welchem die Person plötzlich „über die Schwelle" geht. Der besondere Verlauf der Erlebnisse, die in die Trance hineinführen, ist bei jedem Individuum einzigartig. Manche Personen werden anfangs munter und wollen fünf oder zehn Minuten lang reden, entwickeln dann eine Augenfixierung, bevor sie in Trance gehen; andere entspannen sich sofort, entwickeln eine Trance, kommen dann aber nach fünf Minuten wieder heraus. *Jede Person muß ihren eigenen Stil und ihr Maß finden, wie und wie oft sie in Trance gehen will: Die Aufgabe des Hypnotherapeuten besteht darin, diesen Entdeckungsprozeß anzuleiten und zu unterstützen.*

Es ist folglich nicht Aufgabe des Therapeuten, die Person „unterzukriegen". Wer eine Induktion so versteht, beleidigt nicht nur die Intelligenz und die Fähigkeiten des Klienten, sondern er lädt auch dem Hypnotiseur die unmögliche Verantwortung auf, die Wirklichkeit einer anderen Person zu schaffen. Hypnotherapeuten müssen nicht und sie sollten auch gar nicht versuchen, Klienten bestimmte Auffassungen und Erfahrungen aufzuerlegen, nicht einmal, sie dahin zu bringen, sich verschiedene Dinge vorzustellen. Eine Trance läßt sich viel leichter dadurch induzieren, daß man die natürlichen Erfahrungen (z. B. Erinnerungen), Ressourcen und Prozesse, die den Individuen bereits zur Verfügung stehen, hervorlockt und nutzbar macht. Um das zu tun, schafft der Ericksonsche Hypnotherapeut zuerst einen Kontext, in dem Klienten bereit und fähig sind, normale Bewußtseinsprozesse außer acht zu lassen und neue Seinsweisen zu erkunden. Natürliche Kommunikationen dienen schließlich dazu, Klienten in Erfahrungswirklichkeiten einzutauchen, die sowohl die Tranceentwicklung als auch das persönliche Wachstum fördern.

Für die Erzeugung wirksamer hypnotischer Induktionen finde ich es nützlich, drei Prinzipien zu beachten: *Das erste besteht darin, sicherzustellen, daß der Klient mit seiner ganzen Aufmerksamkeit absorbiert ist und absorbiert bleibt.* Mit anderen Worten, der Hypnotiseur muß die Aufmerksamkeit des Klienten sammeln, die sich normalerweise zwischen verschiedenen äußeren Reizen bewegt, und er muß sie in gewisser Weise lenken. Er kann dazu eine beliebige Zahl von Fixierungsstimuli verwenden - einen Reißnagel an der Wand, den Daumennagel des Klienten, das monotone Leiern der Stimme des Hypnotiseurs, dessen Augen, ein Metronom, ein Mantra, Aufsagen von Zahlen usw. (Ich bevorzuge stark die Augenfixierung, wenn ich mit Klienten arbeite, weil sie eine wechselseitige Absorbiertheit entstehen läßt, welche die erlebnishafte Beteiligung von Therapeut und Klient steigert. Manche Menschen finden dagegen, daß andere Fixierungstechniken bei ihnen besser funktionieren.) Ist die Aufmerksamkeit einmal intensiv darauf orientiert, läßt sie sich durch verbales und (besonders) durch nonverbales Pacing und Leading aufrechterhalten.

Ein zweites Induktionsprinzip besteht darin, *unbewußte Prozesse zugänglich zu machen und zu entwickeln.* Das verlangt den Einsatz von *Assoziationsstrategien,* um Reaktionen auf der Ebene des Erlebens hervorzurufen. In diesem Kapitel werden einige der wichtigsten Techniken besprochen, mit deren Hilfe dieses Ziel zu erreichen ist, z. B. Fragen zur Lebensgeschichte zu stellen, allgemeine Anweisungen zu geben sowie Trancereaktionen zu erkennen und zu bestätigen.

Das dritte Prinzip fordert, *bewußte Prozesse zu umgehen und außer kraft zu setzen.* Diesem Prinzip liegt die Annahme zu Grunde, daß die mit Anstrengung verbundenen rationalen Prozesse, die für Wachzustände typisch sind, bei bereiten Klienten die Trance am meisten behindern. In dem Maß, in dem das zutrifft, wendet der Ericksonsche Praktiker *Dissoziationsstrategien* an, die eine Trance induzieren, indem sie die trancehemmenden bewußten Prozesse spiegeln (Pacing) und sie dann außer kraft setzen. Die dabei hauptsächlich eingesetzten Methoden sind Langeweile, Dissoziation, metaphorische Geschichten, Ablenkung und Verwirrung. Der Hauptteil des nächsten Kapitels ist dieser letztgenannten Strategie gewidmet, da sie die am weitesten entwickelte und verfeinerte und häufig die erfolgreichste Methode ist.

Diese drei Prinzipien sind eng miteinander verbunden. Allgemein gesagt beginnt der Hypnotiseur eine Induktion damit, daß er die Aufmerksamkeit des Klienten ganz auf sich lenkt und dann ergänzend das zweite und dritte Prinzip anwendet. Assoziationsstrategien werden eingeführt, um einen mit ganzer Aufmerksamkeit eingestimmten Klienten in Trance zu versetzen, während Dissoziationsstrategien herangezogen werden, wenn der Klient dabei Schwierigkeiten erlebt.

ZUGANGSTECHNIKEN

Die natürlichste und eleganteste Strategie zur Tranceinduktion besteht darin, eine Feedback-Schleife der Kommunikation einzurichten, innerhalb derer trancerelevante Erfahrungen und Prozesse zugänglich und schließlich nutzbar gemacht werden. Als grundlegende Methode bietet der Therapeut Kommunikationen an, die einen *Suchvorgang* einleiten (siehe Erickson, Rossi 1981; Lankton 1980), wobei Klienten ihre inneren Prozesse prüfen, um den Kommunikationen eine persönliche Bedeutung zu entnehmen. Bittet man z. B. eine Person, sich an eine schöne Zeit zu erinnern, macht sie sich oft (vielleicht nicht bewußt) verschiedene Erinnerungen zugänglich, bevor sie sich einem bestimmten Ereignis zuwendet. Dieser Suchvorgang lockert geistige Prozesse auf und fördert eine Orientierung nach innen; außerdem beginnt die Person, *ideodynamischen Prinzipien* (Kapitel 1 und 2) folgend, die Gefühle und andere, dem Erleben zugehörigen Aspekte der trancerelevanten zugänglich gewordenen Erfahrung zu entwickeln. Der Ericksonsche Hypnotiseur stellt nur ganz allgemein (z. B. durch Beobachtung) fest, was der Klient sich zugänglich gemacht hat, spiegelt es und führt dann Kommunikationen ein, die weitere Suchvorgänge stimulieren. Dabei verfolgt er die allgemeine Intention, innerhalb der Feedbackschleifen-Interaktion eine Abfolge von trancerelevanten Erfahrungen zu erschließen, die einen Übergang vom Wachzustand zur Trance schaffen.

Es gibt viele Zugangstechniken, die in dieser Hinsicht nützlich sind. Dieser Abschnitt untersucht neun Methoden: (1) Fragen stellen; (2) Suggestionen einstreuen; (3) Trance-Reaktionen antizipieren; (4) allgemein reden; (5) Geschichten erzählen; (6) bereits entwickelte assoziative Beziehungen nutzen; (7) neue assoziative Wechselbeziehungen entwickeln; (8) Pacing und Leading von Repräsentationssystemen und (9) einen Bezugsrahmen für hypnotische Reaktionen schaffen und diese Reaktionen bestätigen.

Fragen stellen

Viele Fragetypen eignen sich, um Suchvorgänge einzuleiten und Tranceerlebnisse zugänglich zu machen (siehe Erickson, Rossi 1979; Bandler, Grinder 1975). *Fragen, welche die Aufmerksamkeit ganz beanspruchen*, sind z. B. ideale Kommunikationen, um mit einer natürlichen Induktion zu beginnen, weil sie einen sanften Übergang von einem ungezwungenen Gespräch zur Induktion ermöglichen. Der Hypnotiseur könnte z. B. beginnen, sozial allgemein übliche Fragen zu stellen („Wie ist das Wetter?"; „Hatten Sie irgendwelche Schwierigkeiten, hierher zu kommen?";

„Fühlen Sie sich wohl?") und dann zu Fragen überzugehen, die harmlose äußere Reize betreffen („Wie gefällt Ihnen diese Uhr?"; „Was halten Sie von meinem neuen Bücherschrank?"; „Woher haben Sie diesen schönen Anzug/dieses schöne Kleid?"). Sobald es dem Hypnotiseur gelungen ist, Rapport herzustellen und sich die Aufmerksamkeit des Klienten zu sichern, kann er elegant zu *Fragen übergehen, welche die Vergangenheit zugänglich machen* und Trancereaktionen hervorrufen. Diese Fragen können trancerelevante Erfahrungen betreffen, wie z. B.:

1. Wie fühlen Sie sich, wenn Sie wirklich entspannt sind? Können Sie sich daran erinnern?
2. Erinnern Sie sich an eine Zeit, in der Sie sich sehr sicher fühlte.
3. Können Sie sich erinnern, wie es sich anfühlt, schön warm zu duschen oder ein Bad zu nehmen, wenn Sie müde sind?

Ähnliche Fragen können Erfahrungen ansprechen, die Beispiele für natürliche Trancephänomene sind. Natürliche Prozesse der Altersregression z. B. können mit Fragen beginnen wie:

1. Hatten Sie als Kind einen Spitznamen?
   Wo sind Sie aufgewachsen? Wieviele Zimmer gab es in ihrem Haus?
2. Können Sie sich erinnern, wie die Stimme Ihrer Mutter klang, wenn Sie nett zu Ihnen war?

Oder die Fragen, die Erinnerungen zugänglich machen, können auch direkt frühere Tranceerfahrungen ansprechen:

1. Wann erlebten Sie Ihre bisher tiefste Trance?
2. Wie wissen Sie, daß Sie beginnen eine Trance zu entwickeln?
3. Können Sie sich erinnern, wann Sie das letzte Mal in Trance waren?

Natürlich kann man auch dem Klienten, der keine formelle Tranceerfahrung hat, trancerelevante Fragen (1-6) stellen oder ihn bitten zu spekulieren:

1. Welche Vorstellungen sind für Sie mit der Entwicklung einer leichten Trance verbunden? Wie, denken Sie, wäre das für Sie?
2. Können Sie beschreiben, was für Veränderungen Sie eventuell erleben würden, wenn Sie eine Trance entwickelten?

Die hypnotische Wirkung von Fragen, die Erinnerungen zugänglich machen, hängt weitgehend davon ab, *wie* diese Fragen gestellt werden. Geschieht das direkt und in einer normalen Situation, dann befördern sie eine Person offensichtlich nicht sofort in Trance. Ihre tranceinduzierende Wirkung kommt in dem Maß zum Tragen, in dem (1) die Person auf ihr Erleben hin orientiert und mit ihrer ganzen Aufmerksamkeit beansprucht ist und (2) der Hypnotiseur die Fragen auf eine bedeutungs- und erwartungsvolle Weise stellt. Damit die erste Bedingung sich erfüllen kann, muß man dafür Zeit investieren, *bevor* man die Frage(n) stellt; um der zweiten Bedingung zu genügen, muß der Hypnotiseur dem Klienten Zeit lassen, *nachdem* er die Frage(n) gestellt hat, damit dieser sich eine Trancereaktion in seinem Erleben zugänglich machen kann. Doch selbst wenn man diesen Bedingungen Rechnung trägt, kann es sein, daß die Frage für das Erleben des Klienten nicht relevant ist; deshalb muß der Hypnotiseur mindestens mehreren Fragesträngen nachgehen, bevor er einen entdeckt, auf welchen der Klient hypnotisch reagiert.

Bei meiner eigenen Arbeit verwende ich zur Einleitung einer Trance Fragen ausgesprochen häufig. In ein fünf- bis zehnminütiges zwangloses Eröffnungsgespräch beziehe ich harmlose Fragen mit ein, die dazu dienen, Rapport herzustellen und einen auf das Erleben bezogenen, selbstreferentiellen Verarbeitungsstil zu begünstigen. Allmählich gehe ich dann zu Fragen über, die Erinnerungen zugänglich machen. Dabei beginnen meine nonverbalen Prozesse sich zu verlangsamen und werden allgemein konzentrierter (bleiben aber entspannt). (Diese nonverbale Leading-Technik trägt dazu bei, daß der Klient sein Tempo verlangsamt, und fördert eine nichtanalytische, selbstreferentielle Verarbeitung.) Ehe ich eine Frage stelle, warte ich ein oder zwei Sekunden lang und sehe die Person bedeutungs- und erwartungsvoll an, damit sie ein Reaktionspotential aufbauen kann. Nachdem ich die Frage normalerweise sanft und langsam geäußert habe, mache ich wieder eine Pause von ungefähr einer Sekunde und sehe die Person noch erwartungsvoller an (während ich meist ganz leicht mit dem Kopf nicke). Bei jeder Frage beobachte ich die Reaktionen der Person genau. Wenn sie Hinweise zeigt, die für die Trance typisch sind (Tabelle 4.2, Kapitel 4), dann intensiviere ich mein verlangsamtes und bedeutungsvolles Verhalten, bevor ich eine weitere Frage stelle. Sobald die Person eindeutig in Trance versetzt ist - gute Anzeichen dafür sind fehlende sakkadische Augenbewegungen (rückwärts und vorwärts), welche die bewußte Informationsverarbeitung im allgemeinen begleiten, motorische Hemmung und Hemmung oder Latenz der verbalen Reaktion - gehe ich zu Techniken über (z. B. rhetorische Fragen, oder die Verallgemeinerungen oder Geschichten, die weiter unten in diesem Abschnitt beschrieben sind), welche die Person befähigen, nicht mehr verbal zu reagieren, sondern ganz in Trance zu gehen.

Es gibt zahlreiche Möglichkeiten, Reaktionen auf Fragen, die Erinnerungen zugänglich machen, so weit auszudehnen, bis sich eine volle Trance entwickelt. Eine besonders wirksame Technik besteht darin, Klienten zu bitten, ihre frühere Erfahrung mit der Entwicklung einer Trance im Detail zu beschreiben - oder, bei unerfahrenen Klienten, wie sie sich eine Trance vorstellen - und dann zu jeder Aussage Feedback zu geben, scheinbar zum Zweck der Versicherung, daß man die Dinge verfolgt. Zum Beispiel:

Hypnotiseur: Waren Sie schon jemals in einem Zustand, den Sie als tiefe Trance bezeichnen würden?
Klient: Ja.
Hypnotiseur: Können Sie beschreiben, wie das war, als Sie anfingen diese tiefe Trance zu entwickeln?
Klient: Nun, ich saß auf dem Stuhl ...
Hypnotiseur: Sie saßen auf dem Stuhl...
Klient: ...und sah dem Hypnotiseurs in die Augen ...
Hypnotiseur: ... Sie sahen dem Hypnotiseur in die Augen, das ist gut so ...
Klient: ...und hörte zu, was er sagte und fing an mich zu entspannen ...
Hypnotiseur: ... Sie hörten auf die Stimme des Hypnotiseurs und entspannten sich angenehm ...
Klient: ... und ich begann, alles verschwommen zu sehen ...
Hypnotiseur: ... alles war verschwommen ...

Diese Art des Austauschs kann fortgesetzt werden, bis wieder eine Trance entstanden ist. Die Technik ist dadurch besonders schön, daß sie den Klienten/die Klientin wesentlich anleitet, eine Induktionssequenz zu entwerfen, die für ihn/sie als Individuum passend ist. Der Hypnotiseur benutzt dann einfach Kommunikationen, die den Klienten ganz in Anspruch nehmen, und verstärkende Suggestionen (das verbale Feedback), um die tranceinduzierenden ideodynamischen Prozesse, die bereits in Gang gekommen sind, zu intensivieren - das bedeutet, durch das Nachdenken über eine Erfahrung läßt sich diese Erfahrung tendenziell leicht wiederbeleben. Dadurch verlagert sich die Verantwortung für die Tranceentwicklung an ihren rechtmäßigen Ort - zum Klienten - und umgeht damit die allgemein bekannte Möglichkeit, daß die hypnotische Induktion eher den Stil der Tranceentwicklung, den der Therapeut bevorzugt, als den Stil des Klienten widerspiegelt.

Außer Fragen, die harmlos oder absorbierend sind oder Erinnerungen zugänglich machen, kann der Therapeut auch *rhetorische Fragen* benutzen.

Solche Fragen haben die doppelte Funktion, bewußte Prozesse in Beschlag zu nehmen und zugleich unbewußte Suchvorgänge anzufachen. Sie sind besonders nützlich während der Induktionsphasen, in denen sich die Trance vertieft, wenn der Klient/die Klientin seine/ihre Augen geschlossen hat und nicht mehr redet. Die folgende gekürzte Fassung einer Induktion gibt ein Beispiel dafür, wie sich rhetorische Fragen verwenden lassen:

> (Nach der Induktion einer leichten Trance) ... Und Trance kann sich auf ganz verschiedene Weise entwickeln ... und ich frage mich: *Wie tief werden Sie in Trance gehen?* ... Und *wie sehr können Sie sich erlauben, sich ganz zu entspannen?* ... und Sie können wirklich ihrer eigenen Einschätzung und ihrem Tempo entsprechend entdecken und genau bestimmen, wie Ihre Trance sich entfalten soll ... und während Sie das tun, frage ich mich: Wie wird Ihr Unbewußtes sich ausdrücken? Wird es einfach eine Reihe unerwarteter und doch so sicherer und horizonterweiternder hypnotischer Wirklichkeiten mit Ihnen teilen? Wird es die Hand unwillkürlich sich heben lassen, um Ihnen zu zeigen, daß es wirklich autonom wirken kann? Und werden Sie, können Sie jetzt noch tiefer hinunter gehen, oder werden, können Sie es nicht? Wie schön ist es zu wissen, daß Sie das alles und noch mehr entdecken können ...

Wenn solche Fragen auch relativ harmlos sind, so fordern sie die Person doch auf, verschiedene Möglichkeiten der Trance zu prüfen, dadurch stellen sie in sich und aus sich selbst wirksame hypnotische Suggestionen dar (Erickson, Rossi 1979). Die Fragen werden im allgemeinen langsam, rhythmisch und bedeutungsvoll gestellt, um die Reaktionsbereitschaft des Klienten auf sie zu maximieren. Manchmal jedoch dient ein schnelleres Tempo dazu, die bewußten Prozesse von Individuen, die Schwierigkeiten haben, sich in Trance fallen zu lassen, zu überladen. Für solche Klienten ist der Inhalt der rhetorischen Fragen auch eher verwirrend oder er spiegelt den möglichen inneren Dialog, mit dem die Person beschäftigt ist. Zum Beispiel:

> ... Und es gibt viele verschiedene Möglichkeiten für Sie, in Trance zu gehen *oder auch nicht* ... Ihr bewußter Verstand kann mich hier hören und braucht die autonome Entwicklung unbewußter Prozesse wirklich nicht zu stören ... Ihr bewußter Verstand mag sich fragen, Welche Techniken benutzt er? Was sagt er wirklich? Wird es geschehen? Geschieht es jetzt, warum geschieht es jetzt? Warum nicht, geschieht es jetzt nicht? Und Ihr Unbewußtes kann weiter umherschweifen, während das Bewußtsein sich so fragt ... Und Blumen blühen im Frühling, und Blätter fallen im Herbst und Sie atmen ein und aus ... *Und was ist die natürliche Entsprechung zu einem Wachzustand?* Manche sagen, es sei der Schlaf ... *Doch was ist die Entsprechung zu einem streng logischen Zustand*, in dem der innere Dialog

endlos weitergeht? ... Manche sagen, es sei die Trance ... doch Sie sollten diese Dinge wirklich aus erster Hand entdecken ... *Und was bedeutet es, eine ERSTE Hand zu haben?* ...

Diese Art der Induktion durch das Gespräch eignet sich vorzüglich, bewußte Prozesse zu spiegeln und außer Kraft zu setzen, während man gleichzeitig unbewußte Prozesse zugänglich macht. Sie wird im nächsten Kapitel gründlicher untersucht. An dieser Stelle ist bemerkenswert, welche zentrale Rolle rhetorische Fragen bei solchen Induktionen spielen können.

Eine andere Art von Interrogativsätzen sind die Bestätigungsfragen, wie zum Beispiel:

1. Und Sie möchten *wirklich* gern in Trance gehen, *oder?*
2. Und Sie werden sich wahrscheinlich nicht ganz wohlfühlen, *oder?* (mit nach oben gerichteter Modulation)
3. Und es ist wirklich gut, sich zu entspannen, *oder?*

Bestätigungsfragen sind geschickt, um gegensätzliche Teile einer Person zu spiegeln - z. B. einen Teil, der in Trance gehen möchte und einen Teil, der das nicht möchte. Wie Bandler und Grinder (1975) zeigen, enthält die linguistische „Tiefenstruktur" der Bestätigungsfragen sowohl die positive als auch die negative Bedeutung der Aussage. Es dauert auch eine gewisse Zeit, bis man solche Fragen versteht, wodurch sie zu einer wirksamen Beschäftigung für bewußte Prozesse werden (Erickson, Rossi 1979).

Zwei andere Fragetypen - *indirekte Fragen und ins Gespräch eingebaute Forderungen (Konversationspostulate)* - seien hier kurz erwähnt (vgl. Bandler, Grinder 1975). Die ersteren sind eigentlich Aussagen, die implizite Fragen enthalten, wie zum Beispiel:

1. Und ich frage mich, wie leicht Sie in Trance gehen können.
2. Und ich bin neugierig, was Sie jetzt gleich am liebsten täten.

Einer sozialen Konvention entsprechend verlangen solche Fragen, daß der Hörer auf sie antwortet, *als seien es* wirkliche Fragen, wodurch sie eine Form indirekter Kommunikation darstellen. Verdeckte Imperative sind in Frageform gehüllte Anweisungen:

1. Können Sie Ihre Hände auf den Schoß legen und Ihre Füße flach auf den Boden stellen?
2. Möchten Sie sich nicht bequem hinsetzen?
3. Könnten Sie mir beschreiben, wie tief die Trance sein soll, die Sie entwickeln möchten?

Wie man sehen kann, sind Konversationspostulate eine permissive indirekte Art, Anweisungen zu geben, und deshalb für den Ericksonschen Praktiker wertvoll.

Das Beschriebene läßt sich wie folgt zusammenfassen: Zur hypnotischen Kommunikation sind viele Fragetypen verwendbar: absorbierende Fragen, harmlose Fragen, Fragen, die Erinnerungen zugänglich machen, rhetorische Fragen, Bestätigungsfragen, indirekte Fragen und Konversationspostulate. Diese Fragen sind für verschiedene Zwecke verwendbar, etwa zur Sammlung von Information, zur Herstellung von Rapport, zum Geben von Anweisungen, zur Fesselung der Aufmerksamkeit, für das gleichzeitige Pacing von bewußten und unbewußten Prozessen, um Erinnerungen (besonders trancerelevante) hervorzulocken, zur Vertiefung einer Trance und zum Überladen bewußter Prozesse. Unabhängig vom Fragetyp oder von der Intention der Frage muß der Therapeut sehr auf seinen nonverbalen Äußerungsstil achten, weil dieser zu einem großen Teil darüber entscheidet, wie und wie stark der Klient mit seinem Erleben reagieren wird.

Suggestionen einbetten

Milton Erickson hatte eine ungewöhnliche Fähigkeit, indirekte Suggestionen zu übermitteln, indem er sie unmerklich in eine Anzahl von Aussagen einstreute (siehe z. B. Erickson 1966a). Er tat dies hauptsächlich, indem er bestimmte Botschaften durch Veränderung des Tempos, der Lautstärke oder der Intensität seiner Stimme hervorhob, oder durch Veränderungen von Körperhaltung oder Gesichtsausdruck[1]. Diese *eingebetteten Anweisungen* (embedded commands), wie Bandler und Grinder (1975) sie terminologisch bezeichneten, sind subtil genug, daß das Bewußtsein sie nicht erkennt, und doch deutlich genug, um unbewußte Prozesse zu beeinflussen. In meiner eigenen Arbeit hat sich gezeigt, daß eingebettete Suggestionen zu den einfachsten, zugleich aber wirkungsvollsten Techniken der Äußerung indirekter Suggestionen gehören.

Eine eingebettete Suggestion läßt sich verbal ganz unterschiedlich zum Ausdruck bringen. Der allgemeine Vorgang ihrer Bildung ist jedoch einfach: Man bestimmt die Suggestion, die man übermitteln will, und verankert sie dann in einem größeren sprachlichen Kontext. In den folgenden Beispielen sind Suggestionen zur Entwicklung einer Trance (kursiv) direkt in einfache Sätze eingebettet:

1. Es gibt viele Wege, *sich in Trance fallen zu lassen*, Denise.
2. Vielleicht denken Sie daran, wie leicht es ist, *einen Zustand des Wohlbefindens zu entwickeln*.
3. Und Sie können sich wirklich *ganz entspannen*, Martha.

Man kann die Suggestionen indirekter einflechten, wenn man die Aufmerksamkeit des Bewußtseins auf eine andere Zeit, einen anderen Ort oder auf eine andere Person lenkt. Der Hypnotiseur kann z. B. über jemand anderen reden:

1. Und Peter fand eine Art, sich hinzusetzen und *in Trance zu fallen*, die für ihn befriedigend war.[2]
2. ... Und deshalb ging ich nach Hause und sorgte dafür, daß *mir warm wurde und ich mich rundum wohlfühlte*.

Eine besondere Art eingebetteter Befehle - direkte Zitate - (Bandler, Grinder 1975) lassen sich wie folgt anbringen:

1. Und ich sagte zu Mary: „*Warum lassen Sie nicht Ihr Unbewußtes die Arbeit für Sie tun?*"
2. Und Hank drehte sich um und sagte: „*Ich denke, es ist wirklich Zeit, in Trance zu gehen.*"

Eine verwandte indirekte Strategie besteht darin, sehr allgemein zu reden:

1. Und viele entdecken, daß sie sehr viel über sich selbst lernen, wenn sie die Fähigkeit entwickeln, *sich leicht in Trance fallen zu lassen*.
2. Und jede Person hat ihren eigenen Stil, sich zu *entspannen* und das Unbewußte frei und hypnotisch reagieren zu lassen.

Wie die vielen kursiv gedruckten Beispiele bis zum Ende des Buches zeigen, lassen sich diese analog hervorgehobenen Suggestionen extensiv anwenden. Man kann beliebig viele nonverbale Kanäle benutzen, um die Botschaften zu markieren - den Gesichtsausdruck, Veränderungen der Stimme, Hinweise der Körperhaltung usw. Die allgemeine Strategie liegt darin, sich für die eingebettete Suggestion eines anderen nonverbalen Musters zu bedienen. Sie sprechen z. B. in relativ normalem Tempo und mit relativ normaler Intensität und gehen dann zu einer langsameren und sanfteren Äußerungsform über, wenn Sie die eingebettete Suggestion übermitteln, machen vielleicht eine kurze Pause, damit die Botschaft sich „einprägen" kann, und kehren dann sofort wieder zum „normalen" nonverbalen Stil zurück. Die Einbettung oder Ankerung sollte nicht so dramatisch sein, daß sie für den bewußten Verstand der Person offensichtlich ist, sie sollte aber bedeutsam genug sein, damit sie unbewußt wahrgenommen werden kann. Man muß experimentieren, um das Gleichgewicht zwischen diesen beiden Interessen zu finden.

Da eingebettete Suggestionen subtile nonverbale Kommunikationen sind, die im allgemeinen der bewußten Wahrnehmung entgehen, kommen einem manchmal Zweifel, wenn man rational über ihre mögliche Wirksamkeit als hypnotische Techniken nachdenkt. Ich rate Ihnen deshalb dringend, mit der Technik zu experimentieren, bevor Sie über ihren Wert urteilen. Ich denke, Sie werden feststellen, daß die meisten Menschen für eingebettete Suggestionen erstaunlich empfänglich sind, besonders wenn deren Botschaft mit den Bedürfnissen und Auffassungen einer Person konsistent ist.

Daß eingebettete Suggestionen funktionieren, erkläre ich mir damit, daß sie Strategien der Informationsverarbeitung nutzbar machen, die für unbewußtes Verstehen zentral, für bewußte Aufmerksamkeit dagegen peripher sind. Genauer gesagt, die erstere nutzt vor allem *analoge* Information - Unterschiede, die einen Unterschied machen, wie Bateson (1979) sagen würde - während bewußtes Verstehen in hohem Maß auf *digitaler* (z. B. verbaler) Information beruht (vgl. Watzlawick, Beavin, Jackson 1967)[3]. Der Gebrauch eingebetteter Informationen folgt daher dem hypnotischen Utilisationsprinzip, bewußte Prozesse zu umgehen, unbewußte Prozesse hingegen zugänglich zu machen.

Diese Utilisationsstrategie kann sowohl auf so einfache Weise wie oben beschrieben als auch auf komplexere Art angewendet werden. Im Sinne einer komplexeren Anwendung hat Erickson manchmal eine ganze Therapie gestaltet, indem er eingebettete Suggestionen in elaborierte Diskurse über Themen einstreute, die mit dem Problem nichts zu tun hatten. Ein klassisches Beispiel ist seine Arbeit mit einem sterbenden Krebspatienten, „Joe", der von unerträglichen Schmerzen gequält war und selbst auf Höchstdosen von Betäubungsmitteln nicht ansprach (Erickson 1966a). Auf die Bitte eines nahen Verwandten hin, erklärte Erickson sich bereit, die Möglichkeit einer hypnotischen Schmerzkontrolle zu prüfen, entdeckte aber, daß Joe schon das Wort Hypnose stark ablehnte. Da Erickson deshalb gezwungen war, indirekt zu arbeiten, benutzte er Joes lebenslange Tätigkeit als Blumenhändler als Gesprächsthema, um die Aufmerksamkeit des Patienten zu fesseln, während er eingebettete Befehle für Trance und Schmerzkontrolle einstreute. Der folgende Auszug gibt eine Kostprobe von seinem Vorgehen (die eingebetteten Suggestionen sind kursiv gedruckt):

> Joe, ich möchte mich einfach ein bißchen mit Ihnen unterhalten. Ich weiß, daß Sie ein Blumenhändler sind, der seine Blumen selber zieht. Ich bin auf einer Farm in Wisconsin aufgewachsen und arbeitete früher selbst leidenschaftlich gern im Garten. Es ist noch immer eine Arbeit, die ich gerne verrichte. Ich möchte deshalb, daß Sie sich während unseres Gesprächs in einen Lehnstuhl setzen. Ich werde über viele Dinge mit

Ihnen sprechen, nicht aber über Blumen, da Sie mehr von ihnen verstehen als ich. *Das ist nicht, was Sie brauchen.* Während ich jetzt also spreche, und das kann mir *ein gutes Gefühl* geben, möchte ich, daß Sie mir zuhören und *sich wohlfühlen dabei*, während ich über eine Tomatenpflanze mit Ihnen spreche. Das ist ein seltsames Gesprächsthema. Es macht *neugierig.* Weshalb gerade über eine Tomatenpflanze sprechen? Man steckt einen Tomatensamen in die Erde. Man kann die *Hoffnung haben*, daß daraus eine Tomatenpflanze wächst; sie wird *Befriedigung bringen* durch die Früchte, die sie später trägt. Der Same schluckt Wasser, was *keine große Schwierigkeit* bedeutet, da wir ja den Regen haben, *der Linderung und Frieden* und Freude an Blumen und Tomatenpflanzen *bringt*. Der kleine Same, Joe, schwillt an und entwickelt ein winziges Würzelchen mit Wimpernhärchen daran. Vielleicht wissen Sie nicht genau, was Wimpernhärchen sind, aber auf jeden Fall sind es *Dinge, die helfen*, daß der Same wächst, als Pflänzchen aus dem Boden sprießt, und *Sie können mir zuhören*, Joe, deshalb werde ich weitersprechen und *Sie können mir weiter zuhören und sich fragen, was Sie dabei wirklich lernen können* ... (Erickson 1966a; in Rossi 1980d: S. 269-270; dt. in Haley 1978, 2. Auflage 1988: S. 305-306).

Diese Arten von eingebetteten Suggestionen, äußerst reichhaltig und sorgfältig, mit vielen Wiederholungen, doch völlig fesselnd ausgeführt, wurden fortgesetzt, bis Joe eindeutig hypnotisiert war, woraufhin Erickson zur anhaltenden Schmerzkontrolle auf subtile Weise posthypnotische Suggestionen einbezog. Um es kurz zu machen, die Suggestionen waren erfolgreich, und Joe erlangte genügend Schmerzlinderung und körperliche Stärke, daß er aus der Klinik nach Hause entlassen werden konnte. Ungefähr einen Monat später verbrachte Erickson einen Tag mit Joe zusammen - vorgeblich um ihn zu besuchen - während dessen er auf dieselbe indirekte Art weiter therapeutische Suggestionen einstreute. Joes Schmerzfreiheit hielt bis zu seinem ruhigen Tod, ungefähr drei Monate nach Ericksons erstem Besuch, an.[4]

Bei der Besprechung dieses und anderer Fälle betonte Erickson (1966a), wie wichtig es sei (1) eine angemessene Beziehung aufzubauen, (2) den starken Wunsch des Patienten nach Veränderung zu erkennen und zu nutzen, (3) die Bedürfnisse und Eigentümlichkeiten des Individuums zu respektieren und nutzbar zu machen und (4) bedeutungsvoll genug zu sprechen, um die Aufmerksamkeit hypnotisch zu fesseln und aufrechtzuerhalten. Diese Punkte gelten natürlich für jede therapeutische Situation. Wenn sie beachtet werden, dann sind eingebettete Suggestionen wirksame indirekte Techniken, um unbewußte Reaktionen hervorzulocken; beachtet man diese Punkte nicht, dann werden solche Suggestionen - oder alle hypnotischen Techniken in diesem Zusammenhang - von den unbewußten Prozessen der Person wahrscheinlich abgelehnt.

Im voraus angenommene Trancereaktionen

Vorannahmen sind Ideen, die in einer Aussage enthalten sind und von denen man implizit annimmt, daß sie wahr sind. Alle Aussagen enthalten mehrere Vorannahmen. Bei hypnotischen Induktionen kann man sie nutzen, indem man die Aufmerksamkeit des Klienten darauf konzentriert, wie, wann oder in Gegenwart von wem eine hypnotische Reaktion eintreten wird, womit man indirekt die Annahme vermittelt, *daß eine hypnotische Reaktion eintritt* (Bandler, Grinder 1975; Erickson, Rossi 1979). Wie Abbildung 6.1 veranschaulicht, arbeiten hypnotische Vorannahmen spezifische Möglichkeiten heraus, während sie von der allgemeinen hypnotischen Reaktion ausgehen.

Darin liegt ein Hauptunterschied zwischen der traditionellen Hypnose und der Ericksonschen Hypnose. Bei der ersteren ist der Hypnotiseur darauf konzentriert, spezielle Suggestionen zu geben - z. B. Handlevitation; in der letzteren wendet sich der Hypnotiseur einer allgemeinen Gruppe von hypnotischen Reaktionen zu - z. B. der Dissoziation des Körpers - und wartet und fragt sich, welche besondere Entwicklungsmöglichkeit der Klient auswählen wird. Diese letztgenannte Methode umgeht den „Widerstand" und unterstützt die unbewußten Prozesse des Klienten, damit sie bei der Hypnose aktiver sein können.

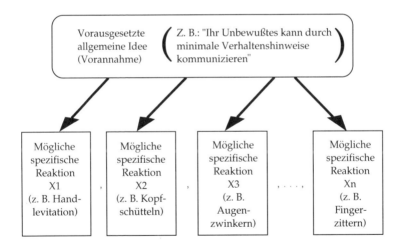

Abb. 6.1: Zwei Ebenen der hypnotischen Suggestion

Eine Möglichkeit, hypnotische Vorannahmen anzubieten, sind Fragen:

1. Wie tief soll die Trance sein, in die Sie gehen wollen?
2. Möchten Sie *jetzt* oder in fünf Minuten *in Trance gehen*?
3. Möchten Sie lieber auf diesem oder auf dem anderen Stuhl sitzen, wenn Sie *in Trance gehen*?
4. Wissen Sie, wie einfach es ist, wenn Sie *Ihrem Unbewußten erlauben, es für Sie zu tun*?
5. Denken Sie, daß Sie besser in Trance gehen, wenn Sie sitzen oder wenn Sie sich hinlegen?

Beachten Sie, wie eingebettete Suggestionen (kursiv) sich in solche Fragen einstreuen lassen.

Hypnotische Reaktionen können auch in Aussagen vorausgesetzt werden:

> Und ich weiß wirklich nicht genau, *wie Sie eine Trance entwickeln werden* ... Sie können mit offenen oder mit geschlossenen Augen in Trance gehen ... Sie können in Trance gehen, während Sie bewußt denken, Sie könnten es nicht ... Sie können in eine leichte, mittlere oder tiefe Trance gehen ... Und deshalb bin ich neugierig zu sehen, was für Sie am besten ist... und ob Sie *sofort ganz und gar in Trance fallen* oder eine Weile warten, ist nicht so wichtig ... wichtiger ist Ihre eigene Fähigkeit zu entdecken, welche Art einer Tranceentwicklung für Sie als Individuum am passendsten ist ... manche Personen ziehen es vor, sich ein wenig zu *entspannen*, eine Zeitlang in Trance zu fallen, dann wieder zurückzukommen, um dann wieder ganz hinabzusteigen ... Andere warten lieber ein paar Minuten und lassen sich dann *tief hinabgleiten*, ganz hinab, auf einmal ... wieder andere gehen lieber hinein und heraus, rückwärts und vorwärts, hinauf und hinab, bis sie an einem bestimmten Zeitpunkt *hinabgehen und für eine Weile vergessen, wieder nach oben zurückzukommen* ...

Alle diese Aussagen setzen voraus, daß tatsächlich eine Trance eintreten wird. Darüber hinaus umgehen Sie jeglichen Kampf um die Definition der Beziehung, indem sie (1) dem Klienten die „Illusion der Freiheit" geben (Kubie 1958) zu wählen, wie er reagieren möchte, und (2) Trance nie direkt suggerieren. Sie liefern außerdem reiche Information über die Trance, die den Klienten befähigt, die vielen möglichen Erfahrungen wahrzunehmen, und verringern dadurch die Gelegenheiten, sich beim Versuch, bestimmte Dinge zu erleben, festzufahren.

Vorannahmen eignen sich auch zur Suggestion von hypnotischen Phänomenen:

1. Und ich frage mich, ob Ihre rechte oder Ihre linke Hand sich zuerst heben wird.
2. Und ich weiß nicht, ob Sie in die Zeit, als Sie in der sechsten Klasse waren oder als Sie in der vierten waren, zurückgehen wollen, oder noch früher ...
3. Und wir können beide neugierig sein, wann Ihr Unbewußtes beginnen wird, diesen Finger zu heben...
4. Und ich weiß nicht genau, welchen Traum Ihr Unbewußtes heute Nacht, während Sie schlafen, auswählen wird, um diese Lernerfahrungen weiter zu integrieren.

Hier handelt es sich um einfache Aussagen, die voraussetzen, daß ein spezifisches Phänomen sich entwickeln wird. Der Hypnotherapeut kann allgemeiner und ausführlicher werden, besonders wenn sich eine spezifische Reaktion nicht sofort herbeiführen läßt. Das folgende Beispiel zeigt, daß sich dazu das allgemeinere Phänomen der Körperdissoziation eignet:

Und wie schön zu wissen, daß Ihr Unbewußtes in Trance unabhängig, autonom und intelligent reagieren kann ... und Sie können die Sicherheit genießen, die jene Erlebnisse Ihnen geben, und die Lernerfahrungen, die Sie daraus gewinnen ... Ihr Unbewußtes kann so vielfältig reagieren und sich ausdrücken ... und daher weiß ich nicht und wissen auch Sie nicht genau, wie Ihr Unbewußtes seine Autonomie zum Ausdruck bringen wird ... Ich weiß aber wohl, daß es die natürliche Fähigkeit besitzt, Ihre körperlichen Aktivitäten auf vielerlei nützliche Weise zu leiten. Zum Beispiel steuert Ihr Unbewußtes normalerweise Ihre Atmung, die so *leicht und angenehm* sein kann, wenn sie automatisch weitergeht, ein und aus, ein und aus, ein und aus ... und Ihr Unbewußtes überwacht Ihre Herzfrequenz und Ihren Pulsschlag ... und wenn Sie einen guten Lauf wirklich genießen, dann sorgt Ihr Unbewußtes dafür, daß Ihre Beine nach oben und nach unten gehen, nach oben und unten, auf diese angenehme, rhythmische Weise ... und in Trance können Sie diese allgemeine Fähigkeit Ihres Unbewußten auch vielfältig erleben ... *und deshalb weiß ich wirklich nicht, wie Ihr Unbewußtes sich körperlich ausdrücken wird* ... vielleicht, indem es eine Hand hebt ... leicht ... angenehm ... unwillkürlich ... hinauf (dies wird mit einem sich hebenden Ton gesagt) ... vielleicht ist es die rechte Hand oder die linke oder einmal die rechte und dann die linke ... vielleicht beginnt es nur mit einem Fingerzittern ... vielleicht mit dem Zucken der Hand ... doch manche Menschen denken ganzheitlicher und heben den ganzen Arm ... andere entdecken, daß er nach unten zieht, so sehr, daß er ein Teil und doch getrennt vom übrigen Körper zu sein scheint ... Andere finden sich wieder, wie sie unabhängig von ihrem gesamten Körper funktionieren, und freuen sich, ihn *dort drüben* zu sehen, während sie mich *hier* hören ... und es ist nicht so wichtig, ob es Ihr Finger, Ihre Hand, Ihr Arm oder Ihr ganzer Körper ist ... und ob sie nach unten drücken oder nach oben gehen ist auch nicht wichtig ... wichtig ist Ihre erhebende und sich entfaltende Entdeckung der Fähigkeit Ihres Unbewußten, auf seine eigene Weise zu funktionieren ... und weshalb sollten Sie es Sie nicht mit diesem autonomen Körper überraschen lassen ... und ich bin neugierig, *was* diese Überraschung sein wird, und wann und wie sie geschieht...

Diese Aussagen sind ein Beispiel für eine vorzügliche Strategie, mit der man jedes hypnotische Phänomen hervorrufen kann. Sie läßt sich in sechs Punkten zusammenfassen:

1. Beginnen Sie damit, die Bedeutsamkeit und die Intelligenz des Unbewußten allgemein zu betonen.
2. Benennen Sie die allgemeine Form des Phänomens - z. B. Körperdissoziation, Altersregression, Amnesie- als Beispiel unbewußter Fähigkeiten.
3. Geben Sie natürliche Beispiele des allgemeinen Phänomens (meist ausführlicher und genauer als das Beispiel oben).
4. Gehen Sie über zu speziellen hypnotischen Äußerungen des Phänomens, das alle Möglichkeiten umfaßt.
5. Suggerieren Sie, daß das Unbewußte der Person jene besondere Äußerung auswählt, die für sie am geeignetsten ist.
6. Welche Reaktionen auch eintreten mögen, nehmen Sie sie an und bauen Sie auf sie.

Diese Strategie gibt dem suggerierten Phänomen die Bedeutung eines förderlichen, natürlichen und vertrauten Prozesses und erhöht dadurch die Wahrscheinlichkeit, daß der Klient zur Reaktion bereit und fähig wird, beträchtlich. Und sie setzt auch voraus, daß *etwas* Hypnotisches geschehen wird.

Wie später besprochen wird, erfolgt die Reaktion auf eine Suggestion manchmal zeitverzögert. In solchen Fällen sollte der Hypnotiseur die Suggestionen vielleicht verschieden formulieren und dann zu einem anderen Thema übergehen, während er mit einem Auge beobachtet, ob das suggerierte Phänomen sich entwickelt. Wenn und sobald das geschieht, kann es bestätigt und weiter entfaltet werden.

Ferner ist noch zu bemerken, daß der Hypnotherapeut alle Möglichkeiten abdecken und doch die Chancen der einzelnen zu Gunsten einer bestimmten Möglichkeit verzerren kann, so daß sie eintritt. Im Beispiel oben etwa hätte das Schwergewicht mehr auf die Handlevitation gelegt werden können, indem man sozusagen mehr Beispiele von Händen, die automatisch nach oben gehen, angeboten (z. B. im Bus stehen, im Klassenzimmer die Hand heben), die Suggestionen für die Handlevitation öfter wiederholt oder Suggestionen nur für diese Reaktion eingebettet hätte; oder man hätte beim Sprechen Tonhebungen auf die Einatmung abstimmen können, um ein Gefühl des „Hebens" zu vermitteln usw.

Die Voraussetzung einer Reaktion garantiert natürlich nicht ihr Auftreten. Der Therapeut muß bedeutsam genug sprechen, damit der Klient mit seinem Erleben absorbiert ist, und so das Reaktionspotential erhöhen, die kritischen Fähigkeiten jedoch hemmen, welche die Aussage(n) logisch analysieren könnten. Hinzu kommt, daß die vorausgesetzte Reaktion mit den Bedürfnissen konsistent sein muß, die dem Individuum in der jeweiligen Situation und als Persönlichkeit eigen sind. Ein tief gestörter Klient wäre wahrscheinlich *unfähig*, positiv auf die Suggestion, heute oder morgen tiefe, bleibende Veränderungen zu vollziehen, zu reagieren. In ähnlicher Weise wäre eine Person wahrscheinlich *nicht bereit*, einer Anweisung zu folgen „entweder heute oder morgen" eine unsoziale Tat zu begehen. Es gibt natürlich viele weniger extreme Beispiele; worauf ich hinaus will ist, daß Prinzipien des Pacing und Leading beachtet werden müssen, wenn Voraussetzungen hypnotisch wirksam sein sollen.

Man kann Reaktionen auch noch anders als bisher beschrieben voraussetzen. Sie können z. B. benutzt werden, um sicherzustellen, daß eine Person Hausaufgaben, die man ihr zugewiesen hat, auch durchführt. Bei einer Klientin in Trance z. B., von der ich wollte, daß sie sich in ein Restaurant setzt und andere beobachtet, betonte ich 15-20 Minuten lang, wie sie die zu beobachtenden Individuen *zufällig* auswählen sollte. Sie war so verwirrt, als sie sich fragte, weshalb es zufällig sein mußte, daß sie keine Zeit hatte, zuerst einmal in Frage zu stellen, ob sie so etwas überhaupt tun sollte. Einem anderen Klienten, einem Mann, der an Migränekopfschmerzen litt, die offenbar mit einer Unfähigkeit, Ärger auszudrücken zu tun hatten, gab ich posthypnotische Suggestionen, daß er mitten in der Nacht aufwachen werde „mit allen Schmerzen der Welt" in seinem *linken Arm*. Ich beharrte so unerbittlich darauf, daß es der *linke Arm* und kein anderer Teil seines Körpers sei, daß er (wie erwartet) damit reagierte, zu berichten, er sei mit starken Schmerzen in seiner *rechten Schulter* erwacht (hatte aber keine Kopfschmerzen). In beiden Fällen wurde die vorausgesetzte allgemeine Reaktion nebenbei (d. h. unbewußt) eingeführt, während man die Person veranlaßte, sich auf einen einzelnen Aspekt der Reaktion zu konzentrieren. Diese allgemeine

Strategie ist natürlich auch im Rahmen von hypnotischen Induktionen anwendbar.

Sprechen in verallgemeinernder Weise

Der Ericksonsche Praktiker spricht oft sehr allgemein, während das, was er sagt, jedoch sehr speziell klingt. Dieses Muster regt Hörer dazu an, die spezifische Bedeutung herauszuhören, die am besten zu ihren persönlichen Auffassungen und Bedürfnissen paßt. Das hat viele nützliche Funktionen - es verlagert z. B. die Last der Verantwortung auf den Klienten; es befähigt den Therapeuten, wirksame Anleitung zu geben, ohne die Erfahrung seines Klienten ihrem Inhalt nach genauer kennen zu müssen, wodurch Gelegenheiten vermindert werden, ihm (möglicherweise unpassende) Strategien aufzuerlegen; es fördert die Zugänglichkeit bedeutsamer Erfahrungen, die mit einer allgemeinen Suggestion verknüpft sind (ein Hauptziel assoziativer Induktionen); und es liefert wertvolle Information darüber, was für den Klienten wichtig ist. Mit anderen Worten, allgemein zu sprechen ist ein wesentlicher Bestandteil des Ericksonschen Ansatzes.

Es gibt verschiedene Möglichkeiten, in einer Weise allgemein zu sprechen, die doch speziell klingt. Man kann z. B. *Bezüge zu allgemeinen Ereignissen benutzen*:

- „jene bestimmte Zeit, die lang her ist";
- „eine unerwartete, doch angenehme Überraschung";
- „die tiefste Trance, die Sie jemals erlebt haben";
- „eine sehr glückliche Zeit, die weit zurückliegt";
- „Trance";
- „ein sehr befriedigendes Gefühl";
- „jene Lernerfahrungen, die relevant sind";
- „jene unabgeschlossene, unerfreuliche Erfahrung, die Sie so lang gemieden haben".

Man kann auch *allgemeine Verben* benutzen: lernen, erleben, erlauben, entwickeln, umfassen, prüfen, erkennen, gewahrwerden, beginnen, entdecken usw.

Bezüge zu allgemeinen Substantiven sind auch verfügbar:

- „das kleine Kind in Ihnen, das so viele Jahre lang verborgen war";
- „eine bestimmte Person";
- „ein sehr guter Freund";
- „ein alter Feind, der Sie verfolgt hat";

- „die Person, der Sie nahe sein möchten";
- „das Klassenzimmer ihrer Grundschulzeit";
- „jene tiefen Anteile ihrer Person, die bei der Entdeckung helfen können".

Jedes dieser Beispiele ist eine allgemeine, indirekte Suggestion, in der Erinnerung mit der ganzen Erlebnisfähigkeit nach einer bestimmten Person, einem Ort, Ereignis, Gegenstand oder Vorgang zu suchen. Werden diese Gemeinplätze im hypnotischen Austausch mit Überzeugung ausgesprochen, dann verwickeln sie den Klienten in innere Suchvorgänge, die darin gipfeln, daß ein besonderer Bezug zugänglich wird. Da der zugänglich gewordene Bezug für jedes Individuum ein anderer ist, ist die Verwendung von Gemeinplätzen eine ausgezeichnete Methode, die einzigartigen Prozesse jedes Individuums zu respektieren.

Gemeinplätze sind für viele hypnotische Zwecke verwendbar, z. B., um bei einer Induktion *Erlebnisse, die sich auf die Trance beziehen, zugänglich* zu machen. Eine Induktion kann sogar ganz und gar aus Gemeinplätzen bestehen, die bedeutungsvoll genug geäußert werden, um so zu klingen, als bezögen sie sich ganz speziell auf die persönlichen Schlüsselerlebnisse des Klienten. Der folgende Ausschnitt aus einer Induktion ist ein Beispiel für diese Möglichkeit (wobei die kommentierenden Fragen auf die extreme Allgemeinheit der Bezüge hinweisen).

Induktionsausschnitt	Kommentar
Gut, alles, worum ich Sie nun bitten möchte, ist, *jene besondere Haltung* zu finden, die für Sie als Individuum am angenehmsten ist	Welche Haltung?
... und während Sie sich *erlauben, diese Haltung* einzunehmen, wie schön ist es zu wissen, daß Sie erkennen können, daß ein	Wie erlauben? Welche Haltung?
Trancezustand auf *so viele verschiedene Arten entwickelt werden kann*, weil Trance *eine Lernerfahrung* ist, und Sie hatten davor schon *so viele verschiedene Lernerfahrungen* gehabt ...	Welche Trance? Welche Arten? Wie entwickelt?
Sie hatten *Erlebnisse als kleines Kind*, als heranwachsender Junge, als reif werdender Mann, und	Welche Lerninhalte erfahren? Welche Erfahrungen? Welche Erlebnisse? Wie klein?

Sie werden auch weiterhin Ihr ganzes Leben hindurch *Erlebnisse einer besonderen* Art haben ... und wie gut zu *wissen*, daß Sie einen Trancezustand *nutzen* können, um *frühere Lernerfahrungen zu prüfen* und Ihrem Unbewußten *zu erlauben*, vielfältige Erfahrungen *zu erzeugen*, die für Sie als Individuum *wichtig und wertvoll* sind ...	Welche Erlebnisse? Welcher Art? Wie wissen? Wie prüfen? Welche vorangegangenen Lernerfahrungen? Wie erlauben? Wie erzeugen? Welche Erfahrungen? Wie wichtig? Wie wertvoll?
und darum, warum nicht sich sehr persönlich *prüfen*, wie *fesselnd* und interessant es sein kann, *in Trance zu fallen* und *sich auf einer anderen Ebene der Erfahrung kennenzulernen*.	Wie prüfen? Wie fesselnd und interessant? Wie in Tance fallen? Welche Ebene?
... und darum *erlauben* Sie sich einfach, *diesen besonderen Stil, oder Rhythmus? diesen besonderen Rhythmus, dieses besondere Tempo* für die Entwicklung einer Trance zu entdecken, das für Sie als Individuum *am besten paßt* ...	Wie erlauben? Welchen Stil? Welchen Rhythmus? Welches Tempo? Passend wie?

Diese Arten allgemeiner und permissiver Suggestionen geben den einzelnen die Möglichkeit, die spezifischen trancerelevanten Bedeutungen, die für sie am besten sind, abzuleiten. Dies weist dem Hypnotiseur die richtige Rolle zu als einem, der die Tranceentwicklung des Klienten nur anleitet und supervidiert (Erickson 1952); darüber hinaus läßt sich dadurch der potentielle „Widerstand" umgehen, zu dem es oft kommt, wenn spezielle Suggestionen (1) zu direkt und zu arrogant geäußert werden oder (2) wenn sie einfach den einzigartigen Bedürfnissen und Auffassungen des Individuums unangemessen sind.

Gemeinplätze eignen sich auch, *um die aktuelle innere Erfahrung einer Person zu spiegeln*. Wie in Kapitel 4 bemerkt, braucht der Hypnotherapeut oft nur die Tiefe der Trance des Klienten und die Art der Intensität emotionaler Prozesse zu kennen; gleichzeitig muß er kommunizieren *als ob* er sich auch des besonderen Inhaltes der Erfahrung bewußt wäre, weil Klienten sonst zu wenig Rapport spüren und daher nicht bereit sein könnten, ganz loszulassen. Für diesen Zweck ideal sind speziell klingende Gemeinplätze, die auf dem nonverbalen Verhalten des Klienten beruhen.

Zu einer Person z. B., die eine angenehme hypnotische Erfahrung zu entwickeln scheint, kann man sagen:

> ... So ist es gut ... und erlauben Sie sich einfach, diese Erfahrung weiterzuentwickeln, weil Sie wissen, daß Ihr Unbewußtes Ihnen die Sicherheit und Anleitung gibt, sich noch vollständiger in diese erfreuliche, tragende Erfahrung zu vertiefen ... und ich weiß nicht, und Sie wissen nicht, wohin diese Erfahrung führt ... ich weiß aber, daß Sie es zulassen können, sie ganz zu prüfen ...

Solche Aussagen lassen sich in geeigneter Weise verändern, wenn minimale Hinweise anzeigen, daß der Klient aus der Trance herauskommt, auf eine unangenehme Erfahrung stößt oder etwas lustig findet usw.

Das *Pacing äußerer Reize während der Trance* - z. B. das Klingeln des Telefons, der Lärm eines Flugzeugs, Kinder, die draußen spielen - ist eine dritte, verwandte Anwendungsform für Gemeinplätze. Die Person, die in eine Trance versunken ist, hat sich vielleicht diesen Geräuschen draußen innerlich zugewendet oder auch nicht. Der Hypnotiseur kann sie sicherheitshalber durch das Pacing miteinbeziehen, indem er z. B. folgendes sagt:

> ... Und Sie nehmen in Trance viele verschiedene Dinge wahr ... Und wie schön ist es zu wissen, daß Sie diese Wahrnehmungen kommen und gehen lassen können, weil Sie sicher sind und verstanden haben, daß Sie sich dadurch noch tiefer in Trance versenken können.

Solche Aussagen spiegeln alle äußeren Reize im Wahrnehmungsbereich des Klienten, zwingen ihn aber nicht, sich unerwarteten Stimuli zuzuwenden. Als solche sind sie spezifischen Aussagen vorzuziehen, die Gefahr laufen, die Absorbiertheit der Person zu unterbrechen, welche die Reize nicht wahrgenommen hat.

Weiter lassen sich Gemeinplätze als *Füllmaterial* verwenden, wenn dem Therapeuten nichts mehr einfällt, was er noch sagen könnte, oder wenn er dem Klienten Gelegenheit geben will, eine zugängliche Erfahrung zu entfalten oder hypnotische Gegebenheiten allgemein eine Zeitlang zu erkunden. Während solcher Phasen ist es völlig angemessen, allgemein zu reden (z. B. über die Intelligenz und Autonomie des Unbewußten oder über den Nutzen oder die Sicherheit der Trance). Der Hypnotiseur erhält dadurch „Spielraum", um zu beurteilen, in welche Richtung er am besten weitergeht, und der Klient/die Klientin kann unterdessen den enormen Gewinn möglicher spezifischer Tranceexplorationen erleben, die nicht der Hypnotiseur, sondern das eigene Unbewußte anleitet. Die Erlaubnis, Gemeinplätze als Füllmaterial zu benutzen, läßt viele Ausbildungskandidaten aufatmen, die durch die irrige Idee beunruhigt und belastet sind, sie müßten für die Dauer einer gesamten Induktion einen ununterbrochenen Strom spezifischer, relevanter Suggestionen ausspeien. Alles, was Sie als Hypnotiseur sagen, *muß nicht* tiefgründig oder unglaublich wichtig sein; wenn es nur bedeutungsvoll *klingt (*und wenn es Ihre klare Absicht ist, die Person zu unterstützen), kann sich das Unbewußte des Klienten oft um das Übrige kümmern.

Gemeinplätze können auch als *„Brücke"* dienen, um zwei Themen fließend miteinander zu verbinden. Dazu bedarf es häufig nur allgemeiner Wendungen wie z. B.:

> ... Und daher kann das Unbewußte auf viele verschiedene Weisen reagieren ... Ich gebe Ihnen ein anderes Beispiel ...
> ... Und jene Dinge geschehen auf andere Weise ... zum Beispiel ...

Wie Abbildung 6.2 zeigt, kann der Hypnotiseur mit Hilfe solcher Aussagen Übergänge zu Themen schaffen, die eigentlich nichts miteinander zu tun haben, vor allem, da die hypnotisierte Person im allgemeinen im Hinblick auf logische Beziehungen zwischen Themen unkritisch ist. Sie sind besonders nützlich am Anfang und am Ende von metaphorischen Geschichten und während der Induktion (was im Abschnitt über das Geschichtenerzählen erörtert wird).

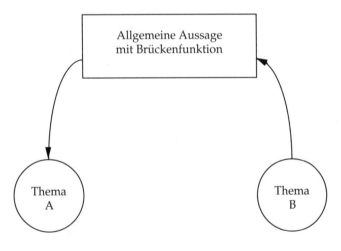

Abb. 6.2: Überbrückung von Themen bei Induktionen im Gespräch

Die allgemeine Strategie der Überbrückungstechnik besteht darin, ein globales Merkmal, das beide zu verbindende Themen gemeinsam haben, als Überschneidungspunkt zu nehmen. Sagen wir z. B., ich spreche von einem Kindheitserlebnis im Klassenzimmer und suche eine Brücke zur Verwicklung in einen Streit als Erwachsener. Ich könnte z. B. folgendes sagen:

> Und unter anderem gehörten zu all den Lernerfahrungen, die einem als Kind zugefallen sind, auch verschiedene Auffassungen, wie Menschen miteinander in Beziehung treten ... und diese Auffassungen waren wichtig, weil wir wirklich auf so verschiedene Arten, angenehm und nicht angenehm, aufeinander einwirken können. Manchmal z. B. streiten Leute miteinander ...

Das gemeinsame Merkmal der „Arten, in Beziehung zu treten" bildet also das Zwischenglied in dem Überbrückungsprozeß vom Besonderen - zum Allgemeinen - zum Besonderen. Da die Menge möglicher gemeinsamer Merkmale riesig ist, ist der Gebrauch allgemeiner Aussagen als Kommunikationen, die sich überschneiden, normalerweise eine leichte Aufgabe.

Dem verwandt, lassen sich Gemeinplätze als sechste Möglichkeit verwenden, um globale „Themen" vorzugeben, die als Bezugsrahmen für die Integration verschiedener hypnotischer Kommunikationen dienen. Ich verwende u. a. oft folgende Themen:

1. Trance ist natürlich.
2. Trance ist eine Lernerfahrung.
3. Trance ist eine Gelegenheit, sich selbst auf einer anderen Erfahrungsebene kennenzulernen.
4. Trance ist ein sicherer Ort, den man immer nutzen kann, um sich zu stärken.
5. Das Unbewußte ist intelligent.
6. Das Unbewußte kann autonom funktionieren.
7. Ihr Unbewußtes ist ein Verbündeter.

Ausführliche Erläuterungen zu diesen Themen haben einige der oben erwähnten Funktionen (z. B. als Kommunikationsfüllsel, Brücken oder allgemeine Anweisungen zu dienen), sie können aber außerdem eine Hauptrolle spielen bei der Erfüllung der kritischen hypnotherapeutischen Aufgabe, den Klienten zu lehren, Tranceerfahrungen und unbewußten Prozessen zu trauen und sie sich nutzbar zu machen. Aus diesem Grund ist es mir wichtig, sie in den Verlauf der Induktion großzügig einzustreuen.

Eine letzte, hier zu nennende Möglichkeit ist der Einsatz allgemeiner Aussagen zu *diagnostischen Zwecken*. Dazu eignet sich eine modifizierte Form des „Spiels der zwanzig Fragen", bei dem der Therapeut zunächst die Aufmerksamkeit des Klienten fesselt und in einer äußerst bedeutungsvollen Vortragsweise verschiedene therapeutisch potentiell wichtigen Erfahrungen erwähnt. Zum Beispiel:

> Und es gibt bestimmte Erfahrungen in Ihrem Leben, die nach besonderer Aufmerksamkeit rufen ... Erfahrungen, die Sie sehr verunsichern ... und ob die Ihre Frau betreffen ... (mehrere Sekunden Pause) ... oder Ihre Arbeitssituation ... (wieder eine Pause) ... oder Ihre Kinder ... (Pause) ... ist nicht so wichtig ... wichtig ist, daß Ihr Unbewußtes Ihnen helfen kann, sich mit diesen Erfahrungen zu befassen ...

Die Pause nach jedem einzelnen Gegenstand ermöglicht die Aktivierung irgendwelcher relevanter Erlebnisse, die dadurch zugänglich werden. Man kann diesen Vorgang intensivieren, indem man den Klienten eindringlich und erwartungsvoll anschaut; das hat den Vorteil, daß man zugleich minimale Hinweise entdecken kann, die eine emotionale (d. h. für das Selbst bedeutsame) Reaktion auf einen angebotenen Gegenstand anzeigen. Das Fehlen solcher Hinweise legt nahe, daß der Gegenstand oder das Thema therapeutisch nicht entscheidend ist, woraufhin man etwas anderes erwähnen kann[5]. Das Vorhandensein emotionaler Hinweise (z. B. Veränderungen der Atmung oder der Gesichtsfarbe, Pupillenerweiterung) zeigt an, daß das Thema auf irgendeine Weise therapeutisch relevant ist. Um genauere Information zu gewinnen, kann der Therapeut noch einmal die verschiedenen Möglichkeiten wiederholen (während er gleichzeitig die zugänglich gewordene Erfahrung intensiviert) und sich dieses Mal ausschließlich auf das Thema konzentrieren, das beim Klienten eine Reaktion ausgelöst hat. Wenn nun z. B. ein Klient nach dem o. g. Beispiel bei der Erwähnung seiner Frau emotional reagierte, könnte der Hypnotiseur wie folgt weitersprechen:

> ... Und eine Beziehung zwischen Mann und Frau kann manchmal sehr kompliziert sein, und sie kann an so vielen verschiedenen Stellen schiefgehen ... die sexuelle Beziehung ...(bedeutungsvolle Pause) ... soziale Aspekte ... (Pause) ... Streit wegen der Kinder ... usw.

Auf diese Art kann sich der Hypnotherapeut allmählich zu einer besonders bedeutsamen Erfahrung hinarbeiten und sie entsprechend nutzbar machen.

Dieses „Spiel der zwanzig Fragen" ist eine wirksame Technik, um Erfahrungen des Klienten, die für seine Probleme zentral sind, schnell zugänglich zu machen. Da sie die intellektuelle Beteiligung des bewußten Verstandes umgeht, ist sie besonders nützlich bei Klienten, die nicht bereit oder nicht in der Lage sind, solche Information verbal zu geben. Ihr Anwendungsgebiet erstreckt sich natürlich weit über das Zugänglichmachen von Problemen hinaus. Man kann mit dieser Technik z. B. sondieren, welche Assoziationen aus der Kindheit (z. B. ein Spitzname, ein Haustier oder ein Spielkamerad, ein Lehrer) eine Person am besten in einen Prozeß der Altersregression versenkt oder welche Arten von Tranceentwicklung für sie am besten sind. In allen diesen Situationen hat der Therapeut die Aufgabe, (1) globale Möglichkeiten anzubieten, (2) durch Beobachtung diejenigen Möglichkeiten zu erkennen, die emotionale Reaktionen hervorrufen und schließlich (3) den Gesprächshorizont auf sie zu begrenzen. Dieser Vorgang wird wiederholt, bis der Klient sich in eine spezielle Erfahrung hypnotisch vertieft.

Und schließlich wird eine Person durch allgemeines Sprechen befähigt, aus hypnotischen Kommunikationen einzigartige Bedeutungen abzuleiten. Somit haben sich viele Anwendungsmöglichkeiten für Gemeinplätze ergeben: die Tranceinduktion, das Pacing innerer oder äußerer Wahrnehmungen, als Brücke zwischen Themen oder als Füllmaterial zu dienen, Themen vorzugeben und Schlüsselerlebnisse zugänglich zu machen. Sollen Gemeinplätze wirksam sein, dann muß man sie einer mit ihrer ganzen Erlebnisfähigkeit absorbierten Person gegenüber bedeutungs- und erwartungsvoll äußern.

Geschichten erzählen

Kapitel 1 hat ausgeführt, inwiefern unbewußte Prozesse Ideen mehr metaphorisch repräsentieren und verstehen als bewußte Prozesse. Der Erickson'sche Hypnotherapeut benutzt deshalb symbolische und metaphorische Kommunikationen - besonders solche, die eine selbstreferentielle Verarbeitung stimulieren - um die unbewußte Verarbeitung zu fördern. In dieser Hinsicht ist das Geschichtenerzählen eine der wichtigsten Ericksonschen Techniken. Diese Geschichten sind metaphorisch, insofern (1) ihr Inhalt sich *nicht* auf den Klienten bezieht, aber (2) einige Hauptaspekte der Geschichte (z. B. die Personen, Ereignisse, Themen oder Ziele) für das Erleben des Klienten bedeutsam sind. Dem Klienten z. B., der sich vor der Trance fürchtet, kann man eine Anekdote über *jemand anderen* anbieten, der mit solchen Schwierigkeiten konfrontiert war und sie überwunden hat; der Person, die allzu erpicht darauf ist, in Trance zu gehen, erzählt man etwa eine Geschichte von einem Marathonläufer, der sich zu schnell verausgabte, oder von einem Mann, der an vorzeitigen Ejakulationen litt; das Individuum, das sich eine angenehme

Regressionserfahrung wünscht, könnte man mit Geschichten über Klassentreffen oder vertraute Kindheitserlebnisse beschenken. Da solche Geschichten sich nicht *direkt* auf die Person beziehen, ist es schwierig für sie, ihnen bewußt zu „widerstehen", und ihre Bedeutung fördert die automatische Aktivierung ähnlicher Erfahrungen. Das ist ein natürlicher Vorgang, der überall vorkommt; während wir z. B. einem Freund zuhören, der ungezwungen von einer Urlaubsreise nach Hawaii erzählt, ist es eine typische Reaktion, Erinnerungen an *unseren* Urlaub auf Hawaii oder einer ähnlichen Gegend wiederzubeleben oder an irgendwelche persönlichen Erlebnisse zu denken, die damit verbunden waren. Diese Strategie, alles auf sich zu beziehen, ist recht funktional. Wie Bower und Gilligan (1979) berichteten, werden Dinge, die in Verbindung mit persönlichen Erfahrungen gelernt wurden, viel besser erinnert als Dinge, die mit anderen bekannten Lernstrategien gelernt wurden. Insofern sind Geschichten vorzügliche indirekte Techniken, um den bewußten Verstand zu umgehen, während man unbewußte Prozesse zugänglich macht.

Hinsichtlich der therapeutischen Beziehung kann man Geschichten als dritten Brennpunkt betrachten, der eine instabile Dyade zu einer ausgewogenen Triade erweitert. Abbildung 6.3 veranschaulicht dies: Feld A stellt den Therapeuten als einen Bezugspunkt und den Klienten als den anderen Bezugspunkt dar. Bei direkter Kommunikation ist entweder der Therapeut oder der Klient das Bezugsobjekt; Feld A macht kenntlich, daß letztere Wahlmöglichkeit für die traditionelle Therapie typischer ist, und zeigt, wie dadurch eine auf den Klienten zurückverweisende selbstreferentielle Schleife entsteht. Das bedeutet, daß der Klient gleichzeitig auf einer privaten, erlebnisbezogenen Ebene und auf einer öffentlichen, verhaltensbezogenen Ebene operieren muß. Dadurch kann leicht Befangenheit entstehen (z. B. Angst, Hemmung, Abwehr, dauernde Selbstbeobachtung).

Feld B bildet ab, wie indirekte Kommunikationen (z. B. Geschichten) dieses potentielle Ungleichgewicht umgehen, indem sie einen dritten Bezugspunkt einführen, der weder der Therapeut noch der Klient ist. Wie die Pfeile zeigen, befähigt dieser metaphorische Bezug den Klienten, sich mit seinem Erleben auf diskrete (d. h. sichere) und ausgewogene Weise in den interpersonalen Bereich einzubringen. Metaphorische Geschichten begründen demnach einen Kreis, dessen Erlebnisinhalte sich jeweils mit dem Erleben von Therapeut und Klient überschneiden, so daß in ihm sowohl der Therapeut als auch der Klient als „Teil und doch getrennt" vom Vorgang des Erlebens handeln können.

Metaphorische Geschichten können im hypnotischen Setting für viele Zwecke benutzt werden; dieser Abschnitt stellt ihre Verwendung bei Induktionen in den Mittelpunkt. Eine allgemeine Strategie der Tranceinduktion durch Geschichten besteht darin, die Geschichte nach

Aspekten der Erfahrung des Klienten (z. B. Interessen, Sorgen, gegenwärtiges Verhalten) zu formen. Bei diesem Ansatz bestimmt der Hypnotherapeut zuerst die therapeutische Absicht einer Geschichte (z. B. Fesselung der Aufmerksamkeit, Entwicklung einer Trance, Hervorrufen eines Trancephänomens). Auf dem Hintergrund dieses grundlegenden Interesses kann der Therapeut dann mögliche Geschichten erfinden, indem er sich in eine interpersonale Trance begibt und Bilder und Assoziationen ins Bewußtsein ein- und ausströmen läßt, sobald es zu einer hypnotischen Interaktion mit dem Klienten kommt. Aus diesem Reichtum unbewußter Produktionen kann dann ein passendes Bild ausgewählt werden - eines z. B., das sich auf die Situation des Klienten bezieht, das die Aufmerksamkeit genügend fesselt, dessen Inhalt der Situation des Klienten nicht zu ähnlich ist (weil bewußte Wahrnehmung der Parallelen zu einer Störung durch das Bewußtsein einladen), das nicht in einem verheerenden Zustand endet (eine Geschichte über einen Atomkrieg z. B. ist nicht gut nutzbar zu machen), das keine emotionalen Reaktionen auslöst, die mit der erwünschten Reaktion nichts zu tun haben (versuchen Sie z. B. nicht bei einem Sozialisten eine Trance zu induzieren, indem Sie die Größe Ronald Reagans rühmen)[5]. Dieses Bild kann dann zu einer Geschichte entfaltet werden, die zur Intention und zu den Umständen der gegenwärtigen Situation paßt.

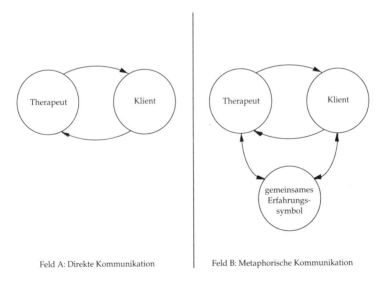

Abb. 6.3: Strukturelle Unterschiede zwischen direkter und indirekter (metaphorischer) Kommunikation

Ein allgemeines Thema oder eine Idee eignet sich gut als Anfang einer Geschichte. Zum Beispiel:

1. Und Trance ist natürlich; sie umfaßt psychische Prozesse, die in vielen verschiedenen Situationen vorkommen ... Zum Beispiel ...
2. Und das Unbewußte kann wirklich unabhängig wirksam sein ... Zum Beispiel ...
3. Und Trance ist eine Lernerfahrung ... Und wir alle hatten so viele unterschiedliche Lernerfahrungen ... Zum Beispiel ...
4. Bevor Sie gleich in Trance gehen, habe ich hier noch eine Geschichte, über die Sie wirklich nachdenken sollten ...
5. Und was hat das alles mit Trance zu tun? Ich will Ihnen das erläutern, und zwar mit Hilfe einer Geschichte ...

Man kann dann die Geschichte erzählen und sollte den Inhalt dem Erleben des Klienten anpassen. Bestimmte Themen z. B. können wiederholt hervorgehoben werden, oder man kann die Verhaltensreaktionen des Klienten metaphorisch spiegeln. Wie man die Geschichte entwickelt, hängt zum Teil von ihrer Funktion im Rahmen der Induktion ab. Sie kann dazu dienen, den bewußten Verstand des Klienten zu langweilen oder abzulenken, wodurch der Weg für die Tranceentwicklung frei wird[6]. Oder sie *deutet* das Verständnis oder die Bedenken eines Klienten auf eine positive Weise *neu* (Reframing) und motiviert ihn dadurch, eine Trance zu entwickeln. Die Geschichte läßt sich auch benutzen, um tranceähnliche Erfahrungen des Klienten zugänglich zu machen. In einer Induktion können diese Anwendungsmöglichkeiten natürlich alle enthalten sein. Dazu ein Beispiel: Ein Mann war erpicht darauf, eine Trance zu erleben, hatte aber Angst. Als er sein großes Interesse an Aktivitäten im Freien erwähnte, löste das die folgende metaphorische Induktion aus:

Induktion	Erläuterungen
O.k. Fred, jetzt ist es wichtig, daß Sie jetzt nicht einfach ganz in Trance gehen ... es ist sehr wichtig, daß Sie sich so lange zurückhalten, wie es angemessen ist ... Und drum, bevor ich Sie gleich bitte, eine Trance voll zu erleben, möchte ich Ihnen eine Geschichte erzählen von einem Erlebnis, das ich beim Segeln hatte. Ich wollte	Der Geschichte werden Aussagen vorausgeschickt, die (1) die Trancehemmungen spiegeln, während sie (2) voraussetzen, daß eine Trance eintreten wird.

immer schon zum Segeln hinaus in die Bucht gehen und ich erwähnte es in Anwesenheit eines Freundes, Peter, und Peter sagte sofort, daß sein Geschäftspartner, Dave, zufällig eine schöne Jacht besitze, die er unten am Hafen liegen habe, und sie planten, an diesem Samstag dort hinaus zum Segeln zu gehen ... Peter lud mich prompt ein, mitzukommen, und sagte, er sei sicher, daß das für Dave in Ordnung sei ... Mich überkam ein Zittern, ein Zögern, ich hatte einige Bedenken, draußen in der Bucht zu segeln, doch ich stellte mir vor, daß die einfach weggehen würden ... oder ich hoffte das wenigstens ... und so stimmte ich seinem Angebot rasch zu ... Ich traf alle nötigen Vorbereitungen für die Fahrt ... (Etwa 10 Minuten lang beschrieb ich die Einzelheiten dieser Vorbereitung.)

Aber als ich an jenem Samstag am Hafen ankam, fühlte ich mich von einer nervösen Ängstlichkeit umklammert ... Ich wußte nicht, was geschehen
würde, ich fürchtete mich davor, keinen festen Boden unter den Füßen zu haben, wie ich das sonst gewohnt war ... doch ich ging an Bord der Jacht, und Dave wartete dort mit Peter zusammen ... Und Peter schien sehr nett zu sein, er wußte, was er tat, und deshalb wußte ich, daß ich mich *wohlfühlen*

Der Klient war von einem gemeinsamen Freund zur Trance an mich überwiesen worden. Die Einladung zu dem „neuen Bootsfahrterlebnis" ist ein metaphorischer Verweis darauf.

Die Angst des Klienten vor der Trance wird zusammen mit seinem Wunsch, eine Trance zu erleben, gespiegelt.

Ich ging so ins Detail, um seinen bewußten Verstand weiter abzulenken und zu langweilen, und „lullte" ihn dadurch in einen mehr auf das Erleben ausgerichteten, tagtraumartigen Verarbeitungstypus ein.

Der Klient war an diesem Morgen gekommen und war nervös angesichts der Möglichkeit, sein „Fundament" in den Systemen, die ihn trugen, zu verlieren, Es war niemand sonst im Büro. Solche zusätzliche Informationen, die nicht übereinstimmen, sollen dafür sorgen, daß die Geschichte nicht zu offensichtlich ist.

Der Klient schien mich zu mögen und sich nach einiger Zeit zu entspannen. Eingebettete Sug-

konnte, weil der Kapitän kompetent war ... aber das geschah natürlich nicht alles auf einmal ...

Wir tranken einen Kaffee, redeten über gemeinsame Interessen und konnten einen gewissen Kontakt aufbauen ... und schließlich war ich nach einiger Zeit noch immer nervös, aber bereit, die Sache zu wagen ... Der Kapitän wies mich an, *mich einfach bequem hinzusetzen,* und sagte, daß es *nicht nötig sei, sich zu bewegen oder zu sprechen,* daß ich einfach die Arbeit ihm überlassen und mich ganz dem Anblick hingeben könne und mir dabei erlauben könne, *das Erlebnis zu genießen ...* doch während er mit mir redete, fühlte ich mich noch immer etwas nervös ... Er war ein scharfer Beobachter, und deshalb bemerkte er das und sagte zu mir: „Ich bin sicher, Sie haben viele Erwartungen daran, was Sie von dieser Reise haben wollen ... Sie sind gewiß ein wenig aufgeregt ... und Sie fürchten sich vielleicht davor, sich auf das alles einzulassen ... Aber das ist ganz normal. Ich schlage Ihnen vor, diese Gefühle einfach zu behalten ... *tief zu atmen, frei und leicht ...* und darauf zu achten, wie sie sich zu verändern beginnen ... Ich kümmere mich um die Steuerung und schütze Sie vor jeder Gefahr. Sie brauchen sich bloß zu *entspannen und zu fühlen,* wie Sie unleugbar *in einen angenehmen Zustand eintauchen, der sich so leicht zu entwik-*

gestionen zur Entspannung werden angeboten, zusammen mit Versicherungen meiner Kompetenz.

Der Klient war an diesem Punkt ein wenig aufgewühlt, anscheinend eine Reaktion auf meine vorausgegangene Aussage. Sein Bedürfnis, nicht ganz loszulassen, wird gespiegelt. Die Aufmerksamkeit des Klienten war bis dahin ziemlich stark absorbiert, woraufhin ich eingebettete Trancesuggestionen geben konnte.

Die noch vorhandene Nervosität des Klienten wird noch einmal gespiegelt.

Ich sah den Klienten, der einen Tunnelblick entwickelt hatte, aufmerksam an, als ich mit diesen direkten Zitaten die Tranceentwicklung einleitete.

Der Klient erhält die Anweisung, die bewußte Kontrolle loszulassen, erhält die Zusage, daß er geschützt wird.

keln beginnt." Daraufhin fing ich an, die *Reise wirklich zu genießen und loszulassen und etwas über diese neuen Seinsweisen zu lernen ...*

Ich gebe weitere eingebettete Trancesuggestionen, da der Klient jetzt eine schöne Trance entwickelt.

Ich erzählte noch ungefähr zehn Minuten weiter. Dabei beschrieb ich metaphorisch verschiedene Tranceerlebnisse, indem ich global einige genußreiche Erlebnisse anführte, die man beim Segeln haben kann. Ich bezog auch verschiedene Dialoge mit ein, die dem Pacing und Leading des inneren Dialoges des Klienten dienten. Zusätzlich wurden die unmittelbaren Reaktionen indirekt gespiegelt. Die Kopfbewegungen des Klienten z. B. von einer Seite zur anderen begleitete ich mit Bemerkungen darüber, wie das vergnügliche Schaukeln des Schiffes im Wind ein so sicheres und angenehmes Gefühl vermittle.

Um die Trance abzuschließen, beschrieb ich das Ende der Reise und wie wir ans Ufer zurückkehrten. Ich bezog direkte Zitate mit ein und sagte: „Es ist jetzt Zeit zurückzukommen ... Zeit, sich wieder der irdischen Welt zuzuwenden." Das diente dazu, den Klienten zu reorientieren. Er öffnete die Augen, lächelte, räkelte sich, gähnte und lächelte wieder. Er berichtete, er sei nach einiger Zeit so sehr in hypnotische Explorationen vertieft gewesen, daß er meine Stimme nicht mehr gehört habe. Nach einer halbstündigen Diskussion entließ ich ihn.

Denken Sie daran, wenn Sie metaphorische Geschichten benutzen, daß der Prozeß bei weitem wichtiger ist als der Inhalt. Die beste Geschichte der Welt wird keine hypnotischen Reaktionen hervorrufen, wenn der Hörer nicht implizit erkennt *und bejaht*, daß es angemessen ist, auf eine Geschichte persönlich zu reagieren. Zum Beispiel ist Ihre Bereitschaft und Ihre Fähigkeit, sich von einer Geschichte fesseln zu lassen, wahrscheinlich viel größer, wenn ein guter Freund sie in einer zwanglosen Situation erzählt, als wenn ein Fremder Ihnen in einer hektischen geschäftlichen Situation ungefähr dieselbe Geschichte erzählt. Entsprechend kann es sein, daß Personen im hypnotischen Setting *nicht bereit* sind, sich zu öffnen und persönliche Erlebnisse zugänglich zu machen, wenn sie dem Hypnotiseur nicht vertrauen; oder sie sind *nicht fähig*, sich mit ihrem ganzen Erleben in etwas zu vertiefen, was oft zurückzuführen ist (1) auf einen nörglerischen inneren Dialog, der Dinge andauernd in Frage stellt oder (2) auf einen zu wenig gewinnenden Sprechstil (z. B. trocken und nüchtern monoton) des Hypnotiseurs. Dieser muß deshalb zuerst einen passenden Kontext herstellen und dann die Geschichte mit Kommunikationen begleiten, welche die Reaktionen des Klienten angemessen spiegeln und bedeutsam genug sind, um eine gefesselte Aufmerksamkeit anhaltend zu gewährleisten.

Wenn der Hypnotiseur diese Variablen beachtet, wird er feststellen, daß Geschichten beim Induktionsprozeß eine entscheidende Rolle spielen können. Zusätzlich zu ihrer oben beschriebenen Bedeutung für das Pacing bewußter Prozesse und das gleichzeitige Zugänglichmachen unbewußter Reaktionen, lassen sie sich auch ähnlich wie Gemeinplätze, denen der vorherige Abschnitt gewidmet war, anwenden - z. B. als „Füllmaterial", zur Neugestaltung oder Umdeutung von Prozessen (Reframing), zur Hervorhebung allgemeiner Themen und zur Erkennung therapeutischer Kernpunkte mit Hilfe des modifizierten „Spieles der zwanzig Fragen". Geschichten sind außerdem ungeheuer nützlich, um spezifische Trancephänomene hervorzurufen. Eine vorzügliche Übung hierzu besteht darin, zehn natürliche Beispiele für jedes hypnotische Phänomen zu finden - mit anderen Worten Erfahrungen, die im Alltag häufig sind, welche die psychischen Prozesse, die durch das jeweilige Phänomen repräsentiert sind, einschließen. Denken Sie zum Beispiel an zehn Gelegenheiten, wo Sie zu Ihrem Erstaunen etwas vergessen haben („Amnesie"); oder an Erfahrungen, die einer Handlevitation oder Armkatalepsie ähnlich waren (im Bus stehend sich festhalten, den Telefonhörer halten, im Klassenzimmer die Hand heben); oder Ereignisse einer „Altersregression" (wenn man an Weihnachten zu den Eltern nach Hause geht, den früheren Freund oder die Freundin wiedersieht oder sich ein Foto anschaut). Auf einer allgemeinen Ebene zeigt diese Aufgabe, daß Trancephänomene natürliche Vorgänge sind; dieses Verständnis von Trancereaktionen ist für die Beherrschung Ericksonscher Ansätze vielleicht entscheidender als alles andere[7]. Auf einer speziellen Ebene kann man ein Phänomen äußerst wirkungsvoll entwickeln, wenn man auf die allgemeinen Aussagen einige der gefundenen Beispiele folgen läßt. Der Hypnotiseur könnte z. B. eine Altersregression mit den Worten einleiten:

> Und wie schön ist es zu wissen, daß das Unbewußte auf so viele verschiedene Weisen kreativ sein kann ... Sie können vielfältige Erfahrungen auf eine so sichere Art erkunden ... und deshalb ist es so gut zu wissen, daß Ihr Unbewußtes Sie damit überraschen kann, daß es ein Erlebnis ins Gedächtnis rufen kann, das lang zurückliegt, ein Erlebnis, das Sie längst vergessen hatten ... und jeder von uns hat schon einmal jene angenehme Überraschung durch eine längst vergessene Erinnerung erlebt ... Zum Beispiel ... (es folgt die Geschichte).

Bei dieser Strategie schaffen die Gemeinplätze einen globalen Rahmen für die Regression, und die Geschichten beziehen sich dann auf spezielle Beispiele, die betonen, daß das Phänomen ein natürlicher und vertrauter psychischer Vorgang ist. Die Geschichten geben dem Klienten auch die Zeit, die er braucht, um das Phänomen zu entwickeln. Und die speziellen Erinnerungen, die durch die Geschichten aktiviert werden, führen, ideodynamischen Prinzipien zufolge - die, wie Sie sich erinnern, in Trance verstärkt sind - zur Wiederbelebung des betreffenden Phänomens. Solche Geschichten sind deshalb vorzügliche Techniken zur indirekten Entwicklung hypnotischer Phänomene.

Nutzung assoziativer Anker

Die moderne Psychologie begann mit einfachen Assoziationstheorien, die davon ausgingen, daß eine Reaktion, die durch Erfahrung mit einem Reiz verknüpft ist, bei Darbietung des Reizes leicht *automatisch* hervorgerufen wird (siehe Hilgard, Bower 1975). Während Assoziationstheorien besonders seit dem jüngsten Aufschwung der kognitiven Psychologie anspruchsvoller und differenzierter geworden sind, ist der grundlegende Begriff der assoziativen Bindung für die meisten Lerntheorien noch immer zentral. Das Auslösen assoziativer Reaktionen ist im hypnotherapeutischen Kontext eine der wichtigsten Methoden der Tranceinduktion. Dieser Abschnitt befaßt sich damit, wie man *früher entwickelte Assoziationen* erkennen und nutzen kann; der nächste Abschnitt ist den *vom Therapeuten entwickelten Ankern* (d. h. assoziativen Hinweisen) gewidmet.

Als Einstieg wollen wir einmal alle Arten von Erfahrung als Beziehungen zwischen elementaren Ideen betrachten. Abbildung 6.4 stellt Erfahrungen als Netzwerke von Assoziationen dar, an die digitale Markierungen (d. h. Sprache) angehängt sind. Jeder Assoziationskomplex ist eine aus vielfältigen Hinweisen und Modalitäten zusammengesetzte Gestalt, die man sich vielleicht am besten als Ereignisstruktur vorstellt. Der Wert (d. h. die Bedeutung) der Erfahrungseinheit ergibt sich aus der Beziehungsgestalt zwischen den vielfältigen Hinweisen, und er wird durch die Markierungen angezeigt, die an sie angehängt sind. Die Lebensgeschichte einer Person läßt sich als komplexes Netzwerk verschiedener, mit einander in einer Wechselwirkung stehender Assoziationskomplexe darstellen, die durch gemeinsame Stimulushinweise und Gestalten höherer Ordnung (z. B. abstrahierte Bedeutungen) verkettet sind.

Für unsere gegenwärtigen Zwecke ist es wichtig, daß der Utilisationsansatz besonderen Wert auf hypnotische Kommunikationen legt, die auf einem natürlichen Gebrauch der assoziativen Werte einer Person beruhen. Und natürlich ist es unmöglich, diese assoziativen Werte *nicht*

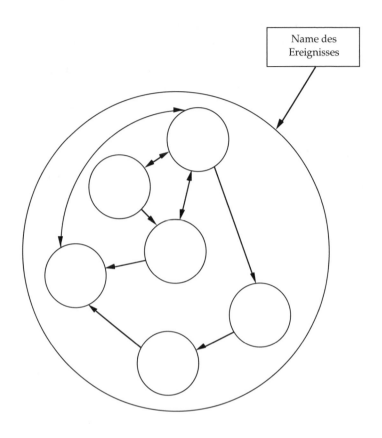

Abb. 6.4: Verallgemeinerte schematische Darstellung einer Erfahrung als Assoziationskomplex

nutzbar zu machen, da jegliches Verstehen auf sie gegründet ist. Die Aufgabe des Therapeuten besteht darin, jene verbalen und nonverbalen Hinweise zu erkennen, die beim Klienten Erlebnisreaktionen hervorrufen, und sie dann als Ausgangspunkt für therapeutische Explorationen zu nutzen. In dieser Hinsicht sind verschiedene Punkte relevant:

1. Ein evokativer Stimulus kann in jeder Erfahrungsmodalität vorkommen. Mit anderen Worten, ein Hinweis kann eine Empfindung, ein visuelles Bild, ein Gefühl, eine Körperhaltung oder - Bewegung, eine Wahrnehmung, ein Wort oder einen Satz, eine Person usw. einschließen.

2. Assoziative Stimuli sind im allgemeinen idiosynkratisch. Eine Frau z. B. machte sich ein Gefühl der Sicherheit zugänglich, als sie an die Stofftiere aus ihrer Kindheit dachte; eine andere Frau fühlte sich unglaublich vergnügt wie ein Kind, als von „weichem Zuckerwerk" die Rede war; ein Mann fühlte sich heiter und ganz, wenn er an seine geliebte zweijährige Tochter dachte. Manche evokativen Hinweise sind eher kollektives Allgemeingut: Das ABC-Lied, Spitznamen aus der Kindheit, über den Kopf streichen usw.

3. Eine zugänglich gemachte Reaktion kann angenehm oder unangenehm sein. Als ich z. B. mit einer Frau über Pferde sprach, wurde ihr ein befriedigendes Gefühl zugänglich, welches sie empfand, wenn sie auf ihrem Turnierpferd ritt; bei einer anderen Frau wurde dadurch der schreckliche Schmerz wiederbelebt, den sie durchlitt, als ihr Pferd verhungerte; bei einem jungen Mann löste es eine schreckenerregende Erinnerung aus, wie er von einem aggressiven Pony gebissen wurde. Bei hypnotischen Induktionen sollte man eher angenehme Reaktionen zugänglich machen, wenn man mit dem Klienten am Anfang Tranceübungen macht und dabei hervorhebt, daß Trance ein geschützter und sicherer Kontext für die Selbstexploration ist. Der Therapeut kann deshalb eine zwanglose Unterhaltung dazu nutzen, emotionale Reaktionen auf verschiedene Assoziationen herauszufinden, um dann zur Tranceentwicklung diejenigen zu verwenden, die angenehme Zustände hervorrufen. (Dieses Sondieren kann natürlich auch unangenehme Reaktionen auslösen, die der Therapeut dadurch auffangen sollte, daß er sie spiegelt und zu etwas anderem hinführt. Davon ausgenommen sind Reaktionen, die ziemlich stark und nicht leicht zu zerstreuen sind; sie sollten als Ausgangspunkt für eine therapeutische Trance nutzbar gemacht werden. Das wird später noch eingehender besprochen.)

4. Viele tranceverwandte Reaktionen können durch assoziative Stimuli zugänglich werden. Es gibt eine Anzahl von Fragen, um assoziative Reaktionen zu erkennen, die man auf eine fesselnde Art stellen kann, während man die erlebnisbezogenen Reaktionen sorgfältig beobachtet. Beispiele typischer Fragen sind:

- Von welchen Aktivitäten fühlen Sie sich wirklich auf eine angenehme Weise gefesselt? Von Filmen? Büchern? Sportveranstaltungen? Arbeit?
- Was tun Sie, um sich zu entspannen?
- Welche besonders angenehmen Assoziationen fallen Ihnen ein,

wenn ich Sie bitte, an schöne Kindheitserinnerungen zu denken?
- Was waren Ihre Lieblingsspiele als Kind?
- Welche Beziehungen sind Ihnen besonders wichtig und wertvoll?

Durch Interviews, die solche Fragen enthalten, lassen sich mehrere verschiedene assoziative Werte erkennen. Vor kurzem fand ich z. B. während einer ersten Sitzung mit einem Klienten folgende Erlebnisassoziationen heraus:

Absorbiertheit des Erlebens
- Zeitunglesen am Morgen
- Jazzmusik hören
- mir in die Augen sehen

Entspannung
- Meditation
- Spaziergang nach dem Essen
- massiert werden

Sicherheit
- Vertrauen auf eigene Fähigkeiten beim Bergsteigen
- Vertrauen auf die Beziehung zur Ehefrau („Alice")
- seine kleine Tochter halten („Tina")

Kindheitszustand (Altersregression)
- Kindheitsspitzname „Bud"
- mit seinem Bruder Scrabble spielen
- Zeichentrickfilme anschauen

Natürliche Dissoziation
- Filme sehen
- am Freitagnachmittag im Hörsaal sitzen
- über weite Strecken Autofahren

Diese Stimuli bilden evokative Hinweise, die einen direkten Zugang zum Erfahrungsgewebe der Lebensressourcen des Klienten ermöglichen. Sie eignen sich für viele Zwecke, einschließlich der hypnotischen Induktion. Unter Verwendung der assoziativen Bedeutungen, die sich im o. g. Fall ergeben haben, wurden die verschiedenen Hinweise im folgenden Beispiel in eine natürliche Induktion verwoben, die sich auf die Werte und Assoziationen des Klienten gründete.

Beispiel	**Erläuterung**

a) und jetzt, Charlie, hätte ich gerne, daß Sie *hierher* schauen und das auch weiterhin tun, selbst wenn Sie dort mich *hier hören* und *sehen* können von dort, wo Sie sind während Sie so viele verschiedene sichere Veränderungen der Orientierung entdecken und trotzdem jene Sicherheit des Selbst bewahren, ja sie sogar vertiefen ... das ist gut ... weil, Charlie, Trance ein Erlebnisprozeß ist, ein sicherer Prozeß, ein Lernprozeß, ein Prozeß, in dem sich leicht ein Zustand im Selbst und mit dem Selbst entwickelt ...

Die Assoziation des Gefesseltseins durch den Blick in meine Augen wird genutzt, um die Aufmerksamkeit innerhalb eines interpersonalen und intrapersonalen Rahmens zu gewährleisten und gleichzeitig eine Basis zu schaffen, um erste Aussagen über die Trance zu machen. Wie bei den meisten Trancen, betone ich gleich die Sicherheit, weil sich das als wichtige Sorge der meisten Individuen erwiesen hat. Die Betonung von „hier" und „dort" dient dazu, darauf hinzuweisen, daß der Kontext für die Trance der interpersonale Kontext ist.

b) ... und mit dem Selbst können Sie erkennen, Charlie, daß Trance eine Gelegenheit zur sicheren Wiederbelebung und bedeutsamen Umgestaltung von Lernerfahrungen ist, Lernerfahrungen und Werte, die Ressourcen sind und ihr ganzes Leben lang Ressourcen bleiben ... Und Sie haben so viele verschiedene Ressourcen, so viele verschiedene Lernerfahrungen, so viele verschiedene Möglichkeiten, so viele verschiedene Wege, eine Trance zu entwickeln ... so ist es schön ... und deshalb können Sie es wirklich genießen, diese Fähigkeit zu entdecken, auch jetzt jenes Loslassen weiterzuentwickeln und jenen sicheren und bedeutsamen Trancezustand zu finden, der sich von innen her entfaltet ... mit dem

Die fundamentale Idee („Trance ist ein sicherer Kontext für die Reorganisation") wird so eingeführt, daß sie erlebbar wird. Die herausgefundenen Assoziationen des Bergsteigens, der Augen des Babys, des Spaziergangs nach dem Essen und der Meditation werden direkt eingestreut, um Entspannungs- und Sicherheitsreaktionen zu stimulieren. Der Einschluß vielfältiger Assoziationen hilft auch, die Aufmerksamkeit weit zu streuen und die lineare, sequentielle kognitive Informationsverarbeitung des bewußten Verstandes zu hemmen.

Vertrauen, diesen Berg für das Selbst und mit dem Selbst zu ersteigen, Charlie ... einen sicheren Halt für den Selbstausdruck zu finden ... mit der Sicherheit zu wissen, wie es sich anfühlt, wenn man in die Augen eines Babys schaut, Charlie, mit dem angenehmen Gefühl eines Spaziergangs nach einem guten Essen mit der Familie zusammen ... alle diese Werte und noch einige mehr ... in einer Trance können Sie jene Werte genießen und noch einige mehr, mit der Sicherheit und dem Loslassen in der Meditation, die sich in den natürlichen Rhythmen des Selbst ausdrücken ...

c) ... und Sie können diese Sicherheit der Trance sich auf so viele verschiedene Weisen entfalten lassen ... Sie können die Fähigkeit Ihres Unbewußten entdecken, autonom im Einklang mit den Bedürfnissen des ganzen Selbst wirksam zu sein ... und ob Sie eine Zeitung lesen ... ob Sie Jazz hören ... ob Sie in meine Augen oder in die Augen einer kleinen Tochter sehen ... Sie können dieses Vertrauen spüren, wie eine Massage durch und im und vom sicheren Zentrum des Selbst ... und die Massage ist die Botschaft[8], Charlie ... Sie können sie fühlen ... die Spannung, die sich vermindert ... die Assoziationen, die sich entfalten ... das tiefere Selbst, das sich ausdrückt ... Sie können es fühlen ...

Weitere Assoziationen (Zeitunglesen, Jazz, meine Augen, die Augen des Babys, Massage) werden ausgesät, wenn die allgemeine Botschaft des tieferen Ausdrucks unbewußter Prozesse angeboten wird.

d) ... und Sie können jene natürlichen Rhythmen des Selbst spüren, das als Bud aufwuchs, die da waren als sie lernten, elementare Lernerfahrungen und Auffassungen in komplexen Beziehungen zu ordnen und umzuordnen ... große A's und kleine A's ... große B's und kleine B's ... große Brüder und kleine Brüder ... und sie auf neue Art zueinander passend zu machen ... Ihren Namen zu buchstabieren ... und das Scrabble, neue Ausdrücke zu finden ... „i" nach „e" ausgenommen ... und das Q[9] festhalten und sich fragen und warten wann „u"[10] folgt und in einer Trance - so ist es gut, ein wenig tiefer - jene elementaren Lernerfahrungen eines heranwachsenden Bud wiederzufinden, eines Hinweises, dem Sie folgen[11] ... so ist Trance wirklich eine Gelegenheit zur Ordnung und Umgestaltung der Werte und Lernerfahrungen des Selbst in Übereinstimmung mit den augenblicklichen Bedürfnissen und Auffassungen des Selbst ...

Kindheitsassoziationen (das Lernen des Alphabets, den eigenen Namen schreiben, großer Bruder, der Spitzname „Bud") werden benutzt, um ein Hauptthema der Ericksonschen Hypnotherapie herauszuarbeiten: daß Trance ein Kontext für die Reorganisation elementarer Lernerfahrungen ist.

e) ... und deshalb können Sie so viele verschiedene Dinge spüren, die alle der Sicherheit des Selbst entstammen ... weil Sie jene genußvollen und sicheren Werte von Alice im Wunderland mit Alice genießen ... und deshalb, warum nicht noch mehr loslassen und dieses Wunderland verschiedener Erlebnisassoziationen erkunden ... in dieser Sicherheit

Eine Assoziation zur Sicherheit (seine Frau „Alice") wird benutzt, um einen Dissoziationszustand hypnotischer Exploration einzuführen, der nicht durch die Koordinaten von Raum und Zeit beschränkt ist[12]. Die Assoziationen zur Dissoziation (spannende Filme, langweilige Vorlesung, selbsthypnotische Reise) dienen dazu, diesen Zustand der „Mitte des Selbst, in der Sie unabhängig von Raum und Zeit handeln können ... in der Zeit und Raum sich den Bedürfnissen des ganzen Selbst entsprechend ändern können ... Zeit und Raum als Variablen ... Zeit, die sich verändert, wie dann, wenn Sie vom Anschauen eines Films gefesselt sind ... oder wenn Sie in einer Vorlesung sitzen und dem Dozenten zuhören, der völlig langweilig daherleiert ... oder wenn Sie so lange und so weit mit dem Auto fahren ... der hypnotische Zustand Meile um Meile ... der Schauplatz verändert sich ... die Zeit verändert sich ... Sie können es fühlen ... und beobachten Sie und fühlen Sie und wissen Sie und hegen Sie diese sich entfaltenden Werte des Selbst, wenn Sie sich jetzt noch tiefer in diese sichere Mitte von Nirgendwo fallen lassen ... von Nirgendwo" oder des „Zentrum des Selbst" weiterzuentwickeln, der ein zentraler Kontext in der hypnotherapeutischen Arbeit ist.

Der Ausschnitt oben zeigt eine von vielen Möglichkeiten, wie Assoziationen bei hypnotischen Kommunikationen eine Hauptrolle spielen können. Davon kann eine beliebige noch tiefer herausgearbeitet werden (z. B. durch Geschichten), in Abhängigkeit von den Reaktionen des Klienten und den Zielen der Hypnotherapie.

5. Assoziative Reaktionen können direkt oder indirekt zugänglich gemacht werden. Auch hier ist die Grundidee, daß auf das Erleben bezogene Lernerfahrungen als Assoziationskomplexe mannigfaltiger Elemente in mehrfachen Modalitäten repräsentiert sind. Um bestimmte Reaktionen (z. B. emotionale Erlebnisse des Versunkenseins oder der Sicherheit) zugänglich zu machen, braucht man nur die idiosynkratischen Hinweise zu erkennen, die durch Erfahrung mit diesen Reaktionen zusammenhängen. Die Stärke der assoziativen Beziehungen variiert natürlich. Erwünschte Reaktionen können relativ direkt zugänglich gemacht werden, wenn man Hinweise, die einen engen Bezug zu den Reaktionen haben, wie im Beispiel oben, auswählt und sie unmittelbar in hypnotische Kommunikationen einfügt. Einen mehr indirekten Zugang zu Reaktionen erreicht man, wenn man Hinweise mit schwachem Bezug auswählt und sie in fremden Kontexten darbietet. Eine schöne Illustration hierfür hat Erickson (1964b) gegeben:

> Vielleicht läßt sich diese Art der Anhäufung minimaler Hinweise, die zu einer spezifischen Reaktion führt, mit Hilfe eines sehr einfachen, leicht verständlichen Beispiels klären. Meine Familie war am Abend ausgegangen. Ich war krank, saß aber bequem in einem Sessel. Bert, der siebzehn Jahre alt war, war freiwillig zu Hause geblieben, um mir Gesellschaft zu leisten, obwohl das nicht nötig gewesen wäre. Bert fing eine zwanglose Unterhaltung an, in der er auf die Hektik und Unruhe zu sprechen kam, die es gekostet hatte, bis alle angezogen waren, gegessen hatten und alles gepackt war für eine frühere Ferienfahrt in den Norden von Michigan ... Als nächstes erwähnte er das Fischen und Fröschefangen, die Froschschenkelmahlzeit, das Essen am Strand und den Sand, über den die kleineren Kinder von allem, was sie aßen, etwas verteilten, und den Albinofrosch am verlassenen Steinbruch, den wir gefunden hatten.
>   Als nächstes beschrieb er in lebendigem Detail das Getümmel beim Bemühen, alle Sachen aus der Sommerhütte herauszuholen, die Versehen, die fieberhafte Suche nach verlegten Sachen und nach den kleineren Kindern, die unterdessen weggelaufen waren, das Zuschließen der Hütte und die hungrige und müde Verfassung, in der wir waren, als wir am Wayne County General Hospital bei Detroit, wo wir wohnten, ankamen.
> An dieser Stelle ging mir ein vager Gedanke durch den Kopf, Bert den Vorschlag zu machen, das Auto zu nehmen und ein paar Freunde zu besuchen, aber diese Idee verblaßte, als Bert lachend erzählte, wie besonders gut seinem Bruder Lance das gebratene Huhn von Großmutter Erickson auf dem Heimweg von Michigan nach Wisconsin geschmeckt hatte. Mit viel Gelächter erinnerte er auch an eine andere Gelegenheit, bei der sein kleiner Bruder Allan alle, besonders Großmutter und Großvater Erickson, mit seiner „bulldozer"artigen Eßmanier amüsiert hatte, wobei er seinen Teller zum Mund gehoben und die andere Hand systematisch benutzt hatte, um sich das Essen vom Teller langsam und stetig in den Mund zu schieben.
> Auch diesmal kam mir wieder die nun etwas klarere Absicht in den Sinn, Bert vorzuschlagen, er solle doch die Autoschlüssel nehmen und eine Fahrt machen, so daß ich in Ruhe lesen könne, doch ich vergaß es wieder, als ich mich an die belustigte Bemerkung meines Vaters über Allans absolut effiziente und schnelle Eßmethode erinnerte.

Während wir noch darüber lachten, kam Bert auf die Fahrt zur Farm meines Bruders zu sprechen und darauf, wie die sechsjährige Betty Alice dort dem dreijährigen Allan auf seine besorgte Frage, wie Hühnermütter ihre Babys säugen, feierlich erklärte, daß Hühner keine Säugetiere seien und daß nur Säugetiere ihre Jungen säugten. Als wir darüber lachten, kam mir zum dritten Mal der Gedanke, das Auto für den Abend anzubieten; jetzt war er ganz klar, und ich erkannte, warum. Bei jeder Anekdote hatte Bert von angenehmen und glücklichen Erinnerungen gesprochen, die alle mit einer Autofahrt verbunden waren. Er hatte jedoch in der Tat nicht ein einziges Mal das Wort „Auto" benutzt; er kam ihm am nächsten, als er vom „Aufpacken", der „Fahrt" „wir besuchten", vom „Weg heraus aus dem alten Steinbruch", „hinunter zum Strand", „auf dem Rückweg von Wisconsin nach Michigan" sprach, und von der Fahrt zur Farm meines Bruders; und nicht einmal erwähnte er das Wort „Schlüssel" - „die Hütte abschließen" war die einzige Annäherung.
Ich durchschaute die Situation gleich und bemerkte: „Die Antwort ist 'Nein'." Er lachte und sagte: „Aber, Dad, du mußt zugeben, es war ein guter Versuch." „Nicht gut genug, ich habe zu schnell kapiert. Du hast Fahrten im Auto zu sehr betont. Du hättest erwähnen sollen, wie wir bei Ned aufgehalten wurden, der unser Auto gewartet hat, Ed Carpenter, dem ich das Auto abgekauft habe, die Fahrt zum Eis-Fischen, die wir in Emils Auto machten, an der also auch ein Auto beteiligt war. Kurz gesagt, du hast dich darauf beschränkt, gleichbleibend indirekt Vergnügungsfahrten zu erwähnen, die immer mit uns und unserem Auto zu tun hatten. Die fällige Schlußfolgerung wurde zu offensichtlich. Willst du das Auto wirklich?" - Er antwortete:„Nein, ich dachte nur, ich könnte mir einen Spaß daraus machen, dich dazu zu bringen, mir den Autoschlüssel anzubieten (in Rossi 1980a: S. 358-359).

Vergleicht man dieses Beispiel mit dem vorherigen, dann erkennt man seinen indirekten Charakter. Im allgemeinen gilt, daß es in dem Maß wünschenswert ist, Reaktionen mehr indirekt zugänglich zu machen, in dem die bewußten Prozesse des Klienten empfängliche, auf das Erleben gerichtete Prozesse stören könnten.

6. Assoziative Elemente sollten in einem Ausmaß und in einem Tempo nutzbar gemacht werden, das dem einzelnen Klienten angemessen ist. Da die Einführung von Assoziationshinweisen generell darauf abzielt, Erlebnisreaktionen zugänglich zu machen, sollte man daran denken, daß das Maß, in dem ein Klient oder eine Klientin bereit und fähig ist, sich ganz in das Gewebe seiner oder ihrer Lernerfahrungen zu vertiefen, verschieden ist. Kürzlich hatte ich z. B. mit einer Klientin große Schwierigkeiten, viele angenehme Assoziationen aufzuspüren. Sie ist während des zweiten Weltkrieges in Europa aufgewachsen und hatte schreckliche Kindheitserlebnisse. Wie ihr Bericht zeigte, war ihr Leben als Erwachsene nicht viel besser: Sie hatte einen gewalttätigen Alkoholiker geheiratet, fühlte sich die meiste Zeit deprimiert, hatte Probleme, Arbeit zu finden, und hatte wenig Freunde. Bei solchen Menschen, die nur über eine geringe Zahl von Lernerfahrungen verfügen, die sie als wertvoll bezeichnen können, nehme ich zunächst Abstand von dem Versuch, spezielle Erinnerungen zugänglich zu machen, und konzentriere mich statt dessen darauf, die Person in eine interpersonale Trance zu vertiefen, wobei sie sich mit ihrem Erleben auf mich hinorientiert. Sobald ein Klient oder eine Klientin dann mit mir zusammen Sicherheitsassoziationen entwickeln konnte, führe ich ihn oder sie langsam durch die unangenehmen assoziativen Reaktionen hindurch, die für ihn oder sie beherrschend geworden sind.

Entwicklung assoziativer Beziehungen

Der Hypnotherapeut kann nicht nur bereits vorhandene assoziative Bedeutungen nutzbar machen, sondern er kann zu therapeutischen Zwecken auch neue assoziative Bindungen entwickeln. Dies gibt dem Therapeuten die Möglichkeit zu beeinflussen, welche Erfahrungsassoziationen wann und wie hervorgerufen werden. Um assoziative Bindungen erfolgreich herzustellen, sollte man die folgenden fünf Prinzipien beachten:

1. **Tiefes Erleben von Einbezogensein in eine zwischenmenschliche Beziehung und Vertrauen.** Bedeutungsvolle Assoziationen werden immer in einem Kontext hergestellt. Es ist deshalb wichtig, daß der Erlebniskontext, der den Zustand des Klienten kennzeichnet, den Hypnotherapeuten einschließen muß, wenn es dem letzteren gelingen soll, assoziative Hinweise einzuführen. Der Therapeut sollte deshalb die ganze Aufmerksamkeit des Klienten in Anspruch nehmen und sich Vertrauen und Rapport sichern, ehe er versucht, irgendwelche Erlebnisse zu ankern.

2. **Einzigartigkeit.** Die wirksamsten „Anker"hinweise sind solche, die noch nicht mit anderen Erfahrungen des Klienten verknüpft sind. Ein normaler Händedruck z. B. wäre kein guter Anker für eine Erfahrung, weil er schon mit vielen anderen Erlebnissen verknüpft ist. Die besten Hinweise sind meist jene, die mit dem Hypnotherapeuten assoziiert sind; sie können entweder harmlos sein (z. B. eine bedeutsame Berührung am Knie) oder ungewöhnlich einmalig (z. B. ein tiefer, bedeutungsvoller Blick).

3. Für Eindeutigkeit sorgen. In der Zeit, in der die assoziative Bindung hergestellt wird, sollte im Bewußtsein des Klienten keine andere Erfahrung im Vordergrund stehen. Die Person sollte also mit ihrem Erleben absorbiert sein (z. B. eine Trance erleben), bevor und während die assoziative Verknüpfung (in der Art einer Etikettierung) hergestellt wird.

4. Wahl des richtigen Zeitpunktes. Assoziationen von Erfahrungen entwickeln sich am besten, wenn der Anker auf dem Höhepunkt ihrer Zugänglichkeit gesetzt wird. Eine einfache Methode, um ein richtiges Timing zu gewährleisten, besteht darin, eine erwünschte Erfahrung mit Hilfe von Zugangstechniken hervorzurufen. Während der Therapeut eine Technik anwendet, sollte er sorgfältig die nonverbalen minimalen Hinweise beobachten, welche die Reaktion des Klienten kennzeichnen (z. B. Atemrhythmus, Gesichtsfärbung, Muskeltonus). Veränderungen dieser Parameter zeigen an, daß eine Erfahrung zugänglich gemacht wurde, und das ist der geeignete Punkt, um eine assoziative Verknüpfung einzuführen.

5. Umgehung des Bewußtseins. Diesem Prinzip liegt die Annahme zugrunde, daß assoziative Verknüpfungen sich im hypnotischen Kontext am besten unabhängig von der bewußten Vermittlung des Klienten entwickeln. Denn durch bewußte Vermittlung drängen sich typischerweise seine Bezugsrahmen zwischen die Erfahrung und deren Etikett oder Anker und sabotieren dadurch den Zweck solcher Bindungen im hypnotischen Kontext. Um die Beteiligung des Bewußtseins erfolgreich zu umgehen, ist es oft am besten, wenn der Klient sich zumindest in einer leichten Trance befindet. Ein anderer Ansatz besteht darin, den Klienten in einem Repräsentationssystem abzulenken (Kapitel 4) - z. B. das Input-System, das er bewußt meist höchst selektiv benutzt - und unterdessen eine zugänglich gemachte Erfahrung in einer anderen Sinnesmodalität zu verankern.

Wenn der Therapeut diese Prinzipien anzuwenden beginnt, sollte er sich zunächst vergewissern, ob die Person „wirklich da" ist, d. h., ob sie mit ihrem Erleben ganz in den interpersonalen Prozeß vertieft ist. Das kann er direkt tun, indem er die Person bedeutungsvoll ansieht, ihre Aufmerksamkeit ganz in Anspruch nimmt und sie freundlich bittet, sich einfach nach innen zu wenden. Der Hypnotherapeut benutzt dann eine Zugangstechnik (z. B. irgendeine, die in diesem Kapitel skizziert ist); er könnte z. B. die Person bitten, sich an ein Erlebnis zu erinnern, das von Wohlbefinden und Sicherheit gekennzeichnet war, und ihm, sobald sie sich dieses Erlebnis zugänglich gemacht hat, dies durch Kopfnicken oder

Heben eines Fingers anzuzeigen. Wenn die Person dann das entsprechende Signal gibt, führt der Therapeut den Hinweis ein, z. B. eine besondere Art, das Knie des Klienten zu berühren, oder eine sanfte Betonung der Worte „jenes Erleben von Sicherheit", oder vielleicht einen deutlich anderen Tonfall der Stimme (der mit der zugänglich gemachten Erfahrung kongruent ist). Der ausgewählte Hinweis wird auf diese Weise mit dem Erleben von Sicherheit so verknüpft, daß seine Darbietung zu einem späteren Zeitpunkt eben jene Erfahrung hervorruft. Tut er das nicht, wird eine Überprüfung der o. g. Prinzipien ermöglichen, daß weitere Bemühungen zum Erfolg führen.

Von den vielen Gelegenheiten, bei denen im klinischen Bereich die Herstellung assoziativer Bindungen eine Rolle spielt, sollen im folgenden einige genannt werden, die für den hypnotischen Kontext besonders relevant sind.

1. Tranceinduktion. Eine Trance läßt sich entwickeln, indem ein bestimmtes aktuelles Verhalten des Klienten assoziativ als tranceinduzierend verankert wird. Ein gutes Beispiel ist die Technik der „Blinzelsynchronisierung", bei welcher die Blinzelreaktionen des Augenlides des Klienten mit der Tranceentwicklung assoziiert werden. Da das Blinzeln automatisch, natürlich und normalerweise unvermeidlich ist, führt seine unaufdringliche Verwendung ausnahmslos in Trance. Eine gewissermaßen indirekte Version dieser Technik beschreibt eine Verhaltensweise (nicht das Blinzeln) als „Auf-und-Ab"-Bewegung und synchronisiert diese Richtungsbegriffe mit dem jeweiligen Blinzelrhythmus des Klienten. Das läßt sich am besten während einer Induktion, die in Gestalt einer „zwanglosen Unterhaltung" gegeben wird, ausführen, wie das folgende Beispiel zeigt:

Beispiel

a) ... Und es gibt viele Möglichkeiten, wie Sie eine Trance entwickeln und erleben können ... Sie können sich *direkt in Trance fallen lassen* ... und dann wieder für eine Weile *heraufkommen* ... (Pause bis zum nächsten Blinzeln) ... und sich dann *wieder fallen lassen*, und *heraufkommen* ... und wieder *hinunterfallen* lassen, und wieder *herauf*kommen ...

Erläuterung

In diesem ersten Schritt werden die Blinzelreaktionen des Klienten indirekt gespiegelt. Die Worte „fallen lassen" werden ausgesprochen, wenn der Klient blinzelt, und das Wort „heraufkommen" folgt direkt auf das Öffnen der Augen. Auf diese Weise wird das Blinzeln gespiegelt und als zur Tranceaktivität gehörig etikettiert. Außerdem wird „hinun-

b) ... Und Sie finden nach und nach den Rhythmus, der Ihnen am besten erlaubt, eine tiefer werdende Sicherheit und Versunkenheit zu erleben ... und ob es nun langsam *oben* oder *unten* ist, oder ob Sie *herauf* und dann *hinunter* kommen, herauf ... und *hinunter* ... *herauf* und *hinunter* auf eine immer mühelosere und autonomere Weise ...

c) ... bis Sie zu einem Zeitpunkt während Sie *herauf* und *hinunter*, *herauf* und *hinunter*, *herauf* und *hinunter* gehen ... so ist es gut ... *herauf* und *hinunter* ..., und dann *ganz hinunter in Trance* gehen und dort für eine Weile bleiben und dabei *ganz in Trance fallen*, JJJETZZT!!!

ter" mit sinkendem Ton und „hinauf" und „oben" mit steigendem Ton ausgesprochen.

Der Hypnotherapeut beginnt langsam mit dem Leading der Blinzelreaktionen des Klienten, indem er das Wort „hinunter" einführt und dann wartet, bis das Blinzeln eintritt. Das ist eine indirekte Suggestion, die Blinzelfrequenz zu erhöhen, und sie gleichzeitig als Anzeichen für die Tranceentwicklung zu definieren. Der Hypnotherapeut hat dann die Wahl, die Blinzelreaktion mit Hilfe seiner eigenen Blinzelreaktionen noch mehr zu spiegeln und weiterzuführen.

Wenn sich die Blinzelfrequenz beschleunigt und mit dem Pacing des Hypnotherapeuten synchronisiert hat (was sich oft an einem Flattern des Augenlides zeigt), kann das Blinzeln noch weiter beschleunigt werden, um bewußte Prozesse außer kraft zu setzen. Danach kann man durch die Betonung markierte eingebettete Suggestionen, ganz in Trance zu gehen, anbieten. Wenn der Klient die Augen nicht schließt, kann der Hypnotherapeut dies mit der einfachen Bemerkung nutzbar machen: „ . . . Und wie schön zu wissen, daß Sie mit offenen oder mit geschlossenen Augen tief in Trance gehen können" und kann dann mit anderen Strategien fortfahren.

Die Technik der Blinzelsynchronisierung kann bei einem Klienten, der „versucht", sich aus der Trance herauszu halten, leicht verändert angewendet werden. Man kann ihm eine direktere Herausforderung anbieten:

>...Und es kann sein, daß Sie mit offenen Augen in eine Trance gehen können, oder Sie können *Ihre Augen schließen und in Trance fallen* ... und es ist wirklich nicht wichtig, ob Sie Ihre Augen öffnen, oder ob Sie sie schließen und wieder öffnen ... so ist es gut ... und sie dann schließen ... (Pause, um auf das Schließen zu warten) ... und sie wieder öffnen ... und sie dann wieder schließen ... (Pause, um auf das Schließen zu warten) ... und öffnen. ... und nach oben und nach unten blinzeln ... (auf das Blinzeln warten) ... hinauf und hinunter ... das ist nicht wichtig ... wichtig ist, daß Ihr Unbewußtes lernen kann, eine sichere und bedeutungsvolle Trance zu entwickeln, wenn Sie die Augen offen haben, oder es kann *Ihre Augen schließen und JJJETZTT gleich in Trance fallen !!!*

Nach beiden Versionen der Technik definiert der Hypnotherapeut die Blinzelreaktionen als Indikatoren der Trance, benutzt sein Kopfnicken, um jedes Blinzeln zu verstärken und streut verbale Bemerkungen ein wie „so ist es gut" und „tiefer ... ganz hinunter". Kombiniert mit der echten konzentrierten Präsenz des Hypnotherapeuten dem Klienten gegenüber sind diese Techniken sehr wirksame Methoden der Tranceentwicklung.

Der Klient könnte natürlich auch immer damit reagieren, daß er nicht blinzelt; in diesem Fall sollte man ihn ermutigen, die Augen so lange wie möglich offen zu lassen. Der Hypnotherapeut kann dann durch ein zwangloses Gespräch mit dem Klienten dessen Aufmerksamkeit fesseln. Die Entscheidung, nicht zu blinzeln, führt in der Regel zu einer von zwei möglichen Reaktionen: (1) früher oder später beginnen die Augen unfreiwillig zu blinzeln, was man als Anzeichen für eine einsetzende Trance nutzbar machen kann; oder (2) die Augen blinzeln weiterhin nicht und entwickeln einen kataleptischen Zustand, der zu hypnotischen Reaktionen führt (besonders zu Katalepsie des Körpers, Tunnelblick und Körperempfindungen). Auf diese Weise kann der Hypnotherapeut alle Reaktionen als Wege in die Trance ansehen und in Ruhe abwarten, welchen der Klient bevorzugt.

2. Wiederholte Tranceinduktion. Während einer gesamten hypnotherapeutischen Behandlung mit mehreren Sitzungen können assoziative Hinweise dazu dienen, Trancezustände zu verankern und sie dann mit Hilfe dieser Anker erneut zu induzieren. Dies spart Zeit, verleiht den Tranceerlebnissen eine gewisse Kontinuität und ermöglicht dem Therapeuten, hypnotische Zustände indirekt und prompt hervorzurufen. Viele Techniken sind in dieser Hinsicht verwendbar. Der Hypnotherapeut kann z. B. einen anderen Tonfall der Stimme oder (wenn die Augen des Klienten geöffnet sind) einen anderen Gesichtsausdruck benutzen, wenn der Klient eine Trance zu entwickeln beginnt. In späteren Sitzungen kann dann der Hinweis (die Hinweise) von neuem eine Trance auslösen.

Tonqualitäten der Stimme sind im hypnotischen Kontext besonders gute Anker, da Klienten oft die Augen geschlossen haben (was visuelle Hinweise ungeeignet macht) und nach innen orientiert sind (was durch eine körperliche Berührung eher unterbrochen wird). Auch nehmen viele Menschen Tonqualitäten nicht sehr bewußt wahr, reagieren jedoch unbewußt ziemlich stark auf sie. Ich benutze zur assoziativen Verankerung der Erfahrungen von Klienten manchmal bis zu fünf verschiedene Tonqualitäten.

Viele andere Anker sind natürlich denkbar. Man kann z. B. den Klienten bitten, für die Tranceentwicklung eine bestimmte Haltung einzunehmen - etwa die Füße flach auf den Boden zu stellen, die Hände offen auf den Schoß zu legen und die Augen auf einen bestimmten Reiz zu lenken. - Eine andere Möglichkeit ist, dem Trancezustand einen bestimmten Namen zu geben und diesen Namen für die Entwicklung späterer Trancen zu benutzen.

Ein möglicher Nachteil der Verwendung von Reinduktionsankern liegt darin, daß die therapeutische Qualität der Trance unter Umständen nicht so groß ist wie wenn man extensivere Techniken anwendet. Das bedeutet, manche Klienten brauchen besondere Aufmerksamkeit und beträchtlich viel Zeit, um sich hypnotisch sich selbst zu überlassen. Es kann geschehen, daß solche Klienten auf Techniken, die sie anweisen, rasch in Trance zu gehen, damit reagieren, daß sie der Anweisung auf eine unpersönliche und deshalb therapeutisch nicht wirksame Weise folgen. (Ein gutes Beispiel dafür ist die Bühnenhypnose, wo man die Trancezustände, die einige Freiwillige rasch entwickeln, kaum als intim bezeichnen kann). Reinduktionsanker sollten deshalb wie alle hypnotischen Techniken mit Sensibilität für die Parameter der therapeutischen Beziehung - z. B. die Bedürfnisse des einzelnen Klienten - angewendet werden. Reinduktionsanker ergänzen andere Aspekte des therapeutischen Prozesses, ersetzen sie jedoch nicht.

3. Sicherheitsanker. Wie Erickson (1952) betonte, muß man die Person in Hypnose zu jeder Zeit schützen und für ihre Sicherheit sorgen. Assoziative Anker können gewährleisten, daß Ressourcen, die Sicherheit und Schutz geben, während hypnotischer Explorationen sofort verfügbar sind. Routinemäßig verwende ich bei ersten Tranceexplorationen einige Zeit darauf, mit dem Klienten zusammen Erfahrungen von Sicherheit zu verankern. Und weil Anker probabilistische Erinnerungshinweise sind (d. h. ein konkreter Hinweis funktioniert nicht immer), entwickle ich im allgemeinen für einen Klienten mehrere Sicherheitsassoziationen, besonders, wenn es wahrscheinlich ist, daß während hypnotischer Explorationen traumatische Erlebnisse auftauchen. Diese Redundanz beim Ankern trägt dazu bei, daß der Therapeut Inhalte, die dem Klienten Sicherheit geben, zugänglich machen kann, wie immer und wann immer er sie braucht.

Sicherheitsanker sind besonders nützlich, wenn unangenehme Erfahrungen hypnotisch wiederbelebt werden. Eine angesehene Juwelierin hatte das Unglück, ernsthaft von Gangstern bedroht zu sein, die ihr kostbare Juwelen stehlen wollten. In einem tranceähnlichen Panik- und Angstzustand versteckte sie die Juwelen irgendwo, wo, wie sie sagte, „sie niemand finden würde". Diese allgemeine Aussage erwies sich leider als richtig, da sie eine Amnesie dafür entwickelte, wo sie sie versteckt hatte.

Drei Jahre später suchte sie meine Hilfe. Auf meine Fragen hin ergab sich, daß mehrere Versuche, zusammen mit anderen Hypnotherapeuten die Erinnerung wiederzuerlangen, fehlgeschlagen waren, weil sie jedes Mal, wenn sie sich zu erinnern versuchte, ein überwältigender Schrecken packte. Verschiedene Sitzungen mit hypnotischen Übungen ließen erkennen, daß sie sich ausgezeichnet für die Hypnose eignete. In einer Trance fragte ich sie, was ihr erlauben könnte, die verlorene Information zurückzugewinnen. Sie entgegnete, sie brauche „eine starke Unterstützung und ein echtes Gefühl von Sicherheit". In diesem Sinne half ich ihr, sich hypnotisch eine Zeit zugänglich zu machen, in der sie sich sicher und unterstützt fühlte. Da sie andeutete, daß es ihr besonders helfen würde, wenn ich ihre Hand hielte, ankerte ich das Erleben von Sicherheit mit einem Händedruck von mir und bemerkte, daß sie meine Hand drücken könne, wann immer sie mehr Sicherheit brauchte.

Den Rest der Sitzung verwendeten wir darauf, die Sicherheitserfahrung durch den Händedruck hervorzurufen. Ich streute posthypnotische Suggestionen ein, die sich so auswirken sollten, daß sie sich ein wenig erschreckt fühlen würde, daß sie aber angenehm überrascht sein könnte zu entdecken, daß „solche Furcht die Freunde und unterstützenden Ressourcen aktiviert, die in Ihrer Hand verfügbar sind". (Während ich das sagte, drückte ich leicht ihre Hand.)

In der nächsten Sitzung hielt ich ihre Hand, als ich wieder eine Trance induzierte. In hypnotischen Suggestionen betonte ich, daß sie ganz ruhig „jenes tiefer werdende Gefühl von Sicherheit und Schutz" genießen könne, wenn sie sich „auf angenehme Weise mit mir zusammen, mit der

Stimme und der Hand, die Sie begleiten", „in der Mitte von Nirgendwo" treiben ließe; daß verschiedene Bilder kommen und gehen werden; daß ein Bild sie besonders fesseln werde, denn es werde „eine sichere Gabe, ein überraschender Schatz und ein funkelndes Geschenk sein", das sie in der Gegenwart öffnen könne, nach ihrem eigenen Maß, Tempo und Stil und im Bewußtsein, daß sie unterwegs Halt machen könne, um die Hand zu drücken, wie es für sie passend wäre. Nach einiger Zeit erschien ein Bild der Juwelen, und mit mehreren „Erfrischungspausen" (d. h. Zugänglichmachen von Sicherheit) unterwegs erinnerte sie sich, wo sie die Juwelen versteckt hatte. Auf diese Weise befähigte sie die assoziative Verbindung mit dem Ressourcenzustand, eine unangenehme Situation so wiederzuerleben, daß sie damit umgehen konnte.

„Sicherheitsanker" lassen sich in jeder Sinnesmodalität entwickeln; es können Worte sein, Bilder, Klänge, Gefühle usw. Ein Gesichtspunkt für die Auswahl solcher Anker ist die Frage, wie sehr sie den Therapeuten im Erleben des Klienten in den Vordergrund stellen. Zwar zielt die Therapie letztlich darauf hin, den Klienten in die Lage zu versetzen, sich unabhängig vom Therapeuten Ressourcen zugänglich und nutzbar zu machen, aber am Anfang der Therapie haben vielen Klienten diese Fähigkeit noch nicht aktiviert. Personen, die durch das Erleben brutaler Gewalt traumatisiert sind, sind oft nicht bereit und nicht fähig, völlig loszulassen, um in Trance zu gehen. In dem Maß, in dem das zutrifft, entwickle ich jeweils Sicherheitsanker, die mehr mit meiner Person verbunden sind, und erlaube dadurch dem Klienten, mich als „kooperierenden" Führer zu benutzen. Erfahrungsgemäß bewirken diese Anker, daß der *interpersonale* Kontext den intrapersonalen Bereich des Klienten einschließt (d. h. ihn unterstützt), so daß der Therapeut für den Klienten als zusätzliche Ressource jederzeit zur Verfügung steht. Er kann Klienten in Trance deshalb anweisen, die Augen geöffnet zu lassen; oder er kann sie von Zeit zu Zeit sanft beim Namen rufen; oder er kann andere Anker benutzen, welche die (wiederbelebte, möglicherweise traumatische) Erfahrung von „damals" mit der Beziehung „jetzt", in der dem Selbst Wertschätzung entgegengebracht wird, verbinden. Bei einem solchen Ansatz erweist sich der Fortschritt der Therapie in dem wachsenden Vertrauen des Klienten auf intrapersonale Anker, die an die Stelle der Anker treten, die an den Therapeuten gebunden waren.

4. Differenzierung von „Teilen" oder psychischen Zuständen.

Eine Hauptaufgabe jeder Therapie ist die Differenzierung oder Unterscheidung psychischer „Anteile" oder Zustände eines Persönlichkeitskomplexes, damit diese in einem integrierten Ganzen autonom funktionieren können. Assoziative Anker erleichtern diese Aufgabe in verschiedener Hinsicht. Man kann sie z. B. benutzen, um den Wunsch, in Trance zu gehen, von dem Wunsch, außerhalb einer Trance zu bleiben, zu unterscheiden. Erickson z. B. hat Klienten manchmal aufgefordert, sich auf einen bestimmten Stuhl zu setzen und alle ihre „Widerstände" *dort* zugänglich zu machen, und ließ sie dann für die Trance auf einem anderen Stuhl Platz nehmen. Die verschiedenen Stühle dienten also als Anker, um unterschiedliche psychische Motivationen auseinanderzuhalten.

In ähnlicher Weise ist die Einführung der Begriffe „bewußter Verstand" und „unbewußter Geist" in das therapeutische Gespräch ein Mittel, die zielorientierte analytische Verarbeitung des Klienten von einem ganzheitlicheren, mehr auf das Erleben bezogenen Verarbeitungsstil zu unterscheiden. Danach läßt sich diese Verankerung von „bewußt/unbewußt" weiterentwickeln. Zum Beispiel:

- Ihr bewußter Verstand mag sich fragen, was geschehen wird, und Ihr unbewußter Geist kann erlebend und experimentierend umherschweifen.
- Ihr bewußter Verstand kann genau auf meine Worte hören, während Ihr Unbewußtes völlig Ihren eigenen Bedürfnissen entsprechend reagieren kann.
- Ihr bewußter Verstand kann Zweifel hegen oder auf den Dialog eingehen ... Ihr Unbewußtes kann Äußerungen entwickeln, die unbestreitbar und bedeutungsvoll sind.

Mit Hilfe solcher Mittel kann man die beiden psychischen Funktionsweisen anregen, nebeneinanderher zu arbeiten, ohne sich gegenseitig zu stören.

Anker kann man auch dazu benutzen, um ein verstricktes Paar oder ein Familiensystem mit diffusen Grenzen zu differenzieren. Bei einem Paar z. B. begann ich damit, daß ich den einen rechts, den anderen links von mir Platz nehmen ließ. In der Kommunikation mit ihnen benutzte ich charakteristische Arten, Dinge zu betonen, Veränderungen der Körperhaltung, des Tonfalls und der Worte, wobei jede Hinweismodalität die Unterschiede zwischen den beiden hervorhob und verankerte. Als meine hypnotischen Kommunikationen ihre Aufmerksamkeit und ihr Erleben fesselten, tauchten zwei „Pflegebären" in meinem Bewußtseinsfeld auf, die auf dem Boden des Behandlungszimmers lagen. Ich setzte jeder der beiden Personen ein solches Stofftier auf den Schoß und ließ sie sich auf ihr „Bärenwesen"[13] konzentrieren. Hypnotisch dargebotene Geschichten über die Bären widmeten sich ausführlich der schwierigen Beziehung, die jedes „Bärenwesen" erlebt hatte, weil keine Menschen verfügbar waren, um jedem einen autonomen Kontext für sein Selbst zu geben.

Mit anderen Worten, die Pflegebären wurden als Anker benutzt, um die Autonomie der Ehepartner zu differenzieren und zu entwickeln.

5. Integration von „Teilen" oder psychischen Zuständen. Die Notwendigkeit der Differenzierung hält sich die Waage mit der Notwendigkeit, komplementäre Teile in ein systemisches Ganzes zu integrieren. Anker sind auch in dieser Hinsicht von Vorteil. Die von Bandler und Grinder (1982) beschriebene Technik der „kollabierenden Anker" ist eine Möglichkeit, unangenehme oder unvollständige Erfahrungen zu integrieren. Bei diesem Verfahren wird zunächst ein unangenehmes Erlebnis zugänglich gemacht, verankert und überprüft (durch Wiedereinführung des Ankers). Dann bittet man den Klienten, sich ein angenehmes Erlebnis zugänglich zu machen, welches das Gegenteil oder Komplement des unangenehmen Erlebnisses zu sein scheint; das wird ebenfalls verankert (durch einen anderen Hinweis) und dann überprüft. Als nächstes hilft der Therapeut dem Klienten, eine leichte Trance zu entwickeln, die von jedem der beiden Zustände unabhängig ist, und „feuert" dann die beiden Anker gleichzeitig ab. Das Ergebnis ist meist eine bedeutsame Integration des „positiven" und des „negativen" Zustandes. Zum Schluß wird die Wirksamkeit des Verfahrens überprüft, indem der erste unangenehme Anker abgefeuert wird. Eine neue emotionale Wertigkeit sollte das Ergebnis sein; das Verfahren muß andernfalls wiederholt werden.

Ein Klient z. B. kam in Therapie und klagte über sexuelle Störungen. In einer leichten Trance machte er sich das unangenehme Erlebnis zugänglich, als er in der Highschool-Zeit mit seiner Freundin zusammen auf dem Rücksitz seines Autos impotent war; dies wurde durch eine Berührung am linken Knie verankert. Suggestionen, sich ein entgegengesetztes „positives" Erlebnis zugänglich zu machen, belebten die erfreuliche Erinnerung an den Kauf eines neuen Autos[14], die durch eine Berührung am rechten Knie geankert wurde. Weitere Suggestionen wiesen ihn an, „loszulassen" und „leer zu werden", und dann wurde erneut eine leichte Trance induziert und durch die gleichzeitige Berührung beider Knie beide Anker auf einmal ausgelöst. Unter intensiven Körperempfindungen („Blitze", drängende Gefühle an der Wirbelsäule) tauchte eine neue Erfahrung auf: Der Klient fand sich dabei, wie er sich die Batterie eines neuen Autos ansah und die „positiven" und „negativen" Batteriekabel verband, um einen euphorischen und verwirrenden „Integrationsdrang" zur Explosion zu bringen. Überprüfung des Ankers für die „unangenehme Erfahrung" zeigte, daß er jetzt das Integrationserlebnis stimulierte. Das Auslösen von zwei „entgegengesetzten Ankern" ließ also einen dritten Integrationsanker entstehen.

Ich fasse diesen Abschnitt zusammen: Der Therapeut kann für viele Zwecke Anker entwickeln. Die erfolgreiche Entwicklung von Ankern ist abhängig (1) von der interpersonalen Absorbiertheit, (2) von der Einzigartigkeit des Hinweises, (3) davon, daß die Person sich in einem „geklärten" Zustand befindet, (4) vom Timing, (5) von der Umgehung des Bewußtseins. Anker lassen sich für viele Schritte des hypnotherapeutischen Prozesses wirksam nutzen, z. B. für die Induktion der Trance, für ihre Reinduktion, für die Entwicklung von Sicherheitsankern, zur Aussonderung psychischer Anteile und zu deren Integration. Oft sind mehrere Anker angemessen, besonders wenn psychische Sicherheit ein zentrales Anliegen ist. Anker können für frühere oder für neuere Erfahrungen entwickelt werden; im allgemeinen gilt, daß die Nutzbarmachung von bereits etablierten Ankern zusammen mit Ankern, die der Therapeut schafft, am wirksamsten sind. Und schließlich kann der Therapeut auch Äußerungen, die der Klient spontan erzeugt, als Anker nutzen.

Pacing und Leading von Repräsentationssystemen

Repräsentationssysteme wurden in Kapitel 4 als die kognitiven Modalitäten beschrieben, die wir zur Informationverarbeitung benutzen. Dabei wurde darauf hingewiesen, daß Individuen manchmal ein bestimmtes Repräsentationssystem - das auditive, visuelle oder kinästhetische - in einer konkreten Situation bevorzugen, eine Möglichkeit, die man verifizieren kann, wenn man auf verbale und nonverbale Verhaltensweisen achtet. Auf Induktionen bezogen bedeutet dies, daß man ein dominantes Repräsentationssystem spiegeln kann, indem man Symbole betont, die mit diesem Repräsentationssystem kongruent sind (Pacing), um dann im Leading nach und nach Symbole anderer Modalitäten einzuführen. Dazu ist es nützlich zu erkennen, daß man allgemeine Kommunikationen einer Induktion in verschiedenen Repräsentationssystemen ausdrücken kann.

Das folgende Induktionsexzerpt beginnt in der visuellen Modalität und schließt dann andere Systeme ein:

> Sie sitzen nun hier und sehen mich an ... und ich möchte jetzt gerne einige verschiedene Wege gemeinsam mit Ihnen gehen, so daß Sie sich erlauben können, *mich* weiterhin so lange wie möglich *anzusehen* und gleichzeitig Gelegenheit zu finden, die Wirklichkeiten *Ihres Unbewußten zu erkunden* ... Denn wenn Sie hier sitzen, können Sie sich viele verschiedene Dinge ansehen ... Denn Ihr bewußter Verstand ist zwar sehr intelligent, aber Ihr

Unbewußtes ist viel gescheiter ... es kann verschwommene Bereiche Ihres Erlebens erkennen und sie in die richtige *Scharfeinstellung*, in einen geeigneten Bezugsrahmen und in eine hilfreiche Perspektive bringen. In *Trance* können Sie sich auf ganz verschiedene Weisen sehen ... und Ihr Unbewußtes kann Licht auf jene Erfahrungen werfen, die schwer anzusehen waren, und sie klären ... und wenn Sie *tief in Trance fallen*, können Sie auch noch viele andere Dinge erkennen ... zum Beispiel haben Sie schon in früheren Situationen eine Trance erlebt, ohne sie wirklich als solche zu erkennen. ... Jeder hat z. B. schon einmal eine lange Autofahrt gemacht und ist unterwegs in einen Zustand der Selbsthypnose geraten ... und ist an einem sonnigen Tag auf einer Landstraße gefahren, mit der Landschaft um sich herum ... doch Ihr Geist *beginnt umherzuschweifen* ... erlauben Sie sich einfach, alle diese wunderbaren und angenehmen Bilder in sich aufzunehmen ... und während Sie das tun, sich so wohl und so entspannt zu fühlen ... und wie schön ist es zu wissen, daß Sie nur auf jene Bedürfnisse zu achten brauchen, die wichtig sind, um sich wohlzufühlen und mehr und mehr auf Ihr Unbewußtes zu hören ...

Die gleiche allgemeine Induktion ließe sich für den kinästhetisch ausgerichteten Klienten wie folgt gestalten:

Und während Sie *bequem* auf diesem Stuhl *sitzen* und sich erlauben, sich in einer Weise auszurichten, die Ihnen als Individuum am angenehmsten ist, wie schön ist es da zu wissen, daß Sie nicht nur Ihren gegenwärtigen *angenehmen* Zustand erkennen und *genießen* können, sondern sich auch *sehr sicher fühlen* können, wenn sie unleugbar erkennen, daß jene Gefühle sich auf angenehme, erfreuliche Weise zu verändern beginnen ... denn in einem Trancezustand können Sie viele verschiedene Dinge fühlen ... vor allem können Sie sich *sicher und sehr absorbiert* fühlen ... ganz in Anspruch genommen, sich zu erlauben, mehr und mehr mit Ihren unbewußten Fähigkeiten *für sich selbst zu sorgen und sich richtig einzuschätzen*, in Berührung zu kommen ... und wie schön zu wissen, daß sie sich so angenommen, so geschätzt und so entspannt fühlen können ... denn Trance ist eine Gelegenheit, sich selbst wirklich richtig zu umarmen ... sie erlaubt Ihnen, *ganz loszulassen* und viele verschiedene Dinge zu erleben ... und deshalb können Sie, während Sie *leicht*, doch immer *tiefer in Trance geraten*, erkennen, daß Sie mit jedem Atemzug *noch mehr loslassen* können ... atmen in *Wohlbefinden* und *Entspannung* und jedes Unbehagen ausatmen ... und sich selbst einem reinen Wohlbefinden hingeben, einer besonderen Wärme und Zartheit ... und in Trance kann Ihr Unbewußtes zu vielen verschiedenen Erfahrungen übergehen und sich durch sie hindurchbewegen ... und Sie können *Ihrem Unbewußten vertrauen*, daß es mit allen Ungewißheiten zurechtkommt ... aber für *den Augenblick* genießen Sie einfach diese *Trance* und lassen Sie Ihr Unbewußtes mit Ihnen dieses besondere Gefühl teilen, sich selbst nahe zu sein ... vielleicht wie bei einer lang zurückliegenden Erfahrung, als Sie sich gänzlich unterstützt und sich von innen her von der Menschheit sehr berührt gefühlt haben ... und während Sie das tun, können Sie die Worte hören, die dazugehören ... und alle visuellen Bilder, die damit verbunden sind ... Menschen aus der Vergangenheit ... Klänge von damals. ...

Und für Individuen, die mehr auf ihr Hörsystem ausgerichtet sind:

Und Trance ist wirklich ein Prozeß, um sich auf Ihr Unbewußtes einzustimmen und auf es zu hören, weil Ihr Unbewußtes wirklich so viele wichtige Dinge zu sagen hat ... und deshalb können Sie, während Sie meine Stimme hören, sich einfach erlauben, sich mehr von dem fesseln lassen, was für Sie als Individuum wirklich wichtig ist ... und ob Sie bewußt auf meine Stimme oder Ihre eigene oder auf eine Kombination von beiden hören, ist wirklich nicht so wichtig ... weil Ihr allmählich zunehmender Dialog mit Ihrem Unbewußten viel wichtiger ist ... Ihre eigene Fähigkeit, sich auf jene Aspekte des Selbst einzustimmen und zu achten, die für Sie als Individuum wichtig sind ... denn Trance ist ein Lernprozeß ... und Sie haben früher schon so viele verschiedene Lernerfahrungen gemacht, an die Sie sich alle als an Ihre Verbündeten wenden können. ... Und wenn Sie einfach *Ihrem Unbewußten erlauben, jene hypnotischen Erfahrungen auf seine eigene Weise*, nach seinem eigenen Stil und Maß *zu entfalten*, und wenn Sie unterdessen meiner monotonen Stimme zuhören, mögen Sie sich fragen: Wann kommt er auf das Wesentliche zu sprechen? Was sagt er? Denn wenn man einem Vortrag zuhört, bei dem der Sprecher ununterbrochen redet, ist es schwierig, nicht *in die eigene, besondere Welt abzuschweifen* ... in Ihren eigenen besonderen Tagtraum, in dem Sie mit sich allein sein können ... ganz allein mit sich und einer Stimme ... und meine Stimme kann Sie begleiten, wenn Sie auch nicht wirklich auf sie zu achten brauchen ... Sie können auf den Klang der Stille achten, die Sie einhüllt, wenn Sie Ihr Unbewußtes ein Erlebnis aus der Vergangenheit in Erinnerung rufen lassen, das besonders angenehm war ... und die Stimmen hören, die Klänge, die Melodien, die angenehmen Töne ...und all die Gefühle, die damit einhergingen ... Und was für ein Gefühl stellt sich ein, wenn Sie ein Musikstück hören, das Sie besonders mögen? ... Und wie sieht jener Lieblingsmusiker aus? ... Und es ist so schön, sich zu erlauben, sich auf angenehme Weise ganz von hypnotischen Wirklichkeiten in Beschlag nehmen zu lassen ...

In jeder dieser Induktionen wird die ganze Aufmerksamkeit des Klienten beansprucht, und er wird dann aufgefordert, das Unbewußte als mächtigen Verbündeten zu erkennen, damit sich eine Trance entwickeln und er sich daraufhin eine angenehme Erfahrung zugänglich machen kann. Die wiederbelebte Erinnerung wird benutzt, um zu anderen Sinnesmodalitäten überzugehen.

Die Fähigkeit, verschiedene Symbolsysteme anzusprechen, ist wichtig, weil das versäumte Pacing eines dominanten Systems häufig eine mißlungene Induktion zur Folge hat. Die meisten standardisierten Induktionen z. B. nehmen keinen Bezug auf den inneren Dialog und sind deshalb bei Personen wirkunglos, die davon überschwemmt sind. In ähnlicher Weise arbeiten Hypnotiseure, die überwiegend visuelle Symbole benutzen, nicht gut mit Klienten, die nicht visuell orientiert sind. Um also erfolgreich zu sein, muß der Hypnotiseur individuelle Unterschiede bezüglich kognitiver Stile erkennen und sich ihnen anpassen, indem er dafür sorgt, daß hypnotische Kommunikationen in Symbolmodalitäten formuliert werden, die dem Klienten angemessen sind.

Framing und Bestätigung von hypnotischen Reaktionen

Eine letzte Methode, um Trancezustände zugänglich zu machen und zu entwickeln ist die Neudefinition (Framing) und Bestätigung aktuell sich zeigender Reaktionen als hypnotische Äußerungen. Dazu ist es nötig, daß man bei verschiedenen Klientenreaktionen hervorhebt, daß sie zu einer Vertiefung der Trance und zu größerer Autonomie des Unbewußten führen.

1. **Neudefinition von Verhalten als hypnotische Reaktion.** Diese Technik umfaßt die Aussonderung verschiedener Verhaltensweisen und deren Beschreibung als Beleg für die Entwicklung ideodynamischer Prozesse (z. B. „die wachsende Fähigkeit Ihres Unbewußten, autonom zu Ihren Gunsten zu funktionieren"). Vergessen Sie nicht, wenn Sie diese Technik anwenden, daß das Utilisationsprinzip annimmt, daß im Grunde jedes Verhalten für die Tranceentwicklung genutzt werden kann. Eine Verhaltensklasse, die sich für hypnotische Neudefinitionen besonders eignet, sind die relativ unbewußten automatischen Verhaltensweisen, die aktuell ablaufende Prozesse charakterisieren - z. B. Atmung, Blinzeln und die Körperhaltung. Die Neudefinition solcher Reaktionen läßt sich mit Hilfe von Bemerkungen bewerkstelligen, die in das Induktionsgespräch eingestreut werden, zum Beispiel:

Fortlaufende Reaktionen des Klienten	Eingestreute Neudefinitionen des Hypnotiseurs
Leichte Fingerbewegung	- ... Genau so ... und Ihr Unbewußtes kann sich in eine tiefere Trance hinein*bewegen* und jene wachsende Vorliebe für eine kreative Autonomie *anzeigen* ...

Ein- und Ausatmung	- So ist es gut ... Ihr Unbewußtes kann Dinge in sich hineinnehmen und sie loslassen, sich nach rückwärts und nach vorwärts ausdehnen und diesem Rhythmus in tiefere Trance hinein folgen ...
Augenblinzeln	- Und Sie können mit *offenen* oder mit *geschlossenen* Augen in Trance gehen, offen oder geschlossen ... sie zum *Blinzeln* schließen und sie öffnen und *Veränderungen der Wahrnehmung beobachten* ... und sie schließen, um sich auszuruhen ... und Ihrem Unbewußten alles Weitere zu überlassen ...
Starr geöffnete Augen	- Das ist gut ... und Ihr Unbewußtes kann bedeutsam und sicher jene Punkte *betrachten*, indem es die Wahrnehmungsveränderungen *beobachtet* und dabei die wachsende Sicherheit und Vertieftheit spürt ...
Veränderungen der Körperhaltung	- So ist es gut ... und Sie können sich in so viele verschiedene Zustände hinein*bewegen*, während Sie eine Trance entwickeln ... und so viele *Anpassungen* vollziehen ... Ihre Richtung auf so viele verschiedene, sichere Weisen *verändern* ...
Seufzen	- Ja, genau, das ist es ... und Sie können wirklich unnötige Bedenken loslassen und sich ganz Ihrer eigenen Sicherheit und der Tatsache hypnotischer Wirklichkeiten hingeben ...

In jedem Beispiel wird eine relativ harmlose aktuelle Reaktion als Reflex einer hypnotischen Entwicklung hervorgehoben. Wird das nonverbal auf eine bedeutsame Weise unterstrichen, dann intensiviert sich die erlebnismäßige Beteiligung an der Reaktion meist, was ihre (neu) bestimmte Funktion als hypnotisches Phänomen (oder als hypnotische „Erscheinung") vertieft.

Damit diese Technik Erfolg hat, muß der Therapeut diese Reaktionen als echt hypnotische würdigen. Das gelingt am besten in einer interpersonalen Trance, in welcher der Therapeut sich mit seinem Erleben auf einfache Reaktionen als potentielle Trancephänomene konzentrieren kann, um (sich) dann zu fragen, wie und wann diese Reaktionen ideodynamische und das Erleben fesselnde Eigenschaften zeigen *werden*. Wie Erickson bemerkte:

> Die Haltung dem Patienten gegenüber entscheidet, welche Ergebnisse man erzielt ... Wann immer Sie bei Ihren Patienten irgendwelche hypnotischen Resultate erzielen wollen, sollten Sie lieber auch wirklich meinen, was Sie sagen ... Ihr gesamtes Erleben sollte lehren, daß Sie von Ihren Patienten nichts verlangen, was außerhalb ihrer Möglichkeiten liegt. Wenn Sie einem Patienten eine Suggestion geben, sollten Sie dabei denken: „Ich *weiß*, daß dieser Patient Schmerzfreiheit entwickeln kann - oder: Ich *weiß*, daß dieser Patient Unempfindlichkeit entwickeln kann - oder: Ich *weiß*, daß dieser Patient eine Amnesie entwickeln kann (in Rossi, Ryan, Sharp 1983: S. 125).

Die Wirksamkeit der Technik hängt von der Bereitschaft und Fähigkeit des Therapeuten ab, die Äußerungen nonverbal als potentiell hypnotisch zu erkennen und zu vermitteln. Das heißt, der Therapeut beschreibt nicht nur den tranceverwandten Charakter der Verhaltensweisen, sondern er *erlebt* ihn auch. Hypnose ist daher „nicht nur eine Art zu reden"; sie ist ein Mittel zur Erzeugung einer produktiven, das Selbst in seinem Wert achtenden Erfahrung.

Hypnotisches Framing ist auch auf Symptome anwendbar. Um es zu wiederholen, Symptomphänomene sind hypnotischen Phänomenen ganz parallel; sie unterscheiden sich nur durch die Kontexte, in denen sie vorkommen. Indem der Therapeut den ideodynamischen Charakter von symptomatischen Äußerungen als Illustration der Autonomie des Unbewußten würdigt, beginnt er, solche Äußerungen als therapeutisch nützlich in einen neuen Zusammenhang zu stellen. Symptome können auf diese Weise zur Grundlage einer natürlichen Tranceentwicklung werden. Eine Frau z. B. suchte Hilfe hinsichtlich der Beziehung zu ihrem Mann. Sie wurde sehr eifersüchtig, sobald ihr Mann eine andere Frau ansah, sogar beim Fernsehen. Ihre „Strategie der Eifersuchtsinduktion"

- die gleichbleibenden Verhaltensmuster, die sie zur Induktion der Symptomtrance benutzte - bestand aus einer intensiven Augenfixierung mit nachfolgendem Tunnelblick; mit anderen Worten, sie zeigte eine ungeheure Fähigkeit, hypnotische Wahrnehmungsveränderungen zu entwickeln. Ich definierte diese Fertigkeit als Beweis ihrer allgemeinen Fähigkeit, ihr Unbewußtes autonom zu ihren Gunsten arbeiten zu lassen, und nutzte die Fertigkeit als Mittel, eine Trance zu entwickeln und hypnotherapeutische Ideen anzubieten.

Die Strategie, die der Klient zur Induktion eines Symptoms benutzt, ist also die Grundlage für die Induktion einer therapeutischen Trance. Dabei ergibt sich der Unterschied in der *Bedeutung* der Strategie aus dem Beziehungskontext, in dem sie vorkommt. Der Therapeut ist dafür verantwortlich, einen Zustand der Sicherheit, ein Gespür für biologische Rhythmen (z. B. gleichmäßige Atmung, entspannte Muskeln) und eine auf die Förderung des Selbst gerichtete Intention zu gewährleisten; der Klient liefert die Induktionsstrategie; Therapeut und Klient arbeiten dann zusammen an der Differenzierung der Indukionsstrategie, so daß der Klient sie benutzen kann, um viele verschiedene Ziele zu erreichen.

2. Bestätigung hypnotischer Reaktionen. Diese Technik ist dem Framing, der Definition oder Umdeutung von Verhalten als hypnotischer Reaktion, eng verwandt; der Hauptunterschied besteht darin, daß sie Reaktionen anerkennt, die - implizit oder explizit - bereits als hypnotisch definiert oder gedeutet worden sind. Eine Verhaltensklasse, die sich in dieser Hinsicht nutzbar machen läßt, sind die in Tabelle 4.2 (Kapitel 4) aufgelisteten tranceanzeigenden Verhaltensweisen (z. B. motorische Hemmung, verbale Hemmung, Veränderungen der Atmung, Glättung von Gesichtsmuskeln, Veränderungen des Lidschlags). Wenn sich diese Hinweise entwickeln, bestätigt sie der Ericksonsche Hypnotiseur durch einfache Aussagen, wie z. B. „So ist es ... Sie können Ihr Unbewußtes zu Ihren Gunsten reagieren lassen..." Dadurch weiß der Klient, daß der Therapeut für Veränderungen des Erlebens sensibel ist, was das Vertrauen und den Rapport in der Beziehung stärkt; es verstärkt und vertieft auch die hypnotische Reaktionsbereitschaft des Klienten.

Den Tranceindikatoren, die sich spontan entwickeln, sind die vom Hypnotiseur suggerierten hypnotischen Reaktionen verwandt. Diese Suggestionen können sehr vielfältig sein (z. B. die Augen zu schließen, sich zu entspannen, mit dem Finger Zeichen geben, Absorbiertheit des Erlebens), und die Reaktion auf die Suggestion kann zeitverzögert erfolgen (Erickson 1952). Wenn aber eine suggerierte Reaktion eintritt, sollte sie auf eine schlichte Art, doch sofort, als Beweis für die wachsende Autonomie unbewußter Produktivität anerkannt werden.

Zusammenfassung

Nach Auffassung des vorliegenden Ansatzes ist die hypnotische Induktion ein kooperatives Bemühen, bei welchem der Hypnotiseur sich den Prozessen anschließt und sie nutzbar macht, mit deren Hilfe der Klient bereits seine Erfahrung gestaltet. Innerhalb dieser auf das Erleben bezogenen Feedback-Schleife arbeitet der Hypnotherapeut zunächst darauf hin, einen Kontext zu schaffen, der die Person befähigt, normale Bewußtseinsprozesse außer acht zu lassen und neue Seinsweisen zu erkunden. Natürliche Kommunikationen dienen dann dazu, die Person in Erfahrungswirklichkeiten zu vertiefen, die sowohl für die Tranceentwicklung als auch für die therapeutische Veränderung förderlich sind. Zu den vielen Zugangstechniken, die in dieser Hinsicht geeignet sind, gehören: (1) Fragen stellen; (2) eingebettete Suggestionen; (3) Voraussetzung von Trancereaktionen; (4) allgemein sprechen; (5) Geschichten erzählen; (6) assoziative Verbindungen nutzen; (7) assoziative Anker entwickeln; (8) Assoziationssysteme passend machen und dann verändern und (9) Reaktionen definieren und bestätigen.

7. Außerkraftsetzen bewußter Prozesse

Die im vorangehenden Kapitel beschriebenen Assoziationsstrategien reichen allein nicht aus bei Klienten, die gern in Trance gehen möchten, aber nicht in der Lage sind, dazu ihre bewußten Prozesse zu suspendieren. Diese *bereitwilligen, doch unfähigen* Klienten, die mindestens die Hälfte der klinischen Population ausmachen, haben z. B. entweder unaufhörlichen inneren Dialog, oder sind ständig mit inneren Bildern beschäftigt, oder sie werden vielleicht fortwährend durch kinästhetische Empfindungen abgelenkt. Um diese Prozesse, welche die Trance stören, außer kraft zu setzen, benutzt der Ericksonsche Hypnotherapeut verschiedene *Dissoziationsstrategien*. Eine solche Strategie ist die *Langeweile* - der Hypnotherapeut erzählt z. B. eine Geschichte nach der anderen, um die bewußten „Widerstände" der Person abzutragen. Eine zweite Dissoziationsstrategie ist die *Ablenkung* - man kann z. B. den Klienten bitten, in Dreierschritten von 1000 bis 1 rückwärts zu zählen, oder das Alphabet vorwärts aufzusagen und es sich rückwärt vorzustellen (z. B. „A" zu sagen, und vor sich „Z" zu sehen, dann „B" zu sagen, und sich „Y" vorzustellen, usw.), oder sich während der Induktion einfach auf einen Aufmerksamkeitsreiz zu konzentrieren (vorzugsweise einen solchen, an dem die Person schon interessiert ist). Bei einer dritten Dissoziationsstrategie wird die Dissoziation durch ideomotorische Techniken induziert.

Eine vierte Strategie, mit der sich dieses Kapitel hauptsächlich beschäftigt, ist *Verwirrung* (Konfusion). Im ersten Abschnitt werden Ziel und Struktur von Konfusionstechniken allgemein besprochen. Die beiden nächsten Abschnitte schildern jeweils ausführlich die speziellen Konfusionstechniken der Muster*unterbrechung* und der Muster*überladung*. Der letzte Abschnitt diskutiert klinische Fragen, die sich auf die Anwendung von Konfusionstechniken beziehen.

MERKMALE VON KONFUSIONSTECHNIKEN

Konfusionstechniken sind im wesentlichen Kommunikationen, welche die bewußten Verarbeitungsstrategien einer Person unterbrechen und dadurch die Entwicklung von Tranceprozessen ermöglichen. Dem Kooperationsprinzip folgend, *machen Konfusionstechniken alle Versuche des Klienten, eine Trance oder andere therapeutische Entwicklungen zu hemmen, als Basis für die Induktion eben jener Entwicklungen nutzbar*. Wie Erickson (1964a) bemerkte:

> Klinisch sind sie von großer Bedeutung für Patienten, die verzweifelt Therapie suchen, die jedoch von ihren klinischen Problemen und unkontrollierbaren Widerständen eingeschränkt und beherrscht sind, welche verhindern, daß eine Therapie in Gang kommt. Sobald man es geschafft hat, diese Widerstände zu umgehen, kann man sich die Kooperation des Klienten dadurch sichern, daß man sowohl sein klinisches Problem beseitigt als auch seine Widerstände auflöst ... [Konfusionstechniken] haben schon oft unter ungünstigen Bedingungen wie z. B. ... bei Personen, die zwar interessiert, zugleich aber feindselig, aggressiv und abweisend waren, überaus rasch hypnotische Induktionen bewirkt.
> ... Man sollte nicht vergessen, daß diese Patienten hochmotiviert sind und daß ihr Desinteresse, ihr Widerstand, ihre Streitlust und ihr Mißtrauen in Wirklichkeit Verbündete sind, die das mögliche Ergebnis herbeiführen ... (in Rossi 1980a: S. 284-286).

Bei einem Klienten z. B., der während einer Tranceinduktion ständig herumzappelt, kann der Therapeut eine Verstärkung der Bewegung fördern und den Klienten im Therapieraum von einem Stuhl zum andern wechseln lassen, immer schneller, bis die Person eine Verwirrung zeigt, die sich für eine Trance nutzbar machen läßt. Oder bei einem Klienten, der dauernd die Anleitung des Therapeuten erwartet, könnte letzterer ruhig dasitzen und keinerlei Anleitung geben und dadurch das Muster unterbrechen, das die Trance stört. Wie das Kapitel in seinem ganzen Umfang zeigt, gibt es viele verschiedene Konfusionstechniken; wichtig ist hier, daß solche Techniken natürliche Kommunikationen sind, die rigide geistige Haltungen unterbrechen.

Konfusionstechniken liegen die folgenden Annahmen zu Grunde[1]:

1. Die Verhaltensprozesse einer Person sind durch viele automatische und vorhersagbare Muster geprägt;
2. Die Unterbrechung irgendeines dieser Muster erzeugt einen Zustand der Unsicherheit, in dem eine undifferenzierte Erregung (z. B. Verwirrung) vorherrscht;

3. Die meisten Menschen empfinden solche Unsicherheitszustände als ausgesprochen aversiv und sind deshalb stark motiviert, sie zu meiden;
4. Die Erregung (arousal) wächst, wenn die Person sie nicht irgenwie attribuieren kann („das ist geschehen, weil ...");
5. In dem Maße, wie die Unsicherheit wächst, wächst auch die Motivation, sie zu reduzieren;
6. Die Person, die stark verunsichert ist, nimmt typischerweise die erste Gelegenheit wahr, die ihr gangbar scheint, um die Unsicherheit zu reduzieren (z. B. Suggestionen, in Trance zu fallen).

Von diesen Annahmen ausgehend, folgen die meisten Konfusionstechniken den grundlegenden Schritten, die in Tabelle 7.1 zusammengefaßt sind. Der erste Schritt - *die Mustererkennung* - kann auf vielfältige Weise vollzogen werden. Da es im menschlichen Verhalten so viele Muster gibt, kann man als ausgezeichnete Übung alle Muster, die man herausfindet, notieren und dann von da aus weiterarbeiten. Es können soziale Muster sein; zu so etwas Einfachem wie einem Händeschütteln z. B. ist eine Person nötig, die ihre Hand ausstreckt, und eine andere Person, die darauf in gleicher Weise reagiert, die beiden Hände, die sich schütteln und nach ungefähr einer Sekunde wieder loslassen; und dann geht man normalerweise einen Schritt zurück und beginnt ein Gespräch. Andere Muster des Sozialverhaltens sind die Begrüßung am Anfang einer Unterhaltung und die Verabschiedung an ihrem Ende; morgens das „Guten Morgen!", usw.; daß Männer Hosen tragen und nicht Röcke oder Kleider (außer in Schottland oder vielleicht in San Francisco); daß Klienten ihren Therapeuten ein Honorar zahlen und nicht umgekehrt; daß Klienten Therapeuten von ihren Problemen erzählen und nicht umgekehrt; daß bei einer Unterhaltung immer nur eine Person auf einmal spricht; daß Hörer normalerweise von Zeit zu Zeit den Sprechern zunicken; daß Sprecher Bemerkungen machen, die für den Kontext der Unterhaltung von Bedeutung sind; daß der Sprecher sich normalerweise grammatisch korrekt ausdrückt. Diese wenigen Beispiele lassen auf die phänomenale Anzahl von Mustern schließen, die potentiell als Basis für eine Konfusionstechnik dienen können.

Neben allgemeinen Mustern des Sozialverhaltens kann der Hypnotiseur auch Muster erkennen, die für ein konkretes Individuum eigentümlich sind. Das können bestimmte gewohnheitsmäßige Bewegungen sein wie z. B. das Zurückstreichen der Haare bei Streß, das Zu-Boden-Schauen bei Niedergeschlagenheit, das Herumlaufen bei Erregung oder Wegblicken bei Verwirrung. Oder es können verwandte Reaktionstypen sein, wie z. B. streiten oder zustimmen bei emotionaler Unsicherheit,

Themenwechsel bei Verwirrung, anklagen oder beschwichtigen oder rationalisieren, wenn man sich bedroht fühlt. Es könnten auch Regeln sein, die auf einer sozialen Identität beruhen, wie z. B., daß ein Mann eine Frau niemals anschreit, daß man immer höflich sein und nie laut werden soll, daß man sich nicht zu „negativen" Erfahrungen einer Person äußern sollte. Auch hier gibt es wieder sehr viele verschiedene Möglichkeiten.

Tabelle 7.1
Schritte bei der Anwendung einer Konfusionstechnik

1. Erkennen der Ausdrucksmuster

2. Anpassung an das Muster (und die Person)

3. Herbeiführen einer Konfusion durch Unterbrechung oder Überladung des Musters

4. Steigerung der Konfusion

5. Nutzbarmachen der Konfusion

Nachdem der Therapeut Muster erkannt hat, beginnt er mit dem Pacing, um einen geeigneten Kontext für die erfolgreiche Anwendung einer Konfusionstechnik zu schaffen. Ganz generell verlangt dies die Herstellung eines gewissen Rapports, damit der Klient erkennt, daß der Therapeut die Absicht hat, ihn zu unterstützen. Mit anderen Worten, der Therapeut geht von der Annahme aus, daß der Hauptzweck der Nutzung von Konfusionstechniken darin besteht, eine Person von einer rigiden Bindung an bewußte Prozesse zu lösen und ihr dadurch persönlichere Seinsweisen zu ermöglichen, die dem Selbst gerechter werden. Auf diese Weise kommt zum Ausdruck, daß die Person viel mehr ist als ein Verhaltensmuster, und Konfusion wird als eine Methode vorgestellt, die eine Würdigung dieses tieferen Kerns ermöglicht. Der Kontext der Achtung ist für den therapeutischen Erfolg einer Konfusionstechnik absolut entscheidend, denn ein Individuum, das sich grob manipuliert oder ausgebeutet fühlt, hat von den Wirkungen der Konfusion keinen Gewinn. Natürliches Experimentieren in verschiedenen sozialen Kontexten (z. B. Restaurants, Flughäfen, zwanglose Unterhaltung) macht schnell offenkundig, daß es zwar ziemlich einfach ist, eine Person vorübergehend zu verwirren, daß es aber viel schwieriger ist, diese Konfusion

Konfusion auf irgendeine bedeutsame Weise nutzbar zu machen. Personen, die sich unsicher und ungeschützt fühlen, werden sich vom Hypnotiseur zurückziehen, um ein Gefühl des Gleichgewichts zurückzugewinnen. Individuen dagegen, die sich unterstützt fühlen, sind bereit und fähig, mit der Konfusion mitzugehen und zu sehen, welche Erlebniszustände (z. B. hypnotische Wirklichkeiten) sich daraus entfalten. Die Haltung und nonverbale Kommunikation des Hypnotherapeuten vor, während und nach dem Auslösen der Konfusion spielen demnach eine Hauptrolle bei der Reaktion auf die Technik.

Im Pacing spiegelt der Therapeut sowohl die Beziehung allgemein, als auch das spezielle Muster oder die speziellen Muster, die durch die Konfusionstechniken ganz absorbiert werden sollen. Dazu mag es genügen, das Muster einfach ganz normal zu aktivieren (indem man z. B. jemandem die Hand zur Begrüßung entgegenstreckt, um das Muster des Händeschüttelns auszulösen, oder indem man ein idiosynkratisches Muster, in dem der Klient ganz aufgeht, fördert und ihm dafür ein Kompliment macht).

Nach einem angemessenen Pacing beginnt der Therapeut mit dem dritten Schritt, der *Einführung der Konfusion* durch *Unterbrechung* oder *Überladung* eines Musters. Der größte Teil dieses Kapitels ist speziellen Techniken der Durchführung beider Methoden gewidmet. Kurz gesagt, Unterbrechungstechniken zielen auf ein schnelles, momentanes Abbrechen eines Musters, und sie werden oft vor einer förmlichen Tranceinduktion benutzt; normalerweise muß der Hypnotherapeut mehrere Unterbrechungstechniken anwenden, bis ein Individuum ausreichend verwirrt ist. Techniken der Musterüberladung sind dem gegenüber längere Kommunikationen, die man am besten während förmlicher Tranceinduktionen benutzt.

Die unmittelbare Reaktion auf eine gut ausgeführte Konfusionstechnik ist typischerweise Verwirrung und Unsicherheit. Die meisten von uns reagieren auch natürlicherweise so, wenn ein Freund etwas sagt, was völlig unerwartet und unbegreiflich erscheint. In solchen Situationen versuchen wir sofort zu verstehen, was geschehen ist, und verlangen vom Sprecher irgendeine weitere Erklärung. Die Verwirrung wird dann gewöhnlich dadurch geringer, daß der Sprecher sich entschuldigt oder eine Erklärung gibt oder schuldbewußt und selbst verwirrt aussieht. Der Ericksonsche Praktiker jedoch, der sich der Konfusion bedient, setzt an diesem Punkt sein Verhalten auf eine völlig kongruente und bedeutungsvolle Weise fort, um die *Verwirrung zu steigern*. Dieser vierte Schritt ist äußerst wichtig, denn genau hier unterscheiden sich Konfusionstechniken ausgesprochen von den nicht seltenen Gelegenheiten, wenn spontane Kommunikationen unbeabsichtigte Verwirrung erzeugen.

Der fünfte und letzte Schritt dient dazu, *die Konfusion nutzbar zu machen*, sobald sie ihren Höhepunkt erreicht. Es ist wichtig zu erkennen, daß eine Konfusion, die nicht nutzbar gemacht wird, zuletzt auf ihren Auslöser zurückfällt, denn an einem gewissen Punkt verlangen verunsicherte Individuen eine gewisse Sicherheit oder einen Schluß, oder sie verlassen den Kontext. Wie oben besprochen, ist die Person an jenem Punkt bereit, etwas sehr Einfaches anzunehmen, was die Verwirrung vermindert - zum Beispiel die einfache und freundliche Suggestion, in Trance zu fallen.

Wenn man diese fünf Schritte einer Konfusionstechnik durchführt, ist es wichtig, sich klarzumachen, daß sie nicht immer planmäßig funktionieren, vor allem, wenn man sie zum ersten Mal ausprobiert. Manchmal muß man eine Technik verändern oder ganz aufgeben, das hängt von den Reaktionen ab, die der Klient jeweils zeigt. Doch welche auch immer es sein mögen, *sie können alle nutzbar gemacht werden*. Bei der Person, die wütend und aufgebracht wird, kann man sich ernsthaft entschuldigen und ihr in ein paar Sätzen die Absicht der Kommunikationen erklären. Eine Person, die teilweise verwirrt ist, kann man noch mehr und vor allem in verschiedener Hinsicht verwirren. Klienten, die kichern oder lachen, kann man das Kompliment machen, daß sie sich einen Sinn für Humor bewahrt haben, und sie ermutigen, diesen für die verstärkte Entwicklung unbewußter Reaktionen zu nutzen. Um es auf den Punkt zu bringen, der Ericksonsche Therapeut beobachtet die Reaktionen des Klienten genau und paßt sich ihnen an. Denken Sie daran, wenn sie in den nächsten beiden Abschnitten jeweils etwas über einige von den vielen Konfusionstechniken der Musterunterbrechung und der Musterüberladung lesen.

TECHNIKEN DER MUSTERUNTERBRECHUNG

Wie oben bereits angedeutet, sind Techniken der Musterunterbrechung natürliche Kommunikationen, welche die Art und Weise unterbrechen, in der eine Person Informationen aufnimmt, sie sich zugänglich macht, sie repräsentiert oder kommuniziert. Sie können sich auf alle drei kognitiven Hauptmodalitäten beziehen, d. h. auf die auditive, die visuelle und die kinästhetische Informationsverarbeitung. Um das zu veranschaulichen, schildert dieser Abschnitt vielfältige Techniken der Musterunterbrechung, die in diesen verschiedenen Modalitäten erfolgreich sind. Es handelt sich um (1) bedeutungsvolle Trugschlüsse; (2) Verletzungen der Syntax; (3) Hemmung des motorischen Ausdrucks (des Klienten oder des Hypnotherapeuten); (4) Unterbrechung von Zugangshinweisen; (5) die Tranceinduktion durch unterbrochenes Händeschütteln und (6) Gegensatzspiele (polarity plays).

Bedeutungsvolle Trugschlüsse

Eine Kommunikation wird immer im Hinblick auf ihren Kontext verstanden. Ein Hörer z. B. versteht eine verbale Aussage normalerweise im Sinne ihrer Beziehung zu Aussagen, die vorausgegangen sind, und im Sinne der nonverbalen Kommunikationen, die sie begleiten. Eine Aussage, die völlig bedeutungslos ist oder die nicht aus dem gegebenen Kontext folgt, bezeichnet man als *Trugschluß*. Der Hörer ist durch einen Trugschluß normalerweise verblüfft und überrascht und reagiert dann auf diese Unterbrechung automatischer Sprachmuster, indem er sich vorzustellen versucht, was zum Teufel der Sprecher meinte. In der Mehrheit der Fälle gibt der Sprecher den „Fehler" durch eine Klarstellung oder eine Entschuldigung zu und vermindert dadurch rasch jede Unsicherheit, die der Trugschluß verursacht hatte. Wird der Trugschluß jedoch auf eine bedeutungsvolle Weise geäußert, so als wäre er eine völlig vernünftige und wirklich wichtige Aussage, dann sucht der Hörer typischerweise (vergeblich) weiter nach der „eigentlichen" Bedeutung der Äußerung. Das gilt besonders dann, wenn der Hörer den Sprecher oder die Sprecherin schätzt und annimmt, daß er oder sie vernünftig und ernsthaft spricht, wie in der Therapeut - Klient Beziehung. Je länger eine Person versucht, einem Trugschluß einen Sinn abzugewinnen, desto unsicherer wird sie. Dieses sich aufbauende Reaktionspotential kann der Hypnotherapeut oft nach drei bis fünf Sekunden dazu nutzen, um dem Klienten sanft, aber nachdrücklich zu suggerieren, in Trance zu fallen.

Erickson (1964a) gibt in der Beschreibung einer seiner ersten Entdeckungen der Wirkung von bedeutungsvoll geäußerten Trugschlüssen eine hübsche Illustration, wie eine solche natürliche Technik funktioniert:

> ... An einem stürmischen Tag, als ich unterwegs war zum ersten offiziellen Seminar über Hypnose, das Clark L. Hull 1923 in den USA an der University of Wisconsin durchgeführt hat, wo ich von meiner experimentellen Arbeit berichtete und graduierte Psychologiestudenten meine Ergebnisse diskutierten, kam ein Mann eiligen Schrittes um die Ecke eines Gebäudes, wo ich stand, um mich gegen den Sturm abzustützen, und stieß heftig mit mir zusammen. Noch ehe er sein Gleichgewicht wiedergefunden hatte, um mir etwas zu sagen, schaute ich umständlich auf meine Uhr und sagte höflich, als habe er mich gefragt, wie spät es sei: „Es ist genau zehn Minuten vor zwei", obwohl es in Wirklich-

keit schon fast vier Uhr war, und ging weiter. Als ich ungefähr einen halben Häuserblock weit entfernt war, drehte ich mich um und sah, daß er mir noch immer nachschaute, zweifellos noch immer verwirrt und verblüfft von meiner Bemerkung.
Ich setzte meinen Weg zum Labor fort und begann, mir über die ganze Situation den Kopf zu zerbrechen und mich an verschiedene andere Gelegenheiten zu erinnern, bei denen ich meinen Klassenkameraden, Mitarbeitern im Labor, Freunden und Bekannten gegenüber ähnliche Bemerkungen gemacht hatte, und ich erinnerte mich an die Verwirrung und Verblüffung, die das bei ihnen auslöste, und an das Gefühl eines ungeduldigen geistigen Bemühens ihrerseits, mich zu verstehen. Insbesondere erinnerte ich mich an eine Gelegenheit, bei der mein Arbeitskamerad im Physiklabor seinen Freunden erzählt hatte, daß er beabsichtigte, den zweiten (und interessanten) Teil eines bevorstehenden Experimentes durchzuführen, und daß er mich dazu bringen wollte, den ersten (und lästigen) Teil zu übernehmen. Ich erfuhr davon, und als wir unser Material und die Apparate für das Experiment zusammenstellten und alles auf zwei verschiedene Stapel aufteilten, sagte ich im entscheidenden Moment ruhig, aber nachdrücklich zu ihm: *"Jener Spatz flog wirklich nach rechts, dann plötzlich nach links, und dann nach oben, und ich weiß einfach nicht, was danach passiert ist."* Während er mich verdutzt anstarrte, nahm ich die Ausrüstung für den zweiten Teil und ging emsig an die Arbeit und er, noch immer verblüfft, folgte einfach meinem Beispiel und begann mit dem Material für den ersten Teil zu arbeiten. Erst als das Experiment fast abgeschlossen war, brach er das gewohnte Schweigen, das unsere Zusammenarbeit kennzeichnete. Er fragte: „Wie komme ich dazu, diesen Teil zu machen? Ich hatte mir den anderen ausgesucht." Darauf gab ich einfach zur Antwort: „Es schien sich natürlich so zu ergeben (in Rossi 1980a: S.259).

Als ich Erickson fast fünfzig Jahre später begegnete, war seine Geschicklichkeit im Gebrauch dieser spontan entdeckten Technik zu hypnotischen und therapeutischen Zwecken ziemlich geläutert. Eine meiner denkwürdigsten und aufschlußreichsten Erfahrungen mit ihm ereignete sich in der Anfangszeit meiner Ausbildung bei ihm. Ich war fest entschlossen, alles zu verstehen und zu lernen, was Erickson tat, und ziemlich naiv nahm ich an, daß es keine andere Möglichkeit gäbe, als *alles, was geschah*, rational zu analysieren. Selbstgefällig hielt ich an der irrigen Meinung fest, daß jede der vielen Geschichten, die Erickson erzählte, da er ja ein „Meister der Metapher" war, „wirklich" das jeweilige Leben und Treiben einer im Raum anwesenden Person beschrieben, die der Geschichte zuhörte. Ich konstruierte daher so etwas wie eine geistige „Metaphern-Übersetzungs-Maschine", wobei ich mir eine Geschichte genau anhörte und dann sofort „erkannte", von welchem anwesenden Teilnehmer sie „eigentlich" handelte.

Meine ziemlich einschränkende Voreingenommenheit ist Ericksons Aufmerksamkeit nicht entgangen. Eines Tages begann er eine Reihe von „offensichtlich" metaphorischen Geschichten zu erzählen und setzte dadurch meine „Metaphern-Übersetzungs-Maschine" in Gang. Doch ziemlich plötzlich unterbrach er eine Geschichte und sah aufmerksam meine rechte Hand an, deutete auf sie und sagte dann ganz überrascht und ungläubig: „Ist das nicht deine *linke* Hand, die sich nicht hebt? Noch nicht? Jetzt!!??" Meine Erinnerung an dieses Erlebnis ist immer noch ziemlich verschwommen. So viel ich weiß, habe ich die Aussage zuerst meiner „Metaphern-Maschine" injiziert, um zu verstehen, wessen Hand er wirklich meinte. Nachdem mehrere erfolglose Versuche meine Verwirrung vergrößert hatten, erlebte ich, wie der Raum „herumzuschwimmen" begann, während meine rechte Hand unwillkürlich nach oben zu schweben begann. Ich fand mich dabei, wie ich Erickson direkt in die Augen sah, als er sagte: „So ist es gut, schließe deine Augen und laß dich JETZT in Trance fallen!!!" Um meine Reaktion abzuschwächen, tat ich das sofort. Er fügte dann hinzu: „... und überlaß das Lernen eine Zeitlang deinem Unbewußten". Und auch das tat ich. Diese ziemlich intensive Erfahrung, unwillkürlich in Trance zu fallen, war nicht nur „aus erster Hand" das Erlebnis der Musterunterbrechung durch einen Trugschluß, sondern sie führte mich auch schließlich zu der Einsicht, daß der Versuch, mich beim Erlernen des Ericksonschen Ansatzes auf bewußte Berechnungen zu verlassen, in bemitleidenswerter Weise unangemessen ist.

Beachten Sie, daß diese einfache, aber raffinierte Technik den fünf Schritten der Konfusion folgten, zunächst die *Mustererkennung* (Übersetzen von Geschichten), *das Pacing des Musters* (indem Erickson mich in die Geschichte hineinzog), *Unterbrechung des Musters* (durch Darbietung des Trugschlusses), *Steigerung der Konfusion* (durch die Beibehaltung des aufmerksamen Blickes während weiterer fünf Sekunden), und schließlich die *Nutzbarmachung der Konfusion* (indem Erickson suggerierte, ich solle meine Augen schließen und in Trance fallen). Beachten Sie auch, daß die Wirksamkeit des Trugschlusses als einer Konfusionstechnik begünstigt wurde, (1) weil sie auf ein dominantes, Trance hemmendes Bewußtseinsmuster zielte und (2) durch den zusätzlichen Gebrauch einer krassen Inkongruenz (auf die rechte Hand deuten und über die linke sprechen), um die Verwirrung zu steigern. Hinzu kam, daß Ericksons Haltung ausgesprochen ernst und bedeutungsvoll war, als er die entscheidenden Sätze sagte. Der Hypnotiseur, der ähnliche Techniken der Musterunterbrechung anwendet, sollte diese Punkte dabei nicht vergessen.

Ich habe ausgiebig mit dieser Technik experimentiert und gefunden, daß sie bei den meisten Klienten bemerkenswert erfolgreich ist. Natürlich muß man die Technik der Situation und der Reaktion des Klienten entsprechend modifizieren. Man kann z. B. die Hand eines relativ reaktionsbereiten Klienten leicht heben - entweder die Hand, auf die man zeigt, oder die Hand, von der man spricht, und gleichzeitig bemerken, daß sich die Hand noch nicht hebe, was beträchtlich zur Verwirrung beiträgt. (Die erhobene Hand kann man ziemlich leicht kataleptisch werden lassen und dies anschließend nutzbar machen.) Oder man könnte einen Schwall zusätzlicher Trugschlüsse oder andere Konfusionstechniken einführen, um die Konfusion eines nur zum Teil verwirrten Individuums auszudehnen. Oder zu einer Person, die überhaupt nicht verwirrt zu sein scheint, könnte man z. b. so etwas Ähnliches sagen - *(und dabei selbstsicher und bedeutungsvoll bleiben)* - wie: „Doch natürlich, warum sollten wir erwarten, daß es ... meine Güte, ich glaube, ich habe wirklich zu viel gearbeitet. Hatten Sie auch schon einmal dieses Gefühl? ...", und danach das Thema wechseln. Lassen Sie also die Technik ihre besondere Dynamik entfalten als Entsprechung zu den Reaktionen, die sich in der Interaktion ergeben.

Sie sollten auch nicht erwarten, daß Sie mit einem einzigen Trugschluß eine volle Trance hervorrufen können. Oftmals dient er nur dem einfachen, aber überaus wertvollen Zweck, den Klienten ein wenig aufzulockern, was die Wirksamkeit weiterer, elaborierterer Induktionstechniken erhöht. In diesen Fällen äußert der Therapeut die Trugschlußbemerkung und nimmt dann das Thema der Unterhaltung rasch wieder auf oder geht zu einem neuen Thema über. In ähnlicher Weise können Trugschlüsse einen Gedankenzug außer kraft setzen, in den der Klient versunken ist, wodurch es möglich wird, neue Ideen einzuführen. Vor kurzem unterbrach ich z. B. die selbstmitleidsvolle Rede eines Klienten, indem ich ihm eine Zeitlang zuhörte und verständnisvoll mit dem Kopf nickte und dann plötzlich mit größtem Ernst zu ihm sagte: „Wissen Sie, John, Gänse fliegen in Kalifornien nicht nach Süden. Es kann wirklich ein völlig anderer Staat[2] sein." John erstarrte einen Augenblick lang vor Verwirrung, seine Augen weiteten sich, dann bat er mich, ihm die Bemerkung zu erklären. Geheimnisvoll aber freundlich suggerierte ich ihm, daß es am besten für ihn sei, wenn er sie auf seine Weise verstünde, ermutigte ihn, eine Weile darüber nachzudenken, und wechselte dann das Thema. Wie es bei den meisten Menschen in einer derartigen Situation geschieht, warfen diese Bemerkungen ihn aus seinem eingefahrenen geistigen Gleis und ermöglichten uns, mit Interaktionen mehr therapeutischen Charakters fortzufahren.

Auch während einer Induktion lassen sich Trugschlüsse verwenden, um bewußte Denkvorgänge außer kraft zu setzen. Der Hypnotherapeut kann z. B. rätselhafte Bemerkungen in eine Induktion einstreuen, die während eines Gesprächs erfolgt, wie in dieser Kurzfassung:

Und Sie können in Trance viele Dinge erleben.... . *Blauer Max!!! ... Was bedeutet es, einen blauen Max zu haben??* ... und auch noch anderes ... und Sie können Ihr Unbewußtes es für Sie tun lassen, *weil Ihre Hände auf dem Schoß liegen und Ihre Schuhbänder gebunden sind* ... und deshalb, warum nicht tief in Trance fallen.

Um es zu wiederholen, solche Trugschlüsse haben eine maximale hypnotische Wirkung wenn sie (1) bedeutsam geäußert werden, (2) von einem Sprecher, bei dem man annimmt und erwartet, daß er vernünftig spricht und Relevantes sagt, (3) in einem Kontext, in dem die Hörer der Integrität des Sprechers vertrauen. Experimentieren Sie in verschiedenen natürlichen Situationen mit Trugschlüssen, um diese Punkte auf ihre Stichhaltigkeit zu überprüfen, und verwenden Sie dazu unterschiedliche Vortragsstile. Sie könnten z. B. einen Telefonanruf mit der Frage beantworten: „Bitte, ist dort Bill?"; warten Sie dann mehrere Sekunden, bevor Sie mit sanfter Stimme sagen: „Das ist gut ... und Sie können Ihre Augen schließen und sich entspannen, sobald Sie hören, daß das Telefon eingehängt wird"; dann legen Sie den Hörer auf. Oder bei der nächsten Gelegenheit, wenn ein Kellner oder eine Kellnerin Sie im Restaurant um Ihre Bestellung bittet, könnten Sie mit größter Ernsthaftigkeit sagen: „Drei Ersatzreifen, halten Sie den Wagenheber!", drei bis fünf Sekunden warten (damit die Konfusion sich aufbauen kann) und dann die Hand der Person heben. Bei spontanen Feldutilisationen wie dieser wird die Person oft fünf bis zehn Sekunden lang unbeweglich und bekommt glasige Augen, die nicht blinzeln und die erweitert sind. Dann erholt sie sich typischerweise wieder und sieht Sie erwartungsvoll und erstaunt an. Wenn Sie an dieser Stelle auf eine Art lächeln, die vermittelt, daß Sie eher etwas gemeinsam *mit* der Person tun und nicht so sehr *ihr etwas antun* - d. h. daß Ihre Intention eher darauf gerichtet ist, sie zu unterstützen als sie lächerlich zu machen - dann zeigt sich die Person normalerweise über die Vorgänge echt erfreut. (Wenn Sie diese unterstützende Absicht nicht vermitteln, ob verbal oder nonverbal, wird die Person oft - und mit Recht - auf Sie wütend.) Empfänglichkeit erstreckt sich in solchen Situationen aber selten bis zu dem Punkt, an dem sich eine ausgedehnte Trance entwickeln ließe. Diese Einschränkungen zeigen, wie signifikant die Faktoren der wahrgenommenen Absicht und des situativen Kontextes die Reaktionen auf bedeutsam geäußerte Trugschlüsse beeinflussen.

Verletzungen der Syntax

Neben den pragmatischen Regeln, welche die Konversation regieren, (z. B. deutlich, klar und relevant zu sprechen und auf das einzugehen, was der andere sagt, und ihn zu Wort kommen zu lassen) gibt es viele syntaktische Regeln. Wie Chomsky (1957, 1965) so elegant formuliert hat, Sprecher natürlicher Sprachen teilen eine Anzahl von Intuitionen über die grammatische Wohlgeformtheit einer Äußerung. Wenn wir also einer schlecht geformten Aussage begegnen - wenn ich etwa zu Ihnen sage: „Es ist dann bewahren Sie auf denn weil fühle ich" - fühlen wir uns im allgemeinen für einen Moment aus dem Konzept gebracht und verwirrt, bevor wir uns fragen, ob der Sprecher unter Drogen steht, ein Spiel mit uns treibt, einfach verrückt ist, oder nicht gut Deutsch spricht usw. Die richtige Antwort herauszufinden, ist oft nicht schwierig. Stellen Sie sich jedoch vor, daß keine von diesen Attributionen die grammatische Regelverletzung erklärt - d. h. der Sprecher oder die Sprecherin übermittelt (z. B. durch nonverbale Bedeutsamkeit und Kongruenz und durch vorausgegangene und nachfolgende Aussagen, die grammatisch wohlgeformt sind) daß er oder sie sich verständlich ausdrücken kann, geistig gesund ist, nicht unter Drogen steht, Deutsch spricht, Verantwortungsbewußtsein zeigt und beste Absichten hat. In einer solchen Situation ist es eher typisch, daß der Hörer noch unsicherer und verwirrter wird und vom Sprecher irgendeine Bemerkung erwartet, welche die Unsicherheit reduziert. Wie bei jeder Konfusionstechnik ist dies genau der Punkt, an welchem der Hypnotiseur das Reaktionspotential des Klienten nutzt, um hypnotische Suggestionen anzubieten.

Es gibt viele verschiedene Möglichkeiten, wie Verletzungen der Syntax sich im hypnotischen Kontext günstig verwenden lassen. Als besonders effektiv hat sich die Technik erwiesen, Schlüsselwörter in der Mitte eines Satzes zu plazieren, um zu einer völlig anderen Aussage überzugehen. Zum Beispiel:

1. ...und der Regen fiel, und plötzlich spürte ich einen Tropfen *fallen direkt in Trance.*
2. ... And when I go to Germany, I always like to have a *translator (trance later), John, or trance now, John, trance now all the way down* ...[3]
3. ...und was bedeutet es, wenn jemand sagt, Sie können so schnell sein wie ein *Blinzeln Sie mit den Augen ...das ist gut ... wieder ... und wieder ... und jetzt ganz hinunter...*
4. ... Ist das nicht eine *Schau*[4] *aufmerksam, wie Deine Augenlider sich langsam über Deine Augen legen und Sie sich ganz leicht sinken lassen hinunter in Trance können jetzt* ...

Hypnotisch utilisierbare Verletzungen der Syntax lassen sich also erzeugen (1) durch die Wahl von Worten, die mehr als eine Bedeutung haben, wovon zumindest eine für die Tranceentwicklung relevant ist (z. B. fallen, „über-setzen", blinzeln …); (2) indem man einen Satz zu bilden beginnt, der mit dem Schlüsselwort in seiner nicht auf die Trance bezogenen Bedeutung endet, das aber (3) in seiner trancebezogenen Bedeutung den Anfang einer neuen Aussage bildet, so daß (4) wenn man beide Aussagen zu einem Satz zusammenfügt, das Schlüsselwort in der Mitte als Überschneidungspunkt steht.

Die Wirkung dieser etwas bizarren Aussagen hängt in hohem Maß von den vorausgegangenen Sätzen, der nonverbalen Übermittlung und der nachfolgenden Utilisierung durch den Hypnotiseur ab. In dieser Hinsicht empfehle ich als äußerst nützliche Trainingstechnik, diejenigen nonverbalen Ausdrücke und Bewegungen in Ihrem Verhalten herauszufinden und zu üben, die Absorbiertheit, Überraschung, „Bedeutsamkeit" und andere psychische Reaktionen hervorrufen, die für die Techniken der Musterunterbrechung relevant sind.

Um aber nochmals darauf hinzuweisen, auch eine gut angewendete Musterunterbrechung induziert nicht immer eine längere Trance. Doch der Hypnotiseur, der Selbstvertrauen und Kongruenz bewahrt, wird im allgemeinen wenig Schwierigkeiten haben, die Reaktionen des Klienten nutzbar zu machen. Hinsichtlich der soeben besprochenen Technik ist eine häufig eintretende Wirkung die Fesselung der Aufmerksamkeit des Klienten, die eine gute Grundlage für weitere hypnotische Kommunikationen bildet. Solche Kommunikationen können ein direktes Pacing und Leading (z. B. des Lidschlages) umfassen, die sich durch Suggestionen zur Erzeugung eines Tunnelblickes fortsetzen ließen. Zum Beispiel:

> So ist es gut … und Sie können mich ansehen … und während Sie mich ansehen, können Sie Ihre unbewußte Fähigkeit schätzen und genießen, die Ihnen ermöglicht, sich mit großer innerer Sicherheit in die Erfahrung *zu versenken*, mich *hier* zu sehen und zugleich wachsende Freude daran zu haben, daß Ihre Wahrnehmung der Dinge, die Sie *hier* umgeben, immer ein wenig verschwommener wir …

Solche Sätze äußert man gewöhnlich am besten etwas rasch, aber sehr bedeutsam, um sowohl die Konfusion als auch die Absorbiertheit aufrechtzuerhalten.

Hemmung des motorischen Ausdrucks

Ein Muster, das bei menschlichen Interaktionen häufig zu beobachten ist, aber meist nicht beachtet wird, sind geringfügige motorische Anpassungen (z. B. Veränderungen der Körperhaltung, ein leichtes Klopfen mit Händen oder Füßen, Kopfnicken). Eine Hauptfunktion solcher Bewegungen besteht darin, eine nach außen orientierte bewußte Informationsverarbeitung in Gang zu halten. Man kann das an einfachen natürlichen Beobachtungen demonstrieren - beachten Sie z. B., daß solche Bewegungen oft seltener werden, wenn eine Person von inneren Gedanken absorbiert ist - oder anhand von Experimenten. Oder beobachten Sie einmal z. B., was geschieht, wenn Sie oder sonst jemand sich über eine Minute lang überhaupt nicht bewegen (mit dem typischen Ergebnis, daß die innere Absorbiertheit wächst und gewöhnlich mit einer verminderten oder verzerrten Wahrnehmung äußerer Reize einhergeht).

Die hypnotische Bedeutsamkeit dieses Vorgangs ist offensichtlich: Eine interessante Induktionstechnik muß motorische Bewegungen unterbrechen. Es gibt mehrere Möglichkeiten, das zu bewerkstelligen, u. a. die, den Klienten in seinen Bewegungen einzuschränken. (Wie früher bemerkt, ist das spontane Auftreten einer motorischen Hemmung ein gutes Anzeichen dafür, daß eine Tranceentwicklung eingesetzt hat). Und in der Tat hat Erickson seinen Klienten am Anfang einer Induktion oft suggeriert:

> Sie müssen sich nicht bewegen ... und Sie müssen nicht sprechen.

Solche einfachen Unbeweglichkeitssuggestionen kann man dann durch Techniken zur Fixierung der Aufmerksamkeit (die dadurch zugleich motorisch unbeweglich machen) unterstützen. Erickson hat die Induktion oft mit Suggestionen zur visuellen Fixierung und zum Tunnelblick fortgesetzt:

> ... und was hinter mir ist, ist nicht wichtig ... was links neben mir ist, ist nicht wichtig ... was rechts neben mir ist, ist nicht wichtig ... wichtig ist Ihr inneres Erleben ...

Wenn solche Kommunikationen auf eine gewinnende und fesselnde Weise geäußert werden, können sie leicht die Bewegung hemmen, und sie unterbrechen damit eines der wichtigsten Muster, das der automatischen Aufrechterhaltung bewußter Prozesse dient. Dies steigert den Erfolg von sich anschließenden Induktionstechniken beträchtlich.

Diese einfache Methode ist besonders nützlich bei Klienten, die in bewußten rationalen Prozessen gefangen sind, welche eine Tranceentwicklung praktisch unmöglich machen. Ein Klient z. B. betrat meinen Behandlungsraum und begann bitter über eigentlich alles, woran er nur denken konnte, zu klagen. Nach mehreren erfolglosen Versuchen, ihn höflich zu unterbrechen, fing ich an, Interesse für seine Klagen zu zeigen, ihm zuzustimmen und schließlich ihn zu ermutigen, noch mehr zu klagen. Sobald dies mir seine Aufmerksamkeit und den Rapport sicherte, sagte ich zu ihm in aller Eindrücklichkeit:

> Nun, Bill, mir scheint, Sie haben ein schweres Los, das Sie mit Recht aus der Fassung bringt. Ihre Frau versteht Sie nicht, Ihr Chef versteht Sie nicht, Ihre Kinder verstehen Sie nicht ... kurz gesagt, es ist wirklich übel, und Sie wissen nicht, was Sie jetzt machen sollen. Und Sie sind hier, weil Sie gern wissen möchten, wie Sie mit diesen Situationen umgehen sollen, und wie Sie sich den Rücken wieder frei machen und diese Leute dazu bringen können, Sie zu verstehen. Ist das richtig so?

Da diese Aussagen seinen Klagenschwall im wesentlichen gedrängt zusammenfaßten, mußte er mir zustimmen. Daraufhin konnte ich ihm weiter sagen, daß ich ihm genau zugehört habe, und daß ich ihm darauf etwas sehr Wichtiges antworten wolle und, da er ja bereit sei, etwas Neues auszuprobieren, ich ihn bitten möchte, auf seinem Stuhl zu sitzen und mir *nur nonverbal zu antworten*. Diese letzte Aussage wiederholte ich mehrmals und betonte, daß er mir verbal werde antworten wollen, daß er sich gedrängt fühlen werde, etwas zu sagen, daß ich aber wolle, daß er *nur* nonverbal reagiere. Seine Verzweiflung und mein nüchterner, drängender Ton garantierten seine Mitarbeit. Als ich zu reden begann, hatte er mächtig zu kämpfen, um nicht herauszuplatzen. Ich machte dies nutzbar, indem ich ihn aufforderte, sich am Stuhl festzuhalten und sich ganz aufrecht hinzusetzen, um sein feierliches Versprechen zu halten. Das führte schnell zu einer steifen und erstarrten Haltung, welche die rasche Entwicklung einer Trance durch metaphorische Geschichten und eingestreute hypnotische Anweisungen ermöglichte. Kurz gesagt, die Methode der motorischen Einschränkung unterbrach seine verbalen und nonverbalen Muster und erlaubte uns, therapeutisch zu arbeiten.

Wie die meisten Konfusionstechniken in diesem Kapitel lernte ich auch diese Methode von Erickson. Er unterstrich, daß die Technik besonders bei Individuen nützlich sei, die ein zwanghaftes Bedürfnis haben, dauernd zu reden und ihr Erleben rational zu verstehen. Haley (1973) hat einen Fall von Erickson beschrieben, der das schön illustriert. Ein übermäßig rationalisierendes Akademikerehepaar suchte therapeutische Hilfe hinsichtlich dessen, was sie ihre seit drei Jahren „frustrierten Fortpflanzungswünsche" nannten; d. h., sie hatten erfolglos versucht, ein Kind zu bekommen. Nachdem Erickson ein geeignetes Reaktionspotential aufgebaut und sich die Zustimmung beider Ehepartner zu einer „experimentellen psychischen Schocktherapie" eingeholt hatte, wies er sie an, stillzusitzen und sich an ihren Stühlen festzuhalten, um sich für den „Schock" zu wappnen. Er verlangte, daß sie danach auf dem ganzen

Heimweg nicht miteinander sprechen sollten, ungeachtet der Tatsache, daß sie wahrscheinlich von verschiedenen Gedanken und Gefühlen überwältigt sein würden. Nachdem er auf dramatische Weise ein noch größeres Reaktionspotential aufgebaut und in der akademischen Sprache des Paares dessen Ausführungen noch einmal wiederholt hatte, sagte er plötzlich: „Herrgott noch einmal, warum vögeln sie nicht einmal zum Spaß miteinander und danken dem Herrgott, daß sie in den nächsten drei Monaten keinen dicken Bauch kriegt. Jetzt gehen Sie bitte" (in Haley 1973: S. 166; dt. 1978, bzw. 1988: S.167). Um es kurz zu machen, in einem Telefonanruf am späten Abend teilten sie mit, daß sie es nach der Heimfahrt über 40 Meilen nicht mehr geschafft hatten, das Schlafzimmer aufzusuchen; sie taten „es" gleich auf dem Fußboden des Wohnzimmers. Wie Erickson erklärte, hatten diese schockierenden Anweisungen in Verbindung mit der Einschränkung ihrer verbalen und nonverbalen Kommunikationsmuster ungeheuer viele unterdrückte erotische Gedanken losgekettet und zur Entwicklung einer natürlicheren sexuellen Beziehung geführt.

Unterbrechung von Zugangshinweisen

Manchmal ist es auch nützlich, die in Kapitel 4 beschriebenen Zugangshinweise, die ja ebenfalls motorische Bewegungen sind, zu unterbrechen. Denn diese Hinweise dienen, wie bemerkt, dazu, bewußte kognitive Strategien in Gang zu setzen. Und da solche Strategien die Spontaneität therapeutischer Tranceexplorationen hemmen, kann ihre Unterbrechung den Weg für hypnotische Entwicklungen frei machen. Ein Klient z. B., der Schwierigkeiten hatte, eine Trance zu erleben, bewegte seine Augen immer nach unten rechts, ein Zugangshinweis, der, wie ich entdeckte, mit einer starken Neigung einherging, jede Suggestion, die ich ihm anbot, zu analysieren. Und weil diese verbale Analyse die mühelosen Prozesse einer hypnotischen Erfahrung unmöglich machte, unterbrach ich sie, indem ich die Person einfach bat, während der Induktion den Blick auf meine Augen zu heften. Jedes Mal, wenn er seinen gewohnten Zugangshinweis zu zeigen begann, lenkte ich seine Aufmerksamkeit wieder auf mich. Dadurch wurde es möglich, eine Trance zu induzieren.

Es gibt noch viele andere Methoden, um Zugangshinweise zu unterbrechen. Meist ist es sehr wirkungsvoll, eine Person zu berühren (z. B. am Arm oder Knie). Eine leichte Handbewegung (z. B. wie um sich das Haar zurückzustreichen) führt im allgemeinen zu demselben Ergebnis. Andere plötzliche Bewegungen oder Geräusche, wie z. B. in die Hände klatschen oder sich räuspern, funktionieren ebenfalls. Solche Verhaltensweisen dienen also dazu, die Zugangshinweise zu unterbrechen, die bewußte, eine Trance störende Prozesse einleiten. Sie rufen meist eine leichte Unsicherheit hervor, welche der Therapeut sofort für hypnotische Enwicklungen nutzbar machen kann.

Hypnotherapeuten können aber nicht nur das motorische Verhalten von Klienten einschränken, um deren Muster der bewußten Informationsverarbeitung zu unterbrechen, sondern auch ihre eigenen Bewegungen. Der Therapeut kann z. B. ganz unbeweglich dasitzen und den Klienten ohne zu blinzeln bedeutungsvoll mit festem Blick anschauen, leicht atmen usw. Wie in Kapitel 3 beschrieben, fördert dieser nach außen orientierte Zustand die Trance sowohl beim Therapeuten als auch beim Klienten. Geht ihm ein nonverbales Spiegeln voraus, dann ruft er beim Klienten manchmal eine ähnliche Reaktion hervor; zumindest unterbricht er angestrengte Muster. Er ist daher besonders nützlich bei Personen, die reden „bis einem die Ohren abfallen". Jeder hat schon solche Individuen erlebt und weiß, daß es manchmal ziemlich schwierig ist, sie zu unterbrechen. Gleichzeitig verstärken die meisten Menschen dieses unaufhörliche Reden durch Kopfnicken, nervöses Herumzappeln, Versuche, verbal zu reagieren usw.; d. h. sie reagieren mit den vorhersagbaren Mustern eines Hörers bei einer Unterhaltung. Einfache Versuche zeigen, daß nur sehr wenige Menschen weiterreden können, wenn sie nicht durch solche minimalen Hinweise verstärkt werden, das gilt besonders für die Dauerredner, die durch ihr „Plappern" oft von schmerzlichen emotionalen Prozessen ablenken. Die motorische Hemmung des Therapeuten wirkt sich auf den Klienten oft beruhigend aus und macht Erfahrungen zugänglich, die therapeutsch nutzbar sind.

Eine Klientin z. B. betrat vor kurzem meinen Behandlungsraum und begann ohne Unterbrechung über die möglichen Gründe ihres Unglücks zu spekulieren. Es war bereits die dritte Sitzung mit ihr, und ich erkannte die Zwecklosigkeit meines Versuchs, ihren nicht gerade hilfreichen Monolog direkt außer Kraft zu setzen und ging deshalb in eine nach außen orientierte Trance, die durch eine motorische Hemmung gekennzeichnet war. Als ich die Klientin weiterhin bedeutungsvoll, aber schweigend ansah, wurde ihr Tempo aus Nervosität zunächst schneller, dann unrhythmischer (ein Zeichen dafür, daß ihre Nervosität noch wuchs). Als sie mich mehrere Male fragte, was ich denke oder was ich tue, sagte ich schlicht und geheimnisvoll: „Ich warte … Sie haben viele Jahre gewartet … auf ein paar Minuten mehr kommt es nicht an." Es fiel ihr immer schwerer, ihr Reden fortzusetzen; ihre Befangenheit schien rapide zu wachsen; erweiterte Pupillen, eine eingeschränkte, unregelmäßige Atmung, Erröten des Gesichts, feuchte Augen usw. zeugten von einer beginnenden emotionalen Unruhe. Als sie von dieser Unruhe nahezu überwältigt schien und dennoch darum kämpfte, ihre verbalen Ablenkungen aufrechtzuerhalten, sagte ich ganz sanft: „Mary, Sie müssen nicht länger an sich halten. Schließen Sie nun Ihre Augen und fühlen Sie, wie es in Ihnen losläßt. Ich bin da und werde da sein, Sie brauchen sich deshalb keine Sorgen zu machen. Kommen Sie, schließen Sie einfach ihre Augen, und lassen Sie sich erleben, was Sie schon so lange zurückgehalten haben, jetzt!!" Sie schloß ihre Augen und begann zu weinen, woraufhin ich handeln und ihr helfen konnte, mit der tiefen emotionalen Erfahrung zurechtzukommen, die sie sich zugänglich gemacht hatte.

Bei einer anderen Klientin, die ich ca. ein halbes Dutzend mal gesehen hatte, schwieg ich völlig, als sie hereinkam und Platz nahm. Da sie es gewohnt war, daß ich am Anfang der Sitzung das Gespräch bestimmte, begann sie nun nervös herumzuzappeln, wegzublicken, sich in ihrem Sessel herumzuwinden, ihre Atmung einzuschränken usw. Als sie mich am Anfang mehrere Male fragte, was ich vorhabe, sah ich ihr einfach weiterhin mit festem Blick bedeutungsvoll, aber freundlich in die Augen; als sie noch weiter fragte, sagte ich geheimnisvoll: „Ist es so weit?" und nickte leicht mit dem Kopf. Nach ungefähr fünfzehn Minuten begann die Frau leise zu weinen, woraufhin ich ihr sanft die Hand hielt und sie durch einen hypnotischen Integrationsprozeß hindurchführte.

Diese Art von Technik habe ich auch in vielen anderen Fällen benutzt und festgestellt, daß sie eine äußerst wirksame Methode ist, bewußte „Widerstände" aufzulösen und therapeutisch bedeutsame Erfahrungen zugänglich zu machen. Natürlich muß man mit Klienten bereits eine vertrauensvolle Beziehung aufgebaut haben, bevor sie die Entwicklung solcher persönlicher und emotionaler Erlebnisse zulassen können. Im oben geschilderten Fall hatte ich frühere Sitzungen darauf verwendet, ein solches Vertrauen zu begründen. Außerdem muß man nonverbal nicht nur Bedeutsamkeit, Erwartung und Kongruenz vermitteln, sondern auch Freundlichkeit und teilnehmende Unterstützung. Für den Ansatz, den Erickson als Gebrauch einer „eisernen Hand im Samthandschuh" bezeichnete, haben diese Methoden im allgemeinen eine hervorragende therapeutische Bedeutung.

Die therapeutische Dynamik dieser Technik der motorischen Einschränkung erkläre ich mir damit, daß Klienten normalerweise gut entwickelte Methoden haben, mit deren Hilfe sie dafür sorgen, daß weder sie selbst noch jemand anderer (z. B. der Therapeut) auf bestimmte Schlüsselerlebnisse achtet[5]. Wenn der Hypnotherapeut in eine nach außen orientierte Trance geht, dann spüren Klienten meist, daß ihre geschliffenen Ablenkungstechniken unwirksam sind und daß der Therapeut durch den „Schleier der Dissoziation" hindurchsehen kann. Das erzeugt Furcht, daß die Schlüsselerlebnisse enthüllt werden; dieses Denken aktiviert die Erlebnisse noch mehr, was wiederum zu neuen Ablenkversuchen Anlaß gibt. Doch solange der Therapeut den Rapport und die intensive Absorbiertheit aufrechterhält, kann der Klient nicht auf andere Prozesse ausweichen. Das steigert seine Unsicherheit, die der Therapeut, insofern es ihm gelungen ist, einen Kontext von Vertrauen und Fürsorge herzustellen, therapeutisch nutzen kann, um auf freundliche Weise hypnotische Anweisungen anzubieten.

Zusammenfassend kann man sagen, daß die Einschränkung der motorischen Äußerungen des Klienten und/oder des Hypnotherapeuten sowohl im Hinblick auf die hypnotische Induktion als auch im Hinblick auf die gesamte Hypnotherapie sich als wirksame Technik der Musterunterbrechung nutzen läßt. Um den Erfolg zu gewährleisten, muß der Hypnotherapeut in der Lage sein, dem Individuum eine unterstützende, doch entschlossene Haltung zu vermitteln, und er muß ein weitgehendes Vertrauen gewonnen haben, ehe ausgedehnte Utilisationen möglich sind. Die Technik ist in der Regel am effektivsten, wenn man sie mit anderen kombiniert.

Die Induktion durch Händeschütteln

Jemandem die Hand zu schütteln ist in unserer Erfahrung eines der üblichsten Muster des Sozialverhaltens. Da die beteiligten motorischen Muster so gut geübt und daher automatisiert sind, ruft die Unterbrechung dieses Musters vor seinem Abschluß eine vorübergehende Verwirrung hervor, die sich gut für die Tranceinduktion nutzbar machen läßt. Es überrascht daher auch nicht, daß Erickson das Händeschütteln als Grundlage für eine seiner innovativsten und erfolgreichsten Induktionsmethoden wählte. Eine interessante Anwendung dieser Technik ereignete sich in Südamerika, als Erickson, der nicht fließend Spanisch sprach, Gruppen von Medizinern Vorlesungen über Hypnose hielt und ihnen Demonstrationen vorführte. Um die Sprachbarriere zu umgehen, demonstrierte er an ausgewählten Personen verschiedene „pantomimische" Induktionen. Erickson (1964c) beschrieb seine Darbietung der Technik des Händeschüttelns an einer solchen Person wie folgt:

> Sie wurde durch eine Seitentür hereingebracht, um mir gegenüberzutreten. Wir sahen uns schweigend an, und dann ging ich munter und lächelnd auf sie zu, wie ich es zuvor schon viele Male mit Seminarteilnehmern in des USA gemacht hatte, wenn ich vor dem Beginn des Seminars und also bevor sie mich kannten Personen aussuchte, die dem entsprachen, was ich als klinisch „gut reaktionsbereit" erachte, und ich streckte meine rechte Hand aus und sie streckte ihre aus. Ich schüttelte ihr langsam die Hand, während ich ihr und sie mir voll in die Augen

starrte, und langsam hörte ich auf zu lächeln. Als ich ihre Hand losließ, tat ich das auf eine ungewohnte Weise, indem ich sie langsam wegzog, dann mit meinem Daumen leicht den Druck verstärkte, danach mit dem kleinen Finger und schließlich mit dem Mittelfinger, immer auf eine unsichere, ungewohnte, zögernde Art, bis ich zuletzt meine Hand so sachte zurückzog, daß sie kein eindeutiges Bewußtsein davon haben konnte, wann ich ihre Hand losgelassen oder welchen Teil ihrer Hand ich zuletzt berührt hatte. Gleichzeitig verlagerte ich den Fokus meiner Augen, indem ich ihre Konvergenz veränderte; der Versuchsperson gab ich damit einen minimalen, doch nicht zu übersehenden Hinweis, daß ich nicht in ihre Augen, sondern durch sie hindurch in weite Ferne zu sehen schien. Langsam erweiterten sich die Pupillen ihrer Augen, und während das geschah, ließ ich ihre Hand auf sanfte Weise ganz los und beließ sie auf halber Höhe in einer kataleptischen Haltung. Ein leichter nach oben gerichteter Druck gegen ihre Handkante bewirkte, daß sie sich leicht nach hob. Dann demonstrierte ich auch die Katalepsie ihres linken Armes, und sie verharrte in einem starren Blick, ohne zu blinzeln... . Langsam schloß ich meine Augen, und sie tat das gleiche (in Rossi 1980a: S.331-332).

Beachten Sie, wie diese Beschreibung den o. g. fünf Schritten des allgemeinen Konfusionsverfahrens entspricht (Tabelle 7.1): Nach der *Bestimmung* eines markanten Interaktionsmusters - dem Händeschütteln - spiegelte Erickson dieses Muster, indem er seine Hand normal ausstreckte und die Hand der Frau schüttelte. (Beachten Sie auch, wie er ihr nonverbales Verhalten, insbesondere ihren Gesichtsausdruck spiegelte.) Er induzierte dann die *Verwirrung*, indem er das typische Muster des Händeschüttelns durch Veränderungen des Gesichtsausdruckes (von einem freundlich-geselligen zu einem tiefgründigen, bedeutungsvollen), der gewohnten Art, die Hand loszulassen und des Brennpunktes der Augen *unterbrach*. Er *dehnte* dann *die Verwirrung* durch den abwechselnden, unvorhersagbaren Druck auf ihre Hand *aus*. Schließlich *machte Erickson die Verwirrung* in der Entwicklung einer Katalepsie (indem er die Hand der Versuchsperson ausgestreckt ließ, sobald sie tatsächlich kataleptisch war) *nutzbar* und führte nonverbal (durch das Defokussieren und Schließen der Augen) in Trance.

Die Technik des unterbrochenen Händeschüttelns läßt sich auch für andere Arten der Tranceentwicklung nutzen. Erickson (1964a/1980a: S. 287) schilderte z. B., wie in einer anderen Vorlesung, dieses Mal vor einer Gruppe amerikanischer Ärzte, ein Arzt sein Interesse für Hypnose zum Ausdruck brachte, zugleich aber ein feindseliges und aggressives Verhalten zeigte. Während einer Stunde zum Kennenlernen, die der Vorlesung vorausging, gab der Arzt - der viel größer und kräftiger war als Erickson - diesem einen knochenzermalmenden Händedruck und erklärte, er wolle sehen, ob „irgendein verdammter Narr" versuchen könne, ihn zu hypnotisieren. Als Erickson später für eine Hypnosedemonstration Freiwillige suchte, ging der Mann mit großen Schritten auf die Bühne hinauf und tat laut seine Überzeugung kund, daß er niemals hypnotisiert werden könne. Erickson bot ihm freundlich seine Hand, und als der streitlustige Kerl sie ergreifen wollte, bückte er sich plötzlich, um seinen Schuh zu binden. Der Mann erstarrte vor Verwunderung, und seine Hand blieb einen Augenblick lang kataleptisch in der Luft ausgestreckt. Erickson machte dies sofort nutzbar, indem er den Mann sanft, aber bedeutungsvoll anwies, tief Atem zu holen, auf dem Stuhl Platz zu nehmen, die Augen zu schließen und tief in Trance zu gehen. Nach einer kurzen Mesmerisierung rief der verblüffte Mann aus: „Verdammt, es hat mich erwischt! Aber wie? Machen Sie es nochmal, damit ich weiß, wie Sie es machen." Erickson ging weiter so vor, daß er ihm verschiedene Induktionstechniken anbot. Als der Mann auf eine Handlevitationsmethode hypnotisch reagierte, benutzte Erickson seine Trance, um ihm und den übrigen Gruppenmitgliedern verschiedene hypnotische Phänomene zu demonstrieren.

Dieser Fall zeigt etwas, was hinsichtlich der Konfusionstechniken wichtig ist: Die Person, die sich starr hinter einem bestimmten Muster verschanzt - Streitlust, Selbstmitleid, Rationalisieren, Beschwichtigen usw. - spricht auf diese Techniken besonders gut an. Mit anderen Worten, *je mehr eine Person sich mit einer bestimmten Seinsweise identifiziert hat, desto verwirrter und unsicherer ist sie, wenn diese Seinsweise unterbrochen wird.* Da Erickson die Streitlust des Mannes ruhig akzeptiert hat, war er in der Lage, sie außer kraft zu setzen und sie auf diese Weise als Ausgangspunkt für die Tranceinduktion zu nutzen. Es ist wichtig darauf hinzuweisen, daß der Arzt nicht sofort eine ausgedehnte Trance entwickelte; seine „Widerstände" wurden jedoch so weit aufgelöst, daß er für weitere Induktionstechniken reaktionsbereit wurde. Um es zu wiederholen: Techniken der Musterunterbrechung stellen oft Muster ab, die eine Trance hemmen, ohne gleich eine tiefe Trance entstehen zu lassen; in solchen Fällen besteht die Aufgabe des Hypnotiseurs darin, den empfänglichen Zustand sofort für die Tranceentwicklung nutzbar zu machen.

Es gibt noch viele andere Variationen der Induktion durch das unterbrochene Händeschütteln. Man kann diese Methode sowohl bei einer Vorlesung oder Demonstration als auch im klinischen Setting mit einem einzelnen Klienten anwenden; die Teilnehmer können dabei stehen oder sitzen; sie kann als ein „unschuldiges" Händeschütteln (bei der Begrüßung) oder in einer Rollenspiel-Situation eingeführt werden - am Anfang, am Ende oder selbst inmitten einer Interaktion. In welcher dieser Situationen die Technik auch angewendet wird, sie funktioniert nur in dem Maß, in dem die Person dem Hypnotiseur und der Situation vertraut. In der Situation der Vorlesung können das Ansehen des oder der Vortragenden, seine oder ihre Haltung und ihre Bemerkungen, die der Technik vorausgehen, das nonverbale Verhalten, mit dem er oder sie die Technik durchführt, und die wahrgenommene Sicherheit des sozialen Settings dieses Vertrauen ermöglichen. Da diese wahrgenommene Sicherheit in der Einzeltherapie nicht immer sofort vorhanden ist, sollte man sie im Setting der privaten Praxis über jeweils mehrere Anfangssitzungen nicht anwenden. Um es zu wiederholen, das Entscheidende ist hier, daß die Techniken der Musterunterbrechung für mehrere Sekunden einen „erstarrten", tranceähnlichen Zustand bewirken können, wobei weitere Reaktionen der Klienten (ob sie sich z. B. noch tiefer auf die Trance einlassen oder ganz aus ihr herauskommen) davon beeinflußt werden, wie sie die Situation deuten.

Die Induktionstechnik des Händeschüttelns läßt sich nach den Grundsätzen des in Tabelle 7.1 skizzierten fünfstufigen Prozesses anwenden. In dieser Form unterscheidet sie sich etwas von jener, die Erickson beschrieben hat (1964a; Erickson, Rossi, Rossi 1976; Erickson, Rossi 1981): Im ersten Schritt - *Herstellen von Kontakt und Aufbau einer Erwartungshaltung* - hat der Hypnotiseur im wesentlichen die Aufgabe, die Aufmerksamkeit des Klienten anzuziehen, während er geeignete Ausgangspositionen schafft. Ich mache das oft am liebsten stehend und sehe dabei den (ebenfalls stehenden) Klienten direkt an. Das kann am Anfang oder am Ende einer Sitzung sein, oder ich arrangiere es während des mittleren Teils der Sitzung, indem ich dem Klienten mein Interesse zum Ausdruck bringe, ihm etwas zu zeigen - z. B. wie sehr unser Verhalten an bestimmte Muster gebunden ist oder wie unterschiedlich Menschen sich vorstellen können. Hierbei kommt es darauf an, daß der Klient mit seiner ganzen Aufmerksamkeit gefesselt ist, ohne die bevorstehende Unterbrechung des Händeschüttelns ganz bewußt wahrzunehmen; der Hypnotiseur sollte entspannt sein und sich wohlfühlen, damit der Klient sich ebenso fühlen kann. (Wenn der Klient aufgrund von früheren Erfahrungen oder Berichten die Unterbrechung des Händeschüttelns erwartet, könnte der Hypnotiseur den Anfang des Musters auslösen - daß der Klient oder die Klientin z. B. die Hand bereitwillig ausstreckt - und dann seine Aufmerksamkeit etwas anderem zuwenden, weil er „abgelenkt" wird. Mehrere Wiederholungen dieser Musterunterbrechung bilden normalerweise ein Reaktionspotential, so daß die Person sich immer mehr gedrängt fühlt, die Hand zu geben, um das verhinderte Muster zu Ende zu führen.) Sobald sie der Hypnotiseur in die richtige Lage gebracht und ihre Aufmerksamkeit genügend absorbiert hat, kann er über ein harmloses, aber interessantes Thema sprechen, während er von Zeit zu Zeit immer wieder kurz die Hand des Klienten oder der Klientin anstarrt, dann ihn oder sie selbst ansieht und leicht nickt. Dieses nonverbale Verhalten hat zum Ziel, die Aufmerksamkeit des Unbewußten auf die Hand zu lenken; man kann dies noch steigern durch kaum wahrnehmbare Gesten, die dazu führen, daß die Hand sich auszustrecken beginnt.

Beim zweiten Schritt - *dem Auslösen des Musters* - geht der Hypnotiseur mit ausgestreckter Hand auf den Klienten zu, so als wolle er ihm die Hand geben. Wie natürliches Experimentieren zeigt, veranlaßt dies die andere Person ausnahmslos dazu, daß sie automatisch ihre Hand auszustrecken beginnt. Unterdessen sieht der Hypnotiseur der Person weiterhin tief in die Augen und setzt das Gespräch fort, um die Fesselung der Aufmerksamkeit aufrechtzuerhalten.

Der dritte Schritt - *die Unterbrechung des Musters* - erfolgt, wenn der Hypnotiseur etwas weiter als einen Meter von der Person entfernt ist. An dieser Stelle beeilt sich der Hypnotiseur - der noch immer vorwärts geht und seine rechte Hand ausgestreckt hält - seine linke Hand unter der ausgestreckten Hand des Klienten plötzlich, jedoch mit einer gewissen Anmut zu heben. Diese Bewegung setzt er fort und benutzt seinen Daumen und seinen Zeigefinger, um die Hand des Klienten ungefähr bis in Schulterhöhe zu führen. (Hebt man sie höher, dann führt das nach meiner Erfahrung zu Muskelspannungen, die es anstrengend machen, die Hand dort zu halten, was die Beteiligung des Bewußtseins begünstigt.) *Dieses Heben sollte mit minimalem Druck und geziemender Freundlichkeit erfolgen, damit die Person sich nicht gedrängt oder beherrscht fühlt.* Der Hypnotiseur führt nur die sich bereits hebende Hand des Klienten, allerdings ziemlich schnell, so daß eine Überraschungskomponente hinzukommt.

Unterdessen erreicht die rechte Hand des Therapeuten (die sich weiter nach oben bewegte, wenn auch langsamer als die linke Hand) ungefähr die Augenhöhe des Klienten und zeigt auf sein Gesicht (eine gute Ablenkungs- und Unterbrechungstechnik); dann dreht sie sich schnell, in Verbindung mit dem ganzen Körper, herum, um auf die nun erhobene linke Hand des Klienten zu deuten. Der Hypnotiseur, der den Klienten erstaunt, intensiv und absorbierend angeschaut hat, starrt nun ungläubig dessen erhobene rechte Hand an. Das verwirrt und überrascht den Klienten typischerweise und führt zu einer raschen Dissoziation, die an der Leichtigkeit der erhobenen rechten Hand, einem erstarrten Aussehen und einer erstarrten Haltung, erweiterten Pupillen eingeschränkter Atmung usw. abzulesen ist.

An diesem Punkt geht der Hypnotiseur zum vierten Schritt über - zur Steigerung oder *Ausdehnung der Verwirrung*. Er gibt dem Klienten auf eine sanfte, aber bedeutungsvolle Art die Anweisung, sehr genau auf die farblichen Veränderungen zu achten, die sich in seiner (erhobenen) Hand zu zeigen beginnen. Diese Aussage, die völlig logisch klingt, aber eigentlich, gelinde gesagt, ziemlich ungewöhnlich ist, verwirrt den Klienten normalerweise noch weiter und fixiert seine Aufmerksamkeit auf die Hand. (In den seltenen Fällen, in denen sich eine Fixierung der Aufmerksamkeit auf die Hand nicht sofort herbeiführen läßt, kann der Hypnotiseur dem Klienten tief in die Augen sehen, um eine Augenfixierung zu entwickeln, und dann die Aufmerksamkeit auf die Hand lenken. Eine Ausnahme ist dann gegeben, wenn der Klient keinerlei Überraschung zeigt und ziemlich empört ist; dann sollte man andere Utilisationen wählen, die weiter unten beschrieben sind.) Da die Desorientierung sowohl die Bereitschaft steigert, einfachen Anweisungen zu folgen, als auch die Fähigkeit erhöht, Wahrnehmungsveränderungen zu entwickeln, kann es oft geschehen, daß Klienten tatsächlich sehen, wie sich die Hautfarbe ihrer Hand verändert. Man kann diese hypnotischen Entwicklungen fördern, indem man die Fingerspitzen der erhobenen Hand *ganz leicht* berührt (was kribbelnde Empfindungen erzeugen sollte) und gleichzeitig die berührten Finger benennt. Der Hypnotiseur könnte z. B. sagen:

> So ist es gut ... und fahren Sie einfach fort, *sehr genau auf all jene farblichen Veränderungen zu achten* ... ob sie am Zeigefinger auftreten (er berührt den Zeigefinger) oder am Mittelfinger (er berührt den Mittelfinger) oder am Daumen (er berührt den Daumen) oder am Ringfinger (er berührt den Ringfinger) oder am kleinen Finger (er berührt den kleinen Finger) oder am Daumen (er berührt den Daumen) oder am kleinen Finger (er berührt den Daumen) ...

Nach ungefähr einer Minute kann er die Verwirrung steigern, indem er die Frequenz seiner Äußerungen erhöht und gleichzeitig die Finger *falsch* benennt. Das kann zum fünften Schritt, der *Nutzbarmachung der Konfusion* durch Einstreuen von Trancesuggestionen, überleiten, zum Beispiel:

> ... und der kleine Finger (er berührt den Mittelfinger) und der Zeigefinger (er berührt den Daumen) und er Daumen (er berührt den Mittelfinger) oder der Zeigefinger (er berührt den Zeigefinger) oder wieder der Daumen (er berührt den Zeigefinger) oder der große (er berührt den kleinen Finger) oder der kleine (er berührt den Zeigefinger) oder der mittlere (er berührt den Ringfinger) oder das *Fallen in Trance*, wenn Sie vom größeren zum kleineren, zum Gefühl des Wohlbefindens, zu den

Veränderungen im mittleren, im kleinen, im Ringfinger (er berührt die Finger nun in schneller Abfolge) *jetzt zum Fallen in tiefere Trance übergehen* ... so ist es gut ... die Augen blinzeln, die Lider fallen, die Trance entwickelt sich ... usw.

Während dieser ganzen Zeit (vom Beginn des dritten Schrittes an), bleibt die linke Hand des Hypnotiseurs unter der rechten Hand des Klienten. Fühlt diese Hand sich völlig kataleptisch und leicht an, was oft der Fall ist, kann der Hypnotiseur aufhören, sie zu stützen und sie ungefähr 15 - 20 cm tiefer sinken lassen. (Wenn er die Hand ganz fallen läßt, so kann das die visuelle Fixierung des Klienten ablenken oder ihn erschrecken.) Fühlt die Hand sich zwar leicht an, doch so, daß sie immer noch etwas Unterstützung braucht, dann kann man durch ganz leichten rhythmischen Druck nach oben und unten mit einem oder zwei Fingern unter der Hand bewirken, daß sich die Katalepsie voll entwickelt, wodurch es möglich wird, die Unterstützung nach und nach aufzugeben. Diese Rhythmen des Hebens und Loslassens sollten so sanft und leicht sein, daß der Klient kaum unterscheiden kann, wann die Berührung beginnt und wann sie endet. (Fühlt die Hand sich schwer an, sollte der Hypnotiseur mit anderen Utilisationen fortfahren, die weiter unten beschrieben werden.)

Die konkreten verbalen und nonverbalen Kommunikationen sollten natürlich den Reaktionen des Klienten entsprechend modifiziert werden. Eine tiefe kataleptische Trance ist normalerweise in dem Maß erreichbar, in dem die Anpassung an die Reaktionen des Klienten gelingt. An diesem Punkt hat der Hypnotiseur viele verschiedene Möglichkeiten, um die Utilisation fortzusetzen. Er könnte z. B. hypnotische Phänomene oder hypnotherapeutische Verfahren einführen, insbesondere dissoziative Prozesse, wie z. B. hypnotische Träume. Man kann den Klienten während solcher Explorationen bequemer auf einen Stuhl setzen, er kann aber auch stehen bleiben.

Damit die Person sich danach wieder zurechtfindet, hat Erickson die interessante Möglichkeit der *zeitlichen Reorientierung* entwickelt, bei welcher der Hypnotiseur in dem Moment, in dem die Person ihre Augen öffnet, um aus der Trance aufzutauchen, das in der Schwebe gelassene Muster des Händeschüttelns zu Ende führt und dann kongruent handelt, als ob zwischen der Unterbrechung und dem Abschluß des Musters nichts geschehen wäre. Dadurch, daß Menschen meist sehr reaktionsbereit sind, wenn sie von einer Trance in den Wachzustand übergehen, bewirkt eine solche Taktik oft eine Amnesie für die Tranceentwicklung und die Utilisationen. (Wie in Kapitel 2 ausgeführt wurde, schützt eine Amnesie davor, daß Lernerfahrungen sofort bewußt zergliedert werden, und sie ist in vielen Fällen eine grundlegende Strategie des Ericksontherapeuten. Für eine spezielle Diskussion natürlicher Amnesietechniken siehe Zeig 1985c.)

Um es zusammenzufassen, die oben beschriebene Technik des Händeschüttelns geht wie folgt vor sich: Der Therapeut zieht die Aufmerksamkeit des Klienten auf sich; er löst das Muster des Händeschüttelns aus; dann hebt er die ausgestreckte rechte Hand des Klienten mit seiner linken Hand rasch empor, lenkt alle Aufmerksamkeit auf die unterstützte rechte Hand und suggeriert Wahrnehmungsverzerrungen dieser Hand; er erzeugt ein Kribbeln, indem er die Finger berührt und sie mit ihrem Namen benennt; danach dehnt er die Konfusion durch falsche Benennungen der Finger aus, macht die Konfusion für eine Tranceentwicklung nutzbar, und nutzt die Trance wiederum für hypnotische Explorationen; schließlich reorientiert er die Person wenn möglich mit Hilfe der Amnesietechnik oder durch die zeitliche Reorientierung. Führt er diese Technik mit genügend Selbstvertrauen, Ruhe und Bedeutsamkeit aus, dann ist sie eine ungeheuer wirksame Konfusionsmethode.

Doch natürlich rufen auch die elegantesten Utilisationen nicht immer hypnotische Reaktionen hervor. Manchmal sind Klienten z. B. nicht überrascht genug und entwickeln deshalb keine Katalepsie. In solchen Fällen kann man die Schwere der Hand genauso direkt für die Tranceentwicklung nutzbar machen. Der Hypnotiseur könnte die Schwere z. B. als gutes Zeichen einer körperlichen Entspannung werten und dem Klienten Komplimente machen, weil er eine Fähigkeit zur Entspannung zeige und also bereit sei, in Trance zu gehen. Er kann dann suggerieren, daß der Klient sich „völlig entspannt" und eine schöne Trance zu entwickeln beginnt, *„dann, und genau dann,* wenn die Hand in ihre Ruheposition zurückkehrt ... und überlassen Sie das Übrige Ihrem Unbewußten". Der Hypnotiseur kann dann die Hand in einem Tempo herablassen, das für eine Tranceentwicklung passend ist.

Eine andere Möglichkeit in solchen Fällen ist der Einsatz von mehr Ablenkung. Der Hypnotiseur könnte z. B. plötzlich die linke Hand des Klienten (die nicht erhoben ist) ansehen und auf geheimnisvolle und erstaunte Weise bemerken, daß „Ihre linke Hand sich *jetzt noch nicht* hebt!"[6] Wie bei der Technik, die weiter oben in diesem Kapitel beschrieben wurde, kann der Hypnotiseur die linke Hand dann gleichzeitig hochheben und dadurch eine Inkongruenz schaffen, die Erstaunen induziert. Dann kann er die Aufmerksamkeit rasch von der einen Hand zur anderen lenken. Diese zusätzliche Verwirrung dient oft dazu, die bewußten Prozesse von Klienten außer kraft zu setzen, die sich vorher unberührt von Verwirrung gezeigt hatten.

Für die Anwendung dieser wie für die Anwendung aller anderen Techniken ist das Utilisationsprinzip ausschlaggebend. Natürlich gibt es einige Personen, die auf keine Variation der Technik hypnotisch reagieren. Das ist oft auf einen fehlenden Rapport zurückzuführen (denn die Person muß sich sicher fühlen, damit sie hypnotisch reagieren kann); oder auf das Versäumnis einer ausreichenden Fesselung der Aufmerksamkeit; oder auf einen Mangel an Selbstvertrauen oder an bedeutungsvoller hypnotischer Kommunikation auf seiten des Hypnotiseurs. Was auch immer der Fall sein mag, der Hypnotiseur sollte sich stets frei fühlen, die Technik aufzugeben, wenn klar ist, daß sie nicht funktioniert. In dem Maß, in dem er das mit Selbstvertrauen und Würde tut, schafft es keine wirklichen Probleme. Wie früher bemerkt, kann der Hypnotiseur die Person rasch ablenken, einen Witz über seine offensichtliche „Zerstreutheit" machen, feierlich und ernsthaft sprechen usw., je nach dem, was ihm passend erscheint, um den Rapport mit dem Klienten wieder herzustellen.

Polaritätsspiele

Polaritätsspiele sind Taktiken, bei denen der Therapeut die Rolle des „abweisenden" oder die Trance behindernden Klienten spielt und sie besser spielt als er. Wenn er sie kongruent und dramatisch genug spielt, dient das typischerweise dazu, die Fixiertheit der Person auf diese Rolle zu unterbrechen, und dadurch tieferen Erfahrungswirklichkeiten eine Chance zur Entfaltung zu geben. Erickson (1964a) beschrieb z. B., wie eine Frau zögernd seine Praxis betrat und ein tiefes Interesse bekundete, sich zu therapeutischen Zwecken hypnotisieren zu lassen. Sie berichtete, daß zahlreiche frühere Hypnoseversuche bei drei anderen Ärzten gescheitert seien und daß man ihr Erickson als jemanden empfohlen habe, der mit ihren „Widerständen" umgehen könne. Aus diesen und anderen Bemerkungen schloß Erickson, daß die Frau zwar ernsthaft an Hypnose und Therapie interessiert war, daß ihre vielen Ambivalenzen jedoch Beziehungskämpfe stimulierten, von denen niemand einen Gewinn hatte. Da herkömmliche Induktionen unter solchen Bedingungen mißlingen mußten, ging Erickson wie folgt vor:

> ... Ich sagte zu ihr ziemlich brüsk: „Wir müssen das klarstellen. Drei Ärzte, alle gute Männer, so gut wie ich, haben sich lange und intensiv um Sie bemüht. *Sie fanden Sie zu abweisend, und so wird es auch mir ergehen. Das wollen wir gleich festhalten.*" Mit betont anderem Tonfall und Tempo sagte ich zu ihr in einer zweigliedrigen Aussage: „ICH KANN SIE NICHT HYPNOTISIEREN, *nur Ihren Arm.*"

Verdutzt sagte sie:„Sie können mich nicht hypnotisieren, nur meinen Arm - ich verstehe nicht, was Sie meinen."
Noch einmal sagte ich zu ihr mit starker Betonung und ganz langsam: „GENAU DAS MEINE ICH: ICH KANN SIE NICHT HYPNOTISIEREN"; dann fügte ich schnell mit sanfter, freundlicher Stimme hinzu, als wäre es ein Wort: *„Nurihrenarm, sehen Sie."*
Als ich das Wort „sehen" sagte, hob ich ihren linken Arm leicht nach oben, wobei die Berührung durch meine Finger nur dazu dienten, die Bewegung nach oben zu lenken, *nicht eigentlich, um den Arm zu heben*. Ich zog meine Finger ruhig zurück und ließ ihre Hand kataleptisch auf halber Höhe verweilen. Als sie ihren Arm beobachtete, wie er nach oben ging, sagt ich sanft und seufzend: „Schließen Sie einfach Ihre Augen, holen Sie tief Atem, schlafen Sie tief, und sobald Sie das tun, wird Ihr linker Arm langsam auf Ihren Oberschenkel sinken und dort die ganze Zeit über bleiben, während Sie tief und wohlig schlafen, bis ich Ihnen sage, daß Sie aufwachen sollen."

Fünf Minuten, nachdem Sie meinen Behandlungsraum betreten hatte, war sie in einer tiefen Trance, die sich als somnambulistisch erwies. Was war geschehen? Die Frau wünschte sich verzweifelt eine Therapie, sie war dazu von weither gekommen und folgte damit einem wiederholten Rat; sie kam mit einer rigiden Ausrüstung gegen alle konventionellen, traditionellen, ritualistischen und anderen Techniken, die sie beobachten, hören und verstehen konnte. Gläubig und zustimmend hörte sie mich klar und verständlich sagen: „Ich kann Sie nicht hypnotisieren", dem ich, während sie sich noch in einem gläubigen oder akzeptierenden geistigen Bezugsrahmen befand, sanft, schnell und freundlich die unerklärlichen drei Worte hinzufügte: *„Nur Ihren Arm"* (in Rossi 1980a: S. 289).

Das Polaritätsspiel in diesem Beispiel verlangte, die Überzeugung der Patientin zu übernehmen „Ich bin nicht hypnotisierbar" und sie dramatisch und mit Emphase zu spiegeln. Erickson „übernahm" diese Rolle der Patientin im wesentlichen und versetzte sie damit in einen unsicheren und empfänglichen Zustand, den er prompt für die Tranceentwicklung nutzbar machte.

Diese Technik kann auf viele verschiedene Weisen angewendet werden. Einer meiner Klienten z. B. steckte in einer tiefen Depression, die er dadurch aufrechterhielt, daß er sich immer wieder sagte, wie unfähig er sei. Diese andauernde „Induktion" machte ihn, wie man sich denken kann, für eine direkte Induktion und für Therapietechniken unzugänglich. Um ihn von seiner rigiden Einstellung loszuketten, stellte ich zuerst seine Aufmerksamkeit sicher, indem ich ihm dramatisch vorwarf, daß er mich in die Irre führe. Wegen des dramatischen Effekts machte ich eine Pause und fuhr dann fort ihm zu sagen, er habe seine Defizite bei weitem unterschätzt. Er könne *überhaupt nichts* richtig machen, erklärte ich und nahm mir ungefähr zehn Minuten Zeit, um immer mehr alle seine Fehler zu verspotten. Ich sorgte dafür, daß ich das so übertrieben wie möglich tat. Wie erwartet, begann er schließlich meinen wilden Verallgemeinerungen zu widersprechen und zu behaupten, daß er *einige* Dinge ziemlich gut könne. Nachdem ich ihn mehrere solcher Fähigkeiten hatte nennen lassen, tat ich, als ob ich ihm nicht glaubte und ärgerte ihn damit so, daß er in weitere Rechthaberei hineingeriet. Ich nutzte das und stellte seine Fähigkeit, „bewegungslos auf einem Stuhl zu sitzen, etwas so Einfaches, daß selbst ein Kind es tun könnte", in Frage. Als er genau das zu tun begann, bestätigte ich das nur „ungern", ehe ich eine Reihe weiterer Herausforderungen anbot, beispielsweise hinsichtlich seiner Fähigkeit, „mir aufmerksam zuzuhören, was ich zu sagen habe", und „tief, angenehm und leicht zu atmen" oder sich „zu entspannen", ohne daß er mich brauche, damit ich ihm sage, wie er das tun soll usw. Auf diese Weise spielte ich seinen Widerpart und konnte innerhalb von zwanzig Minuten eine Trance induzieren. Ich nutze die Trance, um in dem Klienten einen Zustand des Wohlbefindens und der Sicherheit zu entwickeln; dies lieferte einen Halt für die weitere Hypnotherapie, die sich als erfolgreich erwies.

Bei einer Frau in mittleren Jahren, die von vielen Sorgen und Ängsten bedrängt war, benutzte ich ein etwas anderes Polaritätsspiel. Als ich ihrer Bitte um Hypnose zustimmte, stellte sie mir sofort eine Frage nach der anderen hinsichtlich der verschiedenen möglichen Tranceerfahrungen und was sie in jeder Situation tun sollte. Nach einer Weile wurde klar, daß sie diese Fragen benutzte, um sich von der gewünschten Tranceerfahrung wegzumanövrieren. Um ihr Muster nutzbar zu machen, kündigte ich an, daß ich bei ihr eine „besondere" Technik anwenden werde: *Sie* sollte die Hypnotiseurin und ich der Klient sein. Ihre Einwände wurden übergangen und zerstreut, als ich schnell und gefällig mit ihr den Platz tauschte. Sie sah mich „vom Stuhl des Hypnotiseurs" verwirrt und wie benebelt an. Ich begann ihr ähnliche Fragen zu stellen, wie sie sie mir gestellt hatte, nur übertrieb ich dabei noch mehr. Ich fragte sie nach einer Weile z. B., ob sie mir garantieren könnte, daß meine Tranceerfahrung phantastisch würde, ob sie ganz *genau* vorhersagen könnte, was ich erleben würde, ob sie bereit wäre, mir zu versprechen, daß diese Trance alle meine Probleme lösen würde usw. Als sie diese Fragen mit „nein" beantwortete, tat ich so, als ob ich erstaunt und enttäuscht wäre. Ich übertrieb diese Überraschung bis zu dem Punkt, wo sie absurd und schließlich komisch wurde. Als wir lachen mußten, setzte ich das Spiel noch eine Weile fort, bevor wir wiede die Rollen tauschten und uns austauschten, wie es am besten wäre, dem Selbst jeweils zu erlauben, die vielen möglichen hypnotischen Wirklichkeiten mit seiner ganzen Erlebnisfähigkeit zu erkunden, in dem Wissen, daß dies auf eine sichere und geschützte Weise geschehen kann. Nachdem mein Polaritätsspiel ihre Stufenleiter der trancestörenden Einwände unterbrochen und dann außer Kraft gesetzt hatte, stimmte sie diesem Vorschlag zu und entwickelte eine angenehme und lehrreiche Trance.

Um es noch einmal zusammenzufassen: Bei einem Polaritätsspiel übernimmt der Therapeut ein dominantes Verhaltensmuster des Klienten und spielt es noch dramatischer und kongruenter als dieser; dadurch ist der Klient nicht mehr in der Lage, ein solches Verhalten fortzusetzen. Diese Induktionstechnik ist besonders wirksam, wenn das Zielverhalten ein trancehemmendes Muster des Klienten ist. Ihr liegt die Annahme zugrunde, daß bei der Person, die eine Trance wünscht, doch Widerstand gegen sie äußert, komplementäre Strukturen gleichzeitig „kooperieren". Die meisten Hypnotiseure und Therapeuten fahren sich bei dem Versuch fest, die komplementäre Struktur der Person, die eine Trance oder eine therapeutische Veränderung erleben möchte, darzustellen, wodurch sie die Person in ihrer entgegengesetzten Haltung versinken lassen. Wenn der Hypnotiseur dagegen die Rolle des „Abweisenden" besser spielt als der Klient oder die Klientin selbst, unterbricht er seine oder ihre Fähigkeit, das zu tun. Dadurch entsteht im Klienten eine Unsicherheit und folglich eine Empfänglichkeit für Suggestionen; außerdem spiegelt der Therapeut durch seine Rollenübernahme den „abweisenden" Teil auf eine Weise, welche die Einführung von Leading-Taktiken ermöglicht. Im hypnotischen Kontext bedeutet dies, daß wirksame Polaritätsspiele erfolgreiche Techniken der Musterunterbrechung darstellen, die den Weg für bedeutungsvolle hypnotische Explorationen ebnen.

TECHNIKEN DER MUSTERÜBERLADUNG

Überblick

Die *Musterüberladung* kann neben der Musterunterbrechung ebenfalls als Konfusionstechnik dienen. Auch sie folgt dem in Tabelle 7.1 skizzierten Fünf-Schritte-Verfahren: (1) Verhaltensmuster, vor allem jene, welche die Trance hemmen, werden identifiziert; (2) die Person wird angemessen gespiegelt; (3) ihre Verwicklung in ein dominantes Muster wird intensiviert und überladen, wodurch es für sie schwierig wird, Information in normaler Geschwindigkeit zu verarbeiten; (4) die nachfolgende Konfusion wird ausgedehnt, um größere Unsicherheit und damit ein größeres Reaktionspotential zu schaffen und (5) die Konfusion wird genutzt, um eine einfache Anweisung einzuführen, auf welche die Person reagieren kann, um ihre Unsicherheit zu reduzieren. In Übereinstimmung mit dem Utilisationsprinzip und als Ergänzung zu den Techniken der Musterunterbrechung dienen Techniken der Musterüberladung dazu, Klienten zu ermutigen, das, was sie tun, auch weiterhin, sogar verstärkt, zu tun (bis zum Punkt der Informationsüberladung).

Der erfolgreiche Gebrauch der Überladung macht einen bedeutungsvollen nonverbalen Vortragsstil erforderlich. Wie Erickson (1964a) bemerkte:

> Ein erster Punkt, den es bei der Anwendung von Konfusionstechniken zu berücksichtigen gilt, ist die Aufrechterhaltung einer weitgehend zwanglosen, doch entschieden interessierten Haltung und eine tiefernste, entschlossene Sprechweise, welche die sichere Erwartung zum Ausdruck bringt, daß die Klienten vollständig verstehen, was gesagt oder getan wird ... Ein guter Sprachfluß ist ebenfalls äußerst wichtig, schnell für den schnellen Denker, etwas langsamer für den geistig Langsameren, doch immer darauf bedacht, immer ein wenig, doch nie genügend Zeit für eine Reaktion zu lassen. Die Person wird auf diese Weise dazu gebracht, eine Reaktion zu beginnen, wird dann darin frustriert, weil ihr schon die nächste Idee vorgestellt wird, und der gesamte Vorgang wird wiederholt, während sich ein Zustand der Hemmung in wachsendem Maß entwickelt und zu Konfusion und einem wachsenden Bedürfnis nach einer klar umrissenen, vernünftigen Kommunikation führt, auf die er bereitwillig und vollständig reagieren kann (in Rossi 1980a: S. 259).

Erkennt man, wie häufig die Überladung in der Alltagserfahrung vorkommt, dann kann man sie noch mehr als gangbare therapeutische Technik schätzen. Wir haben z. B. alle schon erlebt, wie verwirrend es sein kann, wenn man versucht, mehreren Sprechern gleichzeitig zuzuhören oder mehrere komplexe Aufgaben, die nichts miteinander zu tun haben, auf einmal zu erledigen, oder einer in schnellem Tempo gehaltenen Vorlesung über ein Thema zu folgen, von dem wir nur sehr wenig Ahnung haben. In solchen Situationen wächst normalerweise unsere Erregung und psychische Unsicherheit, bis wir schließlich das Bedürfnis spüren, etwas dagegen zu tun. Das ist oft nicht weiter schwierig: Entweder wir verlassen die Situation, hören nicht mehr zu oder schalten auf eine andere Weise ab. Doch manchmal ist eine Loslösung von der Quelle der Verwirrung nicht ganz und gar möglich. Zum Beispiel kann es sein, daß uns *internal erzeugte* Prozesse ständig belästigen, etwa ein dauernder innerer Dialog, der alles in Frage stellt und zu analysieren versucht; oder auch *Reize, die von außen kommen*, z. B. laute Stimmen, die wir nicht beeinflussen können. In solchen Situationen wächst mit der Verwirrung und Unsicherheit, die sie verursachen, auch unsere Motivation, die Reize, die uns überfluten zu reduzieren.

Es gibt natürlich Zeiten, wo wir eine Reizüberflutung bewußt suchen, um einer Neigung nachzugehen: wenn wir laute Musik hören, gemeinsam singen, einen Marathonlauf machen usw. In solchen Situationen versinken wir in der Intensität der Reize, die wir erleben, und geben uns ihnen hin, wodurch ein müheloser und in höherem Maße ganzheitlicher Bewußtseinszustand in Erscheinung treten kann.

Die Bedeutung der Reizüberflutung oder Überladung hängt also stark vom Kontext und den Interessen der Beteiligten ab. Der Therapeut oder die Therapeutin nimmt sich daher vor, geeignete Kontexte zu schaffen, in denen er/sie die Verwirrung therapeutisch nutzen kann. Zunächst begründet er/sie eine Beziehung mit dem Klienten, in welcher dieser dem Therapeuten/der Therapeutin vertraut und ihm/ihr glaubt, daß er eine intelligente Person ist, deren Kommunikationen immer irgendwie bedeutsam sind. Im Rahmen dieser Beziehung benutzt der Therapeut nonverbale Kommunikationen, die erkennen lassen, daß alles, was gesagt wird, wichtig ist und verstanden werden sollte. Fühlt der Klient sich dadurch genötigt, auf alles zu achten, was geschieht, und zu versuchen, es sinnvoll zu deuten, dann führt der Therapeut die Konfusion ein (indem er z. B. seine Sprechgeschwindigkeit erhöht, Trugschlüsse einstreut, Themen oder Richtungen schnell wechselt) um psychische Fixierungen außer kraft zu setzen; daraufhin formuliert er freundlich und offen einfache Suggestionen (z. B. in Trance zu fallen).

Vorsichtshalber sollte man noch einmal darauf hinweisen, daß der Gebrauch einer Technik der Musterüberladung darauf abzielt, Personen, *die zur Trance bereit, aber unfähig sind*, sich von fixierten bewußten Prozessen zu lösen, welche sowohl die Tranceentwicklung als auch das psychische Funktionieren im allgemeinen ernstlich einschränken, abzulenken. Mit anderen Worten, der Ericksonsche Praktiker nimmt an, daß Individuen weit mehr sind als die bewußten Prozesse, mit denen sie sich vielleicht identifizieren (bzw. verwechseln), und er benutzt Techniken der Musterüberladung, um eine tiefere Verbindung zu einer Produktivität zu ermöglichen, die sich aus dem ganzen Erleben nährt. Der Therapeut bewahrt sich auf diese Weise zu jeder Zeit eine tiefe Achtung vor der Integrität des Individuums, denn alles andere wäre nicht nur unethisch, sondern auch in hohem Maße unwirksam.

Im eigentlichen Sinn ist die Wirksamkeit einer Technik der Musterüberladung weitgehend darauf zurückzuführen, daß eine Person nicht in der Lage ist, eine fortwährende bewußte Verarbeitung eine Zeitlang aufzugeben. *Alles, was ein Klient gerade tut, ist immer das, was man für die*

Tranceinduktion nutzen kann. Der Therapeut handelt wie die sagenumwobenen Affenfänger in Indien, die in einer Waldlichtung für einen Affen ein Gefäß mit Reis aufstellen. Wenn der Affe kommt und mit einer Hand in das Gefäß hineinfaßt, um etwas Reis zu erhaschen, dann schreien sie und rennen auf ihn zu. Der Affe versucht zu fliehen, doch er kann seine mit Reis gefüllte Hand nicht aus dem Gefäß, das eine enge Öffnung hat, herausnehmen. Es kommt dem Affen offenbar nicht in den Sinn, einfach den Reis loszulassen, weil seine frühere Erfahrung ihn gelehrt hat, daß man die Nahrung, die man einmal in der Hand hat, nie loslassen sollte. Ähnlich geht es Klienten, die zu einer Trance bereit, aber unfähig sind: sie erkennen selten, daß sie einfach nur angestrengte bewußte Prozesse loslassen müßten, um der Überladung zu entgehen, und deshalb werden sie durch solche Techniken der Musterüberladung ganz in Beschlag genommen und schließlich durch sie in Trance versetzt. Der Therapeut nutzt die Trancezustände, die sich daraus ergeben, um Klienten zu helfen, sich aus den Zwängen starr gewordener Bezugsrahmen zu lösen, damit die Klienten sich dieser Bezugsrahmen bedienen können, anstatt ihnen ausgeliefert zu sein.

Wie schon die Techniken der Musterunterbrechung können auch die Techniken der Musterüberladung in jeder Sinnesmodalität auf verschiedenste Weise ausgeführt werden. Dieser Abschnitt skizziert sechs repräsentative Techniken: (1) zeitliche Desorientierung: die Ericksonsche Konfusionstechnik; (2) räumliche Desorientierung: Wechsel des inneren Bezugs; (3) räumliche Desorientierung: das Möbius-Haus; (4) räumliche Desorientierung: Veränderungen äußerer Bezüge; (5) begriffliche Desorientierung und (6) doppelte Induktionen.

Zeitliche Desorientierung: Die Ericksonsche Konfusionstechnik

Diese Technik, die Erickson (siehe 1964a) ursprünglich als eine Methode der Altersregression entwickelt hat, ist vielleicht die bekannteste seiner Konfusionstechniken. In Grundzügen umfaßt sie die Fesselung der Aufmerksamkeit des Klienten durch ein Gespräch über eine harmlose, alltägliche Betätigung (z. B. essen) und dann die schrittweise Einführung verschiedener Konfusionstaktiken (z. B. rasche Veränderungen des Zeitbezuges, Trugschlüsse und ein immer schneller werdendes Sprechtempo), um Desorientierung herbeizuführen. Der sich anschließende Zustand der Unsicherheit wird genutzt, um den Klienten auf andere Koordinaten von Raum und Zeit hinzuorientieren - das heißt auf die Vergangenheit oder die imaginierte Zukunft. Es folgt ein von Erickson (1964a) übernommenes gekürztes Beispiel mit Erläuterungen, in dem eine Regression angestrebt wird. (Der Kursivdruck bezeichnet Worte oder Wendungen, auf denen eine besondere stimmliche Betonung liegt.)

Schritt Nr. 1: Fesselung der Aufmerksamkeit

Beispiel:

„... Und wie schön zu wissen, daß Sie, wie Sie hier sitzen, erkennen können, daß es viele Erfahrungen gibt, die Sie bei vielen Gelegenheiten erlebt und genossen haben ..."

Erläuterung:

Um anzufangen, muß die Person im allgemeinen in einer aufmerksamen geistigen Verfassung sein. Man kann zu diesem Zweck viele Techniken benutzen (z. B. die in Kapitel 6 erläuterten). Zur Einführung der verbalen Bemerkungen kann man ein harmloses Pacing des gegenwärtigen Verhaltens vornehmen (wie im o. g. Beispiel)

Schritt Nr. 2: Benutzen Sie das Präsenz, wenn Sie sich auf ein alltägliches Geschehen beziehen

Beispiel:

„Sie haben z. B. heute wahrscheinlich zu Mittag gegessen oder gefrühstückt ... die meisten von uns tun das, obwohl wir manchmal auch eine Mahlzeit auslassen ..."

Erläuterungen

Der Hypnotiseur erwähnt nun eine alltägliche Aktivität (z. B. essen, schlafen, sprechen), mit welcher der Klient sehr wahrscheinlich zu tun hatte und benutzt sie, um das Präsenz auf eine scheinbar harmlose Weise zu erwähnen. Ein leichter Trugschluß („obwohl wir manchmal eine Mahlzeit auslassen") dient dazu, ein wenig Unsicherheit zu erzeugen. Das Ganze wird in einer bedeutungsvollen, doch entschieden zwanglosen Art geäußert, als ob man die Person nötigen wollte, weiter zuzuhören und zu versuchen, die Bedeutung der Äußerungen zu verstehen.

Schritt Nr. 3: Wählen Sie ein alltägliches Geschehen, um die Gegenwart mit der Vergangenheit und Zukunft zu verbinden

Beispiel:

„... Und vielleicht haben Sie heute etwas gegessen, was Sie schon einmal hatten, vielleicht *vergangene* Woche oder die Woche davor ... und wahrscheinlich werden Sie auch *nächste* Woche oder die Woche *danach* etwas Ähnliches essen ... und vielleicht war jener Tag letzte Woche, falls es einen gab, an dem Sie *das* hatten, was Sie *heute* gegessen haben, *damals* genauso ein Heute wie es jetzt *dieses* Heute ist ...
Mit anderen Worten, das was *damals* war, ist vielleicht wie das, was *jetzt* ist ... vielleicht war es ein Montag wie heute, oder ein Dienstag, ich weiß es nicht ... und in der Zukunft werden Sie es vielleicht wieder an einem Montag oder Dienstag essen, doch den Mittwoch sollte man nie ausschließen, wenn es auch die Mitte der Woche ist ... *und was bedeutet es eigentlich, die Mitte der Woche sein?* Ich weiß es wirklich nicht, aber ich weiß, daß am Anfang der Woche der Sonntag vor dem Montag kommt und der Montag vor dem Dienstag, und der Dienstag nach dem Sonntag, *außer wenn er fünf Tage vorher ist.*"

Erläuterung:

Der Hypnotiseur spricht jetzt allmählich schneller, wenn er den Anlaß benutzt, um auf die Tage der Woche Bezug zu nehmen, die wiederum dazu dienen, die verschiedenen Zeitformen einzuführen. Der Hauptzweck dieser Bemerkungen - die veränderbar sind (die z. B. erweitert oder gekürzt werden können), je nachdem, wie der Klient reagiert - besteht darin, mit der Überladung und der zeitlichen Desorientierung zu beginnen. Beachten Sie, daß alle Aussagen unbestreitbar wahr sind, denn alle Fehler geben dem übermäßig rationalisierenden Klienten eine Gelegenheit, nicht mehr gespannt zuzuhören. An diesem Punkt versuchen Klienten meist entweder angestrengt zu folgen, oder sie „geben auf" und vertiefen sich einfach in Vorgänge ihres Erlebens. Jede Reaktion kann durch schnelleres, weniger synchrones Sprechen genutzt werden, um jegliche Verwirrung auszudehnen. (Man kann die Technik natürlich aufgeben oder anderweitig verändern bei einem Klienten, der zu streiten beginnt oder auf eine andere Weise dem Hypnotherapeuten sein Mißfallen bekundet. Eine solche Reaktion ist im allgemeinen ein Zeichen ungenügender Vorbereitung.)

Schritt Nr. 4: Setzen Sie fortlaufend Vergangenheit, Gegenwart und Zukunft gleich

Beispiel:

„... Und das gilt für *diese* Woche, *galt* für *letzte* Woche und wird *nächste* Woche so sein ... aber ob diese Woche, letzte Woche oder nächste Woche ist wirklich nicht wichtig ... denn der Montag kommt am gleichen Tag der Woche diese Woche wie letzte Woche oder nächste Woche ... und der Sonntag ebenso ... *ganz zu schweigen vom Dienstag* ... und so haben die Tage der Woche und die Wochen der Monate viele Ähnlichkeiten, die sie zwischen sich und unter sich teilen ..."

Erläuterung:

Der Hypnotiseur verändert nun auch die zeitlichen Bezüge, indem er Ähnlichkeiten zwischen Vergangenheit, Gegenwart und Zukunft anmerkt. Dabei fährt er fort, sein Sprechtempo zu erhöhen, wobei er bedeutungsvoll und absichtsvoll spricht. Auch dies alles kann wieder länger eingesetzt werden, wenn die angesprochene Person mehr Überladung zu brauchen scheint.
Beachten Sie auch den fortgesetzten Gebrauch von Trugschlüssen.

Schritt Nr. 5: Setzen Sie Vergangenheit, Gegenwart und Zukunft immer wieder gleich

Beispiel:

„Und die Monate des Jahres folgen auch einem ähnlichen Muster ... der September kommt vor dem Oktober und nach dem August, und der August vor dem September ... dieses Jahr, nächstes Jahr und letztes Jahr ..."

Erläuterung:

Der Wechsel des Bezuges von Tagen zu Monaten vergrößert die Vielfalt und verallgemeinert die festen Relationen von verschiedenen Ausgangspunkten her. Mit anderen Worten, der Inhalt der Einheiten wechselt, doch die Variabilität des Bezuges bleibt. (die Schwierigkeit, diese paradoxe Beziehung zu verstehen, bezeugt ihre Eignung als Technik der Musterüberladung. Eine langsame nachdenkliche Betrachtung zeigt, daß das alles einen Sinn hat.)

Schritt Nr. 6: Gehen Sie allmählich zur Vergangenheit über

Beispiel:

„… Und dieses Jahr am Tag der Arbeit[7], wo waren Sie *jetzt* da? … Und es ist in Wirklichkeit noch gar nicht Tag der Arbeit … und darum müssen Sie überhaupt nicht arbeiten … *Sie können es Ihrem Unbewußten überlassen, sich um die Dinge zu kümmern und tief in Trance zu fallen* … doch wo sind Sie jetzt? … Sie brauchen es nicht zu sagen, stellen Sie es sich nur vor, und es ist *das*, was *damals jetzt* war … doch der Sommer 1990 (oder der letztvergangene Sommer) liegt hinter uns, und alles, was sich ereignet hat, von dem das meiste in Vergessenheit geraten ist, erinnern Sie sich? Und *darf*[8] ich weiter darauf hinweisen, daß jeder Narr im *April* beginnen kann, doch im *März* ein Marsch durch die Zeit läßt einen fragen: Wer erinnert sich wirklich an den 19. *Februar*? und an Ende *Januar*, wo ein neues Jahr schon wieder unterwegs war … und an Neujahr, und an all die Tätigkeiten am Abend davor, und die Ferien 1990 (oder des aktuellen Vorjahres) und an alles das, was es zu tun gab … aber das war nach Thanksgiving[9], oder - *ist* es nicht *jetzt*? … Und das wäre dann also jetzt wahr, und auch letztes Jahr und (nennen Sie das vorletzte Jahr vor dem aktuellen) …"

Erläuterung:

Die zeitlichen Bezüge liegen jetzt alle in der Vergangenheit, was den Klienten ermutigen soll, zu jenen Zeiten zu regredieren. Besondere Anlässe (Weihnachten, der 19. Februar usw.) sollen diesen Wiederbelebungsprozeß fördern. Sätze mit plötzlichem Wechseln der Zeitform (z. B. „das war schön, ist es nicht schön?") dienen zur Verwirrung des bewußten Verstandes und machen zugleich dem Unbewußten Erinnerungen zugänglich und versetzen sie in die gegenwärtige Wirklichkeit.

Schritt Nr. 7: Machen Sie eine spezielle Zeit zugänglich

Beispiel:

„... Und Sie gehen immer weiter zurück, zurück, zurück ... direkt zurück in ganz frühe Jahre, *jetzt*, die *jetzt* ein Teil der unleugbaren Gegenwart *jetzt* ... das, was einmal längst vergangen war, ist *das, was jetzt ist* ... und Sie können es genießen, wie leicht es Ihrem Unbewußten fällt, ein längstvergessenes Erlebnis in Erinnerung zu rufen, eine angenehme Erinnerung, an die Sie schon so lange nicht mehr gedacht haben ... denn *Sie können sich treiben lassen, ganz zurück*, ganz zurück bis in die frühe Zeit als Kind, wo Sie ein schönes, angenehmes Erlebnis hatten ... so ist es gut ... und nehmen Sie sich alle Zeit der Welt ... und wenn Sie dieses Erlebnis in sich wieder ganz lebendig haben werden lassen ... dann kann Ihr Unbewußtes das durch ein leichtes Anheben des Zeigefingers der rechten Hand deutlich machen."

Erläuterung:

Der Klient wird nun allgemein angeleitet, ein spezielles Ereignis aus der Vergangenheit wiederzubeleben; und er wird auch gebeten, die gelungene Wiederbelebung durch Heben eines Fingers anzuzeigen.

Vieles von der Wirkung dieser Technik hängt vom Ausdrucksstil des Hypnotiseurs ab. Ich erinnere daran, daß Klienten anfangs auf ihre Verwirrung damit reagieren, daß sie sich Gedanken machen über die Integrität, das Intelligenzniveau, die augenblickliche Verfassung, die Intention usw. des Hypnotiseurs. Es ist deshalb wichtig, daß der Therapeut/die Therapeutin zuerst einen Kontext entwickelt, in dem er/sie als relativ intelligente(r) und erfolgreiche(r) Kommunikator(in) mit guten Absichten wahrgenommen wird, und daß er/sie dann kongruent, rhythmisch und mit Selbstvertrauen spricht, während er/sie die Technik anwendet. Wenn diese Kriterien erfüllt sind, dann versuchen die meisten Klienten entweder, alles Gesagte genau zu verfolgen - eine nahezu unmögliche Aufgabe, die meist unausweichlich zu tiefer Desorientierung führt - oder sie geben das Bedürfnis, zu verstehen, was der Therapeut sagt, auf; beide Reaktionen sind ideal für eine Tranceentwicklung. Der Hypnotiseur muß jedoch immer auf die jeweiligen Reaktionen des Klienten eingestimmt bleiben, damit er seine Kommunikationen entsprechend genau danach bemessen kann. Das Tempo wird z. B. beschleunigt, wenn Klienten leicht verwirrt sind; der Rhythmus wird weniger synchron, wenn die Kennzeichen der Zeitformen (Vergangenheit, Gegenwart und Zukunft) schnell wechseln; sobald einfache hypnotische Anweisungen zur Nutzbarmachung der Konfusion gegeben werden, verlangsamt sich das Tempo und die Intensität wird gelockert. Damit man sich diesen Parametern meisterhaft anzupassen versteht, muß man üben - nicht nur allein (z. B. indem man auf Band spricht und sich das Band dann anhört; oder indem man beim Formulieren einer Induktion in den Spiegel schaut, um ein Gefühl für den Gesichtsausdruck zu bekommen; oder indem man eine ganze Induktion schriftlich ausarbeitet und sie kritisch bespricht), sondern auch mit richtigen Klienten. Solches Üben zahlt sich aus, denn der Hypnotherapeut/die Hypnotherapeutin wird dabei entdecken, daß er/sie mit vielen Individuen erfolgreich arbeiten kann, die zuvor als nicht hypnotisierbar oder als abweisend gebrandmarkt waren.

Räumliche Desorientierung: Wechsel des inneren Bezugs

Diese Technik ist der Ericksonschen Konfusionstechnik ähnlich, nur wird hier die Desorientierung durch rasche Wechsel des *räumlichen Bezugs* erreicht - *dieses/jenes/dort/hier, rechts/links/nach unten/diagonal/das mittlere Drittel, östlich/westlich/südlich/ nördlich, direkt hinunter*, usw. Besonders wirksam ist es, wenn man diese räumlichen Bezugswechsel in eine spannende Geschichte einstreut. Das folgende Beispiel ist eine allgemeine Geschichte, die ich sehr wirksam fand. Aus Gründen, die beim Lesen der Geschichte offensichtlich werden, nenne ich sie die *Anweisungstaktik zur Selbsthypnose*. Man erzählt die Geschichte am besten, wenn sich beim Klienten nach etwa 10-15minütigen induktiven Kommunikationen eine leichte Trance oder zumindest ein empfänglicher Zustand entwickelt hat. (Eingebettete Suggestionen sind kursiv gedruckt, während die Großbuchstaben Wörter oder Sätze markieren, die mit besonderer Intensität zu sprechen sind.)

> ... Und Sie können so vielen Richtungen folgen, wenn Sie Ihrem Unbewußten erlauben, es für Sie zu tun ... genauso wie es viele Richtungen gibt, denen Sie körperlich folgen können ... Ich gebe Ihnen ein Beispiel

... Es ist schon einige Sommer her, da fuhr ich ganz allein mit meinem Auto auf dem Highway und erlaubte mir, einfach *ganz genau* auf das Geräusch des Motors *zu achten*, in dem Bewußtsein, daß ich langsam aber sicher auf einen anderen Staat[10] (Erlebnisraum) zusteuerte. Und in dem Staat (Raum) gab es ein besonderes Ziel, das ich anpeilte, eine bestimmte Person, die ich zu sehen wünschte, eine besondere Erfahrung in diesem anderen Staat (Raum), auf die ich mich freute. Während ich zwar die Anzahl der Richtungen kannte, die ich einzuschlagen hatte, um dorthin zu gelangen, wo ich hinkommen wollte, konnte ich mich aber nicht an die richtige Reihenfolge der Abzweigungen erinnern, auch wenn mein Leben daran gehangen hätte. Ich wußte das noch von damals, *als ich dort war*, und ich dachte: „Ich will *jetzt* nicht *hier* sein; ich will *jetzt dort* sein, und soweit ich mich erinnern kann, muß ich, um *jetzt dorthin* zu kommen, oder wenigstens *jetzt* bald von *hier* aus, eine Kombination aus drei *rechten* Abzweigungen und drei *linken* Abzweigungen nehmen ... doch ich weiß nicht genau, welches die *richtige* Reihenfolge von *rechten* und *linken* Abzweigungen ist ... aber ich will unbedingt dorthin gelangen, und ich bin jetzt hier." Und deshalb sagte ich mir: „Das ist auch *recht, paß sehr gut auf*, denn wir müssen es *richtig* machen, sonst bleiben wir *zurück*[11]." ... Und dann sagte ich mir: „Also, fang' ich an ... ich nehme *hier* eine Abzweigung nach *rechts* - ich denke, das ist *recht*; es ist besser, sonst bleibe ich am falschen Ort zurück - und *dann* eine Abzweigung nach *links*, und *jetzt* bleiben[12] mir noch zwei Abzweigungen nach *links* und noch zwei nach *rechts* ... Also *gut*[13], ich nehme wieder eine *linke*, und das bedeutet, daß mir noch eine *linke* und eine *rechte* und wieder eine *rechte* bleiben[14]. ... Und wenn ich *jetzt* eine *rechte* nehme, bleibt mir noch eine *rechte* und eine *linke*, gerade hinauf und *geradewegs hinunter, immer hinunter* (sanft, aber entschieden gesprochen) ... nehme ich aber eine *linke*, dann bleibt mir noch eine *rechte* und wieder eine *rechte* ... Aber ich glaube nicht, daß das *recht* ist, deshalb nehme ich *jetzt* eine *rechte*, und *dann* eine *linke* ... und jetzt bleibt mir noch eine *rechte* ... und ... SACKGASSE! ... es ist der *falsche* Weg ... Und jetzt muß ich an meinen Ausgangspunkt zurückkehren, damit ich nicht ganz zurückbleibe ... Dann beginne ich also, den gleichen Weg zurückzugehen, den gleichen Weg, den ich gerade vorwärts gegangen bin, außer daß JETZT ALLES UMGEKEHRT IST: DAS, WAS SOEBEN NOCH LINKS WAR, IST JETZT RECHTS, UND DAS, WAS RECHTS WAR IST JETZT LINKS ... UND AUCH die Diagonalen VERLAUFEN UMGEKEHRT ... und deshalb ist es *jetzt richtig*, für jede Abzweigung nach *rechts* eine *linke* zu nehmen ... und für jede *linke* ist es dann *jetzt recht*, eine *rechte* zu nehmen und den ganzen Weg zum Anfang zurückzugehen, bereit, neu anzufangen ... und so beginne ich diesmal ...

Die Geschichte kann noch weiter ausgeführt und wiederholt werden, jedes Mal mit einer anderen Reihenfolge von Richtungsabzweigungen.

Wenn der Klient völlig verwirrt aussieht, kann man Suggestionen zur Utilisation anbieten. Man könnte z. B. nach der Geschichte oben fortfahren:

... Und nach einer Weile wurde ich so müde, so durcheinander, daß ich nicht wußte, was ich tun sollte, und es war mir gleichgültig, wo ich als nächstes abbiegen sollte ... Ich konnte weder eine *rechte* von einer *linken* Abzweigung unterscheiden, noch eine *linke* von einer *rechten* ... ich konnte nicht klären, ob eine *linke recht* war oder ob eine *rechte recht* war ... Deshalb fuhr ich zur Seite und hielt am Straßenrand, stellte den Motor ab und saß dort mit geschlossenen Augen und sagte mir: *„Zum Teufel mit dem Versuch, das zu verstehen. Laß es sein, entspanne dich einfach und geh' in Trance!!"* (Das wird langsamer, sanfter, jedoch intensiver und emphatischer gesagt.) ... und das tat ich ... (Der Hypnotiseur geht nun zu einem entspannteren, fast erleichterten Ton über.) Und ich konnte mir *einfach erlauben, diese Trance ganz zu entwickeln* ... ich erkannte, daß es in solchen Situationen wirklich nicht nötig ist, auf etwas anderes zu achten als auf die eigenen inneren Bedürfnisse ... und wie schön zu wissen, daß Sie einfach *Ihr Unbewußtes für sich arbeiten lassen* können ...

Eine Überprüfung zeigt, daß alle diese Aussagen zutreffend und aufeinander abgestimmt sind. Die Wirksamkeit der Geschichte hängt auch zum größten Teil vom Vortragsstil ab. Wie bei jeder Ericksonschen Technik, besonders jenen, die mit Konfusion arbeiten, muß der Hypnotiseur die Aufmerksamkeit des Klienten fesseln und sie aufrechterhalten; deshalb muß er bedeutungsvoll, eindrücklich und kongruent sprechen. Und weil es sein Ziel ist, eine Informationsüberladung zu erzeugen und sie nutzbar zu machen, beginnt er in einem relativ schnellen Tempo, das er noch steigert und intensiviert, wenn der Klient anfängt, verwirrt zu werden, um es dann am Utilisationspunkt (d. h. auf dem Höhepunkt der Verwirrung) dramatisch zu reduzieren, bis seine Stimme langsamer und sanfter klingt. Im Hinblick auf den Klangcharakter der Stimme ist es äußerst wirksam, dort, wo es durch Kursivschrift oben angezeigt ist, sowohl (1) die Begriffe, die eine Richtung angeben und die doppeldeutig sind (z. B. rechts/links), als auch (2) eingebettete Suggestionen, die sich auf die Aufmerksamkeit und das In-Trance-Gehen beziehen, hervorzuheben. Wenn diese und andere Vortragstechniken vernünftig angewendet werden, funktioniert die Geschichte ziemlich gut als eine Konfusionstechnik, die Störungen durch das Bewußtsein außer kraft setzt.

Ich möchte darauf hinweisen, daß Sie nicht allein sind, wenn es Ihnen bei den ersten Versuchen mit dieser Technik zunächst etwas an Selbstvertrauen fehlt. Viele Therapeuten in meinen Trainings-Workshops sind von meiner Demonstration der Technik fasziniert und staunen über ihre Wirksamkeit, haben aber das Gefühl, umständlich und oft verwirrt zu sein, wenn sie es selbst versuchen. Eine hilfreiche Strategie besteht darin, selbst nicht genau der Geschichte zuzuhören, wenn Sie sie erzählen. Entwickeln Sie einfach einen guten Rhythmus, in dem Sie weitersprechen und Zeitformen wechseln können. Damit Ihre Aussagen stimmen und genau bleiben, könnten Sie die Finger Ihrer rechten und linken Hand benutzen, um den Überblick über die Anzahl von rechten und linken Abzweigungen zu behalten, die schon genommen wurden. Wenn Sie z. B. die Geschichte oben erzählen, die drei rechte und drei linke Abzweigungen enthält, strecken Sie am Anfang (ohne daß der Klient es bemerkt) an Ihren beiden Händen je drei Finger aus. Jedesmal, wenn Sie tatsächlich eine Abzweigung nehmen - nicht, wenn Sie nur erwähnen, daß Sie sie nehmen *könnten* - ziehen Sie an der entsprechenden Hand (rechts oder links) einen Finger zurück. Dadurch brauchen Sie während der Geschichte nur auf die Anzahl von rechten und linken Abzweigungen zu achten, die Ihnen jeweils noch verbleiben.

Natürlich garantiert diese Strategie allein noch keinen reibungslosen und wirksamen Vortragsstil. Wie für die meisten Techniken der Musterüberladung, die in diesem Abschnitt beschrieben sind, gilt auch hier, daß Sie einige Zeit darauf verwenden sollten, Ihren Vortragsstil zu üben und zu verbessern.

Räumliche Desorientierung: Das Möbius-Haus

Eine Überladung durch räumliche Desorientierung kann man auch dadurch herbeiführen, daß man die Aufmerksamkeit von Klienten auf surrealistische oder selbstreflexive Symbole oder Bilder lenkt. Das Ungewöhnlich solcher Bilder setzt oft die rational orientierten Bewußtseinsprozesse außer Kraft und ermöglicht dadurch eine Tranceentwicklung oder hypnotherapeutische Explorationen. Das verlangt natürlich, daß Klienten bereit und fähig sind, sich von dem angebotenen Bild fesseln zu lassen. Aus diesem Grund ist ein solches Bild als Vertiefungstechnik am wirksamsten, d. h., wenn man es einführt, nachdem die Person durch eine leichte Trance schon etwas aufgelockert ist.

Es gibt viele bildliche Beschreibungen, die man anbieten kann; um Ideen zu finden, könnte man die Werke von Dali und Escher studieren. Eine Technik, die ich besonders effektiv fand, bezieht ein „Möbius-Haus" in der „Mitte von Nirgendwo" mit ein, wo man erleben kann, daß alles - Richtungen, Dimensionen, Farben usw. - zu seinem (komplementären) Gegenteil führt. Wenn man also auf das Möbius-Haus zugeht, entfernt man sich zugleich von ihm; plötzlich steht man drinnen auf der Decke des

Raumes; weiß ist schwarz und schwarz ist weiß usw. Das folgende Beispiel zeigt, wie Kommunikationen nach der Induktion einer leichten Trance weitergehen könnten:

> ... So ist es gut ... und darum erlauben Sie sich einfach, Ihr Unbewußtes zu erforschen ... und wie schön zu wissen, daß Sie ganz allein und völlig sicher sein können, nur mit Ihrem Unbewußten und einer Stimme ... meiner Stimme ... und Sie können meine Stimme hören und mit meiner Stimme hier sein, und sie braucht Sie überhaupt nicht zu stören, denn es ist wichtiger, daß Sie sich einfach erlauben, auf das Bedürfnis zu achten, jenen inneren hypnotischen Wirklichkeiten, die sich entfalten, Ihre Aufmerksamkeit schenken zu wollen ... und Sie können ganz allein in der Mitte von Nirgendwo schweben ... und Ihr Unbewußtes weiß, wo Nirgendwo ist ... und Sie können ganz allein sein, ganz sicher, schwebend, treibend, an nichts in besonderer Weise gebunden ... einfach im Stande, jenes sichere Treiben in der Mitte von Nirgendwo zu entdecken, losgelöst von einer bestimmten Zeit oder von einem bestimmten Raum, und Sie lassen sehr sicher jenen angenehmen, leichten und geschützten Ort in der Mitte von Nirgendwo sich um Sie her entfalten ... (führen Sie das, wenn nötig, noch eine Weile genauer aus).
> Und Sie können viele verschiedene Dinge in der Mitte von Nirgendwo erleben ... nicht gebunden an eine Zeit, nicht gebunden an einen Raum, und Sie können erkennen, daß Zeit und Raum Variablen sind, die Ihr Unbewußtes benutzen kann, um Erfahrungen zu schaffen und zu erzeugen, die Ihnen als Individuum angemessen sind ... und wie schön ist es deshalb, daß Sie in der Mitte von Nirgendwo das Möbius-Haus entdecken können ... und manche Leute wissen, daß das Möbius-Band ein zweidimensionales Band ist, wo das *Innere außen* und das *Äußere innen* ist ... und deshalb können Sie mit sichern und angenehmen Gefühlen entdecken, daß das Möbius-Haus eine dreidimensionale Möbius-Figur ist, bei der *oben unten* ist und *unten oben* und *rechts links* ist und umgekehrt ... und *Westen* ist *Osten* und *Norden Süden ... und sogar die Diagonalen sind umgedreht!!* ... Und wenn Sie auf das Möbius-Haus zugehen, haben Sie deshalb das Gefühl, von ihm wegzugehen ... und vielleicht *gibt Ihr Bewußtsein auf und Sie vergessen, es zu versuchen*, ich weiß es nicht, doch wenn Sie das tun, dann finden Sie sich *direkt* in der Mitte des Möbius-Hauses wieder[15] ... und wenn Sie auf der Decke des Möbius-Hauses stehen und auf den Fußboden schauen, dann beginnen Sie viele verschiedene Dinge zu bemerken ... Zum Beispiel, daß Sie, wenn Sie nach Westen schauen, die Sonne aufgehen sehen ... und wenn Sie nach Osten schauen, geht die Sonne unter ... und wenn Sie nach draußen gehen, finden Sie sich in der Küche wieder, wieder in der Mitte, im Zentrum, und Sie erkennen, daß alles auch sein Gegenteil ist und noch mehr ... und wenn Sie denken, daß *rechts links* sei, und wenn Sie nach *links* gehen, um nach *rechts* zu gelangen, dann entdecken Sie, daß das nicht *recht* ist,

es ist falsch! ... und Sie versuchen, nach *rechts* zu gehen, um nach *rechts* zu gelangen, aber es bleibt Ihnen nur, wieder nach *links* zu gehen, und das ist nicht *richtig* ... und wenn Sie auf diesen Wegen herumgewirbelt werden, beginnen Sie zu erkennen, daß es nicht die physikalischen Dimensionen sind, sondern die geistige Haltung ... das Möbius-Haus ist in der Mitte von Nirgendwo ... und seine entgegengesetzten Wege haben einen Bezug zu geistigen Erwartungen, nicht zu unbestreitbaren Wirklichkeiten ... mit anderen Worten, Sie können zulassen, daß beide Seiten dieses Zaunes sich auf gemeinsamen Boden zusammenfügen!! ... und wenn man denkt, *rechts* sei *links*, dann wird es dadurch *links*, und wenn man denkt, *Nord* sei *Süd*, dann wird dadurch *Süden* zu *Süden* und *Norden* zu *Norden* ... aber wenn man *denkt*, daß dadurch, daß man denkt, *rechts* sei *links*, *links links* würde, dann wird dadurch in Wirklichkeit *links* zu *rechts* ... (Man kann damit fortfahren, wenn der Klient noch mehr Überladung zu brauchen scheint.)

... Und deshalb, warum nicht das Denken aufgeben und es sich richtig gut gehen lassen, während jene Wirklichkeit sich um Sie her entfaltet und Sie sich immer weiter in Nirgendwo vertiefen, in die Entdeckung, wie angenehm die Wahrnehmungsvielfalt ist, die geistige Flexibilität, die Vielfalt des Erlebens, und wie angenehm es ist, *den Wert des ganzen Selbst geistig zu begreifen* ... (usw.).

Diese Kommunikationen lassen sich auf verschiedene Weisen fortsetzen. Eine Möglichkeit schließt ein, daß man den Klienten dazu auffordert, im Möbius-Haus eine Bibliothek aufzuspüren. In dieser Bibliothek befindet sich ein „Buch der Zeit" (auf dessen Einband vorne der Name des Klienten steht), das alle vegangenen, gegenwärtigen und zukünftigen Ereignisse enthält. Das „Buch der Zeit" kann ein Hilfsmittel sein, um Klienten in der Zeit zurück- (oder vorwärts) gehen zu lassen zu Schlüsselerlebnissen, die therapeutisch nutzbar zu machen sind.

Eine andere Möglichkeit besteht darin, im Möbius-Haus einen Raum einzuführen, der auf zwei gegenüberliegenden Seiten mit Spiegeln ausgestattet ist. Das Bild an der einen Wand läßt erkennen, daß es eine das Selbstgefühl bestätigende („positive") Darstellung der Person reflektiert, während das Bild an der gegenüberliegenden Wand so beschrieben wird, als zeige es einen gegenteiligen, das Selbstgefühl abwertenden („negativen") Aspekt. Der Klient wird in immer schnelleren Umläufen zwischen den gegensätzlichen Bildern hin- und herbewegt, bis beide in einen das Selbstgefühl bestätigenden Bezugsrahmen integriert sind. Der phantasievolle Hypnotherapeut wird schnell entdecken, daß es noch viele andere Möglichkeiten gibt, wie man den allgemeinen Rahmen des Möbius-Hauses in der Mitte von Nirgendwo zur Förderung therapeutischer Explorationen nutzen kann.

Räumliche Desorientierung: Wechsel des äußeren Bezuges

Diese allgemeine Methode, die Erickson in den dreißiger Jahren entwickelt hat, umfaßt im wesentlichen die Fesselung der Aufmerksamkeit des Klienten, ehe man sie immer rascher auf äußere Stimuli lenkt. Sie läßt sich, wie jede Konfusionstechnik, auf viele verschiedene Weisen anwenden. Ein interessantes Beispiel für die Technik findet man in Ericksons (1964a) Schilderung seiner Interaktionen mit einem Kollegen, einem indischen Psychiater, der interessiert war, schizophrene Prozesse besser zu verstehen. Für ein Experiment, das Wahrnehmungsstörungen aus eigener Erfahrung demonstrieren sollte, stellte Erickson zwei Stühle in jeweils zwei Ecken eines Raumes von ca. vier Quadratmetern auf und stellte sich und den Psychiater in den übrigen beiden Ecken auf. Die Stühle bezeichnete er jeweils als A und B, und sich und den Psychiater jeweils als C und D. Er ließ dann eine ausgezeichnete somnambulistische Versuchsperson kommen, die sich für das Experiment freiwillig gemeldet hatte. Nachdem er bei der Versuchsperson eine tiefe Trance induziert und sie angewiesen hatte, sowohl mit ihm als auch mit dem indischen Psychiater (Dr. G.) in Rapport zu bleiben, bat er sie, auf Stuhl A (neben Erickson) Platz zu nehmen, Stuhl B (neben Dr. G.) gegenüber. Er sagte dann umständlich und etwas rätselhaft, daß er beabsichtige, Dr. G. etwas über „Geographie" zu lehren, und daß die Versuchsperson während der ganzen Lektion auf ihrem Platz bleiben solle. Sobald er auf diese Weise Dr. G.s Aufmerksamkeit auf die Versuchsperson gelenkt hatte, begann er mit einem ziemlich verwirrenden Geplapper. Das folgende gibt einen Ausschnitt davon wieder:

> (an die Versuchsperson gerichtet): „Ich möchte, daß Sie wissen, daß dieser Stuhl (er deutet auf A), auf dem Sie sitzen, *hier* bei Ihnen ist (er zeigt auf die Versuchsperson), und *jener* Stuhl (er deutet auf B) *dort* ist, aber wenn wir *herumgehen* ... um das *Viereck*, dann bin ich *hier* und Sie sind *dort*, Sie wissen aber, daß Sie *hier* sind, und Sie wissen, ich bin *dort*, und wir wissen, daß *jener* Stuhl (B) und Dr. G. *dort* sind, er weiß aber, daß er *hier* ist, und Sie sind *dort*, und jener Stuhl (B) ist dort und ich bin *dort*, und er und ich wissen, daß Sie und *jener* Stuhl (A) *dort* sind und daß ich, der ich *hier* bin, in Wirklichkeit *dort* bin, und wenn *jener* Stuhl (B) denken könnte, dann wüßte er, daß Sie *dort* sind und daß Dr. G. und ich denken, daß wir *hier* sind, und daß wir wissen, daß Sie *dort* sind, obwohl Sie denken, Sie sind *hier* und so wissen wir alle drei, daß Sie *dort* sind, während Sie denken, daß Sie *hier* sind, aber ich bin *hier* und Sie sind *dort* ..." (in Rossi 1980a: S. 268).

Erickson machte auf diese Art weiter, und er sprach dabei immer langsam, eindrücklich und rhythmisch. Nach einer Weile schien Dr. G.

ziemlich desorientiert zu werden und blickte verwirrt abwechselnd zu den Zwischenräumen neben sich und dann zu Erickson. An diesem Punkt gab Erickson der tief hypnotisierten Versuchsperson die Anweisung, seine Rolle zu übernehmen um rasch die verschiedenen Richtungen von „hier" und „dort" zu „erklären". Kurz gesagt, Dr. G. entwickelte eine ziemlich tiefgehende Bewußtseinsveränderung, eine Entwicklung, die für verschiedene hypnotische Explorationen und eine spätere Besprechung genutzt wurde.

Erickson (1964a) beschrieb auch, wie veränderte Fassungen dieser Technik bei anderen Individuen erfolgreich angewendet wurden, die sich für hypnotische Explorationen interessierten. Bei meiner eigenen Arbeit hat sich diese Methode der räumlichen Desorientierung als ziemlich effektiv erwiesen, vor allem, wenn verschiedene Dissoziationen erwünscht sind - z. B. bei einer Person, die sich von schweren körperlichen Schmerzen trennen möchte (z. B. bei chirurgischen Eingriffen oder in Fällen von chronischem Schmerz), oder bei Individuen, die sich gedrängt fühlen, alles, was der Hypnotiseur sagt oder tut, bewußt zu verfolgen. In diese letztgenannte Kategorie fallen besonders Angehörige psychosozialer und psychiatrischer Berufe, die interessiert sind, sowohl bei sich selbst als auch bei ihren Patienten oder Klienten eine hypnotische Befragung durchzuführen. Solche Individuen nehmen oft (irrigerweise) an, daß es für die Entwicklung von Fertigkeiten als Hypnotiseur am besten sei, alle demonstrierten Techniken mit bewußter Wachheit aufzunehmen, eine Überzeugung, die ihre Versuche, eine tiefe Trance zu erleben, zum Scheitern verurteilt. Nach meiner Erfahrung ist die räumliche Desorientierung eine hervorragende Methode zur Entwicklung eines doppelten Bewußtseins (wobei es einen „bewußten Beobachter" gibt und „einen, der an einer tiefen Trance teilnimmt"), welches den Bedürfnissen, „ein Teil und doch getrennt von" dem Geschehen zu sein, entgegenkommt. Im wesentlichen ist es bei dieser Technik erforderlich, einen Stuhl für den „bewußten Verstand" zu bestimmen und einen für das „Unbewußte". Vor der Induktion sitzt die Person auf dem Stuhl, der für den bewußten Verstand reserviert ist, und wird zu dem Stuhl, der dem Unbewußten zugeordnet wurde, gebracht, wenn die Tranceentwicklung angemessen ist. Eine kurze Induktion (von ca. 5-15 Minuten) dient normalerweise dazu, die Person im Hinblick auf ihr Erleben zu absorbieren und ein Reaktionspotential aufzubauen. Eine leicht veränderte Fassung der „hier/dort"-Wechsel wird dann benutzt, um den „bewußten Verstand" - den Teil, der beobachten, analysieren, erkennen usw. muß - auf seinen Platz zu verweisen, auf den Stuhl, der für ihn bestimmt wurde, während das „Unbewußte" auf dem anderen Stuhl eine tiefe Trance erleben kann. Mit anderen Worten, man gibt Klienten die Instruktion, sich vorzustellen, wie sie auf dem einen Stuhl sitzen und sich dabei zusehen, wie sie auf dem anderen Stuhl tief in Trance gehen.

Ein Ausbildungskandidat bei einem Trainingsprogramm für fortgeschrittene Hypnotherapeuten z. B. klagte darüber, daß alle seine Versuche, selbst eine Trance zu erleben, als frustrierende Fehlschläge geendet hätten, obwohl er bei anderen leicht eine Trance induzieren könne. Nachdem wir seine vergeblichen Bemühungen genauer angesehen und besprochen hatten, schien es, daß der größte Stolperstein sein unaufhörlicher innerer Dialog war, der alle hypnotischen Kommunikationen, die man ihm anbot, aus der Sicht eines Hypnotiseurs rational analysierte. Um das aufzugreifen, nahm ich seine Bitte, bei einer Demonstration als Versuchsperson zu dienen, an und bat ihn, seinen Platz zu verlassen und sich neben mich auf den „Stuhl für den Trancekandidaten" zu setzen. Nach einer etwa 15 minütigen Eröffnung durch ein induktives Gespräch, das günstigstenfalls eine leichte Trance (mit Schließen der Augen) stimulierte, begann ich, die oben beschriebene Dissoziationsmethode anzuwenden. Der Ausbildungskandidat lächelte, als er die Bezugswechsel hörte und wiedererkannte. Wohlwollend äußerte ich meine Anerkennung für seine Fähigkeit, so aufmerksam zu sein und nahm dann plötzlich eine sehr ernste Haltung ein und fragte mich laut denkend, langsam und überlegt, ob er *wirklich* verstanden habe, was ich sagte. Nachdem ich ihn durch diese rätselhafte Bemerkung aus dem Gleichgewicht gebracht hatte, nötigte ich ihn: „Seien Sie sehr aufmerksam, auch wenn Sie vielleicht nicht alles verstehen!!" Ich ging dann zu einem immer schnelleren und unrhythmischeren Tempo über und erörterte die räumliche Orientierung und die Bedeutung der Dissoziation. Jedes Mal, wenn ich über seine bewußten Prozesse sprach, lenkte ich meine Stimme zu seinem früheren Platz *dort drüben* hin; alle Kommunikationen über sein Unbewußtes und über die Tranceentwicklung lenkte ich stimmlich hin zu seinem gegenwärtigen Sitzplatz *hier jetzt*. Im folgenden ein Ausschnitt:

> ... Und Kevin, ich bin wirklich sehr froh, daß Sie sich *heute* als Versuchsperson freiwillig gemeldet haben. Und wie auch immer Sie sich beteiligen, wie schön ist es zu wissen, daß Sie Ihren Stuhl *dort drüben* verlassen haben und *hierher* gekommen sind, um *mir hier* zuzuhören. *Nun*, als Sie *dort drüben* saßen, konnten Sie wirklich kritisch, kenntnisreich und erfreulich allem zuhören, was in den vergangenen Tagen in *diesem Raum hier* vor sich gegangen ist. Und *jetzt*, denke ich, sollten Sie wirklich nicht *aufhören, bewußt zuzuhören*; schließlich, wenn jemand Sie sehr lange begleitet hat, *vergessen* Sie den nicht so leicht. Und denken Sie daran, daß Sie so, wie Sie dort drüben waren, dort auch weiterhin sein können. Und Sie haben auch andere Interessen, und Sie können sich diesen Interessen

widmen, können sie *hier entwickeln* und unterdessen *dort* Ihre bewußten Interessen verfolgen. Denn wie schön zu wissen, daß Ihr Unbewußtes *unabhängig von Ihrem bewußten Verstand wirksam sein kann*. Sie regulieren Ihre Atmung unbewußt, Sie schlafen unbewußt, Sie führen viele Dinge aus, ohne daß das Bewußtsein Sie dabei stört. Und Sie träumen nachts unbewußt; und was bedeutet es *wirklich tief und gut zu träumen*? Ich weiß es wirklich nicht, aber ich weiß, daß Ihr Unbewußtes unabhängig, intelligent und bedeutungsvoll wirksam sein kann. Und Ihr bewußter Verstand muß sich überhaupt nicht zurückziehen; er kann *dort* bleiben, wie er es *damals* tat, und er kann sich jetzt wieder auf *jenen* Stuhl *dort drüben* setzen, und Ihr Unbewußtes kann *hier* sein und mich *hier hören* ... und Ihr bewußter Verstand *dort* kann auch zuhören und alles genau beobachten ... Ihr Bewußtsein *dort* und Ihr Unbewußtes *hier* ... Ihre Einwände und Ihr rationales Interesse *dort drüben*, Ihre Trancefähigkeit *hier jetzt*, die sich noch mehr entwickelt, so ist es gut, auch wenn Ihr *Bewußtsein* das zu erkennen beginnt ... und ein Teil und doch getrennt davon sein kann ... die Bemerkungen, immer so reich, *dort drüben*; die Entwicklung einer neuen phänomenologischen Wirklichkeit hier ... und Sie können von *dort* her *hören* und von *dort* her *sehen* und doch *auch von hier hören, wenn nicht sogar besser* ... und wie schön, ein Teil und doch getrennt von *jenen normalen Tätigkeiten dort drüben* zu sein ... und *dort* waren Sie genau mir gegenüber, und *hier* können Sie an meiner Seite sein ... Und ich spreche in Ihr linkes Ohr, weil ich links neben Ihnen bin, wenn Sie geradeaus schauen ... doch wenn Sie sich umdrehen würden, und in *jene* Richtung schauten, die eben noch hinter uns war und es noch immer ist - doch ist es jetzt nicht anders und doch ähnlich, so ganz anders zu sein? ... Sie können *es fühlen, Kevin* ... *fühlen Sie, wie es geschieht* ... das, *was* dort war, ist nun wieder *dort* und während Sie *tiefer in Trance gehen* JETZT HIER, wenn Sie jetzt hören, daß Sie zwei Hände haben und deshalb frage ich mich, welche sich zuerst zu heben beginnt? Sie haben alle Zeit der Welt ... beobachten sie es von *dort* ... fühlen sie es *hier* ... sehen sie es *von dort* ... fühlen Sie es HIER ... (usw.).

Kommunikationen dieser Art dehnte ich noch über ungefähr weitere zehn Minuten aus, wobei der Vortragsstil während ihrer gesamten Darbietung intensiv, schnell und fesselnd blieb. Die Person schien in wachsendem Maß kataleptisch zu werden und in tiefere Trance zu fallen, und verschiedene Dissoziationsphänomene - Handlevitation, automatisches Sprechen und „unkoordinierte Hände" - ließen sich alle erfolgreich entwickeln. Ehe ich die Trance beendete, gab ich seinem „bewußten Verstand dort drüben" die Anweisung, „zum übrigen Körper hierhin zurückzukommen". Ich konsolidierte dann einige seiner Lernerfahrungen, indem ich sorgfältig herausarbeitete, daß seine Dissoziationserlebnisse ein Beweis der allgemeinen Fähigkeit seien, auf viele verschiedene, nützliche Weisen „Autonomie zu genießen".

Der Ausbildungskandidat wurde dann aus der Trance reorientiert und über seine Erfahrung befragt. Er berichtete, er habe anfangs gedacht, daß die Desorientierungstechnik, die er als solche erkannte, nicht funktionieren würde, daß er dann aber immer verwirrter wurde, als er versuchte herauszukriegen, ob ich (wie ich geheimnisvoll während der Induktion angedeutet hatte) außer die Desorientierungstechnik anzuwenden noch etwas anderes tat. Er ergänzte, daß seine Verwirrung zu tiefgreifenden Wahrnehmungsveränderungen führte (z. B. begann der Raum sich zu drehen, sein Körper schien sich zu verzerren). Diese Entwicklungen überraschten und freuten ihn schließlich, weil es Hinweise waren, daß sich eine Trance entwickelte. Er war kurze Zeit enttäuscht, als er erkannte, daß seine bewußten Prozesse noch immer die Dinge drauflos „zerhackten", bis plötzlich die größte Überraschung dieser Tranceerfahrung eintrat: er stellte fest, daß sein „bewußter Verstand" auf einem Platz in der vordersten Reihe saß und ihn beobachtete, wie er oben in tiefer Trance auf der Bühne saß. Das überwältigte[16] ihn, wie er sagte, und er war immer noch fasziniert, als er „sich" auf der Bühne beobachtete, wie er eine Handlevitation demonstrierte. Er erlebte dann, wie er auf meine Suggestion hin in seinen Körper auf dem Stuhl auf der Bühne zurückkehrte und aus der Trance aufwachte. Alles in allem, bemerkte er verwundert, sei es eine der intensivsten Erfahrungen seines Lebens gewesen. Er hatte letztendlich nicht nur eine tiefe Trance entwickelt, sondern er hatte auch einen tiefen Einblick in Dissoziationsprozesse gewonnen, wie sie im hypnotischen Bereich verwendet werden.

Ein Hauptgrund für die Wirksamkeit der Technik liegt darin, daß sie die Prozesse der Versuchsperson oder des Klienten gut spiegelt und sich ihnen anpaßt (Pacing). Ein Teil von Kevin wollte eine Trance erleben; ein anderer Teil wollte alles beobachten und ausführlich kommentieren. Die Frage war daher, wie beide Teile in einer Induktion nutzbar gemacht werden konnten. Die Methode der räumlichen Desorientierung bot eine ideale Lösung, die beiden Teilen erlaubte, sich auf eine Weise zu beteiligen, daß sie sich gegenseitig nicht störten, sondern sich ergänzten.

Vergessen Sie jedoch nicht, daß die Angemessenheit einer Technik noch nicht ihren Erfolg garantiert. Auch wenn es vielleicht unnötig redundant erscheinen mag, möchte ich noch einmal betonen, daß der Hypnotiseur (1) einen nonverbalen Vortragsstil verwenden sollte, der den Klienten veranlaßt, aufmerksam zu sein und mit seinem ganzen Erleben zu reagieren und (2) seine Kommunikationen fortwährend beobachten und den jeweiligen Reaktionen des Klienten genau anpassen sollte. Wenn z. B. bewußte Prozesse zu dominieren scheinen, dann bedient sich der Hypnotiseur verstärkt verwirrender Kommunikationen (Musterunterbrechung und Informationsüberladung); bei der Induktion spiegelt er das jeweilige Verhalten indirekt oder allgemein; hat die

Konfusion ihren Höhepunkt erreicht, dann bietet er durch Kommunikationen, die indirekter und sanfter sind, Trancesuggestionen an. Die Beachtung dieser Richtlinien steigert die Wirksamkeit einer jeden Technik, insbesondere der Konfusionstechniken beträchtlich.

Wenn man mit der räumlichen Desorientierung experimentiert, ist es wichtig, daran zu denken, daß es viele Möglichkeiten zu ihrer Modifikation gibt. Der Therapeut kann z. B. Menschen real von einem Stuhl zum andern wechseln lassen, eine Technik der Gestalt-Therapie, die sich besonders bei Klienten bewährt hat, die im Hinblick auf die Trance oder andere therapeutische Entwicklungen Konflikte äußern. Diese Klienten erhalten dann die Instruktion, sich jedes Mal, wenn sie spüren, daß sie eine Trance erleben möchten, sofort auf den als solchen bestimmten „Trancestuhl" zu setzen; doch jedes Mal, wenn sie eine Abneigung oder ein Zögern spüren, sollten sie den „Einspruch"stuhl aufsuchen. (Wenn es mehr als einen Typ von Einwänden zu geben scheint, kann man mehrere Stühle benutzen.) Wenn man diese Methode anwendet, muß man Klienten anfangs noch dazu bewegen, den Platz auch zu wechseln, wenn sich ihre Neigung und damit ihre „Rolle" ändert, denn dieser psychische Vorgang vollzieht sich oft automatisch und daher unbewußt.

Den Reaktionen der Person entsprechend kann man die Technik verschieden anwenden, um eine Trance zu entwickeln. Die Technik der räumlichen Desorientierung dient normalerweise zunächst dazu, die widerstreitenden Teile zu trennen. Der Therapeut könnte die Teile dann in eine ernste Diskussion verwickeln, um eine Art der Tranceentwicklung auszuarbeiten, welche die Bedürfnisse aller Teile befriedigt. Eine andere Möglichkeit, die ich für schneller und wirksamer halte, besteht darin, nach und nach das Tempo zu steigern, in dem die Klienten die Stühle wechseln. Solange der Therapeut einfühlsam und unterstützend bleibt, finden es die meisten Individuen ganz erleichternd, ihre Konflikte dramatisch darzustellen und sie bis zu einem absurden Extrem zu treiben; ihr Gelächter dissoziiert sie von einer starren Identifikation mit jedem der beiden Teile und ebnet so den Weg für die Trance. Bleibt der Klient an bewußte Prozesse fixiert (indem er z. B. weiterhin alle hypnotischen Kommunikationen rational analysiert) könnte der Hypnotiseur sein Verfahren durch einige der oben beschriebenen Kommunikationen zur räumlichen Desorientierung ergänzen. Werden sie bedeutungsvoll vorgetragen, können auch die schwierigsten Klienten, die eine Trance wünschen, erleben, daß ihre Wünsche sich erfüllen.

Begriffliche Desorientierung

Neben der zeitlichen und räumlichen Desorientierung steht dem Hypnotherapeuten in der *begrifflichen Desorientierung* für die Tranceinduktion eine weitere Technik der Musterüberladung zur Verfügung. Im wesentlichen macht diese Technik einen gewinnenden, bedeutungsvollen und schnellen nonverbalen Kommunikationsstil erforderlich, der einen locker verbundenen Strom frei assoziierter Verbalisierungen begleitet. Damit soll zunächst bewirkt werden, daß ein Klient sich ganz auf diese Äußerungen konzentriert und sie zu verstehen versucht; danach werden die Themen so rasch gewechselt, daß der bewußte Verstand dadurch überladen und außer kraft gesetzt wird und schließlich eingebettete Suggestionen und andere Techniken für die Tranceentwicklung angewendet werden können.

Die konkreten Aussagen sind ganz verschieden; sie werden auf eine freifließende Weise generiert. Damit der Hypnotiseur einen solchen Strom von Äußerungen hervorbringen kann, geht er in eine nach außen orientierte Trance (Kapitel 3); er stimmt sich auf diese Weise auf die Prozesse ein, die aktuell beim Klienten ablaufen, und stellt dadurch sicher, daß seine Assoziationen durch dessen Verhalten stimuliert werden. Kommunikationen werden mit einer Bedeutsamkeit und Intensität geäußert, welche die ganze Relevanz des Gesagten spürbar machen. Hat der Hypnotiseur diesen Kontext geschaffen, dann kann er jedes Thema oder jede Beobachtung als Ausgangsbasis wählen. Wenn ich z. B. eine Trance induzierte, während ich hier an meinem Computer säße, könnte ich z. B. folgendes sagen:

> ... Und ich sitze jetzt gerade hier und Sie sind dort, und ich gebrauche meine Finger, um die Buchstaben für Sie zu tippen ... und ich habe in der Vergangenheit schon viele Male getippt, deshalb *fühle ich mich wohl dabei* ... und man kann auf viele verschiedene Arten tippen ... man kann auf einer Schreibmaschine tippen, an einem Schreibtisch, man kann sich auf die Rolle einer bestimmten Person festlegen[17], sei es in einem Theaterstück oder nicht ... und ich frage mich oft, in welchen Typ von Trance man wohl geht, wenn man hier sitzt ... was für ein Trancetyp wird es sein? ... und es gibt einen Typ, bei dem man hinein und heraus gehen kann ... und bei einem anderen Typ *kann man direkt hinunter gehen* ... und was bedeutet es, *direkt hinunter zu gehen*? ... manche von uns wissen, was es heißt, wenn ihre Stimmung in den Keller sinkt, wenn sie „down"[18] sind oder sich so fühlen, aber was bedeutet es eigentlich, *in Trance zu gehen*? ... Sie können in ein Fachgeschäft gehen und vor dem Einkauf die Preise vergleichen, und Sie brauchen sich zu nichts zu verpflichten, und in Trance können Sie dasselbe tun ... und Sie können viele verschiedene Orte besuchen ... dabei ist es nicht wichtig, ob Sie offiziell eine Urlaubsreise machen oder nicht ... weil Sie sich auf jede Weise, überall und zu jeder Zeit JETZT entspannen können!! ... Sie können arbeiten und sich dabei wohlfühlen, Sie können zuhause bleiben und sich zuhause fühlen, Sie können nach draußen gehen und sich im Innern sicher fühlen ... und im

Winter wie im Sommer ist es schön, sich wohlzufühlen und innerlich sicher zu sein, ganz zu schweigen von den anderen Zeiten ... und die Zeiten[19] ändern sich in der Tat ... die New York Times hat eine neue alte Aufmachung bekommen ... die Los Angeles Times ist konservativer geworden ... und so viele Dinge können sich schließlich ändern, von denen man es nicht erwartet hätte ... und es ist gut, wenn man Wechselgeld[20] hat (und wenn man leicht wechseln kann), und noch besser sind Geldscheine, wenn es Ein-Dollar-, Fünf-Dollar-, Zehn-Dollar-, Zwanzig-Dollar- und Hundert-Dollar-Scheine sind ... und in Trance können Sie eine Fülle verschiedener Erfahrungen entwickeln und Ihre Fähigkeit anreichern, sich in einzigartigem und angemessenem Stil[21] um Ihre Bedürfnisse zu kümmern, ... und die Stile (in der Mode) ändern sich jedes Jahr, eines aber bleibt sich gleich: Ihre Fähigkeit, in Trance zu fallen und Ihr Unbewußtes als Ihren Verbündeten zu gebrauchen ... Sie müssen nicht Luke Skywalker[22] sein, um sich eines Verbündeten zu bedienen und die Kraft zu spüren ... Sie können jetzt hier sein und wissen, daß Ihr Unbewußtes Ihnen helfen kann, was auch immer geschieht, wann immer und wie immer es sein mag ... (usw.).

Dieser Bewußtseinsstrom ist absichtlich nicht redigiert, um zu zeigen, daß die Aussagen nicht brilliant zu sein brauchen; sie müssen sich nur assoziativ aus der vorhergehenden Aussage ergeben und sollten bedeutungsvoll und rhythmisch geäußert werden. Wie bei jeder Technik der Musterüberladung werden Personen, die genügend absorbiert sind, in wachsendem Maß verwirrt und reagieren dann auf zwei alternative Weisen: Eine Person, die bestrebt ist, alles rational zu verstehen, zeigt Verwirrung und eine wachsende Verzweiflung im Versuch, das Gesagte zu verstehen; eine Person, die weniger rationale Kontrolle braucht, gibt den Versuch zu verstehen schneller auf und genießt einfach die „Reise", welche die Assoziationen ihr anbieten. Bei der ersten Art zu reagieren bleibt der Hypnotiseur ausgesprochen ernst, während er die Frequenz seiner Äußerungen und den Anteil assoziativer Überkreuzungen erhöht; beim zweiten Typ von Reaktion kann der Hypnotiseur freundlicher und unterhaltender sein, weil die Person im allgemeinen ganz bereit ist, völlig loszulassen, und er sie dabei unterstützen sollte. Beide Arten der Reaktion lassen sich nutzbar machen, indem man Trancesuggestionen einstreut, besonders durch rhetorische Fragen und eingebettete Suggestionen (Kapitel 6). Natürlich reagiert jede Person etwas anders, was es für den Hypnotiseur unerläßlich macht, genau zu beobachten und sich ihren jeweils aktuellen Prozessen entsprechend anzupassen.

Wenn man mit dieser Technik experimentiert, entdeckt man meist, daß ihre Beherrschung mehr „Verlernen" als „Lernen" erfordert. Das heißt, daß wir die Fähigkeit zur freien Assoziation alle von Natur aus haben, daß wir aber lernen, sie zumindest teilweise zu unterdrücken; durch „hypnotische" Sprüche wie „Halte dich ans Thema", „Komme zum Wesentlichen", „Konzentriere dich" usw. üben wir uns darin, Assoziationen zu beschränken, um an einem bestimmten Bezugsrahmen festzuhalten. Das ist zwar für rationales Denken wertvoll und notwendig, wenn man aber rigide an einer solchen Beschränkung festhält, erstickt man verschiedene kreative Prozesse, die vorliegende Technik inbegriffen. Es ist daher eine nützliche Übung (die außerdem Spaß macht), sich am Tag zehn Minuten lang alleine oder mit einem Freund oder einer Freundin hinzusetzen und irgendeinen Reiz zufällig als Ausgangspunkt zu wählen, um dann wild frei zu assoziieren. Sobald Sie finden, daß Ihnen das leicht fällt, beginnen Sie dann damit, trance-relevante Kommunikationen einzuflechten (z. B. hinsichtlich des aktuellen Verhaltens der Sie begleitenden Person oder ihrer Interessen).

Wenn Sie diese Technik anwenden, werden Sie wahrscheinlich zahlreiche Gelegenheiten für assoziative Überkreuzungen entdecken. Einige Möglichkeiten seien hier genannt:

1. **Verschiedene Bedeutungen.** Man kann z. B. zwischen verschiedenen Bedeutungen eines Wortes oder Begriffes hin und her wechseln. Das Beispiel oben etwa enthielt (im amerikanischen Originaltext) mehrere solcher Wechsel zwischen den verschiedenen Bedeutungen eines Wortes: von „typing" = „tippen" zu „typecast" = „sich auf eine bestimmte Rolle festlegen" zu „Trancetypen"; von „other times" = „andere Zeiten" zu „changing times" = „veränderte Zeiten" zu der Zeitung „Times"; und von „change" = „verändern" zu „change" = „Kleingeld" zu (Dollar) „bills" = „Dollar-Noten" und zum „Erfahrungsreichtum" = „wealth of experience"[23].

2. **Einflechten von Themen.** Eine ähnliche, etwas kunstvollere Strategie besteht darin, ein Thema einzuführen, es abzubrechen und auf vielerlei Arten wieder auf es zurückzukommen. Das folgende kurze Beispiel webt Suggestionen ein, indem es die Themen oder Ideen von *Zeit* und von *Körperteilen* untereinander austauscht:

> (mit einem Blick auf die Armbanduhr) ... „Und wie schön ist es zu wissen, daß die Zeit in Ihren Händen liegt und daß Sie sie auf so viele verschiedene Arten nutzen können ... Sie können sorgsam auf Ihre Uhr sehen und wissen dann, ob *es Zeit ist*, John ... und was bedeutet es, alle Zeit der Welt zu haben ... was bedeutet es, *wenn die Zeit stillsteht*, wenn sie fröhlich tickt, wenn Sie Zeit zur Verfügung haben ... und, John, es *ist* eine praktische Sache zu wissen, daß Sie keinen Arm oder ein Bein zur

Entspannung hergeben müssen, um in Trance zu gehen ... weil Ihr Unbewußtes einen ganzheitlichen Körper von Wissen hat, den es nutzen kann, um auf seinen eigenen Füßen zu stehen, um sich auszudehnen und es sich gut gehen zu lassen ...

3. Verdoppelung des letzten Wortes. Bei dieser dritten Strategie wird das letzte Wort (oder die letzten Worte) einer Aussage noch einmal als erstes Wort (oder erste Worte) der nächsten Aussage verwendet. Dabei wird dieses wiederholte Wort jedoch in einen anderen semantischen Kontext gestellt, wodurch sich der begriffliche Rahmen verändert. Zum Beispiel:

> ... und es kann Ihnen in Trance wirklich gut gehen ... und was bedeutet Trance eigentlich? Jeder weiß, was es heißt zu transferieren[24], zu übersetzen[25], einen Übersetzer[26] zu haben, eine Transformation (Trance-Formation), ein Transzendental (Trance-Zendental), eine Trance jetzt, eine tiefe Trance, eine sehr tiefe Trance JETZT ... Und Sie können jetzt oder später eine Trance haben, weil früher oder später etwas ist, was wir alle kennen ... und wir alle wissen so viel Verschiedenes über so viele verschiedene Erfahrungen ... und verschiedene Erfahrungen sind natürlich, man kann sie nicht leugnen ... und Sie müssen nichts vor sich selbst verleugnen, was natürlich ist ... und Bäume sind natürlich, der Sierra Club (ein Naturschutzbund) weiß das, sogar (der frühere Minister des Inneren) James Watt weiß das ... und Watt (was) bedeutet es, genügend Energie zu haben, um eine Glühbirne herzustellen ... das Auftauchen einer kreativen Idee ... und Kreativität zeigt sich auf so verschiedene Weisen ...

4. Allgemeine Prädikate in verschiedene Kontexte stellen. In einer vierten Strategie werden allgemeine Prädikate durch verschiedene Kontexte verändert, so daß der Prozeß des Erlebens konstant bleibt, während die Situation (Personen, Orte, Zeiten) sich verändert. Zum Beispiel:

> ... und in Trance können Sie ein Wohlbefinden entwickeln, das Sie mit Ihrem ganzen Erleben genießen können ... und was bedeutet es, ein solches Wohlbefinden zu entwickeln? Ein Kind weiß, wie es ein Wohlbefinden entwickeln kann, das es voll und ganz genießt ... jedes Kind hat schon die Erfahrung gemacht, wie es ist, wenn es sich mittags zu einem behaglichen Schläfchen hinlegt und sich dabei wirklich wohlfühlt ... und jeder Geschäftsmann weiß, wie angenehm es ist, nach einem harten Arbeitstag nach Hause zu kommen und es sich in einem Zustand des Behagens, den er mit seinem ganzen Erleben genießen kann, leichter zu machen ... und der Athlet kann vor und nach dem Spiel ein solches

Wohlbefinden, das er ganz genießen kann, entwickeln ... und ebenso der Student ... und deshalb, sei es, daß Sie zu Hause sitzen, im Bett liegen oder einen schönen sonnigen Nachmittag im Park verbringen, wo Sie sich auch befinden mögen, Sie können in so vielen verschiedenen Arten und Stilen ein *Wohlbefinden entwickeln*, das Sie mit Ihrem ganzen Erleben genießen können.

5. Übergänge schaffen. Kapitel 6 beschrieb die Brückentechnik vom Allgemeinen zum Besonderen zum Allgemeinen, wobei der Hypnotiseur das gerade aktuelle Thema verallgemeinert, um den Übergang zu einem anderen Thema zu schaffen und dann einen Aspekt des neuen Themas herauszustellen, der mit dem früheren Thema nichts zu tun hat[27]. Zum Beispiel:

> ... und Trance ist eine Lernerfahrung ... und Sie haben früher schon so viele verschiedene Lernerfahrungen gemacht ... als Jugendlicher z. B. sind Sie auf einem harten Stuhl in einem Klassenzimmer gesessen und haben dort viele verschiedene Dinge gelernt ... und es kann unbequem sein, auf einem harten Stuhl zu sitzen ... und doch genießen manche Leute Baseballspiele so sehr, daß es ihnen nichts ausmacht, auf einem harten Stuhl zu sitzen ... und Sie können Unbehagen auf viele verschiedene Weisen vergessen ... z. B. wenn Sie nachts schlafen, bemerken Sie, wie schwierig es ist, sich um irgend etwas bewußt Sorgen zu machen ... und Sie haben nachts so tiefe Träume ...

6. Assoziative Überkreuzungen. Eine letzte Strategie in diesem Zusammenhang sind Überkreuzungen mittels Assoziationen von bestimmten Ereignissen, Begriffen, Personen usw. Zum Beispiel:

> ... und ein Trancezustand ist eine Gelegenheit, viele verschiedene Dinge zu erkunden ... und wie schön zu wissen, daß Sie sich frei fühlen können, so viele Dinge zu tun, in welchem Staat[28] der USA Sie sich auch befinden ... und jeder hat ein Recht zu wählen ... und Sie können sich einen gewissen Komfort leisten, ob Sie für einen Ford oder für einen Carter gestimmt haben (1976) ... und während Ford und Chevy in diesem Land noch immer an erster Stelle stehen, gefällt mir ein hübsches deutsches Auto wirklich gut ... und drüben in Europa wundern sich die Leute, wie Reagan (1980 und 1984) so mühelos gewonnen hat, aber ob Sie nun an alten Cowboy-Filmen interessiert sind oder nicht, Sie können anerkennen, daß Indianer ein Recht haben, rothäutig und wütend zu sein ... und wie repräsentativ waren dann die Schauspieler? ... Repräsentieren die Bilder, die Sie haben, die Geschichte wirklich genau? ... und wie gut vertritt Ihr bewußter Verstand Ihre unbewußten Bedürfnisse, Wünsche und Sehnsüchte? ... warum nicht die Gelegenheit nutzen, um es herauszufinden; es ist der einzige demokratische Weg ...

Am Schluß ist noch zu bemerken, daß diese Assoziationsstrategien, die hier als Grundlage für eine begriffliche Desorientierung vorgestellt werden, natürlich auch auf andere, weniger verwirrende Weise angewendet werden können. Wie im vorangegangenen Kapitel besprochen, sind sie auch nützlich, um einen Punkt zu verallgemeinern, Themen elegant zu wechseln, Ideen zu verbinden, metaphorisch, flüssig und kontinuierlich zu reden, kreativ zu denken usw. Da die Wirkung zum großen Teil von den begleitenden nonverbalen Kommunikationen abhängt, kann der Hypnotiseur verschiedene allgemeine Reaktionen hervorrufen, wenn er seine Haltung entsprechend verändert.

Doppelte Induktionen

Zu einer doppelten Induktion braucht man zwei Hypnotiseure, die bei ein und demselben Klienten gleichzeitig Induktionen durchführen[29]. Nach meiner Erfahrung ist das eine der wirksamsten Konfusionstechniken, die uns zur Verfügung stehen: Sie läuft nicht nur der tief eingewurzelten sozialen Regel zuwider, daß nur jeweils eine Person zu einem Zeitpunkt spricht, sondern es ist auch praktisch unmöglich, daß jemand bewußt dem folgen kann, was zwei Personen gleichzeitig sagen. Manche Klienten, vor allem solche, die in ihrem inneren Dialog vertieft sind, versuchen verzweifelt, mit den Hypnotiseuren Schritt zu halten; andere haben Freude daran, das Bedürfnis zu verstehen einfach „aufzugeben" und sich „mit dem Fluß treiben zu lassen"; fast alle werden durch eine doppelte Induktion schließlich in Trance versetzt. Aus diesem und aus anderen Gründen - man kann sie z. B. auch benutzen, um gleichzeitig verschiedene Teile einer Person anzusprechen - ist sie eine hervorragende hypnotische und therapeutische Methode.

Ich gebe im folgenden eine allgemeine Beschreibung des Verfahrens: Die beiden Hypnotiseure sitzen so, daß sie den Klienten sehen können. (Normalerweise finde ich es am besten, rechts oder links neben dem Klienten oder der Klientin zu sitzen, so daß er oder sie immer nur einen Hypnotiseur gleichzeitig fokussieren kann, was dem anderen Hypnotiseur erlaubt, mehr mit unbewußten Prozessen zu arbeiten.) Um den geeigneten Kontext herzustellen, müssen zuerst Rapport und Vertrauen entwickelt werden. Es ist für gewöhnlich auch am besten, die Person unumwunden darüber zu informieren, daß ihr zum Zweck der Unterstützung einer Tranceentwicklung eine doppelte Induktion angeboten wird. Eine Ausnahme ist dann gegeben, wenn man für einen besonders abweisenden Klienten ein Überraschungselement braucht; aber auch dann muß man durch vorausgehende Kommunikationen eine Beziehung aufbauen, in welcher der Klient glauben kann, daß der Hypnotiseur eine vertrauenswürdige Person ist, die gute Absichten verfolgt.

Klienten, die sich hinter dem Versuch verschanzen, alles rational zu analysieren, erhalten die Anweisung, daß sie versuchen sollen, alles genau zu verfolgen, *auch wenn sie vielleicht nicht alles verstehen*; Klienten, die eher in der Lage sind, ihre bewußten Prozesse beiseite zu lassen, werden angewiesen, daß sie sich frei fühlen können, während der Induktion abwechselnd auf beide Stimmen oder nur auf eine oder auf keine von beiden zu achten. Um allmählich zur doppelten Induktion hinzuführen, können die Hypnotiseure beginnen, nacheinander zu sprechen, wobei einer die Bemerkungen des anderen ergänzt und den Klienten dadurch unterstützt, seine Aufmerksamkeit vor und zurück zu lenken; beide formulieren Induktionen, welche die aktuellen Prozesse des Klienten fortlaufend nutzbar machen.

Ein sehr wichtiger Aspekt der Prozesse der Hypnotiseure sind ihre nonverbalen Kommunikationen, besonders in ihrer Beziehung zueinander. Sie sollten sich auf einer ganz allgemeinen Ebene ergänzen. Es gibt viele Wege, das zu tun; am einfachsten ist die direkte Synchronisierung - das bedeutet, daß beide Hypnotiseure denselben Rhythmus, dasselbe Tempo, dieselben Muster der Tonhebung und -senkung, dieselben Pausen usw. benutzen. Das läßt sich ziemlich leicht durch die Koordinierung mit den jeweils aktuellen Prozessen des Klienten bewerkstelligen, und es ist eine gute Art zu beginnen. Die Hypnotiseure bedienen sich natürlich verschiedener Worte, und das wirkt dann so, wie wenn zwei Gitarristen dieselbe Melodie spielen, aber zwei verschiedene Liedtexte singen. Die Abstimmung nonverbaler Stile führt meist zu einer Absorbierung unbewußter Prozesse, während die unterschiedlichen Verbalisierungen den bewußten Verstand überladen.

Ein anderer Typ nonverbaler Komplementarität ist ein synkopierter Rhythmus, wobei die Hypnotiseure die gleichen Rhythmen verwenden, einer jedoch einen halben Schlag nach dem anderen einsetzt. Das ist dann wie wenn zwei Tonbänder mit derselben Melodie zusammen, eines aber eine Sekunde später als das andere, abgespielt werden. Die beste Art, sich dabei auf die Prozesse des Klienten zu beziehen, besteht darin, daß der eine der beiden Hypnotiseure den Ton seiner Stimme senkt, wenn der Klient ausatmet, während der andere Hypnotiseur seine Stimme hebt, wenn der Klient einatmet. Dieses synkopierte Muster unterbricht alle analytischen Prozesse, die noch im Gang sind.

Um sich verschiedenen Teilen der Person zuzuwenden, kann man nonverbale Prozesse auch mit verbalen Prozessen verbinden. Ein Hypnotiseur kann sich z. B. darauf konzentrieren, den bewußten Verstand außer kraft zu setzen (indem er z. B. Konfusionstechniken in der Art eines Schnellfeuers und in einem unrhythmischen nonverbalen Ausdrucksstil anbietet) während der andere Hypnotiseur unbewußte

Prozesse zugänglich macht (indem er mit sanfter, freundlicher und beruhigender Stimme direkte Suggestionen offeriert wie etwa „Lassen Sie sich gehen ... Sie müssen dem nicht zuhören ... gleiten Sie in Trance ..."). Oder einer der beiden Hypnotiseure kann den bewußten Verstand des Klienten durch unwichtige Geschichten ablenken, die sich *anhören*, als seien sie ganz wichtig, während der andere Trancesuggestionen ins andere Ohr flüstert. Oder ein Hypnotiseur kann durch seine Kommunikationen einen Teil der Person unterstützen, der eine Zeitlang nicht in Trance gehen möchte, während der andere Hypnotiseur die Entwicklung einer tiefen Trance fördert. In all diesen Fällen haben die Hypnotiseure außerdem die interessante Möglichkeit, ihre jeweiligen Funktionen mitten im Fluß der Induktion zu vertauschen; derjenige z. B., welcher Konfusion verwendet hat, wird plötzlich sehr unterstützend, während der andere den Konfusionsansatz übernimmt. Das ist ziemlich verwirrend und besonders nützlich, wenn der Klient ohne jede Schwierigkeit alles bewußt zu verfolgen scheint.

Diese allgemeine Strategie, gleichzeitig verschiedene psychische Prozesse anzusprechen, ist in vieler Hinsicht wertvoll. Zwei oder mehr „Teile" der Person können simultan gespiegelt und nutzbar gemacht werden; das ist vor allem nützlich, um zu gewährleisten, daß der Klient sich nicht mit einem Teil identifiziert und den/die anderen ausschließt (und daß auch die Hypnotiseure das nicht tun). Dadurch wird es auch möglich, psychische Teile zu entwirren und zu trennen, was man therapeutisch auf verschiedene Weise ausweiten kann (wie bei der Technik des „Stühlesortierens" in der Gestalt-Therapie). Zwei Therapeuten könnten z. B. einen Streit inszenieren, wobei jeder Therapeut sich jeweils mit einem „Teil" der Person identifiziert - etwa „loslassen und in Trance gehen" versus „festhalten an bewußten Prozessen". Das läßt sich dann dramatisch so ausformen, daß der Klient vom Streit ganz gefesselt wird und den Konflikt dadurch auf eine andere Struktur überträgt. (Das ist der Kern der symbolischen Psychotherapie.) An einem gewissen Punkt kann der Therapeut damit beginnen, die beiden Standpunkte zu integrieren oder, in manchen Fällen noch besser, den Klienten zu fragen, wie sich das bewerkstelligen läßt. Unabhängig davon, ob dem Klienten bereits eine Lösung verfügbar ist, sorgt das Drama für eine Absorbierung des Erlebens und bewirkt dadurch eine Empfänglichkeit für hypnotische Explorationen.

Einige weitere allgemeine Punkte bezüglich der doppelten Induktion bleiben noch zu erwähnen. Der erste betrifft die Menge der Musterüberladung, die während einer doppelten Induktion günstig ist. Wie bei jeder Konfusionstechnik sind desorientierende Kommunikationen auch hier in dem Maße nützlich, wie die bewußten Prozesse des Klienten die Tranceentwicklung aktiv stören. Das zeigt sich an verschiedenen minimalen Hinweisen, die in Kapitel 4 diskutiert wurden: die Stirn runzeln und die Augenbrauen hochziehen, sich bewegen, mit der Zunge die Lippen benetzen, sprechen usw. Eine solche angestrengte Beteiligung läßt sich durch eine noch stärkere Belastung der bewußten Prozesse nutzbar machen, indem man das Tempo beschleunigt, dem Klienten Aufgaben überträgt, ihm rhetorische Fragen stellt, oder indem man in der wechselseitigen Beziehung noch asynchroner wird, andere Konfusionstechniken benutzt usw. Die Konfusion, die aus dieser stärkeren Überladung resultiert, kann durch einfache Suggestionen des einen oder beider Hypnotiseure, in Trance zu fallen, ausgedehnt und nutzbar gemacht werden.

Sobald eine Trance eingetreten ist, ist noch mehr Verwirrung oft kontraproduktiv, da die bewußten Prozesse, auf welche die Konfusion zielte, dann außer kraft gesetzt sind und die sich entfaltenden Erlebnisprozesse des Unbewußten jetzt Unterstützung und Führung brauchen, nicht Verwirrung. Weitere Überladung ist besonders unangemessen, wenn ausführliche Instruktionen für einen Hypnotherapieprozeß (z. B. hypnotische Träume) gegeben werden, weil der verwirrte Klient sie wahrscheinlich nicht verstehen wird. In ähnlicher Weise sollte sie im allgemeinen nicht angewendet werden, wenn der Klient in Trance eine suggerierte hypnotische Erfahrung erkundet. Die Konfusion sollte ebenfalls reduziert werden, wenn der Klient wütend oder auf eine andere Weise emotional verstimmt reagiert. In diesen verschiedenen Fällen kann die Überladung vermindert werden, indem die Hypnotiseure das Tempo verlangsamen, nacheinander sprechen, sich sehr freundlich und klar verhalten und die Erfahrung, die zugänglich geworden ist, durch therapeutische Verfahren nutzbar machen. Natürlich kann auch ein Ansatz, der eine noch stärkere Überladung enthält, wiederaufgenommen werden, wenn das nötig sein sollte.

Ein zweiter allgemeiner Punkt ist der, daß man für die Durchführung einer doppelten Induktion nicht unbedingt zwei Hypnotiseure braucht. Bei Personen, die von innerem Dialog bedrängt sind, lasse ich manchmal eine Tonbandinduktion laufen und fordere sie auf, ihr zuzuhören, während ich selbst eine Induktion mache (und gewöhnlich die Tonbandinduktion „übertöne"). Das lenkt ihre bewußten Prozesse ab und überlädt sie zugleich. Zum Zweck der Selbsthypnose kann man das dahingehend modifizieren, daß man den Klienten entweder ein Tonband mit einer doppelten Induktion oder zwei Tonbänder mit verschiedenen Induktionen hören läßt. Ich finde, daß es für die meisten Klienten eine der wirksamsten Methoden der Selbsthypnose ist, wenn sie sich ein Tonband mit einer doppelten Induktion anhören.

Eine andere Möglichkeit, die Erickson genau demonstriert hat, besteht darin, daß ein einzelner Hypnotiseur die Prinzipien und Prozesse der doppelten Induktion anwendet. Ich beobachtete z. B. einmal, wie Erickson sich nach rechts lehnte und den bewußten Verstand eines Klienten anredete (z. B. „Sie möchten vielleicht eine Zeitlang nicht in Trance gehen ... und Ihr bewußter Verstand kann sich fragen"), und wie er sich dann nach links beugte und sich an das Unbewußte wandte (z. B. „Und Ihr Unbewußtes wünscht sich vielleicht, eine Trance zu entwickeln und in hypnotische Wirklichkeiten zu wandern"). Er ging abwechselnd vor und zurück, benutzte für die beiden Teile leicht verschiedene Stimmlagen, bevor er sich beständig nach links („auf die Seite des Unbewußten") lehnte. Diese Technik des Pacing und Leading, die sich in meiner eigenen Arbeit als bemerkenswert wirksam erwiesen hat, ist ein klassisches Beispiel dafür, wie die Lokalisierung im Raum mit Hilfe des Gehörs (Erickson 1973) benutzt werden kann, um verschiedene Teile einer Person anzusprechen.

Es gibt natürlich auch noch andere Gelegenheiten, bei welchen sich Aspekte der doppelten Induktion anwenden lassen. Man kann Klienten bitten, während der Induktion Musik zu hören, oder sich auf einen anderen Stuhl zu setzen, sobald sie ihre Haltung der Trance oder einem therapeutischen Problem gegenüber ändern; oder daß sie bei jeder Suggestion, die der Hypnotiseur anbietet und die nicht funktioniert, laut ihre Bemerkungen machen sollen, weshalb sie ihrer Meinung nach nicht funktioniert hat. (Die zuletzt genannte Möglichkeit ist besonders bei dem heiklen Klienten angemessen, welcher der Technik genau zu folgen sucht; sie macht nicht nur die trancehemmende Bemerkung des Klienten zu einem Teil der Induktion, sondern sie liefert auch wertvolle Information darüber, weshalb ein bestimmter Ansatz vielleicht nicht passend ist und ermöglicht dadurch die Entwicklung eines geeigneteren Ansatzes.) In dieser Hinsicht sehe ich einen der nützlichsten Aspekte der doppelten Induktion darin, daß sie einige wichtige hypnotische Kommunikationen hervorhebt - z. B. die Anerkennung, Trennung und Nutzbarmachung aller relevanten Teile einer Person; die Überladung bewußter Prozesse; die verschiedenen Wirkungen synchronisierter und nicht synchronisierter Rhythmen der Kommunikation; die Bedeutung der Ablenkung und das Einbauen von bewußten Prozessen - insbesondere von Einwänden - in die Induktion. Wenn der Therapeut in der Anwendung von doppelten Induktionen eine gewisse Geschicklichkeit entwickelt, wird er diese Prozesse in jeder hypnotischen Situation erfolgreicher nutzen können.

KLINISCHE DISKUSSION

Viele Therapeuten, die von Konfusionstechniken fasziniert und beeindruckt sind, finden sich nicht bereit oder nicht in der Lage, sie frei anzuwenden. Das läßt sich zum Teil auf das normale und verständliche *Zögern* zurückführen, etwas Neues auszuprobieren, was scheinbar ziemlich unorthodox ist; diesem Zögern kann man abhelfen, indem man allein oder mit Kollegen übt oder indem man Konfusionsmethoden langsam in den eigenen therapeutischen Stil integriert. Zum Teil ist es auch einem *mangelnden Verständnis* zuzuschreiben, wann und wie die Konfusion in der komplexen und schwierigen therapeutischen Interaktion genutzt werden kann, und einem *mangelnden Selbstvertrauen*, mit den etwas anspruchsvollen Techniken zu experimentieren (z. B. die Furcht, die Technik könnte nicht funktionieren wie geplant); die folgende Besprechung widmet sich diesen Punkten. Doch die vielleicht gewaltigste Barriere für eine erfolgreiche Verwendung der Konfusion ist ein falsches Verständnis ihres Zweckes - z. B. der Gedanke, sie bewirke automatisch, daß Individuen gedemütigt werden oder das Gefühl bekommen, sie seien dumm. Dieser Glaube ist verständlich, wenn man von dem negativen kulturellen Wert ausgeht, der Zuständen der Unsicherheit anhaftet, doch er sollte als irrig erkannt werden. Um es zu wiederholen, *der Ericksonsche Praktiker benutzt die Konfusion, um eine Person zu unterstützen, indem er ihr die Gelegenheit schafft, sich von den starren Begrenzungen ihrer gewohnten Seinsweisen zu befreien und ihr Selbst andere, nährendere Seinsweisen erleben läßt; Konfusion kann eine Person von einer falschen, einschränkenden Identität befreien.* In diesem Sinn ist sie einem guten Witz vergleichbar oder einem Film der Marx Brothers (den wahren Meistern der Konfusionstechnik), oder einem kichernden Zauberwort, einer amüsanten Begegnung mit einem guten Freund, Jogging, Sex usw.; alles das sind mögliche Methoden, den normalen Bezugsrahmen außer kraft zu setzen, um neue Seinsweisen zu erleben.

Die Tatsache, daß die Induktion von Verwirrung ungeheuer hilfreich sein *kann*, bedeutet nicht, daß sie das auch immer ist. Um es noch einmal zu betonen, die Auswirkung einer Technik auf die Erlebnisqualität einer Person hängt von der Integrität und der Intention dessen ab, der die Technik anwendet. Der Ericksonsche Praktiker muß deshalb in sich die Überzeugung entwickeln, sie aufrechterhalten und mitteilen, daß der Klient ein intelligentes, fähiges und einzigartiges Individuum ist, das äußersten Respekt verdient, und daß hypnotische Kommunikationen - ganz gleichgültig, wie bizarr sie manchmal erscheinen mögen - der Intention dienen, die Person zu unterstützen. Alles andere ist nicht nur unethisch, sondern auch nutzlos, weil Klienten bestenfalls wütend und dem Therapeuten gegenüber mißtrauisch werden, und schlimmstenfalls werden sie verführt oder bekommen eine Gehirnwäsche. Jedenfalls wird niemandem, besonders nicht dem Ausführenden, die Befriedigung zuteil, die eine Frucht der Integrität ist.

Die Integrität des Hypnotiseurs ist notwendig, aber nicht hinreichend, damit die Konfusion sich günstig auswirkt. Im noch verbleibenden Teil dieses Kapitels werden kurz einige Punkte im Hinblick auf die klinische Anwendungspraxis besprochen.

1. Die Konfusion sollte normalerweise Schritt für Schritt eingeführt werden. Es hängt zum Teil mit der Art und Weise zusammen, wie Konfusionstechniken in der Literatur dargestellt werden, daß viele annehmen, diese Techniken würden plötzlich, ohne vorherige Ankündigung auf Klienten losgelassen. Gelinde gesagt, löst dieser Glaube bei Therapeuten, die interessiert sind, mit Konfusion zu arbeiten, einige Bestürzung aus. Es ist deshalb hervorzuheben, daß Konfusion normalerweise am besten erst nach bestimmten Absprachen eingeführt wird. Ich benutze selten eine elaborierte Konfusionstechnik (wie z. B. die zeitliche Desorientierung oder die Induktion durch Händeschütteln), bevor ich nicht mindestens eine oder zwei Sitzungen darauf verwendet habe, den Rapport mit einem Klienten zu sichern. Zuerst stelle ich fest, daß ich die doppelte Absicht verfolge (1) die Bedürfnisse und Werte der Person voll zu respektieren und zu schützen, während ich (2) ihre Fähigkeit und Motivation zur Entwicklung erwünschter Veränderungen stimuliere. Nachdem einiges Vertrauen entstanden ist, mache ich durch Gespräch und Beispiel (nicht notwendigerweise in dieser Reihenfolge) deutlich, daß die Erfüllung dieser Absichten von mir verlangt, auf viele verschiedene Weisen zu kommunizieren, zu denen auch Konfusion gehört. Ich beginne leicht verwirrende Kommunikationen einzustreuen: einen bedeutungsvollen Trugschluß, motorische Einschränkung, eine rätselhafte Bemerkung oder einen erstaunten Blick auf die Hand des Klienten oder der Klientin. Dies geschieht normalerweise in einer humorvollen Atmosphäre, bezogen auf ein Thema, das mit dem (den) erkannten Problem(en) nichts zu tun hat, und ohne den Versuch, eine Trance zu entwickeln oder über einen nicht bedrohlichen Zustand leichter Unsicherheit hinauszugehen. Klienten genießen solche unspektakulären Konfusionstechniken meist und sind dann empfänglich, wenn ich mit ihnen den möglichen Wert der Unsicherheit diskutiere, insbesondere im Hinblick darauf, wie sie eine Flexibilität und Empfänglichkeit für innere Ressourcen herstellt. Dabei spreche ich auch alle Bedenken an, die sie vielleicht haben, was im allgemeinen den Weg für das Gelingen komplizierterer und dramatischerer Konfusionstechniken ebnet.

Bei der überwiegenden Mehrheit meiner Klienten verwende ich Konfusionstechniken (natürlich in verschiedenem Ausmaß); die meisten sind für diese Techniken empfänglich; viele halten die Konfusion sogar für einen der nützlichsten Ansätze, den ich bei ihnen anwende. Sie lernen schnell, daß sie nicht nur ein genußreiches Phänomen und oft voller Humor ist, sondern daß sie meist auch zu positiven Entwicklungserlebnissen (z. B. therapeutischen Tranceexplorationen) führt. Sie fühlen sich daher sicher, wenn sie auf die angebotenen Suggestionen eingehen, welche die Konfusion nutzbar machen.

Natürlich reagieren manche Klienten auf Konfusion nicht positiv. Das kann eine beliebige Anzahl von Gründen haben; möglicherweise mißtrauen sie dem Hypnotiseur; oder sie fühlen sich an ein unangenehmes Kindheitserlebnis erinnert, wo sie verwirrt waren; vielleicht hat der Hypnotiseur ihre Aufmerksamkeit nicht genügend gefesselt oder nicht gewinnend genug kommuniziert; das Ausmaß der Konfusion war vielleicht nicht ausreichend; möglicherweise hat der Hypnotiseur zu schnell versucht zu utilisieren (z. B. bevor die Person genügend verwirrt war) oder zu spät (wenn der Klient z. B. nicht mehr zugehört hat, weil die Konfusion für ihn zu ängstigend geworden war). Der Hypnotiseur kann den Grund gewöhnlich herausfinden, wenn er von weiterer Konfusion absieht und direkt mit dem Klienten spricht, oder wenn er die fünf Schritte der Konfusion benutzt (Tabelle 7.1), um sich einen Überblick zu verschaffen, wie er die Konfusion bei der fraglichen Person angewendet (und dabei vielleicht einen Fehler gemacht) hat. Dann kann er geeignete Maßnahmen ergreifen, um die Situation zu verbessern.

2. Die Verwendung von Konfusionstechniken ist manchmal unangemessen. Wie oben bereits erwähnt, sollte die Verwirrung während bestimmter Abschnitte einer hypnotischen Interaktion vermindert werden - z. B. wenn eine Vertrauensbeziehung unsicher ist, wenn der Klient sich unsicher oder ungeschützt fühlt, wenn er einmal sehr verwirrt ist und wenn der Hypnotiseur Instruktionen gibt. Doch genauso wichtig ist, daß es manche Klienten gibt, bei denen überhaupt keine Konfusion angewendet werden sollte. Das gilt besonders für jene, die *ohnehin schon* äußerst verwirrt sind, wie z. B. ein ernstlich suizidaler Mensch, eine sehr bekümmerte Person oder ein Kriegsveteran, der von seinen Erinnerungen eingeholt wird. Der Hypnotiseur muß bei diesen Personen nicht erst Verwirrung erzeugen; sie ist bereits vorhanden. Er braucht sie einfach nur nutzbar zu machen. Oft bedarf es nur eines freundlichen, direkten und einfachen Pacing und Leading. Eine suizidale Frau z. B. betrat meinen Behandlungsraum. Erst kurze Zeit vorher hatte sie einen Psychiater aufgesucht, der bereits in der ersten halben Stunde seines Kontaktes mit ihr einige undurchdachte Versuche mit Konfusionstechniken unternahm. In ihrem ungeheuer verletzbaren und verwirrten Zustand fühlte die Frau sich unglaublich mißhandelt. Sie geriet in Panik und rannte hysterisch schreiend aus dem Zimmer; ihr suizidaler Drang hatte sich noch verstärkt. Zum Glück gelang es einem Freund, einem meiner Studenten, sie zu beruhigen. Als sie auf Empfehlung ihres Freundes zu mir kam, befand sie sich, offensichtlich noch immer tief verunsichert, in einer Krise. Nachdem ich kurz mit ihr gesprochen hatte, um Rapport herzustellen, ging ich darauf ein, wie schrecklich sie sich fühlte, wie sie versucht hatte, sich umzubringen und auch wie sie zu mir gekommen ist, offenbar in der Hoffnung, etwas anderes tun zu können, daß sie sich frei fühlen könne, zu weinen oder nicht zu weinen, daß ich sie nicht verletzen würde, daß sie fortfahren könne zu atmen, daß es hier sicher sei usw. Als sie weinend zusammenbrach, ergriff ich ihre Hände und setzte mein Bemühen auf eine ähnliche Weise fort. Nach ungefähr einer Stunde fühlte sie sich viel stabiler und weniger suizidal. Dieser Beziehungskontext dehnte sich dahingehend aus, daß in der Therapie, die sich über mehrere Monate erstreckte, weitere Veränderungen möglich wurden.

Was Menschen in solchen Krisensituationen am wenigsten brauchen können, ist ein Therapeut, der sie verwirrt. Sie haben ein verzweifeltes Bedürfnis, die Unsicherheit zu vermindern und eine Basis der Sicherheit und der Wertschätzung ihrerselbst zu finden. Der Hypnotherapeut sollte deshalb die ersten vier Schritte einer Konfusionstechnik überspringen und sofort zum letzten Schritt, der Utilisation der Konfusion, übergehen. In dieser Hinsicht ist es nützlich sich klarzumachen, daß die Verwirrung, die Klienten oft erleben, wenn sie ein therapeutisches Problem erforschen, ähnlich nutzbar gemacht werden kann. Therapeuten gehen mit solchen Unsicherheitszuständen hauptsächlich so um, daß sie sie als Widerstand etikettieren, daß sie verlangen, der Klient solle rational handeln, daß sie sie ignorieren oder nicht erkennen, daß sie versuchen, den Klienten aufzumuntern oder abzulenken. Eine andere Möglichkeit, die sich nach meiner Erfahrung als weitaus wirksamer erwiesen hat, besteht darin, die Unsicherheit als selbstinduzierte Konfusion zu erkennen und sie mit Hilfe direkter Suggestionen nutzbar zu machen. Der Therapeut könnte z. B. folgendes sagen:

> Das ist gut, John ... du weißt nicht, was du tun sollst ... du weißt nicht, was du sagen sollst ... aber du kannst mich ansehen ... und während du das tust, hätte ich gerne, daß du einfach zuläßt, daß deine Augen sich schließen und daß du für einen Augenblick nach innen gehst ... so ist es gut ... und während du das tust, möchte ich dich bitten, tief Atem zu holen und darauf zu achten, was geschieht, im Bewußtsein, daß ich hier bei dir bin und daß ich bei dir bleibe ... doch atme jetzt einfach, John, und sage mir, was du bemerkst ... (usw.).

Man könnte weitere Anweisungen geben, je nach den Bedürfnissen des Klienten und dem Stil, den der Therapeut bevorzugt. Es ist nicht nur therapeutisch wirksam, die natürlicherweise vorkommende Verwirrung auf diese Art zu nutzen, sondern es gewährt auch einige nützliche Einsichten, wie natürlich induzierte Verwirrung funktioniert, und vergrößert dadurch die Fertigkeit im Umgang mit Konfusionstechniken allgemein.

Es gibt jedoch eine Ausnahme von der Regel, Konfusion bei gestörten Personen nicht anzuwenden. Sie gilt für Klienten, die sich starr hinter der Verwirrung ihres Selbst verschanzen, wie z. B. Psychotiker und chronisch Depressive. Solche Menschen sind normalerweise nicht in einer Krise befangen, obwohl sie meistens unvorstellbar unglücklich sind. Sie halten ihr Elend und ihre verzerrten Sichtweisen im Gegenteil oft auf eine so raffinierte und systematische Weise aufrecht, daß sie für direkte Interventionen unzugänglich sind. In solchen Fällen ist Konfusion eine ideale Strategie, weil sie Bewegung in die psychischen Prozesse bringen kann, die sich von selbst verschlossen haben. Sie sollte jedoch mit viel Einfühlung angewendet werden, denn unter den meisten schweren chronischen Symptomen verbirgt sich viel Schmerz und Verlassenheit. Der Hypnotherapeut sollte daher bereit und fähig sein, zu einem äußerst unterstützenden und freundlichen Ansatz überzugehen, sobald die Konfusion die Person aus ihrer Rigidität herausgedrängt hat. Solche Individuen haben oft auch Probleme, auf etwas zu achten, was außerhalb ihrer inneren Prozesse liegt, die sie quälen. Der Hypnotherapeut muß deshalb die genaue Beschaffenheit jener inneren Prozesse erkennen und eine Konfusionstechnik entwerfen, die auf einzigartige Weise zu ihnen paßt. (Beispiele hierfür finden sich weiter unten; vom Spezialfall der Psychotiker wird außerdem in Kapitel 8 noch die Rede sein.)

Schließlich ist Konfusion manchmal unangemessen bei Klienten, die ohne Einschränkung bereit und fähig sind, eine Trance zu entwickeln. Für solche Individuen ist es oft ein unnötiger Umweg, weil sie kaum Schwierigkeiten haben, die bewußten Prozesse außer Acht zu lassen, auf welche die Konfusionstechniken zielen. Jegliche Versuche, sie zu verwirren, können sie sogar behindern und folglich bewirken, daß sie frustriert und aufgebracht sind. Um das zu vermeiden, empfehle ich als Daumenregel, zunächst eine Tranceinduktion zu versuchen, ohne Konfusion zu benutzen. Funktioniert es, dann ist es gut, benutzen Sie dann keine Konfusion. Wenn eine Person aber mit Hilfe einer relativ permissiven und direkten Induktion keine Trance erleben kann, dann ziehen Sie Konfusion und andere Ansätze (z. B. Langeweile, Ablenkung, Dissoziation und Metapher) in Erwägung, welche die rationale Aufmerksamkeit außer kraft setzen.

3. **Die Prozesse des Klienten sollten die Grundlage für die Auswahl (oder die Entwicklung) von Konfusionstechniken bilden.** Wenn der Therapeut das allgemeine Utilisationsprinzip im Gedächtnis behält, wonach das, *was eine Person gerade tut, was immer es auch sein mag, genau das ist, was eine Tranceentwicklung ermöglicht,* dann kann ihm das helfen zu erkennen, welcher Typ von Konfusionstechnik geeignet sein könnte und wie und wann er ihn anwenden sollte. Klienten z. B., die in sozialen Gewohnheiten gefangen sind, sind vielleicht besonders empfänglich für die Induktion durch Händeschütteln; diejenigen, die versuchen, von ihren Problemen abzulenken, lassen sich wahrscheinlich durch Techniken der motorischen Einschränkung stark beeinflussen; jene, die hinsichtlich ihrer Intelligenz unsicher sind, sind anfällig für bedeutungsvolle Trugschlüsse; und auf diejenigen mit unaufhörlichem inneren Dialog kann man wahrscheinlich mit Techniken der doppelten Induktion und der Desorientierung stark einwirken. Natürlich sind die Reaktionen jedes einzelnen Klienten einzigartig; der Hypnotiseur muß entsprechend bereit und fähig sein, sie nutzbar zu machen. Das kann bedeuten, daß er einen Konfusionsansatz mittendrin aufgibt, eine andere Konfusionstechnik hinzufügt oder zu ihr übergeht oder die jeweilige Technik einfach modifiziert usw. Daß Konfusion eine natürliche Kommunikationsform ist, die hypnotisch nur wirkt, wenn der Klient oder die Klientin sich als Person respektiert und geschützt fühlt, ist der entscheidende Punkt, den es zu erfassen gilt.

Vergessen Sie auch nicht, daß die Konfusionstechniken, die in diesem Kapitel genannt sind, nur einige der Möglichkeiten darstellen. Sie sind am nützlichsten, um Prinzipien aufzuzeigen und Beziehungsstrukturen zu liefern, die für den Therapeuten bei der Anwendung der Konfusion auf den jeweiligen Klienten leitend sein können. Ein paar Beispiele sollen helfen, diesen äußerst wichtigen Punkt zu unterstreichen.

Ein Klient, ein Mann im sechsten Lebensjahrzehnt, klagte über Depression. Kurz gesagt, er lud sich unglaublich viele Verpflichtungen auf: Er war verheiratet und Vater von vier Kindern, arbeitete täglich zehn Stunden in seinem Geschäft (obwohl es ihm finanziell gut ging), war Vorstand des Elternbeirats und mehrerer Bürgergruppen, leistete freiwillige Arbeit an Wochenenden usw. Er mühte sich freudlos mit diesen Verpflichtungen ab, nahm sich nie Zeit für sich selbst und beharrte höflich darauf, daß seine persönlichen Bedürfnisse nicht so wichtig seien. Ein zwangloses Gespräch mit ihm enthüllte, daß er sich sehr damit identifizierte, ein ehrlicher, integrer Mann zu sein. Nachdem ich mehrere Sitzungen darauf verwandt hatte, Rapport herzustellen und ihn mit der Trance vertraut zu machen, benutzte ich eine einfache, aber sehr wirksame Konfusionstechnik. Ich nahm seine ganze Aufmerksamkeit in Anspruch, bevor ich ihn sehr langsam und bedeutungsvoll fragte, ob einer ihn schon jemals als Lügner bezeichnet hätte. Als er antwortete, daß niemand jemals so etwas getan habe, machte ich eine bedeutungsvolle Pause, bevor ich - wiederum überlegt und entschlossen - sagte: *„Nun, dann lassen Sie mich der erste sein."* Da ich ihn ernst und erwartungsvoll ansah, wurde er sehr verwirrt und öffnete seinen Mund im Versuch, stotternd zu antworten. Nach mehreren Sekunden brachte er die Worte heraus: „Also ich weiß nicht ... ich weiß nicht, ob ich das so hinnehmen kann." Ich machte seine tiefe Verwirrung nutzbar, indem ich erwiderte: „Ich weiß auch nicht, ob Sie das noch hinnehmen können ... aber Sie können atmen, Fred, und Sie können mich ansehen und tun es auch ... und so können Sie auch, warum schließen Sie nicht Ihre Augen, JETZT!!! ... und fallen tief in Trance ... so ist es gut ... ganz tief in Trance, JETZT!!!" Er folgte den Suggestionen und entwickelte eine schöne Trance. Ich suggerierte ihm zuerst, daß er einen hypnotischen Integrationstraum habe und führte ihn dann durch einige Erlebnisse der Altersregression, die für das therapeutische Ziel, sich weniger deprimiert zu fühlen, relevant waren.

Eine andere Klientin, eine dreißigjährige Frau, wollte u. a. mehr Selbstvertrauen entwickeln. Nach einem halben Dutzend hypnotherapeutischer Sitzungen mit ihr suggerierte ich, während sie in Trance war, daß ihr Unbewußtes beginnen werde, für sie Gelegenheiten zur Verwirklichung ihrer Ziele zu schaffen. Mehrere Tage später holte sie ihr Auto an einer Tankstelle ab, wo sie es erst zur Reperatur zurückgelassen hatte, nachdem ihr mehrmals versichert worden war, daß sie es am späten Nachmittag abholen könne (sie wollte zu diesem Zeitpunkt zu einer äußerst wichtigen Verabredung fahren). Als das Auto nicht fertig war und sie deswegen ihre Verabredung versäumte, unterdrückte sie ihre Wut wie gewöhnlich. Anderthalb Stunden später fuhr sie sanftmütig los, kam aber nur etwa eineinhalb Kilometer weit, bis das Auto völlig streikte und seltsame Geräusche und Dampf unter der Kühlerhaube hervorkamen. Vielleicht war der Dampf, den das Auto abließ, für sie ein Hinweis, jedenfalls stürmte sie zur Tankstelle zurück und entfesselte einen vernichtenden Angriff auf den diensttuenden Angestellten, indem sie ihn wegen seiner Arroganz geziemend beschimpfte und seine Rechtschaffenheit in Frage stellte. Ihre Wut versetzte ihn und alle Umstehenden in Sprach- und Reglosigkeit; eine Stunde später stolzierte die Frau schließlich davon. Auf dem Heimweg erkannte sie plötzlich, was sie getan hatte (sie hatte sich während ihres Ausbruchs anscheinend in einer dissoziierten Trance befunden). Sie fühlte sich von ihrem Verhalten überwältigt und es ängstigte sie, die immer sanft und beschwichtigend gewesen war, und sie wurde immer unruhiger.

Als sie mich am selben Abend noch anrief, schrie sie hysterisch, sie verliere den Verstand. Ich verbrachte einige Minuten damit, mir aus ihrem Bericht ein Bild zu machen, was vorgefallen war, rief sie darauf beim Namen, machte eine Pause, um ihre volle Aufmerksamkeit zu gewinnen und sagte dann einfach, „Herzlichen Glückwunsch!" Ich konnte hören und spüren, daß diese Aussage sie völlig schockierte. Immerhin war sie dabei, ihren Verstand zu verlieren, und hier gab es jemanden, dem sie sehr vertraute, und der gratulierte ihr dazu! Ich wiederholte meine Glückwünsche auf dieselbe bedeutungsvolle Weise im Bewußtsein, daß dies ihre Konfusion vergrößern würde, und gab ihr schließlich die Anweisung, einfach ihre Augen zu schließen, tief und leicht zu atmen und in Trance zu gehen. Nachdem ich etwas (in vorheriger Trancearbeit verankerte) Selbstbestätigung zugänglich gemacht hatte, um ihren Zustand zu stabilisieren, ließ ich sie an diesem Abend zu mir kommen und wir arbeiteten weiter daran, das Krisengeschehen nutzbar zu machen.

In beiden oben beschriebenen Fällen war die Unterbrechung eines wichtigen Aspektes der psychischen Identität der Person die Grundlage der Konfusionstechnik. Diese Utilisation von Gelegenheiten, welche der Klient präsentiert (und die also nicht primär vom Therapeuten entwickelt sind), ist normalerweise einfacher und gleichzeitig wirksamer, weil sie natürliche Kommunikationen und bedeutungsvolle Erfahrungen klar einbezieht. Ähnliche Strategien lassen sich mit Prinzipien der Musterüberladung durchführen. Eine Frau z. B., die an psychosomatischen Schmerzen litt, hatte mehrere Hypnotherapeuten aufgesucht, bevor sie an mich überwiesen wurde. Mit sichtlichem Eifer ersuchte sie um eine Trance, reagierte jedoch auf jede herkömmliche Induktion mit Klagen über zunehmende Schmerzen im ganzen Körper. Ich wählte die Strategie, ihr zuerst „zur Fähigkeit ihres Unbewußten, sich auf so viele einzigartige Weisen auszudrücken" zu gratulieren und dabei zu bemerken, daß sie sich offensichtlich „schmerzlich danach sehnte, in Trance zu gehen". Ich nutzte ihre Unsicherheit, die meine überschwenglichen Komplimente erzeugt hatten, um ihre Aufmerksamkeit zu fesseln und folgende Kommentare abzugeben:

> Das ist gut, Mary, jener Schmerz zahlt[30] sich wirklich aus ... und Sie wollen eine Trance erleben, und Sie haben das in der Vergangenheit wiederholt versucht, und es ist Ihnen überhaupt nicht gelungen ... deshalb brauchen wir offensichtlich einen anderen Ansatz, einen, der *Ihrem* Handlungsstil, *Ihrem* Entwicklungstempo und *Ihrer* Reaktionsweise angemessener ist ... doch wie schön zu wissen, daß das Unbewußte auf so viele verschiedene Arten reagieren kann ... bei manchen Menschen

hebt es einen Finger ... bei manchen eine ganze Hand ... wieder andere entwickeln die Fähigkeit, zu schauen, ohne etwas zu sehen, oder zu lauschen, ohne zu hören oder zu hören, ohne zuzuhören ... und Ihr Unbewußtes hat anscheinend Ihren Körper ausgewählt, um sein Gefühl eines sehnlichen Schmerzes, in Trance zu gehen, zum Ausdruck zu bringen ... und darum lassen Sie Ihr Unbewußtes an die Arbeit gehen ... und ich frage mich, und auch Sie können sich fragen, welcher Teil Ihres Körpers zuerst schmerzen wird ... wird es eine Hand sein? ... die rechte oder die linke? ... Ist es Ihr Kopf, und wenn, wird es, ist es jetzt nicht ein Kopfschmerz wie sonst oder vielleicht ein Schmerz im hinteren Bereich ihres Kopfes ... *aber benachteiligen Sie das mittlere Drittel nicht, Mary* ... das mittlere Drittel ist dort, wo beide Hälften sich summieren ... doch wo ist der Schmerz, Mary? (Sie sagt, er sei in ihrem Fuß.) ... Ihr Fuß ... bloß einer? warum nicht zwei? ... warum an diesem Tag und in diesem Alter unterscheiden ... es ist ein aufregendes Erlebnis, wenn aus einem heißen Fuß zwei heiße Füße werden ... und die anderen Empfindungen ... Ihr Ohr ... Ihr rechtes Ohr ... Ihr Nacken ... Ihre Brust ... und ich bin neugierig, wieviele verschiedene Typen von Empfindungen Sie entwickeln ... ein Schmerz im Magen, der mit einem Jucken am Kopf einhergeht? ... Ich weiß es nicht, doch sagen Sie mir bitte, wie Ihr Unbewußtes sich genau ausdrückt ... und ich frage mich, wie sich das *hypnotisch transformieren* wird[31] ... usw.

Ich setzte diese Kommunikationen ungefähr noch weitere zwanzig Minuten auf eine spannende und bedeutungsvolle Weise fort. Jedesmal, wenn Mary von einem lokalisierbaren Schmerz berichtete, ließ ich auf Komplimente Mahnungen folgen, Dinge nicht zu verstreuen und sich ganz am Prozeß zu beteiligen. Über eine halbe Stunde ließ sie sich von meinen Kommunikationen völlig anziehen, wobei sie anfangs überrascht und dann nacheinander verblüfft, verwirrt, augenscheinlich angenehm erregt, beunruhigt und emotional überwältigt war. Ich glich meine nonverbalen Kommunikationen so an, daß sie zu jeder der allgemeinen Reaktionen paßten, spiegelte sie und unterstützte sie bis zu dem äußersten Punkt, an dem sie sich nicht länger aufrechterhalten ließen. Als Mary Anzeichen der Trance (z. B. Flattern der Augenlider, motorische Einschränkung, Verzögerung der verbalen Reaktion) und wachsende emotionale Beteiligung (wie Tränen in den Augen, unregelmäßige Atmung) zeigte, bat ich sie sehr freundlich und sanft, ihre Augen zu schließen, tief durchzuatmen und zu erkennen, daß „es endlich Zeit ist loszulassen". Die therapeutische Trance, die sich daran anschloß, war so angenehm und so motivierend (d. h., sie gab ihr einen Vorgeschmack dessen, was möglich war), daß Mary von da an bereit und fähig war, eine Trance zu entwickeln, ohne daß störende Schmerzen auftraten. Die einfache Strategie, den „Widerstand" - in diesem Fall den psychosomatischen Schmerz, der offensichtlich dazu diente, potentiell unangenehme persönliche Erfahrungen zu vermeiden - zunächst zu akzeptieren und ihn dann zu überladen, ermöglichte sowohl eine Tranceentwicklung als auch eine sich anschließende therapeutische Arbeit mit der Klientin.

Dieselben grundlegenden Prinzipien wandte ich bei einem Experimentalpsychologen an, der Selbsthypnose zu lernen suchte, um ein Schlaflosigkeitsproblem im Zaum zu halten. Zu seinen früheren Erfahrungen mit Hypnose gehörte ein Score von „0" bei verschiedenen Hypnotisierbarkeitstests und einige flüchtige Induktionsversuche eines befreundeten Hypnotherapeuten. Sein Wunsch, besser zu schlafen, und eine warme Empfehlung eines gemeinsamen Freundes motivierten ihn trotz allem, mich um mögliche Hilfe anzugehen. Als ich mir von der Situation ein Bild zu machen versuchte, wurde klar, daß die Wesenszüge seiner Persönlichkeit (z. B. ein Bedürfnis, Verantwortung zu tragen, ein ausgesprochen logischer Verstand, der immer nach dem „Warum" von allem fragte sowie eine extreme Aufmerksamkeit für Details) machten ihn für traditionelle Induktionsversuche ziemlich unzugänglich. Ich glaubte deshalb zuversichtlich, daß Konfusionstechniken ideal wären, entdeckte jedoch zu meinem Kummer, daß einige meiner wirksamsten Techniken (zeitliche und begriffliche Desorientierung) auf einen ziemlich verdutzten Widerwillen und auf Ablehnung stießen. Da meine Selbstgefälligkeit noch immer ein wenig intakt war, dachte ich, er bräuchte einfach nur *mehr* Konfusion, woraufhin er mich durch noch mehr Ablehnung seinerseits in Staunen versetzte. Als ich endlich so klug war, ihn zu fragen, was los war, erkannte ich in seinen geistigen Prozessen mehrere faszinierende Muster. Erstens lehnte er es automatisch ab, sich mit irgendetwas zu befassen, was für ihn wie „Unsinn" klang (wie z. B. die dargebotenen Konfusionstechniken) Zweitens formulierte er praktisch alle Kommunikationen in experimentelle Hypothesen um, die er dann irgendwie testete. So z. B. überprüfte er während einer Induktion von Zeit zu Zeit immer wieder, ob er in Trance sei, indem er versuchte, seinen Kopf willkürlich zu heben, weil er gehört hatte, daß motorische Hemmung ein Verhaltenskriterium für die Trance ist; da ihm das unverändert gelang, schloß er daraus, daß er nicht in Trance sei. Wie nicht anders zu erwarten haben diese geistigen Prozesse eine natürliche Tranceentwicklung vereitelt.

In der nächsten Woche sah ich ihn wieder, nachdem ich ausgiebig darüber nachgedacht hatte, wie ich seine Prozesse wirksam nutzen könnte. Ich begann damit, daß ich über verschiedene Forschungsentwicklungen in der Psychologie sprach und bemerkte, wie interessant es sei, daß „Fakten" über ein Phänomen sich im experimentellen Bereich sicherlich schnell veränderten. Ich hatte seine Zustimmung in diesem Punkt vorausgesehen und sagte daraufhin, daß dies besonders auf dem Gebiet der Hypnose zuträfe. Ich machte ihn darauf aufmerksam, daß sein Wissen über Hypnose sich auf die Forschung zu stützen schien, die vor zehn Jahren durchgeführt worden war, als Theorien und Methodologien noch ziemlich undifferenziert waren, und daß seither eine wesentlich anspruchsvollere und vielschichtigere Auffassung von Hypnose entstanden sei. Als er diese Behauptung zu akzeptieren schien, fuhr ich fort und betonte, daß Hypnose im Sinne von „multifaktoriellen probabilistischen" Modellen untersucht werden könne, die postulieren, daß man Trance nur durch die gleichzeitige Untersuchung vieler Verhaltenskriterien wissenschaftlich überprüfen könne. Ich nannte sechs wahrscheinliche Korrelate der Trance: Temperaturveränderungen in den Füßen, Veränderungen der Atmung (normalerweise eine Verlangsamung, gelegentlich aber, in Abhängigkeit von anderen Variablen, auch eine Beschleunigung); Hemmung des Schluckreflexes; Veränderungen der Lidschlagfrequenz; Schwere der Hände und ein Gefühl von Leichtigkeit im Kopf. Ich fügte hinzu, daß es laut einer weiteren neueren Erkenntnis am besten sei, wenn der Klient bei der Tranceentwicklung sich als „gleichberechtigter Partner" fühlen könne.

Nachdem diese grundlegende Arbeit getan war, forderte ich ihn auf, sich bequem hinzusetzen und „die Grundlinie (*baseline*) der jeweiligen Beschaffenheit" der erkannten Variablen zu erheben. Ich bat ihn dringend, er solle während der Induktion alle Variablen kontinuierlich und systematisch auf „mögliche Veränderungen" hin überwachen und vor allem darauf achten, welche Rolle die Interaktion dabei spielt und wie solche Veränderungen sich ihrerseits auf die Interaktion auswirken. Meine Induktion bestand hauptsächlich darin, den Fokus der Aufmerksamkeit zwischen diesen Variablen rasch zu wechseln und mich dabei laut zu fragen, ob sie sich gerade veränderten oder ob sie sich noch verändern würden, ob es zwischen ihnen eine Wechselwirkung gebe, ob etwas Unvorhersagbares (z. B. die „Aktivität einer unbekannten Variablen") eingetreten sei, eintreten könnte oder eintreten würde usw. Die ganze Zeit über ermutigte ich ihn sehr, seine Kontrollprozesse fortzusetzen. Nach etwa einer halben Stunde beständigen, schnellen Geplappers begann er ein wenig verwirrt auszusehen, seine Augenlider zitterten und seine Augen erweiterten sich. Ich beschleunigte deshalb den Ablauf, indem ich eingebettete Trancesuggestionen und Suggestionen „loszulassen" einstreute. Wie vorausgesagt, vergrößerte dies seine Konfusion bis zu dem Punkt, an dem weitere Suggestionen das Schließen der Augen und eine schöne Trance herbeiführten. Wir entwickelten verschiedene Trancephänomene und ich gab Suggestionen für weitere

Tranceerlebnisse. Als der Experimentalpsychologe erwachte, berichtete er, er sei begeistert und beeindruckt, eine Tranceerfahrung aus „erster Hand" gemacht zu haben.

Die weitere Arbeit mit ihm war wesentlich leichter. Wir entwickelten eine wirksame Methode der Selbsthypnose, bei der er mit Hilfe einer auf Band aufgezeichneten Induktion und seinem eigenen Verfahren der Selbstüberwachung eine Musterüberladung vornahm. Zwar berichtete er, er sei nicht in der Lage, wirklich „völlig loszulassen", aber er erzielte dennoch eine bedeutsame Besserung seiner Schlaflosigkeit.

Wiederum war auch hier die Strategie scheinbar komplex, in Wirklichkeit aber ganz einfach. Die Frage, wie die trancehemmenden Prozesse der Person angenommen und als Grundlage für die Tranceentwicklung nutzbar gemacht werden konnten, führte schließlich direkt zu der Strategie, solche Prozesse zu fördern bis zu dem Punkt, an dem sie destabilisiert wurden. Die daraus resultierende Unsicherheit und Verwirrung wurden genutzt, um eine Trance zu entwickeln, die einer weiteren erfolgreichen hypnotischen Arbeit die Tür öffnete.

Als Ergebnis können wir festhalten, daß Konfusion eine wirksame Methode ist, um bewußte Prozesse, die direktere therapeutische Explorationen verhindern, außer kraft zu setzen. Die zahlreichen Techniken, die in diesem Kapitel beschrieben wurden, sind Beispiele für die vielen Anwendungsmöglichkeiten der Konfusion. Die Fälle in diesem Abschnitt unterstreichen, daß die wirksamsten Methoden diejenigen sind, die aus den einzigartigen Mustern und Prozessen des Klienten hervorgehen. Der Hypnotherapeut, der diese Punkte berücksichtigt und nicht vergißt, wie wichtig es ist, eine angemessene Beziehung aufzubauen und aufrechtzuerhalten, wird wenige oder gar keine Menschen finden, die von hypnotischen Kommunikationen nicht profitieren.

ZUSAMMENFASSUNG

Das Kapitel betonte nachdrücklich, daß Prinzipien und Techniken der Konfusion besonders in der Induktionsphase ein wichtiger Teil Ericksonscher Kommunikationen sind. Der erste Abschnitt beschrieb, wie die meisten Konfusionstechniken fünf allgemeinen Schritten folgen: (1) Mustererkennung, (2) Pacing des Musters, (3) Unterbrechung oder Überladung des Musters, (4) Erweiterung der resultierenden Konfusion und (5) Utilisierung der Konfusion für das Angebot einer Alternative (z. B. Trance). Da die Reaktion auf die Konfusion dem wahrgenommenen Kommunikatonskontext entsprechend variiert - Individuen werden z. B. wütend, wenn sie denken, sie werden benützt, oder ängstlich, wenn sie sich unsicher und ungeschützt fühlen, oder sie gehen in Trance, wenn sie Sicherheit und Anerkennung spüren - wurde es als besonders wichtig erachtet, erstens, vor Anwendung der Konfusionstechnik einige Zeit damit zuzubringen, mit den Klienten zusammen Rapport und Vertrauen aufzubauen (damit sie sich sicher fühlen), und zweitens, während der Konfusion bedeutungsvoll zu sprechen (damit die Klienten sich genötigt fühlen, den Aussagen zu folgen).

Der zweite Abschnitt stellte Techniken der Musterunterbrechung in den Mittelpunkt, im allgemeinen kurze, knappe und normalerweise überraschende Kommunikationen, die dazu bestimmt sind, trancehemmende psychische Muster oder Verhaltensmuster aufzubrechen. Folgende spezielle Techniken wurden skizziert: (1) bedeutungsvoll geäußerte Trugschlüsse; (2) Verletzungen der Syntax; (3) motorische Einschränkung; (4) die Induktion durch Händeschütteln; (5) Polaritätsspiele. Es wurde erwähnt, daß eine einzige Musterunterbrechungstechnik oft nicht ausreicht, um eine tiefe Trance zu erzeugen, daß sie jedoch meist einen Zustand der Unsicherheit schafft, der sich durch weitere Konfusionstechniken (oder andere hypnotische Kommunikationen) für die Entwicklung einer therapeutischen Trance nutzbar machen läßt.

Im dritten Abschnitt wurde besprochen, wie Konfusion auch durch die Überladung von psychischen Mustern und von Verhaltensmustern erzeugt und genutzt werden kann. Die Überladung zielt darauf ab, Bindungen an fixierte Seinsweisen zu lösen und dadurch den Weg für therapeutische Explorationen zu ebnen. Diese Art der Desorientierung kann Verschiedenes betreffen und umfassen: zeitliche Bezüge (die sog. Ericksonsche Konfusionstechnik), äußere oder innere räumliche Bezüge (z. B. hier/dort; rechts/links; dieses/jenes); surreale Bilder (z. B. das Möbius-Haus); begriffliche Desorientierung (z. B. durch schnellen Themenwechsel) oder verbale Überladung (z. B. mit Hilfe der doppelten Induktion). Da die Techniken der Musterüberladung bestimmte Weisen sind, über unvermeidliche elementare Ideen zu sprechen (z. B. über Raum und Zeit), muß man besonders darauf achten, einen Vortragsstil zu verwenden, der bedeutungsvoll genug ist, um eine Fesselung der Aufmerksamkeit zu entwickeln und aufrechtzuerhalten.

Der letzte Abschnitt widmete sich dem klinischen Gebrauch der Konfusion. Im einzelnen zeigte die Diskussion, wie die Konfusion normalerweise Schritt für Schritt einzuführen ist, wann sie unangemessen sein kann und wie sie in den idiosynkratischen Mustern des Klienten ihre Grundlage haben sollte. Wie die Bedeutung aller Kommunikationen so ist auch ihre Bedeutung, ihr Wert vom interpersonalen Kontext abhängig, in dem sie zur Anwendung kommt.

8. Assoziative und dissoziative Strategien ins Gleichgewicht bringen: Praktische Hinweise für therapeutische Induktionen

Die Durchführung hypnotischer Induktionen durch *assoziative* Strategien (die Erlebnisreaktionen zugänglich machen) oder *dissoziative* Strategien (die analytische Prozesse außer kraft setzen) als Basis für eine Tranceentwicklung stand in den letzten Kapiteln im Mittelpunkt der Diskussion. Ich erinnere noch einmal daran, daß der erstgenannte Strategietyp bei Klienten, die bereit und fähig sind, in Trance zu gehen, am wirksamsten ist, während der zuletzt genannte Typus dazu dient, mit Störungen aus dem Bewußtsein umzugehen. Da die meisten gut vorbereiteten Therapieklienten relativ bereit sind, eine Trance zu erleben, doch irgendwie ihre normalen Kontrollmechanismen nicht völlig ausschalten lassen können, werden bei den effektivsten Induktionen assoziative und dissoziative Strategien kombiniert.

Dieses Kapitel zeigt einige der Möglichkeiten auf, wie sich solche Kombinationen verwirklichen lassen. Der erste Abschnitt präsentiert ein Induktionstranskript mit detaillierter Erläuterung. Dieses Transkript veranschaulicht, wie assoziative und dissoziative Techniken ineinander übergehen und hebt einige praktische Punkte hervor, die im Hinblick auf klinische Induktionen bedeutsam sind. Der zweite Abschnitt beschreibt, wie Ericksonsche Techniken für die Erfordernisse besonderer Situationen modifiziert werden können, z. B. für Kinder, Psychotiker, für Notfälle oder für Gruppen. Der letzte Abschnitt erörtert das mögliche Vorgehen des Hypnotherapeuten, wenn verschiedene Induktionsstrategien sich als wirkungslos erwiesen haben.

INDUKTION MIT ERLÄUTERUNG

Wie in Kapitel 5 besprochen, umfaßt der erste Schritt einer naturalistischen Induktion die adäquate Vorbereitung sowohl des Therapeuten als auch des Klienten. Während dieser Zeit sichert der Therapeut Vertrauen und Wohlbefinden des Klienten und betont dabei, wie sicher und wohltuend eine Trance ist; gleichzeitig kümmert er sich um seine eigenen Bedürfnisse, indem er z. B. eine interpersonale Trance entwickelt und Information darüber sammelt, welche Assoziationen, Erlebnisse aus der Vergangenheit usw. eine Trance erleichtern oder erschweren könnten.

Wenn sich ein wechselseitiger Rapport und eine gespannte Aufmerksamkeit entwickelt haben, führt der Therapeut nach und nach kaum merklich hypnotische Kommunikationen ein, um hypnotische Reaktionen hervorzurufen. Mehr als alles andere verlangt dies die Veränderung nonverbaler Prozesse: ein langsameres Sprechen mit kurzen Pausen, um zu fördern, daß innere Prozesse zugänglich werden (Kapitel 6); Pacing und Leading von kommunikativen Rhythmen, wie z. B. die genaue Abstimmung stimmlicher Intonationsmuster auf Atmungsmuster und schließlich eine ungeteilte Aufmerksamkeit für den Klienten. Dieses absorbierende Verhalten wird durch Verbalisierungen ergänzt, um den Klienten oder die Klientin mehr auf das Erleben und nach innen zu orientieren. Fragen erhalten z. B. einen persönlicheren Charakter, sie werden bedeutsamer gestellt und mehr mit möglichen tranceähnlichen Erlebnissen in Beziehung gesetzt; abstraktes Theoretisieren wird zugunsten von mehr auf das Erleben bezogenen Nachforschungen aufgegeben, und Bemerkungen über die Trance erfolgen in Form von eingebetteten Suggestionen. Die Häufigkeit, mit der solche Veränderungen eintreten, bemißt sich natürlich gänzlich nach den Reaktionen des Klienten oder der Klientin, doch allgemein gilt, daß der Hypnotiseur nur dann andere Induktionstechniken einführt, wenn der Klient oder die Klientin minimale Hinweise (siehe Tabelle 4.2) als Indikatoren der Trance zu zeigen beginnt. Eine wirksame Anordnung solcher Techniken könnte folgendes umfassen: (1) *Fragen*, die tranceähnliche Reaktionen weiter zugänglich machen; (2) *allgemeine Aussagen* und Geschichten zur Vertiefung der Betroffenheit durch die zugänglich gemachten Erfahrungen; (3) *Konfusionstechniken*, um jegliche bewußte Störung außer kraft zu setzen und (4) *Utilisationsverfahren*, um den Trancezustand für förderliche Ziele nutzbar zu machen.

Zur Illustration, wie eine solche Induktion vonstatten gehen könnte, lege ich hier in Auszügen das Transkript einer Induktionsdemonstration vor, die ich bei einem Workshop über Ericksonsche Hypnotherapie für Fortgeschrittene durchgeführt habe. Das Medium war ein junger Mann, der sowohl als Student als auch als Patient Erickson kurz vor seinem Tod noch persönlich erlebt hat. Er sagte, daß er wirklich eine tiefe Trance erleben wollte, daß ihm das aber bei zahlreichen früheren Versuchen nie gelungen sei. Nachdem ich ihn mehrere Tage lang beobachtet und während einer Pause ungefähr zwanzig Minuten mit ihm geplaudert hatte, kam ich seiner Bitte nach, sich an der Demonstration als Medium zu beteiligen. Das folgende Transkript ist die Aufzeichnung eines Teiles der Induktion.

Transkript

1) **Hypnotiseur**: Nun Bill, wie fühlen Sie sich heute?
Klient: Nicht schlecht.

H.: Gut. Und ich möchte Ihnen sagen, daß ich sehr froh bin, daß Sie sich heute hier freiwillig als Versuchsperson gemeldet haben ... und ich danke Ihnen dafür ... weil ich denke, daß jeder aus persönlichen und direkten Erfahrungen lernen kann ... Und ich verspreche Ihnen auch, Bill, daß ich hier allgemein mit Ihnen sprechen werde, weil ich in dieser Situation wirklich kein Recht habe, in Ihre speziellen Angelegenheiten einzudringen ... und deshalb werde ich Sie nicht auffordern zu sprechen oder irgendetwas zu tun, außer sich so sehr mit Ihrem Erleben zu beschäftigen und sich von ihm fesseln zu lassen, wie Sie es selbst tun möchten ... Ist das für Sie so in Ordnung?

Vp: Ja.

2) H: Und was für ein Gefühl ist es für Sie, hier oben zu sitzen?
Vp: Ich bin etwas nervös.
H: Etwas nervös ... und glauben

Erläuterung:

1) Nachdem der Hypnotiseur in eine nach außen orientierte Trance gegangen ist, beginnt er mit dem Pacing, indem er einfach die Bereitschaft der Person zur Teilnahme anerkennt, und sie dann dadurch führt, daß er voraussetzt, daß sie persönliche Erfahrungen haben wird. Er bezieht dann die möglicherweise trancehemmende Tatsache ins Pacing mit ein, daß die Versuchsperson sich vor einer Gruppe von Kollegen befindet, wo ein Hypnotiseur, mit dem sie vorher noch nie zusammengearbeitet hat, ihr Zusagen macht, ihre Integrität und ihre Privatsphäre voll zu respektieren. Es ist wichtig, solche Themen zu behandeln, weil sie hauptsächlich mit zwei Befürchtungen verknüpft sind, die eine Trance besonders hemmen: die Furcht, vom Hypnotiseur kontrolliert zu werden und die Furcht, die Kontrolle zu verlieren und sich lächerlich zu machen. Wenn die Versuchsperson kongruent mitteilt, daß sie sich sicher fühlt, werden keine weiteren Kommunikationen zum Thema angeboten.

2) Entsprechend der Utilisationsmaxime, alles, was eine Person tut, als Ausgangspunkt für eine Tranceentwicklung zu nutzen,

Sie, daß die Nervosität zunimmt oder abnimmt, bevor sie sich legt?
Vp: Ich weiß es nicht ... Ich hoffe, sie wird geringer.
H: Sind Sie bereit, das herauszufinden?
Vp: Ja.
H: Dann können wir beginnen ... Achten Sie besonders darauf, daß Sie *leicht und tief atmen* können während Sie mich dabei ansehen ... so ist es gut ... und was bemerken Sie dabei?
Vp: Ich fühle mich entspannter.
H: So ist es gut ... Sie können sich *noch entspannter fühlen*, während Sie weiter hier sitzen ... und es gibt wirklich nichts, was dagegen spricht, oder?
Vp: Nein.
H: Und Sie brauchten sich dabei wirklich nicht anzustrengen, oder?
Vp: Nein.
H: Sie besitzen, mit anderen Worten, die Fähigkeit, Wohlbefinden *und andere Dinge* zu erreichen, indem Sie einfach bewußter wahrnehmen, was sich entfalten kann ... und *Trance* ist dem wirklich sehr verwandt.

stellt der Hypnotiseur sich nun auf das unmittelbare Erleben der Versuchsperson ein. Die Antwort des Hypnotiseurs auf die Feststellung der Versuchsperson, sie sei nervös, setzt voraus, daß die Nervosität sich verliert, und zugleich führt sie die Idee ein, daß es verschiedene Weisen gibt, wie eine Veränderung eintreten kann, unter ihnen auch unerwartete (z. B., daß die Nervosität zunimmt, bevor sie sich verliert). Dann wird die Bereitschaft der Versuchsperson, eine Unsicherheit zu erforschen, geweckt und für die Entwicklung einer ganzheitlichen (d. h. nicht analytischen) und (auf den Hypnotiseur) fixierten Aufmerksamkeit nutzbar gemacht. Gleichzeitig führt das Fokussieren und das Atmen zu einer Verminderung der Angst. Wenn dies eintritt, wird es als Fähigkeit der Person gedeutet, Erfahrungen sich mühelos und auf angenehme Weise entwickeln zu lassen. Mit anderen Worten, dieser Austausch nutzt die Antworten der Versuchsperson, um eine natürliche Befähigung zur Trance *erlebbar* zu demonstrieren. Da es die erste Demonstration ist, ist sie bewußt unspektakulär. Das ermöglicht einen allmählichen Übergang in die Trance, der sublim ist und dem man sich daher nur schwer entziehen kann.

3) ... Doch bevor Sie nun *ganz in Trance* gehen, Bill, möchte ich Sie bitten, noch einen Moment zu warten ... nicht zu schnell ... lassen Sie Ihre Augen geöffnet bis Sie bereit sind, *ganz in Trance zu gehen* ... denn Sie sollten wirklich warten, bis Sie restlos dazu bereit sind ...

Sie können sich natürlich weiter auf das konzentrieren, was wichtig ist, und dabei Ihre Fähigkeit, sich selektiv *absorbieren zu lassen*, zur Geltung bringen ... Und Sie können sich wirklich erlauben, eine Stellung zu suchen, die für Sie über eine ausgedehnte Zeitspanne *sehr bequem* ist ...

3) Die Person begann, ihre Augen absichtlich zu schließen, obwohl sie sich noch im Wachzustand befand, was allgemein darauf hinweist, daß eine bewußte Anstrengung vorliegt, eine Trance zu entwickeln. Wenn es dem Hypnotiseur gelingt zu verhindern, daß die Person vor der Trance die Augen schließt, dann kann er ihre Aufmerksamkeit erfolgreicher fesseln und fixieren und zugleich die trancehemmende Tendenz der Person, im Wachzustand nach Schließen der Augen im inneren Dialog zu versinken, unter Kontrolle bringen. Die Person wird weiter ermutigt, noch etwas länger „auszuhalten", und zwar so, daß (1) die Fesselung der Aufmerksamkeit anhält, (2) vorausgesetzt wird, daß eine Trance eintritt, (3) der Teil der Person, der eine Zeitlang außerhalb einer Trance bleiben möchte, gespiegelt wird und sich (4) ein Reaktionspotential in den Teilen der Person aufbaut, die bereit und fähig sind, in Trance zu gehen. Als nächstes wird die Person aufgefordert, sich bequem hinzusetzen, da ja, wie früher schon bemerkt, jede unbequeme Haltung die Person in Trance oft stört, die im allgemeinen motorisch unbeweglich und nach innen orientiert ist.

4) ... Und vielleicht haben Sie Erickson früher sagen hören, daß ein gutes Trancemedium beide

4) Die erste Aussage suggeriert weiterhin eine Stellung, die der Trance angemessen ist. Sie über-

Füße flach auf dem Boden hat ... So ist es gut ... und beide Hände frei, die, jede für sich, bequem auf Ihrem Schoß liegen ... Und vielleicht haben Sie nicht die genauen Worte gehört, weil Erickson so viele verschiedene Dinge über die Tranceerfahrung zu sagen hatte, nicht wahr?
Vp: Ja.
H: Und überhaupt, wie fühlten Sie sich, als Sie ihm zum ersten Mal begegnet sind?
Vp: Richtig nervös und aufgeregt.
H: Nervös und aufgeregt. Nervöser und aufgeregter als Sie es vor wenigen Augenblicken hier noch waren?
Vp: Ich glaube schon. Ich wußte wirklich nicht, was ich von ihm zu erwarten hatte.
H: Und wissen Sie, was Sie hier erwartet?
Vp: (lacht) Eigentlich nicht.
H: (nachdem er einige weitere Fragen nach Bills Erfahrung mit Erickson gestellt hat) Und nebenbei gefragt, wie fühlten Sie sich, als Erickson eine Tranceinduktion demonstrierte?
Vp: Mir war warm und ich fühlte mich wohl.
H: Sie konnten das *Gefühl von Wärme und Wohlbefinden entwickeln ... und es ist schön, sich warm und wohl zu fühlen*, nicht wahr?
Vp: (Nicht mit dem Kopf).
H: Das ist gut, Bill ... und Sie können sich warm und wohl fühlen und *dieses Gefühl sich auf viele verschiedene Dinge ausdehnen lassen* ...

prüft auch unmerklich die Bereitschaft zur Trance: Indem die Person beide Füße flach auf den Boden stellt, definiert sie sich als ein gutes Trancemedium; behielte sie die Beine gekreuzt und die Arme verschränkt, dann würde sie damit anzeigen, daß sie nicht bereit ist, sich als ein solches zu definieren und also mehr Vorbereitung bräuchte. (Bill entkreuzte seine Arme und Beine.)
Die erste Aussage bezieht sich auch deshalb auf Erickson, um die trancebezogenen Reaktionen, welche die Person mit Erickson verknüpft hat, zugänglich zu machen. Diese erlebnishaften Verknüpfungen werden durch bedeutsam gestellte Fragen wiederbelebt (Kapitel 6). Aus den zugänglich gemachten Erfahrungen werden mit Hilfe von Fragen nach Nervosität und Unsicherheit Schlüsse auf die aktuelle Situation gezogen. Eine ähnliche Strategie dient dazu, die sensorischen Erfahrungen von Wärme und Wohlbefinden zugänglich zu machen und zu generalisieren.

5) Und wie fühlen Sie sich, angenommen, Sie würden in den nächsten zehn Minuten *in eine tiefe Trance gehen?*
Vp: Ich weiß nicht, ob ich es könnte ... Ich bin etwas ängstlich, es zu versuchen.
H: Das ist gut so ... Es ist manchmal wirklich wichtig, eine Zeitlang an einer Befürchtung festzuhalten ... weil eine Befürchtung einem sagt, daß man *langsamer machen* und es leicht nehmen sollte ... und wie fühlen Sie sich bei der Aussicht, in den nächsten fünf Minuten in eine leichte Trance zu gehen?
Vp: Ich komme nicht ins Schwitzen.
H: Das ist gut, Bill ... Sie brauchen beim Gedanken, in Trance zu fallen, wirklich nicht ins Schwitzen zu kommen ... Sie können sich warm und wohl fühlen, aber auch kühl in der *Sicherheit* zu wissen, daß Trance ein geschützter Ort ist, an dem Sie sich selbst auf einer *tieferen Ebene* des Erlebens wirklich kennenlernen können ... und Trance ist eine Gelegenheit, *Ihr Unbewußtes für Sie arbeiten zu lassen* ... es ist wirklich ein müheloser Prozeß ... und Sie brauchen wirklich überhaupt nichts zu tun ... Sie brauchen sich nicht zu bewegen ... Sie brauchen nicht zu sprechen ... Sie lassen einfach *Ihr Unbewußtes die Arbeit für Sie tun* ...

5) Die Bereitschaft der Versuchsperson, eine tiefe Trance zu entwickeln, wird durch eine einfache Frage zugänglich gemacht. Beachten Sie, wie die scheinbar harmlose Vorgabe eines zehnminütigen Zeitrahmens auf sublime Weise mögliche Unterschiede zwischen der Zeit während und nach dem genannten Zeitrahmen suggeriert. Die Besorgnis, die in den verbalen und nonverbalen Reaktionen der Person klar zu erkennen ist, wird nutzbar gemacht, um die weniger Streß erzeugende Möglichkeit einer leichten Trance anzubieten. Das ist ein Beispiel einer in Kapitel 7 beschriebenen Ericksonschen Strategie: durch ein zu rasches Leading einen reaktionsbereiten Zustand der Unsicherheit (z. B. Angst) herzustellen und ihn dann nutzbar zu machen, indem man die Gelegenheit anbietet, auf eine weniger herausfordernde Anweisung zu reagieren. Stimmt die Person dieser Anweisung zu (hier: „leichte Trance"), nutzt der Hypnotiseur seine gegenwärtigen und seine früheren Aussagen („nicht ins Schwitzen kommen" und „sich warm und wohl fühlen"), um mit der Tranceentwicklung zu beginnen. Das ist wiederum ein Beispiel dafür, wie der erfolgreiche Ericksonsche Praktiker auch auf elementarster Ebene Kommunikationen aus dem generiert, was die Person anbietet. Nach dem Pacing beginnt der Hypnotiseur mit dem

Leading, indem er die Notwendigkeit betont, die Dinge einfach geschehen zu lassen. Dieser Prozeß des Verzichtes auf bewußte Kontrolle, der während der gesamten Induktion wiederholt wird, ist vielleicht die wichtigste - und manchmal die schwierigste - Lektion, welche die Person lernen muß, die eine Trance wünscht.

Die letzte Aussage suggeriert Immobilität, die, wie in Kapitel 7 bemerkt, eine wirksame Technik der Musterunterbrechung für die Tranceentwicklung darstellt. Solche Instruktionen erfolgten, als die Versuchsperson eine Reaktionsbereitschaft für die Trance zu zeigen begann (z. B. motorische Hemmung, Augenfixierung), und sie dienten dann dazu, die Reaktionen als tranceinduzierend zu bestätigen, zu definieren und zu entwickeln.

6) Und viele Leute fragen sich, wie sie etwas mühelos tun können und wie sie es tun können, ohne es vorher auszuprobieren ... und in dieser Hinsicht ist es wichtig, folgendes zu erkennen: Ihr Unbewußtes kann die ganze Zeit über auf viele verschiedene Weisen *unabhängig*, intelligent und autonom handeln ... Sie können auf einem Stuhl sitzen oder in einem Büro und Geschichten zuhören und erkennen, daß alle jene Assoziationen und alles, was damals war, auf eine selektive und passende Art das

6) Die Versuchsperson runzelte die Stirn, was auf einen bewußten inneren Dialog hindeutete, der eine Reaktion auf die vorangegangenen Aussagen hinsichtlich des Geschehenlassens von Dingen war. Diese Möglichkeit wird zunächst auf einer allgemeinen Ebene gespiegelt („viele Leute") und dann durch die Betonung der Natürlichkeit der unbewußten Reaktionsautonomie weitergeführt. Weitere Assoziationen, die mit Erickson verknüpft sind („in einem Büro sitzen und Geschichten zuhören"), setzen den

werden könnte, was jetzt ist, und es in der Tat auch wird ... und unterdessen können Sie Ihr Unbewußtes tun lassen, was es ohnehin schon so gut macht, und noch einiges mehr ...

7) Sie können z. B. leicht und mühelos atmen, weil Ihr Unbewußtes die meiste Zeit über Ihre Atmung steuert ... Sie atmen ein und aus, ein und aus, und Sie brauchen es wirklich nicht erst willentlich zu versuchen ... Sie tun es *leicht und ohne Anstrengung* ... Das gleiche gilt für Ihren Pulsschlag, für Ihre Fähigkeit, nachts einzuschlafen, für Ihre Herzfrequenz oder für Ihre Fähigkeit, spontan ein befreiendes Lachen, eine glückliche Zeit und alle Dinge dieser Art zu genießen ... Ihr *Unbewußtes kann also autonom funktionieren*, unabhängig von einer bewußten Vermittlung ...

8) Und Sie können das auf produktive Weise auf viele verschiedene Erlebnisprozesse anwenden ... das *Blinzeln* mit den Augen z. B. ... und normalerweise unterliegt Ihr *Augenblinzeln* nicht Ihrem bewußten Willen. Sie versuchen nicht extra zu blinzeln, Sie *lassen die Augen einfach blinzeln* ... so ist es gut ... und wir wissen ja, daß wir willentlich genauso leicht mit den Augen *blinzeln* können ... (Pause) so ist es gut ... Sie können wollen, daß

Prozeß des indirekten Zugänglichmachens geeigneter Beziehungsstrukturen fort. Die letzten Worte werden auf eine etwas rätselhafte Weise geäußert, um die Möglichkeit unbewußter Aktivität in den Raum zu stellen.

7) Jetzt werden konkrete Beispiele für die vorherigen allgemeinen Aussagen gegeben. Die Bemerkungen zum Ein- und Aus-atmen werden zeitlich auf das Ein- und Ausatmen der Person abgestimmt. Es handelt sich dabei um unleugbare Beispiele von Aktivitäten, die im allgemeinen nicht durch eine rationale Anstrengung vermittelt sind. Nach der Darbietung dieser „unwiderlegbaren Fakten" dient wieder eine allgemeine Aussage dazu, die Annahme des allgemeinen Punktes, auf den es hier ankommt, zu festigen.

8) Die allgemeine Idee wird nun in ihrer Anwendung auf das Blinzeln mit den Augen spezifiziert. Die Technik der „Augenblinzelinduktion" ist ungewöhnlich wirksam. Anfangs führt sie zu einer raschen Augenfixierung und zur Befangenheit der Person, was oft eine Katalepsie des ganzen Körpers oder von Körperteilen zur Folge hat. In unserem Beispiel benutzt der Hypnotiseur das unwillkürliche Blinzeln der Person, um das Wirken des Un-

sie blinzeln, und sie blinzeln ... Aber wußten Sie, daß Ihre Augen auch *unwillkürlich blinzeln* können? ... Und Sie können das herausfinden, indem Sie versuchen, nicht mit den Augen zu blinzeln ... und es ist wirklich nicht wichtig, ob Sie *unbewußt fühlen*, wie sie *blinzeln*, oder ob Sie sie offen lassen ... denn Sie können mit geöffneten Augen in eine Trance gehen oder Sie können *Ihre Augen schließen und direkt in Trance fallen*, wenn Ihr Unbewußtes dazu bereit ist ... Aber ob Sie sie geöffnet haben ... oder sie blinzeln lassen ... so ist es gut ... und dann wieder heraufkommen ... und *wieder* blinzeln ... so ist es gut ... und zurück nach oben und *hinunter*, und herauf und *hinunter* ... und Sie können *es fühlen* ... Ihr Unbewußtes kann wirklich unabhängig wirksam sein ... und daher können Sie zu einem Zeitpunkt, während Sie zurück und vorwärts gehen, herauf und *hinunter*, Ihren Augen erlauben, sich zu *schließen und direkt hinunter in Trance zu gleiten, JETZT!!!*

bewußten erlebbar zu demonstrieren. Das macht anfangs ein Pacing nötig, bei dem er einfach darüber spricht, wie natürlich es ist, daß Augen blinzeln, dann legt er eine bedeutungs- und erwartungsvolle Pause ein, bis die Person blinzelt um schließlich jene Reaktion zu bestätigen („so ist es gut").

Was die Technik fast ausnahmslos wirksam macht, ist dies, daß jede Reaktion genutzt werden kann, um eine Trance zu entwickeln. Wenn die Person ein ideomotorisches Blinzeln zeigt, was bei Bill der Fall war, kann der Hypnotiseur zum Leading übergehen, indem er allmählich das Sprechtempo steigert, eingebettete Anweisungen zu blinzeln gibt, die suggerieren, daß die Versuchsperson bewußt versuchen sollte, nicht zu blinzeln (was ermöglicht zu demonstrieren, daß das Unbewußte unabhängig vom bewußten Wollen reagiert) und indem er weiterhin seine Aussagen den Blinzelreaktionen genau anpaßt (z. B. durch das Pacing des „Herauf und Hinunter") und das Blinzeln verbal oder nonverbal anerkennt und verstärkt, sobald es auftritt. Der Zitterreaktion der Augenlider, die sich normalerweise entwickelt, kann man durch ein wachsendes Sprechtempo begegnen und damit sowohl das Lidzittern als auch die Unsicherheit der Person steigern. Wie bei den Konfusionstechniken kann der Hypnotiseur beides dann durch einfache Suggestionen wie: „Erlauben Sie Ihren Augen, sich zu schließen und gleiten Sie direkt in Trance, JETZT!!!", nutzbar machen. Dieses letzte Wort wird am besten emphatisch und dramatisch ausgesprochen. Blinzelt die Person nicht, so kann der Hypnotiseur darin eine Katalepsie der Augen erkennen, dies als solche annehmen, was auf natürliche Weise zu weiteren tranceinduzierenden Reaktionen führen kann und normalerweise auch führt, wie z. B. zur Katalepsie des ganzen Körpers und zum Tunnelblick. Der Hypnotiseur definiert die Katalepsie der Augen auf diese Weise als legitime Trancereaktion. Um es zu wiederholen, der Hypnotiseur nimmt einfach an, was immer die Person als Ausgangspunkt für die Induktion anbietet.

9) Und fallen Sie einfach tief und behaglich in Trance ... und *erlauben* Sie sich, wirklich zu erleben, wie dieser wunderbare und *sichere Zustand sich entfaltet* ... Und wie schön zu wissen, daß Sie ganz allein sein können in der Mitte von Nirgendwo, ganz allein, bloß mit einer Stimme ... meiner Stimme ... Sie können *meine Stimme hören* und mit meiner Stimme sein, weil *Ihr Unbewußtes angemessen hören und reagieren kann* ... Denn wichtig ist Ihre eigene sich entwickelnde Fähigkeit zu erleben, wie Sie in sichere

9) Wie in der Utilisationsphase der Konfusionstechniken ist das Schließen der Augen als ein Ergebnis der Blinzeltechnik auch hier ein Moment des Übergangs, in welchem die Person für Anweisungen zur Vertiefung der Trance in hohem Maß empfänglich ist. Der Hypnotiseur spricht deshalb sofort langsamer, mit sanfterer Stimme und äußert direkte Suggestionen, die eine Dissoziation in die Mitte von Nirgendwo bewirken (Kapitel 7). Nachdem er die Person ermutigt hat, die Dinge einfach geschehen

hypnotische Wirklichkeiten hineinkommen, ganz allein in der Mitte von Nirgendwo ... und Ihr Unbewußtes weiß, wo Nirgendwo ist ... und wie angenehm ist es, *wenn diese Erfahrung sich vollständig entfaltet ...*

zu lassen, macht er sie darauf aufmerksam, daß sie seine Stimme hören kann, ohne ihm aktiv zuzuhören. Das ist nützlich, um der Person die Freiheit zu geben, sich von hypnotischen Wirklichkeiten ganz fesseln zu lassen, analog der Fähigkeit, einen Film anzuschauen, ohne ständig zuhören zu müssen, was ein Kommentator draußen gleichzeitig zum Film sagt, und ohne auf ihn reagieren zu müssen. Die meisten hypnotisierten Personen hören die Stimme des Hypnotiseurs nur zeitweise, meist während sie sich in einer leichteren Trance befinden.

10) Und wie schön ist es zu wissen, daß Sie in Trance viel erleben können ... weil *Trance eine Lernerfahrung ist* ... und Sie haben in der Vergangenheit schon so viele verschiedene Lernerfahrungen gemacht ... Zum Beispiel haben Sie wahrscheinlich erlebt, wie Sie als Kind in einem Klassenzimmer saßen und dem Lehrer zuhörten, der eintönig vor sich hingeredet hat ... und wie Sie ihm zuhörten, als der Sitzplatz hart, der Unterricht langweilig und der Tag heiß war und Sie sich mit der Zeit fragten: Wann kommt er endlich zur Sache? Wann kommt er endlich zur Sache? ... Und eine Minute kam Ihnen wie eine Stunde vor ... und eine Stunde wie ein Tag ... und Sie schauten auf die Uhr und bemerkten den Stundenzeiger, den Minutenzei-

10) Es werden weitere Suggestionen zur Vertiefung der Trance angeboten. Beachten Sie, wie Themenwechsel durch den Übergang zu einer allgemeinen Aussage, die eine Brücke zwischen zwei beliebigen Themen bilden kann, elegant vollzogen werden. Der Entwurf der Trance als Lernkontext dient dann dazu, in die vertraute Kindheitserfahrung des Tagträumens während einer langweiligen Unterrichtsstunde hineinzuführen. Diese Art von Geschichte, langsam und monoton vorgetragen, dient mehreren Zwecken: Erstens bewirkt sie Langeweile, was eine gute Technik ist, um bewußte Prozesse außer kraft zu setzen. Zweitens trägt sie als eine indirekte Regressionstechnik, die von den gegenwärtigen Raum/Zeit-

ger und den Sekundenzeiger, die alle wie eine Hand aussahen[1] ... *und was bedeutet es, eine dritte Hand zu haben?* Und das Gesicht auf der Uhr: Warum hat die Uhr ein Gesicht? Und auf das Gesicht schauen und sehen, wie die Zeit *so langsam* vergeht ... und sich wirklich allmählich *in eine andere Welt forttragen lassen* ... und *immer mehr* von jener Welt *gefesselt werden.*

Koordinaten wegführt, zur Vertiefung der Trance bei. Drittens machen die Bemerkungen über das verlangsamte Zeitgefühl zusammen mit der Langeweile die trancebezogene Erfahrung der Zeitverzerrung zugänglich. Viertens, die rhetorischen Fragen nach der „dritten Hand" und nach dem „Gesicht der Uhr" sind Konfusionstechniken zur Ablenkung und Außerkraftsetzung jeglicher Störung durch bewußte Prozesse. Und schließlich sind die Aussagen über das Tagträumen im Klassenzimmer im wesentlichen indirekte Suggestionen, tiefer in hypnotische Tagtraumwirklichkeiten einzutauchen.

11) Und Sie können sich wirklich von jenen Betätigungen fesseln lassen, die für Ihr Unbewußtes interessant sind ... und Sie können dem Unbewußten erlauben, *die hypnotischen Wirklichkeiten* in Übereinstimmung mit Ihren eigenen inneren Bedürfnissen *zu entwickeln* ... lassen Sie es deshalb in einer Weise, in einem Tempo und in einem Stil geschehen, die *Ihnen als Individuum angemessen sind* ... Sie haben alle Zeit der Welt, es geschehen zu lassen ...

11) Die zugänglich gemachten Erlebnisse des Tagträumens werden nun durch permissive, nicht festlegende Suggestionen verallgemeinert. Der Hypnotiseur unterstützt die Person dabei, sich in verschiedene hypnotische Wirklichkeiten hinein- und wieder herauszubegeben, ohne irgendeine wichtige Zeitspanne besonders in den Mittelpunkt zu stellen und sich auf sie zu beschränken. Die Förderung dieses lose assoziierenden Explorationsstiles empfiehlt sich besonders bei Hypnoseneulingen und jeweils am Anfang einer Trance, weil sie (1) der Person die Gelegenheit bietet, ein breites Spektrum von Trancemöglichkeiten kennenzulernen und (2) dem Hypnotiseur erlaubt, die Muster der Person (z.

B. Vorlieben und Abneigungen) zu beobachten und zu katalogisieren. Außerdem ist der Explorationsstil, der sich jeweils immer nur einem Thema zuwendet und der Reihe nach vorgeht, oft in hohem Maß mit der trancehemmenden rationalen Denkweise (z. B. die angestrengte Konzentration auf eine Sache aufrechtzuerhalten) assoziativ verknüpft.

12) Und was bedeutet es eigentlich, *alle* Zeit der Welt zu haben? Was bedeutet es *wirklich*, über Zeit zu verfügen? Und was bedeutet es, wenn jemand sagt „Es gab einmal eine Zeit" oder „Jetzt ist es Zeit" oder „Es kommt einmal eine Zeit"? ... Sie können sich der Zeit auf viele verschiedene Arten zuwenden ... Sie wissen z. B., daß *das*, was einmal *war*, nicht die *Vergangenheit* ist, sondern daß es einmal die Gegenwart *war, nachdem* es erst die *Zukunft* gewesen ist ... Und Sie wissen, daß, obwohl heute morgen morgen ist, es morgen heute sein wird, und einen Tag später wird es gestern sein ... und doch ist Samstag von allen Bezugspunkten aus Samstag ... und obwohl der Samstag nach dem Freitag kommt, ist er vor dem Sonntag; Sonntag aber wird es schnell genug, und Sonntag ist ein Ruhetag, und Sie können in *Trance wirklich ruhen, Bill, und können alles Übrige dem Unbewußten überlassen* ...

12) Die Versuchsperson begann minimale Hinweise, Anzeichen für das Aufwachen aus der Trance zu zeigen, z. B. Haltungskorrekturen, Schlucken und Veränderungen der Atmung. Um diese wachsende Bewußtseinsaktivität zu steuern, wurde eine Konfusionstechnik zur zeitlichen Desorientierung (Kapitel 7) eingesetzt. Beachten Sie, wie rhetorische Fragen dazu dienen, um den bewußten Verstand zunächst zu beschäftigen und abzulenken. Sobald der Hypnotiseur veränderte Zeitbezüge einführt, geht er zu einem schnelleren Sprechtempo und einem synkopierten Rhythmus über. Die Stimme wird plötzlich und auf dramatische Weise langsamer, wenn die eingebetteten Suggestionen, in Trance zu bleiben, geäußert werden. Um es zu wiederholen, der Zweck der Desorientierungstechniken besteht darin, die Person von jeglicher rigiden Bindung an eine bestimmte Sichtweise - sei sie zeitlicher, räumlicher oder

13) Denn solange Sie sich im Wachzustand befinden, gibt es die Vergangenheit, die Zukunft und die Gegenwart, doch im Trancezustand brauchen Sie sich *wirklich überhaupt nicht anzuspannen*[2]... Sie können sich *vollständig und bequem entspannen* und dabei wissen, daß Sie sich vielen verschiedenen Wirklichkeiten zuwenden und erleben können, wie sie sich in einer Weise entfalten, die Ihnen als Individuum angemessen und angenehm ist ...

14) Und normalerweise orientieren Sie sich in Zeit und Raum auf eine gleichbleibende Art ... Sie sagen z. B., daß *dort* drüben *dort* und *hier hier* ist, und daß Sie, wenn Sie *hier* sind, nicht auch *dort* sein können ... in einer Trance aber kann Ihr Unbewußtes in der Tat als Teil und doch getrennt von diesen normalen Zwängen wirksam sein ... Sie können *mich hier* hören und wissen, daß Sie, wenn ich *dort* wäre, mich *hier* genauso gut hören könnten ... und wenn Sie *dort* wären könnten Sie *mich hier* genauso gut *hören* ... und ich könnte *dorthin* gehen, und mein Ausgangspunkt wäre *doch hier*, obwohl es eine Veränderung

begrifflicher Art - zu lösen und dadurch die Fähigkeit zur Erkundung hypnotischer Wirklichkeiten freizusetzen.

13) Die Bemerkungen zur zeitlichen Desorientierung werden nun dazu benutzt, um in die möglicherweise konfusionsmindernden Suggestionen hineinzuführen, die sich auf den Ausdruck „no tense" beziehen. Es handelt sich hierbei um ein Wortspiel, das sowohl das Fehlen von (An-)Spannung als auch die Zeitlosigkeit suggeriert, die oft mit der Trance verbunden ist[3]. Andere permissive Suggestionen mit offenem Ausgang zielen auf die Entwicklung einer allgemeinen Orientierung auf die Trance hin.

14) Die nonverbalen Hinweise der Versuchsperson deuteten auf eine fortgesetzte Aktivität ihres bewußten Verstandes. Deshalb wurde noch eine weitere Desorientierungstechnik - die in Kapitel 7 skizzierte Methode der visuellen Überladung - angewendet. Die Aufgabe, die geistige Verarbeitungskapazität der Person zu überladen, wurde durch vielfältige Methoden in Angriff genommen, wie z. B. durch (1) den schnellen Wechsel in der räumlichen Orientierung, (2) dramatische Veränderungen der Lokalisierung der Stimme des Hypnotiseurs, als er von „hier" und „dort" sprach, (3) durch ei-

meines früheren Bezuges wäre ... denn wo immer ich hingehe, ist für mich dort *hier* ... Und Sie können mich dort und auch hier *hören*, und normalerweise müßten Sie sich anstrengen, Sie müßten Ihre Muskeln betätigen und bräuchten Spannung, um dorthin zu gehen, doch in einer Trance müssen Sie überhaupt keine Spannung einsetzen ... Sie können *es ganz dem Unbewußten überlassen, es zu tun* ... Sie können *es fühlen* ... Sie können *es fühlen* ... Sie können es fühlen ... das Bewußtsein *zweifelt dort* drüben, die Betätigung des *Unbewußten* ist *hier* ... die innere Verarbeitung des *bewußten Verstandes* dort *drüben*, die Erleichterung, das Wohlbefinden und unerwartete und der Integration dienende Überraschungen durch das *Unbewußte hier* ... *die Anstrengung dort*, die kontinuierliche Entwicklung der *Trance hier* ... das *Rätseln dort*, das *Voranschreiten hier* ... Sie können es *fühlen* ... Sie *können* es fühlen ... *Sie* können es fühlen ...

nen raschen, synkopierten Vortragsstil und (4) durch den unklaren Gebrauch der (im Amerikanischen ganz identisch klingenden, A. d. Ü.) Worte „hier" (here) und „hören" (hear).

Sobald minimale Hinweise anzeigten, daß die Person immer verwirrter wurde, suggerierte der Hypnotiseur eine räumliche Dissoziation des Bewußtseins („dort drüben") vom Unbewußten („hier"). Durch den Wechsel von Konfusionsstrategien zu Strategien der Dissoziation wurde der schnelle synkopierte Äusserungsstil durch einen intensiveren und fokussierteren ersetzt. Die Techniken schienen zu funktionieren: Die Person begann ruhig und wie erstarrt auszusehen, was auf eine Dissoziation schließen ließ; ihre Atmung, die zuvor während der Überladung rasch und unregelmäßig gewesen war, wurde langsamer und regelmäßiger; ihre geschlossenen Augenlider entfalteten eine rasche Bewegung, die ein Anzeichen für Visualisierungen war; und das Flachwerden ihrer Wangen deutete darauf hin, daß eine Trance eingetreten war. Er berichtete später, daß dies für ihn eine perfekte Technik gewesen sei, weil sie sein Hauptproblem löste, das darin bestand, daß er zuhören, sich die benutzten Techniken merken und gleichzeitig tief in Trance gehen wollte. Die Dissoziation ermöglichte ihm, seinen studierenden, rationalen

15) Und lassen Sie, während Sie das tun, *das Unbewußte autonom wirksam sein* ... lassen Sie diese Erfahrungen sich entwickeln ... und ich weiß nicht, und auch Sie wissen nicht genau, wie *das geschehen wird* ... vielleicht beginnt Ihr Unbewußtes *eine lang vergessene angenehme Erinnerung wiederzubeleben*, eine Erinnerung, die sehr *tröstlich* und sehr *angenehm* sein wird ... Vielleicht werden mehrere Erinnerungen wiederbelebt, nacheinander oder gleichzeitig ... und ob das eine Erinnerung aus der Zeit ist, als Sie ein Kleinkind waren oder ein Schulkind, das sein ABC lernte, oder ein sich entwickelnder Jugendlicher oder ein junger Erwachsener ist nicht so wichtig ... Wichtig ist nur, daß *Ihr Unbewußtes* beginnen kann, Bereiche Ihrer *Erfahrung* auf eine *sichere* und entwicklungsfördernde Weise zu erkunden ...

Anteil ungefähr drei Meter von sich entfernt zu plazieren, während er im übrigen eine schöne tiefe Trance ausgesprochen genießen konnte.

15) Mit der Versuchsperson, die nun völlig in Trance versunken ist, spricht der Hypnotiseur sanfter und langsamer und ermutigt Sie zur Erkundung hypnotischer Wirklichkeiten. Er nennt verschiedene Möglichkeiten angenehmer Altersregressionen, wobei er mit Hilfe seiner permissiven Suggestionen bereits eine Regressionserfahrung voraussetzt. Diese Suggestionen betonen auch, daß die Quelle der Energie und Macht das Unbewußte der Person und nicht ihr bewußter Verstand oder gar der Hypnotiseur ist. Dieses Thema wird in Ericksonschen Kommunikationen wiederholt verfolgt, weil es die Verantwortung und also die Fähigkeiten und Möglichkeiten des Unbewußten hervorhebt. Denn, noch einmal sei es gesagt, die Hauptaufgabe des Hypnotiseurs besteht darin, den Klienten bei der Entdeckung wertvoller Ressourcen anzuleiten und zu supervidieren. Der Ericksonsche Praktiker wird nur dann ausdrücklich direktiv, wenn die bewußten Prozesse des Klienten oder der Versuchsperson die Trance aktiv stören oder wenn ein Klient von einem traumatischen Erlebnis überwältigt wird und Hilfe braucht. Im allgemei-

16) Und vielleicht ist daran auch ein Traum beteiligt, weil Ihr Unbewußtes jede Nacht viele Male träumt und deshalb weiß, wie es *Träume nutzen kann, um bedeutsame Erlebnisse zu erkunden und zu integrieren* ... Ich weiß wirklich nicht, wie Ihr Unbewußtes diese *hypnotischen Erlebnisse erkunden* wird ... Ich weiß nur, daß Ihr Unbewußtes sehr intelligent ist, und warum sollten Sie sich dann nicht ein paar Augenblicke Zeit nehmen, Ihrem Unbewußten alle Zeit der Welt zu gönnen, damit jene Erkundungen geschehen können ... *erlauben Sie ihnen, sich zu entfalten* ... für zwei Minuten, die alle Zeit der Welt sein können, und meine Stimme kann schweigen, weil Sie zulassen können, daß jene Explorationen sich auf eine sehr natürliche Weise *entwickeln und integrieren*, ganz direkt und ab sofort, JETZT!!!

nen gilt, daß der Ericksonsche Hypnotherapeut es unterläßt, dem Klienten Strategien und Lösungen aufzuerlegen.

16) Die Person befand sich zwar noch immer in einer dissoziierten Trance, sie zeigte jedoch keinen der minimalen Hinweise wie z. B. eine vermehrte Durchblutung des Gesichts, subtile emotionale Äußerungsformen oder ein tatsächlich jüngeres Aussehen, die typischerweise hervorstechen, wenn ein Kindheitserlebnis zugänglich gemacht wird; aus diesem Grund erwähnte ich das Träumen. Mit mehr Zeit oder mit anderen Techniken des Zugänglichmachens von Kindheitserlebnissen hätte sich vielleicht eine Regression entwickeln lassen; da aber die Absicht einfach war, dem Individuum eine Gelegenheit zum Erleben einer tiefen Trance zu geben, bot ich statt dessen das Träumen als Wahlmöglichkeit an. Träume werden wie jedes hypnotische Phänomen als etwas Natürliches eingeführt, für das die Person bereits mehrere angenehme Beziehungsstrukturen ausgebildet hat, was bedeutet, daß sie leicht entwickelt, sicher erlebt und vorteilhaft genutzt werden können.
Der Zeitabschnitt von mehreren Minuten wird dann, zusammen mit allgemeinen Suggestionen einer Zeitverzerrung erwähnt, bevor der Hypnotiseur zwei Minuten lang schweigt, die Person

jedoch genau beobachtet und ihr dadurch ermöglicht, sich ganz in den Traum zu vertiefen.

17) (Nach zwei Minuten) So ist es gut ... lassen Sie sich einfach in die Mitte von Nirgendwo hinuntergleiten, sehr bequem und sehr leicht ... und *lassen Sie sich einfach treiben*, erlauben Sie sich, die Gelegenheit beim Schopf zu packen, *sich selbst mit ganzer Wertschätzung zu begegnen* ... nicht für das, was Sie getan haben, oder für das, was Sie noch tun werden, sondern für das, was Sie sind ... dieser unglaublich einzigartige Wesenskern des Selbst, der Sie sind ... dieser Wesenskern, der Sie erleben läßt, daß *Sie wirklich okay sind*, einfach so, wie Sie sind ... Sie haben die Fähigkeit, sich auf vielerlei Weise selbst zu unterstützen, *sich zu lieben*, und für sich selbst zu sorgen ...

17) Nach der Traumperiode wird die Person zur Mitte von Nirgendwo zurückgeleitet und erhält die Gelegenheit, sich selbst einfach wertzuschätzen. Beachten Sie, wie diese Dissoziation dazu benutzt wird, die Fähigkeit zum Erleben eines Tiefen-Selbst hervorzuheben, das unabhängig ist von spezifischen Verhaltensweisen oder anderen Inhalten. Diese Erfahrung von Wertschätzung seinerselbst enthält ein ungeheures Potential zur Förderung persönlicher Wachstumsprozesse.

18) ... und Sie können wirklich erkennen, daß Ihr Unbewußtes der beste Freund ist, den Sie haben ... Es verläßt Sie nie ... es ist immer verfügbar, um Sie zu unterstützen, wenn Sie es einfach *anerkennen und wertschätzen* und ihm erlauben, mit Ihnen zu sein . .. und Sie können *Ihre unbewußten Ressourcen auf viele verschiedene Weisen nutzen* ... Zum Beispiel können Sie diese Explorationen in Ihren Träumen alle fortsetzen und Ihrem Unbewußten erlauben, diese und andere Lernerfahrungen alle voll zu integrieren

18) Es wird eine Reihe weiterer allgemeiner Suggestionen angeboten, und betont, daß das Unbewußte ein mächtiger Verbündeter ist, eine Idee, die ich in praktisch jede Tranceinduktion einstreue. Die Fähigkeit des Unbewußten, bedeutsame Erfahrungen zu erzeugen, wird dann ohne Festlegung auf bestimmte Inhalte verallgemeinert. Es folgen allgemeine posthypnotische Suggestionen, die auf eine kontinuierliche Integration der Tranceexplorationen und anderer Erlebnisse der Person wäh-

... Ich weiß wirklich nicht, ob es der zweite Traum oder der vierte Traum oder der dritte oder eine Kombination aus diesen oder eine andere Kombination sein wird . . Ich weiß nur, daß Ihr Unbewußtes Ihre Träume benutzen kann, um jene Aspekte Ihres Lebens, die für Sie wichtig sind, in eine geeignete Perspektive, den richtigen Fokus zu rücken ... Sie können Ihrem Unbewußten in einer Vielfalt von Situationen trauen ... sei es bei der Kommunikation, sei es bei der Bearbeitung eines Problems oder nachts, wenn Sie schlafen, wenn Sie mit Freunden sprechen, wenn Sie in Trance sind, schlafen oder sich im Wachzustand befinden, Ihr Unbewußtes, das Lagerhaus für Gefäße, in welchen es Erfahrungswissen bereithält, kann Ihnen die Ressourcen anbieten ... weil Ihr Unbewußtes Ihr Verbündeter ist, ein Verbündeter, der Sie immer begleitet ...

19) Deshalb gönnen Sie sich einfach ein paar Minuten für die Wertschätzung Ihres Selbst, um sich wissen zu lassen, daß Sie wirklich ein fähiger Mensch sind, der sich selbst und anderen mit Integrität, Liebe und Aufrichtigkeit begegnen kann ... Und Sie sollen wissen, daß Sie in der Zukunft jederzeit in diesen Zustand zurückkehren können, wenn Sie es wünschen ... wenn Sie diese Stimme hören ... oder wenn Sie ganz allein sind und eine Trance

rend ihrer nächtlichen Träume zielen, und es schließt sich die Frage an, welcher Traum es sein wird, eine Frage, die voraussetzt, daß es zu wenigstens einem Traum kommt. Zum Schluß wird die Fähigkeit des Unbewußten zur vielfältigen Unterstützung des Selbst auf alle Situationen verallgemeinert.

19) Die Suggestionen der Wertschätzung des Selbst werden fortgesetzt. Darüber hinaus wird die Trance im Hypnotiseur („wenn Sie diese Stimme hören") und in der Versuchsperson („wenn Sie alleine sind und ...") geankert. Solche Anker entstehen oft ohne explizite Verbalisierungen; die meisten Klienten z. B., mit denen ich arbeite, reagieren auf den ungewöhnlichen Tonfall und die Mimik meines Gesichtes, wenn ich daran interessiert bin,

erleben möchten, dann können Sie sich an diese Erfahrung erinnern und zulassen, daß sie sich wiederbelebt, während Sie das tun ...

20) Und Sie können dieses Gefühl des Wohlbefindens und der Wertschätzung ihres Selbst ausdehnen und auf andere Aspekte Ihres Daseins übertragen ... Ich werde deshalb in einem Augenblick von 10 bis 1 zählen ... und wenn ich bei 1 angelangt bin, werden Sie ganz aus der Trance heraus sein und wohlig erfrischt und entspannt in diesen Raum zurückkehren und nur jene Erfahrungen und Erinnerungen mitbringen, von denen es angemessen ist, daß Sie sie jetzt bewußt wissen, und alles zurücklassen, was Sie zur Zeit besser Ihrem Unbewußten überlassen ...

20) Es wird nun suggeriert, daß das gegenwärtige Gefühl der Wertschätzung des eigenen Selbst auch in anderen Kontexten erfahrbar ist. Das liefert einen guten Übergang zurück zum Wachzustand. Ehe die Versuchsperson durch Zählen geweckt wird, eine Methode, die eine allmähliche daß sie eine Trance entwickeln. Reorientierung ermöglicht, erhält sie allgemeine und permissive Suggestionen für eine volle oder eine partielle Amnesie.

21) Und so beginne ich also zu zählen ... 10 ... 9 ... 8 ... 7 ... 6 ... 7 ... 8 ... 9 ... 10 ... 11 ... 12 ... 13 ... 14 ... 15 ... 16 ... 18 ... 19 ... 20 ... so ist es gut, direkt hinunter *JETZT!!* ... lassen Sie sich einfach einige Augenblicke lang *treiben* im Bewußtsein, daß *Ihr Unbewußtes wirklich unabhängig* von Ihren normalen Zwängen und Kontrollen wirksam sein kann ... 19 ... 18 ... 17 ... 16 ... 15 ... 14 ... 13 ... 12 ... 11 ... 10 ... 9 ... 8 ... 7 ... 6 ... 5 ... 4 ... 3 ... 2 ... 1 ... (die Versuchsperson öffnet die Augen).

21) Der Hypnotiseur benutzt nun die Technik des Rückwärtszählens, wobei die Richtung der Zählung plötzlich umgedreht wird. Da das Rückwärtszählen als ein Zurückkommen aus der Trance definiert wurde, ist das Vorwärtszählen implizit definiert als ein In-Trance-Gehen. Die Versuchsperson reagierte typisch: Sie begann zu erwachen, als die Zahlen kleiner wurden, und sah ziemlich erschreckt und verwirrt aus, als das Umgekehrte begann, um dann, als der Hypnotiseur zu einem tieferen Klang der Stimme

und zu einem tranceähnlicheren Verhalten überging, tief Atem zu holen und allen Anzeichen nach tief in Trance zu fallen. Bei der Zahl 20 wird die Trance durch kurze Verbalisierungen, besonders durch das Wort JETZT! vertieft, nachdem es davor bereits zweimal bei den Übergängen zu einer tiefen Trance benutzt und in der Vertiefung geankert worden war. Die hypnotische Reaktion der Versuchsperson wurde als eine direkte Demonstration der Autonomie des Unbewußten hervorgehoben. Die Zahlen wurden danach in umgekehrter Richtung aufgesagt und die Person aus der Trance herausgenommen. Der Prozeß des Rückwärtszählens ist im wesentlichen eine Konfusionstechnik, die sich besonders eignet, um Klienten in ihrem Erleben zu „überzeugen", daß sie sich in einem veränderten Zustand befunden haben und daß das Unbewußte tatsächlich autonom und unabhängig von einem bewußten Willensentschluß oder von einer bewußten Erwartung wirksam sein kann. Das entkräftet trancehemmende Zweifel, die viele Klienten, vor allem Neulinge haben, ob sie „wirklich" in Trance waren, und anstelle der Frage „War ich in Trance?" rückt die Frage „Was kann ich in Trance erleben und entwickeln?" in den Mittelpunkt des Interesses.

22) Hypnotiseur: Hallo!
Versuchsperson: Hallo. (verändert seine Haltung und reibt sich die Augen.)

22) Als die Versuchsperson ihre Augen öffnete, ging der Hypnotiseur zu einem schnelleren und mehr auf Unterhaltung ausgerichteten Verhalten über. Solch ein Wechsel hilft, die Kommunikationsmuster des Hypnotiseurs, die er während der Trance benutzte, an das Tranceerlebnis der Person zu binden, wodurch spätere Tranceinduktionen viel leichter werden. Außerdem ist das Wort „hallo" eine Begrüßung, welche anzeigt, daß etwas *beginnt* (der Wachzustand) und also etwas anderes zu Ende ist (die Trance). Zusammen mit der Tatsache, daß eine merkliche Veränderung des Äußerungsstils eines Sprechers den Hörer im allgemeinen auf den Sprecher hin orientiert, hat dies typischerweise die Wirkung, die Person schnell aus der Trance herauszuholen und gleichzeitig eine Amnesie zu fördern.

Unsere Versuchsperson hier veränderte ihre Körperhaltung und erwiderte den Gruß und zeigte damit an, daß sie sich aus der Trance reorientierte. Gelegentlich erwachen Klienten nicht sofort aus der Trance, was an einer allgemeinen motorischen Unbeweglichkeit abzulesen ist oder sich daran zeigt, daß die Augen weiterhin geschlossen sind. Im allgemeinen ist das ein Hinweis darauf, daß die Person zur Integration oder für weitere Explorationen noch ein wenig mehr Zeit benötigt. In solchen Fällen kann man dem Klienten dann direkte

Anweisungen geben, sich „einige Minuten Zeit zu nehmen, alle Zeit der Welt, um jene Explorationen abzuschließen, wissend, daß Sie später zu einer passenden Zeit und auf geeignete Weise zurückkehren können, um jene Integrationen fortzusetzen."
Zeigt der Klient eine Muskelspannung und eine unregelmäßige Atmung, dann sind noch weitere Interventionen nötig. Unter solchen Bedingungen muß der Therapeut zu der Person Kontakt herstellen (indem er sie z. B. beim Namen ruft, freundlich ihre Hand ergreift, Anweisungen für die Atmung gibt und wiederholt seine Gegenwart erwähnt). Die Notwendigkeit solcher Interventionen ist nicht völlig alltäglich, man sollte sie aber als Möglichkeit kennen, wenn man mit schwer dissoziierten Klienten zu tun hat. In solchen Fällen sollte bei weiteren Utilisationen das Schwergewicht auf kürzere Trancen und stärkere interpersonale Verbindungen mit dem Therapeuten gelegt werden.
Die Versuchsperson war von ihrer Tranceerfahrung, wie sie sagte, angenehm überrascht. Ihr Erleben und die verschiedenen Techniken, die während der Induktion zur Anwendung kamen, waren das Thema der anschließenden einstündigen Gruppendiskussion.

Dieses Transkript veranschaulicht, wie eine Ericksonsche Induktion vonstatten gehen könnte. Es wirft ein Licht auf wichtige Punkte, die es bei Induktionsprozessen zu beachten gilt, besonders die folgenden:

1. die Nutzbarmachung der Wirklichkeit des Klienten (Erlebnisse aus der Vergangenheit, gegenwärtige Reaktionen) als Grundlage der Induktion;
2. die Verwendung von Fragen zur Fesselung und Steuerung der Aufmerksamkeit;
3. die Verwendung von Demonstrationen am eigenen Erleben des Klienten zur Einführung und Entwicklung von Schlüsselideen;
4. die Nutzung realer sensorischer Erinnerungen, um eine Trance zugänglich zu machen;
5. der rhythmische Wechsel von der *spezifischen* Demonstration oder Geschichte (um eine erlebnishafte Beziehungsstruktur zu vermitteln) zum *Allgemeinen* (um eine Reaktion umzudeuten und/oder zu generalisieren) und dann wieder zurück zu etwas *Spezifischen* (um eine weitere Beziehungsstruktur hinzuzufügen oder zu einer neuen Reaktion hinzuleiten);
6. die fortschreitende und allmähliche Entwicklung jeder neuen Reaktion aus den oder der vorausgegangen;
7. die Verwendung von Konjunktionen, um alles mit einander zu verbinden;
8. der Gebrauch von Voraussetzungen, welche die Aufmerksamkeit mehr darauf lenken, *wie* etwas gemacht wird als darauf, *ob* es gemacht wird;
9. das häufige Einstreuen von Ideen im Hinblick auf die Trance als einem sicheren Lernkontext, in dem das Unbewußte autonom und intelligent wirksam sein kann;
10. die Auffassung von Trancephänomenen als natürliche Prozesse; die gelegentliche Stille, um die Person ihre eigenen Explorationen machen zu lassen;
11. die zeitweilige Veränderung des Ausdrucksstiles (z. B. schnell, um Konfusion zu erzeugen, langsamer werdend und freundlich, um Entspannung herbeizuführen, die Spannung steigernd und fokussiert für die Dissoziation);
12. der Einsatz von Konfusionstechniken, um die Beteiligung des Bewußtseins auszuschalten; und
13. der allgemeine und permissiv-direktive Stil des Hypnotiseurs.

Natürlich ist jede Induktion anders. Das Ausmaß an Konfusion z. B., das in der oben dokumentierten Induktion angewendet wurde, wäre bei vielen Personen unnötig oder unangemessen, wieder andere dagegen bräuchten für eine erfolgreiche Induktion noch mehr Konfusion.

Ein anderer Punkt, der stark variiert, ist die zeitliche Dauer der Trance. Viele Hypnoseneulinge z. B. sind nicht bereit oder fähig, sehr lange in Trance zu bleiben. Wenn ich mit solchen Individuen übe, benutze ich deshalb oft eine Variante der in Kapitel 5 beschriebenen *Refraktionierungstechnik*, wobei ein Zyklus von jeweils 5-10minütigen Perioden, in denen sich Trance und deren Besprechung abwechseln, mehrmals wiederholt wird, und die Trance wird bei jedem Mal ein wenig tiefer als zuvor.

Ein anderes Problem, das sich auf die Zeit bezieht, ist die Frage, wie lange eine Induktion dauern sollte. Um es zu wiederholen, rasche Induktionen funktionieren bei manchen Menschen, der therapeutische Wert solcher Trancen ist jedoch oft begrenzt. Wie in Kapitel 1 besprochen, beschreiben viele Personen ihre Trancen, die sich durch kurze Induktionen in autoritären und standardisierten Situationen entwickelt haben, im Vergleich zu Trancen, die im Rahmen von Ericksonschen Konversationsansätzen entstanden sind, als eindimensionaler, weniger tief und oft passiv (d. h. völlig vom Hypnotiseur gesteuert) oder von bewußter Anstrengung beherrscht (z. B. vom „Versuch, sich vorzustellen", was der Hypnotiseur suggeriert). Im Gegensatz dazu betonen Beschreibungen „Ericksonscher Trancen" oft Gefühle des Anerkanntseins und eines sicheren Ermutigtwerdens, ein inneres Selbst zu erkunden, sowie angenehme Überraschungen (z. B. die Erinnerung an ein längst vergessenes Kindheitserlebnis) und gesteigerte Gefühle der Selbstachtung, der Kompetenz und der Selbstannahme.

Kurz gesagt, direkte Induktionen schaffen eher eine Trance, die phänomenologisch als begrenzter und singulärer Zustand erlebt wird, den ein anderer (der Hypnotiseur) lenkt, während längere, auf einem Gespräch beruhende Induktionen oft eine Trance hervorbringen, die als allgemeiner Kontext für die Wertschätzung des Selbst und für Veränderung erfahren wird.

Damit soll nicht gesagt sein, daß beim Ericksonschen Ansatz kurze Induktionen nie Verwendung finden. Wie in Kapitel 5 besprochen, verbringe ich manchmal ein halbes Dutzend oder mehr Sitzungen damit, ein Individuum in Tranceerfahrungen zu üben, bevor ich spezielle therapeutische Probleme untersuche. Eine solche Übungsperiode macht den Klienten mit verschiedenen Tranceprozessen gründlich vertraut und erlaubt dem Hypnotiseur gleichzeitig, den erforderlichen Rapport und die spezifischen Anker herzustellen, die nötig sind, um eine mit vielen Möglichkeiten ausgestattete Trance rasch wieder zu induzieren. Danach können Induktionen kürzer sein und dadurch für eine gründliche Utilisation der Trance zu therapeutischen Zwecken genügend Zeit lassen.

Zum allgemeinen Thema praktischer klinischer Probleme gehören verschiedene vermischte Punkte, die ich hier erwähnen möchte. Erstens, denken Sie daran, daß eine Zeitverzögerung zwischen Suggestion und Reaktion von der Dauer einer Minute bis zu mehreren Sitzungen oft vorkommt, besonders bei komplexeren Reaktionen wie Dissoziationen oder Halluzinationen. Es ist deshalb klug, Suggestionen mit offenem Ausgang anzubieten (z. B. „Nehmen Sie sich alle Zeit der Welt, damit sich das voll entwickeln kann"), alle Möglichkeiten abzudecken (z. B. „Ich weiß nicht, ob es die linke oder die rechte Hand sein wird, die nach unten drückt oder sich nach oben hebt"), die Suggestionen vielleicht auf mehrere Arten neu zu formulieren und dann zu einem anderen Thema überzugehen. Dieser Wechsel lenkt alle möglicherweise störenden bewußten Prozesse ab und läßt auch mehr Zeit für die nötigen Anpassungen. Es ist als solches nicht selten, daß eine Reaktion erst eintritt, nachdem der Hypnotiseur aufgehört hat, direkt über sie zu sprechen.

Zweitens, achten Sie auf das Fließphänomen (Kapitel 2), bei dem die Tiefe der Trance fluktuiert. Dies ist ein Hauptgrund, weshalb der Ericksonsche Praktiker vor den verschiedenen Versionen der „tiefer, tiefer, tiefer"-Beschwörungen zurückschreckt, die traditionelle Induktionen beherrschen. Einfach ausgedrückt, Klienten, besonders Neulinge in Hypnose, folgen im allgemeinen einem solchen Vorgehen nicht; sie gehen vielleicht ein wenig in Trance, kommen wieder heraus, gehen wieder ein wenig mehr hinein usw. Der Hypnotiseur, der in Rapport zu bleiben wünscht, muß seine Kommunikationen solchen Fluktuationen anpassen, da Instruktionen zur Vertiefung, die dann erfolgen, wenn Klienten auf ein leichteres Tranceniveau gehen, es ihnen unmöglich machen, dort zu bleiben, wo der Hypnotiseur gerade ist. Dem gemäß beobachtet der Ericksonsche Praktiker die trancebezogenen minimalen Hinweise, die ständig von Klienten zum Ausdruck gebracht werden, genau und reagiert auf sie. Wenn die Trance der Person leichter zu werden scheint, kann der Hypnotiseur mit einem einfachen Pacing darauf eingehen (z. B. „So ist es gut ... es ist wirklich wichtig, eine Zeitlang heraufzukommen, sich auszuruhen und sich zu wundern, bevor man zurückwandert, hinunter in Trance"), mit Konfusion oder jeder anderen Technik, welche mit den gesteigerten Bewußtseinsprozessen der Person in geeigneter Weise umzugehen versteht. Umgekehrt braucht die Person, die tief in Trance versunken ist, keine Konfusion oder Bemerkungen über das Aufwachen aus der Trance.

Ein letzter Bereich, den es zu kommentieren gilt, betrifft den allmählichen Orientierungswechsel von außen nach innen, den die meisten Induktionsstrategien im Klienten bewirken. Das Flußdiagramm einer üblichen Sequenz erscheint weiter unten. In einer solchen Sequenz begründen Kommunikationen, welche die Person nach außen orientieren, anfangs ein erfolgreiches Pacing, sie werden jedoch kontraproduktiv, sobald eine innere Absorbiertheit erreicht ist. Viele Personen, die sich in Trance befinden, erleben eine unerwartete Berührung als eine unharmonische Unterbrechung ihrer inneren Erfahrung und außerdem als gravierende Verletzung eines impliziten Vertrauens. Körperlicher Kontakt sollte daher sparsam verwendet werden (z. B. während irgendwelcher Handlevitationstechniken), und sonst nur, nachdem der Hypnotiseur die Person informiert hat, was geschehen soll. Die Verbalisierungen und Bewegungen ihrerseits sollten entsprechend auf ein Minimum beschränkt bleiben, da sie im allgemeinen eine Orientierung nach außen fördern.

PACING UND LEADING VERSCHIEDENER ÄUSSERER
STIMULI
(was immer dem Klienten bewußt ist)

↓

LEADING ZUR FIXIERUNG EINES ÄUSSEREN STIMULUS
(z. B. der Hypnotiseur)

↓

EINBEZIEHUNG VON BEMERKUNGEN ÜBER DAS
PERZEPTIVE
ERLEBEN DES KLIENTEN
(z. B. visuelle Veränderungen, kinästhetische Gefühle, oder Modalitäten, die innere und äußere Wirklichkeiten miteinander verbinden)

↓

WACHSENDE HINWENDUNG ZUR INNEREN WELT DES
KLIENTEN
(z. B. Bilder, Erinnerungen)

Natürlich kann es geschehen, daß die Person sich während einer Trance an irgendeinem Punkt von neuem nach außen orientiert, z. B. wenn sie durch das laute Geräusch eines klingelnden Telefons oder eines fehlzündenden Autos gestört wird, oder wenn sie sich körperlich unwohl oder emotional unsicher fühlt. Man kann dies, je nach dem Ausmaß der Reorientierung auf verschiedene Weise nutzen. Wenn die Person sich völlig zu reorientieren scheint und vielleicht sogar die Augen öffnet, dann könnte der Hypnotiseur weitere hypnotische Kommunikationen aufschieben und davon ausgehen und dem Klienten mitteilen, daß ein Aufwachen aus der Trance ganz und gar angemessen war, und schließlich im Gespräch mit dem Klienten oder der Klientin zu entscheiden versuchen, ob noch einmal eine Trance herbeigeführt werden sollte oder nicht. Im häufiger eintretenden Fall, wo die Reorientierung nur partiell oder ambivalent ist, ist ein *allgemeines* oder *indirektes* Pacing der äußeren Stimuli angemessener. Die Person z. B., welche die Haltung ihres Kopfes leicht korrigiert, könnte man anweisen:

> ... lassen Sie wirklich das Unbewußte alle Anpassungen durchführen, die nötig sind, um eine Trance zu erleben ... denn Sie können wirklich kopfüber in einen veränderten tröstlichen und sicheren Zustand gelangen ...

Auf ähnliche Weise läßt sich ein klingelndes Telefon wie folgt im Pacing spiegeln:

> ... und was bedeutet es, Ihrem Unbewußten zu erlauben, daß es eine wichtige Botschaft ins Gedächtnis ruft? ... Was bedeutet es, wenn man unerwartete Kommunikationen erhält und auf sie mit noch größerer unbewußter Absorbiertheit reagiert ... weil Ihr Unbewußtes sich wirklich jenen Dingen zuwenden kann, die Ihnen ermöglichen, sich immer mehr von jenen sich entfaltenden hypnotischen Wirklichkeiten betreffen zu lassen ...?

Diese Art des Pacing baut die potentiellen Unterbrechungen so in das Tranceerlebnis ein, daß die Personen dadurch nicht abgelenkt werden, die so sehr in die Trance vertieft sind, daß sie die betreffenden Stimuli nicht bemerkt haben.

DIE ANWENDUNG AUF SPEZIELLE FÄLLE

Tranceinduktionen haben eine allgemeine Struktur und eine Reihe von Inhalten, die mit ihnen verknüpft sind, das gilt auch für die adaptiven Erickson'schen Induktionen. Sie werden generell mit der Absicht benutzt, eine Person, bei der man voraussetzt, daß sie sich in einem rationalen Funktionszustand befindet, in einen Trancezustand zu versetzen. Dabei werden meist Worte wie „das Unbewußte", „Trance", „tiefer" usw. in Anweisungen, die Dinge geschehen zu lassen, eingestreut. Bei bestimmten Personentypen und in bestimmten Situationen sind solche Kommunikationen unpassend und wirkungslos. Manchmal kann es z. B.

sein, daß die fragliche Person sich in Wirklichkeit schon in einem tranceähnlichen Zustand befindet und deshalb für Kommunikationen unempfänglich ist, die einen rationalen Wachzustand voraussetzen. Oder aber der Inhalt einer Induktion paßt einfach nicht zur gegebenen Situation. Was auch immer der Fall sein mag, Erickson'sche Prinzipien der Utilisation können auch dann noch erfolgreich angewendet werden, allerdings in einer modifizierten Form. Dieser Abschnitt gibt einen Überblick über einige dieser Anwendungen in speziellen Fällen.

Kinder

Kinder und Jugendliche werden im allgemeinen nicht von den Rationalisierungen beherrscht, welche das Erleben vieler Erwachsener überschwemmen; es ist so, daß die meisten Kinder in Phantasiewelten ziemlich frei aus- und eingehen. Deshalb verzichtet man bei einem Kind am besten auf formale Induktionen, wenn man möchte, daß es eine Trance entwickelt. Statt dessen ist es leichter, Kinder in Trance zu versetzen, indem man auf natürliche Weise ihre Aufmerksamkeit fesselt und dann ihre Gegebenheiten nutzbar macht - beispielsweise durch konkurrierende Herausforderungen, durch Phantasie oder imaginative Gestalten. Wie Erickson (1958) bemerkte:

> Kinder haben ein dringendes Bedürfnis zu lernen und zu entdecken ... Der begrenzte Erfahrungshintergrund des Kindes, der Hunger nach neuen Erlebnissen und die Offenheit, Neues zu lernen, machen das Kind zu einem guten hypnotischen Medium. Es ist bereit, neue Ideen zu empfangen und genießt es, auf sie zu reagieren; dazu muß man jene Ideen nur auf eine Weise darbieten, die für das Kind verständlich ist ... Man muß ... in erster Linie *mit* dem Kind und nicht *am* Kind arbeiten. Der Erwachsene kann eine passive Teilnahme besser begreifen ... Man sollte nicht auf das Kind einreden, sondern vielmehr die Sprache, Begriffe, Ideen und Wortbilder, die für das Kind bedeutsam sind, im Sinne seiner eigenen Lernerfahrungen nutzen ... Das Kind muß als denkendes, fühlendes Geschöpf respektiert werden, das über die Fähigkeit verfügt, Ideen und Auffassungen zu formulieren und sie in die Gesamtheit seines Erfahrungsverständnisses zu integrieren; aber es muß dies im Einklang mit den aktuellen Funktionsprozessen tun, die es selbst besitzt. Kein Erwachsener kann ihm das abnehmen, und jede Annäherung an das Kind muß im Bewußtsein dieser Tatsache geschehen (Rossi 1980d,: S. 174-176).

Die Vielfalt der Möglichkeiten läßt sich an Beispielen aus der Arbeit mit Kindern dreier Altersstufen zeigen. Das erste Beispiel ergab sich, als mein Kollege Paul Carter und ich während einer Workshop-Reise durch den mittleren Westen einen Abend im Haus eines Freundes verbrachten. Unser Freund war der stolze Vater eines reizenden zweijährigen Mädchens, das wir Ginny nennen. Das Kleinkind war so bezaubernd, wenn es seine Eltern jeden Morgen während der frühesten Stunden weckte, daß sie sich machtlos fühlten, dagegen zu protestieren. Der in Trance versetzte, doch seines Schlafes beraubte Vater bekam unglücklicherweise immer tiefere Ränder unter den Augen und wurde in seiner Arbeit immer unproduktiver, und er begann sich schließlich laut zu fragen, wie lange das noch so weitergehen könne.

Um zu sehen, was wir tun könnten, verbrachten Paul und ich nach dem Abendessen einige Zeit mit Ginny und ihrem Vater im Zimmer des Kindes. Als „Dad" und ich unsere müden Knochen in der Ecke ausruhten, fesselte Paul Ginnys Aufmerksamkeit, indem er sie über die vielen verschiedenen Puppen und Stofftiere ausfragte, die im ganzen Zimmer verstreut waren. Nachdem das Kind davon müde war, fesselte Paul von Neuem ihre Aufmerksamkeit, indem er ihr in die Augen sah und dabei sanft ihren Bauch streichelte. Gleichzeitig sprach er beruhigend in der im folgenden paraphrasierten Art:

> Ginny, du bist so groß geworden, seitdem ich dich zuletzt gesehen habe ... du wächst jetzt so sehr ... du bist kein Baby mehr, nicht wahr? ... du bist jetzt ein kleines Kind ... und du machst so viele neue Dinge ... deine Fähigkeit zu laufen beginnt zu wachsen, deine Fähigkeit zu sprechen wächst ... deine Zehen wachsen ... schau, wie groß sie geworden sind ... und auch deine Füße wachsen ... und deine Beine wachsen, nicht wahr? ... ja, sie wachsen auch, und so schön ... und deine Arme wachsen ... dein Kopf wächst ... dein Bauch wächst ... dein Mund wächst ... und du ißt keine Babynahrung mehr, oder? ... natürlich nicht, du ißt das, was auch die Erwachsenen essen ... das ist so, weil du nicht länger ein Baby bist ... du wächst, wächst auf so vielfältige Weise ... und du wirst weiter wachsen, Ginny ... du wirst größer und größer, so wie deine Mammi ... und du kannst immer mehr wie eine Erwachsene sein ... du beginnst zu essen wie eine Erwachsene ... du beginnst zu sprechen wie eine Erwachsene ... und du kannst anfangen, immer mehr wie eine erwachsene zu schlafen, Ginny ... tief schlafen die Nacht hindurch und wissen, daß dein kleiner Körper größer wird ... und du ißt gern ... und du kannst auch den Schlaf genießen, Ginny, zu schlafen, bis Daddy und Mammi aufstehen ... einfach wie eine Erwachsene schlafen ... (Die Induktion wurde noch mehrere Minuten in dieser Art fortgesetzt.)

Während Paul dieses Thema des „Wachsens und Werdens" sorgfältig ausführte, „wurde" eine völlig absorbierte und kataleptische Ginny immer schläfriger. Als sie ihre Augen schloß, verließen wir auf Zehenspitzen den Raum und ließen sie „weiterträumen".

Ginny erwachte am nächsten Morgen um acht Uhr, vier Stunden später als gewöhnlich. Mehrere Monate später teilte ihr beträchtlich frischerer Vater dankbar mit, daß spätere Aufwachzeiten immer üblicher würden.

Das zweite Beispiel ist ein Ausschnitt aus einem Fall, den Erickson (1962) berichtete[4]. Ein rebellischer, hyperaktiver achtjähriger Junge wurde von seiner verärgerten Mutter in Ericksons Behandlungszimmer gebracht. Der junge Joe erklärte herausfordernd, er könne jeden, auch Erickson, „niederstampfen" und schickte sich darauf an, dies zu demonstrieren, indem er seinen Fuß wütend auf den Boden krachen ließ. Erickson stimmte ruhig und gönnerhaft zu, daß das Stampfen für einen achtjährigen Jungen bemerkenswert stark gewesen sei, daß dieser es aber wahrscheinlich nicht sehr oft wiederholen könne. Der rechthaberische Junge behauptete zornig, er könne tausendmal aufstampfen, wenn er das wolle. Als Erickson laut daran zweifelte, daß „ein kleiner Junge" auch nur zu halb so viel in der Lage sei, gelobte der empörte Junge zu beweisen, daß Erickson sich irrte.

Erickson entließ die Mutter, woraufhin Joe mit seinem linken Fuß auf den Boden stampfte. Erickson tat so, als ob er erstaunt wäre und gab zu, daß er die Stärke des Jungen unterschätzt habe, äußerte aber schließlich Zweifel, daß eine solche Wildheit lange anhalten könne. Wie man hätte voraussagen können, wurde dies mit einer Reihe weiterer verachtungsvoller Fußtritte auf den Boden erwidert. Nach etwa 30 Wiederholungen erkannte der zunehmend müde Junge allmählich, daß er seine Fähigkeit aufzustampfen grob überschätzt hatte. Erickson machte daraufhin den großzügigen Vorschlag, er solle den Boden einfach nur tausendmal mit dem Fuß berühren, da er ja sicherlich nicht ruhig stehen könne, ohne sich hinsetzen zu wollen. Der verzweifelte Junge nahm diese indirekte Suggestion an, indem er unerbittlich seine Absicht kundtat, kerzengerade stehen zu bleiben. Er nahm eine steife aufrechte Haltung an, die prompt nutzbar gemacht wurde, um seine Aufmerksamkeit auf die Uhr auf dem Schreibtisch zu fixieren, insbesondere auf „den langsamen Gang des Minutenzeigers und die noch schleichendere Fortbewegung des Stundenzeigers, obwohl das Ticken doch so schnell schien" (in Rossi 1980b: S. 513; dt. in Haley, 1978 und 1988: S. 222). Nachdem Erickson diese hypnotischen Kommunikationen geäußert hatte, wandte er sich seinem Schreibtisch zu und widmete sich verschiedenen Aufgaben, während er den Jungen wie nebenbei im Auge behielt.

Joe fand es immer schwieriger, seine kataleptische Stellung beizubehalten. Nach einer halben Stunde stützte er sich mit seiner Hand auf die Lehne des Stuhles neben ihm ab, zog sie jedoch sofort zurück, wenn Erickson nachdenklich im Raum herumzuschauen schien. Nach einer weiteren Stunde, während der Erickson mehrmals das Zimmer kurz verließ, um es Joe zu ermöglichen, sich auszuruhen, forderte Erickson ihn auf, sich, wenn seine Mutter zurückkäme, genau an seine Anweisungen zu halten. Als die Mutter hereingerufen wurde, blickte sie verwundert auf ihren ruhigen und noch immer aufrecht stehenden Sohn. Erickson gab ihr ein Zeichen, sich ruhig zu verhalten und befahl Joe zu zeigen, wie mächtig er noch immer aufstampfen konnte. Der verblüffte Junge tat ihm den Gefallen, woraufhin er weiter angewiesen wurde, seine Fähigkeit zu zeigen, steif, kerzengerade und ruhig zu stehen. Erickson teilte daraufhin Mutter und Sohn mit, daß das Interview ein Geheimnis zwischen Erickson und Joe allein sei, und daß es „genüge", daß nur die beiden wüßten, was vorgegangen sei. Es zeigte sich, daß Joe sich an die Vereinbarung hielt. Joes Fehlverhalten reduzierte sich auf ein erträgliches und annehmbares Maß.

Diese Fallbeschreibung, die nur ein Teil der Therapie ist, die mit dem Jungen durchgeführt wurde, ist ein schönes Beispiel für die Anwendung von Prinzipien der Utilisation bei Kindern und Jugendlichen. Erickson wußte die Widerspenstigkeit des Jungen richtig einzuschätzen als Ausdruck des kindlichen Bedürfnisses, Grenzen der Macht, der Stärke und der Realität zu definieren. Er nutzte daher die Wirklichkeit des Jungen, um eine „Konfrontation mit der Realität" herbeizuführen, die ihm die „Identifikation einer sicheren Realität" ermöglichte. Erickson wandte dabei viele Prinzipien und Strategien der Induktion an:

1. die dominanten Reaktionen vollständig zu *akzeptieren*, um die Aufmerksamkeit zu fesseln;
2. das Verhalten durch Herausforderungen und „Polaritätsspiele" (d. h. das Hervorlocken einer Reaktion durch überzeugte Befürwortung des Gegenteils) zu *leiten* (Leading);
3. dominante Reaktionsmuster durch *Überladen* (das wiederholte Aufstampfen) *außer kraft zu setzen*;
4. die *Überladung* für die Fixierung der Aufmerksamkeit und für die Entwicklung einer Katalepsie *nutzbar zu machen* (das Stehen und auf die Uhr Starren);
5. ein *Reaktionspotential* durch Hemmung einer wünschenswerten Reaktion (sich hinsetzen) *zu bilden*;
6. das *Reaktionspotential nutzbar zu machen* durch die Ermöglichung der Reaktion ohne Gesichtsverlust für den Klienten (durch das Verlassen des Raumes);
7. therapeutisches *Reframing* (durch Anordnung des symptomatischen Verhaltens und dessen Verknüpfung mit der therapeutisch

entwickelten Reaktion einer schweigenden kataleptischen Fixierung therapeutische Kontrolle über das symptomatische Verhalten gewinnen;
8. die Veränderungen therapeutisch zu festigen (indem Erickson dem Jungen versicherte, daß es „genug" war, und daß die demütigende Erfahrung ein Geheimnis bleiben würde).

Die Abfolge der Manöver bewirkte auf eine günstige und förderliche Weise eine bleibende Veränderung.

Ein drittes Beispiel aus der Arbeit mit Kindern ist der Fall eines 16jährigen Jungen, der, von seinen Eltern unter Druck gesetzt, mich nur widerwillig wegen seiner Drogenabhängigkeit aufsuchte. Es gab mehrere Dinge, die er mit vielen amerikanischen Jugendlichen gemeinsam hatte: (1) eine in wachsendem Maß anspruchsvolle, doch bemerkenswert wenig rigide geistige Einstellung, die sie zu ausgezeichneten Trancemedien macht und (2) die rebellische und mißtrauische Haltung gegenüber dem „Establishment", die den Widerstand gegen Anweisungen von Autoritätspersonen fördert. Um die erstere nutzbar zu machen und die letztere zu umgehen, bediente ich mich der Slang-Sprache, um seine besten Hochgefühle im Drogenrausch mit den Hochgefühlen zu vergleichen, die ich während meiner Experimente mit veränderten Bewußtseinszuständen erlebt hatte, als ich selbst noch im Adoleszentenalter war. Während ich durch den Austausch dieser Gemeinsamkeiten einen sicheren Rapport herstellte, erwähnte ich gelegentlich meine Entdeckung, wie diese „wilden geistigen Trips" sich nutzen ließen, um alle Hochgefühle des Drogenrausches zu erzeugen, und zusätzlich „einige, die sogar noch viel weiter draußen liegen". Sein Interesse begann sich eindeutig zu regen, und ich fuhr fort, glücklich zu beschreiben, wie ich lernte, diese „geistigen Trips" zu nutzen, um die Stimme meiner Mutter auszublenden, wenn ich das wünschte, und „psychedelische Spin-outs" zu erzeugen, bei denen ich danach nicht „völlig fertig" war.

Nachdem ich aus dem Stehgreif murmelnd zu erzählen begonnen hatte, wie ich einigen Freunden beibrachte, dasselbe zu tun, wechselte ich bewußt das Thema, um ihm nicht einen Trip aufzuerlegen, sondern es ihm zu überlassen, mich zu fragen, ob auch er dasselbe lernen könnte. Als er genau das tat, räusperte ich mich nachdenklich, bevor ich dem unter der Bedingung zustimmte, daß er es nicht öfter als ein paar Mal täglich und nicht direkt hintereinander übt. Als ich ihm dann eine Selbsthypnose zu zeigen begann, ging er schnell vom Beobachten zur Teilnahme an der Tranceerfahrung über, und ich machte dies nutzbar, indem ich „tripartige" hypnotische Phänomene wie Wahrnehmungsverzerrungen, Zeitverzerrung und Dissoziation einführte. Ich betonte dann, „daß es dort, wo das herkam, noch viel mehr gibt", und führte ihn wieder aus der Trance heraus.

Während der nächsten Monate machte ich ihn scharf auf andere „hypnotische Hochgefühle" und begann gleichzeitig auch nach und nach zu thematisieren, wie diese hypnotischen Fähigkeiten sich direkt auf spezielle intra- und interpersonale Probleme und Herausforderungen anwenden lassen. Die Katamnese nach sechs Monaten zeigte, daß der Junge keine Drogen mehr nahm und zuhause und in der Schule auf zufriedenstellende Weise mit den Situationen umging.

Als Fazit läßt sich sagen: Diese drei Fälle sind Beispiele dafür, wie Ericksonsche Strategien sich oft ohne formale Induktionen auf Kinder und Jugendliche anwenden lassen. Es gibt natürlich noch viele andere Möglichkeiten, wie z. B. dramatisch vorgetragene metaphorische Geschichten oder Märchen, hypnotische Träume und ähnliche bildhafte Techniken (z. B. das Halluzinieren eines Fernsehprogrammes). Die lebhafte Imagination einer jungen Person kann auch durch äußere Requisiten nutzbar gemacht werden, wie z. B. „Rocky", die liebenswerte Waschbärpuppe, die meine Kollegin Deborah Ross verwendet, wenn sie mit hospitalisierten Kindern arbeitet. Ich beobachtete z. B. einmal, wie Deborah Ross zunächst einem bedrückten Kind, welches das Essen verweigerte, Auftrieb gab und dann seinen Appetit anregte, indem sie Rocky Leckerbissen vom Teller des Kindes „stehlen" ließ. Die grundlegende Strategie bei all diesen Techniken ist die, die verschiedenen Aspekte der rasch sich verändernden Wirklichkeit der jungen Person zu erkennen, sie zu respektieren und sie nutzbar zu machen. Der Therapeut, der wirklich bereit ist, das zu tun, wird entdecken, daß die meisten Kinder und Jugendlichen bemerkenswert begierig darauf sind, therapeutische Veränderungen zu entwickeln.

Psychotiker

Psychotiker sind im allgemeinen in zutiefst selbstabwertende Trancen versunken. Ihr Erleben wird überwiegend von klassischen hypnotischen Phänomenen beherrscht: Halluzinationen, Wahrnehmungsverzerrungen, Altersregressionen, Dissoziationen, Zeitverzerrung usw. Unglücklicherweise ist ihr Erleben jedoch weit weniger angenehm als die typische hypnotische Trance. Es ist sicher, daß die meisten diagnostizierten Psychotiker dank verdrehter unbewußter Prozesse ein entstelltes Dasein fristen und verzweifelt versuchen, sich einem möbiusartigen Geist zu widersetzen, der mit jeder Anstrengung, sich von ihm zu trennen, nur noch tyrannischer herrscht. Solche Menschen, die generell nicht bereit sind zu vertrauen und unfähig, sich zu konzentrieren, erweisen sich für traditionelle Induktionen als weitgehend unempfänglich, die verlangen, daß die psychotische Person aus ihrer quälenden Trance herauskommt, um in eine durch den Hypnotiseur suggerierte Trance zu gehen. Aus diesen und anderen Gründen ist es ganz allgemein unangemessen, bei Psychotikern hypnotische Induktionen anzuwenden.

Ericksonsche Prinzipien hypnnotischer Kommunikation können jedoch mit Sicherhetit therapeutisch angewendet werden. Die grundlegende Strategie ist folgende: (1) Erkennen, daß die Person sich in einem dissoziierten Trancezustand befindet, (2) Rapport gewinnen und dabei Informationen sammeln über die einzigartige Beschaffenheit dieses Trance-Zustandes, (3) die Wirklichkeit des Psychotikers vollständig akzeptieren und spiegeln (Pacing) und schließlich (4) allmählich zu anderen Seinsweisen hinführen. Mit anderen Worten, der Hypnotherapeut sagt sich: „Okay, vergiß die Induktion - sie ist nicht nötig, weil diese Person bereits in Trance ist. Um was für eine Trance handelt es sich? Wie wird sie von der Person empfunden? Wie kann ich sie akzeptieren und nutzbar machen?"

Ein klassisches Beispiel für diesen Strategietyp ist Ericksons (1965) Beschreibung seiner Arbeit mit dem Patienten eines psychiatrischen Krankenhauses, der unaufhörliche Ströme von Wortsalat hervorbrachte.[5] Die verstehbaren Aussagen, die der Patient gelegentlich machte, beschränkten sich auf „Guten Morgen", „Gute Nacht" und „Mein Name ist George". Wiederholte therapeutische Versuche, andere Reaktionen hervorzulocken, waren kläglich gescheitert. Als Erickson im sechsten Jahr von Georges Hospitalisierung zum Behandlungsteam stieß, studierte er aufmerksam Georges Verhaltensmuster. Nachdem er den Wortsalat aufgezeichnet und vergeblich versucht hatte, einen Sinn darin zu finden, schuf er einen ähnlichen Sprechstil, der jedoch mit Georges Wortsalat nicht identisch war. Im Verfolg einer therapeutischen Strategie setzte er sich anfangs schweigend neben George auf eine Bank. Nachdem er tagelang diese Taktik des Pacing angewendet hatte, ging er zum Leading über, indem er laut seinen Namen sagte und George dabei nicht ansah. Als er dies am nächsten Tag wiederholte und George diesmal ansah, stieß der Patient in seinem Wortsalat wütende Drohungen aus. Erickson hörte ihm höflich zu und konterte von Zeit zu Zeit mit einer ähnlichen Salve seines eigenen Wortsalats. Als ein verwirrter George schließlich in Schweigen verfiel, ging Erickson weg.

Dieses Muster des Austauschs setzte sich eine Zeitlang fort und eskalierte schließlich zu einer zwölfstündigen Sitzung, in der George vier Stunden lang Wortsalat servierte, auf den Erickson in derselben Länge und auf gleiche Art antwortete, und zwei weitere Stunden, die der erschöpfte, aber entschlossene Erickson auf dieselbe Art erwiderte. Am nächsten Tag unterbrach George Ericksons Wortsalat mit der Bitte, der Psychiater solle „vernünftig reden". Erickson erfüllte die Bitte und fragte George nach seinem Familiennamen, den dieser sofort nannte. Er dankte George und bot ihm einige weitere vernünftige Aussagen an, auf die er noch etwas Wortsalat folgen ließ. George antwortete auf ähnliche Weise.

Während des nächsten Jahres nutzte Erickson diesen Stil des Austauschs, um Georges gesamte Lebensgeschichte zu erfahren und eine erfolgreiche Therapie mit ihm durchzuführen. Die Wortsalat-Äußerungen reduzierten sich allmählich auf ein seltenes unverständliches Murmeln. George wurde aus dem Krankenhaus entlassen und fand eine Arbeit, die er, wie Erickson drei Jahre später erfuhr, beibehielt und gerne tat.

Dieser Fall ist ein glänzendes Beispiel dafür, wie Prinzipien der Tranceutilisation bei Psychotikern Anwendung finden können. Die Dissoziation des Patienten von der Gemeinschaft hätte alle formalen Induktionen, die anfangs versucht wurden, unwirksam gemacht. Erickson ging deshalb so vor, daß er den bereits bestehenden „dissoziierten Trancezustand" akzeptierte, in ihn eintrat und ihn dann nutzbar machte. Es ist wichtig zu erkennen, wie behutsam und ganz allmählich das geschah - die peinlich genauen Vorbereitungen, das ausgedehnte Pacing, das zunächst ganz klein geschriebene Leading usw. Um bei Personen, die so verwirrt und dissoziiert sind wie George, bleibende therapeutische Veränderungen zu begründen, bedarf es normalerweise einer extensiven Vorbereitungsarbeit. Zu ihr gehört es, daß man sowohl Zeit mit dem Klienten verbringt, um Rapport herzustellen und Information zu sammeln, als auch Zeit mit sich allein, um über die vielen Möglichkeiten nachzudenken, wie man mit der einzigartigen Situation des Klienten umgehen könnte.

Das soll aber nicht heißen, daß der Therapeut immer milde beginnen muß. Manchmal macht ein erfolgreicher erster Einleitungsschritt ein empörendes Verhalten nötig. Paul Carter und ich arbeiteten mit einem Psychotiker, der alle Psychiater auf seiner Station mit grob anstößigen Halluzinationen von toten Babies und Hot Dogs, die aus seinen Ohren kämen und anderen wirklich bizarren Vorstellungen terrorisierte. Über längere Zeit beobachteten wir ihn sorgfältig aus der Ferne, um festzustellen, wann und wie sich seine halluzinatorischen Episoden entwickelten. Als wir begannen ihn zu interviewen, schaute er wild um sich und fragte uns dann, ob wir die Halluzinationen sähen. Wir stimmten ihm tatsächlich zu und schauten dann wie verrückt in den Raum, ehe wir ihn fragten, ob er unsere Halluzinationen sähe. Wir führten das alles natürlich sorgfältig und dramatisch aus. Kurz gesagt, unsere Antwort verblüffte ihn verständlicherweise; immerhin war er es, der als verrückt galt, nicht wir. Er versuchte, mit mehr Halluzinationen zu kontern, die wir auch akzeptierten und dann führten, indem wir mehr von unseren eigenen einführten.

Nach einer Weile gestanden wir ihm enttäuscht, daß wir darum gebeten hatten, ihn zu sehen, weil wir gerne lernen wollten, besser zu halluzinieren und man uns gesagt hatte, daß er ein Experte auf diesem Gebiet sei. Aber, so betonten wir, da hat es offensichtlich einen Irrtum gegeben; denn immerhin hatten wir schon zehn gute Halluzinationen gehabt, während er nur drei mittelmäßige hatte. Und außerdem, fuhren wir fort, hatte der Kerl auf der nächsten Station ein halbes Dutzend, die zudem wesentlich vielfältiger waren.

Wie man sich denken kann, löste dies beim Patienten einen Zustand tiefer Verwirrung aus, den wir sofort nutzbar machten, indem wir ihm anboten, ihm beizubringen, wie er besser halluzinieren konnte. Er war damit einverstanden, und während der folgenden Monate zeigten wir ihm, wie er andere, tröstlichere Halluzinationen erzeugen und entspannter halluzinieren könne. Schritt für Schritt führten wir ihn von sehr furchterregenden und unkontrollierbaren halluzinatorischen Prozessen zu entspannteren und nützlicheren Arten von Halluzinationen und schließlich dazu, die Halluzinationen ganz aufzugeben. Sobald er eine Entscheidungsfreiheit über seine halluzinatorische Begabung erlangte, konnte er aus der zusätzlichen Therapie mit einem Psychiater seiner Station einen Nutzen ziehen.

Fassen wir zusammen: Psychotiker sind im allgemeinen in eine unangenehme „hypnotische Wirklichkeit" verstrickt, die sie für konventionelle Formen der Kommunikation unzugänglich macht. Erfolgreiche hypnotherapeutische Strategien müssen sich deshalb an diese einzigartigen Wirklichkeiten anpassen und sie nutzbar machen. Tranceinduktionen sind oft ungeeignet, besonders am Anfang, doch unorthodoxe Verfahren der Tranceutilisation, die einfühlsam angewendet werden, können bedeutsame Veränderungen anregen. Man sollte sich jedoch klarmachen, daß solche Veränderungen bestenfalls vorübergehend sind, wenn es nicht gelingt, eine intensive Beziehung zu entwickeln und aufrechtzuerhalten. Die Prinzipien werden daher angewendet mit einer Einschätzung der beträchtlichen Zeit und Mühe, die es ausnahmslos kostet, wenn man mit solchen Individuen eine erfolgreiche Therapie durchführen will.

Notfallsituationen

Kapitel 7 betonte, wie das plötzliche Eintreten eines unerwarteten und belastenden Ereignisses eine bewußte Informationsverarbeitung unterbricht und die Person in hohem Maß für Suggestionen empfänglich macht, welche die nachfolgende Unsicherheit vermindern. Das gilt besonders für natürliche Situationen, die mit einem beträchtlichen körperlichen oder seelischen Schmerz verbunden sind, wie z. B. Unfälle oder psychische Traumata. Da solche Situationen bereits die Funktion einer formalen Induktion erfüllen, können sofort Strategien der Tranceutilisation eingeführt werden.

Ein einfaches und amüsantes Beispiel dafür ereignete sich, als ich eine Freundin in ihrem Haus besuchte. Als ich meiner Gastgeberin in die Küche folgte, stieß sie mit einem Zeh - sie war barfuß - gegen ein vorstehendes Schränkchen. Ich konnte ahnen, was sie gleich tun würde und tat vorwegnehmend genau das - ich stieß einen lauten, schrillen Schmerzensschrei aus. Verblüfft und schockiert durch den Schrei erstarrte sie und sah mich verdutzt an, woraufhin ich rasch und dramatisch etwas sagte wie: „So ist es gut ... der Schmerz ist *hier*, und du bist *dort* ... du kannst atmen ... deshalb atme tief und setz' dich hier jetzt gleich bequem auf *den* Stuhl dort ... tief, Carol, und schließ' deine Augen und laß dein Unbewußtes dich in fragloses Staunen hüllen über dein wachsendes Wohlbefinden." Sie setzte sich und schloß ihre Augen, öffnete sie jedoch wieder, weil sie nach etwa 30 Sekunden in Lachen ausbrach, als sie erkannte, was gerade passiert war. Sie fing an, mich gutmütig zu schelten, daß ich sie „ausgetrickst" habe.

Wie man leicht erkennen kann, war die Strategie folgende: Ich nutzte den empfänglichen Augenblick zwischen der körperlichen Verletzung und der psychischen Reaktion darauf, um den antizipierten Schrei (und, damit eingeschlossen, den Schmerz) von der Freundin zu dissoziieren und auf mich zu projizieren. Die Verwirrung, die daraus entstand, nutzte ich zur Konsolidierung der Dissoziation, indem ich den Schmerz „*hier*" ansiedelte und sie „*dort*", und dann zu der unsicherheitsreduzierenden Reaktion hinführte, sich zu einer bequemen Trance hinzusetzen.

In anderen Situationen kann man eventuell ein direkteres Pacing und Leading benutzen. Erickson (1958) z. B. beschrieb eine Begebenheit, bei der sein damals dreijähriger Sohn Robert die Hintertreppe hinunterfiel[6]. Erickson versuchte nicht sofort, den schreienden Jungen aufzuheben, der stark aus dem Mund blutete und davon besprühst und mit heftigen Schmerzen ausgestreckt auf dem Straßenpflaster lag. Statt dessen wartete er, bis der Junge wieder Atem holte, um von neuem zu schreien, und bestätigte dann auf eine schlichte und mitfühlende Weise den „entsetzlichen" und „schrecklichen" Schmerz, den Robert erlitt. Indem Erickson dieses Verständnis der Situation zu erkennen gab, sicherte er sich Rapport und Aufmerksamkeit, die er dann festigte, indem er erklärte, daß es auch weiterhin wehtun würde. Er setzte das Pacing fort und formulierte laut den Wunsch des Jungen, daß der Schmerz nachlassen möge, dann ging er zum Leading über, indem er die *Möglichkeit (nicht* die Gewißheit) einräumte, daß der Schmerz in ein paar Minuten abnehmen werde. Als nächstes lenkte er Robert dadurch ab, daß er mit seiner Frau zusammen die „entsetzliche Menge" Blut auf dem Straßenpflaster untersuchte, bevor er bekanntmachte, daß es „gutes, rotes, starkes Blut" sei und vorschlug, daß man das Blut auf dem weißen Hintergrund des Waschbeckens im Badezimmer besser untersuchen könne. Zu diesem Zeitpunkt waren Absorbiertheit und Interesse für die Qualität des Blutes an die Stelle von Roberts Schmerz und Schreien getreten. Das wurde genutzt, um dem Jungen wiederholt zu zeigen, daß sein Blut so stark und rot sei, daß es das Wasser, das über sein Gesicht geschüttet wurde, rosa machen könne. Fragen, ob der Mund auch richtig blutete und anschwoll, folgten dann und wurden nach genauer Prüfung mit Ja beantwortet.

Die möglicherweise negative Reaktion auf den nächsten Schritt des Nähens wurde ins Pacing einbezogen, bevor Erickson Robert mit „Bedauern" zu verstehen gab, daß er wahrscheinlich nicht so viele Stiche bekommen werde, wie er schon zählen könne, oder so viele wie seine älteren Geschwister. Diese Fokussierung von Roberts Aufmerksamkeit auf das Zählen der Stiche diente indirekt dazu, Schmerzfreiheit zu gewährleisten. Robert war enttäuscht, als er „nur" sieben Stiche bekam, freute sich aber ein wenig, als der Arzt betonte, daß die Stiche von einer besseren Qualität seien als diejenigen, die er bei seinen Geschwistern gemacht habe, und daß sie wahrscheinlich eine W-förmige Narbe zurücklassen würden, ähnlich wie das W im Namen vom College seines Vaters.

Dieses Beispiel illustriert sehr schön, wie Krisensituationen oder Notfälle sofort nutzbar gemacht werden können. Der Schmerz und ähnliche Nöte des unglücklichen Opfers werden zuerst direkt, einfach und einfühlsam gespiegelt. Wenn der Therapeut Aufmerksamkeit und Rapport sichergestellt hat, kann er behutsam eine mögliche Schmerzlinderung in Aussicht stellen, *ohne dies jedoch zu sehr zu betonen.* Danach lenkt er die Aufmerksamkeit wieder auf einen anderen Aspekt der Situation, wodurch ein Nachlassen des Schmerzes möglich wird. Weitere Utilisationen stützen die Ablenkung und deuten die Situation gleichzeitig im Sinne eines positiven Reframing um.

Dieser allgemeine Ansatz ist natürlich je nach situativen oder persönlichen Bedürfnissen modifizierbar. Ich war z. B. als Träger des schwarzen Gürtels in den Disziplinen der Selbstverteidigung einmal Schiedsrichter bei einem Karatewettkampf zwischen dem Träger eines schwarzen und dem Träger eines braunen Gürtels aus meinem Club. Der

Träger des schwarzen Gürtels ließ einen wilden Schlag los, der den Träger des braunen Gürtels, der auf ihn zurannte, unbeabsichtigt traf und ihn zusammengekrümmt auf den Boden stürzen ließ. Ich lief schnell an die Seite des niedergestreckten Kämpfers, eines jungen Schwarzen, der dort lag und sich vor Schmerzen wand, weil er, wie sich dann herausstellte, einen Arm gebrochen hatte. Ich wählte einen sanften, einfühlsamen doch fesselnden Ton, in dem ich ungefähr folgendes sagte:

Kommunikationen

1) Verdammt, Ray, dich hat's bös' erwischt. Ich wette, dieses Ding tut höllisch weh. Darum ist es besser, wenn du tief atmest, Ray, atme ganz tief und sieh' mich an, weil du jetzt deinen Verstand brauchst, um etwas zu tun ... Du mußt auch weiteratmen, wie beim Stretching, du mußt weiteratmen und dem Schmerz überlassen, das Seine zu tun ... denn du weißt, daß Schmerz sich beim Stretching in Hitze verwandelt ... aber es dauert eine Weile ... darum atme einfach und laß die Hitze dich nehmen, wo sie will ...

Erläuterung

1) Der Schmerz wird zunächst gebürend ernst genommen, wodurch ein Rapport erleichtert wird. Das dient dazu, ein tiefes Atmen zu bewirken, das den Schmerz verteilt und gleichzeitig alle Angst mindert. Die kurze allgemeine Aussage über die Fähigkeit des Verstandes, „etwas zu tun", auf die sofort ein Themenwechsel folgt, pflanzt auf einer unbewußten Ebene unauffällig einen Samen für hypnotische Arbeit. Leading-Kommunikationen führen dann die Beziehungsstruktur des Stretching ein, das den meisten in der Kunst der Selbstverteidigung Geübten vertraut ist, wo man lernt, den anfänglichen Schmerz des Stretching in ein angenehmes (oder zumindest erträgliches) Erlebnis zu verwandeln (d. h. ihm eine neue Bedeutung zu geben), wie z. B. „die Hitze, die wie eine Welle durch den Körper geht". Der vorhandene Schmerz wird dadurch gespiegelt und danach mit impliziten Suggestionen zur Schmerzkontrolle geleitet.

2) ... Und sieh hierher zu mir, Mann, und schau auf meinen Gürtel, er ist schwarz, nicht wahr? ... und ich bin stolz auf ihn ... und Johns (seines Gegners) Gürtel ist auch schwarz, deshalb gibt es nichts, weswegen du ein schlechtes Gefühl haben oder dessen du dich schämen müßtes, weil schwarz für dich etwas ist, wovor du Respekt hast. Doch du mußt keinen Black-out haben[7], Ray, schau hier auf meinen Gürtel und denke daran, daß es in nicht zu ferner Zukunft auch für dich Zeit ist ... weil du wirklich hart trainierst, und wirklich hart arbeitest, *achte auf dich, körperlich und seelisch* ... du kannst denken, und du weist, daß das Seelische manchmal viel wichtiger ist ...

2) Oft ist es gut, nach Darbietung einer hypnotischen Suggestion die bewußte Aufmerksamkeit sofort abzulenken und dem Unbewußten dadurch die Möglichkeit zu geben, frei eine passende Reaktion zu entwickeln. Indem ich Rays Aufmerksamkeit auf meinen schwarzen Gürtel und damit auf eines seiner Hauptziele lenkte, habe ich neben der Aufmerksamkeit Respekt hervorgerufen und gleichzeitig eine zukunftsorientierte Vorstellung zugänglich gemacht; beide Reaktionen lenkten vom Schmerz ab. Indem ich den schwarzen Gürtel seines Gegners erwähnte, konnte ich ihn weiter ablenken und dabei jeglicher Verlegenheit, die er möglicherweise empfand, weil er „geschlagen" worden war, den Stachel nehmen. Den Stolz und die Zufriedenheit mit sich selbst, die Ray mit einem schwarzen Gürtel verband, nutzte ich dann, um sie subtil mit den unterstützenden Fähigkeiten zu überlappen, die er mit seiner persönlichen Identität verknüpfte. Weitere Komplimente im Hinblick auf seine Trainingsbemühungen und geistigen Fähigkeiten machten noch mehr Stolz (und daher weniger Schmerz) zugänglich und schufen implizit den positiven Kontext, der für ihn im Erwerb des schwarzen Gürtels bestand.

3) ... Wahrscheinlich tut es immer noch etwas weh, deshalb,

3) Ray verzog noch immer von Zeit zu Zeit das Gesicht vor

warum nicht *deine Augen schließen*, Ray, so ist es gut, schließ' sie leicht und bequem, ganz zu, und laß deinen Verstand beginnen, das Seine zu tun ... erlaube dir, darüber nachzudenken, wie es sein wird, wenn du deinen schwarzen Gürtel bekommst ... wie wirst du dich dann fühlen? ... wie wirst du dann aussehen? ... gönne es dir, dir das vorzustellen ... aller Schweiß, aller Schmerz, alle Hingabe werden jetzt vergangen sein, wenn du dieses Ziel erreichst.

Schmerz, doch er wurde etwas ruhiger, als er sich in zunehmendem Maß von meinen Kommunikationen fesseln ließ. Ich machte diesen empfänglichen Zustand nutzbar, um direkte Suggestionen für das Schließen der Augen anzubieten und darauf folgende allgemeine Anweisungen zu einer (von der Gegenwart) dissoziierten Vorstellungstätigkeit zu geben. Wiederum, der Schmerz wird in einen Zusammenhang gestellt („das Training für einen schwarzen Gürtel"), der es leichter macht, ihn zu akzeptieren und sich mit ihm auseinanderzusetzen. Im allgemeinen ist es nicht so schwierig, in Notfällen auf diese Weise rasch und vollständig zu einer zukunftsorientierten Phantasie überzuwechseln, weil die Person normalerweise zur Dissoziation äußerst motiviert ist.

Noch einige Minuten länger führte ich mit ähnlichen Aussagen aus, wie Ray diese tranceähnliche Wirklichkeit „in geeigneter Weise" aufrechterhalten könnte, als er zur Behandlung ins Krankenhaus gebracht wurde. Später berichtete er, wie „exzeptionell" es gewesen sei, „in diesen tripartigen Sphären aus- und einzugehen", um den Schmerz unter Kontrolle zu halten.

Die allgemeine Strategie, die bei Ray angewendet wurde, entspricht in ihrer Struktur der oben beschriebenen Strategie, die Erickson bei seinem Sohn verfolgte. Man sorgt durch ein direktes Pacing des Erlebens der Person zunächst für eine Fixierung der Aufmerksamkeit und ihre Empfänglichkeit, um dann Aspekte ihrer Identität zu nutzen - in Rays Fall seine Beziehungsstrukturen und Motivationen bezüglich der Selbstverteidigungsdisziplinen - um vom Schmerz zu dissoziieren und ihm schließlich eine neue Bedeutung zu geben. Die Unterschiede in den Details der beiden genannten Fälle (z. B. besondere Sätze oder Suggestionen) zeigen, wie diese allgemeine Strategie - die, nebenbei bemerkt, die allgemeine Strategie einer formalen Induktion ist - im konkreten Fall den einzigartigen Gegebenheiten der jeweiligen Person angepaßt wird. Der Praktiker beobachtet daher jede sich entfaltende Reaktion genau und macht sie nutzbar, ohne genau zu wissen, welcher Weg am besten zum erwünschten Zustand führt.

Gruppeninduktionen

Manchmal werde ich gefragt, ob die Betonung einer flexiblen Anpassung an die Einzigartigkeit einer jeden Person, die für den Ericksonschen Ansatz charakteristisch ist, dessen Anwendung auf Gruppen ausschließt. Die Antwort ist ein klares „Nein". Denn tatsächlich benutze ich Gruppenhypnose als ein hauptsächliches Werkzeug für die Ausbildung von Hypnotherapeuten, besonders in Workshops für Fortgeschrittene. Gruppenhypnose ist auch bei Gruppentherapien nützlich.

Gruppeninduktionen folgen denselben Grundsätzen wie die Induktionen von Einzelpersonen, wenn auch in etwas modifizierter Form. Ich spreche mindestens 15 Minuten lang über die Charakteristika der Hypnose und versuche, falsche Vorstellungen auszuräumen und dabei Trance als einen allgemeinen Kontext für die sichere Erforschung des Selbst vorzustellen. Ich betone, daß ich während der Induktion nur allgemein sprechen und niemanden auffordern werde zu reden, sich zu bewegen, schmerzliche Erlebnisse zu erkunden oder irgendetwas anderes zu tun, was möglicherweise belastend sein könnte. Ich erwähne die verschiedenen Grade und Stile von Tranceentwicklungen (z. B. das Fließphänomen) und hebe hervor, daß jede Person sich erlauben sollte, ihr eigenes Tranceniveau und ihren eigenen Stil zu finden und einfach zu erleben, was auch immer geschehen mag, ohne den Versuch, sofort wilde und dramatische Erfahrungen zu machen. Manchmal, besonders wenn die Gruppe ein wenig reserviert zu sein scheint, mache ich eine Demonstration, entweder anhand einer Selbsthypnose oder indem ich mit einem Medium arbeite, das dazu bereit und fähig ist.

Die erste Induktion in einer Gruppe halte ich normalerweise kurz und schlicht - z. B. gebe ich Anweisungen zu fünf Minuten Entspannung und nach innen gerichteter Konzentration, fünf Minuten für allgemeine Aussagen und Geschichten, die innere Suchprozesse hervorrufen sollen, fünf Minuten zur Wiederbelebung einer angenehmen Erinnerung und fünf Minuten für Suggestionen, die auf die Wertschätzung des Selbst zielen. Nach der Induktion bitte ich mit Nachdruck um Berichte, um die Verschiedenheit möglicher Reaktionen hervorzuheben und irgendwelche noch vorhandenen falschen Vorstellungen zu klären. Tiefere und längere Trancen können dann nach einem Maß, das sich für die Gruppe eignet, entwickelt werden. Die ersten zwei bis sechs Induktionen dieser Art können als Übungszeit benutzt werden, in der allgemeine und permissive Suggestionen dazu dienen, (1) die wichtigsten hypnotischen Phänomene einzuführen und (2) die Teilnehmer dazu zu bringen, Anker für die „Wertschätzung des Selbst" oder „Sicherheitsanker" zu entwikkeln (Kapitel 6), sowohl bei sich als auch beim Hypnotiseur. Weitere Induktionen stellen dann spezielle Veränderungsprozesse in den Mittelpunkt.

Der deutliche Vorteil einer Gruppeninduktion liegt darin, daß man durch sie Zeit und Geld sparen kann. Darüber hinaus erweitern die vielen verschiedenen Erfahrungen, welche die Gruppenteilnehmer berichten, die Ansicht der einzelnen Person, wie Trancen entwickelt und vorteilhaft genutzt werden können. Noch allgemeiner demonstrieren solche Berichte auf dramatische Weise, daß Menschen ganz verschieden denken und reagieren, und daß doch jeder Standpunkt gültig sein kann. Meiner Meinung nach ist die durch *das Erleben gewonnene* Erkenntnis dieser Tatsache entscheidend für das Vorankommen sowohl dessen, der sich zum Hypnotherapeuten ausbildet, als auch dessen, der sich als Klient in Psychotherapie begibt.

Ein möglicher Nachteil der Gruppeninduktion ist ein Verlust an Tiefe und Qualität der Trance, den manche Personen gegenüber einem individuellen Setting erleben. Vieles davon läßt sich auf individuelle Unterschiede zurückführen, d. h. darauf, daß eine kontinuierliche Nutzbarmachung der Reaktionen des Einzelnen in der Gruppensituation ausgeschlossen ist. Es gibt mehrere Möglichkeiten, wie sich dieses Problem zumindest teilweise umgehen läßt. Erstens, der Hypnotherapeut sollte allgemeiner als in der Einzelsituation sprechen, um sicher zu gehn, daß er alle Möglichkeiten abdeckt, während er Trancereaktionen voraussetzt. Suggestionen der Altersregression könnten z. B. die folgende Art von Bemerkungen enthalten:

> Und wie gut ist es zu wissen, daß Sie in ihrer Kindheit viele verschiedene Erfahrungen gemacht haben ... als Baby, als Kleinkind, als Schulkind bis in die Zeit Ihrer Adoleszenz ... und eine Trance ist so sicher, Sie können Ihrem Unbewußten wirklich erlauben, mit Ihnen angenehme, lang vergessene Erinnerungen zu teilen ... und so frage ich mich, und auch Sie können sich fragen, weil keiner von uns wirklich weiß, welche lang vergessene Erinnerung gerade wieder lebendig wird. Vielleicht ist es ein Erlebnis zu Hause, oder vielleicht auf dem Spielplatz oder in der Schule ... ich weiß es nicht und Sie wissen es nicht, aber Ihr Unbewußtes kann Sie angenehm überraschen ... vielleicht ein Erlebnis, vielleicht zwei oder mehr zuerst, vielleicht jetzt gerade keines ... Vielleicht werden Sie es zuerst sehen oder fühlen oder hören oder vielleicht sogar riechen, ehe

der ganze Rest der Erfahrung kommt ... Sie können Ihrem Unbewußten erlauben, in einem Maß und Tempo vorzugehen, die Ihnen als Individuum angemessen sind.

Zweitens, der Hypnotiseur, der eine Gruppeninduktion durchführt, kann den Prozeß der einzelnen Personen genau überprüfen und denjenigen, die bereits in Trance sind, allgemeine Suggestionen für erfreuliche hypnotische Erlebnisse geben, bevor er sich der Minderheit der Teilnehmer intensiver widmet, die Schwierigkeiten haben, eine Trance zu entwickeln. Eingebettete Suggestionen, Allgemeinplätze und schnelle Dissoziationstechniken, die alle im Fluß der Gruppeninduktion geäußert werden, sind bei diesen zuletzt genannten Individuen besonders erfolgreich. Drittens könnte man für die wenigen Personen, die für Gruppeninduktionen unempfänglich sind, besondere individuelle Sitzungen vereinbaren. Dieses spezielle Training braucht man am häufigsten bei Psychotherapieklienten, die besondere Sicherheiten und eine Anleitung benötigen, um ganz loslassen zu können und in Trance zu gehen.

Zum Schluß bleibt noch darauf hinzuweisen, daß die Reaktionsvariabilität über verschiedene Gruppen der Variabilität entspricht, die auch bei verschiedenen Individuen beobachtet wurde. Jede Gruppe hat ihren eigenen „Charakter", ihre eigenen Probleme, ihr eigenes Tempo und ihren eigenen Stil. Eine Hauptaufgabe des Hypnotiseurs besteht darin, für den Verlauf der jeweiligen Gruppe sensibel und empfänglich zu bleiben.

Zusammenfassung

Dieser Abschnitt gab einen Überblick über verschiedene Anwendungen der Ericksonschen Prinzipien und Strategien der Induktion. Hierbei war besonders wichtig, daß eine Induktion nicht aus einer Menge verbaler Beschwörungen bestehen sollte, die immerzu „Trance", „tiefer und tiefer", „entspannen" und andere Worte hervorheben, die man klassischerweise mit hypnotischen Erlebnissen in Verbindung bringt. Während solche Beschwörungen in den meisten Situationen, wo es darum geht, eine Trance zu entwickeln, hilfreich sein können, vor allem, wenn beide, der Hypnotiseur und der zu Hypnotisierende sich dabei wohlfühlen, können sie doch die Flexibilität und daraus folgend die Wirksamkeit der hypnotherapeutischen Befragung ungebührend einschränken. Der Ericksonsche Ansatz betrachtet hypnotische Induktionen als Interaktionssequenzen, welche die Aufmerksamkeit einer Person fesseln und sie in einen veränderten Bewußtseinszustand führen, der therapeutisch genutzt werden kann. In diesem allgemeinen Rahmen ist der kritische Faktor beim Induzieren der Trance nicht die Reaktionsbereitschaft der Person auf hypnotische Anweisungen, sondern vielmehr die Bereitschaft und die Fähigkeit des Hypnotiseurs, die Wirklichkeit der Person zu akzeptieren und nutzbar zu machen. Dazu bedarf es manchmal unorthodoxer Strategien und Kommunikationen; es verlangt ausnahmslos dauernde Flexibilität.

Wenn das alles sich auch so ausnimmt, als sei es furchtbar kompliziert zu verstehen - es ist in der Anwendung viel weniger kompliziert - dann sollte man doch betonen, daß die Dinge unermeßlich einfacher werden, wenn man sich klarmacht, daß diese natürliche Sichtweise der Trance tatsächlich eine Möglichkeit ist, therapeutische Veränderungen allgemein in Begriffe zu fassen. Mit anderen Worten, die meisten erfolgreichen Therapien enthalten eine Art von „Induktion", wobei der Klient von einem rigiden und begrenzten geistigen Bezugsrahmen zu einem offeneren und bereiteren Zustand (einer „Trance") geführt wird, in dem sich Veränderungen des Erlebens entwickeln können. Es ist deshalb nicht wesentlich, daß Therapeuten, die sich dafür interessieren, Erickson'sche Ansätze in ihre eigenen Ansätze und Praktiken zu integrieren, in Begriffen der förmlichen Hypnose denken. Es ist weit nützlicher, wenn sie zunächst erkennen, wie sie bei Klienten bereits auf natürliche Weise Trancezustände induzieren und nutzbar machen. Sie können dann prüfen, ob sie sich persönlich mit der „Trance"terminologie wohlfühlen und sich dann dementsprechend verhalten. Manche Kliniker entdecken, daß sie formale hypnotische Ansätze bevorzugen; andere finden andere Bezugsrahmen passender. Wie dem auch sei, die Erkenntnis, wie der Ericksonsche Bezugsrahmen andere Therapieansätze ergänzt, wird die eigenen Fähigkeiten als Kliniker vergrößern.

Der Umgang mit erfolglosen Induktionsversuchen

Was macht ein Therapeut, wenn es ihm offensichtlich durch eine Anzahl von Induktionen nicht gelungen ist, bei einer Person, die eine Trance wünscht, eine Trance zu induzieren? Kapitel 1 zeigte, daß die meisten traditionellen Hypnotiseure die Person als „unempfänglich" oder „abweisend" brandmarken würden, während Ericksonsche Praktiker davon ausgehen, daß die Erfahrung der Person nicht angemessen nutzbar gemacht wurde. Um diese letztgenannte Position fair einnehmen zu können, muß man zeigen, daß willige, doch früher unempfängliche Personen eine Trance erleben können. Damit diese Aufgabe gelingen kann, sollten zuerst sowohl die Prozesse des Hypnotiseurs als auch die des Klienten in der hypnotischen Interaktion klar beurteilt werden.

Dieser Abschnitt untersucht Fragen, die in dieser Hinsicht nützlich sind. Die Fragen, von denen sich viele inhaltlich überschneiden, beschäftigen sich mit Themen, die bereits diskutiert wurden. Sie lassen sich durch eine Kombination von direkter und indirekter Befragung des Klienten sowie durch Beobachtung, Intuition und Reflexion früherer Interaktionen beantworten.

Die erste Frage zielt auf die Möglichkeit, daß eine Trance eingetreten ist, ohne daß die Person dies erkannt hat:

1. Hat die Person ohne es zu wissen eine Trance erlebt? Wenn Klienten behaupten, keine Trance erlebt zu haben, dann trifft das zwar meist zu, es stimmt aber nicht immer. Manchmal hindern z. B. dramatische Vorurteile Personen daran, eine leichte Trance als solche zu erkennen. Es handelt sich dabei meist um Neulinge, die von landläufigen falschen Vorstellungen von Hypnose durchdrungen sind und das Ausbleiben bestimmter erwarteter Erlebnisse (z. B. Absencen, nicht Hören des Hypnotherapeuten, wilde quasi-religiöse Erfahrungen) als ein Ausbleiben der Trance interpretieren. Der Hypnotiseur könnte zuerst versuchen, diese falschen Vorstellungen zu besprechen und aufzuklären und dabei besonders hervorheben, daß (1) Trance eher ein Kontinuum erlebnismäßiger Beteiligung ist als ein „Alles-oder-Nichts"-Phänomen, (2) die meisten zum ersten Mal erlebten Trancen, die oft leicht sind, in mancher Hinsicht einem gewöhnlichen Bewußtseinszustand ähneln, sich in anderer Hinsicht jedoch von ihm unterscheiden (z. B. größere Mühelosigkeit und intensivere Wahrnehmung, siehe Kapitel 2 und 3) daß der beste Weg zur Entwicklung einer Trance darin liegt, vorgefaßte Meinungen und Erwartungen beiseite zu lassen und einfach anzunehmen, was immer sich entwickelt. Auf diese Besprechung könnte eine Induktion folgen, die „Überzeugungstechniken" enthält (z. B. Tunnelblick, ideomotorische Signale, Dissoziation, Zeitverzerrung), die der Person unmittelbar demonstrieren, daß sie sich in einem veränderten Zustand befindet.

Neben leichten Trancen, die aufgrund von falschen Vorstellungen unbemerkt bleiben, werden tiefe Trancen manchmal nicht erkannt, weil sie der Amnesie anheimfallen. Dies löst bei manchen Personen oft unnötige Angst aus, die beseitigt werden muß. Eine Ausbildungskandidatin in Hypnotherapie z. B., die für mehrere tiefe Trancen eine spontane Amnesie entwickelte, war in wachsendem Maß beunruhigt wegen dieser stundenlangen „Lücken" in ihrer Erfahrung. Eine andere Frau, eine Hypnotherapieklientin, die zum Schutz unbewußter Veränderungsprozesse vor bewußten Störungen hypnotische Amnesien erhielt, begann den therapeutischen Fortschritt in Frage zu stellen. Beide

Personen wurden daraufhin angewiesen, mit offenen Augen in einem Wachzustand zu bleiben, während ich mich auf ideomotorische Fingerreaktionen stützte (siehe Erickson, Rossi: 1981), um (1) das Unbewußte mitteilen zu lassen, ob sich bedeutsame Tranceerlebnisse ereignet haben und (2) eine subjektiv überzeugende hypnotische Reaktion hervorzulocken, die bewußt beobachtet und erinnert werden konnte. Dieses einfache Verfahren milderte die Bedenken und erlaubte dadurch die Wiederaufnahme von Lernerfahrungen in Trance.

Die nächsten fünf Fragen befassen sich mit der Bereitschaft der Person, eine Trance zu entwickeln.

2. Versteht die Person das Wesen der Hypnose falsch? Das kann sogar noch bei einer Person der Fall sein, die durch den Hypnotiseur richtig informiert worden ist. Ein Klient z. B. hatte zweimal erlebt, wie „Hypnose" von Bühnenhypnotiseuren demonstriert wurde. Die Tatsache, daß die Personen auf der Bühne in beiden Fällen dazu gebracht wurden, lächerlich auszusehen, entmutigte ihn sehr, diese Rolle zu übernehmen. Dementsprechend interpretierte er meine direkten Versuche, klinische Hypnose von der Bühnenhypnose zu unterscheiden, als Bemühungen, ihn „auszutricksen". Bei solchen Individuen ist es oft am besten, eine weitere Diskussion zugunsten einer unmittelbaren Demonstration mittels Selbsthypnose oder „Mein-Freund-John"Techniken aufzuschieben. Solche Techniken sind bereits indirekte Induktionen; sie liefern außerdem eine Beziehungsstruktur, die dazu dienen soll, die trancehemmenden falschen Vorstellungen von Hypnose zu ersetzen.

3. Erwartet die Person unangenehme Folgen? Manche Personen stellen nicht den möglichen Wert der Trance oder ihre eigene Fähigkeit zur Trance in Frage, sie zweifeln jedoch an ihrer psychischen Stabilität. Ein verwirrter Klient dachte z. B., er würde „auseinanderfallen" und ins Bodenlose stürzen, wenn er sich auch nur ein klein wenig entspannte; bei einer anderen Person waren die früheren Tranceerlebnisse von erschreckenden traumatischen Erinnerungen beherrscht. Verständlicherweise zögerten beide Personen, sich auf eine Trance einzulassen. Um eine solche mangelnde Bereitschaft zu verändern, muß der Therapeut meist langsam und einfühlsam vorgehen. Mehrere Sitzungen können nötig sein, einfach um Rapport zu entwickeln. Dann kann der Hypnotiseur Techniken anwenden, um herauszufinden, welches Wissen, welche Sicherheiten oder Erfahrungen der Klient brauchen würde, um eine Tranceentwicklung zuzulassen. Sobald die identifizierten Ressourcen für den späteren Gebrauch entwickelt und geankert sind (Kapitel 6), kann der Therapeut Gelegenheiten geben, durch irgendeine von vielen verschiedenen Methoden (Refraktionierung, dem Hypnotiseur bewußt vorenthaltene Information, oder durch die Vereinbarung eines Hinweises für die Tranceentwicklung) Trance als sicheren Kontext zu erkennen, usw.

4. Vertraut die Person mir? Trance, besonders eine therapeutische Trance, hat eine Öffnung für neue Seinsweisen zur Folge. Daher kann es nicht überraschen, daß viele Personen sich dagegen sträuben, bis sie dem Hypnotiseur vertrauen. Mangelndes Vertrauen ist manchmal auf zu wenige gemeinsame Interaktionen zwischen dem Hypnotiseur und dem Klienten zurückzuführen und läßt sich oft durch etwas gemeinsam verbrachte Zeit beheben. Oder es kann sich von früheren Erfahrungen herleiten, wie z. B. bei einer meiner Klientinnen, die von ihrem früheren Therapeuten sexuell verführt worden war, oder bei einem anderen Klienten, dessen elende Kindheit ihn „gelehrt" hatte, jedem zu mißtrauen. Solchen Individuen muß der Therapeut/die Therapeutin zuerst seine/ihre Integrität als Person und Kliniker/-in demonstrieren. Dazu sollte er/sie herausfinden, was der Klient braucht, um in der Beziehung Vertrauen erleben zu können, und jene Verhaltensmuster erkennen und spiegeln, die am wahrscheinlichsten dessen Mißtrauen hervorrufen. Zum Beispiel, sagen wir, der Therapeut stellt fest (durch Befragung, Beobachtung, Hören spontaner Berichte etc.), daß der Klient sofort jedem mißtraut, der vor freudigem Optimismus sprudelt. Das könnte respektiert werden, indem der Therapeut einfach davon Abstand nimmt, eine solche Haltung zu zeigen; oder indem er direkt bemerkt, daß der Klient ein „gebranntes Kind" sei und deshalb nicht alles glauben solle, bis er es seinem eigenen Maß und Stil entsprechend ausprobiert habe; oder durch zeitweilige „Polaritätsspiele" (Kapitel 7), bei denen der Therapeut pessimistischer als der Klient ist. Die einfühlsame Anwendung solcher Strategien kann eine mangelnde Bereitschaft in Kooperation verwandeln.

Eine andere mögliche Quelle des Mißtrauens sind die Äußerungen des Hypnotherapeuten, die unbemerkt Vorlieben, Werte oder Bedürfnisse des Klienten verletzen können. Manchmal ist dies die Folge mangelnder Information, so z. B., als eine meiner Klientinnen mir vorübergehend nicht mehr vertraute, weil ich es versäumte zu erkennen, wie ungewöhnlich freudlos ihre Kindheit war und Geschichten erzählte von den angenehmen Kindheitserlebnissen die „jeder" gehabt hat. Ein anderes Mal entsteht Mißtrauen durch ein Versehen, wenn z. B. ein Hypnotiseur einer sehr geübten Person gegenüber das Schließen der Augen betont, obwohl sie zuvor klar gesagt hatte, daß sie es vorziehe, in Trance die Augen offen zu lassen. Die negative Auswirkung des Mißtrauens auf die Bereitschaft der Person, sich auf eine Trance einzulassen, verpflichtet den Hypnotiseur (1) sich genügend Zeit zu nehmen, um die in Kapitel 5 besprochene Vorbereitungsphase auf die Trance (zur Sammlung von Information und Entwicklung des Rapport) abzuschließen, (2) das nonverbale Verhalten ständig im Hinblick auf Anzeichen von Mißtrauen (z. B. einen verminderten Rapport) genau zu beobachten, (3) Vertrauensthemen von Zeit zu Zeit direkt oder indirekt (durch Fragen, Geschichten oder ein offenes Gespräch) anzuschneiden und (4) sich ernsthaft und direkt zu entschuldigen, wenn er Werte oder Vorlieben der Person verletzt hat.

5. Erlebt die Person am Anfang der Trance irgendetwas Unangenehmes? Gelegentlich beginnt eine Person, eine Trance zu entwickeln und steigt dann plötzlich mit einem Widerwillen weiterzumachen aus. Am häufigsten kommt das bei Trancen vor, die rasch entstehen und manchmal unerwartete Veränderungen der Wahrnehmung oder des Empfindens hervorrufen, welche die Person erschrecken. Ein Klient z. B., der leicht eine Augenfixierung entwickelte, war verunsichert durch die daraus folgenden visuellen Verzerrungen (Tunnelblick und doppelte Bilder); eine Klientin erschrak, als sie entdeckte, daß sie sich nicht mehr bewegen konnte, als sie in Trance ging; eine dritte Person packte der Panik auslösende Gedanke, daß ihr Verstand völlig überwältigt werden könnte. Ein aufmerksamer Therapeut kann solche Erlebnisse leicht beobachten (sie sind zu erkennen an gestörten Rhythmen, Muskelkontraktionen usw.), und die Person ist normalerweise bereit, über das zu sprechen, was sich ereignet hat. Es ist daher im allgemeinen für den Therapeuten nicht zu schwierig, ein Verständnis für die Ängste zu gewinnen, welche die Trance stören, und entsprechend auf sie zu reagieren. Dazu bieten sich ihm verschiedene Möglichkeiten an: *Versicherungen*, daß die fraglichen Erlebnisse sicher und natürlich sind und häufig vorkommen; *spezielle Suggestionen* zur Anpassung des Verhaltens - wenn er z. B. die o.g. Person die sich über visuelle Verzerrungen beklagt, anweist, tief zu atmen und mit den Augen zu blinzeln, wenn sie wieder durch eine tunnelartige Verengung des Sehfeldes erstarrt; *Verlangsamung des Tempos der Induktion*, damit die Person nicht „hineinstürmt" und „unzentriert" wird; *Veränderung des Verhaltens* im Sinne eines Stiles, der den Klienten weniger überwältigt; und schließlich *das Zugänglichmachen und Verankern von Ressourcen*, die Gefühle der Sicherheit gewährleisten sollen.

6. Gibt es irgendwelche unbewußten Einwände? Hin und wieder hat eine Person einen Einwand gegen eine Tranceentwicklung, der ihrem bewußten Verstand oder dem Therapeuten nicht erkennbar ist. Man sollte dieser Möglichkeit nachgehen, besonders wenn andere Erklärungen eine anscheinend mangelnde Bereitschaft, eine Trance zu erleben, nicht begründen oder beheben konnten. Das kann man auf eine relativ direkte Weise tun, indem man z. B. ideomotorische Signale benutzt, um zu prüfen, ob unbewußte Einwände vorhanden sind, oder indem man Allgemeinplätze oder Metaphern als Techniken des „Im-Dunkeln-Fischens" benutzt (Kapitel 4 und 6).

Die nächsten vier Fragen betreffen die mögliche *Unfähigkeit* der Person, eine Trance zu entwickeln:

7. Braucht der Klient mehr Zeit? Manche Personen brauchen ziemlich viel Zeit, um die Fertigkeit der Tranceentwicklung zu erwerben. Aus diesem Grund betonte Kapitel 5 den Wert einer Übungsphase, die frei von Druck ist und bis zu sechs Sitzungen mit ausgedehnten Induktionen umfaßt. Therapeuten, denen es nicht gelingt, das Bedürfnis einer jeden Person zu respektieren, eine Trance nach ihrem eigenen Maß zu entwickeln, werden entdecken, daß ziemlich viele ihrer Klienten „abwehrend" und „unempfänglich" sind. Damit soll nicht gesagt sein, daß nicht auch andere Faktoren eine Rolle spielen; um sicher zu sein, sollte der Hypnotiseur zumindest kurz die anderen Fragen, die in diesem Abschnitt aufgelistet sind, erwägen. Solange die Situation jedoch nicht deutlich auf das Gegenteil verweist, ist eine ernste Besorgnis wegen einer Unfähigkeit zur Trance im allgemeinen nicht gerechtfertigt, bis genügend Zeit zur Verfügung gestellt wurde.

8. Versteht die Person ihre Rolle? Eine Person kann bereit, doch unfähig sein, eine Trance zu entwickeln, weil sie ihre Rolle als Hypnoseklient mißversteht und nicht weiß, wie sie sich verhalten soll. Ein neuer Klient wartete begierig und voll Spannung darauf, daß der Hypnotiseur eine dramatische Veränderung in seinem Bewußtsein „verursachen" würde; eine andere Person versuchte angestrengt, jede Suggestion sofort umzusetzen; eine dritte Person, die in traditioneller Hypnose ausgebildet war, dachte, daß eine Trance eintreten würde, wenn der Klient durch einen „ausgefuchsten" Hypnotiseur in einem subtilen „Krieg der klugen Köpfe" besiegt ist. In jedem dieser Fälle wurde die Trance, die der Klient wünschte, durch Versuche, ihr nachzuhelfen, blockiert. Da solche Bemühungen normalerweise gut gemeint sind, lassen sie sich im allgemeinen dadurch handhaben, daß man ihre Substitution durch eine geeignetere Reaktionsstrategie suggeriert.

9. Stören die bewußten Prozesse des Klienten? Dies ist fast ausnahmslos der Fall bei Personen, die Schwierigkeiten haben, eine Trance zu erleben. Methoden, um solche Störungen zu erkennen und nutzbar zu machen sind bereits ausführlich diskutiert worden, vor allem im vorangegangenen Kapitel. Allgemeine Strategien sind folgende: Klienten zu bitten, ihre Augen offen zu lassen, Langeweile, „Polaritätsspiele", Mein-Freund-John-Techniken, Metaphern, Dissoziation, Konfusion und Ablenkung.

10. Befindet sich die Person bereits in einem „dissoziierten Zustand"? Der vorherige Abschnitt beschrieb, wie manche Personen sich bereits in natürlichen, dissoziierten Trancezuständen befinden, die sie für förmliche Induktionen relativ unzugänglich machen. Es wurden auch Strategien besprochen, wie man in solchen Fällen vorgehen kann. Ein anderes Fragenbündel befaßt sich mit den Prozessen des Hypnotiseurs.

11. Welche allgemeinen Strategien habe ich benutzt? Ein guter erster Schritt zur Analyse früherer Mißerfolge bei der Induktion besteht darin, alle Techniken und Strategien, die man bisher beim Klienten angewandt hat, aufzulisten. Neben jedem aufgelisteten Item könnte der Hypnotherapeut in Kürze die allgemeine(n) Reaktion(en) notieren, die sie beim Klienten hervorgerufen haben. Das verschafft oft Einsichten, aus welchen Gründen die Dinge nicht so gut funktioniert haben wie erwartet. Ich bemerkte z. B. einmal, daß ich bei einer Klientin ungeheuer viel Konfusion eingesetzt hatte. Sie reagierte auf solche Techniken immer damit, daß sie anfing, über etwas anderes zu reden, was ich als zunehmende Störung durch das Bewußtsein deutete, die durch mehr und „bessere" Konfusionstechniken außer Kraft gesetzt werden mußte. Als ich darüber nachdachte, ging mir plötzlich auf, daß diese „Mehr-desselben"-Strategie vielleicht das Problem und nicht die Lösung war. Sicher war jedenfalls, daß der Wechsel zu einem weniger dominierenden und verwirrenden Ansatz einen stärkeren Rapport und in der Folge die Entwicklung einer Trance ermöglichte.

12. Welche allgemeinen Strategien habe ich nicht benutzt? Auf demselben Blatt, auf dem die Strategien stehen, die man ausprobiert hat, kann man auch diejenigen hinschreiben, die man noch nicht versucht hat. Wie schon bei der vorherigen Frage, so kommen einem auch hier oft Ideen, wie man bei einem Klienten effektiver vorgehen kann, wenn man die Items auf einer solchen Liste betrachtet. Das beobachtete Fehlen von Metaphern bei einem vernunftbetonten Klienten z. B. führte zu erfolgreichen Induktionen, die vor allem aus Geschichten bestanden (Kapitel 6); bei einer anderen Person, einer eher unsicheren Frau, die besondere Führung suchte, war die Erkenntnis der geringen Zahl direkter Suggestionen, die ich ihr bis dahin angeboten hatte, Anregung für eine wirksamere Induktion, welche die Einstreuung direkter Kommunikationen zur Tranceentwicklung miteinbezog.

13. Wie weiß ich, wann der Klient/die Klientin in Trance ist? Diese Frage zielt auf die Erkenntnis möglicher falscher Vorstellungen hinsichtlich der notwendigen Bedingungen einer Trance. Solche falschen Vorstellungen können den Hypnotherapeuten daran hindern, eine Trance wahrzunehmen und zu bestätigen. Dies führt meist zu Kommunikationen, die besagen, daß die Person noch nicht in Trance sei. Sie kann auf dieses ungewöhnlich mangelhafte Pacing damit reagieren, daß sie in Trance bleibt, den Rapport mit dem Therapeuten jedoch verliert, oder sie bekommt Zweifel, die weitere Tranceerfahrungen vereiteln.

Ein Psychiater z. B., der zu mir in Supervision kam, nahm irrtümlich an, daß (1) die hypnotisierte Person jeder Suggestion des Hypnotiseurs folgen würde und daß (2) die Dissoziation der Hand sich immer in Gestalt einer Handlevitation zeigte. Er war deshalb ziemlich erstaunt, als ein Klient, der offensichtlich in einer tiefen Trance war, auf Suggestionen der Handdissoziation mit einem extremen Schwerwerden der Hand reagierte. Die Folgerung des Psychiaters, daß der Klient nicht in Trance sei, machte die Dinge für ihn und für den Klienten schwierig. Nachdem man ihm demonstriert hatte, daß ein extremes Schwerwerden eine gültige dissoziative Reaktion ist, konnte er die Reaktionen seines Klienten in späteren Sitzungen bestätigen und nutzbar machen.

Entscheidend ist hier, daß es zwar allgemeine Charakteristika und Indikatoren der Trance gibt (Kapitel 2 und 4), daß diese aber nicht für den Eintritt einer Trance *wesentlich* sind. Anstatt sich zur Beurteilung, ob eine Trance vorhanden ist, auf starre Regeln zu verlassen (z. B. auf eine tiefe Entspannung oder die Suggestibilität), sollte der Hypnotiseur sensibel sein für die vielen verschiedenen Arten, in denen eine Trance entwickelt, erlebt und zum Ausdruck gebracht werden kann.

14. Welches sind die Verhaltensmuster des Klienten? Eine mißlungene Tranceinduktion ist fast ausnahmslos ein Zeichen für das Versäumnis, das Verhalten und Erleben der Person nutzbar zu machen. Der matt gesetzte Hypnotiseur könnte also die Verhaltensmuster des abweisenden Klienten aufschreiben, wie trivial oder unwichtig für die Trance sie auch erscheinen mögen. Mit anderen Worten, schreiben Sie auf, was immer Sie beim Klienten als wiederholtes Verhalten beobachten können,

z. B. Handbewegungen, oder wie er um sich schaut; wenn er nach jedem dritten oder vierten Satz immer sagt: „Sie wissen schon, was ich meine", oder wenn er den Kopf schüttelt. Eine kreative Betrachtung, wie diese Muster sich als Induktionsgrundlage nutzbar machen lassen, wird viele mögliche Induktionsstrategien hervorbringen, die für diese Person passend sind, wie die vielen Beispiele in diesem Buch zeigen.

15. Woran habe ich den Klienten gehindert? Wenn Hypnotiseure in den gewohnten alten Trott verfallen zu denken, daß eine Induktion in einer bestimmten Weise ablaufen müßte (z. B. begleitet von einer fortschreitenden Entspannung), dann verhindern sie bestimmte Verhaltensweisen und bestimmte geistig-seelische Prozesse - wie z. B. herumzulaufen oder die Dinge fortwährend in Frage zu stellen, sich äußeren Stimuli zuzuwenden, sich anzuspannen, die Augen offen zu lassen usw. Da die Utilisierung der vorherrschenden Muster einer Person im allgemeinen die beste Induktionsstrategie ist, kann es äußerst nützlich sein, alle jene Muster zu erkennen, die in ihrem Ausdruck behindert werden.

Ich supervidierte z. B. einen Fall, wo der Hypnotherapeut zunehmend frustriert war, weil seine Klientin im Verlauf hypnotherapeutischer Prozesse von Zeit zu Zeit immer wieder lachte. Er interpretierte ein solches Verhalten als Anzeichen von Befangenheit oder von Exhibitionismus, und er erklärte, daß eine Trance sich erst entwickeln könne, wenn das Lachen aufhörte. Als das nicht geschah, gab er auf und fragte mich, ob ich mich mit diesem offensichtlich abweisenden Individuum befassen könnte. Ich setzte mich mit der Klientin hin; sie war eine äußerst extravertierte Schauspielerin. Meine Beobachtungen wiesen deutlich darauf hin, daß sie während ihrer Lachsalven sehr vergnügt war und in hohem Maß innerlich absorbiert schien. Daher bemerkte ich heiter, daß es wirklich wichtig sei, sich in allen Situationen, besonders in hypnotischen, einen Sinn für Humor zu bewahren, und daß ihr Unbewußtes sie direkt in Trance lachen könne, wenn sie das wünsche. Gleichzeitig ergriff ich ihre Hände und hielt sie leicht fest, um zu gewährleisten, daß sie für ihr Erleben „Boden unter den Füßen" hatte. Kurz gesagt, diese einfachen Utilisationen ebneten den Weg für eine erfolgreiche Induktion. Sobald sie eine Trance entwickelte, streute ich neben Suggestionen für ein heiteres Lachen auch Anweisungen für die Entwicklung vielfältiger anderer emotionaler Zustände ein.

Bei einem ähnlichen Fall wurde ein Klient bei der leichtesten Tranceentwicklung am ganzen Körper von Juckreiz befallen. Er *mußte* sich einfach hier und dort und zuletzt überall kratzen. Ich versuchte zunächst, dieses wahrgenommene „Problem" mit Dissoziation, Ablenkung und Konfusion zu behandeln, aber es nutzte alles nichts. Schließlich dämmerte es mir: Ich hatte mich von der unbewußten Annahme blenden lassen, daß Trance eine körperliche Unbeweglichkeit verlange; das Jucken könnte und sollte eher als Ausgangspunkt für die Induktion akzeptiert werden. In der nächsten Sitzung stellte ich als erstes fest, daß ein Juckreiz von solchem Ausmaß nur während hypnotischer Kommunikationen auftrat. Daraufhin entschloß ich mich, im folgenden zu erklären, daß kreative unbewußte Prozesse und eine Tranceentwicklung sich auf vielfältige Weise äußern könnten, auch durch Jucken. Dies gab den Auftakt zu einer erfolgreichen Induktion, in deren Verlauf das Jucken akzeptiert, gefördert und (zu verschiedenen Körperteilen hin-) geleitet, abwechselnd intensiviert und wieder abgeschwächt und schließlich in verschiede Empfindungen verwandelt wurde (z. B. in „brennende[8] Neugier", vor Erwartung kribbelig sein, der Reiz des Vergnügens).

16. Welche Assoziationen sind der Person wertvoll? Diese Frage wurde in den Kapiteln 4 und 6 erörtert. Um es zu wiederholen, die Aktiva einer Person (wie z. B. Fertigkeiten, angenehme Erinnerungen, Leistungen usw.), wie trivial und unwichtig sie auch scheinen mögen, können genutzt werden, um die Aufmerksamkeit zu fesseln, Vertrauen zugänglich zu machen, wirksame Geschichten zu erfinden, die Motivation zu steigern, gewinnende Erklärungen und akzeptable Anweisungen zu liefern und einen geeigneten Rahmen für die Trance zu schaffen. Die Stärken einer Person herauszufinden, gewährt Einsicht in frühere Induktionsfehler und vermittelt Ideen für erfolgreiche zukünftige Induktionen.

17. Welche Assoziationen lehnt die Person ab? Kapitel 4 und 5 zeigten auch, wie die Schwächen einer Person (z. B. Probleme, Defizite, Ängste, mangelnde Fertigkeiten) generell auf dieselbe Weise wie ihre Stärken für eine Tranceentwicklung genutzt werden können.

18. Gibt es einen Teil der Person, den ich nicht akzeptieren kann oder akzeptieren will? In Kapitel 3 wurde erörtert, wie die unannehmbaren Erfahrungen des Therapeuten eine Kooperation mit ähnlichen Erfahrungen des Klienten ausschließen. Therapeuten haben deshalb die Pflicht, Aspekte des Klienten zu erkennen, die sie abwerten. Wie Kapitel 5 zeigte, kann man das z. B. tun, indem man auf klinische oder andere abschätzige Etiketten achtet, die man zur Beschreibung einiger Seinsweisen benutzt, die der Klient verbal oder durch sein Verhalten zum Ausdruck bringt.

ZUSAMMENFASSUNG

Dieses Kapitel untersuchte praktische Aspekte therapeutischer Tranceinduktionen. Der erste Abschnitt lieferte ein erläutertes Transkript, um zu zeigen, wie eine vollständige Induktion vor sich gehen könnte. Das Transkript diente als Grundlage für weitere Punkte, die im Kontext der klinischen Hypnose zu beachten sind, wie z. B. die Zeit, die zur Erzeugung wirksamer therapeutischer Trancezustände nötig ist. Der zweite Abschnitt gab einen Überblick über die Möglichkeiten einer nicht formalen, natürlichen Anwendung Ericksonscher Induktionsprinzipien bei Kindern, Psychotikern, in Notfällen und in Gruppen. Besonders hervorgehoben wurde die Nutzbarmachung vorhandener, wenngleich selbstschädigender Trancezustände, die viele Klienten bereits erleben. Der letzte Abschnitt formulierte Fragen, die der Hypnotherapeut sich stellen kann, um für Klienten, die Schwierigkeiten haben, eine Trance zu entwickeln, erfolgreiche Induktionsstrategien zu finden.

Epilog

In den acht Kapiteln dieses Buches haben wir viele verschiedene Ideen berührt. Die wichtigsten seien hier noch einmal zusammengefaßt:

1. Kooperation ist das Grundprinzip jeder tiefgreifenden Veränderung.
2. Der Ericksonsche Therapeut kooperiert mit einem Klienten oder einer Klientin, indem er sich der Art ihrer Wirklichkeitskonstruktion anschließt und dann dazu übergeht, das Spektrum der Erlebnismöglichkeiten im Rahmen dieser Wirklichkeit auszudehnen.
3. Hypnose ist ein Modell für die Konstruktion von Erlebniswirklichkeiten.
4. Hypnose kann definiert werden als eine das Erleben absorbierende Interaktionssequenz, die in einem veränderten Bewußtseinszustand gipfelt, in dem unbewußte Äußerungen sich ohne bewußte (analytische) Vermittlung entwickeln. Hypnose ist, mit anderen Worten, eine Beziehung, die eine Trance und Trancephänomene hervorruft.
5. Eine Trance kann, je nach dem Kontext, in dem sie sich ereignet, sowohl Grundlage von Problemen als auch von Lösungen sein.
6. Trance ist ein Erlebnisprozeß, der sich durch eine paradoxe Logik auszeichnet, so daß eine Person scheinbar widersprüchliche Zustände gleichzeitig erleben kann.
7. Innerhalb der therapeutischen Beziehung wird eine Trance dadurch erzeugt, daß der Therapeut Prozesse in Gang setzt, die
    a) die erlebnisbezogene Aufmerksamkeit fesseln,
    b) fixierte begriffliche Orientierungen spiegeln und sie von ihrem starren Bezugsrahmen lösen und
    c) Tranceprozesse hervorrufen und ausdehnen. Dieser Induktionsvorgang ist insofern natürlich, als die meisten Techniken sich aus den „Techniken" ergeben, welche der Klient jeweils gerade selbst anwendet (z. B. Muster seines Selbstausdrucks).
8. Der Ericksonsche Therapeut ist ebensosehr ein Beobachter wie ein Teilnehmer. Deshalb haben Trancen, die im therapeutischen Kontext

entstehen, oft einen interpersonalen Charakter, so daß Therapeut und Klient jeweils „Teil des anderen und doch getrennt vom ihm" sind.
9. Das Unbewußte wird als produktive und kreative Größe respektiert. Der Therapeut oder die Therapeutin bemüht sich deshalb, seinem/ihrem Unbewußten zu trauen und es als Mittel zu nutzen, um den Klienten einzuladen und zu befähigen, im Hinblick auf dessen Bedürfnisse und Ziele dasselbe zu tun.

Um zu zeigen, wie diese Ideen sich auf den therapeutischen Kontext anwenden lassen, wurden in diesem Buch zahlreiche Techniken vorgestellt. Bezüglich dieser Techniken läßt sich eines mit Sicherheit sagen: Früher oder später werden sie überholt sein. Das heißt mit anderen Worten, daß ihre Bedeutung darin liegt, bei Therapeut und Klient gleichermaßen ein Entwicklungswachstum zu fördern. Wenn neue Verständnis- und Funktionsebenen erreicht werden, entstehen auch neue Herausforderungen, die neue Techniken verlangen. In dieser Hinsicht klingen die Worte T. S. Eliots treffend:

... verzehrt die Frucht der letzten Jahreszeit.
Das satte Tier schlägt aus zum leeren Eimer.
Vorigen Jahres Worte gehören zur vorjährigen Sprache,
Worte des nächsten Jahres harren einer anderen Stimme.

In diesem Sinne hoffe ich, daß Sie, der Leser oder die Leserin, die Ideen und Prinzipien schätzen, im Hinblick auf die Techniken jedoch flexibel bleiben. Man muß viel lernen, um das technische Handwerk der Hypnotherapie zu beherrschen, aber man muß noch viel mehr arbeiten, um einzusehen, daß die Techniken nur „Hinweise und Ratschläge" sind, Vorschläge von Möglichkeiten, die eine tiefere Lebendigkeit zum Ziel haben. Um es mit den unsterblichen Worten von Bruce Lee zu sagen, fixieren Sie sich nicht auf den Finger, der zum Mond zeigt, sonst verfehlen Sie den Mond.

Milton Erickson lenkte meine Aufmerksamkeit auf viele verschiedene Arten zum Mond hin. Es paßt daher gut, wenn ich den Schluß dieses Bandes abrunde, indem ich von einer Begegnung mit ihm berichte, die sich während einer Ausbildungssitzung zugetragen hat. Erickson kam auf das Thema des diagnostischen Scharfsinns zu sprechen und überreichte mir in diesem Zusammenhang einen Umschlag mit dem Brief einer Patientin. Er gab mir die Anweisung herauszufinden, welche Information darin erkennen lasse, daß die Patientin nicht die Wahrheit gesagt habe. Als ich an dieser Aufgabe kläglich scheiterte, erklärte

Erickson, die Patientin habe angekündigt, sie werde *„den letzten Zug von St. Louis"* nehmen, um ihn aufzusuchen. Erickson ergriff die Gelegenheit meines verwirrten Zustandes, um mir nachdrücklich und hypnotisch zu erklären: „Es gibt keinen letzten Zug von St. Louis. Es gibt keinen letzten Zug, von nirgendwo her. Es gibt immer noch die Möglichkeit eines anderen Zuges."

In den vergangenen zehn Jahren bin ich noch oft bei zahlreichen Gelegenheiten zu diesem verwirrten Zustand zurückgekehrt, in der Hoffnung, die Bedeutung jener scheinbar lächerlichen Aussage bewußt zu erkennen, die irgendwie tief in mir widerhallte. Seit kurzer Zeit dämmert es mir: Es gibt keinen letzten Zug.

Viel Glück!

Anmerkungen

1. Kapitel

1. Hervorhebung ergänzt.

2. In allen Beispielen und Transkripten dieses Buches wird Kursivdruck verwendet, um Worte und Sätze zu kennzeichnen, die man sich als in einem anderen (meist sanfteren und intensiveren) nonverbalen Stil geäußert vorzustellen hat. Der Wert dieser „eingebetteten Suggestionen" wird in Kapitel 5 untersucht.

3. Wiederum: Therapeutische Trance gewährt einen bezugsrahmenfreien Kontext, in dem eine Person Ereignisse erkunden kann, ohne mit einem bewertenden Raster, das eine Erfahrung als „gut" oder „schlecht" abstempelt, identifiziert und durch es festgelegt zu werden. Diese Variabilität im Hinblick auf das Erleben ermöglicht eine Neubeurteilung von Beziehungen im Einklang mit den gegenwärtigen Bedürfnissen des Selbst. Und, wie Erickson bemerkte (persönliche Mitteilung 1977), „ ... es ist genauso wichtig, zu wissen, was man nicht mag, wie zu wissen, was man mag."

4. Aus „The Bond of Power" von Joseph Chilton Pearce (1981), der auch im Besitz des Copyright ist.

5. Der Wortlaut der Übersetzung dieses Zitats wurde entnommen aus: Burkhard Peter (1988), Milton Ericksons Weg der Hypnose. In: Hypnose und Kognition Band 5: 2, 46-53, hier S. 49.

6. Gerade weil das Selbst unteilbar ist, ist es phänomenologischer Erfahrung nicht zugänglich, denn solche Erfahrung verlangt die Aufspaltung des Selbst in Subjekt (Wahrnehmender) und Objekt (Wahrgenommenes); in besonderen transpersonalen Zuständen wie Liebe und produktiver Trance kann das Selbst aber dennoch erahnt werden. Man sollte sich immer wieder ins Gedächtnis rufen, daß das Tiefen-Selbst ein ganz und gar fiktionaler Begriff ist, der auf ein unaussprechliches Selbst verweist. Andere Metaphern können und sollten benutzt werden, immer im Bewußtsein, daß es „das, was man sagt, daß es sei, nicht ist."
Wir können uns das Tiefen-Selbst etwa als vierdimensionale Hypersphäre vorstellen, die eingehüllt ist in die topologische Form einer Ringfläche (Torus). Der Torus, auch Möbiusfläche genannt, wurde von Einstein und Eddington als ein Modell des Universum vorgeschlagen (siehe Davis, Hersh 1981; Young 1972; Zukav 1979). Es gehört zu seinen faszinierenden Besonderheiten, daß jeder Punkt der Fläche ein Mittelpunkt ist; dies konnte mit derselben Transformationsmathematik von Fourier beschrieben werden, die man zum Erzeugen von Hologrammen benutzt (vgl. Davis, Hersh 1981). Das Ganze ist also wie bei Hologrammen in jedem einzelnen Punkt enthalten. Entsprechend ist jede Person eine einzigartige „Repräsentation" des einen gemeinsamen Selbst.

7. Diesen Komplementärbegriffen kann man noch weitere hinzufügen: Ganzes/Teil, vereinigen/trennen, kontinuierlich/diskontinuierlich etc.

2. Kapitel

1. Charcot führte offenbar keine der Forschungsarbeiten direkt durch, sondern überließ die Arbeit seinen Assistenten (siehe Ellenberger 1970). Seine Schlußfolgerung, Trance sei ein pathologischer Zustand ist zwar irreführend, denn sie ignoriert die möglichen Heilungsaspekte von Trance; nützlich ist dennoch der Hinweis in ihr, daß stark dissoziierte Zustände ihrem Wesen nach tranceähnlich sind. Wir werden sehen, daß der Ericksonsche Ansatz von der Annahme ausgeht, daß Trance je nach kontextuellen Faktoren fruchtbar oder schädlich sein kann.

2. Die rigiden tranceartigen Zustände, die durch Kriegshandlungen erzeugt werden, kann man bereits bei den vielfältigen Induktionen beobachten, von denen diese umgeben sind: die wiederholten steifen Märsche, die Trommelschläge, die Symbole (z. B. Fahnen). Wenn ich als Kind Kriegsfilme ansah, fragte ich mich oft, weshalb z. B. die Briten bei Kriegsmärschen eine stattliche Anzahl von Soldaten zum Trommelspielen einsetzten. Rückblickend ist klar, daß diese Männer gebraucht wurden, um bei den anderen die geeignete Trance zu induzieren.

3. Diese Phänomene stellen sich nicht bei allen Arten von Trance ein. Sie sind z. B. bei den Meditationstrancen östlicher Kulturen eher selten, deren traditionelle Werte die Loslösung vom phänomenologischen Bereich als Mittel der Entwicklung des Selbst begünstigen. Hypnotische Trancephänomene sind also möglicherweise Artefakte westlicher Werte und Vorurteile. Das läßt darauf schließen, daß die spezifischen Äußerungen während einer Trance auf elementare Werte des betreffenden Individuums oder der betreffenden Gemeinschaft verweisen.

4. William James (1890) wird oft die Entdeckung des ideomotorischen Prinzips zugeschrieben, doch Hilgard (1977) bemerkt, daß James dieses Konzept auf der Grundlage von Alexander Bains „Diffusionsgesetz" und Férés Begriff der „Dynamogenese" entwickelt habe. Bain (1959) nahm an, daß jede sensorische oder emotionale Empfindung sich motorisch auswirke. Féré (1887) stellte fest, daß jede sensorische Stimulation eine verstärkte Muskeltätigkeit zur Folge habe. Dies waren allgemeine Theorien über Verhaltensvorgänge - nicht allein im Kontext der Hypnose.

5. Rosenhan (1967) bietet eine ausgezeichnete Besprechung der experimentellen Literatur über Hypnose und Suggestibilität und kommt zu dem Schluß, daß Hypnose-Patienten nicht suggestibler seien als Individuen im Wachzustand. Außerdem beeinflussen wir uns alle gegenseitig, sobald wir miteinander irgendeine Art von Beziehung aufnehmen. Der springende Punkt, den es festzuhalten gelte, sei, daß eine Person in therapeutischer Trance weniger auf einen Standpunkt (z. B. einen Bezugsrahmen oder eine Neigung) fixiert sei und doch in persönlichen Werten verwurzelt bleibe. In dem Maß, wie diese Werte bedroht oder auf andere Weise mißachtet würden, komme es zu einer erneuten Fixierung an ein Denk- oder Verhaltensschema. Der Therapeut muß sich also bemühen, die individuellen Werte und Bedürfnisse einer Person jederzeit zu respektieren. Im Maß, in dem das gelingt, können Klienten sich auf eine Trance einlassen, in der sie ganz empfänglich werden.

6. „The Wizard of Oz" von L. Frank Baum (1856-1919), Journalist, Dramaturg und Verfasser von Kinderbüchern, um 1900 geschrieben, kam 1901 in Bühnenbearbeitung heraus. Der Erfolg des Stückes motivierte den Verfasser zu dreizehn Folgeerzählungen. Die Protagonistin Dorothy wünscht sich mit ihrem Hund Toto weg von ihrer Heimat Kansas in ein Phantasieland (The Oxford Companion to American Literature). In der deutschsprachigen Literatur können „Momo" oder „Die unendliche Geschichte" von Michael Ende als vergleichbare Beispiele dienen (Anm. der Übersetzerin).

7. Koan, ein japanisches Wort, bezeichnet im Zen-Buddhismus Aussprüche, Fragen und Antworten des Zen-Meisters, die der Vernunft unzugänglich sind. Sie dienen dazu, den Schüler zur Meditation und damit zur Erleuchtung anzuregen (Anm. der Übersetzerin).
Von diesem Standpunkt aus kann man Symptome (oder identifizierte Patienten) als symbolische (unbewußte) Versuche ansehen, komplementäre Seiten zu integrieren. Oder anders gesagt, Symptome sind verdichtete Ergänzungen, die durch Wirkmechanismen der Negation (d. h. der Dissoziation) gebunden sind. Diese Idee steht im Brennpunkt einer Arbeit (in Vorbereitung).

8. Hier ist zu betonen, daß Unterschiede zwischen geschätzter und tatsächlich vergangener Zeit nicht in jedem Fall auf eine Zeitverzerrung verweisen: Sie können statt dessen der Beleg für eine hypnotische Amnesie sein. Konkret: Da der Patient sich an weniges aus der Trance erinnern kann, nimmt er oder sie an, es sei nicht viel geschehen und meint deshalb, daß wenig Zeit verstrichen sei.

9. Diese Verfahren stehen im Brennpunkt des demnächst erscheinenden Buches „Hypnotische Wandlungen".

3. Kapitel

1. Ich kannte Erickson in seinen späteren Jahren. Es mag sein, daß er in seiner früheren Laufbahn bei manchen einen anderen Eindruck hinterlassen hat.
Ein hervorragender Artikel über die Ähnlichkeit von Ericksonschen und kultischen Techniken stammt von Zeitlin (1985). Wie Kapitel 2 betonte, kann Trance je nach ihrem Kontext für das Selbst förderlich oder schädigend sein.

2. Die Ähnlichkeit zwischen den Ericksonschen Techniken und kultischen Techniken wird in Zeitlin (1985) besprochen.
Wie im 2. Kapitel betont wird, kann Trance die Entwicklung der Selbstachtung je nach Kontext entweder fördern oder hindern.

3. Wie Deikman (1966) gezeigt hat, schlug Hartmann (1958) ursprünglich den Begriff der Verhaltensautomatisierung für die Beschreibung habituierter Handlungsweisen vor. Gill und Brenman (1959) haben bei ihrer Diskussion von Prozessen, durch welche diese extern zielorientierten automatischen Strukturen „rückgängig" gemacht werden, davon dann den Begriff der Ent-Automatisierung abgeleitet.

4. Dieser Textabschnitt ist bereits 1981 in Rogers Beitrag „Die Grundlagen des Personenzentrierten Ansatzes" erschienen, in: Carl R. Rogers (1981): Der neue Mensch. Stuttgart (Klett-Cotta) S. 79/80. Der Band ist eine Teilübersetzung von: Carl R. Rogers, (1980): A Way of Being. Boston (Houghton-Mifflin) (A. d. Ü.).

5. Deutsch in: Carl R. Rogers,Rachel Rosenberg (1980): Die Person als Mittelpunkt der Wirklichkeit. Stuttgart (Klett-Cotta) S. 79.

6. Diese Technik, ein dominantes Muster zu unterbrechen und einen Zustand der Unsicherheit herbeizuführen, der dann sofort für die Entwicklung hypnotischer Prozesse nutzbar gemacht wird, ist äußerst wirkungsvoll. Ihre Bedeutung für Tranceinduktionen wird in Kapitel 7 im einzelnen untersucht.

7. Das ist ein ausgezeichnetes Beispiel dafür, wie „hypnotische" Suggestionen oft unwissentlich gegeben werden. Ganz besonders gilt das für wiederholte Bewertungen, die eine Person erfährt; sie stellen eine „Induktion" dar, die in dieser Person einen bestimmten Zustand erzeugt und/oder stabilisiert. Die Person z. B., der man immer wieder sagt, sie müßte eigentlich wegen eines Ereignisses deprimiert sein, entwickelt häufig eine solche Reaktion. (Man kann diese Metapher erweitern und „Persönlichkeit" als „Trancezustand" betrachten, der durch wiederholte sensorisch-motorische Korrelationen (Inputs und Outputs) mit der Umwelt (z. B Freunde oder Feinde) und

dem Gedächtnis aufrechterhalten wird.) Wichtig ist hier, daß die prognostischen Aussagen des Therapeuten als natürliche hypnotische Suggestionen von besonders großem Einfluß sind.

4. Kapitel

1. Mit anderen Worten, eine Informationsgrenze kann nur existieren („ek-sistere", herausragen), wenn Unterschiede zwischen den beiden Seiten der Grenze wahrgenommen werden (Brown, 1979). Wenn der Therapeut die Muster des Klienten übernimmt, löst sich die Fixierung des letzteren an einen Bezugsrahmen auf. Das erlaubt dem Klienten, auf einer tieferen (von Bezugsrahmen freien) Ebene des Selbst wieder zu einer Einheit zu finden, wo produktive Ressourcen zur Verfügung stehen. Pacing läßt also Informationsgrenzen einstürzen, um das Gefühl der Autonomie des Selbst zu steigern.

2. Der optimale Brennpunkt ist eine Funktion der Entfernung zwischen Beobachter und Beobachtetem. Er liegt z. B. mehr als 30 cm vor dem Beobachteten, wenn der Abstand, sagen wir, drei Meter beträgt, und er ist sicher näher beim Beobachteten, wenn dieser nur 30 cm vom Beobachter entfernt ist.

3. Im Hinblick darauf behauptet Ekman (1965, 1980), ausgehend von seinen Forschungen, daß der Bereich von Kopf und Gesicht über den Typus des Affektes (Freude, Traurigkeit usw.) Auskunft gibt, während die Hinweise des Körpers in erster Linie die Intensität des betreffenden Affektes widerspiegeln.

4. Gewiß ist das keine neue Hypothese; verschiedene Psychologen des vergangenen Jahrhunderts haben sie bereits propagiert. Für einen historischen Überblick siehe Richardson (1969).

5. Diese Anwendungsmöglichkeiten sind von verschiedenen Mitgliedern der Bandler/Grinder-Gruppe klar diskutiert worden. Grinder und Bandler (1975) stellen verschiedene Übungen vor, mit denen man seiner Geschicklichkeit im Aufspüren von Prädikaten mehr Schliff geben kann; Bandler und Grinder (1979) besprechen die allgemeinen therapeutischen Verwendungsmöglichkeiten der Prädikate; Bandler, Grinder und Satir (1976) übertragen sie auf die Paartherapie; Gordon (1978) wendet sie auf therapeutische Metaphern an; und Dilts, Grinder, Bandler, Delozier und Cameron-Bandler (1979) fügen sie ihrem System des Neurolinguistischen Programmierens ein.

6. Dieser Begriff der bevorzugten körperlichen Entfernung ist ein zentrales Thema im Bereich der Proxemik, welche die kommunikative Dimension des menschlichen Raumverhaltens (Wahrnehmung und Nutzung von Raum) erforscht. Für einen Überblick über dieses Gebiet siehe Hall (1968).

7. Ein weitere Hauptvariable ist die Kultur; die verschiedenen Kulturen haben unterschiedliche körperliche Distanzen, welche die ihr Angehörenden beim Austausch mit einem Gesprächspartner bevorzugen (siehe z. B. Hall 1983).

5. Kapitel

1. Ein vielleicht einfacheres Beispiel dafür ist die komplementäre Dynamik von „Inhalation/Exhalation", die der „Atmung" zugrundeliegt. Obwohl beide wesentlich sind, ist jeweils nur eine zu einem Zeitpunkt hervorgehoben, danach dominiert die andere. Wir sind der Meinung, daß Probleme auftauchen, wenn eine Seite der komplementären Einheit immer betont wird. Das begründet ein Ungleichgewicht, und das Unbewußte wird versuchen, dieses Ungleichgewicht zu korrigieren, indem es den anderen (unbetonten) Teil als dissoziierten einführt.

2. Im amerikanischen Original benutzt Gilligan an dieser Stelle den Ausdruck „to be right with and for herself and her present needs", was ihm ermöglicht, das Problem der Klientin mit dem Schreiben (to write) indirekt anzusprechen: Die Homonyme write/

right enthalten in diesem Fall also das Problem und seine Lösung. Im Deutschen findet sich an dieser Stelle nichts Entsprechendes, um diese wichtige Nuance zu übersetzen (A. d. Ü.).

3. Im allgemeinen habe ich es schon immer als wesentlich erachtet, mit allen Spielern einer Interaktion zu arbeiten, wenn sie aktiv an voneinander abhängigen Beziehungen beteiligt sind - z. B. mit Jugendlichen, die zuhause wohnen oder Partnern, die zusammenleben. Die hypnotherapeutische Behandlung von Familien wird diskutiert bei Ritterman (1983) und Lankton, Lankton (1986); die von Paaren bei Gilligan (in Vorbereitung).

4. Betrachtet man es als eine notwendige Bedingung für Veränderung, eine Figur (eine Struktur, ein Symptom oder einen identifizierten Patienten) wieder mit ihrem Grund (dem Kontext oder der Familie) zu verbinden, dann ist es interessant zu bemerken, daß Familientherapie und Ericksonsche Hypnotherapie auf unterschiedliche Weise dasselbe Ziel verfolgen. Während sich beide für den Kontext interessieren, in dem ein Symptom vorkommt, ist die Familientherapie eher auf den sozialen Kontext (u. a. die Familie) ausgerichtet; die Hypnotherapie konzentriert sich dagegen auf den organismischen Kontext. Nach unserer Auffassung ist sowohl der psychische Bereich der Familie als auch der biologische Bereich des Organismus ein vereinheitlichtes System; jeder von beiden kann in eine produktive Veränderung hervorrufen. Folglich scheint es am besten zu sein, auf biologische und psychologische Kontexte gleichermaßen zu achten, wenn man sich bemüht, ein System zu verändern.

6. Kapitel

1. Ericksons Geschicklichkeit, leichte Veränderungen der Stimme einzusetzen, um damit hypnotische Reaktionen hervorzurufen, war um so bemerkenswerter, als er unfähig war, Tonhöhen zu unterscheiden und sich deshalb bei der Überprüfung und Verfeinerung seiner wirkungsvollen Fähigkeit hauptsächlich auf das kinästhetische Feedback seines Kehlkopfes verließ.

2. Die grammatikalischen Strukturen der englischen Sprache erlauben ein wesentlich leichteres Konstruieren eingebauter Suggestionen. Die englischen Originalsätze hier lauten z. B.: (1) „And Peter had really had a nice way of sitting down and letting himself drop into a trance." (2) „And so I went home and let myself feel warm and comfortable all over." Im Deutschen sind oft umbaute Satzkonstruktionen erforderlich, z. B.: „Und beide schauten sich an, und dann konnten Sie beginnen, sich warm und behaglich zu fühlen".

3. Eine spekulative Erklärung dafür, warum eingebettete Suggestionen funktionieren, läßt sich im Hinblick auf neuropsychologische Prozesse im Sinne einer hypothetischen Orientierungsreaktion des Stammhirns geben, die immer dann eintritt, wenn eine neu eintreffende Information sich signifikant vom unmittelbar vorausgegangenen Input unterscheidet (siehe Pribram, 1971). Nach diesem von Sokolov (1963) entwickelten Modell prüfen die Mechanismen des Stammhirns - besonders jene, die den Thalamus, den Hypothalamus und die Amygdalastruktur regeln - ständig den Input aus der Umwelt. Wenn sie einen informativen (d. h. neuen oder unerwarteten) Input herausfiltern, löscht eine automatische Orientierungsreaktion alle Information, die gerade verarbeitet wird, um sich dem neuen Input zuzuwenden. Eine Veränderung der gewohnten stimmlichen Vortragsweise macht daher das System frei, um volle Aufmerksamkeit für das neue Muster (d. h. für die eingebettete Suggestion) zu gewährleisten. Daß eine eingebettete Suggestion größere Aufmerksamkeit erhält und getrennt von den anderen hereinkommenden „Items" verarbeitet wird, bedeutet, daß sie besser „gelernt" - d. h. mehr Wirkung haben - wird als andere Kommunikationen (siehe Glass, Holyoak, Santa 1979).

4. Eine fundierte wissenschaftliche Untersuchung der Einstreutechnik, die deren hohe Effektivität in der Schmerzbehandlung nachweist, findet sich z. B. bei Hoppe, F. (1983).

5. Es ist fast unvermeidlich, daß der Therapeut an irgendeinem Punkt seiner hypnotischen Ausführungen unwissentlich einen emotionalen Wert des Klienten verletzt. Das läßt sich beim Klienten dann an unrhythmischen Veränderungen der Muskelspannung und der Atmung (als Teil eines Rückzugs vom Therapeuten) ablesen; man kann dem normalerweise durch eine direkte Utilisation (z. B. durch eine Entschuldigung) begegnen. Klienten sind im allgemeinen schnell zum Verzeihen bereit (solange die Absicht des Therapeuten klar ist), und solche Musterunterbrechungen liefern wertvolle diagnostische Information (siehe Gilligan 1985).

6. In dieser Hinsicht war Langeweile eine Technik, die Erickson bei abweisenden Klienten in seinen letzten Jahren bevorzugt anwandte. Wie er einmal zu mir sagte: „Wenn sie anders nicht in Trance gehen, dann langweile ich sie in Trance."

7. Um es zu wiederholen, vieles von Ericksons Tranceverständnis entstammte natürlichen Erfahrungen (Erickson, Rossi 1977). Eine Hauptstrategie z. B., die er benutzte, um sich körperlich von der totalen Lähmung zu erholen, die eine Polioerkrankung in der Zeit seiner Adoleszenz eingeleitet hatte, bestand darin, sich eine kleine Gruppe von Muskeln (z. B seines rechten Zeigefingers) einzeln vorzunehmen und dann Kindheitserfahrungen wiederzubeleben, bei denen jene Muskeln aktiv waren (z. B. beim Hin- und Herschwingen an einem Baum). Dadurch, daß er sich längere Zeit immer wieder intensiv in die Erinnerung vertiefte, konnte er in den Zielmuskeln meist eine ideomotorische Bewegung erzeugen. Er gewann schließlich die Beweglichkeit seines Körpers größtenteils zurück. Diese und andere Beispiele, wie Erickson hypnotische Prozesse in seinem eigenen Leben spontan genutzt hat (siehe Erickson , Rossi 1977), geben etwas Einblick in seine bemerkenswerte Fähigkeit, natürliche Techniken wie z. B. metaphorische Geschichten, in seiner hypnotischen Arbeit mit anderen zu entwickeln und anzuwenden.

8. Ein Wortspiel an dieser Stelle, das so nicht wiederzugeben ist: „and the massage is the message" (A.d.Ü.).

9. Homophon zu engl. „cue", dt.„Hinweis", das Gilligan in Klammern auch als Wortspiel anführt (A.d.Ü.).

10. Hier ein Wortspiel mit engl. „u" und, homophon in Klammern, „you", und beide wiederum bezogen auf das Stichwort „cue" (siehe Anm.), A.d.Ü..

11. Fortführung des Wortspieles: „finding in a trance that elemental learning ... of a cue (Hinweis) (Q) followed by you (U)" (A.d.Ü.).

12. Dieser grenzenlose Dissoziationszustand sollte nur eingeführt werden, wenn der Hypnotherapeut glaubt, daß die interpersonalen und intrapersonalen Beziehungen genügend im Gleichgewicht sind, um eine freischwebende Exploration zu erlauben. Bei tief verunsicherten Klienten z. B. sind am Anfang mehr Grenzen nötig.

13. Die doppelte Deutungsmöglichkeit des Klanges der Worte „bear essence" als „Bärenwesen" und „Wesen für sich" oder „Wesen, das allein ist" (bare essence) ist auch an dieser Stelle gegeben und vom Therapeuten (Gilligan) beabsichtigt(A.d.Ü.).

14. Wie man sich denken kann, ist es schwierig, vorherzusehen, welche Erfahrung die Person unbewußt als Gegenstück generiert. Im vorliegenden Fall diente offensichtlich die Vorstellung von „Gefühlen im Auto" als Angelpunkt für die Erzeugung von Komplementen.

7. Kapitel

1. Diese Annahmen stehen im Einklang mit der Zweifaktorentheorie der Emotion, die zwischen einem physiologischen Arousal und einer nachträglichen psychologischen Attribution und Interpretation dieses Arousals auf dem Hintergrund des sozialen Kontextes unterscheidet (siehe Mandler 1975; Schachter, Singer 1962; doch auch Marshall 1976; Maslach 1977).

2. „It can be an entirely different state." - Gilligan spielt hier mit dem Homonym „state", das „Staat" und „Zustand" bedeuten kann. Dem Unbewußten des Klienten gibt er die Botschaft: „Es kann ein völlig anderer Zustand (=Trance) sein" (A.d.Ü.).

3. Gilligan spielt hier mit dem Klang der Worte „translator" = „Übersetzer", das homophon ist mit „trance later" = „später eine Trance". (A.d.Ü)

4. Im Original ist der Doppelsinn von „watch" = „Uhr" und „beobachten" besser unmittelbar hypnotisch nutzbar als im Deutschen: „Isn't that your watch carefully as your eyelids slowly move over your eyes ..." (A.d.Ü.).

5. Wobei natürlich verzweifelte Versuche, an etwas nicht zu denken, dieses Etwas im allgemeinen noch beherrschender werden lassen. Versuchen Sie z. B., nicht an „blau" zu denken. Eine Vermutung ist hier, daß es in einem Primärsystem wie dem Unbewußten unmöglich ist, etwas zu „negieren"; „nicht blau" ist daher äquivalent mit „blau". Ein einfacher Ausweg aus diesem Dilemma wäre in unserem Kontext, an etwas anderes zu denken - z. B. an „weiß". Das verweist auf einen zentralen Unterschied zwischen einer versuchten Negierung und der Zurückweisung einer Idee; erstere ist unmöglich, die letztere jedoch nicht. Die Bindung einer Person an eine unannehmbare Erfahrung macht es ihr unmöglich, die Erfahrung zurückzuweisen; versuchte Negierungen lassen sie noch mehr hervortreten.

6. Als eine Variation dieser Technik kann man entschlossen auf eine Hand deuten, während man die andere beschreibt. Sie könnten z. B. auf die rechte Hand schauen und deuten, während Sie ausrufen: „Die linke Hand hebt sich noch nicht." Oder Sie könnten sich nonverbal auf die linke Hand konzentrieren und ausrufen: „Ihre rechte Hand ist jetzt noch nicht recht erhoben!!!" („Your right hand is not left up right yet NOWW!!!" Dieser Satz enthält durch die Homophone „left" für „links" und „erhoben" und „right" für „rechts" und „richtig" besonders intensive Konfusionsmöglichkeiten, die sich so im Deutschen nicht wiedergeben lassen (A.d.Ü.).

7. Labor Day, Tag der Arbeit, in den USA der 1. Montag im September (A.d.Ü.).

8. Der ganze Satz, der mehrere Wortspiele enthält, die so nur in der englischen Sprache möglich sind, lautet: „And May I continue by pointing out that any fool can begin April but a March through time leaves one wondering: ..." Die Monatsnamen „May" = Mai und „March" = März sind jeweils Homonyme der Wörter „dürfen" und „ein Marsch". Es handelt sich hier um die aus Kapitel 6 bekannte Musterunterbrechung durch Trugschlüsse (A.d.Ü.).

9. Thanksgiving ist das amerikanische Erntedankfest, das an die Pilgrim Fathers erinnert und am letzten Donnerstag im November gefeiert wird (A.d.Ü.).

10. Hier ist wieder zu erinnern an das Wortspiel mit den Homonymen „state" = „Staat" und „state" = „Zustand" (A.d.Ü.).

11. „... or we'll be left behind" - auch hier ein Wortspiel mit „left" = „links", an dieser Stelle jedoch „to be left behind" = „zurückgelassen werden" (A.d.Ü.).

12. „I'm left with two lefts ...", siehe Anmerkung 11!

13. „All right, I'll take a left ..."

14. „... I'm now left with a left and a right ...", siehe Anmerkungen 11 und 12! (A.d.Ü.).

15. „... you find yourself left right in the middle of the Mobius-House ... " - auch an dieser Stelle wieder ein Wortspiel mit den Richtungsbezeichnungen „rechts" und „links", die homonym sind mit dem Verb „to be left" zurückgelassen werden, übrig sein, und „right", „direkt", „richtig" (A.d.Ü.).

16. Im Originaltext steht hier der Slang-Ausdruck „this blew his mind", den Gilligan als Zitat der Versuchsperson wiedergibt, aller Wahrscheinlichkeit nach wegen der in diesem Ausdruck enthaltenen Metapher, die man wörtlich übersetzen könnte mit: „Das blies ihm den Verstand durch" (A.d.Ü.).

17. „sich auf eine Rolle festlegen" heißt im Englischen „to typecast", wodurch also das Wortspiel mit dem Begriff „type" im Original an dieser Stelle nicht unterbrochen wird (A.d.Ü.).

18. Gilligan spielt hier mit dem Ausdruck „to go all the way down", der eine Trancesuggestion darstellt; das Wort „down" wurde an dieser Stelle übernommen, weil es auch im Deutschen sehr gebräuchlich ist. Das Wortspiel mit „down" läßt sich leider nicht durch ein einziges deutsches Wort wiedergeben (A.d.Ü.).

19. Gilligan benutzt hier das Wort „times" im Sinn von „Zeiten", um dann das gleiche Wort sofort in seiner Bedeutung als Titel einer Zeitung einzuführen (A. d. Ü.).

20. Auch hier bedient Gilligan sich eines Homonyms, um die Idee des „Reichtums durch Veränderung" zu suggerieren: „... things can change after all ... and change (Wechselgeld, Kleingeld) is nice to have ..." (A.d.Ü.).

21. Im Original „fashions", dessen zweite Bedeutung „Moden" im Anschluß verwendet wird: „... and the fashions change every year ..." (A.d.Ü.).

22. Eine Figur aus dem Science-fiction-Film „Star Wars".

23. Siehe die Anmerkungen 17 bis 21 in diesem Kapitel! (A.d.Ü.).

24. Gilligan ergänzt hier in Klammern (trance for), das ähnlich klingt wie vorher „transfer" (A.d.Ü.).

25. Engl. „to translate", und in Klammern ergänzt (trance late), „späte Trance" (A.d.Ü).

26. Das Wort „translator" ist an dieser Stelle in Klammern ergänzt durch die ähnlich klingende Suggestion (trance later) = „später eine Trance" (A.d.Ü.).

27. Die für andere annehmbare Art der Überleitung besteht darin, jene Aspekte des neuen Themas zu betonen, die es mit dem alten Thema gemeinsam hat (d. h., die für das alte relevant sind). Wenn ich z. B. sage, daß Ihre Trancereaktionen mich an einen anderen Klienten, Bill, erinnern, und wenn ich dann anfange, über Bill zu reden, dann erwarten Sie im allgemeinen, daß meine Bemerkungen über Bill sich auf Ihre Trancereaktionen beziehen. Tun sie das nicht - sagen wir z. B., ich spräche über Bills Scheidung von seiner Frau, die mit Ihnen und besonders mit Ihrer gegenwärtigen Erfahrung nichts zu tun hätte - dann würden Sie typischerweise leicht unsicher werden und schließlich Reaktionen zeigen, die diesem Kontext angemessen sind (z. B. Wut, Langeweile, Verwirrung). Im hypnotischen Kontext bemüht der Ericksonsche Praktiker sich, dafür zu sorgen, daß die angemessene Reaktion eine Unsicherheit ist, die sich weiter für die Trance nutzbar machen läßt.

28. Hier gebraucht Gilligan wieder das Wortspiel mit dem Homonym „state" = „Zustand" oder „Staat" (A.d.Ü.).

29. Diese Technik ist von verschiedenen Personen angewendet worden. Beeinflußt durch unsere Arbeit mit Bandler und Grinder (1975) und durch die Schriften von Castenada (1972) haben Paul Carter und ich unsere eigene Version entwickelt. Ungefähr acht Jahre später entdeckten wir, daß Kay Thompson und Robert Pearson schon viele Jahre zuvor ebenfalls ihre eigene Version entwickelt hatten.

30. Im Original zielt Gilligan auf eine Klangassoziation, welche die Suggestion enthält, daß der Schmerz verschwindet: „... that pain really is payin' off (pain off) ..." (A.d.Ü.).

31. Im Original ein Wortspiel mit der Klangassoziation von dem Verb „transform" = transformieren, umgestalten zu „trance-form"= eine Trance bilden (A.d.Ü.).

8. Kapitel

1. Da das Wort „hand" im Amerikanischen sowohl „Zeiger" als auch „Hand" bedeutet, konnte Gilligan den Begriff für ein Wortspiel verwenden, das sich im Deutschen nicht widergeben läßt.

2. Der amerikanische Originaltext enthält an dieser Stelle das Wortspiel mit den Homophonen „tense" = „Extension der Zeit", ein vor allem auch in der Grammatik gebräuchlicher Begriff bei der Benennung von Vergangenheit, Gegenwart und Zukunft, und dem Verb „to tense" = „sich anspannen". Der ganze Satz lautet: „...while in a waking state you have the past tense, the future tense, the present tense, in a trance state you really don't need to tense at all ...". Mit der Vorgabe des Wortes „tense" im Sinne von „Zeit" schwingt in der Bedeutung des Satzes „You don't need to tense" auch mit, daß in Trance das Zeitgefühl des Wachbewußtseins verändert bzw. sogar aufgehoben ist (A.d.Ü.).

3. Siehe Anmerkung 1 in diesem Kapitel!

4. Der vollständige Bericht findet sich auch in Haley (1978, bzw. 2. Auflage 1988), Die Psychotherapie Milton H. Ericksons, S. 216-223, hier 221-223. (A.d.Ü.).

5. In Watzlawick (1986): Die Möglichkeit des Andersseins: S. 106/107.

6. Die Geschichte ist dokumentiert in Haley (1978 und 1988), S. 191-195 (A.d.Ü.).

7. Im Originaltext ein Wortspiel: „... you got to have respect for blackness ... but you don't have to black out ..." (A.d.Ü.).

8. Im Amerikanischen steht hierfür das gleiche Wort wie für „jucken", to itch.

Epilog

1. T.S. Eliot, Vier Quartette. In: T.S. Eliot (1988): Gesammelte Gedichte: 1909-1962, Eva Hesse, ed., S. 327.

Bibliographie

Asante, M. K. (1984): The African-American mode of transcendence. Journal of Transpersonal Psychology, 16, 167-177.
Bain, A. (1859): The emotions and the will. New York (Appleton).
Bandler, R., Grinder, J. (1975): Patterns of the hypnotic techniques of Milton H. Erickson, M. D. Volume I, Cupertino, CA (Meta Publications).
Bandler, R.,Grinder, J. (1979): Neue Wege der Kurzzeittherapie, Neurolinguistische Programme. Paderborn (Junfermann-Verlag), 1981.
Bandler R.,Grinder, J. (1982): Reframing. Ein ökologischer Ansatz in der Psychotherapie (NLP). Paderborn (Junfermann-Verlag), 1985.
Bandler, R., Grinder, J., Satir, V. (1976): Mit Familien reden. Gesprächsmuster und therapeutische Veränderung. Leben lernen, Band 30. München (Pfeiffer), 1978.
Bandura, A. (1977): Sozialkognitive Lerntheorie, Konzepte der Humanwissenschaften. Stuttgart (Klett-Cotta-Verlag), 1979.
Barber, T. X. (1969): Hypnosis: A scientific approach. New York (Van Nostrand-Reinhold).
Barber,T.X. (1972): Suggested ("hypnotic") behavior: The trance paradigm versus an alternative paradigm. In: E. Fromm, R. E. Shor (Eds.) (1972): Hypnosis: Research developments and perspectives. Chicago (Aldine-Atherton).
Barber, T. X., Calverly, D. S. (1962): "Hypnotic" behavior as a function of task motivation. Journal of Psychology, 54, 363-389.
Bartlett, E. E. (1977): My first experience with Milton Erickson. American Journal of Clinical Hypnosis, 20, 6-7.
Bateson, G., Naven (1958): A survey of the problems suggested by a composite picture of the culture of a New Guinea tribe drawn from three points of view (2nd. Ed.). Stanford (Stanford University Press).
Bateson, G. (1972): Ökologie des Geistes. Frankfurt/M. (Suhrkamp), 1980.

Bateson, G. (1979): Geist und Natur. Frankfurt/M. (Suhrkamp), 1987.
Bateson, G., Jackson, D. D., Haley,J., Weakland, J. H. (1956): Toward a theory of schizophrenia. Behavioral Science, 1, 251-264.
Bernheim, H. (1895): Suggestive therapeutics: A treatise on the nature and uses of hypnotism. New York (Putnam).
Blum, G. S. (1961): A model of the mind. New York (Wiley & Sons).
Bogen, J. E. (1969): The other side of the brain: An appositional mind. Bulletin of the Los Angeles Neurological Societies, 34, 135-162. Reprinted in R. E. Ornstein (Ed.) (1973): The nature of human consciousness: A book of readings, San Francisco: W. H. Freeman.
Bower, G. H., Gilligan, S. G. (1979): Remembering information related to one's self. Journal of Research in Personality, 13, 420-432.
Bower, G. H., Gilligan, S. G., Monteiro, K. P. (1981): Selectivity of learning caused by affective states. Journal of Experimental Psychology: General, 110, 451-473.
Castaneda, C. (1972): Tales of power. New York (Simon & Schuster).
Cheek, D. B., LeCron, L. M. (1968): Clinical hypnotherapy. New York (Grune & Stratton).
Chomsky, N. (1957): Sprache und Geist. Frankfurt/M. (Suhrkamp), 1973.
Chomsky, N. (1965): Aspekte der Syntax-Theorie. Frankfurt/M: (Suhrkamp), 1973.
Cooper, L. F., Erickson, M. H. (1959): Time distortion in hypnosis (2nd Ed.). Baltimore (Williams & Wilkins).
Cooper, L. M. (1972): Hypnotic amnesia. In E. Fromm, R. E. Shor (Eds.), Hypnosis: Research developments and perspectives. Chicago (Aldine-Atherton).
Davis, P. J., Hersh, R. (1981): Erfahrung Mathematik. Basel (Birkhäuser), 1985.
Day, M. E. (1964): An eye movement phenomenon related to attention, thought an anxiety. Perceptual and Motor Skills, 19, 443-446.
Day, M. E. (1967): An eye movement indicator of type and level of anxiety: Some clinical observations. Journal of Clinical Psychology, 66, 438-441.
Deikman, A. (1963): Experimental meditation. Journal of Nervous and Mental Disorders, 135, 329-373.
Deikman, A. (1966): Deautomatization and the mystic experience. Psychiatry, 29, 324-388.
De Shazer, S. (1982): Patterns of brief family therapy. An ecosystemic approach. New York (Guilford Press).
Diamond, M. J. (1974): The modification of hypnotizability: A review. Psychological Bulletin, 81, 180-198.

Dilts, R. B., Grinder, J., Bandler, R., Delozier, J., Cameron-Bandler, L.(1979): Strukturen subjektiver Erfahrung, ihre Erforschung und Erforschung und Veränderung durch NLP. Paderborn (Junfermann), 1984.
Dorcus, R. M. (1963): Fallacies in predictions of susceptibility to hypnosis based on personality characteristics. American Journal of Clinical Hypnosis, 5, 163-170.
Doyle, A. C. (1905): Die Abenteuer des Sherlock Holmes. München (Scherz), 1987.
Drewes, H. W. (1958): An experimental study of the relationship between electroencephalographic imagery variables and perceptual cognitive processes. Unpublished doctoral dissertation (Cornell University).
Ekman, P. (1965): Communication through nonverbal behavior: A source of information about an interpersonal relationship. In S. S. Tomkins, C. E. Izard (Eds.) (1965): Affect, cognition and personality. New York (Springer Press).
Ekman, P. (1972): Universal and cultural differences in facial expressions of emotions. In J. Cole (Ed.) (1972): Nebraska symposium on motivation, Volume 19. Lincoln (University of Nebraska Press).
Ekman, P. (1980): Biological and cultural contributions to body and facial movement in the expression of emotions. In A. Rorty (Ed.) (1980): Explaining emotions. Berkeley (University of California Press).
Eliot, T. S. (1963): Werke. Band 4, Gesammelte Gedichte 1909 -1962. Frankfurt/M. (Suhrkamp), 1968.
Ellenberger, H. (1970): Die Entdeckung des Unbewußten. Bern (Huber), 1973.
Epstein, M. O. (1984): On the neglect of evenly suspended attention. Journal of Transpersonal Psychology, 16, 193-205.
Erickson, M. H. (1948): Hypnotic psychotherapy. The Medical Clinics of North America, 571-584. New York (W. B. Saunders Co.). Reprinted in Rossi, 1980d.
Erickson, M. H. (1952): Deep hypnosis and its induction. In L. M. LeCron (Ed.), Experimental hypnosis. New York (Macmillan). Reprinted in Rossi, 1980a.
Erickson, M. H. (1955): Hypnotherapy of two psychosomatic dental problems. Journal of the American Society of Psychosomatic Dentistry and Medicine, 1, 6-10. Reprinted in Rossi, 1980d.
Erickson, M. H. (1958): Pediatric hypnotherapy. American Journal of Clinical Hypnosis, 1, 25-29. Reprinted in Rossi, 1980d.
Erickson, M. H. (1959): Further clinical techniques of hypnosis: Utilization techniques. American Journal of Clinical Hypnosis, 2, 3-21. Reprinted in Rossi, 1980a.
Erickson, M. H. (1962a): Identification of a secure reality. Family Process, 1, 294-303. Reprinted in Rossi, 1980d.

Erickson, M. H. (1962b): Basic psychological problems in hypnotic research. In G. Estabrooks (Ed.) (1962b): Hypnosis: Current problems. New York (Harper & Row). Reprinted in Rossi, 1980b.

Erickson, M. H. (1964a): The confusion technique in hypnosis. American Journal of Clinical Hypnosis, 6, 183-207. Reprinted in Rossi, 1980a.

Erickson, M. H. (1964b): The "Surprise" and "My friend John" techniques of hypnosis: Minimal cues and natural field experimentation. American Journal of Clinical Hypnosis, 6, 293-307. Reprinted in Rossi, 1980a.

Erickson, M. H. (1964c): Pantomime techniques in hypnosis and the implications. American Journal of Clinical Hypnosis, 7, 64-780. Reprinted in Rossi, 1980a.

Erickson, M. H. (1964d): An hypnotic technique for resistant patients: The patient, the technique and its rationale and field experiments. American Journal of Clinical Hypnosis, 7, 8-32. Reprinted in Rossi, 1980a.

Erickson, M. H. (1965): The use of symptoms as an integral part of therapy. American Journal of Clinical Hypnosis, 8, 57-65. Reprinted in Rossi, 1980d.

Erickson, M. H. (1965): The interspersal technique for symptom correction and pain control. American Journal of Clinical Hypnosis, 8, 57-65. Reprinted in Rossi, 1980d.

Erickson, M. H. (1966b): The experience of interviewing in the presence of others. In L. A. Gottschalk and A. H. Auerback (Eds.) (1966b): Methods of research in psychotherapy. New York (Appleton-Century-Crofts) 1966b. Reprinted in Rossi, 1980b.

Erickson, M. H. (1967): Laboratory and clinical hypnosis: The same or different phenomena? American Journal of Clinical Hypnosis, 9, 166-170. Reprinted in Rossi, 1980b.

Erickson, M. H. (1973): A field investigation by hypnosis, 16, 147-164. Reprinted in Rossi, 1980b.

Erickson, M. H., Kubie, L. S. (1940): The translation of the cryptic automatic writing of one hypnotic subject by another in a trancelike dissociated state. The Psychoanalytic Quarterly, 9, 51-63. Reprinted in Rossi, 1980c.

Erickson, M. H., Rosen, H. (1954): The hypnotic and hypnotherapeutic investigation and determination of symptom-function. Journal of Clinical and Experimental Hypnosis, 2, 201-219. Reprinted in Rossi, 1980d.

Erickson, M. H., Rossi, E. L. (1975): Varieties of double bind. American Journal of Clinical Hypnosis, 17, 143-157. Reprinted in Rossi, 1980a.

Erickson, M. H., Rossi, E. L. (1977): Autohypnotic experiences of Milton H. Erickson, M. D. American Journal of Clinical Hypnosis, 20, 36-54. Reprinted in Rossi, 1980a.

Erickson, M. H., Rossi, E. L. (1979): Hypnotherapie. Aufbau, Beispiele, Forschungen. Leben lernen, Bd. 49. München (Pfeiffer), 1981.

Erickson, M. H., Rossi, E. L. (1981): Experiencing hypnosis: Therapeutic approaches to altered states. New York (Irvington).

Erickson, M. H., Rossi, E. L., Rossi, S. I. (1976): Hypnose. Induktion, psychotherapeutische Anwendung, Beispiele. Leben lernen, Band 35. München (Pfeiffer) 1978.

Féré, C. (1887): Sensation et mouvement. Paris (Alcan).

Freud, S. (1909b): Gesammelte Werke Bd. 7. Frankfurt/M. (Fischer).

Freud, S. (1912e): Gesammelte Werke Bd. 8. Frankfurt/M. (Fischer) 1955.

Freud, S. (1923a): Gesammelte Werke Bd. 13. Frankfurt/M. (Fischer).

Fromm, E. (1972): Activity and passivity of the ego in hypnosis. International Journal of Clinical and Experimental Hypnosis, 20, 238-251.

Fromm, E., Oberlander, M. I., Gruenwald, D. (1970): Perceptual and cognitive processes in different states of consciousness: The waking state and hypnosis. Journal of Projective Techniques and Personality Assessment, 34, 375-387.

Ghiselin, B. (Ed.) (1955): The creative process. New York (Mentor).

Gill, M. M., Brenman, M. (1959): Hypnosis and related states: Psychoanalytic studies in regression. New York (International University Press).

Gilligan, S. G. (1982a): Ericksonian approaches to clinical hypnosis. In J. K. Zeig (Ed.) (1982a): Ericksonian approaches to hypnosis and psychotherapy. New York (Brunner/Mazel).

Gilligan, S. G. (1982b): Effects of emotional intensity on learning. Unpublished doctoral dissertation (Stanford University).

Gilligan, S. G. (1985): Generative autonomy: Principles for an Ericksonian hypnotherapy. In: J. K. Zeig (Ed.) (1985): Ericksonian psychotherapy, Volume I: Structures. New York (Brunner/Mazel).

Gilligan, S. G. (1986): The trance dance: Ericksonian hypnotherapy with couples. Unpublished manuscript.

Gilligan, S. G., Bower, G. H. (1984): Cognitive consequences of emotional arousal. In C. E. Izard, J. Kagan, R. Zajonc (Eds.): Emotion, cognitions and behavior. New York (Cambridge Press).

Glass, A. L., Holyoak, K. J., Santa, J. L. (1979): Cognition. Reading MA (Addison-Wesley).

Gordon, D. (1978): Therapeutische Metaphern, Innovative Psychotherapie und Humanwissenschaften, Band 29. Paderborn (Junfermann), 1985.

Gordon, D., Meyers-Anderson, M. (1981): Phoenix:Therapeutic patterns of Milton H. Erickson. Cupertino, CA (Meta Publications).

Grinder, J., Bandler, R. (1975): Die Struktur der Magie. Band II. Paderborn (Junfermann), 1982.
Grinder, J., Delozier, J., Bandler, R. (1977): Patterns of the hypnotic techniques of Milton H. Erickson. M. D., Volume II. Cupertino, CA (Meta Publications).
Haley, J. (1963): Gemeinsamer Nenner Interaktion, Strategien der Psychotherapie. Leben lernen. Band 34. München (Pfeiffer), 1978.
Haley, J. (1969): Die Jesus-Strategie. Weinheim (Beltz), 1990.
Haley, J. (1973): Die Psychotherapie Milton H. Ericksons. Neue Ideen - verblüffende Methoden. Leben lernen. Band 36. München (Pfeiffer) 1978.
Haley, J. (1976): Direktive Familientherapie. Strategien für die Lösung von Problemen. Leben lernen. Band 27 (Pfeiffer), 1977.
Hall, E. T. (1966): The silent language. Garden City, NY (Doubleday & Co).
Hall, E. T. (1966): Die Sprache des Raumes. Düsseldorf (Schwann), 1976.
Hall, E. T. (1983): The dance of life: The other dimension of time. Garden City, New York (Anchor Press/Doubleday & Co).
Hartland, J. (1971): Medical and dental hypnosis and its clinical applications (2nd Ed.). London (Baillière Tindall).
Hartmann, H. (1958): Ego psychology and the problem of adaption. New York (International Universities Press).
Higgins, E. T., Herman, C. P., Zanna, M. P. (1981): Social cognition: The Ontario Symposium, Volume I. Hillsdale, NJ (Erlbaum).
Hilgard, E. R. (1965): Hypnotic susceptibility New York (Harcourt, Brace, Jovanovich).
Hilgard, E. R. (1977): Divided consciousness: Multiple controls in human thought and action. New York (Wiley & Sons).
Hilgard, E. R., Bower, G. H. (1975): Theories of learning (4th Ed.). Englewood Cliffs, NJ (Prentice-Hall).
Hoppe, F. (1983): Schmerzbeeinflussung mit der hypnotischen Einstreutechnik: Eine Untersuchung zur Verarbeitung eingestreuter Suggestionen bei chronischen Schmerzpatienten. Zeitschrift für experimentelle und angewandte Psychologie, 30, 232-262.
Hull, C. L. (1933): Hypnosis and suggestibility. New York (Appleton Century).
James, W. (1890): Principles of psychology (2 volumes). New York (Holt).
Janet, P. (1907): The major symptoms of hysteria. New York (Macmillan).
Janet, P. (1910): The subconscious. In: R. G. Badger (Ed.), Subconscious phenomena. Boston (Gorham Press).
Katz, R. (1982): Boiling energy: Community healing among the Kalahri Kung. Cambridge, MA (Harvard University Press).

Koestler, A. (1964): The act of creation: A study of the conscious and unconscious in science and art. New York (Macmillan).

Knapp, M. L. (1972): Nonverbal communication in human interactions. New York (Holt, Rinehart & Winston).

Kramer, E. (1969): Hypnotic susceptibility and previous relationship with the hypnotist. American Journal of Clinical Hypnosis, 11, 175-177.

Kris, E. (1952): Psychoanalytic explorations in art. New York (International Universities Press).

Kroger, W. S. (1963): Clinical and experimental hypnosis. Philadelphia: (Lippincott).

Kubie, L. S. (1958): Neurotic distortions of the creative process. Lawrence, KS (University of Kansas Press).

Kubie, L. S., Margolin, S. (1944): The process of hypnotism and the nature of the hypnotic state. American Journal of Psychiatry, 100, 611-622.

Lakoff, G., Johnson, M. (1980): Metaphors we live by. Chicago (University of Chicago Press).

Lankton, S. R. (1980): Practical magic: A translation of basic Neuro-Linguistic Programming into clinical psychotherapy. Cupertino, CA (Meta Publications).

Lankton, S. R., Lankton, C. H. (1983): The answer within: A clinical framework for Ericksonian hypnotherapy. New York (Brunner/Mazel).

Lankton, S. R., Lankton, C. H. (1986): Enchantment and intervention in the family: Training in Ericksonian approaches. New York (Brunner/Mazel).

Lay, W. (1897): Mental imagery. Psychological Review Monograph Supply, 92, 1-59.

Leonard, G. (1978): The silent pulse. New York (E. P. Dutton).

Mandler, G. (1975): Mind and emotion. New York (Wiley & Sons).

Marshall, G. (1976): The affective consequences of "inadequately explained" physiological arousal. Unpublished doctoral dissertation (Stanford University).

Maslach, C. (1977): Negative emotional biasing of unexplained arousal. In C. E. Izard (Ed.): Emotions and emotion-cognition interactions in psychopathology. New York (Plenum Press).

Masters, R., Houston, J. (1972): Phantasie-Reisen. München (Goldmann/Kösel), 1984.

Orne, M. T. (1959): The nature of hypnosis: Artifact and essence. Journal of Abnormal and Social Psychology, 58, 277-299.

Orne, M. T. (1966): On the mechanisms of posthypnotic amnesia. International Journal of Clinical and Experimental Hypnosis, 14, 121-134.

Pearce, J. C. (1981): The bond of power. New York (E. P. Dutton).
Perry, C., Gelfand, R., Marcovitch, P. (1979): The relevance of hypnotic susceptibility in the clinical context. Journal of Abnormal Psychology, 88, 592-602.
Perry, C., Laurence, J. R. (1980): Hypnotic depth and hypnotic susceptibility: A replicated finding. International Journal of Clinical and Experimental Hypnosis, 28, 272-280.
Perry, C., Walsh, B. (1978): Inconsistencies and anomalies of response as a defining characteristic of hypnosis. Journal of Abnormal Psychology, 547-577.
Pribram, K. H. (1971): Languages of the brain: Experimental paradoxes and principles in neuropsychology. Englewood Cliffs, NJ (Prentice Hall).
Prince, M. (1975): Psychotherapy and multiple personality: Selected essays. Cambridge, MA (Harvard University Press).
Richardson, A. (1969): Mental imagery. London (Routledge & Kegan Paul).
Richeport, M. (1982): Erickson's contributions to anthropology. In J. K. Zeig (Ed.), Ericksonian approaches to hypnosis and psychotherapy. New York (Brunner/Mazel).
Ritterman, M. (1983): Using hypnosis in family therapy. San Francisco: Jossey-Bass.
Rogers, C. R. (1980): Entwicklung der Persönlichkeit, Psychotherapie aus der Sicht eines Therapeuten. Stuttgart (Klett), 1988.
Rogers, C.R. (1985): Reaction to Gunnison's article of the similarities between Erickson and Rogers. Journal of Counseling and Development, 63, 565-566.
Rosen, G. (1959) History of medical hypnosis. In: J. M. Schneck (Ed.), hypnosis in modern medicine (2nd ed.). Springfield, IL (Thomas).
Rosenhan, D. (1967): On the social psychology of hypnosis research. in J. E. Gordon (Ed.), Handbook of clinical and experimental hypnosis. New York (Macmillan).
Rossi, E. L. (Ed.) (1980a): The collected papers of Milton H. Erickson, Volume I: The nature of hypnosis and suggestions. New York (Irvington).
Rossi, E. L. (Ed.) (1980b): The collected papers of Milton H. Erickson, Volume II: Hypnotic alteration of sensory, perceptual and psychophysiological processes. New York (Irvington).
Rossi, E. L. (Ed.) (1980c): The collected papers of Milton H. Erickson, Volume III: Hypnotic investigation of psychodynamic processes. New York (Irvington).
Rossi, E. L. (Ed.) (1980d): The collected papers of Milton H. Erickson, Volume IV: Innovative Hypnotherapy. New York (Irvington).

Rossi, E. L., Jichaku, P. (1984): Therapeutic and transpersonal double-binds: Continuing the legacy of Gregory Bateson and Milton H. Erickson. Paper presented at the Annual Scientific Meeting of the American Society of Clinical Hypnosis. October, 1984, San Francisco.

Rossi, E. L., Ryan, M. O., Sharp, F. A. (Eds.) (1983): Healing in hypnosis: The seminars, workshops and lectures of Milton H. Erickson. New York (Irvington).

Sachs, L. B.(1971): Construing hypnosis as modifiable behavior. In A. Jacobs, L. Sachs (Eds.): Psychology of private events. New York (Academic Press).

Sarbin, T. R. (1950): Contributions to role-taking theory: I. Hypnotic behavior. Psychological Review, 57, 255-270.

Sarbin, T. R., Coe, W. C. (1972): Hypnosis: A social psychological analysis of influence communication. New York (Holt, Rinehart & Winston).

Schacter, S., Singer, J. E. (1962): Cognitive, social and physiological determinants of emotional states. Psychological Review, 69, 379-399.

Sheehan, P. W., Perry, C. W. (1976): Methodologies of hypnosis: A critical appraisal of contemporary paradigms of hypnosis. Hillsdale, NJ (Erlbaum Press).

Shor, R. E. (1959): Hypnosis and the concept of the generalized reality orientation. American Journal of Psychotherapy, 13, 582-602.

Shor, R. E. (1962): Three dimensions of hypnotic depth. International Journal of Clinical and Experimental Hypnosis, 10, 23-28.

Shor, R. E., Orne, M. T., O'Connell, D. N. (1966): Psychological correlates of plateau hypnotizability in a special volunteer sample. Journal of Personality and Social Psychology, 3, 80-95.

Sjoberg, B. M., Hollister, L. E. (1965): The effects of psychotomimetic drugs on primary suggestibility. Psychopharmacologica, 8, 251-262.

Sokolov, E. N. (1963): Perception and the conditioned reflex. New York (Macmillan).

Spencer-Brown, G. (1979): Laws of form. New York (E. P. Dutton).

Spiegel, H. /Spiegel, D. (1978): Trance and treatment: Clinical uses of hypnosis. New York (Basic Books).

Tart, C. (1964): The influence of the experimental situation in hypnosis and dream research: A case report. American Journal of Clinical Hypnosis, 7, 163-170.

Tart, C. (1969): Das Übersinnliche. Forschungen über einen Grenzbereich psychischen Erlebens. Konzepte der Humanwissenschaften. Stuttgart (Klett-Cotta), 1986.

Tinterow, M. M. (1970): Foundations of hypnosis from Mesmer to Freud. Springfield, IL (Thomas).

Varela, F. (1979): Principles of biological autonomy. New York (Elsevier North Holland).

Walter, W. G. (1953): The living brain. London (Duckworth).
Watzlawick, P./Beavin, J. H./Jackson, D. D. (1967): Menschliche Kommunikation. Formen, Störungen, Paradoxien. Bern (Huber), ⁷1985.
Watzlawick, P./Weakland, J. H./ Fisch, R. (1974): Lösungen. Zur Theorie und Praxis menschlichen Wandels. Bern (Huber), 1974.
Weitzenhoffer, A. M. (1953): Hypnotism: An objective study in suggestibility. New York (J. Wiley & Sons).
Weitzenhoffer, A. M. (1957): General techniques of hypnotism. New York (Grune & Stratton).
Weitzenhoffer, A. M. (1980): Hypnotic susceptibility revisited. American Journal of Clinical Hypnosis, 22, 130-146.
White, R. W. (1941): A preface to the theory of hypnotism. Journal of Abnormal Social Psychology, 36, 477-505.
Wolberg, L. R. (1948): Medical hypnosis. New York (Grune & Stratton).
Young, A. M. (1972): Consciousness and cosmology. In: C. Muse, A. M. Young (Eds.): Consciousness and reality:The human pivotal point. New York (Avon Books).
Zeig, J. K. (Ed.) (1982): Ericksonian approaches to hypnosis and psychotherapy. New York (Brunner/Mazel).
Zeig, J. K. (Ed.) (1985a): Ericksonian psychotherapy, Volume I: Structures. New York (Brunner/Mazel).
Zeig, J. K. (Ed.) (1985b): Ericksonian psychotherapy, Volume II: Clinical applications. New York (Brunner/Mazel).
Zeig, J. K. (1985c): The clinical use of amnesia. In J. K. Zeig (Ed.): Ericksonian psychotherapy, Volume I: Structures. New York (Brunner/Mazel).
Zeitlin, H. (1985): Cult induction: Hypnotic communication patterns in contemporary cults. In J. K. Zeig, (Ed.): Ericksonian psychotherapy, Volume I: Structures. New York (Brunner/Mazel).
Zimbardo, P. G./Rapaport, C./Baron, J. (1969): Pain control by hypnotic induction of motivational states. In P. G. Zimbardo (Ed.): The cognitive control of motivation. Glenview, IL (Scott, Foreman & Co).
Zukav, G. (1979): Die tanzenden Wu-Li Meister. Der östliche Pfad zum Verständnis der modernen Physik: vom Quantensprung zum schwarzen Loch. Reinbek (Rowohlt), 1985.

Brian Alman

Selbsthypnose
Das Handbuch zur Selbstbehandlung

→ **Selbsthypnose**
Das Handbuch zur Selbstbehandlung
415 Seiten, Kt, 2. Aufl. 1996
DM 44,–/öS 321,–/sFr 41,–
ISBN 3-89670-003-0

Das vorliegende Buch gilt als die verständlichste, eingängigste und zugleich inhaltlich fundierteste Einführung und Anleitung in die unterschiedlichen Techniken der Selbsthypnose.

„Als Möglichkeit der Hilfe zur Selbsthilfe, zum self empowerment lesenswert." (Familiendynamik 4/96)

Carl-Auer-Systeme Verlag
www.carl-auer.de

Bernard Trenkle

Die Löwen-geschichte

→ **Die Löwengeschichte**
Hypnotisch-metaphorische Kommunikation
und Selbsthypnosetraining
183 Seiten, Kt
DM 34,–/öS 248,–/sFr 32,–
ISBN 3-89670-026-X

Der Autor hat im Rahmen von Selbsthypnose-Trainings Hunderten von Klienten die Löwengeschichte erzählt. Dieses orientalische Märchen eignet sich gut, um eine erste Tranceerfahrung zu fördern und zu vertiefen. Über das häufige Erzählen ergaben sich vielfältige Varianten der Geschichte. Im Buch wird eine Variante für fortgeschrittene Hypnosetherapeuten ausführlich dargestellt und analysiert. Diese Analyse entspricht einem Repetitorium moderner hypnotischer Kommunikation und zeigt verschiedene Möglichkeiten auf, wie metaphorische Kommunikation im therapeutischen Prozeß zur Erreichung unterschiedlicher Ziele benutzt werden kann. Der Autor zeigt, wie eine Standardgeschichte für Problembereiche wie Phobien, Schmerz, Beziehungsprobleme usw. modifiziert und mit therapeutischen Verfahren intensiviert und angereichert werden kann.

Carl-Auer-Systeme Verlag
www.carl-auer.de